Robert Hutterer

Das Paradigma
der Humanistischen Psychologie

Entwicklung, Ideengeschichte
und Produktivität

SpringerWienNewYork

Ass.-Prof. Dr. Robert Hutterer
Institut für Erziehungswissenschaften
Universität Wien
Wien, Österreich

© 1998 Springer-Verlag/Wien
Printed in Austria

Druck: Manz, A-1050 Wien
Graphisches Konzept: Ecke Bonk
Gedruckt auf säurefreiem, chlorfrei gebleichtem Papier – TCF
SPIN 10560052

Die Deutsche Bibliothek – CIP-Einheitsaufnahme

Hutterer, Robert:
Das Paradigma der humanistischen Psychologie : Entwicklung,
Ideengeschichte und Produktivität / Robert Hutterer. – Wien ; New
York : Springer, 1998
    ISBN 3-211-82944-X

ISBN 3-211-82944-X Springer-Verlag Wien New York

Für Alexander, Alexander und Renate

Vorwort

Dieses Buch ist das Ergebnis einer langen Auseinandersetzung mit einer Denkrichtung, die mit dem Etikett „Humanistische Psychologie" nur ungenau bezeichnet ist. Denn sie berührt viele human- und sozialwissenschaftliche Problemfelder, die auch oder sogar speziell in anderen als der Psychologie beheimateten Fächern in dieser Nuancierung aufgegriffen werden. Die enge Verbindung dieser Denkrichtung mit der Bezeichnung „Psychologie" scheint zumindestens zum Teil eine historisch nachvollziehbare Zufälligkeit zu sein. Ein Motiv, das mich dazu gebracht hat, dieses Buch zu schreiben, war die Unzufriedenheit mit der vorhandenen deutschsprachigen Literatur zu dieser Thematik. Oft wurde und wird die Humanistischen Psychologie mit bestimmten psychotherapeutischen Ansätzen gleichgesetzt. Oft erschöpfte sich die Darstellung der Humanistischen Psychologie in der Zusammenfassung von Ideen und Theorien einzelner ihrer Vertreter. Selten habe ich einen systematischen Anspruch bemerkt, der diese Denkrichtung von verschiedenen Seiten und Bezügen betrachtet, um ein verzweigtes Problembewußtsein, ein tieferes Verständnis für ihre Fragestellungen und auch ihre besondere Problematik zu vermitteln. Dieses hohe Ziel habe ich mir mit dieser Arbeit gesteckt. Der aufmerksame Leser erhält die Möglichkeit, die Texte und Zusammenhänge, in die die Entwicklung der Humanistischen Psychologie, ihre Ideen und ihre Produktivität eingebettet sind, nachzuvollziehen und die verschiedenen „roten Fäden" mitzuverfolgen, die ein zusammenhängendes Verständnis dieser Denkrichtung erlauben.

Dieses Buch hätte ich nicht schreiben können, wäre ich nicht von vielen Seiten inspiriert und direkt oder indirekt unterstützt worden. Der Dank, den ich an dieser Stelle zum Ausdruck bringe, muß sich daher auch auf jene beziehen, die ihren Beitrag zu meinem Fortkom-

men vielleicht nur schwer selbst erkennen können. Zuerst nenne ich
hier meine Kolleginnen und Kollegen (Professoren und Mittelbau)
am Institut für Erziehungswissenschaften der Universität Wien. Ich
danke nicht nur jenen, die über die Jahre im akademischen Alltags-
streß gelegentlich Zeit für inhaltliche Diskussionen mit mir gefunden
haben, sondern auch jenen, die aus der Distanz mir ein Beispiel für
eigenständiges und unbequemes Denken gegeben haben. Die oft be-
dauerten Spannungen zwischen verschiedenen Positionen an diesem
Institut waren auf inhaltlicher Ebene für mich eine Anregung. Ich
danke besonders Professor Dr. R. Olechowski, Institutsvorstand und
Leiter der Abteilung für Schulpädagogik und Allgemeine Didaktik. Er
hat mir die Freiheit gewährt, meine eigene intellektuelle Entwicklung
zu nehmen. Wer Verläufe akademischer Sozialisation kennt, wird mir
beipflichten, daß dies nicht selbstverständlich ist. Nicht zuletzt danke
ich auch jenen Studentinnen und Studenten, die in meinen Lehrver-
anstaltungen durch kluge Fragen und Beiträge mich zu klarerem
Denken herausgefordert haben.

Einer weiteren Gruppe von Personen bin ich zu Dank verpflichtet.
Als ich die Möglichkeit hatte, als Fulbright Scholar ein Semester an
der West Georgia State University zu verbringen, erlebte ich eine
amerikanische Version der Humanistischen Psychologie in Aktion.
Der Dank gebührt dem Staff am dortigen Psychology Department,
insbesondere Mike Arons, Christopher Aanstoos und Anne Richards.
Sie ließen mir einen Einblick in ihre Forschung und Lehre und halfen
mir dadurch, eine differenzierte Sichtweise über ihre Stärken und
ihre Problematik zu entwickeln. Der Umstand, daß ich in ihrer Bibliothek deutschsprachige Werke von Spranger und anderen Autoren aus
der deutschen und österreichischen Geschichte der Psychologie und
Pädagogik fand, enttäuschte angenehm das Klischee vom amerikanischen Isolationismus. Ich fand dort ein akademisches Setting, das
immer wieder für eine beträchtliche Auffrischung meiner Arbeits-
motivation sorgte.

Der Aufenthalt an der West Georgia State University war nicht
mein erster direkter Kontakt mit der amerikanischen Humanistischen
Psychologie. Als Student entstand mein Interesse an der Personenzentrierten Psychotherapie nach Carl Rogers zu einer Zeit, als die relevanten deutschsprachigen Veröffentlichungen dazu noch an den Fingern
einer Hand abzuzählen waren. Ich hatte die Gelegenheit, die Entwicklung dieser Spielart der Humanistischen Psychologie im deutschen

Sprachraum von Anfang an mitzuverfolgen und in bescheidenem Ausmaß in Publikationen und in meiner Tätigkeit als Psychotherapie-ausbilder auch mitzugestalten. Viele Anregungen für ein erweitertes Verständnis der Humanistischen Psychologie habe ich von meinen Mentoren und Kollegen erhalten. Besonders bedanke ich mich bei meinen Kollegen Dr. Gerhard Pawlowsky und Dr. Reinhold Stipsits für ihr langjähriges und beharrliches Bemühen, personenzentrierte und humanistische Tugenden der Offenheit, Toleranz und Achtsamkeit im intellektuellen Diskurs wie im kollegialem Umgang zu bewahren. Weiterer Dank gebührt meinen Mentoren Doug Land, Carl Rogers und in jüngster Zeit John Shlien. Doug Land hat mir über viele Jahre und in vielen professionellen und kollegialen Situationen das Beispiel eines praktizierenden Humanisten gegeben. Carl Rogers hat mir einen Weg aufgezeigt, eine einseitige Einstellung bezüglich wissenschaftlicher Forschung zu vermeiden und eine methodologische Offenheit zu entwickeln. Seine unbefangene Professionalität und seine unspektakuläre Wirksamkeit als psychotherapeutischer Praktiker wirft bis heute Fragen auf und hält mein Forschungsinteresse wach. Der direkte Kontakt zu ihm anläßlich gemeinsamer Seminare während zweier Wien-Aufenthalte hat mich vor der Idealisierung seiner Person und Position bewahrt, ohne den Respekt vor seinen Leistungen zu verlieren. Schließlich danke ich John Shlien für seine treffsichere, unmißverständliche und entschlossene Unterstützung. Ich hoffe, daß mir sein Mut und sein intellektueller Scharfsinn noch länger erhalten bleiben.

In der Reihe der Danksagungen möchte ich meine Familie nicht vergessen. Sie hat besonders in den letzten beiden Jahren in mir eine Person vorgefunden, die sich immer wieder zwischen Gedankenverlorenheit, Gereiztheit und Unansprechbarkeit bewegte. Ich danke meiner Frau und den Kindern für ihre Belastbarkeit, ihre Geduld und ihre Bereitschaft, sich auf mich einzustellen. Schließlich möchte ich mich bei Frau Margit Trummer für die sorgfältige Durchsicht und zügige Korrektur des Manuskripts herzlich bedanken. Ich habe durch ihre Arbeit wieder ein Stück der deutschen Sprache gelernt.

Robert Hutterer

Inhaltsverzeichnis

Einleitung und Problemstellung
– das Paradigma der Humanistischen
Psychologie im Kontext seiner Entwicklung

> Der hier vertretene Standpunkt ist kein solcher, der
> es ermöglicht, schnell mit einem Problem fertig zu
> werden. Er zwingt bei jeder Einzelfrage auf den Grund
> zu sehen und möglichst weit gegen diesen vorzustoßen.
> Gleichzeitig hält er dauernd, eben weil der Grund zwar
> gesichtet werden kann, aber nicht erreicht wird, den
> Zweifel wach, hält bereit ein Resultat auf Grund weiterer
> Ergebnisse wieder aufzugeben, täuscht nicht über die
> Vorläufigkeit jedes Ergebnisses hinweg und treibt zur
> weiteren Arbeit an.
> (Kurt Goldstein 1934, S. 345)

Motive, Ziele und Herausforderungen

Die Humanistische Psychologie wird häufig mit psychotherapeuti-
schen Schulen wie der Klientenzentrierten Psychotherapie nach Carl
Rogers oder der Gestalttherapie nach Fritz und Lore Perls gleich-
gesetzt. Andere assoziieren wieder einen der bekannten Vertreter der
Humanistischen Psychologie wie z. B. Abraham Maslow oder Charlotte
Bühler oder signifikante Schlagworte wie Selbstaktualisierung und
Authentizität. Der Psychoboom, die „Human-potential"-Bewegung, die
Hippie-Kultur, Selbsterfahrungs- und Wachstumsgruppen sind weitere
Phänomene, die mit der Humanistischen Psychologie in Verbindung
gebracht werden. Im vierten Jahrzehnt ihrer institutionalisierten Ent-
wicklung in den USA ist es der Humanistischen Psychologie vermutlich

nur teilweise gelungen, ihr Anliegen und ihre Leistungen vollständig
sichtbar zu machen. Im Gegenteil, diese Vermittlungsprobleme führten zu hartnäckigen Vorurteilen, die Skeptikern bis heute als Argumente gegen die Humanistische Psychologie dienen: die Humanistische Psychologie sei eine Protest-Bewegung ohne Programm, auf Psychotherapie und Persönlichkeitstheorie beschränkt, sei unwissen-
schaftlich, ungenau, und es fehle ihr an einer überzeugenden For-
schungsmethodologie; sie sei individualistisch, an sozialen Anliegen
desinteressiert und eine Bewegung, die keine Daseinsberechtigung in
der Gegenwart hätte. Obwohl diese Vorurteile auf gelegentliche Fehl-
schläge in der Entwicklung der Humanistischen Psychologie oder auch
auf immer wiederkehrende Probleme hinweisen, spiegelt sich hier
auch ein verzerrtes Bild. Einige der Vorzüge der Humanistischen Psychologie wie z. B. ihre reiche historische Tradition, ihre methodische
Vielfältigkeit, ihr philosophisches Interesse und ihr interdisziplinäres
Interesse werden in diesem Zerrspiegel kaum wahrgenommen. Tatsächlich hat und hatte die Humanistische Psychologie großen Einfluß
auf die Praxis der Psychotherapie, der klinischen Psychologie, der Pä-
agogik – hier speziell der Schulpädagogik, Unterrichtsforschung und
der Erwachsenenbildung. Diese Einflüsse sind feststellbar, auch wenn
sie nicht unter dem Etikett „humanistisch" ausgewiesen wurden. Die
Humanistische Psychologie wirkte auch auf die Forschung und Theoriebildung in den Sozialwissenschaften und in der Psychologie, obwohl
sie als abgrenzbare und systematisierbare wissenschaftliche Richtung
auf akademischem Boden aus verschiedenen Gründen eine eher untergeordnete Rolle spielte. Auf jeden Fall kann festgestellt werden, daß
der vielfältige und reichhaltige Einfluß der Humanistischen Psychologie in verschiedenen Bereichen der Psychologie, der Pädagogik und
der Sozialwissenschaften insgesamt in keinem Verhältnis zur geringen
Aufmerksamkeit bezüglich ihrer Theorien bzw. zum Forschungsinteresse steht. Oft lassen Praktiker im pädagogischen und klinisch-psycho-
logischen Bereich eine deutliche Orientierung an humanistischen
Prinzipien oder Theorien erkennen, ohne daß das Interesse der entsprechenden akademischen Disziplinen zur Prüfung dieser Praxis
oder zur Weiterentwicklung der theoretischen Grundlagen im gleichen Ausmaß vorhanden wäre. Es ist damit die Gefahr der Entwicklung
einer unreflektierten Praxis gegeben. Besonders in den letzten ein bis
zwei Jahrzehnten ist als Reaktion auf diese Kluft zwischen Theorie, Forschung und Praxis ein stärkeres akademisches Interesse an der Huma-

nistischen Psychologie zu erkennen, das über die Darstellung einzelner humanistischer Psychotherapieformen hinausgeht. Der Einfluß der Humanistischen Psychologie zeigt sich etwa in Arbeiten zur Gesundheitspsychologie (Becker und Minsel 1982, 1986), zur Erziehungspsychologie (Tausch und Tausch 1977), zur Medizinischen Psychologie (z.B. Frischenschlager 1996) und in einschlägigen Diplomarbeiten und Dissertationen (vgl. etwa Aschenbach 1984, Hagen 1989, Janz 1994, Kreuter-Szabo 1988, Moser 1991, Roos 1996, Schneider 1995, Seidel 1990, Seifner 1994, Welsch 1993). Weiters werden häufiger einschlägige Fragestellungen der Humanistischen Psychologie wie etwa die Frage der Werte aufgegriffen (vgl. Hutterer-Krisch 1996a, b; Stemberger 1996). Die besondere Nähe der Humanistischen Psychologie zur Pädagogik kommt nicht nur in Publikationen zum Ausdruck (vgl. etwa Altrichter 1984, S. Blankertz 1990, Buddrus 1995, Ernst 1993, Fartacek und Teml 1984, Fatzer 1990, Glück 1994, Groddeck 1986, Karmann 1987, Krapf 1993, Moser 1991, Petzold und Brown 1977, Roos 1996, Scala 1992, Seidel 1990), sondern auch in der Gründung einer Arbeitsgemeinschaft „Pädagogik und Humanistische Psychologie" innerhalb der Deutschen Gesellschaft für Erziehungswissenschaft (DGfE), die nach dreieinhalbjähriger interner Vorbereitung im Jänner 1995 durch den Vorstand der DGfE formell anerkannt wurde. Als weiteres Indiz für das zunehmende Interesse an komplexen humanistischen Perspektiven kann auch die Neuauflage von Goldsteins erstmals 1934 in deutscher und 1939 in englischer Sprache erschienenem Buch *The Organism* gedeutet werden (Goldstein 1995).

Die angesprochene Kluft zwischen Theorie, Forschung und Praxis mag für amerikanische Verhältnisse stärker zutreffen, wo die Humanistische Psychologie in größerer Distanz zum „Mainstream" steht als an europäischen Universitäten, die traditionellerweise offener für Vielfältigkeit sind. Jedoch hat diese Diskrepanz hier wie dort zu einer Verarmung an relevanten Forschungsfragen auf seiten der akademischen Disziplinen und zu einer Stagnation der paradigmatischen Weiterentwicklung auf seiten der Humanistischen Psychologie geführt. Die Vertreter der Humanistischen Psychologie sind für diese Situation mitverantwortlich, da ihr Darstellungs- und Publikationsstil häufig impressionistische Züge annimmt, der sich nicht leicht in ein System theoretischer Aussagen oder in Forschungsfragen übersetzen läßt. Das verstärkte Interesse an den vielfältigen Formen qualitativer Forschung auf akademischem Boden im letzten Jahrzehnt hat hier einige Wege geöffnet.

Diese Problemsicht ist der Hintergrund des vorliegenden Versuchs, das Paradigma der Humanistischen Psychologie und dessen Entwicklung darzustellen. Dabei stehen nicht die Anwendungen der Humanistischen Psychologie im Vordergrund, sondern ihre Ideengeschichte, ihre theoretische Verankerung, die paradigmatischen Grundthemen und deren Kontextverbindungen. Praktische Anwendungen der Humanistischen Psychologie im pädagogischen und psychotherapeutischen Bereich sind bereits häufig dargestellt worden. Diese stellen in der Regel auch Methoden dar, die für sich allein stehen können, wie etwa die psychotherapeutischen Schulen der Klientenzentrierten Psychotherapie und der Gestalttherapie. Deren theoretischer Kontext wird nur insofern berücksichtigt, als er relevante Argumentationsfiguren und Beziehungen für eine systematische Darstellung oder für eine Anreicherung des Problembewußtseins im Hinblick auf die Entwicklung der paradigmatischen Grundlagen der Humanistischen Psychologie liefert. Dem allgemeinen Ziel dieser Arbeit sind einige Motive, Ansprüche und Herausforderungen zugeordnet:

1. Diese Arbeit stellt einen Versuch dar, Ordnung in das eigene Denken, in meine Auseinandersetzung und mein Wissen zu bringen. Mein Interesse galt seit Beginn meines Studiums und meiner akademischen Laufbahn Wissensgebieten an der Schnittstelle zwischen Pädagogik und Psychologie. Für das Verständnis der Humanistischen Psychologie haben mir beide Fachrichtungen geholfen: die Psychologie mit ihrer stärkeren Begriffsklarheit, die Pädagogik mit ihrer (oft beklagten) Vielfalt an methodischen Zugängen und ihrem stärkeren Interesse an philosophischer Durchdringung.

2. Weiters geht es um die Darstellung einer Denkrichtung und um die Entwicklung dieser Denkrichtung, die in verschiedenen Kontextverbindungen steht; der historische, der ideengeschichtliche, der methodologische und der thematische Kontext, der die Grundthemen und die Produktivität der Humanistischen Psychologie widerspiegelt, sind hier beispielhaft zu nennen.

3. Die ideengeschichtliche Verankerung und die Identifizierung von paradigmatischen Grundthemen der Humanistischen Psychologie gehören zum Kernstück einer Denkrichtung. Um diese Themen ranken sich ihre Grundbegriffe und Theorien und die Argumente, Kontroversen und Auseinandersetzungen in der paradigmatischen Weiterentwicklung. Die Konturierung und Klärung zentraler Annah-

men, die Prägnanz in der Begriffsbildung und die Fruchtbarmachung für die akademische Diskussion und Forschung ist eine Hoffnung, die mit dieser Publikation verbunden ist.

4. Schließlich ist das Aufzeigen der kritischen Probleme, Widersprüche und offenen Fragen, die die Humanistische Psychologie aufwirft, das Entfalten der Implikationen, die Klärung und die Ausbalancierung von Kritik ein weiteres Ziel dieser Arbeit.

5. Ein Teil der Inhalte, die in dieser Arbeit aufgegriffen werden, sind in der akademischen Lehre erprobt und sollen auch weiterhin dafür verwendet werden, so daß diese Arbeit auch einen Lehrbuchcharakter erhalten soll. Daraus ergibt sich eine doppelte Herausforderung: einerseits die Verbindung zwischen einer argumentativen Entfaltung von Perspektiven und der Darstellung von relevanten Informationen und Daten unter Berücksichtigung didaktischer Überlegungen; und andererseits verlangt der Lehrbuchcharakter eine gewisse Identifikation mit dem Gegenstand und eine bejahende Einstellung, die eine Voraussetzung für eine faire und angemessene Darstellung bildet. Darüber hinaus ist auch ein kritischer Zugang notwendig, der Positionen relativiert, um eine fruchtbare Auseinandersetzung zu ermöglichen. Als Autor kann ich mir hier nur den Standort einer kritischen Identifikation vorstellen, der die Offenheit für das darzustellende Paradigma mit dem Bereithalten und Aktivieren eines kritischen Filters verbindet.

6. Diese Arbeit besitzt auch eine wesentliche Einschränkung, die andererseits auch als Vorzug betrachtet werden kann: Es wird überwiegend und schwerpunktmäßig auf englischsprachige bzw. amerikanische Literatur oder vorliegende Übersetzungen ins Deutsche Bezug genommen. Die Rezeption der Humanistischen Psychologie oder die Aufarbeitung eigenständiger Entwicklungen im deutschsprachigen Raum wird in dieser Arbeit nicht geleistet. Hier muß ich auf die vorliegende Literatur verweisen, die Aspekte der Humanistischen Psychologie aufgreift (s. etwa Hutterer-Krisch 1996c; Walter 1994, 1996; Petzold 1995).

Humanistische Psychologie als Entwicklung eines Paradigmas

Zumindest seit Anfang der sechziger Jahre ist der Begriff des Paradigmas mit Kuhn (1967) jenes Konzept, das es erlaubt, Wissenschaft in ihrer Kontexthaftigkeit, Dynamik und in ihrer Prozeßhaftigkeit zu sehen. Ein Paradigma ist eine Denkrichtung, ein „Leitfaden", eine „Art des Sehens". Der Begriff drückt ein komplexes Phänomen aus, das mehrere Elemente, Seiten und Prozesse enthält: die Grundbegriffe und theoretischen Aussagen dieser Denkrichtung, ihr methodisches Rüstzeug, Werte und intuitive Grundeinstellungen und „Vorverständnisse" sowie metaphysische Festlegungen. Zum Verständnis der Entwicklung eines Paradigmas gehört nicht nur der Nachvollzug des Begriffsinventars und des Theoriebestandes oder die Entwicklung der Forschungsmethodik, sondern auch der historische, politisch-ökonomische, kulturelle, ideengeschichtliche und persönlich-biographische Kontext. Die Humanistische Psychologie als Denkrichtung und Bewegung des 20. Jahrhunderts kann adäquat nur im Kontext zeitgeschichtlicher und politisch-ökonomischer Vorgänge verstanden werden. Ebenso ist sie als amerikanisches Phänomen im Zusammenhang mit dem Ideentransfer und der Ideenwanderung zwischen Amerika und Europa zu sehen (ideengeschichtlicher Kontext). Der historische Aspekt ergibt sich aus dem Umstand, daß die Humanistische Psychologie durch die selbstgewählte Bezeichnung „humanistisch" sich an eine reichhaltige historische Tradition anlehnt. Auch wenn Programm und Entwicklung der Humanistischen Psychologie in keinem direkten und unmittelbaren Bezug zu historischen Erscheinungsformen des Humanismus stehen, erscheint durch diese mehrfache „Vorbelastung" des Begriffs Humanismus die Einbindung in die historischen Traditionen notwendig, um Beziehungen und Abgrenzungen sichtbar werden zu lassen. Die Kontextverbundenheit der Entwicklung der Humanistischen Psychologie aufzuzeigen, ist ein Versuch, der Komplexität des Phänomens gerecht zu werden, denn ein Paradigma hat auch den Charakter eines komplexen Weltbildes.

Spannungsverhältnisse in der paradigmatischen Entwicklung

Ein weiterer Ausgangspunkt der Betrachtung ist der Umstand, daß sich bei der Entwicklung eines Paradigmas vielfältige Spannungsverhältnisse ergeben können. Das Verständnis dieser Entwicklung wird vermutlich kaum gelingen, wenn lineare, einförmige und bruchlose Verläufe erwartet werden und keine Offenheit für paradoxe und gegensätzliche Erscheinungen vorhanden ist.

Kuhn hat darauf hingewiesen, daß die Spannungsverhältnisse bei der Entwicklung eines Paradigmas verschiedene Ebenen ergreifen

(Kuhn 1967, 1983). Die Entstehung einer Denkrichtung ist stets mit einer Kluft zwischen Anspruch und beschränkter Wirklichkeit verbunden. Eine sich entwickelnde Denkrichtung ist anfangs in erster Linie eine Erfolgsverheißung: Denn sie steckt ja erst in den Anfängen, und daß sie erfolgreich sein wird, ist ein Versprechen, eine Hoffnung gegenüber den tatsächlichen wissenschaftlichen Leistungen bereits etablierter Richtungen. Die Attraktivität eines neuen Paradigmas liegt eher in den Hoffnungen, die es erweckt. Die Spannungen zwischen altem und neuem Paradigma bzw. zwischen konkurrierenden Paradigmen äußert sich auf der Ebene persönlichen Erlebens, in Gegnerschaften ebenso wie im wissenschaftlichen Diskurs, der oft von schwerwiegenden Verständigungsproblemen gekennzeichnet ist, weiters durch Mißverständnisse durch die Verwendung neuer Fachbegriffe oder bekannter Fachbegriffe in neuer Bedeutung. Die Begründer eines neuen Paradigmas stehen als Individuen an der Front eines inneren Ringens um eine adäquate Wirklichkeitssicht. Das Aufeinandertreffen von unterschiedlichen, als unvereinbar erlebten wissenschaftlichen Weltbildern und Denkrichtungen, die letztendlich auch unterschiedliche Zugänge zur Wirklichkeitsbewältigung darstellen, setzen häufig ein oft unterschätztes Potential an Bedrohung frei.

Beziehungen und Spannungen, die sich aus der speziellen Situation und Dynamik der Humanistischen Psychologie ergeben, zeichnen sich bei einer ersten Betrachtung vorweg ab. Dazu gehört die Beziehung zwischen humanistischer Tradition und Aktualität eines humanistischen Zugangs zu psychologischen und sozialwissenschaftlichen Fragen des modernen Lebens. Die Spannung zwischen Theorie und Praxis haftet jeder wissenschaftlichen Denkrichtung an. Im Rahmen der Humanistischen Psychologie bekommt sie einen spezifischen Akzent durch die Ökonomisierung in der Marktdynamik des Psychobooms. Die Nachfrage nach Wachstumserfahrungen hat eigene, bisweilen skurrile Praxisformen hervorgebracht, die von theoretischen Überlegungen unberührt blieben oder in theoretischen Reflexionen erst aufgegriffen wurden, nachdem sie vom Psychomarkt schon verschwunden waren. Die Spannung zwischen Wissenschaft und Ideologie war in der Humanistischen Psychologie von Anfang an gegeben, da sich ein Teil ihrer Entwicklungsdynamik aus den politisch-ideologischen Umwälzungen der sechziger und siebziger Jahre ergab. Die Spannung zwischen Eigenständigkeit und Interdisziplinarität ent-

stand zwangsläufig aus der durchgehenden Offenheit der Humanistischen Psychologie für andere Fachrichtungen und Wissensgebiete.
Obwohl die Humanistische Psychologie ihre Entwicklung aus verschiedenen Quellen schöpfte, sind einige psychologische Wurzeln
unverkennbar. Das Interesse an Persönlichkeitstheorie, motivations-
theoretischen Fragen, die Betonung des Erlebens und das Interesse
am Selbstbewußtsein im Sinne reflexiven Bewußtseins waren stets mit
dem Anspruch verbunden, psychologische Grundlagenforschung zu
betreiben. Gleichzeitig jedoch wurden pädagogisch-pragmatische
Ziele und innovative Ansprüche verfolgt, die die Grundlagenfragen
häufig in den Schatten stellten. Schließlich ist hier die Spannung zwischen amerikanischem Pragmatismus und der Theoriedominanz im
europäischen Denken zu nennen. Daraus ergibt sich die Frage, inwieweit diese Spannungen und Beziehungen im Zuge der paradigmatischen Entwicklung der Humanistischen Psychologie fruchtbar geworden sind oder als Hemmfaktoren gewirkt haben. Die Komplexität der
vorliegenden Problemstellungen wird nicht allein an diesem Aspekt
sichtbar.

Paradigma und Problembewußtsein

Die Anwendung des Begriffes „Paradigma" im Sinne von Kuhn auf
eine Denkrichtung wie die Humanistische Psychologie mag suspekt
erscheinen, wurde er doch ursprünglich im Zusammenhang mit der
Geschichte der Naturwissenschaften verwendet und mit dem Stadium
einer „reifen" Wissenschaft assoziiert, in der es ein Set von Begriffen,
Methoden und Perspektiven gibt, die von der Gemeinschaft der
Wissenschafter weitgehend geteilt werden. Von einem derartigen Zustand sind Disziplinen wie die Psychologie, Pädagogik und weitere
Sozialwissenschaften weit entfernt, denn der Gegenstandsbereich dieser Forschungsrichtungen hat von Anfang an eine Vielzahl von auch
widersprüchlichen Perspektiven angezogen. Es ist auch fraglich, ob
die Wissenschaften vom Menschen dieses Ausmaß von Eindeutigkeit
jemals erreichen können, da ihr Gegenstandsbereich ein Projekt mit
offenem Ausgang darstellt. Kuhn (1967, S. 36) geht davon aus, „daß in
den frühen Stadien der Entwicklung jeder Wissenschaft verschiedene
Leute, die sich dem gleichen Bereich von Phänomenen, aber gewöhnlich nicht alle den gleichen Phänomenen gegenüber sehen, sie auch
auf unterschiedliche Art und Weise beschreiben und interpretieren."

Diese Situation von Meinungsverschiedenheiten und Uneinigkeit bezüglich wesentlicher Grundbegriffe assoziiert Kuhn mit einem unreifen, vor-paradigmatischen Entwicklungszustand, in dem ein Fortschritt durch Krisen bzw. Erschütterungen des bereits zur Tradition gewordenen Theorie- und Methodenbestandes gar nicht geschehen kann: in dieser Situation „kann es entweder überhaupt keine oder überhaupt nur Krisen geben" (Kuhn 1977, S. 296). In den Sozialwissenschaften kann diese Art von „Krise" vermutlich nicht eindeutig als Zeichen der Unreife oder eines Entwicklungsrückstandes betrachtet werden. Es ist eher ein Programm mit Tradition, auch wenn die fehlende Standardisierung und die damit verbundenen Kommunikationsprobleme oft beklagt werden. Der Begriff des Paradigmas ist sehr eng mit dem Ausdruck „wissenschaftliche Gemeinschaft" (scientific community) verbunden: „Ein Paradigma ist das, was den Mitgliedern einer wissenschaftlichen Gemeinschaft, und nur ihnen, gemeinsam ist. Umgekehrt macht der Besitz eines gemeinsamen Paradigmas aus einer Gruppe sonst unverbundener Menschen eine wissenschaftliche Gemeinschaft" (ebd., S. 390). Eine wichtige These bezieht sich auf die Erkenntnisfunktion der Gruppe. Das Wissen wird durch die kollektive Aktivität der wissenschaftlichen Gemeinschaft geschaffen. Aber eine wissenschaftliche Gemeinschaft teilt nicht nur Theorien, Methoden und Konzepte, sondern einen weiten Bereich von Erfahrungen wie etwa eine ähnliche Art von Ausbildung, die Auseinandersetzung mit einem ähnlichen Set von Fachzeitschriften und Büchern und die Teilnahme an denselben Konferenzen. Zu den Kernelementen eines Paradigmas gehören „symbolische Verallgemeinerungen, Modelle und Musterbeispiele" (ebd., S. 392), die zum gemeinsamen Besitz einer wissenschaftlichen Gemeinschaft gehören. Sie werden in der Kommunikation von Mitgliedern selbstverständlich, gewohnheitsmäßig gebraucht und „gewöhnlich ohne das Gefühl, sie besonders rechtfertigen zu müssen, und ohne daß sie an diesen Punkten von anderen Mitgliedern ihrer Gruppe zur Rede gestellt werden" (ebd., S. 394). In diesem Sinne ist es jedenfalls angebracht, den Begriff des Paradigmas anzuwenden. Die Sozialwissenschaften oder jene Wissenschaften vom Menschen, deren Gegenstandsbereich und Forschungsfragen weniger eindeutig sind als in den Naturwissenschaften und die von vornherein unterschiedliche Sichtweisen anziehen, mögen zwar ihre Begriffe und Theorien mit geringerer Einmütigkeit diskutieren und in Fachfragen seltener eine Übereinstimmung erzielen – krisenhafte Erscheinungen müssen daraus nicht gefolgert werden. Denn das paradigmenstiftende Merkmal und die verbindende Gemeinsamkeit sind in diesem Falle der geringere Verstehensaufwand bei der Verwendung von Begriffen und Konzepten in der Fachdiskussion, was auf das Vorhandensein eines gemeinsamen Problembewußtseins und Vorverständnisses hinweist. Der Mensch als offenes Projekt der Forschung und Gestaltung zeigt sich auch darin, daß es in den Sozialwissenschaften Tradition ist, verschiedene Ansätze auf demselben Problemgebiet zu zeigen und zur Lektüre der älteren Klassiker auf dem Fachgebiet anzuregen. Die Vermittlung des Paradigmas der Humanistischen Psychologie muß diese Gesichtspunkte berücksichtigen und daher auf die Vermittlung von Problembewußtsein und die Einbettung in unterschiedliche Kontexte achten.

Die Bedeutung eines Problembewußtseins muß auch im Zusammenhang mit der Verwendung des Begriffes Psychologie im Ausdruck „Humanistische Psychologie" erwähnt werden. Psychologie wird hier nicht allein im Sinne einer akademischen Fachdisziplin oder eines geregelten Berufes gebraucht, sondern auch und vornehmlich in Sinne eines Problembewußtseins, das viele Verzweigungen und Verbindungen zu angrenzenden und verwandten „Problemgeschichten" aufweist. Die Humanistische Psychologie hat von Anfang an diese Interdisziplinarität vertreten und gesucht. Die Kennzeichnung Psychologie kann auch als zufälliger Ausdruck des den amerikanischen Individualismus widerspiegelnden Zeitgeistes verstanden werden, der ein besonderes Interesse an Bewußtseinsveränderung zeigte. Daraus ergab sich die Assoziation dieser Denkrichtung mit der Psychologie. Dem Anspruch nach ist die Humanistische Psychologie jedoch eine „Orientierung", die einem fachübergreifenden Interesse und interdisziplinären Problembewußtsein folgt, das insbesondere in sozialwissenschaftlichen Fächern beheimatet ist. Eine besondere Nähe ist dabei zur Pädagogik gegeben: Die Vielfalt an Forschungsmethoden, die Anlehnung an eine geisteswissenschaftliche Tradition und immer wieder anzutreffende teleologische Motive in der Theoriebildung sind einige Beispiele, die sowohl in der Humanistischen Psychologie wie auch in der Pädagogik zu finden sind.

1

Der programmatische Kontext
– die Erfolgsverheißung

Die wissenschaftlichen Aspekte [...] sind es nicht, die der Humanistischen Psychologie Massen an Anhängern brachten. [...] aber mein Eindruck ist, daß die Mehrheit der Menschen, die von der Humanistischen Psychologie angezogen wurden, eher einer Bewegung beigetreten sind als einer Wissenschaft. Wegen ihrer Sensibilität gegenüber den von der traditionellen Psychologie negierten Bereichen [...] suchen viele Menschen in der Humanistischen Psychologie eine Lösung für die Probleme unserer Zeit: ein sinnvolleres Leben zu leben und befriedigendere Beziehungen zwischen Menschen in dieser Welt zu bilden. [...] ein Verständnis für sich selbst und für seine Einstellungen zum menschlichen Leben; [...] eine grundlegende Verbesserung von Einstellungen der Menschen zueinander [...].

Diese Aussage von Charlotte BÜHLER (1979, S. 16*) enthält wesentliche Elemente dessen, was Inhalt und Problematik der Humanistischen Psychologie ausmacht: das Streben nach anspruchsvollen und komplexen Zielen in der Spannung zwischen *sozialer Bewegung* und *Wissenschaft* als Kontrast (oder auch Konkurrenz) zur bestehenden Wissenschaft im Bereich der Psychologie und Sozialwissenschaften. Doch darin lag auch die Hoffnung und die Erfolgsverheißung, die vermutlich am Anfang jeder Bewegung und Denkrichtung stehen: Protest, Herausforderungen und die Aussicht auf adäquatere Problemlösungen und ein befriedigenderes Leben.

* Mit einem Stern gekennzeichnete Zitate wurden vom Autor dieses Buches aus dem Original ins Deutsche übersetzt.

Für eine erste Annäherung ist es sinnvoll, einige programmatische Aussagen zu betrachten, die die inhaltliche Orientierung der Humanistischen Psychologie charakterisieren. Das Programm der Humanistischen Psychologie ist auf verschiedenen Ebenen angesiedelt. Aussagen von einflußreichen Persönlichkeiten wie den Begründern dieser Bewegung sind ebenso bedeutsam wie offizielle Formulierungen, die als formelle Ziele voranstehen. Darüber hinaus steht im Hintergrund aktueller Aussagen das „Programm" der humanistischen Tradition, das eine „ideelle Kraft" auf die inhaltliche Orientierung der Humanistischen Psychologie ausübt. Programmatische Aussagen, die in der Anfangszeit dieser Bewegung getan wurden, beziehen sich weniger auf tatsächliche Leistungen oder Ideen, die von dieser Richtung bereits gezeigt wurden, sondern es handelt sich vielmehr um Ziele, um ein „Versprechen", das es auch ermöglichen sollte, Identifikationen zu bilden, Anhänger und Interessenten anzuziehen und Abgrenzungen gegenüber konkurrierenden Paradigmen einzuführen.

Die Bedeutungsvielfalt des Begriffs „humanistisch"

Für eine Orientierung über wesentliche Charakteristika der Humanistischen Psychologie muß vorerst einmal berücksichtigt werden, daß der Begriff „human", der als Stammwort im Ausdruck „humanistisch" steckt, vielstrapaziert ist und dadurch geeignet, Verwirrung zu stiften. Eine Klärung dieses Begriffs scheint vorerst einmal notwendig, um die Schwierigkeiten im Zusammenhang mit dem Begriff „Humanistische Psychologie" verstehen zu können. In Anlehnung an GIORGI (1981) können fünf verschiedene Bedeutungen des Begriffes „human" unterschieden werden. Wir finden diese Bedeutungsvielfalt immer wieder in unterschiedlicher Gewichtung, oft auch unreflektiert bei den verschiedenen Versuchen, Charakter, Anspruch und Ziele der Humanistischen Psychologie zu beschreiben. Sie werden verwendet, obwohl manche dieser Bedeutungen keine Prägnanz in die Diskussion bringt und auch kein Unterscheidungskriterium für die positive Beschreibung der Denkrichtung bietet, die sich als Humanistische Psychologie bezeichnet.

1. Human kann einmal im Sinne von humanitär/menschlich verstanden werden, eine Bedeutung, die „menschenwürdig", „auf das Wohl des Menschen gerichtet", „menschenfreundlich" mit einschließt, und

sich in der Nähe von Begriffen wie mitmenschlich/gefällig, sozial/ hilfsbereit, gemeinnützig, wohltätig, den Nächsten liebend befindet. Ein Gegensatz dazu wäre die Verwendung von „inhuman" im Ausdruck „eine inhumane Vorgangsweise" oder die Begriffe menschenunwürdig, menschenverachtend oder auch egoistisch, nur auf den Eigennutzen bedacht. Die Verwendung des Begriffes „human" in dieser Bedeutung ist auch häufig ein impliziter Hinweis auf Menschenrechte wie etwa Recht auf Gleichheit, Unversehrtheit etc. Obwohl einige der Vertreter der Humanistischen Psychologie eine Bedeutungsgebung in diese Richtung anzeigen, scheint es nicht eine Interpretation von Humanistischer Psychologie zu sein, die ausreichend von anderen Richtungen der Psychologie oder Sozialwissenschaften differenziert. Denn gerade diese wissenschaftlichen Richtungen wie alle Humanwissenschaften haben den Anspruch, einen Beitrag für ein menschenwürdigeres Leben zu leisten. Alle sogenannten helfenden und heilenden Berufe müssen notwendigerweise diesen Anspruch haben, um ernst genommen zu werden, und zwar unabhängig davon, welcher impliziten Philosophie vom Menschen sie folgen. Es ist die Intention, human zu sein, die hier eine besondere Rolle spielt: Viele haben die Absicht, „human" im Sinne von „menschenfreundlich", „menschenwürdig", „hilfsbereit" zu handeln, zu entscheiden oder vorzugehen. Eine Unterscheidung ist von dieser Bedeutungsrichtung nicht möglich, außer zwischen jenen, denen bei „guten", „humanen" Absichten die Humanität gelingt, von jenen, denen trotz „guter" und „humaner" Absichten die Humanität mißlingt. Die Humanistische Psychologie hat wie andere Richtungen der Human- und Sozialwissenschaften diesen Anspruch, aber er reicht nicht aus, um eine darüber hinausgehende Unterscheidung zu treffen.

2. Eine weitere Bedeutung des Begriffes „human" wird im Sinne einer Philosophie des Humanismus verwendet. Dabei wird das Studium des Menschen, seiner Leistungen und Interessen im Gegensatz zum Studium theologisch getönter Probleme oder abstrakter und allgemeiner Fragen betont. Die Philosophie des Humanismus ist auch mit dem Problem der Bedeutungsvielfalt und mit dem Leerformelcharakter des Begriffes Humanismus belastet. Sie steht für die Auffassung, daß der Mensch mit seinen Möglichkeiten und Fähigkeiten eine eigenständige Seinskategorie darstellt, und lehnt eine Erklärung des Menschlichen aus einem übernatürlichen, spirituellen oder religiösen System ab. Sie vertritt eine skeptische Position gegenüber allen

abstrakten Systemen und setzt auf Vernunft und auf die Fortschritte der Wissenschaften und der Demokratie. Obwohl die Philosophie des Humanismus einen Teil des philosophischen Problembewußtseins der Humanistischen Psychologie ausmacht und sich Anregungen und Parallelen ergeben, ist eine ausschließliche Orientierung an dieser Bedeutung vermutlich eine Einengung der Fragen und Interessen der Humanistischen Psychologie. Sie ist nicht eine Fortsetzung der Philosophie des Humanismus mit psychologischen Fragestellungen, auch wenn die Philosophie des Humanismus als Hintergrund für die Entwicklung eines Problembewußtseins im Auge behalten werden muß. Andererseits bedeutet das Interesse der Humanistischen Psychologie am Konkreten, Erlebbaren nicht notwendigerweise eine Verpflichtung gegenüber einer Philosophie des Humanismus. Für Giorgio (1981) würde die Orientierung an einem philosophischen Humanismus als Grundlage für die Humanistische Psychologie eine Einschränkung bedeuten. De facto hat jedoch auch diese Position einen Platz (vgl. Richards und Richards 1973) oder fordert ihr Recht, wie etwa die Diskussion um eine „säkuläre" Humanistische Psychologie zeigt, die sich von einem mystischen und spirituellen Humanismus abgrenzt (vgl. Ellis 1992).

3. Eine weitere Bedeutung von „human" findet sich im Zusammenhang mit dem ursprünglichen Gegenstand geistes- und kulturwissenschaftlicher Studien wie Kunst, Literatur und Geschichte (engl. „humanities"), insbesondere auch im Zusammenhang mit dem Studium der klassischen Sprachen und Kultur. Ein Humanist in diesem Sinne ist ein Kenner der Sprachen, der Literatur und Geschichte, ein Liebhaber der Kunst, also eine Person, die sich besonders und intensiv mit den spezifischen geistigen Leistungen des Menschen (Objektivationen) auseinandersetzt. Auch diese Bedeutungsrichtung ist als relevanter Hintergrund für das Problembewußtsein der Humanistischen Psychologie zu beachten. Jedoch auch hier würde eine ausschließliche Bezugnahme auf diese Bedeutung eine Einengung des Horizonts der Humanistischen Psychologie bedeuten, auch wenn es Überschneidungen und Parallelen in manchen Fragestellungen gibt. Eine Quelle von Überschneidungen und Anregungen dieser Art liegt etwa in der Entwicklung des humanistischen Bildungsbegriffes oder auch spezifischer Fragestellungen wie z. B. im Studium des Verhältnisses von menschlicher Sensibilität, Kultur und Poesie (vgl. Sewell 1985).

4. Eine vierte Bedeutung von „humanistisch" ist eine operational-beschreibende im Sinne von Aktivitäten von Menschen oder genauer: alles, wozu der Mensch fähig und imstande ist. Die Bedeutung, die hier gemeint ist, entspricht jener, die in „Psychologie des Menschen" etwa im Gegensatz zu einer „Tierpsychologie" steckt, also eine Bedeutung, die alles umfaßt, was dem Menschen zukommt, quasi eine alles umfassende und erschöpfende operationale Definition von „menschlich". Sie bezieht sich bloß auf den Umstand und die Tatsache der Existenz eines menschlichen Organismus, der sich – in welche Richtung auch immer – „ausdrückt", „verhält" oder einfach besteht. Es ist dies eine Auffassung von „menschlich", die nach allen Seiten offen ist. Eine „humanistische Psychologie" in diesem Sinne wäre eine Denkrichtung, der „nichts Menschliches fremd wäre", eine Formulierung, die gerne provokativ gegenüber humanwissenschaftlichen Richtungen angebracht wird, die ihre Forschung unangemessen einengen. Sie erinnert auch an die existentialistische Idee, daß der Mensch nichts anderes als sein Leben, als „was immer er macht" ist, allerdings ohne den konfrontativen „existentialistischen" Beigeschmack. In unserem Zusammenhang hat diese Bedeutung jedoch eine nüchtern feststellende Intention. Auch wenn die Humanistische Psychologie für sich in Anspruch nimmt, daß ihr nichts Menschliches fremd ist, so ist die hier diskutierte Bedeutung für die Charakterisierung ihres Gegenstandes und Problemhorizonts zu weit und als Unterscheidungskriterium unbrauchbar, da sie nur und nichts anderes zum Ausdruck bringt als ein Signal für eine unbegrenzte Offenheit für die Bedeutung des Begriffs „human".

5. Die letzte hier angeführte Bedeutung von „human" ist im Sinne von spezifisch menschlich, einzigartig menschlich, was dem Menschen allein zukommt, eine Bedeutung, die das Besondere des Menschen im Unterschied zu anderen Organismen betont. Eine Humanistische Psychologie in diesem Sinne sucht ein Unterscheidungskriterium in der positiven Charakterisierung dessen, was das spezifisch und ursprünglich Menschliche ausmacht. In der Regel werden hier Fähigkeiten angeführt wie Kreativität, Bewußtheit, Selbstreflexion, Selbstaktualisierung, Autonomie und Identität und ähnliche Fähigkeiten und Möglichkeiten, um das spezifisch Menschliche zu charakterisieren. Die Aufzählung der Inhalte, die zum spezifisch Menschlichen gehören, ist ein Ergebnis der Selbsterforschung der menschlichen Evolution und unterliegt auch der historischen Veränderlichkeit von Interessen. Die oben genannten Inhalte sind vor dem Hintergrund

verständlich, daß die Humanistische Psychologie als Reaktion auf vernachlässigte Fragen der damals traditionellen Psychologie die Frage
nach dem spezifisch Menschlichen gestellt hat. Der Nachteil einer
inhaltlichen Charakterisierung des spezifisch Menschlichen für die
Abgrenzung des Gegenstandbereiches der Humanistischen Psychologie ist, daß auch Denkrichtungen mit anderen oder sogar gegensätzlichen paradigmatischen Vorzeichen die mit diesen Fähigkeiten
verbundenen Fragen erforschen können, womit dieses Unterscheidungskriterium wieder relativiert ist. Ein Beispiel dafür wäre die Krea-
tivitätsforschung, die von unterschiedlichen Ansätzen betrieben wird.
Ein anderer Weg, der diese Probleme zu vermeiden versucht, setzt bei
metatheoretischen Erörterungen an. Das spezifisch Menschliche wie
etwa die Fähigkeit zur Symbolisierung durch Sprache und andere Ausdrucksformen ist dabei metatheoretischer Ausgangspunkt für die
Entwicklung eines inhaltlichen, wissenschaftsmethodischen und pra-
xis- und handlungsbezogenen Problembewußtseins. Humanistisch ist
dann eine Kennzeichnung für eine bestimmte Form der „Sensibilität"
gegenüber dem Menschen, die im Wahrnehmen und Aufgreifen von
Forschungsfragen, in der Entwicklung einer methodologischen und
praktischen Perspektive zum Ausdruck kommt.

Diese Bedeutungen des Begriffes „human", der auch die Bedeutungsrichtung von „humanistisch" angibt, überlappen sich teilweise. Sie
finden sich im Problembewußtsein der Humanistischen Psychologie
in unterschiedlicher Gewichtung, obwohl die zuletzt genannte Bedeutung favorisiert wird. Sie ist auch jene, die eine konstruktive Weiterführung verspricht. Die programmatischen Aussagen zur Humanistischen Psychologie, die in der Folge dargestellt und diskutiert werden,
sind Versuche, diese zuletzt genannte Bedeutung zu spezifizieren, das
spezifisch Menschliche als Grundlage für ein Programm und eine
Aufgabenstellung der Humanistischen Psychologie zu beschreiben.
Die oben entwickelte Bedeutungsvielfalt ist jedoch sinnvollerweise als
differenzierender Raster im Auge zu behalten.

Programmatische Aussagen

C. BÜHLER und ALLEN (1973) bezeichneten die Humanistische Psychologie als ein System, das zwar nicht geschlossen, jedoch deutlich
charakterisierbar ist. Die ersten programmatischen Aussagen zur Hu-

manistischen Psychologie versuchen ein charakteristisches Profil einer neuen Denkrichtung und Orientierung auszudrücken (C. Bühler und Allen 1973). 1957 präsentierte MASLOW eine Beschreibung seiner Voreinstellungen und Ziele für eine humanistische Psychologie mit dem Anspruch, eine „reife Wissenschaft" der menschlichen Natur anzuregen:

(1) Psychologie sollte mehr [...] mit den Problemen der Menschheit und weniger mit den Problemen der Berufsvereinigung beschäftigt sein [...] (2) amerikanische Psychologie sollte mutiger, kreativer [...] nicht nur vorsichtig und bedacht sein, Fehler zu vermeiden [...] (3) Psychologie sollte mehr problemzentriert und weniger von Mitteln und Methoden gefesselt sein [...] (4) Psychologie sollte positiver und negativ sein [...] (5) Psychologie sollte die Tiefen der menschlichen Natur ebenso wie das Oberflächenverhalten, das Unbewußte ebenso wie das Bewußte studieren [...] (6) Psychologie sollte das menschliche Wesen nicht nur als passive Hülle sehen, hilflos bestimmt von äußeren Kräften. Der Mensch ist oder sollte ein aktiver, autonomer, selbstbestimmter Handelnder, Wählender und Zentrum seines eigenen Lebens sein [...] (7) Psychologie sollte mehr Zeit dem intensiven Studium der einzelnen einzigartigen Person widmen, um ihre Eingenommenheit mit dem verallgemeinerten Menschen und mit verallgemeinerten und abstrakten Fähigkeiten auszugleichen (Maslow 1965a, S. 20f.*).

Alle diese Aussagen von Maslow sind Forderungen und Vorschriften darüber, was Psychologie sein sollte, und er unterstellt damit auch, daß das von ihm Geforderte fehlt. Unabhängig davon, wie berechtigt und zutreffend diese impliziten Annahmen über den Zustand der damaligen amerikanischen Psychologie auch waren, zeigen sie ein *spezifisches Problembewußtsein* an, das einen Ausgangspunkt für die Forderung nach einer veränderten Sichtweise darstellte. Die Forderungen beziehen sich auf Schwächen, die Maslow in der bestehenden akademischen Psychologie sah und die er vermeiden wollte: Karrierismus, Mittelzentrierung, übermäßige Vorsicht, Negativismus, Oberflächlichkeit, ein passives Menschenbild, Abstraktheit und ein dominierendes Interesse an Verallgemeinerungen. Eine stärker humanistisch orientierte Psychologie sollte durch gegenteilige Eigenschaften charakterisiert sein. Es fällt dabei auf, daß Maslow sich abgrenzend auf eine „traditionelle Psychologie" bezieht und in seinen Forderungen

Stilelemente und allgemeine Gesichtspunkte für eine methodologische Vorgangsweise und für die Auswahl von Problemen ausdrückt. Er versucht also, eher auf ein Problembewußtsein zu verweisen als ein Forschungs- und Theorieprogramm anzubieten.

Die auch gegenüber der Öffentlichkeit präsentierten, programmatischen Aussagen der 1962 gegründeten Association of Humanistic Psychology finden sich in C. Bühler und Allen (1973, S. 7):

Im Zentrum der Aufmerksamkeit steht die erlebende Person. Damit rückt das Erleben als primäres Phänomen beim Studium des Menschen in den Mittelpunkt. Sowohl theoretische Erklärungen wie auch sichtbares Verhalten werden im Hinblick auf das Erleben selbst und auf seine Bedeutung für den Menschen als zweitrangig betrachtet.
Der Akzent liegt auf spezifisch menschlichen Eigenschaften, wie der Fähigkeit zu wählen, der Kreativität, Wertsetzung und Selbstverwirklichung, Wertsetzung und Selbstverwirklichung, im Gegensatz zu einer mechanistischen und reduktionistischen Auffassung des Menschen.
Die Auswahl der Fragestellungen und Forschungsmethoden erfolgt nach Maßgabe der Sinnhaftigkeit, im Gegensatz zur Betonung der Objektivität auf Kosten des Sinns.
Ein zentrales Anliegen ist die Aufrechterhaltung von Wert und Würde des Menschen. Das Interesse gilt der Entwicklung der jedem Menschen innewohnenden Kräfte und Fähigkeiten. In dieser Sicht nimmt der Mensch in der Entdeckung seines Selbst, in seiner Beziehung zu anderen Menschen und zu sozialen Gruppen eine zentrale Stellung ein.

Der Schwerpunkt liegt auf der erlebenden Person, dem Erleben als Ausgangspunkt beim Studium des Menschen. Damit ist ein charakteristisches Merkmal, die *Erlebenszentrierung*, benannt, die praktische und theoretische Implikationen besitzt. Theoretische Erklärungen wie auch sichtbares Verhalten werden auf das Erleben bezogen. Ein weiterer Akzent wird auf die spezifisch menschlichen Fähigkeiten zu wählen, auf Kreativität, Wertsetzung und Selbstverwirklichung gelegt. Hinsichtlich der wissenschaftlichen Forschung wird der Auswahl der Fragestellungen und Forschungsmethoden eine besondere Bedeutung gegeben. Die *Sinnhaftigkeit der Fragestellung* ist erstes Kriterium. Weitere Kriterien sind die Aufrechterhaltung von Wert und Würde des Menschen, die Entwicklung der jedem Menschen innewohnenden Kräfte und Fähigkeiten, die Entdeckung seines Selbst in seiner Beziehung zu anderen Menschen und zu sozialen Gruppen. Diese Formulierungen sind systematischer als jene von Maslow. Es klingt ebenso eine Abgrenzung zu einer „traditionellen Psychologie" an, obwohl hier bereits positive Charakteristika (Erleben, Wertsetzung, Selbstverwirklichung) genannt sind.

BUGENTAL war der erste Präsident der Association for Humanistic Psychology (AHP). Seine Formulierung der idellen Basisorientierung und Grundpostulate der Humanistischen Psychologie wird in einer Reihe von Merkmalen beschrieben, die sich teilweise auf ein Menschenbild und teilweise auf eine wissenschaftliche und methodische Orientierung beziehen (vgl. Bugental 1964).

1. Das menschliche Wesen ist mehr als die Summe seiner Teile. Diese Formulierung stammt aus der Gestaltpsychologie. Es bedeutet, daß trotz der Wichtigkeit der Kenntnis seiner Einzelfunktionen die Einzigartigkeit des Menschen als Ganzheit und Organismus Vorrang hat.

2. Menschliches Existieren vollzieht sich in zwischenmenschlichen Beziehungen. Die Humanistische Psychologie studiert den Menschen in seinem zwischenmenschlichen Potential, als soziales Wesen und nicht isoliert von seinen sozialen Bezügen.

3. Der Mensch lebt bewußt. Ein Wesensmerkmal des Menschen ist es, daß er bewußt erleben kann, daß er Bewußtheit über sich selbst (Selbstbesinnung) erreichen kann, unabhängig davon, wieviel dem Bewußtsein jeweils zugänglich ist. Diese Möglichkeit des bewußten Erlebens ist Grundlage und Voraussetzung dafür, menschliche Erfahrungen (eigene oder fremde) überhaupt verstehen zu können.

4. Der Mensch ist in der Lage zu wählen und zu entscheiden. Unabhängig von der Diskussion, ob der menschliche Wille frei ist, ist die Möglichkeit der Wahl ein phänomenologisches Faktum. Dadurch kann der Mensch sein aktuelles So-Sein, den aktuellen Zustand überschreiten und sich wandeln.

5. Der Mensch lebt intentional (zielgerichtet und zielorientiert). Der Mensch lebt ausgerichtet auf Ziele und Werte oder hat eine gerichtete Orientierung, die einen Teil seiner Identität bilden. Diese Gerichtetheit kann klar, komplex oder paradox sein, sie wird jedoch als ein spezifisch menschliches Merkmal gesehen.

Die folgenden Punkte betreffen die wissenschaftsphilosophische Orientierung und ihre Postulate:

6. Im Mittelpunkt der Humanistischen Psychologie steht der Mensch.
Diese eher inhaltsleere Formulierung bedeutet, daß Forschung von
Menschen über Menschen und für Menschen durchgeführt wird.
Wenn die an Untersuchungen beteiligten Personen auch unter-
schiedliche Aufgaben haben, sind sie doch in ihrem Menschsein ver-
bunden. Dieses richtet sich gegen ein starres Objektivitätsideal in
Verbindung mit einem Distanzpostulat.

7. Für die Humanistische Psychologie sind Sinn und Bedeutung
von Fragestellungen wichtiger als Forschungsmethoden oder methodische Prozeduren. Die Notwendigkeit der Entwicklung und Anwendung von Forschungsmethoden wird zwar gesehen, geht aber nicht
auf Kosten von Sinn- und Bedeutungszusammenhängen.

8. Die Humanistische Psychologie strebt eher persönliche als unpersönliche Überprüfung von Aussagen an. Die Bedeutung von statistischen Methoden oder experimentellen Verfahren wird nicht geleugnet, aber als das letzte und unersetzliche Überprüfungskriterium
gilt die reflektierte persönliche Erfahrung. Die Überprüfung von Forschungsergebnissen an der eigenen Erfahrung (nicht zu verwechseln
mit einem vorschnellen Abqualifizieren von Forschungsergebnissen
aufgrund von ersten Eindrücken und schnellen Überlegungen), die
gründliche und differenzierte Erforschung der eigenen Erfahrung
sind notwendig.

9. Die Humanistische Psychologie akzeptiert den Relativismus aller Erkenntnis. Das bedeutet, daß jegliches Wissen relative Bedeutung
hat, wandlungsfähig und wandlungsbedürftig ist. Dies soll eine Aufforderung sein, das kreative Potential des Menschen zur Veränderung
und Ausweitung des Wissens auszuschöpfen.

10. Die Humanistische Psychologie vertraut weitgehend auf die
phänomenologische Orientierung. Ausgangspunkt und Grundlage
jeglichen Wissens sind die unmittelbare Erfahrung und das unmittelbare Erleben.

11. Die Humanistische Psychologie lehnt die Beiträge anderer
Perspektiven nicht ab, sondern versucht sie zu ergänzen und stellt sie
in eine breitere Konzeption menschlicher Erfahrung. Dieser Grundsatz drückt einerseits das Moment der Methodentoleranz und andererseits das Moment der Integration aus. Wissen und Erfahrung sollen
aus verschiedenen Quellen und über verschiedene Methoden aufeinander bezogen und integriert werden.

BUGENTAL (1964) betont in seiner Formulierung der ideellen Basis-orientierung und Grundpostulate der Humanistischen Psychologie besonders die Ganzheitlichkeit und die zwischenmenschliche Existenz des Menschen. Das Ziel der Humanistischen Psychologie ist es demnach, den Menschen in seinem zwischenmenschlichen Potential, als soziales Wesen und nicht isoliert von seinen sozialen Bezügen zu erforschen. Weiters wird die Freiheit des Menschen zur Wahl, seine Möglichkeit des bewußten und zielgerichteten Lebensvollzuges und seine Autonomie hervorgehoben. Besonders hebt Bugental die Intentionalität des Menschen (Zielorientierung) hervor, eine Orientierung auf Motive, Ziele und Werte hin, die einen zentralen Teil seiner Identität bilden.

SEVERIN (1971) hat ebenfalls eine Charakterisierung der Humanistischen Psychologie vorgelegt. Er weist ausdrücklich darauf hin, daß die Humanistische Psychologie ihre Aufmerksamkeit auf die Eliminierung der Mängel, die den Theorien des Behaviorismus und der Psychoanalyse anhaften, richtet. Er charakterisiert sie allgemein – im Gegensatz zu einer Schule des Denkens – als eine „Orientierung zur Psychologie – eine Art, über den Menschen und das ganze wissenschaftliche Unternehmen nachzudenken, die unser Bild vom Menschen modifiziert und die Psychologie von verschiedenen Beschränkungen befreit, die ihr durch Theorien auferlegt wurden, welche jetzt nicht mehr modern erscheinen" (Severin 1976, S. 109). Der Schwerpunkt seiner Charakterisierung der Humanistischen Psychologie liegt auf einer Veränderung des Bildes vom Menschen in Richtung einer Betonung von Einheit der Person, Autonomie, Einzigartigkeit und einer expansiven, auf Selbstverwirklichung gerichteten Motivation; weiters auf einer Veränderung des wissenschaftlichen Zugangs in Richtung Ablehnung des Reduktionismus, Entwicklung einer menschlichen, die Subjektivität berücksichtigenden Wissenschaft, die öffentliche und private Ereignisse thematisiert, die Grenzen der objektiven Methodologie berücksichtigt und den Bedarf an zusätzlichen Methoden anerkennt. Die Betrachtungsweisen der Humanistischen Psychologie beinhalten nach Severin (1971) die „spontane selbstbestimmende Person, die kreativ nach Selbsterfüllung und anderen Zielen strebt", die „Untersuchung der wechselseitigen Interaktion aller vor sich gehenden Aktivitäten des ganzen menschlichen Individuums", das Bewußtsein als „grundlegendste[n] menschliche[n] Prozeß" und die „unmittelbare Erfahrung als die fundamentale Realität",

die Aufhebung der „scharfe[n] Dichotomie zwischen subjektiver und
objektiver Methodologie", eine Psychologie, die „problemzentriert"
Forschungsthemen mit „Relevanz für das Individuum und die Gesellschaft" sucht, Wertsetzungen und Themen in Richtung „Selbstverwirklichung, Verpflichtung, Verantwortung und Lebensziele" vor-
nimmt und versucht, „Verhalten im Hinblick auf die Ausdehnung der
Autonomie des Individuums zu verstehen" (zit. nach Severin 1976,
S. 109 f.).

Die Auswahl dieser Charakterisierungen des Programms und der
Zielrichtung der Humanistischen Psychologie in der ersten Phase
ihrer Entwicklung und Organisation zeigt folgendes Bild:

1. Die thematischen Schwerpunkte variieren zwar gelegentlich, aber
die Formulierungen werden prägnanter, aussagekräftiger und ent-
wicklungsfähiger.

2. Die Aussagen beziehen sich auf zwei vordringliche Problemkrei-
se, die eine metatheoretische Aufgabe darstellen: das Menschenbild
und die Wissenschaftsauffassung.

3. Die Aussagen zur Charakterisierung der Humanistischen Psychologie stellen kein Forschungsprogramm, keine Grundsätze oder
Axiome einer Denkschule dar, sondern eher eine allgemeine Orientierung und eine Verpflichtung für ein Problembewußtsein.

4. Durchgängig, wenn auch mit in der Zeit zurücktretender Tendenz ist die oppositionelle und abgrenzende Bezugnahme auf andere
Denkrichtungen oder Orientierungen: die Selbstcharakterisierung
als „Dritte Kraft" in Absetzung zur Psychoanalyse und zum Behaviorismus und die Betonung eines Menschenbildes und einer Wissenschaftsauffassung, die in Opposition zu einer als „traditionell" bezeichneten Entwicklung innerhalb der amerikanischen Psychologie
präsentiert werden, weisen darauf hin.

GIORGI (1981) führt den Umstand, daß sich die Humanistische Psychologie immer wieder als eine amorphe Bewegung zeigt, darauf zurück, daß sich die Humanistische Psychologie in abgrenzender Bezugnahme auf andere psychologische Denkrichtungen entwickelt und es
dadurch verabsäumt hat, eine eigenständige metatheoretische Diskussion und Orientierung zu entwickeln. Giorgi sieht das Zentrale der
Humanistischen Psychologie in ihren *metatheoretischen Voraussetzungen* über den Forschungszugang zu menschlichen Phänomenen

(Wissenschaftsauffassung) und über die Bedeutung dessen, was als spezifisch menschlich angesehen wird (Menschenbild). Ein adäquater Zugang zu menschlichen Phänomenen sei nicht über die Erfassung des Substantiellen, sondern des Strukturellen erreichbar (Substanz versus Struktur). Eine *Struktur* ist dabei ein Netzwerk von Beziehungen, das immer Ausdruck einer bewußten Geistestätigkeit und einer Leistung des Bewußtseins ist. Giorgi sieht in der Bevorzugung eines strukturellen Zugangs die Möglichkeit der Überwindung vielfältiger Dualismen (Körper – Geist, Subjekt – Objekt). Spannungen zwischen hervortretenden Strukturen sind Teil einer intrastrukturellen Spannung, die dialektisch und wechselseitig aufeinander bezogen sind (und nicht Substanzen, die kausal aufeinander bezogen sind). Zum Verständnis von einzelnen „Merkmalen", Leistungen, Fähigkeiten oder Beziehungen muß man die gesamte Struktur der Beziehungen verstehen. Eine Konsequenz dieser Art zu denken ist, daß der *Kontext* ebenso wichtig wird wie ein bestimmtes untersuchtes Thema oder Problem. Die Untersuchung hat neben der deskriptiven eine strukturelle, kontextgebundene Seite. Die Beschreibungen des Subjekts und des Objekts sind notwendige Ausgangspunkte. Eine strukturelle und deskriptive Betrachtungsweise ist nach Giorgi der naturwissenschaftlichen Forschung nicht fremd und daher mit einer Vorstellung von „strenger" Forschung vereinbar. Eine tiefere systematisch und methodengeleitete Analyse von Phänomenen dürfe dabei nicht von starren Voraussetzungen ausgehen, die dem untersuchten Phänomen fremd sind, auch nicht von einem methodologischen Diktat weder nach Quantifizierung noch nach qualitativem Verstehen. Der Ansatz ermögliche nach Giorgi (1981) einen Zugang mit minimalen Voraussetzungen über die Natur des untersuchten Phänomens, bei dem die Erfindung und Anwendung von angemessenen Forschungswegen und Methoden als ausdrückliches Problem gesehen wird, was originelle Wege der Erarbeitung von Wissen erlaubt.

Das Menschenbild beschreibt Giorgi (1981) mit drei Fähigkeiten oder Aktivitäten, die den Menschen von anderen Lebewesen unterscheiden und für eine Wissenschaft, die das Seelische mit einschließt, relevant sind: (1) die Fähigkeit des Menschen, jede gegebene Struktur, in der er sich befindet, zu überwinden und zu transformieren; er kann sich in einer Weise zur Welt in Beziehung setzen, daß er eine Ordnung jenseits der vorgefundenen Natur kreieren kann; (2) seine symbolischen Fähigkeiten, mit deren Hilfe er symbolische Welten schaffen kann, Phänomene trotz Variation der Perspektive erkennen und verschiedene Ausdrucksformen desselben Themas finden kann; und (3) sein Vermögen, sein Erleben, seine Lebenserfahrungen (oder das anderer Menschen) zu reflektieren, wodurch er für sein Leben Bedeutungen schaffen, dafür Verantwortung übernehmen und sein Leben dementsprechend führen kann. Diese metapsychologischen Annahmen sind nach Giorgi jene Themen, die einen notwendigen Ausgangspunkt für die Entwicklung einer Humanistischen Psychologie mit einem wissenschaftlichen Anspruch darstellen.

Humanistische Psychologie als „Dritte Kraft"

MATSON bezeichnete die Entwicklung der Humanistischen Psychologie als „Dritte Revolution" und als „Renaissance des Humanismus in der Psychologie" (Matson 1971, S. 44). Der Ausdruck „Dritte Kraft", der von Vertretern der Humanistischen Psychologie zur Charakterisierung ihrer Denkrichtung häufig verwendet wird, bezieht sich nach Matson auf drei verschiedene konzeptionelle Revolutionen in der Psychologie: Behaviorismus, Psychoanalyse und Humanismus.

Der *Behaviorismus* erschütterte die Grundfesten der amerikanischen akademischen Psychologie beinahe mit der Kraft einer Offenbarung. Er entwickelte sich als Reaktion auf die exzessive Beschäftigung der Psychologie des 19. Jahrhunderts mit dem Bewußtsein und mit der Introspektion als Methode, Daten über die bewußte Geistesaktivität zu gewinnen. Die radikalen Behavioristen eliminierten das Bewußtsein und jegliche Ressource des menschlichen Verstandes. Der Gründervater der Bewegung, John WATSON, entfernte alle subjektiven Begriffe wie Empfindung, Wahrnehmung, Wunsch, Zweck und sogar Denken und Gefühl. Es zählte nur das *sichtbare Verhalten*, das mit der Formel von Reiz – Reaktion erklärt wurde. Laut Matson bekam der Behaviorismus seinen revolutionären Drall durch das Konzept der konditionierten Reflexe, das von den russischen Psychologen PAWLOW und BECHTEREV übernommen wurde (Matson 1971). Die objektive Psychologie wurde damit auch zu einer angewandten Psychologie: „Das Interesse des Behavioristen ist mehr als das Interesse eines Beobachters; er möchte die Reaktionen des Menschen kontrollieren, wie Naturwissenschafter andere Naturphänomene kontrollieren und manipulieren wollen." (Watson 1958, S. 11). Der Mensch wurde als „organische Maschine" gesehen, dem der Behaviorist als

Ingenieur gegenüberstand. Der revolutionäre Anspruch des Behaviorismus kommt in folgender, oft plakativ zitierten Aussage zum Ausdruck: „[…] das Schlagwort des Behavioristen ist ‚Gib mir das Baby und ich lehre es Krabbeln und Gehen; ich lehre es Klettern und seine Hände gebrauchen, um Gebilde aus Stein und Holz zu konstruieren; ich mache aus ihm einen Dieb, einen Räuber oder einen Rauschgiftsüchtigen.' Die Möglichkeit der Gestaltung in jede Richtung ist fast endlos" (Watson 1926, S. 35*).

Als zweite Revolution nennt Matson die *psychoanalytische* Revolution. Behaviorismus und Psychoanalyse kamen ungefähr zur selben Zeit auf, standen jedoch auf gegensätzlichen Seiten. Während der Behaviorismus Reizqualitäten der äußeren Umgebung betonte, unterstrich die Psychoanalyse die Dynamik des inneren Milieus in Form von Trieben. Das Revolutionäre und Provokante an der Psychoanalyse zur Zeit ihres Aufkommens war die Behauptung der *Wirkung eines unbewußten Bereiches,* der das bewußte Erleben und Handeln determiniert, und die Behauptung einer permanenten Anwesenheit von Konflikten zwischen den von FREUD postulierten Trieben untereinander und mit der Kultur und Gesellschaft. Die zur Bewältigung dieser permanenten Konfliktdynamik entwickelten Mechanismen erlaubten in diesem Bild nur temporäre Lösungen und Entspannung (etwa durch Kompromißbildung). Die Neurose, die sich durch die in der ständigen Konfliktdynamik notwendige Repression von Triebanteilen ergibt, ist der Preis für die individuelle Person und die Gesellschaft.

Trotz aller Unterschiede zwischen Behaviorismus und Psychoanalyse in ihren orthodoxen Versionen treffen sich beide als Gegenpole zur Überbetonung des Bewußtseins in der Psychologie des 19. Jahrhunderts: In der Psychoanalyse erfolgte die *Relativierung des Bewußtseins* durch die Macht des Unbewußten, im Behaviorismus die *Eliminierung des Bewußtseins* durch die Beschränkung auf beobachtbares Verhalten und dessen Beziehung zu Verstärkerqualitäten der Umwelt. Sie treffen sich auch in der Aufrechterhaltung eines *Determinismus,* der bei WATSON ein umweltbedingter, bei FREUD ein psychogenetischer Determinismus ist. Beide ließen wenig Raum für die Vorstellung von Spontaneität, Kreativität, Rationalität und Verantwortung des Individuums. Der Determinismus beider Denkrichtungen sowie der *Pessimismus* der orthodoxen Psychoanalyse gegenüber den Möglichkeiten individueller und zivilisatorischer Entwicklung und der Pessimismus des Behaviorismus gegenüber den Möglichkeiten individuel-

ler und gesellschaftlicher Freiheit hat in der ersten Hälfte unseres
Jahrhunderts Kritik und die kreative Bildung von alternativen Sichtweisen herausgefordert. Diese Kritik und die alternativen Sichtweisen
formierten sich inhaltlich und ideell zu einer „Dritten Kraft" in Psychologie und Sozialwissenschaften neben dem Behaviorismus und der
Psychoanalyse. Die Entwicklung einer neuen Psychologie durch die
Reaktivierung des Humanismus bezeichnete Matson (1971) als „Dritte Revolution". Die revolutionären Ansprüche der Humanistischen
Psychologie lassen sich prägnant zusammenfassen: Die Humanistische Psychologie forderte den orthodoxen Behaviorismus und die
orthodoxe Psychoanalyse nicht nur durch philosophische Kritik an
pessimistischen und deterministischen Auffassungen heraus, sondern
forderte mit der Berücksichtigung des spezifisch menschlichen Privilegs erweiterter Bewußtseinsfähigkeit von sich selbst eine Praxis, die
Freiheit und Entwicklungsoptimismus als phänomenologische Fakten
– als „erlebbare" Freiheit und „spürbare" Weiterentwicklung – aufgreift. Gegenüber der experimentellen Psychologie des 19. Jahrhunderts, deren Forschungsprogramm sich auch auf das Bewußtsein –
allerdings weitgehend eingeschränkt auf rationale Prozesse wie Denken, Gedächtnis und Erinnerung – richtete, steht der Anspruch der
Humanistischen Psychologie, der qualitativen und funktionalen
Reichhaltigkeit der Möglichkeiten menschlichen Bewußtseins gerecht zu werden (vgl. Rychlak 1997).

Paradigmatische Unschärfen: Mehrdeutigkeiten und Entwicklungen

BÜHLER bezeichnete Anfang der siebziger Jahre die Humanistische
Psychologie als offenes, aber deutlich charakterisierbares System
(C. Bühler und Allen 1973). Trotz der Möglichkeit, das System der
Humanistischen Psychologie zu charakterisieren und die program-
matische Orientierung zu beschreiben, ist man doch weiterhin mit
Unschärfen, Mehrdeutigkeiten und Entwicklungen konfrontiert, die
Zielrichtung und Programm der Humanistischen Psychologie bis-
weilen verwirren und unklar erscheinen lassen. Dies zeigte sich u. a.
darin, daß es im Zuge der Entwicklung der Humanistischen Psychologie immer wieder zu oberflächlichen oder wechselnden Zuordnun-
gen und Unklarheiten kam. So verbergen sich hinter dem Etikett
„Humanistische Psychologie" manchmal auch jene Vorstellungen, die

sich nicht eindeutig bereits bekannten und identifizierbaren psychologischen Schulen zuordnen lassen. So wurden etwa im Zuge des Psychobooms und der „Human potential"-Bewegung manche meditativen und körperorientierten Techniken unreflektiert adaptiert und als fixer Teil humanistischer Verfahren präsentiert. Die Verfasser von Übersichtswerken zur Psychotherapie tun sich nach wie vor schwer bei der Frage, welche psychotherapeutischen Richtungen zum humanistischen Ansatz zu zählen sind. Bei der Personenzentrierten Psychotherapie (Rogers) und der Gestalttherapie (Perls) kann noch leicht Übereinstimmung erzielt werden, die jedoch beim Psychodrama (Moreno) und der Logotherapie (Frankl) nicht mehr eindeutig ist. Ebenso werden Transaktionsanalyse (Berne) und Bioenergetik (Lowen) gelegentlich zu den humanistischen Verfahren gezählt (vgl. etwa Kriz 1985, Stumm 1991).

Es gibt eine Reihe von Faktoren, die zu diesen Mehrdeutigkeiten beigetragen haben und die Humanistische Psychologie als eine Richtung erscheinen lassen, die als „amorphes Amalgam von Gesichtspunkten, Meinungen, Einstellungen und Überzeugungen" (Giorgi 1981, S. 20) beschrieben wird und mit dem Merkmal der konzeptionellen Konfusion (Royce 1972) charakterisiert wird. Generell hat vermutlich die Angst vor dem Dogma zu breiten und unscharfen Definitionen des Begriffs „humanistisch" geführt.

Heterogenität der Humanistischen Psychologie und allgemeine Wissenschaftsentwicklung

VÖLKER (1980) hat Defizite an einer einheitlichen Theorie für Unklarheiten, Mißverständnisse und einseitige Entwicklungen verantwortlich gemacht. Er charakterisiert die Humanistische Psychologie als „intellektuelle Bewegung" im Gegensatz zum Anspruch, eine „eigenständigen Schule" oder eine Denkrichtung mit einer „einheitlichen Theorie" und einer „theoretischen Fundierung" zu sein (Völker 1980, S. 13). Eine Denkrichtung am Maßstab einer „eigenständigen Schule", einer „einheitlichen Theorie" und „theoretischen Fundierung" zu messen, mag im Zeitalter der *postmodernen Unübersichtlichkeit* vielleicht ein überhöhter Anspruch an Homogenität und Kohärenz sein. Denn inzwischen – am Ende des zwanzigsten Jahrhunderts – teilt die Humanistische Psychologie ihr Schicksal mit anderen psychologischen und sozialwissenschaftlichen Richtungen, die im Zuge ihrer Weiterentwicklung durch vielfältige Differenzierungen und Einflüsse, durch Abspaltungen und eklektische Verbindungen heterogener geworden sind. Die Heterogenität der Humanistischen Psychologie ist jedenfalls im Kontext dieser allgemeinen Entwicklung der Wissenschaften und Ideengeschichte zu sehen. Sie hat darüber hinaus aber auch *intrinsische Quellen.* Denn – im Unterschied zu den Richtungen der Psychoanalyse und des Behaviorismus, in denen zumindest anfänglich eine dominierende Leitfigur (Freud, Watson) relativ homogene Perspektiven entwickelte und eine relativ kohärente Wissenschaftsauffassung bereitstellen konnte – die Humanistische Psychologie war ein Zusammenschluß mehrerer Begründer oder Initiatoren. Sie brachten bereits vorliegende Ansätze (z.B. Maslows Motivationstheorie, Rogers' Klientenzentrierte Psychotherapie, Bühlers Lebenslaufforschung) in die paradigmatische Diskussion ein, die zwar konvergierende, aber doch locker verbundene Perspektiven und Theorien darstellten. Vor diesem Hintergrund wird auch verständlich, daß im Zuge der Institutionalisierung der Humanistischen Psychologie in der „Association of Humanistic Psychology" ihre ersten Präsidenten die Definition de Humanistischen Psychologie als ihre vordringlichste Aufgabe sahen, und daß für Charlotte BÜHLER, die 1965 Präsidentin wurde, die besondere Herausforderung nach ihren eigenen Worten darin bestand, „das große Ausmaß an Verwirrung, das bezüglich den Zielen und Methoden der Humanistischen Psychologie besteht," zu klären (zit. nach DeCarvalho 1992, S. 128*).

Die Pioniere und Begründer der Humanistischen Psychologie wurden größtenteils in der Tradition des Behaviorismus oder der klassischen Psychoanalyse bzw. in der experimentellen Psychologie und psychologischen Diagnostik sozialisiert – damals dominierend in der amerikanischen Psychologie. Ihr Streben nach einer geistigen Erneuerung verstanden die Initiatoren der Humanistischen Psychologie sowohl als Überwindung traditioneller Denkmuster und Vorstellungen als auch als Protest gegen diese. Das bedeutete, daß die Bemühungen nach einer geistigen Neuorientierung innerhalb der Psychologie unter der Last bereits gefestigter Traditionen erfolgte, unter deren Einfluß die Begründer der Humanistischen Psychologie selbst standen. Darüber hinaus trafen sich mit der Psychoanalyse und dem Behaviorismus zwei Strömungen, die sehr gegensätzliche Auffassungen vertraten. Der Hintergrund ihrer akademischen Sozialisation, die Ablösungsproblematik waren Momente, die die Begründer der Hu-

manistischen Psychologie mehr oder weniger in die paradigmatische
Diskussion einbrachten und die die Anfälligkeit für Unschärfen förderten. MASLOW etwa war vom Behaviorismus im Sinne von Watson
fasziniert; er erhielt auf dem Gebiet der experimentellen Psychologie
bedeutsame akademische Anerkennung, bevor er sich später davon
distanzierte (DeCarvalho 1992). Für ROGERS z. B. war die Spannung
zwischen Operationalismus und empirisch-naturwissenschaftlicher
Forschung einerseits und einer phänomenologischen, qualitativen
Orientierung andererseits ein ständiges Thema im Verlauf seiner akademischen Karriere (Hutterer 1990). Erst lange nach Beendigung
seiner akademischen Karriere sprach er sich für eine qualitative Forschung und eine moderne „geisteswissenschaftlich-humanistisch" orientierte Wissenschaft aus (Rogers 1985).

Humanistische Psychologie als sozial-aktivistische Bewegung und antiintellektualistische Tendenzen

Völker identifizierte einen weiteren Faktor für Unschärfen, wenn er
feststellt „daß immer wieder bestimmte Spielarten der *humanistischen
Bewegung* mit der *Humanistischen Psychologie* identifiziert werden."
(Völker 1980, S. 13; Hervorhebung hinzugefügt). Die Spannung zwischen der intellektuellen, theoretischen und wissenschaftlichen Seite
einerseits und der sozial-aktivistischen Seite andererseits, die im Begriff „Bewegung" zum Ausdruck kommt, ist eine oft unterschätzte
Quelle von Unschärfen. Die Attraktivität einer humanistischen „Bewegung" (C. Bühler 1979) wurde durch ihre Verbindung mit der Protest-
und Jugendbewegung der sechziger und siebziger Jahre noch verstärkt. Denn mit Begriffen wie „Human Potential", „Encounter",
„altered states of consciousness" konnte man *neuen Lebensformen,*
Beziehungs- und Drogenexperimenten einen Namen und einen intellektuellen Anstrich geben. Theoretiker der Humanistischen Psychologie konnten die unkontrollierte Verbreitung von Etiketten aus dem
Fundus ihrer theoretischen Überlegungen nur zur Kenntnis nehmen.
Die „Bewegung" forderte ihre Opfer: theoretische Unschärfen und
theoretische Fahrlässigkeit im Dienste sozial-aktivistischer Wirksamkeit. Die Humanistische Psychologie beanspruchte zwar, Theorie für
eine Praxis zu sein – sowohl als Anwendung ausgearbeiteter Theorien
als auch als theoretische Reflexion vorliegender Praxis –, konnte jedoch mit der Eigendynamik des „Human Potential Movement" nicht

Schritt halten. Die Kurzlebigkeit und der spontane Charakter mancher Praktiken führten zu einer Immunisierung gegenüber ihrer
theoretischer Reflexion und förderten antiintellektualistische Momente, von denen sich akademische Vertreter der Humanistischen
Psychologie distanzierten (vgl. Anderson 1992). Als Beispiel kann hier
die Praktik des Nacktmarathons (eine Selbsterfahrungsgruppe, an
der die Gruppenmitglieder meist 24 Stunden oder länger durchgehend und ohne Pausen unbekleidet teilnehmen) angeführt werden,
die zwar nachträglich eine existentialistische Begründung erhielt (Unmittelbarkeit der Begegnung, Konfrontation mit der „nackten" Existenz, Unverborgenheit und Unverstelltheit, Lockerung der Fassaden
etc.), jedoch nicht eine theoriegeleitete, sondern im Grunde eine
bedürfnisorientierte Praktik war, die aus der Dynamik einer experimentellen Situation spontan entstanden ist (und auch aus diesem
Motiv wiederholt wurde). Die Kluft zwischen Humanistischer Psychologie als intellektuell-theoretischem Unternehmen und sozial-aktivistischer Bewegung kam auch durch den Umstand zum Ausdruck, daß
man als Interessent meist zuerst Gelegenheit hatte, mit der Praxis
(Growth Centers, Angebote des Psychomarktes) Bekanntschaft zu machen. Die Kluft zwischen akademischer Forschung und Lehre und der
Verbreitung von Praktiken der Humanistischen Psychologie ist in den
USA bis heute gegeben.

Protest, Offenheit und Interdisziplinarität

Die Humanistische Psychologie trat anfangs als eine Protestbewegung
gegen traditionelle Vorstellungen auf und verfolgte dabei zwar eine
abgrenzbare, aber doch abstrakt bleibende Zielrichtung. Die Protesthaltung und die negative Abgrenzung sind erst allmählich einer positiven inhaltlichen Orientierung gewichen. So wurde sie Anziehungspunkt für andere Protestbewegungen oder Ansätze mit unklarer Identität. Darüber hinaus wurden die Grenzen der Humanistischen Psychologie von ihren Protagonisten bewußt offen gehalten. Abgesehen
von Abgrenzungen gegenüber dogmatisch mechanistischen und deterministischen Ansätzen, versteht sich der humanistische Ansatz
nicht als strikter Gegensatz zu den vorhandenen Strömungen innerhalb der Psychologie und der Sozialwissenschaften, sondern als deren
Kontrastprogramm. Sie wies weder wichtige Einsichten der Tiefen-
psychologien strikt zurück noch Beiträge der Lerntheorie, sondern

versuchte den Gesichtskreis der modernen Sozial- und Humanwissenschaften zu erweitern. Die von Anfang an praktizierte Interdisziplinarität läßt Raum für Einsichten anderer Fachrichtungen. Das Kriterium
des intellektuellen Dialoges ist dabei die Fruchtbarkeit für Erforschung und Reflexion spezifisch menschlicher Qualitäten und Funktionen und nicht die Zugehörigkeit zu einer Fach- oder Denkrichtung. Die Offenheit und Methodentoleranz der Humanistischen
Psychologie zeigt sich auch in dem Umstand, daß relativ wenige Kontroversen, die in der Spannung zwischen Orthodoxie und Häresie
stehen, festgestellt werden können Ein Beispiel für diese Offenheit ist
die Beteiligung von Albert ELLIS an der paradigmatischen Diskussion
der Humanistischen Psychologie. Ellis, der mit seiner rational-emo-
tiven Therapie keinen unwesentlichen Einfluß auf die Entwicklung
kognitiver Ansätze in der Verhaltenstherapie (cognitive-behavioral
therapies) hatte, indem er erste Ansätze zur kognitiven Umstrukturierung verwendete (Weber 1991), präsentierte seinen Ansatz unter dem
Titel *Humanistic psychotherapy: the rational-emotive approach* (Ellis 1973).
Er sieht die rational-emotive Therapie als einen existentialistisch und
philosophisch verwurzelten Ansatz im Gegensatz zu anderen Entwicklungen innerhalb der kognitiven Verhaltenstherapie, die die mechanistischen, rationalistischen und computer-orientierten Aspekte der
kognitiven Revolution in der Psychologie favorisieren (Ellis 1992).
Seine aktive Methode, die kognitive Überzeugungstechniken, verbale
Attacken auf irrationale Einstellungen, Desensibilisierung, Verstär-
kertechniken und Übungen zur kognitiven „Bekämpfung" von
(Selbst-)Beschuldigungen beinhaltet, betrachtet Ellis als Mittel zur
Erreichung von Selbstaktualisierung (Ellis 1991) und im Einklang mit
der therapeutischen Grundhaltung der unbedingten Wertschätzung
im Sinne der Personenzentrierten Psychotherapie nach Rogers (Ellis
1992).

Internationalität und eklektische Verbreitung

Eine Denkrichtung innerhalb der Psychologie und der Sozialwissenschaften, die sich mit der Bezeichnung „humanistisch" charakterisiert, ist mit einer Reihe von Mehrdeutigkeiten konfrontiert. C. Bühler (1979) hat darauf hingewiesen, daß im Europa der siebziger Jahre
eine große Offenheit für humanistische Methoden herrschte, ohne
daß diese mit der Denkrichtung der Humanistischen Psychologie

deutlich assoziiert wurden. Dies ist vermutlich aus Defiziten in der theoretischen Fundierung der damaligen Protagonisten dieser Praktiken zu erklären, lag jedoch im Trend des damaligen Psychobooms, der mit seinem praxis- und anwendungsorientierten sowie experimentellen Charakter wenig Interesse für theoretische Auseinandersetzung aufkommen ließ.

Wenn man versucht, die Verzweigungen und die Verbreitung der Humanistischen Psychologie auszuloten, so steht man vor einer geistig-intellektuellen Bewegung (vgl. auch Völker 1980), die viele Kontinente, eine große Anzahl von Praktikern und Wissenschaftern umfaßt, die nicht immer von vornherein unter dem Etikett „humanistisch" oder mit einem humanistischen Selbstverständnis auftreten, obwohl sich ihre Überlegungen auch in den ideengeschichtlichen Kontext der Humanistischen Psychologie einordnen lassen. Hier mag die Unterscheidung weiterhelfen zwischen Protagonisten der Humanistischen Psychologie, die ihr professionelles Selbstverständnis über die Auseinandersetzung und (partielle) Identifikation mit dieser Denkrichtung entwickeln, und den Theoretikern und Praktikern im psychologischen und sozialwissenschaftlichen Feld, die mehr oder weniger explizit sich in der Nähe oder Tradition einer humanistischen Geisteshaltungen befinden. Diese Nähe mag sich dann als allgemeines philosophisches Interesse am Wesen des Menschen, an Vorstellungen von Humanität in Verbindung mit einer kritischen Haltung gegenüber den aktuellen, vorherrschenden anthropologischen Vorstellungen zeigen. Ob es berechtigt ist, letztere in den Kreis der Humanistischen Psychologie zu holen oder sie zu vereinnahmen, ist fraglich, da sie sich in der Regel kaum direkt und mit der Verbindlichkeit einer identifizierten Position an ihrer paradigmatischen Weiterentwicklung beteiligen, sondern bestenfalls durch Rezeption mancher ihrer Überlegungen in deren Nähe gerückt wurden.

Transpersonale Psychologie: eine Abgrenzung

Durch die Nähe und Verwandtschaft der Transpersonalen Psychologie zur Humanistischen Psychologie ist hier eine Abgrenzung notwendig geworden. Beide teilen eine gemeinsame und parallele Entwicklung: MASLOW und SUTICH gelten auch als Initiatoren der Institutionalisierung der Transpersonalen Psychologie. Sie waren die ersten Herausgeber des *Journal of Transpersonal Psychology*.

Die transpersonale Psychologie verfolgt ebenfalls ein antireduktionistisches Programm und wird oft als Ableger der Humanistischen Psychologie angesehen. Genauso wie in der Humanistischen Psychologie liegt der Schwerpunkt des Interesses in der Phänomenologie des Bewußtseins. Aber hier sind ganz spezielle Formen des Bewußtseins gemeint, die sogenannten *veränderten Bewußtseinszustände* und *ungewöhnliche Bewußtseinszustände*, die sich von den normalen Wachzuständen unterscheiden und diese transzendieren. Die transpersonale Psychologie versucht diese Phänomene wissenschaftlich zu untersuchen. Es werden sowohl verschiedenartige Bereiche wie drogeninduzierte Zustände, Biofeedbacktraining und dessen Wirkung auf Bewußtseinszustände, Traumzustände, Meditation, hypnotische und autohypnotische Zustände, Trancezustände als auch Bewußtseinszustände, die intuitives Denken, mystisches und religiöses Erleben begleiten, erforscht. Eingeschlossen sind die psychophysiologische Perspektive und die phänomenologisch-introspektive, die mit diesen Bewußtseinszuständen verbunden sind. Weiters sind damit philosophische Fragen verbunden, die auch oft in der gegenwärtigen theoretischen Physik, der Neurowissenschaft und kognitiven Psychologie diskutiert werden. In diesem Zusammenhang ist darauf hinzuweisen, daß die transpersonale Psychologie diese Phänomene auch empirisch-experimentell untersucht (vgl. Sutich 1969, 1975). Vorläufer dieser Richtung waren William JAMES (1961) mit seiner Untersuchung der religiösen Erfahrung, JUNG mit seinem Interesse für Mythen, Symbole und parapsychologische Phänomene und MASLOW, der Gipfelerlebnisse als abgrenzbare Bewußtseinszustände untersuchte. TART (1969) beschrieb veränderte Bewußtseinszustände als eine klare qualitative Veränderung in der geistigen Funktionsfähigkeit eines Individuums. Ein akademisches Interesse an der Erforschung von veränderten Bewußtseinszuständen entstand aus der kulturkritischen Bewegung in den sechziger Jahren. In diesem Zusammenhang muß auch die Popularität der Schriften des Kulturanthropologen Carlos CASTANEDA (1986, 1988) genannt werden, der mit seiner Darstellung geänderter Bewußtseinszustände eine breite Anziehungskraft ausübte. Bei der wissenschaftlichen Erforschung dieser Phänomene wurde sehr bald klar, daß das geläufige naturwissenschaftliche Paradigma nicht ausreichte, um Bewußtseinszustände in ihren verschiedenartigsten Formen zu untersuchen. So wurde mit neuen Zugängen experimentiert. Die Mehrheit der geänderten Bewußtseinszustände sind spirituelle Phänomene, die keine physische Manifestation zeigten, aber dennoch als erlebbare und beschreibbare Bewußtseinszustände nicht geleugnet werden konnten.

Die aktuelle theoretische Diskussion innerhalb der Transpersonalen Psychologie ist mit Namen wie WILBER (1980, 1981), GROF (1985) sowie WALSH und VAUGHAN (1980) verbunden. Klinische Relevanz erhalten etwa Studien zu transpersonalen Dimensionen des Träumens (Krippner 1990). Die Transpersonale Psychologie steht auch im interdisziplinären Austausch mit der Medizin, vor allem zu Fragen der präventiven Medizin. Eine zentrale Hypothese der Transpersonalen Psychologie geht von der prinzipiellen Möglichkeit der willentlichen Kontrolle von inneren Zuständen aus, so daß Personen – bei entsprechendem Training – auch ein großes Ausmaß an Kontrolle über die eigene Gesundheit erlangen können. Verbindungen ergeben sich hier zur Psychoneuroimmunologie, ein neues Forschungsfeld an der Schnittstelle von Molekulargenetik, Biochemie, Neurologie, Immunologie und Psychiatrie (vgl. Taylor 1992). Studien im Rahmen der Transpersonalen Psychologie ziehen Mediziner und Physiker wegen ihrer Beschreibung von wahrgenommenen, „phänomenologischen" Effekten von Techniken der Bewußtseinsveränderungen an. Verschiedene Visualisierungs- und Entspannungstechniken, aber auch spirituelle Techniken werden dabei angewandt und untersucht (Siegel 1986, 1989; Dossey 1993).

Das transpersonale Interesse, das zwar von einigen Vertretern der Humanistischen Psychologie einer eigenen Richtung zugewiesen wurde (wo es deren Meinung nach auch bleiben sollte), anderen jedoch ein Anliegen ist, ist jedenfalls ein Gegenstand der Kritik innerhalb der Humanistischen Psychologie: Es sei unklar, was mit einer transpersonalen Psychologie überhaupt gemeint sei, die Betonung der transpersonalen Dimension gehe auf Kosten anderer menschlicher Dimensionen, und es herrsche eine Verwirrung darüber, ob mit Transzendenz eine psychologische Erfahrung oder ein metapsychologisches Konzept gemeint sei (Giorgi 1987).

New Age: eine Abgrenzung

New Age ist die Bezeichnung für eine seit den 1980er Jahren von den USA ausgehende religiöse Bewegung, die, von Heilserwartungen geleitet, die Gegenwart als kosmische Wendezeit sieht, von der sie die Umgestaltung der Welt zu einer überkonfessionellen, spirituellen Einheit mit neuen Lebens- und Technologieformen in einem neuen Zeitalter erwartet. Das „Neue Zeitalter" wird auch entsprechend einer astrologischen Perspektive und Zeitrechnung als Wassermannzeit bezeichnet. Obwohl sich aufgrund der Offenheit der New-Age-Bewegung nicht genau bestimmen läßt, was darunter zu verstehen ist, lassen sich doch einige Grundmotive und Strömungen angeben:

1. Krisenbewußtsein. Die Aufmerksamkeit für weltumspannende Krisen, die sich in verschiedenen Bereichen wie Ökologie, Politik, Wissenschaft, Religion, Medizin, (Kern-)Energie, Bevölkerungswachstum etc. zeigen. Es wird hinter den verschiedenen krisenhaften Erscheinungen eine fundamentale und globale Krise gesehen, die das Zusammenwirken der gesamten Menschheit erfordert.

2. Hinwendung zur Mystik und Spiritualität. Die Beschäftigung mit dem Übernatürlichen, Göttlichen und Religiös-Mystischen ist ein Kernmerkmal der New-Age-Bewegung. Dabei wird im Sinne eines erfahrungs- und erlebnisorientierten Ansatzes Transzendenz und Spiritualität als individuelle Erfahrung verstanden, als Möglichkeit der Erweiterung des Bewußtseins und Erlebensspektrums in der einzelnen Person.

3. Aufgreifen von Sinnfragen. Das durch verschiedene Faktoren entstandene Sinnvakuum, die Schwierigkeit, Sinnerlebnisse in einer fragmentierten, durch eine Vielfalt von moralischen Vorstellungen und einen Wertepluralismus geprägten Welt zu erhalten, greift die New-Age-Bewegung auf. Sie begegnet diesen Phänomenen mit einer optimistischen Zukunftsvorstellung, in der zentrale menschliche Probleme u.a. durch neue Bewußtseins- und Handlungs-, Wirtschafts- und Energieformen als lösbar erscheinen.

4. Protest gegen rigiden Rationalismus. Der Rationalismus in seiner rigiden Ausprägung ist Zielscheibe der Kritik und des Protestes, da er den Zugang zur Transzendenz und Tiefe der persönlichen Erfahrung verbaut. Zu dieser Einstellung gehört insgesamt eine Skepsis gegenüber dem Rationalen in den Wissenschaften, und zwar nicht nur in den Natur-, sondern auch in den Geistes- und Humanwissenschaften, gegenüber der Technikgläubigkeit, der Idee der universellen Machbarkeit der Welt und der ökonomischen Zweckrationalität.

Erkenntnisse und Vorstellungen der modernen Physik und Biologie werden von der New-Age-Bewegung in Anspruch genommen. Die

damit verbundene Relativierung klassisch-mechanistischer Anschauungen, insbesondere in der Vorstellung der impliziten Ordnung von
BOHM und des morphogenetischen Feldes von SHELDRAKE, wird oft
verwendet, um eine generelle Veränderung der Anschauungen in den
Wissenschaften in Richtung eines ganzheitlichen und komplexen
Denkens zu belegen oder auch zu prophezeien oder damit die Bedeutung der mystischen und transzendenten Erfahrungen zu untermau-
ern. Vielfach wird auf die Untrennbarkeit von Religion und moderner
Naturwissenschaft in einer „Wissenschaft am Wendepunkt" hingewiesen. Die Idee, daß sich Mystik und Transzendenz einerseits und
moderne Wissenschaft andererseits im Sinne von Alibis wechselseitig
decken und stützen, ist oft vorzufinden und wird in folgendem Satz
zusammengefaßt: „Auf dem Weg zum New Age verlassen Wissenschafter den Boden herkömmlichen Denkens in schwindelerregenden
Modellen einer Wirklichkeit ohne äußeren Bezugsrahmen" (Gruber
1985, S. 106). Die *Analogiefreudigkeit* des New Age verbindet häufig
Vorstellungen aus den modernen Naturwissenschaften mit der sozialen Wirklichkeit (Finger 1991).

Das Verhältnis der Humanistischen Psychologie zur New-Age-Bewegung ist vielschichtig, wodurch die Abgrenzung zwischen beiden
sensible Unterscheidungen erfordert. Historisch gesehen ist das
New Age aus der *Gegenkultur* der sechziger und siebziger Jahre
entstanden. Ein Teil dieser Gegenkultur war das Human-potential-
Movement als praktisches Experimentier- und Anwendungsfeld der
Humanistischen Psychologie. Das Human-potential-Movement war
allerdings vornehmlich eine sich als revolutionär verstehende *Bil-
dungsbewegung* mit einer entsprechenden Bildungskultur, die sich
ungebärdig und auffällig Aufmerksamkeit verschaffte. Sie beschränkte ihre Innovationskraft auf den psychischen und sozialen Bereich,
stützte sich auf Theorien oder Prinzipien, die jene Vertreter einer
Humanistischen Psychologie zur Verfügung stellten, die eine theore-
tisch-reflektierende Funktion übernahmen. Die Humanistische Psychologie konzentrierte sich auf die Veränderung des Erlebens, des
Handelns und der Werte und blieb damit im näheren, intrahumanen
Bereich und Umfeld, in der Organismus-Umwelt-Dynamik. Das New
Age überschreitet diesen Bereich bei weitem. Es wurde zu einer
Allerweltsbewegung, die nicht nur Bildungsangebote legte, sondern
materielle und ideelle Produkte vielfältiger Art verbreitete: von New-
Age-Seminaren über New-Age-Musik bis zu New-Age-Vornamen (vgl.

Birosik 1989). Sie erstreckt sich auf den gesamten Lebensraum des
Menschen im globalen Sinn: auf die Ökonomie, Energie, Technologie, Information, Beziehungen, Symbolik. Sie ist weitgehend atheore-
tisch, an Theoriebildung nicht interessiert. Ihre Theorie erschöpft
sich in der wortreichen Wiederholung eines Ganzheitsgedankens.
Während die Humanistische Psychologie den Anspruch auf Selbstreflexion behielt, selbst wenn er unsystematisch zum Ausdruck kam,
hat ihn das New Age zugunsten einer immerwährenden Transzendenz aufgegeben und stabilisiert sich zwischen Romantizismus und
Kommerzialisierung: Transzendenz ohne Selbstreflexion, *Transzendenz statt Selbstreflexion*. Das New Age bietet keinen schöpferischen
Utopismus, sondern eher domestizierte und kommerzialisierte Formen einer globalisierten Romantik an und erinnert an das Wall-
fahrtsgeschäft. Auch hier sind Spiritualität und Kommerz nur schwer
auseinanderzuhalten (die Welt als Wallfahrtsort). Sebald (1981,
S. 229 ff.) bringt daher das New Age mit einer „Epidemie steriler
romantischer Begriffe und Vorstellungen" in Verbindung, bezeichnet seinen Spiritualismus als „Kraut-und-Rüben-Eklektizismus" und
sieht in ihm nicht einmal eine ideologische Bewegung, da die Verfol-
gung fundamentaler Prinzipien fehlt.

Als charakteristisch amorphe und eklektizistische Bewegung trifft
sich das New Age mit der Humanistischen Psychologie in Bereichen
und Fragestellungen, wo letztere ebenfalls einen Hang zum Amor-
phen und zum Eklektizismus zeigt wie etwa in manchen Spielarten
therapeutisch-pädagogischer Methoden oder etwa in der Auseinandersetzung mit Transzendenz und der Sinnfrage. Andererseits verwischt das New Age die Grenze zur Humanistischen Psychologie
durch ungenierte Vereinnahmung ihrer Konzepte, meist in Form
einer Trivialisierung oder Vulgarisierung. Humanistische Psychologie
und New-Age-Bewegung greifen zwar immer wieder dieselben Anregungen und Quellen auf, die sie schließlich aber unterschiedlich
verwenden. Durch ihre mangelnde Abgrenzungsbereitschaft gegenüber diesen Erscheinungen verbündet sich die Humanistische Psychologie wieder mit dem New Age, auch bei bestehenden inhaltlichen Differenzen. Die mehrfache Ambivalenz der Beziehung der
Humanistischen Psychologie gegenüber dem New Age zeigt sich
deutlich in dem Umstand, daß gegenwärtig manche Vertreter der
amerikanischen Humanistischen Psychologie das New Age in ihrem
Selbstverständnis mit einschließen (vgl. O'Hara 1996), andererseits

viele ihrer Theoretiker in ihren einschlägigen publizistischen Orga-
nen (*Journal of Humanistic Psychology*, *The Humanistic Psychologist*) es
weitgehend ignorieren.

2

Der amerikanische Kontext
– Pioniere, Immigranten und Gegenkultur

Die Humanistische Psychologie wurde – bei aller Anerkennung europäischer Einflüsse – immer wieder als spezifisch amerikanische Erscheinung beschrieben. Ihre Entwicklung, ihre spezifischen Ausdrucksformen sind im Kontext der amerikanischen Kultur- und Geistesgeschichte, der politisch-ökonomischen Rahmenbedingungen und speziell der Entwicklung der amerikanischen Psychologie zu verstehen.

Amerikanische Psychologie und das Aufkommen des Behaviorismus

Im auslaufenden 19. Jahrhundert und um die Jahrhundertwende war es für amerikanische Psychologen von Vorteil, ein Doktorat von einer deutschen Universität vorweisen zu können oder zumindest, wenn es die finanziellen Möglichkeiten erlaubten, einige Semester an einer deutschen Universität zu studieren. So erwarb etwa der gebürtige Engländer TITCHENER 1892 sein Doktorat von der Universität Leipzig (bei Wundt). Die ersten *experimentalpsychologischen Laboratorien* wurden in den USA nach dem Vorbild von WUNDTS Laboratorium (1876, 1879) gegründet wie etwa in Harvard (Münsterberg) und Columbia (Cattell). In dieser Zeit wurden die ersten psychologischen Institute eingerichtet: an der Princeton University (Baldwin), der Stanford University (Angell), in Chicago (Dewey). Der gemeinsame Hintergrund dieser „neuen Psychologie" war der Import von Ideen aus Deutschland. Ein deutsches Doktorat war der Schlüssel zu einer Position an einer amerikanischen Top-Universität. Auch bei der Gründung der American Psychological Association (APA) 1892 war der

deutsche Einfluß zu spüren, denn einflußreiche Proponenten dieser
Vereinigung waren direkt oder indirekt mit dem experimentalpsychologischen Ansatz Wundts verbunden. Nur die „bodenständigen" Vertreter der damaligen amerikanischen Psychologie waren distanzierter.
JAMES kämpfte in Harvard teilweise erfolgreich gegen die damalige
Germanisierung der Psychologie an. Er meinte etwa, daß diese experimentalpsychologische Wissenschaft so öde sei, daß sie nur ein deutscher Magen vertragen könnte (Adler 1994). Trotzdem wurde die
experimentelle naturwissenschaftliche Psychologie als eine Entwicklung in die richtige Richtung empfunden. Als Titchener, Wundts
stimmgewaltigster Unterstützer, 1904 eine Reihe von Experimentalpsychologen in der Society of Experimental Psychologists versam-
melte, gab es in den USA bereits mehr experimentalpsychologische
Laboratorien als in Deutschland Lehrstühle für Psychologie (vgl.
Adler 1994).

Diese Situation änderte sich jedoch allmählich. Das Ansehen der
deutsch-europäischen Psychologie war zwar in den ersten Dekaden
des 20. Jahrhunderts noch vorhanden, die amerikanische Psychologie entfernte sich jedoch allmählich von den damals entstehenden
neuen europäischen Ansätzen, die auch Platz für Ganzheits- und
Strukturdenken hatten, und veränderte sich durch die amerikanische Umgebung mit der dominanten Entwicklung des Positivismus,
des Operationalismus und Behaviorismus. KOCH (1985) hat darauf
hingewiesen, daß der experimentalpsychologische, naturwissenschaftliche Input, der von WUNDT ausging und ihm eine legendäre
und konsequenzenreiche Bedeutung speziell in der amerikanischen
Psychologie verlieh, auf einer einseitigen und verzerrten Rezeption
seiner Arbeit beruhte und für ihn selbst nicht akzeptabel gewesen
wäre. Denn er sah eigentlich die Psychologie in einer Mittelstellung
zwischen Natur- und Geisteswissenschaften. Er „borgte" sich von den
Naturwissenschaften nichts anderes als die experimentelle Methode,
und selbst diese veränderte er in eine kontrollierte und systematische
Selbstbeobachtung. Wundts Opus maximum war eigentlich seine
Völkerpsychologie (Wundt 1900–1902), eine historische, sprachpsy-
chologische und kulturpsychologische Untersuchung, die er als „psychologische Entwicklungsgeschichte der Menschheit" (Wundt 1912)
verstand. Im Verhältnis dazu hatten seine introspektiv-experimental-
psychologischen Untersuchungen des individuellen Bewußtseins –
ein Ansatz, der so einflußreich geworden ist – einen propädeutischen

Charakter. Er relativierte auch deren Bedeutung, indem er auf die Erfolglosigkeit der Selbstbeobachtung bei der Untersuchung der zusammengesetzten Funktionen des Denkens, von komplexen Denkprozessen und beim Studium der kulturellen und gesellschaftlichen Einbettung des Individuums hinwies: Das Individuum stehe „unter den Einflüssen einer Vorgeschichte, über die es selbst uns keine Aufschlüsse geben kann" (Wundt 1912, S. 3). Jedenfalls ignorierte die damalige amerikanische Psychologie Wundts „Metamorphose" zu einem Denken und Interesse, die einen Schwerpunkt auf Prozesse, Ganzheiten und Aktivität legten, und neigte dazu, sie als senilen Zuschlag zu seinen eigentlichen wissenschaftlichen Leistungen zu sehen (Koch 1985). Die relative und temporäre Abkoppelung der amerikanischen von der europäischen Entwicklung wurde als eine plötzliche Trennung nach einem heftigen Flirt charakterisiert (Rieber 1980). Es hatte den Anschein, als hätte die amerikanische Universitäts-Psychologie in der Zwischenkriegszeit eine relativ selbständige, von europäischen Traditionen unbeeinflußte Entwicklung in Richtung Objektivismus und Behaviorismus genommen (Adler 1994). Jedenfalls wird dieser Eindruck bestätigt, wenn man berücksichtigt, daß Anfang der vierziger Jahre die führenden Figuren der American Psychological Association Experimentalpsychologen waren, während gleichzeitig die Abwesenheit der Gestaltpsychologie und Psychoanalyse bemerkenswert war.

William JAMES, der die bodenständige, einheimische Psychologie mit seinem Pragmatismus lange repräsentierte, wurde nach seiner philosophischen Wende respektvoll ignoriert und von einer anderen bodenständigen Leitfigur abgelöst – von WATSON, dem Begründer des Behaviorismus. Er entwickelte ab 1912 seinen Ansatz vorerst auf Universitätsboden, später in zahlreichen populärwissenschaftlichen Zeitschriftenartikeln. Er griff die Psychologie in fast jeder Richtung an: Er war gegen die Introspektion als Methode, war gegen Begriffe wie Bewußtsein, Gedächtnis, Empfindung, Gefühle und Gedanken. Die Erforschung von komplexen Phänomenen wurde zurückgestellt. Was übrig blieb, waren *einfache Elemente des Verhaltens*, die mit den Begriffen Reiz, Reaktion und konditionierte Reflexe beschrieben wurden – ein einfaches Konzept, das sich gut verkaufen ließ und auch dementsprechend ankam. Er versprach eine Psychologie, die auch für die Gesellschaft von Wert sein würde und Veränderungen in gewünschter Richtung in kurzer Zeit bewirken könne. Er forderte die

dominierende Tradition des Funktionalismus[1] heraus, verlangte eine
experimentelle Psychologie ohne Introspektion, jedoch mit Berücksichtigung der von PAWLOW und der russischen Psychologie beeinflußten vergleichenden Tierpsychologie. Watsons Ansatz forderte
wieder den naiven Empirismus ein, der in Verbindung mit dem Operationalismus und einer antitheoretischen Einstellung die psychologische Forschung bestimmte (Mandler und Mandler 1969). Der Behaviorismus in dieser Form war eine spezifische Erscheinung der
amerikanischen Kultur. Bis heute hat er in verschiedenen Weiterent-
wicklungen eine Führungsposition innerhalb der Psychologie und
eine Verbreitung, die in Europa zu keiner Zeit gegeben war. Ein
Grund für die Verbreitung behavioristischer Ansätze liegt vermutlich
in der Attraktivität eines wissenschaftlichen Vorgehens, das Empirie
und Objektivität, Voraussage und Kontrolle voranstellt. Ein anderer
Aspekt paßte ebenfalls zur amerikanischen Ideologie, nämlich die
Vorliebe für „Handeln" und „Tun" (Pragmatismus) im Unterschied
zum Reflektieren. Eine Psychologie, die auf die aktive Umformung
von Verhalten in Psychotherapie und Erziehung gerichtet war, war
damit nicht nur vereinbar, sondern bestätigte geradezu diese Werte.

Politische und ökonomische Bedingungen

Die ersten Jahrzehnte des 20. Jahrhunderts waren durch Faktoren
gekennzeichnet, die für einen interkontinentalen Austausch ein am-

---

1 Funktionalismus ist ein Gesichtspunkt, Ansatz in Psychologie und Philosophie, der die Analyse des Bewußtseins und Verhaltens in Begriffen ihrer
Funktionen betont. Das Gegenprogramm bildet ein elementaristischer, expe-
rimentalpsychologischer Strukturalismus (nicht zu verwechseln mit dem
ganzheitlich und interaktionistisch orientierten Strukturalismus nach Pia-
get), der von statischen Inhalten des Bewußtseins ausgeht, die sich durch
Kombination von durch Introspektion erfaßbaren Einzelelementen zusam-
mensetzen und durch deren Erforschung die zugrundeliegende Struktur des
Bewußtseins gezeigt werden sollte (Wundt, Titchener). Der Funktionallismus
entwickelte sich aus verschiedenen Einflüssen und Wurzeln wie Darwins Evo-
lutionstheorie und dem Pragmatismus nach James, Peirce und Dewey. Die
funktionalistische Perspektive findet sich in vielen gebräuchlichen Begriffen
wieder wie Zweck, Nutzen, funktionelle Gleichwertigkeit, Anpassung, Rolle,
Funktion (s. auch Kap. 6).

bivalentes Klima schufen. Ein Faktor war eine wachsende negative Einstellung gegenüber *Fremden*. Obwohl Amerika ein klassisches Einwanderungsland war, ein Land von Fremden, und den ständigen Strom der Einwanderer, der normalerweise durch Ereignisse in Europa ausgelöst wurde, gewohnt war, wurde die Einwanderungsquote Mitte der zwanziger Jahre drastisch reduziert. Während des Ersten Weltkrieges und danach waren anti-deutsche Gefühle weit verbreitet. Die politisch-ökonomische Situation in den zwanziger Jahren war durch eine Periode des *Big Business* gekennzeichnet, der von einem Zustand der wirtschaftlichen *Depression* (ab 1929) und großer *Arbeitslosigkeit* (jeder vierte Amerikaner war arbeitslos) abgelöst wurde. Das amerikanische Selbstbewußtsein der Pionier- und Gründerzeit wurde dadurch stark belastet. In der Ära ROOSEVELT (ab 1933 Präsident der USA) leitete das Konzept des *New Deal* eine Entwicklung in Richtung größerer sozialer Gerechtigkeit ein. Durch Arbeitsbeschaffungsprogramme, Drosselung der Überproduktion in Landwirtschaft und Industrie, durch Stärkung der Gewerkschaften und Einführung von Alters- und Krankenversicherungen sollten die Folgen der Weltwirtschaftskrise bekämpft werden. Eine damit verbundene Aufbruchsstimmung brachte auf wirtschaftlichem und kulturellem Gebiet Aufschwung und Erneuerung, so daß es Roosevelt allmählich gelang, die amerikanische Gesellschaft wieder auf positive Werte hin zu orientieren. Seinem Beraterstab gehörten Leute an, die dem pragmatischen Humanismus von Dewey verpflichtet waren und die Roosevelt ständig um sich hatte.

Die amerikanische Psychologie der 20er und 30er Jahre

Die amerikanische Psychologie der zwanziger und dreißiger Jahre war ein erfolgreiches und blühendes Projekt: wachsende Absolventenzahlen von akademischen Psychologen, das Aufkommen der Testpsychologie, die Entwicklung einer objektiven Psychologie und des Behaviorismus in relativer Isolation von neu aufkommenden europäischen Entwicklungen sind Kennzeichnungen dieser Periode. Sie fand eine entsprechende Philosophie im Pragmatismus und im logischen Positivismus. Die Anzahl der wissenschaftlichen Publikationen stieg und begann die Zahl der deutschsprachigen Publikationen bereits vor dem nationalsozialistischen Einbruch zu überholen (das Verhältnis von amerikanischen zu deutschen Publikationen war laut *Psychologi-*

schem Index: im Jahr 1910: 30:52; 1930: 35:38; 1933: 52:14.; vgl.
Jahoda 1969).

Seit den zwanziger Jahren gewann die amerikanische Psychologie
einen Popularitätsschub und die Stimmen derer wurden häufiger, die
eine Verbesserung des Lebens durch Psychologie propagierten. Das
erste populäre psychologische Magazin erschien 1923, und es folgten
zwei weitere im selben Jahrzehnt. Die Überzeugung, daß die psychologische Wissenschaft der Schlüssel zu Glück und Wohlfahrt sei, wurde durch diese Zeitschriften ebenso wie durch eine Reihe von populärwissenschaftlichen Büchern und durch psychologische Kolumnen
in Tageszeitungen bestärkt. Auch das steigende Interesse an der Psychoanalyse hatte seine Auswirkungen. Da FREUDS „Psychologie des
Alltagslebens" eine psychologische Hilfe für den Tagesbedarf versprach, wurde die kommerzialisierte Version in Form von Selbst-Inter-
pretationen, pseudo-analytischer Lebenshilfe und Traumdeutungen
medialer Psycho-Ratgeber ein Tagesgeschäft. Das Schulsystem und
das Geschäftsleben in Amerika adaptierten eifrig die psychologischen
Tests, die während des Ersten Weltkrieges entwickelt wurden, um sie
in einem spezifischen Zusammenhang einzusetzen. Obwohl es auch
kritische Stimmen gab, die den *Ausbruch der Psychologie* beklagten
und vor der Gefahr einer Pseudowissenschaft warnten, stieg das Interesse an psychologischen Anwendungen (Benjamin und Dixon 1996).
Die amerikanische Gesellschaft war offen für eine psychologische Auseinandersetzung. Die Nachfrage nach akademisch ausgebildeten Psychologen und psychosozialen Experten stieg ebenso wie die nach
selbsternannten Ratgebern, nach „Medien" und Hellsehern. Das Bedürfnis nach Bewältigung der menschlichen Psyche auf jede nur mögliche Weise war so groß, daß die ersten Versuche, Lizenzverfahren
durchzuführen, um die legitimen und professionellen Psychologen
von den Laien und Scharlatanen zu unterscheiden, fehlschlugen
(Benjamin und Dixon 1996).

Immigration: der Import von Ideen

Der amerikanische Isolationismus dieser Zeit wurde durch die Immigration deutscher und österreichischer Psychologen und Sozialwissenschafter durchbrochen. Vor allem zwei Denkrichtungen in der
Psychologie sind hier zu nennen: die Gestaltpsychologie und die Psychoanalyse. Die Entwicklung der Psychologie und des psychologi-

schen Problembewußteins wurde dadurch insgesamt stark beeinflußt, allerdings weniger die akademisch forschende Psychologie dieser Zeit. Obwohl ein Interesse an diesen Denkrichtungen schon vorher bestand, wurden sie durch die politischen Ereignisse in Europa, speziell durch die Nazi-Herrschaft, die zur Immigration zahlreicher Psychologen und Psychoanalytiker in die USA führte, zu einem Einflußfaktor „vor Ort".

Die Immigration der Gestaltpsychologie

Während die Psychoanalyse einen ständig wachsenden extra-universitären Einfluß im klinischen und beratenden Bereich fand, zog die Gestaltpsychologie auch ein lockeres, wenn auch spärliches und verstreutes akademisches Interesse auf sich. Der an der Cornell University von 1916 bis 1939 lehrende Professor für Pädagogik und Koffka-Übersetzer, Robert OGDEN, gilt als amerikanischer Vorläufer und Förderer der Gestaltpsychologie (Freeman 1977). KOFFKA führte die amerikanische Psychologie in die Gestalttheorie ein durch den 1922 erschienenen Artikel „Perception: an introduction to the Gestalttheory". KÖHLER lehrte 1925 an der Clark University, 1934 an der Harvard University, wo er allerdings nach seiner Emigration keine Position bekam, wie ursprünglich ins Auge gefaßt worden war, sondern er lehrte dann an einer „undergraduate"-Institution ohne Doktoratsstudenten. Max WERTHEIMER fand eine Position an der New School for Social Research in New York, einer Einrichtung, die eigens geschaffen wurde, um Flüchtlinge aus Europa zu beschäftigen – eine Art Universität im Exil. Aber auch er hatte anfangs keine Doktoratsstudenten. Ebenso hatte Kurt LEWIN anfangs beträchtliche Schwierigkeiten, bevor er über die Stanford University und die Cornell University an das Massachusetts Institute of Technology (MIT) kam. Kurt GOLDSTEIN lehrte 1938 bis 1939 in Harvard und an weiteren Institutionen, hatte jedoch keinen Nachfolger, der seine Arbeit weiterführte.

Von KÖHLER, der publizistisch sehr aktiv war und viele seiner Kollegen um zwanzig Jahre überlebte, ging ein großer und breiter Einfluß aus. LEWIN, der nicht zum Kern des „Triumvirats" der Gestaltpsychologie gehörte und auch nicht als orthodoxer Gestaltpsychologe bezeichnet werden kann, entwickelte seinen Einfluß auf dem Gebiet der Dynamischen Psychologie und Sozialpsychologie. Er war auch in der Lage, eine große Gruppe von Studenten anzuziehen. Er operierte mit

Begriffen wie Energie, Spannungen und Bedürfnissen und mit einem
Ansatz, der heute *Feldtheorie* genannt wird. Seine mit seinen Schülern
durchgeführte sozialpsychologische Untersuchung zu autoritären
und demokratischen Gruppen (Lewin u. a. 1939) war eine Demonstration der Überlegenheit der Demokratie und wurde international viel
beachtet und aufgegriffen. Seine Arbeit war durch sein Interesse an
der Gruppendynamik und der *Aktionsforschung* bestimmt. Am MIT,
wo er als Krone seiner Karriere die Möglichkeit bekam, das Research
Center for Group Dynamics zu gründen, hatte er Gelegenheit, seine
Interessen systematisch umzusetzen. Das MIT wurde damals das führende Trainingszentrum für die amerikanische Sozialpsychologie.

Die Gestaltpsychologie, die weitgehend auf einem experimentellen Ansatz beruhte, paßte methodologisch in die bodenständige
akademische Psychologie. Auch wenn die Hauptfiguren der Gestaltpsychologie, Köhler, Wertheimer und Koffka, sich nur am Rande des
akademischen Establishment bewegten und ihre Ideen und Ansätze
auch Anlaß zu Kontroversen gaben, so wurden sie doch ein Teil der
amerikanischen Psychologie, regten empirische Forschung an und
hörten nach einer gewissen Adaption und Umformulierung auf,
einen eigenen Zweig der Psychologie zu bilden. Da die Gestaltpsychologie ihren Beitrag zur psychologischen Forschung geleistet hatte und
integriert wurde, spielte sie für die weitere Entwicklung der akademischen Psychologie keine explizite Rolle mehr. Ein Faktor mag dabei
der Umstand gewesen sein, daß ihre Probleme nicht unmittelbar öffentliche Bedürfnisse berührten und ihr dadurch auch die entsprechende öffentliche Aufmerksamkeit versagt blieb. Diese Feststellung
muß allerdings bezüglich der Wirkung von Lewin relativiert werden,
dessen feldtheoretischer Ansatz und dessen Beiträge zur Gruppendynamik die Gruppentherapie und Gruppenarbeit in der Erwachsenenbildung und im Managementtraining bis in die Gegenwart beeinflussen. Darüber hinaus wurden seine sozialpsychologischen Arbeiten
in der Führungsstilforschung und Lehrerverhaltensforschung vielfach aufgegriffen. Die Gestaltpsychologie existierte in den USA vermutlich niemals als Bewegung, sondern eher als Set von Ideen, das
zuerst ihre Vertreter zu Zeiten ihrer Emigration zusammenhielt und,
einmal in das psychologische Wissen integriert, zu den Selbstverständ-
lichkeiten ihrer Lehre gehört. Darüber hinaus erhielt sie auch eine
Funktion als „Untergrund"-Bewegung, indem ihre zentralen Denkfiguren *Ganzheit* und *Gestalt* von der Humanistischen Psychologie

aufgegriffen wurden, wo sie eine wichtige metatheoretische Leitfunktion erhielten, jedoch wenig Erklärungskraft in einer problemgeleiteten Forschung entwickelten. Auch die sogenannte „kognitive Revolution" wurde durch die gestaltpsychologischen Arbeiten über Denkprozesse inspiriert (Koch 1985).

Die Immigration der Psychoanalyse

Die Psychoanalyse war Anfang des 20. Jahrhundert in Amerika bereits bekannt, wurde allerdings oft als „verrückte Idee" bewertet. Ein bemerkenswertes Ereignis für die weitere Verbreitung war jedoch der Besuch von Freud anläßlich der 20-Jahr-Feier an der Clark University (1909) auf Einladung von Stanley HALL zu einer Konferenz über Psychologie und Pädagogik. Freud war allerdings nur eine „Notlösung" bei dieser Veranstaltung, da ursprünglich Wundt hätte eingeladen werden sollen, der aus Altersgründen absagte. Schließlich kam FREUD zusammen mit JUNG und FERENCZI. Obwohl neben Freud eine Reihe von für die damalige Psychologie einflußreichen Personen eingeladen waren, wie etwa TITCHENER und STERN, erweckte Freud, der in deutscher Sprache vortrug, das Hauptinteresse. In einem der damaligen Zeitungsartikel wird Freud folgendermaßen beschrieben: „Er spricht klar, wiegt seine Worte sorgfältig ab, aber leider niemals über sich selbst" (vgl. Cromer und Anderson 1970, S. 352). Die Konferenz und besonders Freud fanden Echo in der lokalen Presse, wenn auch teilweise mit schlechten oder ungenauen Recherchen: So wurde er u.a. als Vertreter des Instituts für Psychologie der Universität Wien, als Doktor der Pädagogik (Dr. Ed.) und Begründer einer Schule der Pädagogik vorgestellt (vgl. Cromer und Anderson 1970). Im Anschluß an die Konferenz wurden Freuds Vorträge im *American Journal of Psychology* publiziert. Da diese Fachzeitschrift sowohl in Amerika als auch in Europa viel gelesen wurde, ging von diesem Ereignis insgesamt vermutlich ein weitreichender Einfluß aus (Evans und Koelsch 1985, Jahoda 1969). Im darauffolgenden Jahrzehnt wurde eine „Invasion in großem Umfang [...] von psychoanalytischen Denkweisen" vor dem Hintergrund einer psychohygienisch interessierten Bewegung festgestellt (Murphy 1949, S. 329*).

Das steigende öffentliche Interesse an der Psychologie in den zwanziger Jahren schloß auch die Faszination durch die Psychoanalyse ein, und Freuds Ideen erreichten nach seinem Vortrag an der

Clark University im Jahre 1909 zunehmende Beachtung in Amerika. Seit den zwanziger Jahren waren eine Reihe von populären Abhandlungen über Psychoanalyse und englische Übersetzungen der wichtigsten Werke Freuds erhältlich. Im Jahre 1924 erhielt Freud das erste von in der Folge insgesamt fünf Titelfotos im Magazin *Time*. Es war ein großes Interesse an der Anwendung der Psychoanalyse in verschiedenen Bereichen wie im Geschäftsleben, in der Erziehung und im Alltagsleben bemerkbar, so daß in der öffentlichen Aufmerksamkeit die damals bereits etablierte Experimentalpsychologie von der Psychoanalyse überholt zu werden schien (Benjamin und Dixon 1996).

In der Nazi-Zeit emigrierte schließlich eine große Anzahl von Psychoanalytikern. Zu den bekanntesten Psychoanalytikern, die in dieser Phase in die USA einwanderten, gehörten Alfred ADLER, Helene DEUTSCH, Erik ERIKSON, Otto FENICHEL, Wilhelm REICH, Erich FROMM, Frieda FROMM-REICHMANN, Heinz HARTMANN, Karen HORNEY, Theodor REIK und Hans SACHS. Sie zogen zwar Schüler an, waren aber nicht Teil des Establishments der akademischen Psychologie. In beinahe ironischer Fortsetzung der Situation im Herkunftsland Österreich, wo im Wien der Zwischenkriegszeit Karl BÜHLER an der Universität über die Schwächen der Psychoanalyse wetterte, während FREUD keine Notiz von der akademischen Psychologie nahm (Jahoda 1969; vgl. auch Benetka 1995), fand die Psychoanalyse außerhalb der Universitäten ein größeres Echo und stärkere Verankerung. Das intellektuelle Klima in Amerika war gegenüber der Psychoanalyse als Denkrichtung ambivalent, denn es entwickelte sich eine bodenständige Form der Psychologie mit dem Behaviorismus von Watson, der die Ideen der Psychoanalyse schlicht mit den Ausdrücken „Unsinn" und „Verwirrung" abtat (Watson 1926, 1958). Am Gipfel der europäischen Immigration zeigte sich die Ambivalenz der amerikanischen Universitäts-Psychologie darin, daß viele von der Psychoanalyse beeindruckt waren und sich von ihr angezogen fühlten, andererseits aber doch sich aufgrund ihres naturwissenschaftlich-experimentellen und mechanistischen Wissenschaftsanspruchs von ihr distanzieren mußten.

Trotz dieser ambivalenten Atmosphäre kann die Wirkung der Immigranten durch ihre Anzahl von schätzungsweise 200 Psychoanalytikern und etwa 30 bis 50 Psychologen mit psychoanalytischer Orientierung, durch ihre Kompetenz und ihre Kontakte zu akademischen

Kreisen tatsächlich als ein „Eindringen der Psychoanalyse in die amerikanische Psychologie" interpretiert werden (vgl. Jahoda 1969). Iro-
nischerweise schienen die Psychoanalytiker mit der Situation des Immigranten trotz aller Anfangsschwierigkeiten gut zurechtzukommen:
Sie brachten aus ihren Herkunftsländern *Außenseiter-Erfahrungen*
mit, waren die Entbehrung sozialer Anerkennung gewohnt und waren
bereits von daher in der psychologischen Situation eines Quasi-Emi-
granten. Andererseits hatten sie Kontakte über die internationalen
Kongresse der psychoanalytischen Bewegung. Da sie ihre Profession
eigenständig in ihrer Privatpraxis ausüben konnten, fanden sie in den
großen Städten, in denen auch die zahlungskräftigen Schichten ihrer
potentiellen Klientel lebten (New York, Boston, Chicago, Philadelphia, Detroit, Los Angeles und San Francisco), bald großen Zulauf.
Über ihre psychoanalytische Tätigkeit bzw. Lehr- und Supervisions-
tätigkeit an den lokalen Ausbildungsinstituten erhielt das Leben in
dem neuen Land eine ökonomische Basis. Eine Herkunft aus Wien,
das damals als Hauptstadt der Psychoanalyse gesehen wurde, und die
damit verbundene Reputation und Nähe zum Begründer waren eine
weitere Unterstützung.

Insgesamt hatte die Psychoanalyse großen Einfluß auf die amerikanische Gesellschaft entwickelt, weniger wegen ihrer Originalität oder
ihrer wissenschaftlichen Überzeugungskraft, sondern weil sie dem
drängende Bedürfnis nach *Verständnis der eigenen Persönlichkeit*
und Probleme entsprach. Ihr Angebot war eine Psychologie, die mit
individuellen Erfahrungen umgehen, Ereignisse und Gefühle erklären konnte, was die akademische Psychologie bis dahin niemals ernsthaft versucht hatte. Die Psychoanalyse beschäftigte sich mit Erfahrungen und Verhalten der Menschen im konkreten Lebenszusammenhang. Sie gab eine erfolgreiche Antwort auf die psychologischen Probleme einer individualistischen und leistungsorientierten Gesellschaft mit ihrer Anfälligkeit für individuelles Scheitern und Verlust
der Selbstachtung.

Ein weiteres Phänomen, das hier zu beschreiben ist, ist die sehr
frühe und weitreichende Popularisierung der Psychoanalyse. Begriffe
wie Libido, Ödipuskomplex, Abwehr und Widerstand drangen bald in
die Alltagssprache städtischer Subkulturen ein. Die *Popularisierung*
und *Trivialisierung* der Psychoanalyse zeigte sich in vielen Bereichen
wie in Witzen, im Journalismus, in Filmen und Theaterstücken. Beispiele dafür sind etwa der Hinweis auf das Klischee des Amerikaners,

der sich zum Hausarzt auch einen Psychoanalytiker hält, ferner die
häufig eingesetzte Figur des Psychoanalytikers oder ähnlicher „Psych"-
Berufe im amerikanischen Film, gleich welchen Genres, wie etwa in
den Filmen von Woody Allen oder wie es im Begriff „Psychothriller"
zum Ausdruck kommt. Farau beschreibt dieses Klima folgendermaßen (Cohn und Farau 1987, S. 170):

Fast über Nacht wurde Freud zur Legende und die Analyse zur nationalen Epidemie. In den späten vierziger Jahren war es fast unmöglich,
eine amerikanische Zeitung, ein Magazin, eine populärwissenschaftliche
Broschüre aufzuschlagen, ohne auf „Tiefenpsychologisches" zu stoßen.
Es gab, in des Wortes buchstäblicher Bedeutung, „freudianische Filme"
am laufenden Band; psychoanalytische Fachausdrücke schwirrten bei
jeder Party durch die Luft, und Träume wurden zum Nachtisch
interpretiert, so wie man einst Nüsse geknackt hatte. Analytiker von
Rang hatten auf Monate hinaus keine freie Stunde, dafür aber lange
Wartelisten für ihre Patienten, und wer es nur irgendwie erschwingen
konnte, ließ sich analysieren. Die Karikaturisten lebten jahrelang
auf Kosten der Freudianer, und eine eigene Gattung von Witzen
entstand.

Aufgrund der großen Aufmerksamkeit in Gesellschaft und Öffentlichkeit konnte auch die akademische Psychologie die Psychoanalyse
dann kaum vermeiden. So gab es viele Versuche, psychoanalytische
Konzepte, Ansätze und Theorien zu rezipieren und zu integrieren.
Eine Hoffnung auf einen erfolgreichen Brückenschlag wurde in den
Parallelen der amerikanischen Psychologie und der Freudschen Psychoanalyse mit ihren physiologischen Wurzeln im Darwinismus und
dem naturwissenschaftlichen Anspruch gesehen. Zahlreiche Arbeiten
zur empirischen Untersuchung psychoanalytischer Konzepte insbesondere in der Persönlichkeitsforschung und die Versuche, psychoanalytische Konzepte in lerntheoretische Begriffe zu übersetzen
(Dollard und Miller 1950), zeugen davon, wie ernsthaft sich die amerikanische Psychologie mit der Psychoanalyse auseinandergesetzt hat.
Die Psychoanalyse ist über diesen Weg schließlich auch auf akademischen Boden vorgedrungen. Sie verbreitete sich durch eklektische
Verbindungen mit anderen Perspektiven, durch Rezeption, wenn
auch oft nur in anonymer Form – quasi inkognito – mit Distanzierung
und in Abkehr vom spezifisch psychoanalytischen Sprachstil. Mit dem

Aufkommen der klinischen Psychologie wurde die psychoanalytische Persönlichkeitstheorie und Technik schließlich ein verbindlicher Lehrinhalt. Trotz dieses relativen Erfolges ist die Psychoanalyse im Setting der Universitätspsychologie lange Zeit eine intellektuelle Irritation geblieben.

Neben den Gestalttheoretikern und den Psychoanalytikern kamen noch viele weitere bekannte Künstler und Wissenschafter, speziell Psychologen und Sozialwissenschafter in die USA. Viele hatten jedoch große Schwierigkeiten, ihre Karriere in den USA wieder aufzubauen. Die amerikanische Psychologie, die im Behaviorismus ein neues Selbstbewußtsein gefunden hatte, war an komplexen Phänomenen kognitiver Prozesse wenig interessiert. So empfand sie die Gruppe der Gestaltpsychologen als Eindringlinge in ihre Gedankenwelt. Bedrohlich war auch, daß die Intention der Gestalttheorie explizit gegen einen simplifizierenden Behaviorismus gerichtet war (vgl. Mandler und Mandler 1969). Karl BÜHLER fand in Amerika niemals jene Anerkennung, die ihm auf Grund seiner wissenschaftlichen Leistungen gebührt hätte. Ihm, der schon Gastprofessor an der Harvard University und an der Stanford University war und auch für einen Lehrstuhl an der Harvard University im Gespräch war, blieb zur Zeit seines ständigen Aufenthalts in den USA eine angesehene Position verwehrt. Er war bedrückt auf Grund seiner Erfahrungen in einem österreichischen Gefängnis, in dem er aus politischen Gründen kurz inhaftiert gewesen war. Außerdem litt er an dem Umstand, daß seine Hauptwerke nicht ins Englische übersetzt wurden. Die Schwierigkeiten, eine seinem Ansehen entsprechende Position zu finden, hatten bald seine Arbeitskraft gebrochen. Sein Einfluß konnte daher nur über seine Schüler aus der Wiener Zeit (Tolman, Spitz, Brunswik) weitergetragen werden. Diese sowie seine Frau, Charlotte BÜHLER, hatten jedoch einen prägnanten Einfluß auf die Entwicklung der amerikanischen Psychologie (vgl. Jahoda 1969).

Adorno, sozialkritischer Philosoph, kam nach einem Aufenthalt in Oxford in die Vereinigten Staaten, wo er mit seiner Studie zur autoritären Persönlichkeit Aufsehen erregte (Adorno 1982), Horkheimer, Philosoph und Soziologe, kam über Paris 1939 in die USA, wo er das Institut für Sozialforschung wieder einrichtete. Weitere Einwanderer waren der Philosoph Marcuse, die Politikwissenschafterin Hannah Arendt, Bruno Bettelheim, der sich besonders um die Kinderanalyse

verdient gemacht hatte; weiters Ernst Bloch, Bertolt Brecht, Max Reinhardt, die Komponisten Arnold Schönberg und Igor Strawinsky, die
Wissenschaftsphilosophen Reichenbach und Carnap (er kam 1935 in
die USA und war Professor in Chicago und Los Angeles). Albert Einstein, theoretischer Physiker und Nobelpreisträger, kam 1933 in die
USA, wo er 1940 eingebürgert wurde; Kurt Goldstein, Neurologe und
Psychiater, kam über Amsterdam in die USA und lehrte an verschiedenen Universitäten; der Sozialpsychologe Fritz Heider und der Sozial-
forscher Lazarsfeld; ferner Marie Jahoda, Lazarsfelds Frau. William
Stern, der die Psychologie der individuellen Unterschiede entwickelt
hatte und von 1916 bis 1933 Professor in Hamburg war, emigrierte
ebenfalls in die USA.

Insgesamt konnten die bekannten und außergewöhnlichen Wissenschafter, die bereits in Deutschland oder Österreich ein Ansehen
genossen, zwar in der Regel neue Karrieren beginnen, jedoch meist
unter Schwierigkeiten, und oft war dies darüber hinaus mit einem
Statusverlust verbunden. Hatten es die bekannten Personen bereits
schwer, so verschärften sich diese Probleme für jene, die weniger bekannt waren und als Assistenten und Doktoratsstudenten emigriert
waren. Sie mußten meist berufsfremde Arbeiten annehmen, damit sie
ihr Studium abschließen konnten oder bevor sie eine passende Stellung gefunden hatten.

Die Einwanderer trafen auf eine ambivalente Situation: Einerseits
gab es Unterstützung für die Emigranten wie etwa die von der
Rockefeller Foundation gesponserte New School for Social Research, die viele europäische Wissenschafter aufgenommen hatte,
darunter auch prominente Psychologen und Sozialwissenschafter.
Diese Institution war für die Emigranten Drehscheibe und wissenschaftlicher Hauptstandort außerhalb des akademischen Establishment, das sie gelegentlich argwöhnisch bis feindselig betrachtete.
Doch sie machte die Eingliederung vieler Immigranten erst möglich
und deren Situation erträglich. Auch die American Psychological
Association richtete ein Komitee für zwangsausgesiedelte ausländi-
sche Psychologen ein, das die Funktion einer Stellenvermittlung ausübte. Andererseits waren die Positionen für Akademiker in den dreißiger und vierziger Jahren spärlich, und die unbeschäftigten amerikanischen Psychologen fanden sich in einer Konkurrenz mit den
Einwanderern (Mandler und Mandler 1969). Diese Situation ist
nicht nur aus den Problemen der wirtschaftlichen Depression und

der erst allmählich wirksamen Politik des New Deal verständlich, sondern auch aus der fruchtbaren Entwicklung und dem Selbstbewußtsein der amerikanischen Psychologie, deren Output an Absolventen sich von Dekade zu Dekade steigerte und die mit dem Behaviorismus und der Weiterentwicklung der experimentellen Psychologie und Testpsychologie Dienste einer bodenständigen Psychologie anbieten konnten. Diese Ambivalenz beschreibt auch folgende Aussage (Adler 1994, S. 119*):

Die Amerikaner hatten die europäischen Ideen aufgenommen und in einer Art weiterentwickelt, die von den ursprünglichen Begründern nur geahnt werden konnten. Und unter der Oberfläche gab es noch Vorurteile, Konservativismus, Furcht vor neuen Ideen und ein wachsendes Mißtrauen gegenüber Ausländern. Da diese Periode mit der erzwungenen Emigration von vielen gut-qualifizierten Psychologen (und in einem gewissen Ausmaß Psychoanalytikern) mit europäischer Bildung zusammenfiel, war es für diese Personen besonders schwierig, sich in der amerikanischen Akademia zu etablieren.

Ein weiteres Moment der Spannung war wohl auch das durch die politischen Ereignisse erzwungene und dadurch auch unselektierte und massive Zusammentreffen von Vertretern zweier spezifischer Kulturen. Die humanistisch gebildeten europäischen Akademiker, die ihr Wissen um die europäischen Wurzeln der amerikanischen Psychologie nicht nobel verschwiegen, konnten leicht als hochnäsig und überheblich erlebt werden (vgl. Mandler und Mandler 1969). Andererseits war es für die Europäer, die mit einer Reserviertheit gegenüber *Empirizismus* und *Pragmatismus* und mit einer Verehrung für *Theorie* und *Geschichte* ausgebildet worden waren, auch leicht, die optimistischen, empirisch orientierten, ahistorisch denkenden Amerikaner als naiv und selbstgerecht zu sehen (vgl. Neumann 1953, Mitchel und Söllner 1996).

Die deutschsprachige Psychologie war nach der Emigration ein intellektueller Leerraum mit Nachwuchsproblemen. Während der Zweite Weltkrieg und die darauffolgende Aufbauarbeit viel Energie kosteten und die Psychologie um Jahrzehnte zurückwarf, erhielt die amerikanische Psychologie gerade auch durch diesen Krieg und im Anschluß an den Krieg im Hinterland vielfache Impulse (etwa für die Entwicklung der Gruppenpsychotherapie).

Aufschwung der klinischen Psychologie in der Nachkriegs-Ära

In den Jahren nach dem Zweiten Weltkrieg erlebten die klinische Psychologie, die beratenden und psychotherapeutischen Berufe einen schnellen Aufschwung, denn es stieg der Bedarf nach Psychotherapeuten, die die vielen *Kriegsveteranen* betreuen sollten. Die Regierung schuf entsprechende Jobs in den Veteranen-Spitälern und auch die Universitäten waren in der Lage, entsprechende Ausbildungsprogramme anzubieten (vgl. Gilgen 1982). Die zur Unterstützung der Kriegsveteranen eingerichteten Vereinigungen waren ein wichtiger Katalysator für die Entwicklung der klinischen Psychologie und weiterer helfender Berufe, da sie Trainingsprogramme etablierten und auch entsprechende Stellen errichteten. Die Betreuung von Kriegsveteranen brachte auch die Möglichkeit und ökonomische Notwendigkeit der Entwicklung von *gruppentherapeutischen Verfahren.* Sie bildete ein Erfahrungsfeld für die Entwicklung von verschiedenen Formen (neo)psychoanalytischer und auch klientenzentrierter Gruppentherapie. Die Trainingsanforderungen favorisierten eine Kombination von Forschungs- und Berufsorientierung (scientist-professional model) und umfaßten psychoanalytisches Wissen, diagnostische Techniken, Forschungsmethoden und Therapie. Die dominierende Persönlichkeitstheorie und therapeutische Orientierung in der klinischen Psychologie und Psychiatrie war eindeutig psychoanalytisch, wobei in den vierziger und fünfziger Jahren die klientenzentrierte Psychotherapie nach ROGERS in ihrer Pionierphase eine spezifische und nicht umgehbare Entwicklung darstellte: Rogers strebte durch seine empirische Erforschung des Psychotherapieprozesses unter Zuhilfenahme von Tonbandaufzeichnungen eine Demystifizierung der Psychotherapie an und nahm gleichzeitig eine exponierte Position gegenüber diagnostisch-präskriptiv, interpretativ, direktiv und eklektisch arbeitenden Klinikern ein. Weitere für die klinische Psychologie und Psychotherapie folgenreiche spezifische Entwicklungen waren die Entwicklung der *Psychopharmaka* und die intensive *Kritik des medizinischen Modells* in Psychotherapie und Psychologie, das Krankheit und Abnormalität betonte. Der durch Fortschritte der Pharmazie ermöglichte Einsatz von Tranquilizern, Antidepressiva und anderen Medikamenten machte es für viele wegen psychischer Probleme hospitalisierte Patienten möglich, eine extramurale Betreuung zu erhalten, wodurch eine größere Nachfrage an klinischen Psychologen und

Psychotherapeuten entstand. Zu einer Steigerung des Bedarfs führte
auch die Kritik an einer krankheitsorientierten Sichtweise, da sie eine
Offenheit der Psychologie und Psychotherapie gegenüber einer ent-
wicklungsmotivierten, relativ gesunden Klientel signalisierte.

Nonkonformismus, Protest und Gegenkultur in den 60er Jahren

Die sechziger Jahre bilden einen bedeutenden Hintergrund für die
Entwicklung der Humanistischen Psychologie. Es finden sich hier
wichtige Impulse und Motive, aber auch kritische Momente, die die
Humanistische Psychologie in die Nähe obskurer Ansätze und Praktiken rücken. Es spielen eine Reihe von politischen, kulturellen, sozialen und intellektuellen Entwicklungslinien eine Rolle, die einen Eindruck von der Dynamik der sechziger Jahre in Amerika geben: die
Dramatik des *Vietnamkrieges* (1954–1973), der den fehlenden nationalen Willen der USA aufdeckte; der moralische Aktivismus der *Bür-
gerrechtsbewegung* (1954–1966) mit ihren Erfolgen gegen die Rassen-
diskriminierung, die Radikalisierung in der *Black-Power-Bewegung*
(1966–1969); der Aufstieg der *Technologie* (1957–1969), der vom
Start des Sputnik bis zur Mondlandung reichte; der neue *Feminismus*
und die Bewegung der Frauenbefreiung (1974–1984), die Beatles und
die *Beat-Bewegung* (1963–1972), die vom populären Beat bis zu den
Anfängen der Disco-Kultur reichte. Diese Erscheinungen geben einen
Eindruck vom reichhaltigen Konflikt- und Spannungspotential der
sechziger Jahre. Es zeigte sich im Protest und in der Gegenkultur, in
der wütenden Herausforderung der Autorität der Väter bzw. Eltern,
aber auch in einem bemerkenswerten Nonkonformismus, einer Experimentierfreudigkeit und Offenheit für Unterschiede und Verschiedenartigkeit. Sie waren letztendlich Ausdruck eines politischen und
kulturellen Optimismus, wonach die Probleme Amerikas adäquaten
Lösungen zuzuführen seien (s. auch Kap. 6 und 9).

Die Sinn- und Erlebnisorientierung der Humanistischen Psychologie, der Human-Potential-Bewegung und die politische Sensibilität
sowie das neue politische Bewußtsein der sechziger Jahre verbanden
sich zu einer Einstellung, die auch als *persönliche Politik*, als „personal power" zum Ausdruck kam. Die Humanistische Psychologie wirkte auch als selbstbewußte und selbstkritische Kraft innerhalb der psychologischen Profession. Carl ROGERS war mitverantwortlich dafür,
daß die Psychologie nach dem Krieg an Prestige und Autorität ge-

wann. Politischer Grund für den Aufschwung der psychosozialen
Dienstleistungen nach dem Krieg war der National Mental Health Act
(1946), der zur Gründung des National Institute of Mental Health
führte. Dies war eine Voraussetzung für Dienstleistungen zur Förderung der seelischen Gesundheit in den Gemeinden. KENNEDY
machte 1963 die geistige Gesundheit zu einem der ersten politischen
Themen.

Die Institutionalisierung der Humanistischen Psychologie

Die Institutionalisierung der Humanistischen Psychologie machte diese zu einer leichter abgrenzbaren Bewegung in der amerikanischen
Psychologie. Einige Psychologen des „Goldenen Zeitalters" des Behaviorismus – nach dem Zweiten Weltkrieg –, die unzufrieden waren
mit der behavioristischen Sicht der menschlichen Natur und Methode, setzten auf die lange Tradition, in der die Psychologie mit den
Geisteswissenschaften verbunden war. Sie betrachteten sich als eine
dritte Kraft, womit sie dem Faktum Rechnung trugen, daß sie eine
Alternative zur dominierenden behavioristischen und zur klassisch
psychoanalytischen Orientierung in der Psychologie darstellten. Die
Institutionalisierung der Humanistischen Psychologie war das Ergebnis der Arbeit und des Ansehens einiger Psychologen und Sozialwissenschafter dieser Periode. Sie ist in erster Linie auf den Eifer von
Abraham MASLOW und die Organisationsfähigkeiten von SUTICH zurückzuführen. Maslow wurde in den späten vierziger Jahren als talen-
tierter experimenteller Psychologe gesehen. Als er jedoch begann,
unkonventionelle Fragen zu untersuchen, wurde er eher zum Außen-
seiter. In dieser Zeit war es zunehmend schwerer für ihn, in den
Hauptzeitschriften (der American Psychological Association) zu publizieren. Er begann daher, andere gleichgesinnte Psychologen zu
kontaktieren, und 1954 stellte er eine Adressenliste von über 125
Namen zum Zwecke des Austausches von Aufsätzen und möglichen
Publikationen zusammen. Sutich war von Adler und Jung, Allport und
Rogers beeinflußt. Beide, Maslow und Sutich, empfanden allmählich
die Adressenliste als Kommunikationsmittel als unbefriedigend. Als
Ansbacher, der Herausgeber des *American Journal of Individual Psychology*, 1957 vorschlug, Maslows wachstumsorientierte Perspektive in seiner Zeitschrift aufzunehmen, konnten sich Sutich und Maslow dafür
nicht erwärmen, weil sie sich mit dem „adlerianischen" Etikett nicht

anfreunden konnten. Inzwischen sprachen sich auch viele für die Einrichtung einer eigenen Zeitschrift aus. Die erste Wahl für einen Titel war *Journal of Orthopsychology*. Neben *Orthopsychology* wurde auch *Journal of Self Psychology* in Erwägung gezogen, eine Bezeichnung, die heute für eine Richtung der Psychoanalyse steht, die auf Kohut zurückgeht. Der Sozialphilosoph und Vertreter der Kritischen Theorie, Marcuse, schlug Maslow die Bezeichnung *The Journal of Human Studies* vor (Greening 1985). Der Ausdruck „humanistic psychology" wurde zuerst von Allport bereits in den dreißiger Jahren verwendet (DeCarvalho 1991). Weitere Vorschläge wie *Third Force* und *Existence* wurden vorgebracht. In der Vielfalt der Vorschläge für eine Namensgebung der Zeitschrift und einer neuen Vereinigung spiegelten sich auch die verzweigten Interessen dieser Personengruppe. Der endgültige Name, *Journal of Humanistic Psychology*, wurde von Maslows Schwiegersohn vorgeschlagen, der die bereits favorisierte Bezeichnung, *Journal of Self Psychology*, unbefriedigend fand. Er begründete diese Abneigung mit dem ungenauen, „slang"-haften Charakter der Bezeichnung „Self Psychology" und mit der Kultanfälligkeit des Ausdrucks.

Mit SUTICH als Herausgeber erschien der erste Band des Journals. Eine Reihe von bekannten Persönlichkeiten waren im Redaktionsstab, so u. a. Kurt GOLDSTEIN, Rollo MAY, Andras ANGYAL, Charlotte BÜHLER und David RIESMAN. Das *Journal of Humanistic Psychology* erschien erstmals im Frühjahr 1961. Die Personen, die auf MASLOWS Adressenliste standen, wurden die ersten Abnehmer des neuen Journals und Mitglieder der *American Association for Humanistic Psychology* (AAHP), die 1961 ebenfalls formell gegründet wurde. 1962 fand in Philadelphia das erste nationale Treffen statt. Die für die Entwicklung der Humanistischen Psychologie in diesem Stadium wichtigste Konferenz wurde 1964 in Connecticut (Old Saybrook) abgehalten. An dieser Konferenz nahmen nach anfänglichem Zögern auch Carl ROGERS und Gordon ALLPORT teil und dokumentierten damit als angesehene Psychologen und Universitätsprofessoren ihre öffentliche Unterstützung der Humanistischen Psychologie. An dieser Konferenz nahmen neben ALLPORT, BUGENTAL, MASLOW, ROGERS und MAY auch andere Unzufriedene teil, wie Charlotte BÜHLER, George KELLY, Clark MOUSTAKAS und die Persönlichkeitspsychologen Gardener MURPHY und Henry MURRAY. Die Vorträge beschäftigten sich in erster Linie mit den grundlegenden theoretischen Themen, die das neue Paradigma der Humanistischen Psychologie umfaßten.

Am Anfang war die AAHP vor allem eine Protestgruppe, deren gemeinsamer Nenner eine tiefe Unzufriedenheit und eine Rebellion gegen den Behaviorismus war. Die ersten programmatischen Formulierungen waren etwas vage und unklar und bildeten einen Kompromiß zwischen zwei Gruppen. Die erste Gruppe identifizierte sich mit der Humanistischen Psychologie in der Abgrenzung zu anderen Richtungen, insbesondere gegenüber dem Behaviorismus und bis zu einem gewissen Ausmaß gegenüber der Psychoanalyse. Die zweite Gruppe wollte eine inhaltlich positive Identifikation (Beschäftigung mit Sinnfrage, Wert und Würde des Menschen). Eine Übereinstimmung konnte darin gefunden werden, daß die Humanistische Psychologie die psychoanalytische oder behavioristische Orientierung nicht ablehnt, sondern ihr Ziel darin sieht, diese Betrachtungsweisen in eine *breitere phänomenologische Orientierung* einzugliedern, die die Gültigkeit und Bedeutung der menschlichen Erfahrung betont. Die Mitgliedschaft in der Vereinigung wuchs von 75 Teilnehmern bei der Gründungssitzung 1963 auf 500 Teilnehmer 1966. Charlotte BÜHLER thematisierte als neu gewählte Präsidentin der AAHP das Problem der Vagheit und Verwirrung bezüglich der Ziele und Methoden der Humanistischen Psychologie. In dieser Phase trat die Protestmotivation in den Hintergrund und Konzepte für eine positive Identifizierung wurden klarer formuliert. 1969 strich die AAHP das Wort „amerikanisch" aus dem Titel, da ihre Aktivitäten in internationale Bereiche ausgedehnt wurden. Die Geschichte der Beifügung „amerikanisch" in den Titel der Vereinigung ist insofern bemerkenswert, als Maslow und Sutich beschlossen, das Wort „amerikanisch" zu verwenden, um steuer- und finanzierungstechnische Schwierigkeiten bei der Einrichtung eines Sponsors für die Zeitschrift zu vermeiden. Sutich begründete diese Wahl auch als Schutz der Vereinigung vor kritischen Fragen bezüglich ihres Patriotismus während der Post-McCarthy-Ära mit ihrer Hysterie bezüglich einer subversiven kommunistischen Unterwanderung. Das Wort „amerikanisch" im Namen der Vereinigung wurde als zeitbegrenzter Kunstgriff zugunsten einer entspannteren politischen Ausgangssituation aufgenommen (DeCarvalho 1991).

Aufgrund des Einflusses und des internationalen Prestiges von Charlotte Bühler, die 1965 bis 1966 Präsidentin der Vereinigung war, wuchsen die internationale Mitgliederschaft und die internationalen Aktivitäten. Bereits 1970 hatte die *Association for Humanistic Psychology* (AHP) internationale Untergruppen in verschiedenen europäischen

Ländern, in Israel, Indien, Zentral- und Südamerika. Eine weitere Internationalisierung der Bewegung erfolgte mit den ersten internationalen Kongressen 1970 in Holland (Amsterdam) und 1971 in Deutschland (Würzburg), worauf eine weitere Verbreitung durch die Gründung entsprechender Vereinigungen folgte. Die 1975 publizierte Liste von Wachstumszentren enthielt 52 humanistisch orientierte Zentren in dreizehn verschiedenen Ländern. In den siebziger Jahren war die AHP die einzige größere Organisation, die phänomenologische, humanistische und existentialistische Themen aufgriff. Der Mitgliederzahl erreichte damals beinahe einen Stand von 6000 Mitgliedern. Ab Mitte der achtziger Jahre bis Anfang der neunziger Jahre sank die Mitgliederzahl auf ca. 2000 und hält gegenwärtig bei ca. 2500 mit steigender Tendenz. Das Sinken der Mitgliederzahl ist zu einem guten Teil auch darauf zurückzuführen, daß Organisationen mit ähnlicher oder verwandter Zielsetzung gegründet wurden und sich allmählich profiliert haben. Durch die Internationalisierung sind auch Organisationen mit humanistischer Zielsetzung in anderen Ländern entstanden. Ein weiterer Faktor ist vermutlich die stärkere Orientierung der amerikanischen Gesellschaft, aus der die Mehrzahl der Mitglieder der AHP stammt, an wirtschaftlichen Erfolgskriterien, an Rationalisierung und Kosten-Nutzen-Denken. Dies bedeutete gleichzeitig ein Zurückdrängen humanistischer Ansprüche. Der Wiederanstieg der Mitgliederzahl in den letzten Jahren könnte auch als eine Wiederentdeckung und als Versuch der Wiederbelebung dieser humanistischen Ansprüche interpretiert werden (Berland 1997).

Ein sehr frühes Hauptanliegen der Humanistischen Psychologie war es, humanistisches Denken in die Psychologie, wie sie von der American Psychological Association (APA) repräsentiert wurde, zu bringen. Ein Ergebnis von Bemühungen Humanistischer Psychologen nach professioneller und akademischer Anerkennung war die Gründung einer eigenen Abteilung innerhalb der American Association of Psychology (*Division 32*) 1971, die Anfang der siebziger Jahre bereits beinahe 400 Mitglieder umfaßte. Einige Vertreter der akademischen Psychologie, die auch zu Vertretern der Humanistischen Psychologie gezählt werden, waren bereits vorher Präsidenten der APA gewesen (Rogers 1947 und Maslow 1968). Das Ziel der Abteilung für Humanistische Psychologie innerhalb der APA bestand darin, die Konzepte, Theorien und die Philosophie der Humanistischen Psychologie in der Forschung, Erziehung und in den professionellen Berufs-

feldern der wissenschaftlichen Psychologie anzuwenden und sicherzu-
stellen und humanistisch orientierte Ideen und Aktivitäten innerhalb
der APA zu fördern. In den siebziger Jahren wurde die AHP ein Netzwerk zur Verteilung von Informationen über humanistisch orientierte
Gruppen, Praktika und Wachstumszentren. Erziehung und Ausbildung wurden ein wichtiger Teil der AHP. Erziehungsrelevante Themen bildeten einen großen Teil der Veröffentlichungen in den sechziger und frühen siebziger Jahren.

Das erste Masters-Programm in Humanistischer Psychologie wurde
im Herbst 1966 am Psychologischen Institut des Sonoma State College
(jetzt Sonoma State University) gegründet. Weitere folgten am West
Georgia College (West Georgia State University) und am Humanistic
Psychology Institute (jetzt Saybrook Institute) in San Francisco. 1969
wurden Ausbildungsprogramme am West Georgia College gegründet,
wobei Mike ARONS federführend war. Arons war ein Student von Maslow und Paul Ricoeur und hatte seinen Interessensschwerpunkt in der
Psychologie der Kreativität. Arons und seine Kollegen entwarfen ein
innovatives Curriculum, in dem das persönliche und intellektuelle
Wachstum der Studenten das Hauptziel bildete. Dieses Programm
blühte während der siebziger Jahre auf und ist noch heute populär.
1970 wurde das Humanistic Psychology Institute als Ausbildungs- und
Forschungsinstitut gegründet und dem Andenken Maslows gewidmet.
Das Institut war als Alternative zu den herkömmlichen universitären
Ausbildungsmodellen gedacht. Andere Institutionen mit Programm-
men in Humanistischer Psychologie folgten, so daß es heute mehr als
dreißig verschiedene universitäre Ausbildungsprogramme gibt.

Der Psychoboom und die Human-potential-Bewegung

Der Psychoboom und die Human-potential-Bewegung waren Ausdrucksformen der Gegenkultur im psychologischen Bereich und in
der Erwachsenenbildung. Etwa zur gleichen Zeit wie die Gründung
der Association for Humanistic Psychology wurde das Esalen-Institut
in Kalifornien gegründet. Die Grundidee war, das Konzept des Sensi-
tivity-Trainings, das von LEWIN und seinen Schülern BRADFORD und
BENNE entwickelt wurde, weiterzuverfolgen und zu entwickeln und
gleichzeitig für humanistisch orientierte Ansätze wie Körperarbeit,
Gestalt, Meditation und Massagetechniken zu öffnen. Andere sogenannte *Wachstumszentren* folgten. Eines davon war das Center for

Studies of the Person, das von ROGERS und Mitarbeitern gegründet wurde. In den Growth-Centers entwickelten sich verschiedene Varianten von Gruppenarbeit (Encounter-Gruppen), Erwachsenenbildung und Psychotherapie. Das Interesse an und der Zulauf zu diesen Veranstaltungen waren Voraussetzungen bzw. Ausdrucksformen dessen, was später als Psychoboom bezeichnet wurde.

Die Wachstumszentren, die in der amerikanischen (und etwas später auch in der europäischen) Szene während der sechziger und siebziger Jahre auftauchten, waren eng mit der Entwicklung der Humanistischen Psychologie verbunden und entstanden auch um diese Zeit. Die bekanntesten waren die bereits erwähnten Esalen-Institut (Big Sur, Kalifornien) und Center for Studies of the Person (La Jolla bei San Diego, Kalifornien), aber es entstanden auch weitere Zentren in der Nähe einiger großer Städte wie Chicago, Washington und New York City. Ein Teil der Seminar-Leiter waren professionelle Trainer mit einer Ausbildung in Psychologie oder einem verwandten Fach. Viele boten spezielle Workshops an, ohne diesen einschlägigen professionellen Hintergrund zu haben (z.B. Masseure, Yoga-Lehrer). Diese Praxis der Leitung durch – im professionellen Sinn – *„untrainierte" Laien* entstand nicht nur aus der Angebot-Nachfrage-Dynamik des Psychomarktes, sondern basierte auf einer im weitesten Sinne demokratischen Gesinnung, die eng mit der Human-potential-Bewegung verbunden war: nicht die formale (akademische) Ausbildung, nicht die Lizenz zählte, sondern die Fähigkeit einer Person, Wachstumserfahrungen zu vermitteln oder zu fördern. Es sollte keine Privilegierung der Zertifizierten zum Nachteil der begabten Laien erfolgen, nicht der „Schein", sondern das „Sein" zählte. Ein weiteres Prinzip, das in diesem Zusammenhang eine Rolle spielte, war das Vertrauen bzw. die Erwartung, daß die „heilenden" und korrektiven Möglichkeiten einer Gruppe jeden Fehler (auch eines nicht-professionellen Leiters) ausbalancieren könnten. Die Wachstumszentren begannen später fortlaufende Trainings- und Ausbildungsgruppen durchzuführen, so daß ein vielschichtiger und florierender Markt entstand. In dieser Szene kristallisierten sich allmählich Stars unter den Seminar-Leitern heraus, womit sie auch Kultelemente erhielt.

Die Beziehung zwischen Humanistischer Psychologie und dem Human-potential-Movement begann spätestens an dieser Stelle brüchig zu werden, da sich in manchen dieser Zentren eine Dynamik von charismatischer Führerschaft und Gefolgschaft entwickelte. Beson-

ders akademisch orientierte Humanistische Psychologen distanzierten sich immer wieder von der „Human-potential-" bzw. „Human-
growth-Bewegung". Viele Psychotherapeuten fühlten sich bedroht
durch die Popularität von Gruppenleitern ohne einschlägige und formelle Ausbildung. Es begann damals auch eine Diskussion bzw. Forschung über die möglichen Gefahren von Wachstumsgruppen, die
von nicht-professionellen Praktikern geleitet wurden. Weitere Kritik
richtete sich gegen den zunehmenden *Antiintellektualismus* durch
die Überbetonung von affektiven Erfahrungen und Aktionen. Der
Konflikt zwischen jenen, die neben der Praxis und Anwendung auch
an Forschung und Theoriebildung interessiert waren, und jenen, die
Aktionismus und Spontaneität bevorzugten, entstand an dieser Bruch-
linie (Anderson 1992). Die Spuren diese Konflikts zwischen Intellek-
tualität und aktivistischer Emotionalität zeigen sich bis heute in der
Identität der Humanistischen Psychologie. Die Wachstumszentren,
die als eine „Startbasis" für neue psychologische Methoden fungier-
ten, haben heute ihre Bedeutung weitgehend verloren oder verändert. Manche sind einfach aus dem Geschäft geraten, die noch
florierenden haben sich auf die New-Age-Bewegung mit ihrer Betonung von Spiritualität, Schamanismus und ökologischem Bewußtsein
gerichtet. Manche der lancierten neuen Methoden sind verschwunden, manche finden sich – theoretisch integriert – im Methoden-
inventar von psychotherapeutischen Schulen wieder.

   Das Center for Studies of the Person
Das Center for Studies of the Person (CSP) entstand aus einem Simu-
lationsexperiment des Staffs (Lehrkörper) einer sozial- und verhal-
tenswissenschaftlichen Organisation, die sich in zwei Interessensgrup-
pen teilte: die vorwiegend an Forschung interessierten und jene, die
mehr an der direkten Anwendung von Wissen interessiert waren. Aus
der letzten Gruppe formte sich um die Leitfigur von Carl ROGERS, der
inzwischen bereits seit einigen Jahren das universitäre Setting verlassen hatte, das CSP. Es bestand aus ca. zwei Dutzend Psychologen,
Beratern und religiösen Führern, die in die Entwicklung der Encoun-
ter-Gruppe involviert waren, die von Rogers initiiert wurde. Die Organisation stand auf einer nicht-hierarchischen Basis und wurde durch
Mitgliedsbeiträge, private Subventionen und – vor allem – einen beträchtlichen Markterfolg finanziell getragen. Mitglieder des CSP führten viele innovative Projekte im Schul- und Wirtschaftsbereich, in

medizinischen Organisationen, interkulturellen Kommunikations-Workshops etc. durch. Die Durchführung dieser Projekte war ein wichtiger Teil des Berufsalltags der Mitglieder. Weltweite Bekanntheit erlangte ein Trainingsprogramm für Gruppenleitung (La-Jolla-Program). In den letzten 25 Jahre hat sich vieles verändert. Die Mitglieder des CSP stehen in einem loseren Zusammenhalt und die Mitglieder-struktur hat sich verändert. Einige der üblichen Programme werden weiterhin angeboten, jedoch mit weit geringerem Erfolg (im Sinne von Nachfrage und Teilnahme). Eine Hauptfunktion liegt heute im Führen einer Bibliothek, die die Publikationen (Videos etc.) von Carl Rogers und seinen Kollegen verwaltet (Stillwell 1992).

Das Esalen-Institut

Esalen, an der kalifornischen Pazifik-Küste gelegen, war ein Seminar-Zentrum, in dem man neue Trends in Psychologie und Nachbardis-ziplinen studieren konnte. Am Anfang der sechziger Jahre fanden hauptsächlich Wochenend-Seminare in eher konservativer, frontaler Manier statt. Später wurden stärker erfahrungs- und aktivitätsorien-tierte Programme angeboten: Demonstrations-Interviews verschiede-ner damals aktueller Therapieformen, Encountergruppen und – mit dem Aufkommen psychedelischer Drogen, die offiziell am Esalen-Institut verboten waren, jedoch einen wichtigen Erfahrungsbereich darstellten – Experimente mit veränderten Bewußtseinszuständen mit Hilfe von Drogen. Es war ein Ort der damaligen Gegenkultur, die auch in Kunst- und Musik-Ereignissen zum Ausdruck kam (so veran-staltete Joan Baez, eine Protest-Sängerin, einige Jahre hindurch ein Musik-Festival, zu dem auch einmal die Beatles kamen). Die meisten der Hauptfiguren, die in der Entwicklung der Humanistischen Psy-chologie involviert waren, wie Maslow, Rollo May, Carl Rogers, hielten in Esalen Seminare ab; weitere aus verwandten und Nachbardiszipli-nen kommende Denker waren Paul Tillich, Gregory Bateson, Arnold Toynbee und Alan Watts.

Die Geschichte dieser Institution ist es wert, detaillierter erzählt zu werden, weil sie den Ausgangspunkt und Prototyp der Human-poten-tial-Bewegung darstellte und viele Verflechtungen mit dem politisch-kulturellen Klima im Amerika der sechziger Jahre sichtbar werden (vgl. Anderson 1983). Auch die Biographien mancher für diese Be-wegung einflußreichen Persönlichkeiten kreuzten sich mit der Ge-schichte von Esalen. Die Initiatoren dieses Projekts waren zwei Stanford-Absolventen namens MURPHY und PRICE. Sie übernahmen das Management eines kleinen Badeplatzes an der Pazifik-Küste in Big Sur (Kalifornien) und beabsichtigten dort ein Forum für die Auseinandersetzung mit neuen religiösen, philosophischen und psychologischen Ideen einzurichten. Es war der Beginn einer hoffnungsvollen und vielversprechenden Zeit: ein neuer, junger Präsident (Kennedy), neuer Idealismus, frische Energie schienen einzuziehen. Der Beginn der modernen Friedensbewegung fällt in diese Zeit, Schwarze und Weiße kämpften gemeinsam gegen Diskriminierung. Die ganze Welt beobachtete den Start der Astronauten und Kosmonauten, und man erwartete abenteuerliche Expeditionen in die Welt der Planeten und Sterne. In San Francisco machte das Beat-Movement auf sich aufmerksam. Literaten wie der 1997 verstorbene Allen GINSBERG (1995) attakkierten die amerikanischen Werte des „Arbeiten-und-Vorwärtskommens". Es wurde sogar der Begriff „San Francisco Renaissance" verwendet, um die Erneuerungsbewegung zu charakterisieren.

Aldous HUXLEY, ein bekannter englischer Literat, hielt 1960 eine Vorlesung an der Berkeley University (San Francisco) zum Thema „Human Potentialities" (vgl. Huxley 1992). Er machte darauf aufmerksam, daß der Mensch trotz über Jahrtausende gleichbleibender anatomischer und physiologischer Ausstattung eine immense Zahl von Fähigkeiten und Dingen entwickelte, die über lange Zeit latent als Potential vorhanden waren. Dies gäbe Anlaß zum Optimismus, daß noch weit mehr menschliche *Potentiale* vorhanden seien, die es zu entwickeln gelte. Huxleys Neugier brachte ihn zu solchen Aussagen. Er interessierte sich für die damalige pharmakologische Forschung und glaubte an die Möglichkeit der Erweiterung des menschlichen Denkens und Fühlens durch chemische Mittel. Er war von den neuen Trends in Erziehung und Psychotherapie fasziniert. All diese Dinge sollten nach seiner Vorstellung institutionell und systematisch erforscht und der Öffentlichkeit über Programme lebenslangen Lernens vermittelt werden. Weitere Inspiration ging von BEARD, einem Freund Huxleys, aus, der ebenfalls von der Wichtigkeit einer psychologischen Revolution und ihrer institutionellen Förderung überzeugt war. Er sprach von einem Bedürfnis nach einem „gymnasia of the mind", von Übungsstätten für Geist, Seele und Gemüt.

Das Esalen-Institut in Big Sur leistete einen besonderen Beitrag zur amerikanischen Kultur und Gegenkultur. Name und Ort hatten eine spezielle Bedeutung und Geschichte. Esalen war der Name eines vergessenen und ausgerotteten Indianerstammes, von dem Sagen und unsichere Quellen behaupteten, er wäre ein wunderlicher Haufen gewesen, dessen Mitglieder die dort vorkommenden heißen Quellen angebetet, ungewöhnliche Lebensmittel zu sich genommen hätten und häufig nackt gegangen wären. In den vierziger Jahren erhielt der Ort eine gewisse öffentliche Aufmerksamkeit durch Henry MILLER, der sich in Big Sur niederließ, als der Krieg ihn zwang, Paris zu verlassen. Obwohl seine Bücher in den Vereinigten Staaten verboten waren, wurden sie viel gelesen (vgl. etwa Miller 1981a, b, 1991, 1995). Für einen Teil der Amerikaner war Miller ein Rebell gegen die amerikanische Prüderie, und Bewunderer seiner Literatur führten Pilgerfahrten nach Big Sur durch, um Miller zu besuchen. Ein Teil der Besucher ließ sich dort nieder, wodurch der Ort als Künstler- und Bohemienkolonie bekannt wurde, die auch als Stätte des Sex und der Anarchie betrachtet wurde, was sogar Miller als übertrieben bezeichnete (Anderson 1983).

Der Titel der ersten Serien von Veranstaltungen am Esalen-Institut hieß in Anlehnung an Huxleys Formulierung „The Human Potentiality". Dieser Titel faßte den Anspruch und die Vision einer kulturellen Veränderung und psychologischen Revolution zusammen. Die ersten Seminare, die unter diesem Titel abgehalten wurden, waren traditionelle kognitiv orientierte Seminare von Universitätsangehörigen. Franz WINKLER, ein in Österreich geborener Psychiater, der in New York praktizierte, war einer der ersten Referenten in Esalen. Er war ein Anhänger von Rudolf STEINER und vermutlich ein besonderer Kenner der buddhistischen und hinduistischen Religion und Philosophie. Er sprach sich für eine stärkere Berücksichtigung der Intuition aus und wandte sich gegen den technologischen Materialismus seiner Zeit, der in Automatisierung, Robotisierung und Raumfahrt-Euphorie zum Ausdruck kam. Unter der empfohlenen Pflichtlektüre war unter anderem Maslows *Psychologie des Seins*. Typische Ideen der beginnenden „Human-potential-Bewegung" wurden in einem Seminar mit dem Titel „Individuelle und kulturelle Definitionen von Realität" diskutiert, das von Gregory BATESON geleitet wurde. Bateson war wie seine frühere Frau, Margaret MEAD, ein Kulturanthropologe, der die sozialen Interaktionen der Ureinwohner von Bali und Neuguinea studiert hatte, und Erfinder einer damals neuen Theorie zur Erklärung der Schizophrenie, der sogenannten Double-bind-Hypothese (die Theorie erklärt die psychologische Unmöglichkeit, das Richtige zu tun, wenn eine Person widersprüchliche Botschaften erhält, und die systematische Verleugnung der eigenen Wahrnehmung der Realität bei einer kontinuierlichen Belastung durch diese Widersprüche in der Kommunikation). Aus der Thematisierung des Konflikts zwischen *individueller* und *kultureller Definition* von *Realität* wurde später fälschlicherweise abgeleitet, daß die Gesellschaft krank, der psychiatrische Patient gesund sei, oder daß eine Version der Realitätswahrnehmung genauso adäquat sei wie die andere. Diese Diskussion enthielt jedoch Ideen, die zu den explosivsten des 20. Jahrhunderts gehörten und sowohl die Sichtweisen zur Behandlung psychischer Krankheiten beeinflußten (offene Psychiatrie) als auch die Perspektiven einer postmodernen Gesellschaft: die Idee, daß soziale Glaubenssysteme und Definitionen der Realität relative Wahrheiten und offen für Veränderung sind. Weitere Seminare beschäftigten sich mit drogeninduziertem Mystizismus. Eine Reihe von Seminarleitern wie etwa Bateson hatten an LSD-Experimenten teilgenommen. Die *psychedelische Bewegung* ging der Human-potential-Bewegung eigentlich voraus. HUXLEY interessierte sich bereits in den fünfziger Jahren für die neuen Erkenntnisse der Psychopharmakologie und beschrieb seine eigenen Erfahrungen mit Mescalin (Huxley 1953). Sein Buch war eine Herausforderung des sozialen Konsens über die gefährliche Wirkung des Drogengebrauchs und wurde sehr kontroversiell diskutiert. Ein weltberühmter Schriftsteller, dem man kaum nachsagen konnte, ein Drogenfreund zu sein, proklamierte den Drogengebrauch als Möglichkeit der Erweiterung der Wahrnehmungsfähigkeit. Viele Leute interessierten sich nun für das Thema und überlegten auch die positiven Möglichkeiten von drogeninduzierten Erfahrungen. Im den frühen sechziger Jahren begann die LSD-Forschung (z. B. im Mental Research Institute in Palo Alto). Die Idee einer psychedelischen Revolution wurde propagiert: Drogen würden die Transzendierung religiöser Erfahrungen für alle bringen und die Welt verändern. Psychedelische Drogen wurden rasch Gegenstand von sozialen Kontroversen mit einer großen Polarisierung, die von den Massenmedien kontinuierlich aufgegriffen wurde.

Etwa ab 1963 wurde das Programmangebot stärker erfahrungsorientiert und insgesamt vielfältiger. Encountergruppen, Gestalttherapie und Körperarbeit wurden die Grundkomponenten des Programmverzeichnisses. Fritz PERLS verbrachte einige Jahre in Big Sur und praktizierte in zahlreichen Workshops seine Version der Gestalttherapie. Das Esalen-Institut hat schließlich viele Entwicklungen auf dem Psycho-Markt mitgemacht, deren Spuren noch im gegenwärtigen Programmangebot zu finden sind. Heute finden etwa 400 Seminare im Jahr statt mit breit gestreuten Themen und Schwerpunkten Die Beschreibung der Zielrichtung betont die Förderung der harmonischen Entwicklung der gesamten Person. Das Institut wird in der Selbstdarstellung als Lernorganisation beschrieben, das der kontinuierlichen Exploration des menschlichen Potentials gewidmet ist und sich gegen religiöse, wissenschaftliche und andere Dogmen wendet. Es pflegt Theorie, Praxis, Forschung und die Bildung von Institutionen zur Förderung von persönlicher und sozialer Transformation (Anderson 1983).

3

Der europäische Kontext
– Quellen, Wurzeln und Anregungen

ALLPORT (1961a) war der Meinung, daß die amerikanische Psychologie eher wenige Originaltheorien entwickelte, sondern viele Anregungen aus dem europäischen Geistesleben aufgriff. Europa und das europäische Geistesleben spielten für die Entwicklung der Humanistischen Psychologie eine spezifische Rolle. Dies wurde etwa in der besonderen Funktion der europäischen Emigranten sichtbar. Auch viele andere Facetten des europäischen Geisteslebens bildeten einen relevanten und informativen Hintergrund für das Verständnis des Problembewußtseins der Humanistischen Psychologie. Insbesondere Phänomene wie Lebensphilosophie, Kulturkritik, revolutionäre Erkenntnisse und Perspektiven verschiedener Wissenschaften um die Jahrhundertwende, der geisteswissenschaftliche Einsatz in Psychologie und Pädagogik und die reformpädagogische Bewegung können in diesem Zusammenhang genannt werden. Es soll hier der geistes- und kulturgeschichtliche Kontext in Europa, der für die Entwicklung der Humanistischen Psychologie bedeutsam ist, skizzenhaft dargestellt werden. Für das Verständnis dieser Phänomene ist vorerst ein Rückgriff auf Tendenzen und Voraussetzungen im 19. Jahrhundert sinnvoll.

Die Tendenzen im Europa des 19. Jahrhunderts können als zunehmende *Industrialisierung*, *Technisierung* und *Vermassung* charakterisiert werden. Im Verlauf 19. Jahrhunderts stieg die Bevölkerung Europas von 180 auf 450 Millionen. Während es am Beginn dieses Jahrhunderts noch viele überschaubare Kleinstädte gab (bis 30.000), entwickelten sie sich mit der Zeit zu Großstädten, wo Menschen eine anonyme Massenexistenz führen. Damit kommt es zu einer quantitativen Vermehrung und Vergrößerung der wirtschaftlichen Aktivitä-

ten. Der Schwerpunkt verschiebt sich von der agrarischen zur industriellen Produktion und zu einer stärkeren Verflechtung und Internationalisierung der Wirtschaftsbereiche (Weltwirtschaft). Es entstehen
größere Fabriken, die Arbeit wird kollektiviert. Fehlender persönlicher Kontakt und Ausbeutung in Großbetrieben sind die Folge. Die
mit der Industrialisierung einsetzende Landflucht vergrößerte die
Städte und verringerte die gewachsenen Gemeinschaften der Dörfer
und Kleinstädte. Dadurch kam es zu einer drastischen Veränderung
des sozialen und gesellschaftlichen Gefüges wie etwa einer zunehmenden inneren Entfremdung der Arbeiter von anderen Gesellschafts-
schichten (vgl. Reble 1995).

Positivismus und naturwissenschaftlicher Fortschritt

Die Erkenntnisse der exakten Naturwissenschaften regten technische
Entwicklungen an, die vor allem im Dienste der Güterproduktion
eingesetzt wurden. Im wissenschaftlichen Weltbild dieser Zeit war der
Mensch der Beherrscher der Natur. Die Entdeckung der Elektrizität
(Galvani) und des Elektromagnetismus (Volta) fielen in diese Zeit. Es
wurden erste Anzeichen einer technologischen Umwälzung der Gesellschaft bemerkbar, die etwa ab der Jahrhundertwende rapide
voranschritt. 1885 wurde der Verbrennungsmotor entdeckt (Benz),
1908 begann Henry Ford mit der Massenproduktion erschwinglicher
Autos. Telefon und Telegraphie wurden entwickelt (Kabelverbindun-
gen zwischen Europa und Nordamerika 1857).

   In den Wissenschaften dominierten der *Positivismus* und die
Spezialisierung in Einzelfächer. Der von COMTE propagierte Positivismus versuchte alles Wissen auf das „positiv" Gegebene, auf die
Tatsachen der Erfahrung zurückzuführen. Er vertrat ein Gesamtsystem der Wissenschaften, die er alle auf der Mathematik gegründet
sieht. Das Experiment und die Sinneserfahrung waren die vertrau-
enswürdigsten Erkenntnisquellen. Viele Wissenschafter versuchten,
sich am naturwissenschaftlichen Vorbild zu orientieren, und konzen-
trierten ihre Forschung auf die Entwicklung allgemeiner Gesetzmäßigkeiten. MARX formulierte eine allgemeine Theorie der Kulturent-
wicklung, die auf der Dialektik als Prinzip gesellschaftlicher Dynamik
und sozialer Gegensätze aufbaut. In seinen Begriffen der entfrem-
deten Arbeit und der Selbstbefreiung des Proletariats spiegeln sich
Momente und Folgen der Industrialisierung wider. DARWIN prä-

sentierte eine naturwissenschaftliche Theorie (1859), in der er die Entstehung der Arten durch Mutation und Selektion erklärte (vgl. Coreth u. a. 1989).

Auch in der Psychologie und Soziologie suchte man verstärkt nach allgemeinen, unveränderlichen Gesetzen. Das *Weber–Fechnersche Gesetz* der Psychophysik war das Ergebnis von Versuchen, eine mathematische Verbindung zwischen diesen psychologischen und physiologischen Ereignisfolgen herzustellen. Diese Entwicklung wurde von der philosophischen Doktrin des *psychophysischen Parallelismus* beeinflußt (Fechner 1860). 1879 gründete WUNDT sein experimental-psychologisches Institut in Leipzig. Psychologie war stark mit der Physiologie verbunden: Lebensvorgänge wurden aus einer deterministischen Perspektive betrachtet und mit Hilfe experimenteller Methoden untersucht. Lebensvorgänge und vitale Ausdrucksformen wurden auf physiko-chemische Eigenschaften zurückgeführt und der menschliche Organismus wurde als „bewundernswerte Maschine, ausgestattet mit den wunderbarsten, verwickeltsten und zartesten Mechanismen" beschrieben (Bernard 1865, zit. nach Brozek und Diamond 1976, S. 752). Diese Entwicklungen führten zunehmend zu einer mechanistischen und fragmentistischen Welt- und Wirklichkeitssicht.

Die Hinwendung zum Lebendigen: Kulturkritik und Lebensphilosophie

Obwohl die Technisierung und Industrialisierung seit dieser Zeit eigentlich beständig voranschritt, wurden im auslaufenden 19. und im beginnenden 20. Jahrhundert die Begleiterscheinungen dieser Entwicklungen, wie Verdinglichung und Vermassung des Menschen und die Vernachlässigung der menschlichen Subjektivität, als negativ angesehen. Dies war zum Teil bedingt durch wirtschaftliche Entartungserscheinungen, die Armut des industriellen und großstädtischen Proletariats (nur kleine Gruppen erreichten durch den industriellen Fortschritt Wohlstand) und durch politische Katastrophen. Kriege wurden in Verbindung mit der technischen Entwicklung noch inhumaner. Es wurde immer deutlicher, daß mit der Hinwendung zur äußeren, materiellen Welt die Innerlichkeit des Menschen bedroht und das Kulturleben in eine Krise geraten war.

NIETZSCHE, der seine Kulturkritik auch als Bildungskritik anlegte, beklagte die selbstgenügsame Vielwisserei und Stillosigkeit, er kritisierte den Quasi-Gebildeten (Philister), der aus Selbsttäuschung und Überheblichkeit unsensibel für die Kulturkrise bliebe (vgl. auch Mader 1995). Die damalige Wissenschaftskritik zielte auf den dominierenden Rationalismus, die Spezialisierung des Wissens und die fehlende Ganzheitlichkeit im Denken (vgl. H. Blankertz 1982, Hierdeis 1971, Reble 1985). Die kulturkritische Literatur war in der ersten Phase weitgehend neuromantisch und ermutigend. Sie erzeugte die Hoffnung und Kraft des Widerstands gegen eine „naturfremde Lebensführung", gegen eine „industrielle Unkultur" (vgl. Flitner und Kudritzky 1984).

In Verbindung mit dieser Kulturkritik und dem Krisenbewußtsein vollzog sich allmählich eine Bewußtseinsveränderung, die in verschiedenen Richtungen zum Ausdruck kam. Der Wandel, der sich vollzog, war nicht oberflächlich und nur auf lokale Bereiche bezogen, sondern es handelte sich um einen „europäischen Kulturwandel" (Flitner und Kudritzky 1984). Es entwickelte sich ein neues Lebensgefühl, das in der Sehnsucht nach Natur, Ursprünglichkeit, Innerlichkeit und individueller Lebensgestaltung zum Ausdruck kam und auch Impulse für eine „Lebensreform" gab. Die Idee der Frauenbewegung ging von England und Schweden aus und propagierte die Gleichberechtigung der Frau im politischen und beruflichen Leben. Es sind hier auch die neue Wertschätzung der Kunst als persönliche Ausdrucksform, die „Eigenwilligkeit" des Expressionismus, der Jugendstil in der Architektur und in der Kunst anzumerken.

Die Lebensphilosophie sagte dem Positivismus und dem Rationalismus den Kampf an. Am besten ist diese Wandlung mit dem Gedanken Nietzsches beschreibbar, der dem „cogito ergo sum" (Descartes) ein „vivo ergo cogito" entgegensetzte. Kategorien wie Produktivität, Erlebnis, Schöpfertum, Totalität bestimmten philosophische Auseinandersetzungen. Die Denker der Lebensphilosophie waren die Aktualisten. Für sie galten Bewegung, Entwicklung und Prozeßhaftes mehr als das starre Sein. Sie sehen die Wirklichkeit als organisch Gewachsenes, nicht als materielles Sein. Es besteht starkes Interesse am Irrationalen. Logische Gesetze und Begriffe gelten nur als begrenzt taugliches Mittel. Wichtiger sind Intuition, gefühlsmäßiges Erfassen und Verstehen. LITT, ein Schüler von DILTHEY, drückte diese Abkehr vom materialistischen, positivistischen und rationalistischen Denken im 19. Jahrhundert zugunsten der Perspektive der Lebensphilosophie aus, indem er „Freiheit gegen Notwendigkeit,

Totalität gegen Zerspaltenheit, Schöpfertum gegen ewige Wiederkehr und Gestaltenfülle gegen begrifflichen Schematismus" stellte (zit. nach Wilhelm 1977, S. 169).

Zu den bedeutendsten Vertretern der Lebensphilosophie gehörte der Franzose BERGSON (1964, 1970, 1985), der in seinem Werk die Einmaligkeit und Unwiederholbarkeit des individuellen Geschehens und die schöpferische Entwicklung betont. Das Leben, wie es erfahren und „erlebt" wird, ist der Grundbegriff seiner Philosophie. Er sieht darin ein beständiges Werden und Wachsen, einen Fluß ständiger schöpferischer Entwicklung, die von einer Lebenskraft (elan vital) vorangetrieben wird. Er wendet sich gegen ein rein naturwissenschaftliches, quantifizierendes Denken und unterstreicht den Reichtum des qualitativen Denkens, das für ihn nicht auf Quantitatives rückführbar ist. Dabei ist die Intuition das „Organ" für die Erfassung der qualitativen Reichhaltigkeit des Lebens, für das fließende, organische und schöpferische Geschehen.

Im Deutschland vertritt vor allem DILTHEY das Anliegen der Lebensphilosophie. Dilthey versucht das Leben und den lebendigen Menschen in seiner Eigenart und Eigengesetzlichkeit, seiner Ganzheit, Tiefe und Ursprünglichkeit zu verstehen. Mit dieser Aufgabenstellung ergab sich die Notwendigkeit, die Geisteswissenschaften erkenntnistheoretisch und methodisch zu begründen und den Nachweis ihrer Unabhängigkeit und Andersartigkeit gegenüber den Naturwissenschaften zu erbringen. Der Gegensatz zwischen *Erklären* und *Verstehen* wird zum zentralen Unterscheidungskriterium zwischen Naturwissenschaften und Geisteswissenschaften. Das geisteswissenschaftliche Verstehen zielt auf Erkenntnis des Besonderen und Individuellen in seiner Sinnhaftigkeit und in seinem Bedeutungsgehalt, und zwar aus einem Gesamtzusammenhang und einer sinngebenden Strukturganzheit heraus (Dilthey 1960, 1982, 1997). Dilthey ist auch ein wichtiger Vertreter des *Historismus*, der den Menschen und sein Wirken in seiner geschichtlichen Bedingtheit entstehen und vergehen sieht. Die Auffassung der Relativität aller geschichtlichen Erscheinungsformen – daß alles im Prozeß fließt und nichts bleibt – war eine Bedrohung eines allgemeinen Wahrheitsanspruches. Die Kontroversen um Psychologismus und Historismus sind hier angesiedelt: die Kontroversen um die Relativierung der Wahrheit durch psychologische und historische Bedingtheit, die Verunsicherung durch Werterelativismus, die Schwächung der Handlungsfähigkeit und Urteilskraft gegenüber den Anforderungen der eigenen Zeit, im Hier-und-Jetzt und die Anhäufung historischen Detailwissens.

Der Neo-Vitalist und Zoologe DRIESCH (1928, 1935) ist hier auch in die Nähe der Lebensphilosophie zu stellen, insofern, als seine Auffassung vom Leben ausgeht und ebenfalls eine Philosophie vom Organischen ist. Er stellt der mechanistischen Betrachtung die vitalistische gegenüber, die zur Erklärung des Lebendigen eine besondere formende Lebenskraft annimmt. Diese unsichtbare, formende Lebenskraft nennt er im Anschluß an Aristoteles „Entelechie". Das Leben betrachtet er aus einer ganzheitlichen Sicht, die Einzelteile und -elemente sind vom Ganzen her zu verstehen. Wie das organische Leben so haben seiner Auffassung nach auch der Staat und die menschliche Entwicklung überhaupt einen ganzheitlichen Zug.

Umdenken in den Wissenschaften: eine neue Epoche

In Philosophie und Wissenschaft tritt die Komplexität der Gegenstandsbereiche und Fragestellungen hervor. Es wird die *Ganzheitsidee* betont, das Organische, das organisch Gewachsene, das Irrationale, Rätselhafte und Unbewußte. Diese Veränderung im Denken hat eigentlich alle Wissenschaften erfaßt, wenn auch das mechanistische und positivistische Denken dadurch nicht ersetzt, sondern relativiert wurde.

Die Naturwissenschaften mußten etwa EINSTEINS Relativitätstheorie (1905 und 1916), PLANCKS Quantentheorie (1900) und HEISENBERGS Quantenmechanik und Unschärferelation zur Kenntnis nehmen. Diese Erkenntnisse der Mikro- und Kernphysik leiteten eine grundlegende Veränderung des Weltbildes der Physik ein. Diese Entdeckungen haben weitreichende philosophische Erörterungen nach sich gezogen. Die Physik des 19. Jahrhunderts ging noch von der Grundannahme eines strengen Determinismus und Materialismus aus, die die Materie als das letzte und einfachste Element des Seienden betrachteten. Die Makrophysik konnte in ihrer Forschung das beobachtende Subjekt außer Betracht lassen. Der Begriff der Materie wurde nun problematisiert. Die Welt der Atome zeigte sich als Manifestation von Energie und wurde als sehr komplexes Phänomen erkannt. Die subatomaren Bausteine zeigten sich in einem Doppelgesicht: im Dualismus von Welle und Teilchen. Die Komplexität des Gegenstandes konnte weitgehend nur mehr mit Hilfe der Technik und durch mathematische Ausdrücke adäquat erfaßt werden. Dies führte zu einer Unanschaulichkeit, denn die Welt des Physikers entfernte sich immer mehr von der Alltagswelt des Menschen. Der *beobachtende Forscher* mit seiner Apparatur mußte nun als *Eingriff* in das Geschehen mit berücksichtigt werden und die „sicheren" Kausalzusammenhänge wurden durch „statistische" *Wahrscheinlichkeitszusammenhänge* ersetzt. Die Natur ließ sich nun nicht einfach als Folge von mechanischen Abläufen verstehen, sondern machte quasi „Sprünge" und war in einem gewissen Ausmaß spontan und unberechenbar geworden. Wissenschaftliches Erkennen erwies sich in einem relativistischen Universum als standortgebunden und nicht als absolut. Man konnte nicht alles mit gleicher Schärfe und Genauigkeit erfassen, sondern die Wirklichkeitserfassung war abhängig vom Meßinstrument und vom experimentellen Zugang. Der Forscher konnte nicht mehr getrennt von seinem Objekt gesehen werden. Insgesamt schien die Komplexität ihres Gegenstandes die Physiker gezwungen zu haben, neue Betrachtungsweisen und methodische Zugänge zu entwickeln (vgl. Heisenberg 1984).

Die *Gestaltpsychologie* vertritt den Ganzheits- und Strukturgedanken. Der Strukturbegriff war ursprünglich stark von der Biologie beeinflußt. Man verstand darunter ein aus Teilen zusammengesetztes Ganzes, wobei jeder Teil eine spezifische Funktion erfüllt, die jedoch nur vom Ganzen her verständlich ist. Eine Untersuchung von Teilen und Einzelfunktionen muß daher immer vor dem Hintergrund des Ganzen und unter Berücksichtigung des Gesamtrahmens erfolgen. Der Ganzheitsgedanke ist eine Perspektive, die versucht, die besondere Struktur komplexer Einheiten oder Systeme adäquat zu erfassen. Ganzheiten wirken als Einheit, als Zusammenhalt, wobei im Unterschied zu additiven Aggregaten die Beiträge der Einzelelemente und Einzelfunktionen nicht bloß summiert werden können, sondern wegen der vorhandenen Wechselwirkungen der Elemente und Funktionen eine qualitativ andere Wirkung oder Dynamik zeigen. Diese Betrachtungsweise wurden von der Gestaltpsychologie bei der Untersuchung der menschlichen Wahrnehmung entwickelt. Mit Gestaltqualitäten bezeichnete sie die Qualität oder Eigenschaft des Ganzen, das aus einem Reizmuster hervortritt.

Die *Psychoanalyse* betonte die Bedeutung des Unbewußten (Freuds *Traumdeutung* ist 1900 erschienen). Freud zeigte die überragende Macht des Unbewußten an Hand vieler Beispiele und veränderte damit in einschneidender Weise das Bild vom Menschen. Die Psychoanalyse und später verschiedene Varianten der Tiefenpsychologie machten damit nicht nur auf die Wirkung von fortlaufenden inneren Prozessen aufmerksam, die dem Bewußtsein entzogen sind, vor allem kognitive, emotionale und motivationale Prozesse, sondern auf die unterdrückten primitiven Impulse, Wünsche und Erinnerungen. Die Erkenntnisse der Psychoanalyse wurden in vielfältiger Weise weiterentwickelt, aufgegriffen und auch kritisiert. Sie beschäftigen bis heute viele sozial- und humanwissenschaftliche Fachgebiete und bilden einen nicht unwesentlichen Bestandteil ihres Problembewußtseins.

Neben den genannten wurden um die Jahrhundertwende und in den ersten Jahrzehnten des 20. Jahrhunderts eine Fülle von neuen und revolutionären Erkenntnissen entwickelt. Dabei schien sich die Biologie mit ihren Nachbarbereichen (Genetik, Verhaltensforschung) als neue Leitwissenschaft herauszubilden und darin die Physik abzulösen. Ihre Erkenntnisse wurden in besonderer Weise in anderen Wissenschaftsgebieten diskutiert (Anthropologie, evolutionäre Erkenntnistheorie). Die Bedeutung und Sprengkraft all dieser Erkenntnisse konnte von den Zeitgenossen vermutlich noch nicht vollständig bemerkt werden; es kristallisierten sich erst allmählich ihre Implikationen und Konsequenzen auch für andere wissenschaftliche Disziplinen und Forschungsbereiche heraus. Jedenfalls bildeten ihre Implikationen für verschiedene wissenschaftliche Bereiche ein Reservoir an Anregungen, das bis in die Gegenwart für eine Anreicherung ihres Problembewußtsein sorgt.

Geisteswissenschaftliche Psychologie und Pädagogik, Gestalt- und Ganzheitspsychologie

Dilthey gilt als einer der exponiertesten Vertreter der Lebensphilosophie in Deutschland. Er hat wesentliche Impulse für die Entwicklung der geisteswissenschaftlichen Psychologie und die Begründung der Pädagogik als eigenständige Wissenschaft gegeben. Seine Ansätze wurden von seinen Schülern in unterschiedlicher Weise aufgegriffen und zu einer geisteswissenschaftlichen Pädagogik und Psychologie entwickelt.

Gegen Ende des 19. Jahrhunderts etablierte sich die Psychologie als eigenständige Wissenschaft in Abgrenzung von ihren religiösen, philosophischen und medizinischen Traditionen. Dabei entstand eine überwiegend experimentelle Psychologie. Innerhalb der sich neu formierenden Disziplin genoß der experimentalpsychologische Ansatz ein hohes Ansehen: das experimentalpsychologische Institut, das Wundt 1889 in Leipzig gegründet hatte, war über Jahrzehnte Anziehungspunkt für Psychologen und Mediziner aus vielen Ländern, insbesondere aus den USA. Etwa zur gleichen Zeit stellte DILTHEY der zergliedernden, analysierenden, kausal erklärenden und naturwissenschaftlich experimentellen Psychologie eine beschreibende, deutende, verstehende Psychologie gegenüber (Dilthey 1982). Erst durch die Methode des geisteswissenschaftlichen Verstehens lassen sich nach Dilthey die wesentlichen Motivations- und Sinnzusammenhänge erfassen. Verstehen sei demnach nicht nur eine Leistung des Verstandes, sondern erfordere den gesamten Einsatz der „Gemütskräfte". Es ist ein Sichhineinversetzen und Nacherleben fremden Seelenlebens unter Zuhilfenahme von Intuition, Phantasie und Einfühlung. Hermeneutisches Verstehen vollzieht sich vor dem Hintergrund des Zusammenhanges von Erlebnis, Ausdruck und Verstehen. Die *verstehende* Psychologie wurde von SPRANGER, einem Schüler Diltheys, JASPERS u. a. aufgegriffen und ebenfalls zur Grundlage psychologischen Forschens gemacht. Für Spranger ist es ein „nachlebendes Auffassen von Sinnzusammenhängen", das sich jedoch vom Sympathisieren mit dem Verstandenen unterscheidet (Spranger 1922) und auch Denkakte enthält. Jaspers (1919) unterscheidet das anschauliche Vergegenwärtigen von subjektiven Gegebenheiten (statisches Verstehen) und das mit Einsichtserlebnissen verbundene Erfassen der seelischen Zusammenhänge (genetisches Verstehen).

Ebenfalls als Gegenpol zur experimentellen Psychologie entwickelte sich die *phänomenologische* Psychologie, die die unmittelbare innere Erfahrung als Innenschau und Wesensschau methodisch einsetzte. Sie entwickelte sich im Anschluß an BRENTANO (1924) und HUSSERL (1962). Methodisch setzt die Phänomenologie an der unmittelbaren Erfahrung und dem direkten Erleben von Erscheinungen an.

STERN (1935), der Begründer der *differentiellen* Psychologie, versucht eine Verbindung von experimenteller und verstehender Psychologie. In seiner personalistischen Psychologie bevorzugt er den Begriff des Erlebens anstelle von Bewußtsein. Erleben ist eine Seinsform der Person, die sie in den Lebensvollzug einbettet. Die „Person", der die Merkmale Ganzheit, Spontaneität und Teleologie zukommen, ist der

Mittelpunkt psychischen Geschehens. Sie ist auch Ausgangspunkt der Selbsterhaltungs- und Selbstentfaltungsakte (vgl. Brunner 1976).

In den zwanziger und dreißiger Jahren wurde die *Gestaltpsychologie* eine der führenden Kräfte der deutschen Psychologie und war auch die späteste und erfolgreichste Entwicklung in der deutschen experimentellen Psychologie. Sie führte in die experimentelle Erforschung der visuellen Wahrnehmung Begriffe wie Gestalt, Ganzheit und Gestaltqualitäten ein und veränderte damit auch die Grundeinheit psychologischer Analyse weg von den einfachen Elementen und hin zu Funktionen und Einheiten höherer Ordnung, die auf das Verständnis von komplexen Phänomenen abzielten. WERTHEIMER, KOFFKA und KÖHLER waren die Zentralfiguren dieser Denkrichtung. Köhlers Interesse an der zeitgemäßen Physik beeinflußte auch sein weiteres Werk im Sinne der physikalischen Feldtheorie von Max Planck. Die Gestaltpsychologie wurde eine international bekannte Bewegung, die wieder viele Europäer und auch Amerikaner als Studenten anzog.

Die europäische Psychologie, die sich im ausgehenden 19. Jahrhundert und im Vorkriegseuropa entwickelte, bestand aus einer Vielzahl von Denkrichtungen, zu denen die experimentelle, naturwissenschaftliche Psychologie, die geisteswissenschaftliche Psychologie, die Gestalt-, Struktur- und Ganzheitspsychologie und die Tiefenpsychologie gehörten. Es war „gerade das Fehlen einer dominierenden Schule und das Mit- und Gegeneinander verschiedener Richtungen und Forscher", was die europäische Tradition ausmachte (Balmer 1976, S. 126). Karl BÜHLER hat in *Krise der Psychologie* (1927) diese Vielfalt in Theorie und Methode aufgegriffen und zu methodischer Toleranz und zum Methodenpluralismus aufgerufen (vgl. auch Benetka 1995).

Ähnlich wie in der Psychologie hatte sich die *Pädagogik* erst im ausgehenden 19. Jahrhundert als eigenständige Wissenschaft formiert. DILTHEY spielte hier eine zentrale Rolle. Ohne sein Wirken wäre die wissenschaftliche Entwicklung der Pädagogik im zwanzigsten Jahrhundert nicht denkbar gewesen. Er wird zu den Klassikern der Pädagogik gerechnet und gilt als Begründer eines neuen Paradigmas pädagogischer Reflexion und Forschung: einer historisch-systematischen und hermeneutischen Analyse der pädagogischen Praxis. Er verweist auf den *teleologischen* Charakter des Seelenlebens, seine innere Zweckmäßigkeit und die ihm zukommende eigene Vollkommenheit. Fühlen, Wollen und Vorstellen sind die Grundleistungen des Seelenlebens, deren richtiges Ineinandergreifen zum vollkommenen Menschen führt. Das teleologische Moment sieht Dilthey im tierischen Dasein, beim Einzelmenschen, in Gesellschaft und Geschichte. Er verbindet es auch mit dem Evolutionsgedanken. Sein Programm der Pädagogik als Geistes- und Kulturwissenschaft wurde von seinen Schülern und Nachfolgern in unterschiedliche Richtungen weiterentwickelt.

In der deutschsprachigen Vorkriegspädagogik finden sich auch frühe Ansätze empirischer Forschung: die wissenschaftliche Kinderpsychologie und Jugendkunde mit STERN, Karl und Charlotte BÜHLER und Hildegard HETZER; eine experimentelle Pädagogik wird von LAY und MEUMANN vertreten, die den experimentalpsychologischen Zugang von Wundt aufgriffen, während PETERSEN Pädagogik als empirische Tatsachenforschung verstand. Um die Jahrhundertwende und in der Vorkriegspädagogik finden sich neben den empirisch-experimentellen Impulsen auch Anregungen, die von der neukantianischen Philosophie ausgingen und dem empirischen Zugang reserviert bis ablehnend gegenüberstanden (Natorp, Hönigswald, Petzelt). Weitere Impulse gingen von der Psychoanalyse (Aichhorn, Bernfeld, Anna Freud, Redl, Spitz, Zullinger), der Existenzphilosophie (Buber) und später auch von einem phänomenologischen Ansatz (Langeveld) aus. Insgesamt ist die Pädagogik dieser Zeitspanne durch eine Vielzahl von Ansätzen charakterisiert, eine Situation, die eigentlich bis in die Gegenwart erhalten geblieben ist – wenngleich der Einfluß der geisteswissenschaftlichen Richtung durch eine „realistische Wende" (Roth 1963) nach dem Zweiten Weltkrieg zur empirischen Pädagogik sich relativierte, um schließlich an den „Ausgang ihrer Epoche" zu gelangen (Dahmer und Klafki 1968). Die *geisteswissenschaftliche* Pädagogik jedoch war jene Richtung, die die theoretische Diskussion in den ersten Jahrzehnten des 20. Jahrhunderts weitgehend dominierte. Dabei spielten die Schüler und Nachfolger Diltheys eine zentrale Rolle (Nohl, Litt, Spranger, Flitner, Weniger), die die Theorie der Erziehung und Bildung auch auf akademischem Boden verankern konnten. Als Begleiter, Impulsgeber und auch Kritiker der erzieherischen Initiativen in der reformpädagogischen Bewegung hatten sie ein reichhaltiges Reservoir an Anregungen für Reflexion, Theoriebildung und Kritik. Daß sich die Pädagogik als eigenständige Wissenschaft unter geisteswissenschaftlicher Dominanz entwickelte, war nicht verwunderlich, wurden doch ihre Geburtshelfer in einer geisteswissenschaftlichen Tradition sozialisiert. Darüber hinaus mußten sie für die

Pädagogik gegenüber jenen Disziplinen, in denen pädagogische Fragestellungen bis dahin abgehandelt wurden (Theologie und Philosophie), einen *Eigenständigkeitsanspruch* formulieren. Neben anderen
Fragestellungen, wie insbesondere das Verhältnis von Erzieher und
Zögling („pädagogischer Bezug"), beherrschte der Eigenständigkeitsanspruch oder das Eigenständigkeitsproblem die Diskussion der geisteswissenschaftlichen Pädagogik über weite Strecken auch in ihrer
Theoriebildung. So ist auch in der Theorie der geisteswissenschaftlichen Pädagogik die Lehre von der Autonomie der Erziehung ein
wichtiger Eckpfeiler. Es gibt vielfältige Versuche, den autonomen
Charakter des pädagogischen Geschehens herauszuarbeiten und zu
begründen: also die Idee, daß auch die Erziehung ein eigenständiger
Kulturbereich ist, neben dem Staat, den Konfessionen und der Wissenschaft, daß der Pädagoge nicht Diener fremder Mächte ist, deren
Aufträge er ausführt, daß auch beim Schüler und beim Kind der
eigenständige Charakter der Person geschützt und gefördert werden
soll.

Zu den zentralen Begriffen der geisteswissenschaftlichen Pädagogik gehören der Begriff der Intentionalität und der Begriff des Verstehens. Der Begriff der *Intentionalität* verweist auf den teleologischen
Zusammenhang des individuellen Seelenlebens, auf die Orientierung
an Zwecken und Zielen, die sich der Mensch in Freiheit setzen kann.
Auch bei der gesellschaftlichen und geschichtlichen Entwicklung wird
eine zielgebundene und zielorientierte Betonung einer eigenständigen zielorientierten Kraft, Energie und Aktivität angenommen. Der
von Dilthey entwickelte Begriff des *Verstehens* steht im Gegensatz zum
naturwissenschaftlichen Erklären. Das Verstehen verlangt vom Wissenschafter einen ständigen Rückbezug auf das eigene *Vorverständ-
nis*, so daß das Ergebnis eines *hermeneutischen* Auslegungsprozesses
immer auf einem dynamischen Austausch zwischen Erkenntnissubjekt und Erkenntnisobjekt beruht (hermeneutischer Zirkel). Diese
prinzipielle Untrennbarkeit zwischen Wissenschafter und Objekt ist
nur über die Methode des Verstehens auflösbar, nie aber aufhebbar.
Denn durch die hermeneutische Auseinandersetzung mit seinem
Erkenntnissubjekt verändert sich auch der Forscher im Prozeß des
Verstehens. Dieser Gedanke einer Beziehung zwischen Subjekt und
Objekt ist im positivistischen, klassisch naturwissenschaftlichen Denken in dieser Weise nicht vorhanden. Der Gedanke, daß Erkennen
eine Beziehung zum Objekt erfordert, ist in dieser Zeit jedoch an

mehreren Stellen entstanden. Er tauchte in der Mikrophysik auf, die erkennen mußte, daß die Beziehung, die der Forscher über seine Theorien und Meßinstrumente zu seinem Forschungsobjekt einnimmt, das Ergebnis beeinflußt. Der Forscher stellt Fragen an die Natur, die Natur setzt sich damit auseinander und gibt eine entsprechende Antwort. Auch in der *Psychoanalyse* ist die Beziehung das wichtigste Forschungsinstrument. Die geisteswissenschaftliche Pädagogik, vor dem Zweiten Weltkrieg dominierend in der Pädagogik, vertrat einen Ansatz, der einen ganzheitlichen Zugang, die Einheit von Theorie und Praxis, das Konzept der Teleologie, das Verstehen einschloß. Diese Entwicklung wurde durch die nationalsozialistische Herrschaft abgebrochen, wodurch eine „Lücke in der Tradition" erzeugt wurde (Bollnow 1989). Eine kontinuierliche Weiterentwicklung der geisteswissenschaftlichen Pädagogik auf der Basis der Auseinandersetzung mit ihren schon in den zwanziger Jahren auftretenden Kritikern und eine systematische Integration der zeitgenössischen wissenschaftlichen Ansätze (wie der Gestalttheorie und -psychologie, der Psychoanalyse, der philosophischen Konsequenzen der neuen Entdeckungen in der Physik) war nur begrenzt möglich.

Die Reformpädagogische Bewegung

Neben der Entwicklung der Pädagogik als Wissenschaft gab es auch eine praktisch-pädagogische Entwicklung, die aus der Lebensphilosophie entstand und die konsistent zur geisteswissenschaftlichen Pädagogik paßte: die Reformpädagogische Bewegung.

Damit bezeichnet man pädagogische Innovationen, die um die Jahrhundertwende (etwa 1880/90 bis 1950/60) in einem breiten Spektrum (von Skandinavien bis Italien und von Rußland bis Amerika) auftauchten. Diese Innovationen beriefen sich auf eine Kultur- und Erziehungskritik, die mit dem Kultur- und Erziehungswesen des 19. Jahrhunderts scharf abrechnete. Die Kritik wandte sich gegen die Lehrer- und Stoffschule. Die Schule wurde als „Lehrerschule" betrachtet, d. h., der Lehrer hatte vorzutragen, zu erklären und darzubieten, der Schüler blieb dabei passiv in einer gängelnden und bevormundenden Unterrichtsweise. Die „alte" Schule war auch eine „Stoffschule". Neben der Herrschaft des Lehrers bestand die Herrschaft des Lehrplanes. Die daraus resultierende Vielwisserei und Oberflächlichkeit, das autoritäre Gehabe, der Buch- und Belehrungsunterricht, die

Trichterpädagogik, das Zerreißen des Zusammengehörigen, das Still-
sitzenmüssen, die Gleichschaltung, das Pauken, die einseitige Pflege
der Gedächtnisfähigkeiten wurden kritisiert von KERSCHENSTEINER,
der diese Schule einen „öden Belehrungskäfig" nannte (vgl. Reble
1995, Wilhelm 1977). J. MÜLLER, Theologe und Philosoph, kritisierte
1902 die Schulerziehung mit folgenden Worten:

Im allgemeinen wirkt unser Schulunterricht nicht erzieherisch und kann
es nicht, so wie er ist. Das beweist zunächst das Verhältnis zu den Lehrern,
wie es gegenwärtig herrscht, dann die Rolle, die die Strafen im Schulwesen
spielen, immer ein Zeugnis der Unfähigkeit im Erziehen, dann die
Strafmittel, als da sind: hundertmal abschreiben ‚du sollst nicht …‛,
Nachsitzen, überflüssiges Auswendiglernen oder Rechnen usf., ferner die
Art des Unterrichts, mag er sich nun in Form ärgerlicher Gereiztheit,
nervöser Ungeduld, feldwebelartiger Instruktion oder persönlicher
Gleichgültigkeit und sachlicher Kälte vollziehen, weiter der unpersönliche
Verkehr mit den Schülern vom Rechtsstandpunkte des Vorgesetzten aus
und schließlich das Aufpeitschen des Interesses durch Examina, das
Anfeuern des Wetteifers durch Erregung der Eitelkeit und Ehrsucht,
und wie die unsittlichen Erziehungsmittel alle heißen. Das sind nur die
oberflächlichsten und gröbsten Symptome dafür, daß in unseren Schulen
von Erziehung keine Rede ist, so pathetisch man auch davon sprechen
mag, sondern höchstens von Bändigung und Dressur (zit. nach Wilhelm
1977, S. 8).

Im Zusammenhang mit dieser Kritik wurde eine neues Bild vom Kind
und eine dementsprechende Pädagogik gezeichnet: Das Kind solle
ernst genommen werden, Schule müsse vom Kind ausgehen (Pädagogik vom Kind aus), die kindliche Eigenwelt sollte studiert werden, die
Anerkennung des Spieles als spezifisch kindliche Lebensform, die
Respektierung der altersspezifischen Erlebnis- und Ausdrucksformen,
eine Pädagogik des Wachsenlassens und eine Aktivitätspädagogik
wurden gefordert. Ein *optimistisches Menschenbild* wurde propagiert:
Der Mensch sei von Natur aus gut, mit schöpferischen Kräften ausgestattet, lernmotiviert, wißbegierig und neugierig und verantwortungs-
bereit. Jede Ängstlichkeit, Lernunlust oder Egoismus wurden einer
falschen Erziehung zugeschoben, womit eine Argumentationsfigur
von ROUSSEAU wieder aufgegriffen wurde (vgl. H. Blankertz 1982,
Reble 1995, Wilhelm 1977). Bei GURLITT (*Bausteine einer neuen*

Schule I, 1919) liest sich das etwa so: „Die alte Schule ging von dem Gedanken aus, daß der Mensch von Geburt an böse sei. Die neue Schule vertraut auf die Gutheit der menschlichen Natur. Die alte Schule bekämpft, dämpft, beschneidet und unterdrückt den starken Lebensdrang der Jugend und überschüttet sie mit unerwünschten Geboten und Berichten: die neue Schule nutzt alle Kräfte und Triebe und lenkt sie in gesunde Bahnen [...]" (zit. nach Hierdeis 1971, S. 30).

Hand in Hand mit diesen Ideen entstand eine Aufbruchsstimmung, die zu einer Reihe von praktisch-pädagogischen Initiativen führte. OTTO praktizierte den dialogischen Gesamtunterricht, eine freie und „ungefächerte" Unterrichtsform, die von einer „kindgemäßen Gesprächsführung" getragen war. KERSCHENSTEINER und GAUDIG entwickelten Arbeitsschulmethoden, die auf die Förderung der Spontaneität und Lust an der selbständigen Tätigkeit des Kindes gerichtet war und sich auf Erziehung in der arbeitenden Gemeinschaft stützte. In den USA gründete DEWEY 1894 eine Laboratoriumsschule an der Universität Chicago, in der er mit der Projektmethode anstelle des herkömmlichen Fächerunterrichts das Prinzip „learning by doing" umsetzte. MONTESSORI gründete 1907 ihr Kinderhaus, wo sie sozial benachteiligten Kindern durch spezielle Lernanregungen bessere Entwicklungsmöglichkeiten geben wollte. STEINER gründete 1919 die Freien Waldorfschulen, wo das künstlerische Gestalten und das Eingehen auf die Individualität einen hohen Stellenwert bekam. Ein Pädagoge des Austromarxismus, Max ADLER, entwickelte die Theorie zur Bewegung der „Kinderfreunde", die sich auf die Förderung von Arbeiterkindern außerhalb von Schule und Familie richtete. Landeserziehungsheime wurden durch die Konfrontation der Schüler mit der Natur als Heilmittel gegen die zivilisatorischen Zeitkrankheiten wie Oberflächlichkeit, Phrasentum und Wortwissen betrachtet. Die Internatserziehung entstand aufgrund einer Skepsis gegenüber der Familie. Die Gedanken der Koedukation und Schülerselbstverwaltung entstanden in dieser Zeit (H. Blankertz 1982, Reble 1995).

Hervorzuheben ist Alexander NEILL, der 1921 in Summerhill ein Landschulinternat gründete, in dem er eine Pädagogik des Wachsenlassens praktizierte. In den sechziger Jahren wurde dieses Konzept im Zusammenhang mit der Studentenbewegung und der antiautoritären Bewegung besonders bekannt. Sein Buch *Antiautoritäre Erziehung* bildete die Grundlage für die Gründung von sogenannten Kinderläden (Neill 1962, 1968). Sie führten diese Ideen zum Teil in extremer Art

weiter. Die Schlagworte waren Triebbefriedigung, kollektive Selbständigkeit, Ichstärke. So wurde zum Teil eine bindungs- und führungslo-
se Pädagogik praktiziert. Als Neill sah, was sein erstes Buch „angerich-
tet" hatte, brachte er ein zweites, mit dem Titel *Freedom, not Licence*
(Freiheit, nicht Beliebigkeit), heraus, um die extremen Interpretationen seiner Ansichten zu korrigieren (Neill 1966).

Die deutsche Reformpädagogik enthielt in ihrer Betonung von
Totalität, Vitalität und Ursprünglichkeit auch einen irrationalen
„Schwung" in der Vielfalt ihrer praktischen Gestalten, die es den nationalsozialistischen Tendenzen ermöglichten, in ihrem Bestreben
nach politischer Formierung auf Grundlagen zurückzugreifen und
Elemente zu instrumentalisieren, die aus der Tradition der Reformpädagogischen Bewegung stammten (vgl. H. Blankertz 1982). KU-
NERT (1973) spricht daher auch von präfaschistischen Tendenzen in
der kulturkritischen Reformpädagogik der Zwischenkriegszeit, die
sich auf eine irrationale Begrifflichkeit stützt. Reformpädagogische
Intentionen sind bis in die Gegenwart wirksam und relevant geblieben, insofern als in Reformprojekten versucht wird, „das systematische
Lernen und das persönliche Erleben in einen angstfreien Bildungs-
prozeß zu integrieren" (Eichelberger 1995, S. 7). Viele Studien und
zahlreiche Forschungsarbeiten in Richtung Kindgemäßheit und
Entängstigung der Schule und schulischer Leistungsbeurteilung sind
im Sinne reformpädagogischer Intentionen interpretierbar (vgl. etwa
Olechowski und Persy 1987, Olechowski und Rieder 1990, Olechowski
und Sretenovic 1983, Olechowski und Wolf 1990).

4

Der historische Kontext
– Humanismen in der Geschichte

Wenn man sich mit der Humanistischen Psychologie auseinandersetzt, trifft man auf eine Vorgabe: der Begriff „humanistisch" ist in
vielfacher Weise vorbelastet. Denn es hat in der Geschichte einige
„Humanismen" gegeben. Die Humanistische Psychologie lehnt sich
durch die selbstgewählte Bezeichnung, humanistisch, an eine reichhaltige historische Tradition an. Jeder Humanismus ist dabei auch mit
einem erzieherischen Anspruch und Vorstellungen über die Erneuerung des Menschen durch Bildung aufgetreten.

Der Begriff des Humanismus

Im weiteren Sinn versteht man unter Humanismus eine geistig-kul-
turelle Bewegung, die die *Entwicklung, Förderung* und *Kultivierung
des eigentlich Menschlichen*, der Humanität, anstrebt. Beide Begriffe,
Humanismus und Humanität, leiten sich aus dem Lateinischen ab
(humanitas = Menschlichkeit, Milde, Menschenfreundlichkeit). Humanität ist jedoch eine formale Kategorie ohne Inhalt, der sich erst
aus der geschichtlichen Betrachtung ergibt. Jede philosophische
Richtung und jede Zeit hatten ihre eigenen, aus ihr hervorgehenden
Humanitätsvorstellungen. So drückte sich etwa in der römischen Antike das eigentlich Menschliche im Sprechen und in der Sprache aus.
Beredsamkeit war wichtig und enthielt auch ein sittliches Moment:
Der richtigen Rede sollte auch das rechte Handeln folgen. Im Mittelalter wurde Humanität als Demut, Glauben und christliche Vollkommenheit verstanden. Und die Aufklärung sah Vernunft und Ratio als
das eigentlich Menschliche an.

Humanismus im engeren Sinn bedeutet Erneuerung des Menschen durch die *Auseinandersetzung mit der Antike* und *mit griechischer und lateinischer Sprache und Kultur*. Er fand besonders im philologischen Humanismus eine charakteristische Ausformung. Der hohe Stellenwert der alten Sprachen (Latein und Griechisch) im „humanistischen" Gymnasium gehört ebenfalls in diese Kategorie.

Der Terminus Humanist wurde bereits im späten 15. Jahrhundert geprägt. Humanist bedeutete Lehrer oder Student der „humanioria" und „studia humanitatis" (Grammatik, Rhetorik, Poetik, Geschichte und Moralphilosophie). Die am öftesten gewählte Laufbahn eines Renaissance-Humanisten war die des Sekretärs eines Fürsten oder einer anderen prominenten Persönlichkeit. Er war damit beschäftigt, Briefe zu schreiben. Der Brief war ein literarisches Ausdrucksmittel, das vielen Zwecken diente (Nachrichten über neue Ereignisse, politische Manifeste, philosophische Abhandlungen). Weiters mußten sie Reden verfassen und sie waren die offiziellen Historiographen. Bei Fürsten, in Städten und Regierungen war es Brauch, einen Humanisten anzustellen, der beauftragt war, die lokale Geschichte oder auch Biographien zu verfassen.

In Deutschland waren die Begriffe Humanist und humanistisch schon im 15. Jahrhundert gebräuchlich und bezeichneten den Kenner und Liebhaber der alten Sprachen. Der Begriff Humanismus erschien zuerst 1808 bei NIETHAMMER (1968). Niethammer bezeichnete damit die Lateinschulen, die auf die alten Sprachen und die klassischen Autoren das Hauptgewicht legten. Er stellt den *Humanismus* dem *Philanthropismus* gegenüber: Der Philanthropismus war eine Erziehungsbewegung, die aus den Ideen der Aufklärung hervorging und von BASEDOW begründet wurde. Die Betonung des ganzen Menschen (Wille, Gemüts- und Körperkräfte) und der praktisch-nützlichen Fähigkeiten, Leibeserziehung und Handarbeit waren dabei wichtig. Gegen diesen Nützlichkeitsaspekt wandte sich jedoch der Neuhumanismus, dem es um ästhetisch-literarische Bildung um ihrer selbst willen ging. Der Streit zwischen den Realien oder den berufsrelevanten Kenntnissen (Berufserziehung, Berufsbildung) und der humanistischen Bildung (humaniora) durchzog die Geschichte des Gymnasiums des gesamten 19. Jahrhunderts und ist noch heute in verschiedenen Typenbezeichnungen bemerkbar. Der Begriff humaniora wurde später ausgeweitet und gleichbedeutend mit Geisteswissenschaften gebraucht, wie es etwa im englischen Wort humanities ent-

halten ist (vgl. Böhm 1994). Erst 1859 wurde durch VOIGT „Humanismus" zur Epochenbezeichnung für die Gelehrtenbewegung von
Petrarca und Erasmus in der Renaissance-Zeit und damit zum litera-
turgeschichtlichen Äquivalent für den kunst- und kulturgeschichtli-
chen Begriff Renaissance (vgl. Lenzen 1989). PAULSEN verwendete
1885 erstmals das Wort Neuhumanismus, um die deutsche Klassik
vom Renaissance-Humanismus zu unterscheiden. Die reichhaltige
Humanismusforschung hat komplexe Facetten dieses Phänomens
sichtbar gemacht. Neben der historischen Perspektive, die Humanismen als Epochenbeschreibungen im zeitlichen Wandel erfaßt, bedeutet Humanismus als Philosophie und Weltanschauung eine reflektierte Auseinandersetzung des Menschen mit sich selbst. Die Verflechtung dieser Perspektiven mit der pädagogischen ist stets gegeben, da
jeder Humanismus mit einem pädagogischen Anspruch aufgetreten
ist, der in der Erneuerung des Menschen durch Bildung bestand und
damit auch für eine Bildungsgeschichte steht (vgl. Böhme 1984, 1986,
1988). Durch die Vieldeutigkeit des Begriffs Humanismus wird dieser
als wissenschaftliche Kategorie oft als unbrauchbar betrachtet. Jedoch
zieht sich der Humanismus wie ein roter Faden durch die europäische
Geistesgeschichte; er kulminiert nicht nur in einigen historischen
Epochen, sondern war als Begriff immer wieder Anziehungspunkt für
Neuinterpretationen des menschlichen Selbstverständnisses und
Selbstideals.

Die Geschichte des Humanismus unterscheidet zwischen der antiken Ursprungsidee, dem Humanismus des Spätmittelalters und der
Renaissance und dem Neuhumanismus. Darüber hinaus sind humanistische Motive in der Aufklärung und im beginnenden 20. Jahrhundert zu erkennen (3. Humanismus). Die Humanismusdiskussion der
Moderne setzte bei der Kritik am Neuhumanismus an und führte sie
in eine gesellschaftskritische und existentialistische Richtung weiter.

Humanistische Ursprungsmotive in der Antike

Hinsichtlich der humanistischen Ursprungsmotive in der Antike gelten die Griechen als die bestimmende geistige Kraft. Die Formung des
Menschen, der Sinn für Form und Maß, die bildnerische Arbeit am
Menschen (Paideia) durchdrang viele Ebenen der griechischen Kultur. Die Idee einer Innerlichkeit im Sinne eines Strebens nach Verede-
lung hatte ihren Ursprung in der Antike. Humanität spiegelte sich im

Ideal der Harmonie, in der Ausgeglichenheit von Körper und Geist, von Innen und Außen und in der Entfaltung des edlen und ästhetischen Menschentums. Das klassische Ideal der harmonischen Menschenbildung war Schönheit im Sinne der harmonischen Verbindung von Tüchtigkeit und Anmut, die durch Gymnastik und Musik gepflegt wurden, und das Gutsein als moralische und geistige Aufgabe. Aus der These der Gleichheit aller Menschen und der Möglichkeit der geistigen Freiheit konnte sich das Postulat über die Menschen-Natur entwickeln, nach dem der Mensch in allen Lebensbereichen als oberster Wert anzusehen ist (im Gegensatz zur Betrachtung des Menschen als Sache). Dem griechischen Denken war es eigen, Fragestellungen in das Prinzipielle zu wenden. Die Verbindung von prinzipiellem Denken und praktischem Handeln war für den Humanismus des Griechentum charakteristisch.

Eine Anregung für humanistisches Denken stellt der Homo-mensura-Satz des Griechen PROTAGORAS dar: „Der Mensch ist das Maß aller Dinge, des Seienden für sein Sein, des Nichtseienden für sein Nichtsein" (vgl. Störig 1993, S. 147; Meyers kleines Lexikon Philosophie 1987). Oft wird nur der erste Teil dieses Satzes zitiert, der eigentlich den Menschen als absolutes Maß erscheinen läßt. Die gesamte Aussage wird jedoch auch als Grundthese des *Relativismus* aufgefaßt. Es wird hierin das Motiv des veränderlichen individuellen, subjektiven Erlebens angesprochen, das sich hier vornehmlich auf die Gültigkeit (Wahrheit) von Aussagen bezieht. Allgemeingültige Wahrheit ist von dieser Auffassung her gesehen nicht möglich. Denn der individuelle Mensch ist nicht immer derselbe, und nicht einmal für denselben Menschen ist dasselbe zu verschiedener Zeit wahr (Reble 1995, Schischkoff 1991). Wir finden hier Ansatzpunkte für das Problem der Spannung zwischen Identität und Veränderlichkeit. Protagoras beruft sich dabei auf HERAKLITS „ewiges Fließen" und seine Lehre der Einheit der Gegensätze, die weitere Ursprungsmotive humanistischen Denkens darstellen. Heraklits Aussprüche „Wir können nicht zweimal in denselben Fluß steigen" und „Alles fließt, nichts besteht" sind Ausdrücke seiner Flußmetapher, die jedoch hinter dem endlosen und unaufhörlichen Fließen ein einheitliches Gesetz sieht (Störig 1993). Mit der Denkfigur, die Einheit in der Vielheit und Vielheit in der Einheit erblickt, wird hier der Versuch unternommen, das Problem der Komplexität zu verstehen. In dieselbe Richtung geht sein Gesetz der Einheit der Gegensätze, das ein Zusammenspiel von gegensätzlichen Kräften behauptet. Jedes Ding braucht zu seinem Sein sein Gegenteil. Mit dieser Auffassung der Zusammengehörigkeit und des Zusammenwirkens des Gegensätzlichen begründet er auch eine dialektische Entwicklungslehre (Störig 1993).

ARISTOTELES stellte vermutlich den Höhepunkt der antiken Philosophieentwicklung dar. Nach seiner Auffassung liegen in den Dingen selbst die Ideen. Die Ideen werden als die Form der Dinge gesehen. Alles Materielle hat in irgendeiner Weise in sich selbst Form und innere Zielstrebigkeit (Entelechie) und alle Dinge – auch die bloß materiellen – tragen ein Gestaltprinzip in sich. Dieses Zusammenspiel von Stoff und Form finden wir auch in der Interpretation des Lebendigen: Das Charakteristische am Lebendigen ist seine Fähigkeit, sich selbst zu bewegen. Wo ein Bewegtes ist, muß auch ein Bewegendes sein, daraus folgt, daß, was sich selbst bewegt, sowohl ein Bewegtes wie ein Bewegendes in sich trägt. Das Verhältnis zwischen Leib und Seele ist dasselbe wie zwischen Stoff und Form. Das den Leib Bewegende und Formende ist die Seele, während der Leib das Werkzeug (Organon) der Seele darstellt. Hier finden wir das Stammwort der Begriffe Organ, Organismus, organisch. Im Stufenreich des Lebendigen stehen die Pflanzen mit den Funktionen der Ernährung und Fortpflanzung an unterster Stelle. Bei den Tieren kommt die Fähigkeit zur Ortsveränderung und Sinneswahrnehmung hinzu. Der Mensch verfügt darüber hinaus über die Fähigkeit zu denken. Die jeweils höheren Funktionen und Fähigkeiten können ohne die niedrigeren nicht bestehen (vgl. Störig 1993). Aristoteles legt hier bereits eine „Schichtenlehre" und Entwicklungsvorstellung an, die durch zunehmende Funktionsvielfalt und Komplexität gekennzeichnet ist. Die Ethik des Aristoteles ist eine Ethik des Maßes und des Ausgleichs: die rechte Mitte treffen, das Vermeiden von Extremen, von Zuviel und Zuwenig ist das Wesen des Tugendhaften: „Es kommt für den Menschen vor allem auf dauernde Arbeit an sich selbst, auf Persönlichkeitskultur an" (Reble 1995, S. 38).

Der Humanismus im engeren Sinn hat einen typisch lateinisch-römischen Ursprung, der sich vom griechischen Stil abhob. Durch die Rezeption der griechischen Literatur durch die Römer ist die Auseinandersetzung mit der klassischen Vergangenheit ein wesentliches Prinzip geworden. Die Bedeutung des rhetorischen und literarischen Moments durchzieht seitdem die humanistischen Bildung. Die Entdeckung der *Sprache* als Mittel der Kultivierung des Menschen, seiner geistigen Zucht und des kunstvollen Verstehens alles Menschlichen, begründete einen *philologischen* Humanismus. „Wir brachten den Völkern der Provinzen nicht nur die Bürde des Gehorsams, sondern auch das Geschenk der lateinischen Sprache" (vgl. Horney u. a. 1970). Diese Aussage CICEROS hat die Sprache als Mittel und auch als Inhalt der Kultur Roms deklariert: Die Sprache ermöglicht die Fertigkeit (eloquentia), sich gut und kultiviert auszudrücken, mittels Sprache, Literatur und Konversation „menschlich" zu leben. Jenen, die sich um Bildung und Wissen im Dienste der Künste bemühen und dies bewußt üben, wurde das höchste Maß an Menschlichkeit zugesprochen. Das Menschliche wurde in der Bedeutung der Sprache gesehen: Fähigkeit zur Sprache und Möglichkeit ihrer Kultivierung ist von allen Lebewesen nur dem Menschen gegeben. Die Sprache unterscheidet den Menschen von anderen Lebewesen und verbindet ihn mit anderen Menschen. Somit ergab sich im antiken Humanismus das Primat der Sprache und einer damit verbundenen Bildungsidee. Die Beredsamkeit enthielt insofern ein sittliches Moment, als der rechten Rede auch die rechte Tat folgen sollte.

Renaissance-Humanismus (1400 bis 1600)

Im Mittelalter war die Religion eine der wichtigsten öffentlichen Angelegenheiten und der Klerus war der erste Stand im Gesellschaftsgefüge. Der Wille Gottes bzw. seine Auslegung war Richtschnur des privaten und öffentlichen Lebens. Auf der Grundlage der Idee einer universalen Kirche war das Christentum das Verbindende zwischen den Völkern. THOMAS von Aquin bereitete den Weg zur Renaissance durch die Wiedergewinnung der aristotelischen Auffassung von Vernunft (Rand 1967). Die Auflösung der mittelalterlichen Ordnung ging Hand in Hand mit einem *Säkularisierungsprozeß* in allen Bereichen – ein Auseinanderdriften von geistlich-klerikaler und weltlicher Macht und eine Trennung von Religiösem und Weltlichem im geistig-kulturellen Bereich. Ganz allgemein war diese Epoche eine Zeit des Umbruchs, des Strukturwandels und der Neuorientierung auf allen Lebensgebieten (vgl. Reble 1995).

Politisch bedrohte das Aufstreben der italienischen Stadtstaaten und das erwachende Nationalbewußtsein die mittelalterliche Idee eines universalen Reiches der Christenheit. Die Erfindungen und Entdeckungen dieser Zeit erschütterten das bestehende Weltbild und unterstützten die an vielen Stellen aufkommenden Veränderungen und Umwälzungen. Die Erfindung des Kompasses machte es möglich, die Weltmeere zu befahren (Entdeckung Amerikas, Seeroute nach Indien), was nicht nur den Horizont erweiterte, sondern eine europäische Expansionspolitik über einen großen Teil der Erde auslöste. Die Zentren der Macht, des Wohlstandes und der geistigen Weiterentwicklung verlagerten sich immer mehr vom Festland in Richtung Anliegerstaaten der Seerouten. Die Erfindung des Schießpulvers erschütterte die Stellung des Rittertums und der mittelalterlichen Gesellschaftsordnung, wodurch die Emanzipation der Bauern gegenüber dem Rittertum begünstigt wurde. Die Erfindung des Buchdrucks schuf die Voraussetzung für eine breit angelegte Bildung. Es veränderte sich das Weltbild vom mittelalterlich-geozentrischen (die Erde ist unbeweglicher Mittelpunkt des Universums, um den sich der Himmel bewegt) zum *heliozentrischen Weltbild* des KOPERNIKUS (die Erde ist ein Körper, der sich um die eigene Achse dreht und um die Sonne kreist).

Die Erneuerungsbewegung der *Reformation* stand ebenfalls im Zusammenhang mit dem Wandel des Gesamtlebens und erzeugte eine größere Verbreitung als die aristokratisch bleibenden Bildungsideen des Humanismus. Die Tendenz zu größerer Selbständigkeit griff auch auf das religiöse Gebiet über, mit der Freiheit des Christenmenschen als Zielrichtung. Mit dem voranschreitenden Prozeß der Säkularisierung kam es zur Loslösung vom mittelalterlichen Denken mit seiner engen Verbindung von Theologie, Philosophie, Wissenschaft, seiner Jenseitsorientierung und der Haltung der Weltentsagung, nach der das Leben als Pilgerfahrt und als Vorbereitung auf das Seelenheil im Jenseits zu sehen war. Man wandte sich dem diesseitigen Leben zu und schätzte Lebensfreude und Lebenslust (im Gegensatz zu einer erlebensasketischen Haltung). Es war das Zeitalter des *Individualismus*, der Wertschätzung der freien Einzelpersönlichkeit und der Betonung des autonomen Denkens frei von den theologischen Bindungen des Mittelalters. In der Kunst und Literatur zeigte sich diese Betonung des Individualismus etwa in Selbstbiographien, Porträts und Selbstporträts. „Nicht mehr der Heilige, sondern die kraftvolle, autonome, rücksichtslos ihre Individualität auslebende Persönlichkeit wurde ihr Ideal [...]. Das Empfinden für die Schönheit der Sprache, für Naturschönheit und für innere und äußere Persönlichkeitskultur wurde ungemein gesteigert" (Bopp 1953, S. 773).

Das Ideal ist der an Geist und Sprache der Antike literarisch und
künstlerisch gebildete Mensch, der gleichzeitig philosophisch aufge-
schlossen und weltoffen ist; der „Universalmensch" mit starkem
Selbstgefühl und Lebensdrang, der sich durch kultivierte Geselligkeit
und rhetorische Eleganz auszeichnet (Reble 1995). An den Universitäten wurden Lehrstühle für Beredsamkeit und Dichtkunst errichtet
bzw. Poetenschulen gegründet. Die Rede war ein wichtiges künstleri-
sches Ausdrucksmittel. Ein neuer Gelehrtentypus entstand, der nicht
mehr in erster Linie Theologe war, sondern „humanista". Das dem
neuen Menschheitsideal entsprechende weibliche Vorbild war die „vi-
rago", die unabhängige, gelehrte und literarisch gebildete Frau. Freie
Auseinandersetzung mit der Antike ohne Rücksicht auf theologische
Voreinstellungen wurde betont. Die Abkehr von der scholastischen
Methode[1] mit ihren strengen Auslegungsprozeduren leitete eine
neue „Unmittelbarkeit" in der Auseinandersetzung mit der wieder-
entdeckten antiken Kultur ein. Im Mittelalter war von einigen theologischen Perspektiven aus betrachtet die „humanitas" ein Hinweis auf

1 Die philosophischen und theologischen Lehren des späteren Mittelalters (8. bis 14. Jahrhundert) werden Scholastik genannt. Deren Methode
bestand darin, Fragen durch Berücksichtigung und Auslegung von Autoritäten zu entscheiden. Die Wahrheit konnten nur Autoritäten (z. B. Kirche,
Bibel, Aristoteles) liefern, die es auszulegen galt. Der scholastische Unterricht hielt sich an ein genaues und starres Verfahren, in dessen Mittelpunkt
die Lesung von Texten stand (lectio). Den Autoren, denen durch ihre Texte
eine Autorität zukam, standen die Leser gegenüber, die die Lehren anderer,
der Autoren, auslegten. Der Gegenstand des Wissens war dadurch nicht die
Realität selbst, sondern, was Autoritäten über sie geschrieben haben (also
nicht die Sonne, sondern, was Ptolemäus über die Sonne geschrieben hat).
Die dadurch entstehende Kultur des Kommentierens, das Kommentieren
von Kommentaren, führte zu Unmengen von Texten, Kommentaren und
Sekundär- und Tertiärkommentaren, die sich sowohl von der Wirklichkeit als
auch von den Quellentexten entfernten (vgl. Garin 1964, Meyers kleines
Lexikon „Philosophie" 1987). Diese Auswüchse der scholastischen Methode
– das fortschreitende Sich-Entfernen von den Quellen – kritisierte Petrarca
mit den bezeichnenden Worten: Sie „versteifen sich auf einen Aristoteles,
den sie nur vom Hörensagen kennen […], und verdrehen sogar seine richtigen Gedanken zu irgendwelchen verqueren Bedeutungen" (zit. nach Kristeller 1986, S. 9).

und Ausdruck für Sünde und menschliche Schwäche, während es für die Liebhaber des antiken Kulturraumes für Würde und Größe des Menschen stand (Horney u.a. 1970). Diese Hinwendung zur Antike ging von PETRARCA und BOCCACCIO aus (letzerer ist weniger durch seine gelehrten Arbeiten bekannt als durch den *Decamerone*, eine Sammlung von z.T. deftigen erotischen Geschichten, die die Sinnlichkeit der Klosterkultur zum Ausdruck bringen). Die ersten Vertreter des Humanismus bevorzugten die *lateinische Sprache* und Kultur. Die griechische Tradition spielte eine geringere Rolle, da viele Humanisten sich des Ausmaßes der Abhängigkeit der römischen Kultur von den Griechen nicht im klaren waren. Das Latein des Cicero war Maßstab für eine neue Bildung, die sich von der damaligen christlichen Erziehung abgrenzte. Philosophisch folgte man Platon und nicht Aristoteles. Petrarca gilt als der erste bedeutende Vertreter der humanistischen Bewegung in der Renaissance. Ein wichtiger Aspekt seines Denkens war seine feindliche Einstellung gegenüber der Scholastik, gegen die er polemisierte. Seine Zurückweisung der aristotelischen Lehre und der arabischen Rezeption des Aristoteles ist von persönlicher Antipathie durchzogen. Das Studium der klassischen Antike war jene Kraft, die er der mittelalterlichen Wissenschaft entgegensetzte. Petrarca war ein eifriger Leser und Sammler antiker lateinischer Autoren, besonders von Cicero und Seneca. Er betrachtete Platon als den größten aller Philosophen, hielt ihn für bedeutender als Aristoteles, der für das Mittelalter die wichtigste Autorität war. Durch seine beschränkten Griechischkenntnisse war seine Bewunderung von Platon gewichtiger als dessen Einfluß auf sein eigenes philosophisches Denken (vgl. Kristeller 1986).

Weitere philosophische und literarische Vertreter des Renaissance-Humanismus neben Petrarca waren Ficino, Patrizi Bruno und Pico. PICO della Mirandola galt als einer der Hauptvertreter des Renaissance-Platonismus. Berühmt geworden ist er durch eine seiner Reden, die auch inhaltlich dem Humanismus verpflichtet war und die Neuorientierung im Denken ausdrückte: die „Rede über die Würde des Menschen" aus dem Jahr 1487. So oder ähnlich wurde nachträglich der erste Teil seiner *Oratio*, wie der Originaltitel lautete, betitelt, da deren Ideen den Leser besonders beeindruckten. Er formulierte darin seine Lehre von der Würde des Menschen und dessen Stellung im Universum. Für Pico hat der Mensch keine festgelegte Natur. Sein „Natur-Zwang" ist der Zwang zur Freiheit aus Mangel an Festlegungen. Der Mensch macht sich erst durch seine freien Entscheidungen zu dem, was er ist. Er ist Ursache seiner selbst. Die Betonung liegt auf Entwicklungsoffenheit und Eigenaktivität. Pico (1992, S. 10 f.) drückt es in der Sprache seiner Zeit folgendermaßen aus:

Daher ließ sich Gott den Menschen gefallen als ein Geschöpf, das kein deutlich unterscheidbares Bild besitzt, stellte ihn in die Mitte der Welt und sprach zu ihm: „Wir haben dir keinen bestimmten Wohnsitz noch ein eigenes Gesicht, noch irgendeine besondere Gabe verliehen, o Adam, damit du jeden beliebigen Wohnsitz, jedes beliebige Gesicht und alle Gaben, die du dir sicher wünschst, auch nach deinem Willen und nach deiner eigenen Meinung haben und besitzen mögest. Den übrigen Wesen ist ihre Natur durch die von uns vorgeschriebenen Gesetze bestimmt und wird dadurch in Schranken gehalten. Du bist durch keinerlei unüberwindliche Schranken gehemmt, sondern du sollst nach deinem eigenen freien Willen, in dessen Hand ich dein Geschick gelegt habe, sogar jene Natur dir selbst vorherbestimmen. […] Es steht dir frei, in die Unterwelt des Viehes zu entarten. Es steht dir ebenso frei, in die höhere Welt des Göttlichen dich durch den Entschluß deines eigenen Geistes zu erheben […]."

Dieses Thema zog immer wieder humanistische Denker an, die die privilegierte Stellung der menschlichen Seele in der universalen Hierarchie betonten. Diese Gedanken fanden auch bei modernen, existentialistischen Denkern Interesse.

Die Menschenbildung über die Kultivierung der Sprache findet ihren besonderen Ausdruck im Bildungskanon der Studia humanitatis (Grammatik, Rhetorik, Poetik, Geschichte und Moralphilosophie), der sich auf die Beschäftigung mit der Antike und auf die Orientierung des Denkens und Handelns am Menschen richtete. Mit der Auseinandersetzung mit der Antike war auch eine ethische Aufgabe verbunden, nämlich die Bindung des menschlichen Handelns an das Gute. Die Beispiele großer Menschen (exempla) konnten in der antiken Tradition gefunden werden. Sie verkörperten das im Handeln verwirklichte Gute, das sich zur Nachahmung (imitatio) empfahl. Nachahmung bedeutete dabei nicht Verzicht auf eigenständiges und individuelles Handeln oder Unterordnung unter ein Vorbild: „[…] das Beispiel, dessen Erfahrung die Nachahmung herausfordert, vermag die individuellen Kräfte jedes einzelnen zu wecken und ihn in der imitatio, der Nachahmung, zur Verwirklichung des Guten zu führen, auf das hin er nach seinen Möglichkeiten und Fähigkeiten angelegt ist" (Garin 1966, S. 299f.).

Die humanistische Bildung setzte sich, von Italien ausgehend, in anderen Ländern Europas durch (Spanien, England, Deutschland). Die Humanisten in Italien traten meist als Hoferzieher oder Hofliteraten auf, während sie in Deutschland stärker als Schulreformer wirkten. Eine Reihe von Humanisten erreichte eine nationale Wirkung wie etwa AGRICOLA in Deutschland. Eine übernationale und europäische Bedeutung ging von ERASMUS von Rotterdam aus, der einen harmonisierenden christlichen Humanismus vertrat. Seine Betonung eines philologischen Humanismus und der Dominanz der Sprache kommt in folgender Aussage zum Ausdruck: „Man kennt die Dinge nur durch die Worte; wem die Macht über die Sprache fehlt, der wird notwendigerweise kurzsichtig, verblendet und närrisch in seinem Urteil über die Dinge sein" (ebd., S. 51). Mit der Verbreitung der humanistischen Bildung werden die Humaniora ein fixer und zentraler Bestandteil des Lehrplans, das klassische Latein und Grundkenntnisse in Griechisch werden verbindlich. Seit der Zeit des Humanismus existiert in Deutschland auch eine Literatur zur Pädagogik und Methodik, die einen Sinn für Individualität, aufgelockertes und spielerisches Lernen aufweist und für eine verständnisvolle Berücksichtigung der kindlichen Seele und Eigenart eintritt (Reble 1995, vgl. auch Ruhloff 1989).

Humanistische Motive der Aufklärung

Die Bedeutung der antiken Schriftsteller und die Ansprüche des Humanismus haben die Renaissance-Zeit weit überdauert (vgl. Böhme 1994). Auf sie haben sich Generationen bedeutender Figuren in der Geistesgeschichte Europas bezogen. Auf dem Weg von der Renaissance zur Aufklärung entwickelten sich im Zeitalter des Barock (17. Jahrhundert) Tendenzen, die zu scharfen Angriffen gegen den die Sprach- und Buchgelehrsamkeit betonenden Schulhumanismus führten. Realismus und Versachlichung der Bildung wurden betont und das Prinzip der *Lebensnähe* und *Anschaulichkeit* war im wesentlichen gegen den Humanismus gerichtet. Obwohl COMENIUS als einer der bedeutendsten Repräsentanten dieser Zeit ebenfalls in diese Richtung wirkte, sind seine auf soziale und geschlechtliche *Koedukation*

gerichtete, nicht-selektive Schulorganisation (vgl. Olechowski 1992)
und seine auf das wahre Menschsein abzielenden Erziehungsentwürfe
Ansätze, die als Beginn einer modernen, sich von der sprachlich-lite-
rarischen Bildung ablösenden Auffassung von humanistischer Erziehung betrachtet werden können (vgl. Lexikon der Pädagogik 1950).

Auch die Aufklärung mit ihrem rationalistischen Schwerpunkt läßt
einen humanistischen Hintergrund erkennen, denn die Wirkungsgeschichte des Humanismus entfaltet sich auch im Zeitalter des Rationalismus (vgl. Böhme 1988): „Die Väter der Aufklärung blieben in ihren
Idealen die Söhne des Humanismus" (Garin 1967, S. 55). Freiheit,
Würde und Autonomie des Einzelmenschen sind in der Aufklärung
weiterhin ein Anliegen. Ihre Bedeutung wird nun im Namen der Vernunft vorgetragen und auf eine rationale Begründung gestellt (vgl.
Reble 1995). GARIN (1967, S. 43) wies darauf hin, daß ein zentrales
Motiv des Humanismus darin liege, dem Menschen die Freiheit und
Selbstbestimmung in dieser Welt zu geben, also seine privilegierte
und autonome Stellung gegenüber dem Rest der Schöpfung durch
Bildung zu ermöglichen:

Den Menschen erziehen heißt, ihm das Bewußtsein seiner selbst, seines
Platzes in der Welt und in der Geschichte geben. Der Sinn des Studiums
der antiken Schriftsteller und ihrer Sprache lag gerade darin: den
Menschen, ohne jede Einschränkung, dahin zu führen, sich als Herr seiner
selbst zu fühlen. Dies war in Wirklichkeit das Ziel des sprachlich-literarisch-
historischen Formalismus der humanistischen Erziehung.

Dieser Anspruch, der in verschiedener Weise zum Ausdruck kam, erhielt in der Aufklärung einen besonderen Akzent und eine besondere
Ausformung. Denn die Aufklärung setzte ein besonderes Vertrauen in
die Kraft der menschlichen Vernunft im Gegensatz zur Orientierung
an Autoritäten und Traditionen, um diesen privilegierten Platz und
die Herrschaft über sich selbst zu erlangen (H. Blankertz 1982). KANT
(1913, S. 169) formulierte diesen Anspruch sehr prägnant, indem er
den Gedanken der Emanzipation in der folgenden, oft zitierten Version hervorhob:

Aufklärung ist der Ausgang des Menschen aus seiner selbstverschuldeten
Unmündigkeit. Unmündigkeit ist das Unvermögen, sich seines Verstandes
ohne Leitung eines anderen zu bedienen. Selbstverschuldet ist diese

Unmündigkeit, wenn die Ursache derselben nicht am Mangel des Verstandes, sondern der Entschließung und des Mutes liegt, sich seiner ohne Leitung eines anderen zu bedienen.

Die Aufklärung erweiterte das menschliche Privileg um ein zentrales Moment: die Lockerung und Auflösung von Abhängigkeiten durch die Ermutigung zum freien Gebrauch der eigenen Urteilskraft. Spätestens seit der Aufklärung ist *Emanzipation* eine irreversible Facette eines humanistischen Anspruchs geworden. Die Erweiterung des menschlichen Freiheitsspielraumes vollzog sich in der Aufklärung in zwei wichtigen Stoßrichtungen: in der Befreiung von Naturabhängigkeiten des Menschen überhaupt durch die Entwicklung der Naturwissenschaften und in der Befreiung von gesellschaftlichen Einschränkungen und der Respektierung der eigenen individuellen Natur des Menschen – ein Anspruch, der besonders im Werk ROUSSEAUS zum Ausdruck kommt.

Die Entwicklung der modernen Naturwissenschaften erhielt in der Aufklärung entscheidende Impulse. Bereits im Zeitalter der Renaissance und des Humanismus entstand eine neue Auffassung von Natur, die sie stärker in Beziehung zum Menschen sieht. Ein wesentlicher Zugang zur Natur wird nun das Experiment, ein Ansatz, der zum ersten Mal von LEONARDO da Vinci am Ende des 15. Jahrhunderts vorgetragen wird (vgl. Heisenberg 1962): „[...] traut nicht den Autoren, die sich nur vermittels der Einbildungskraft zu Dolmetschern zwischen Natur und Menschen haben machen wollen, sondern einzig denen, die auf Grund der Zeichen der Natur, vielmehr durch die Ergebnisse ihrer Versuche den Geist geübt haben" (Leonardo da Vinci 1958, S. 28f.). Das Experiment ist dabei eine Methode der Befragung der Natur, wobei der Ausgangspunkt eine vom Menschen an die Natur herangetragene Theorie ist. Wesentlich ist hier, daß das so erreichte Wissen über die Natur eine *Funktion der Möglichkeiten, Fähigkeiten und Grenzen des Menschen* ist.

Ein weiteres Moment der bereits in der Renaissance initiierten Naturauffassung liegt in der Betonung der *Naturbeherrschung*: Naturerkenntnis ist nun nicht mehr allein auf theoretisches Erkennen gerichtet, sondern auch auf Technik und Wirken. Diese für die Entwicklung der modernen Naturwissenschaften wichtige Auffassung wurde in der Aufklärung durch die englischen Philosophen LOCKE und HUME mit einer philosophischen Basis versehen: Nicht die Spekulation, sondern das unerschütterliche Beharren auf der Erfahrung als Grundlage jeglichen Wissens ist der Kern ihrer Philosophie des *Empirismus*. Im 17. Jahrhundert wird mit DESCARTES eine mechanistische Deutung der Natur eingeführt, die sich nicht bloß auf die anorganische Natur, sondern auch auf die organische und auf das Seelenleben bezieht. Empirie gegen Autorität und der rationalistische Zweifel sind geistiger Nährboden der neuen Naturwissenschaften. Eine Bestätigung erhielten diese neuen Methoden durch vielfältige Erfolge und Errungenschaften der Naturwissenschaften und Technik. Ihre Funktion als bestimmende und organisierte Kraft in der weiteren Entwicklung der Wissenschaften wurde durch die Gründung wissenschaftlicher Gesellschaften vollends verankert (vgl. Stippel und Raith 1971).

Das mechanistische Denken ist ein Ausgangspunkt für die allmählich sich verstärkende materialistische Weltanschauung, die sich in der Aufklärung schließlich beeindruckend entfaltet. Der mit der zunehmenden Bedeutung der Naturwissenschaften einhergehende Drang, aus naturwissenschaftlichen Erkenntnissen weitreichende philosophische Schlüsse zu ziehen und ein entsprechendes „Weltbild" zu propagieren, setzte das ursprünglich humanistische Motiv der Emanzipation zumindest teilweise wieder außer Kraft. Denn „die Bescheidenheit, mit der den Naturgesetzen Gültigkeit nun im Rahmen der jeweiligen Fragestellung und für streng begrenzte Gebiete zuerkannt wurde […], wird aufgegeben" (Heisenberg 1962, S. 90). Der Freiheitsspielraum, der durch Erkenntnis und Beherrschung der Natur hätte erweitert werden sollen, wurde durch die Unterwerfung unter ein materialistisches Weltbild wieder eingeengt. Auch wenn in weiterer Folge die Aufklärung Erscheinungen und Entwicklungen nach sich gezogen hat, die wiederum eine neuhumanistische Gegenbewegung begünstigt haben, dürfen die Anteile an humanistischen Ansprüchen und Ursprungsmotiven in der Aufklärung nicht unterschätzt werden. Ein besonders bezeichnendes Beispiel für diese Verbindung von Befreiungsmotiv und gleichzeitiger Disziplinierung ist die Theorie der Körpererziehung durch Abhärtung (Locke). Hier steht ebenfalls das Anliegen einer Erhöhung der Widerstandskraft im Vordergrund. Sie zielt auf eine Immunisierung gegenüber den (schädlichen) Einflüssen der natürlichen Umwelt und damit auf eine Befreiung von ihnen. Implizit ist der Gedanke, durch Gewöhnung und strenge Disziplin eine Freiheit gegenüber der Natur zu erwerben, während die mit der Disziplinierung verbundene Einschränkung, Unterdrückung und

Unterwerfung der „inneren Natur" des Menschen in den Hintergrund tritt (Locke 1990, vgl. Reble 1995).

Gerade diese „innere Natur" des Menschen war ein Anliegen von ROUSSEAU. Rousseau war ein schillernder Vertreter der Aufklärung, gilt jedoch auch als einer der Initiatoren ihrer philosophischen Überwindung. Seine Wirkungsgeschichte entfaltete sich in vielfältigen Einflüssen und Anregungen: auf die Aufklärungspädagogik, die Sturm-und-Drang-Bewegung, die Romantik; Goethe, Schiller und Kant gehörten zu seinen Verehrern. Er gilt als intellektueller Wegbereiter der Französischen Revolution und als Bezugspunkt jeder späteren Kulturkritik (vgl. Reble 1995, Störig 1993, H. Blankertz 1982). Er wirkte auf die pädagogische Reformbewegung um 1900, auf die pädagogische und psychologische Anthropologie, auf die Entwicklungspsychologie (vgl. Reinert 1976, Wyss 1976). Seine Bedeutung hat sich bis in die Gegenwart in einer Kulturgeschichte der Psychotherapie erhalten (vgl. Cushman 1995). HERRMANN (1976) bezeichnet seinen Erziehungsroman *Emile* als die „kopernikanische Wende" bezüglich der Entdeckung der Kindheit, für BLANKERTZ (1982) stellen seine Überlegungen „das Paradigma moderner Pädagogik" dar.

Für Rousseau stellt die Natur einen Zentralbegriff dar, der in scharfen Gegensatz zur Kultur gestellt wird. Es ist damit ein paradiesischer *Naturzustand* gemeint, der gleichzeitig auch ein vernünftiger ist. „Alles ist gut, wenn es aus den Händen des Schöpfers hervorgeht; alles entartet unter den Händen des Menschen", ist die These, mit der sein berühmter Erziehungsroman beginnt. Ein Grundgedanke zieht sich durch alle Werke Rousseaus: Der Mensch ist gut von Natur aus und wird erst durch die Gesellschaft, durch die Einflüsse der Kultur verformt, ja entartet: „Er erschüttert alles, entstellt alles, er liebt die Mißbildung, die Monstren. Nichts will er so, wie es die Natur gemacht hat, nicht einmal den Menschen. Er muß ihn dressieren wie ein Zirkuspferd" (zit. nach Stippel und Raith 1971, S. 61). Aus dieser grundsätzlichen Kritik an der destruktiven Wirkung gesellschaftlicher und kultureller Einflüsse ergibt sich für ihn: der Heranwachsende muß von den verbildenden Einflüssen der Gesellschaft ferngehalten werden. Es kommt darauf an, die in jedem Menschen liegende konstruktive und gute Anlage auf natürliche Weise sich entwickeln zu lassen. Seine natürliche Erziehung bedeutet in erster Linie Entfaltung der natürlichen Anlage des Menschen und dafür Sorge zu tragen, daß sich die Natur voll auswirken kann. Die Aufgabe der Erzie-

hung ist daher eine negative. Sie besteht im Fernhalten aller kulturellen und gesellschaftlichen Einflüsse, die diesen Prozeß stören könnten. Erziehung darf nur in Einklang mit der Natur erfolgen, das Ziel
ist die Natur selbst. Rousseau betont damit auch den *Entwicklungs-*
gedanken, indem er jedem Alter seine spezifische Ausformung zuspricht: Das Kind ist kein kleiner Erwachsener, sondern es hat seine
eigene „Natur". In diesem Zusammenhang polemisiert Rousseau gegen eine Überbetonung von rationalen Elementen in der Erziehung,
da er die kindliche Welt in keiner Weise mit rationalen Methoden
ansprechbar sah, und schlägt damit antiaufklärerische Töne an. Ein
weiteres antiaufklärerisches Moment stellt seine besondere Beachtung des Gefühls und des Rechts des Herzens gegenüber der Konven-
tion und der Reflexion dar, Motive, die als Vorboten all dessen gelten,
was sich später – im 19 Jahrhundert – an Gegenbewegungen formier-
te (Romantik, Sturm und Drang). Rousseaus Überlegungen spiegeln
Momente wider, die das Problembewußtsein in Psychologie und Pädagogik auch späterhin immer wieder bestimmten, einen organologi-
schen und ein identitätstheroretischen Entwicklungs- und Bildungsbegriff: die erste Vorstellung geht von der Idee einer zielgerichteten
Entfaltung einer vorgegebenen Anlage aus, die zweite von der Idee
der Selbstentfremdung und der verlorenen und wiederherzustellen-
den Identität (vgl. Buck 1984).

Neuhumanismus (Mitte des 18. Jahrhunderts bis ca. 1830)

In den Jahrzehnten zwischen 1770 und etwa 1830 hebt sich eine neue,
von der Aufklärungsepoche unterschiedene geistesgeschichtliche
Einheit ab, die als klassisch-idealistische Epoche und Neuhumanismus
bezeichnet wird. Der Begriff „Neuhumanismus" wurde von PAULSEN
im Jahr 1885 eingeführt (Paulsen 1885). In diesem Zeitalter finden
wir bedeutsame soziale und politische Entwicklungen: der weitere
Aufstieg des Bürgertums, ein weiterer Abbau der Standesunterschiede
und der politischen Schranken. Im Zusammenhang mit den großen
geschichtlichen Ereignissen (Französische Revolution, Napoleonzeit,
Freiheitskriege usw.) entwickelt sich eine neue Einstellung zum Staat.
War er im 18. Jahrhundert ein Polizei- und Wohlfahrtsstaat, so zeigt er
nun Tendenzen zum Kultur- und Verfassungsstaat, wobei das Volk in
stärkerem Ausmaße Subjekt und Träger des politisch-geschichtlichen
Lebens wird (vgl. Reble 1995).

Der Neuhumanismus gilt als Gegenbewegung zur Aufklärung mit ihrer Betonung von Vernunft, Rationalität, Meßbarkeit und Regelhaftigkeit. Die Leistungen der Aufklärung, die auch in der Bereitstellung eines verstandesmäßig-technischen und naturwissenschaftlichen Zugangs bestanden, der es erlaubte, die Welt quasi „von außen" zu betrachten, wurden nun kritisch gesehen. Die Symbiose von Natur und Ich, „Innerlichkeit" und innerer Freiheit und die Kultivierung der Persönlichkeit wurden jetzt in einer organisch-symbolischen Perspektive betont. In den Bildungsvorstellungen finden wir die Idee der Entfaltung des inneren Seins als persönliche Bildung im Gegensatz zum äußeren Sein der Geschäfts- und Berufswelt mit ihren Spezialisierungen in Berufen, Rollen und Funktionen. Es ist die *klassische Zeit* im Bereich der deutschen Dichtung und Philosophie, die Zeit Goethes und Schillers. Das sich neu entwickelnde Lebensgefühl schlug sich literarisch in der Sturm-und-Drang-Dichtung nieder. Gemeinsam mit dieser epochalen Wandlung im Lebensgefühl, worin auch ein Einfluß Rousseaus gesehen wurde, war der Aufstand der Jugend gegen die ältere Generation jenes Moment, das für neue Werte stand: das Urwüchsige, das Naturhafte, die Sinne, die Leidenschaft und den Enthusiasmus, aber gegen das Moralisieren und Dozieren, gegen alles Gekünstelte, Formale sowie gegen abstrakte Rechtssatzungen und eine verlogene Gesellschaftsmoral. Es wird versucht, die irrationalen Kräfte wieder stärker zur Geltung zu bringen (vgl. Reble 1995). Motive der Renaissance werden wieder aufgegriffen. Mit der Wiederentdeckung des Irrationalen rückt die Bedeutung der Individualität, die die Renaissance bereits hervorgehoben hatte, in das Blickfeld. REBLE (1995, S. 173) bezeichnete die Sturm-und-Drang-Bewegung als „Renaissance auf höherer Stufe", um die innere Verwandtschaft dieser zeitlich unterschiedlichen Epochen hervorzuheben.

Der Neuhumanismus ist zwar mit der deutschen Geistes- und Literaturgeschichte eng verbunden, doch war er eine Bewegung, die ganz Europa umfaßte. Denn bereits um 1700 begann in England, Holland und auch in Frankreich ein neues Interesse an den Griechen zu erwachen. Bald danach entstand in Deutschland eine Altertumswissenschaft, die sich von den älteren Studia humanitatis durch eine Bevorzugung der Griechen vor den Römern einerseits und der Dichtung vor der Beredsamkeit andererseits unterschied. Man strebte eine Verlebendigung des antiken Kulturbesitzes und des antiken Bildungsideals an. Griechische Sitte und Kultur wurden deshalb betont, da die

Überzeugung vorherrschte, daß es besonders den Griechen gelungen
sei, das Wesen des Menschen allseitig und harmonisch abzurunden
(Gedanke der Harmonie als Ideal, Ausgeglichenheit von Innen und
Außen, von Körper und Geist im Sinne der Entfaltung des edlen und
ästhetischen Menschentums).

Der Prototyp des humanistischen Schulwesens ist das *Gymnasium*,
in dessen Mittelpunkt die alten Sprachen stehen. Sie gelten nicht
allein als Schlüssel für die antike Welt, sie werden vielmehr als Möglichkeiten angesehen, das Wesen von Sprache überhaupt und damit
einer bestimmten Ansicht von Welt zu erfassen. Die Bildungsaufgabe
des Sprachunterrichts wurde in der Vermittlung einer Weltsicht,
eines Ideals der Menschheit und damit verbunden einer „Selbstverwirklichung der Individualität" gesehen (vgl. Menze 1970). Das
Humanistische Gymnasium war mehr als nur eine Episode des Schul-
lebens, es drückte sich nicht nur in Unterrichtsinhalten, in der Lektüre von bestimmten Büchern aus. Es war wie mit den Studia humanitatis „an ein Bild vom Menschen und seiner Aufgabe, an eine
bestimmte Auffassung seiner Stellung in der Welt und in der Gesellschaft gebunden" (Garin 1967, S. 84). Die Entwicklung des Gymnasiums im 19. Jahrhundert zeigt, wie diese Vorstellungen ausgehöhlt
wurden, sich die philosophischen und sozialen Grundlagen veränderten und schließlich in einem äußerlichen Begriff von „Allgemeinbil-
dung" aufgehoben wurden. Im schulpolitischen Konkurrenzkampf
mit den Realia ging der Monopolanspruch des Humanistischen Gymnasiums verloren.

Die allgemeine Bildungsidee im Neuhumanismus hebt sich kritisch
von der Aufklärungspädagogik ab. Es werden Gesichtspunkte des Standes, der Berufe und sonstigen Spezialisierungen zurückgedrängt und
eine allgemeine und allseitige Menschenbildung wird angestrebt. Jeder Mensch soll in sich „die Menschheit", das „Allgemeinmenschli-
che", das „allen Menschen Gemeinsame" finden. Durch die Entfaltung
der Grundkräfte könne er zum vollen Menschsein gelangen. Der Begriff Bildung wird zum pädagogischen Zentralbegriff. Er betont die
organische Einheit, die lebendige Ganzheit und die durchgeformte
innere Gestalt. Der Mensch mit Weite und Tiefe, der aber zu innerer
Rundung und Harmonie, zu individueller Gestalt (Individualität) gelangt, ist das Ideal. Die Bildungstendenzen distanzieren sich vom
größeren gesellschaftlichen, wirtschaftlichen und politischen Feld zugunsten der Kultivierung der Innerlichkeit, Individualität und Persön-

lichkeit mit einem starken literarisch-ästhetischen Akzent, wobei die Griechen als Muster für innere Form und Harmonie und als Führer zur Humanität gelten (vgl. Menze 1970).

Für HERDER ist Humanität der Schlüsselbegriff seiner Schriften. Er meint damit vor allem das Wesen des Menschen. Es gelte, die dem Menschen eigene Humanität auszubilden, dies sei die Arbeit des Menschen an seiner Bestimmung. Herder betont die Deutung der voll entfalteten Humanität als Divinität: Erziehung zur Humanität führe zur „Vergöttlichung" des Menschen. Der wahrhaft gebildete, also humane Mensch sei der gottähnliche Mensch. Herder versuchte mit dieser das Individuum aufwertenden Begriffswahl und Deutung eine Ehrfurcht vor der Würde des Menschen auszudrücken, der frei von äußerer Einwirkung sich selbst entwickeln und darstellen soll, um so die Eigenständigkeit seiner Individualität gegenüber übergeordneten Mächten zu behaupten (vgl. Herder 1994).

PESTALOZZIS Denken zielt auf den allseitig entwickelten Menschen ab, der zwar an seinen Stand als Fürst, Handwerker oder Bauer gebunden sein mag, jedoch in erster Linie durch seine Menschlichkeit charakterisiert ist. Berufs- und Standesbildung muß sich immer dem übergeordneten Zweck der allgemeinen Menschenbildung fügen. Sein methodischer Hauptgedanke unterscheidet drei Formen der Menschenbildung: die intellektuelle Bildung („Kopf"), die sittliche Bildung („Herz") und die praktisch-motorische Bildung („Hand"). Die sittliche Bildung bildet dabei das Zentrum, jedoch dürfe keine Seite vernachlässigt werden (vgl. Pestalozzi 1994).

Bei HUMBOLDT steht die Ausbildung der Individualität im Vordergrund, die abgestimmte Bildung der Kräfte des Menschen zu einem Ganzen, die Arbeit an der eigenen Individualität, am eigenen Wesen. Humboldt formulierte die neuhumanistische These, daß Bildung die selbstlose Hingabe an eine sachliche Aufgabe verlange und unterstrich damit den intrinsischen Charakter der Bildung. Er hatte als Leiter des preußischen Schulwesens starken Einfluß auf das Schulwesen seiner Zeit. Sein Ziel war es, das staatliche Schulwesen auf reine Menschenbildung auszurichten und die allgemeine Schulbildung von der Fach- und Standesbildung zu trennen. Er schlug ein allgemeinbildendes, horizontal gegliedertes Schulwesen vor: Elementarschule (Volksschule), Gymnasium (Sprache, Geschichte, Mathematik) und Universität. Sie verfolgen alle das gleiche Ziel, nur mit unterschiedlicher Vertiefung und Ausweitung (vgl. Reble 1995, Humboldt 1997, Menze 1993).

Zu den bedeutendsten Vertretern des Neuhumanismus gehören Herder, Humboldt und Pestalozzi, weiters Goethe, Schiller, Fröbel. HERBART, der ebenfalls in der Epoche des Neuhumanismus sein Wirken entfaltete, nimmt eine Sonderstellung durch seine Nähe zur rationalistischen Aufklärung und zum positivistischen Denken des späten 19. Jahrhunderts ein. Er gilt als Begründer der wissenschaftlichen Pädagogik, die er um den zentralen Begriff der Bildsamkeit entwickelt. Herbart stellt sich mit diesem Problembewußtsein in die Tradition der modernen Anthropologie, die von der Offenheit und Instinktreduktion des Menschen ausgeht (Herbart 1982).

Der Bildungsgedanke des Neuhumanismus enthält mehrere Momente, die im Anschluß an REBLE (1995) in folgender Weise zusammengefaßt werden können:

1. das Motiv der Totalität. Es sollen alle Kräfte entfaltet werden wie Gemüt, Phantasie und nicht nur der Verstand wie in der Aufklärung;

2. das Motiv der Individualisierung. Es bedeutet die Entfaltung einer individuellen Gestalt, der besonderen persönlichen Fähigkeiten und Kräfte;

3. das Motiv der Harmonie. Hier wird die innere Harmonie der Persönlichkeit betont, die kein Gleichmaß bedeutet, sondern eine passende, runde und ästhetische Abstimmung von den Fähigkeiten einer Person („Schönheit der Gestalt");

4. das Motiv der Sozialität. In Ergänzung zur Ausformung der Individualität und deren innerer Harmonie ist hier ein harmonisches Verhältnis des Individuums zur Welt und zur Gemeinschaft anderer gemeint;

5. das inhaltliche Motiv. Es liegt in der Betonung der Inspiration durch die Vorbildwirkung der Antike, besonders der Griechen, des Gedankens einer harmonischen Entfaltung aller Kräfte aus dem Geist, der Kultur und Sprache der Antike heraus.

Der sogenannte Dritte Humanismus (erste Hälfte des 20. Jahrhunderts)

Der Dritte Humanismus unternahm in der besonderen politisch-historischen Situation der ersten Hälfte des 20. Jahrhunderts den Versuch, dem Materialismus und Positivismus ein Gegengewicht zu bieten. Die Betonung lag wieder auf der antiken Kultur und dem

Bildungswert des Griechischen. Der Begriff Dritter Humanismus
wurde wahrscheinlich zum erstenmal 1932 von HELBING gebraucht
(Helbing 1935). Helbing selbst bringt besonders *Deutschtum* und
Humanismus in Zusammenhang. Während der erste Humanismus
das Wissenschaftliche betone, der zweite das Künstlerische, würde der
Dritte Humanismus das Staatliche hervorheben. Er möchte zeigen,
„daß es für uns Deutsche eine geistige Welt gibt [...], die wie keine
andere Zeit in der Antike, im ganzheitlichen Menschen und dem von
ihm geschaffenen Staat ihre Erfüllung sieht und uns darum auch wie
keine andere für unseren Schicksalsweg stärkt." (Helbing 1935, S. 7).
Helbings Sprache erinnert an nationalsozialistisches Pathos, inhaltlich geht er in Richtung einer autoritären Unterordnung des Individuums. Der Staat wird als Schicksalsgemeinschaft gesehen: „[...] so
gebiert sich der Staat aus dem Opfer zahlloser unbenannter Einzelner
[und] will verdeutlichen, daß im Gesamt des Lebens eine Rangord-
nung herrscht. Nur durch Hingabe oder Opfer an die höhere erfährt
die niedere Form Recht und Erfüllung. Nicht die Einzelseele an sich
ist wertvoll; erst dann, wenn sie die überpersönlichen Mächte im vor-
bildlicher Formung verleibt, besitzt sie einen Wert." Erst wenn der
Staat „ein Schicksal hat und in Untergang und Neuwerdung um seine
Sendung kämpft, tritt er in die echte Wirklichkeit" (ebd., S. 41 ff.).
Helbings Analyse ergibt: „Immer waren es Zeiten staatlicher Selbstbesinnung [auf hohe staatliche Wunschbilder], wenn man sich dem
Humanismus zuwandte" (ebd., S. 40), ein „heroischer Humanismus",
der „den nationalen Staat als den Raum ansieht, in dem sich der
einzelne Mensch überhaupt erst zu gestalten vermag" (ebd., S. 40 f.).
Wie diese Zitate andeuten, waren Helbings Ausführungen in Sprache
und Inhalt vermutlich bereits am heraufdämmernden Schicksal des
deutschen Volkes orientiert (1933 nationalsozialistische Machtergrei-
fung). Der Dritter Humanismus kann in diesem Sinne mit dem Ausdruck Drittes Reich, den der deutsche Publizist Moeller van der Bruck
bereits 1923 zum politischen Schlagwort gemacht und ein Drittes
Reich aus dem Geist der Rassenseele prophezeit hat, in Beziehung
gesetzt werden. Hitler hat den Begriff nur zeitweilig übernommen, er
wurde jedoch als allgemeine Bezeichnung für die Zeit der nationalsozialistischen Herrschaft in Deutschland verwendet (Meyers Lexikon
1995). Es entsteht jedenfalls der Eindruck, daß hier der „Humanismus" als eine Überhöhung mit antiken Idealen und sprachlich-pathe-
tisches Vehikel verwendet wird, um u. a. die Unterordnung unter ein

Staats-Ganzes zu begründen und zu idealisieren. Inwieweit diese Interpretation der Beziehung zwischen Nationalsozialismus und Drittem Humanismus gerechtfertigt ist, ist schwer abzuschätzen, da dieser Aspekt von Helbings Werk kaum untersucht wurde. Zumindest kann eine politisch-historische Ambivalenz in Helbings Buch vermutet werden. Der Ausdruck Dritter Humanismus läßt sich jedoch auch historisch verstehen als Nachfolger des ersten (Renaissance) und des zweiten Humanismus (Neuhumanismus). W. JAEGER greift den Begriff des Dritten Humanismus 1959 wieder auf. Er und sein Kreis vertraten die exemplarische Gültigkeit der antiken Paideia und wollten die Antike als ein entscheidendes Bildungselement für die Gegenwart retten. Ihre Bemühungen blieben aber weitgehend folgenlos. Der sogenannte Dritte Humanismus konnte sich weder in der Altertumswissenschaft behaupten noch Impulse für eine entsprechende Reform des Schulwesens liefern (Jaeger 1959).

Die Humanismusdiskussion der Moderne

Im 20. Jahrhundert trifft die Aufgabe des Humanismus – die Selbstinterpretation des menschlichen Privilegs – auf eine wirtschaftlich, gesellschaftlich, politisch und technisch komplexe Situation. Die Humanismusdiskussion ist auch entsprechend vielfältig, unübersichtlich und uneinheitlich. Ein grundsätzliches Phänomen betrifft den *Leerformelcharakter* des Begriffs Humanismus. Im 20. Jahrhundert erscheint der Begriff Humanismus zunehmend als wissenschaftliche, ein bestimmtes Problembewußtsein aufgreifende Kategorie zweifelhaft: „Wort und Wert des Humanismus scheinen heute vielfach so verbraucht wie Wert und Würde des Menschen", diagnostiziert F. HEER (1962) dieses Phänomen treffend. Zumindest ist der Begriff Humanismus ohne eine nähere Kennzeichnung zu weitgreifend. Deshalb spricht man heute unter anderem von einem realen, sozialen, sozialistischen, technischen, pragmatischen, nationalen, christlichen Humanismus. Die Begriffe Humanismus und Humanität werden von verschiedenen, auch gegensätzlichen Ideologien in Anspruch genommen. Jedenfalls ist die Bezeichnung Humanismus bzw. humanistisch mit kritischer Vorsicht zu prüfen. Sie könnte auch der Verschleierung eines Tatbestandes oder Standpunktes dienen, der mit der Bezeichnung wenig gemeinsam hat oder ihr sogar entgegensteht.

Diese grundsätzliche Verunsicherung und Skepsis durchzieht die Humanismusdiskussion des 20. Jahrhunderts, eine Skepsis, die nicht von vornherein „böse" oder irrationale Absichten unterstellt, Mißbrauch und Entstellung humanistischer Ansprüche erwartet, sondern der selbstkritischen Vorsicht entspringt, die von einer Humanismusdiskussion in einer hochkomplexen Welt keine schnellen, einfachen und abschließenden Antworten erwartet. Für den Humanismus der Gegenwart ist die Konstellation anders als etwa für den Humanismus der klassischen Zeit. Es gibt keine geschlossene Humanismusdiskussion, sondern eine Vielfalt von Positionen. Es gibt keine Position, die Kohärenz und Überlegenheit beanspruchen könnte, im Gegenteil, solche Ansprüche wären verdächtig. In der Gegenwart bildet sich jedoch ein Schwerpunkt heraus, der dieser Situation relativierter Humanismusideen gerecht wird: Man vertritt nicht eine „humanistische" Position, sondern man spricht von *Humanisierung* in verschiedenen Lebens- und Arbeitsbereichen: Humanisierung der Schule, Humanisierung der Arbeitswelt, Humanisierung von Beziehungen, Humanisierung der Politik usw. (vgl. etwa von Hentig 1987; Hutterer und Altrichter 1982; Olechowski 1983/84, 1987). Dieser Anspruch ist gleichzeitig realistischer, bescheidener, weniger perfektionistisch und möglicherweise auch erfolgversprechender als die Idealisierung des Humanismus in einer ausgezeichneten „Position". Jedenfalls wird er – bei aller grundsätzlichen Skepsis gegenüber konkreten Humanisierungs-Projekten – dem prozeßhaften Charakter und der grundsätzlichen Unabgeschlossenheit des Projekts gerecht. Einige Perspektiven und Entwicklungslinien dieser Humanismusdiskussion werden hier beispielhaft skizziert, und zwar jene, die an den in diesem Kapitel begonnenen historischen Aufriß anschließen oder in einem weiteren Kontext für die Darstellung des Problembewußtseins der Humanistischen Psychologie Bedeutung haben. Im speziellen beinhaltet diese Skizze die Kritik am Neuhumanismus und seinen Folgen, den gesellschaftskritischen Humanismus (Adorno, Marcuse, Horkheimer) und den existentialistischen Humanismus (Sartre).

Kritik am Neuhumanismus

Das Zurückdrängen des Gymnasiums gegenüber einer stärker an den Ansprüchen der neuen Wirklichkeit angepaßten, technisch und ökonomisch orientierten Ausbildung war nur ein äußeres Indiz für den

Bedeutungsverlust neuhumanistischen Gedankengutes. Die Kritik wurde von vielfältigen Perspektiven und Bewertungsgesichtspunkten am Bildungsbegriff, seinen Implikationen und Folgen und an der humanistischen Bildungsidee selbst geübt (vgl. H. Blankertz 1982, Böhm 1994, Buck 1984, Elzer 1985, Horney u. a. 1970, Lenzen 1989, Maier 1978, Bopp 1953, Menze 1970, Reble 1995, Wilhelm 1977).

1. Der neuhumanistische Anspruch der Persönlichkeitsbildung müsse das Wissen und die Erfahrung der Gegenwart einschließen und die Ansprüche der modernen Zeit anpassen. Jetzt könne man nicht mehr Bildung als „proportionierliche Ausbildung aller Kräfte zu einem Ganzen" wie bei Humboldt fordern, sondern es müssen angesichts der Komplexität und Fülle heutigen Wissens neue Ansprüche formaler Bildung formuliert werden wie etwa der Begriff des „Lernen Lernens". Humanität und eine zeitgemäße Persönlichkeitsbildung seien weder die mechanische Folge humanistischer Studien noch die Folge formalisierter Sprach- und Literaturstudien, sondern es gäbe viele erfolgreiche methodische Wege abseits der Beschäftigung mit antiken Mustern.

2. Die Fortsetzung neuhumanistischer Ziele und Bildungsansprüche im modernen Bildungswesen, die formale Bildung und Persönlichkeitsbildung müßten auch auf die neue Situation Rücksicht nehmen. Der Gegensatz zwischen Humanismus und Realismus im Schulwesen sei längst nicht mehr so scharf: Die Gymnasien sind „realistischer", die berufsbildenden Schulen „humanistischer" geworden. Sinnvolle Ansprüche und Zielsetzungen dürften nicht nur für einen humanistischen Bildungsweg bzw. für das Gymnasium reserviert bleiben, sondern sollten an alle bestehenden Bildungswege und jeden noch im Entstehen begriffenen neueren Bildungsweg herangebracht werden. Das gelte besonders für neue, zeitgemäße Ziele formaler Bildung, die als Abkömmlinge eines neuhumanistischen Anspruchs gesehen werden können, wie etwa der bereits angesprochene Begriff „Lernen lernen".

3. Eine speziell schulpädagogische Kritik richtete sich gegen die institutionellen Konsequenzen neuhumanistischer Bildungsauffassung, die Starrheit des Schulsystems, die sich aus der Hinordnung auf das oberste Ziel der Selbstbildung in der Universität ergibt. Eine weitere schulpädagogische Kritik zielt auf die mangelnde Berücksichtigung pädagogischer und entwicklungspsychologischer Gesichts-

punkte in der gymnasialen Bildung. Der Unterricht ist mehr von der Struktur eines Faches bestimmt und nicht an der Individuallage und dem Entwicklungsstand des Schülers, eine Kritik, die bis heute Gültigkeit hat und eng mit der einseitigen Ausbildung von Gymnasiallehrern zu tun hat. Eine Facette dieser allgemeinen Kritik ist die Kritik am oftmals psychologisch inadäquaten Sprachunterricht: Das Ziel der Entdeckung einer Kultur durch die Sprache wird fraglich, wenn der Unterricht zum grammatikalischen Formalismus erstarrt.

4. Ein sehr grundsätzlicher Kritikpunkt richtete sich gegen den Anspruch der Ausbildung aller Kräfte und Fähigkeiten zu einem Ganzen. Dies sei unter den Bedingungen unserer Gesellschaft nicht möglich, die vom einzelnen Spezialisierung und Fragmentierung verlange. Die modernen Sozialwissenschaften, Anthropologie und Existenzphilosophie entlarven das Streben nach harmonischer Selbstausbildung als Illusion: Rollenkonflikte in der modernen, komplexen Gesellschaft, der immer vor Entscheidungen und widersprüchliche Ansprüche gestellte Mensch würde das Ideal der Harmonie zu einem weltfremden Anachronismus machen. Durch den Pragmatismus der modernen politischen, sozialen und industriellen Welt könne Bildung, die auf das „Kunstwerk der eigenen Persönlichkeit" abziele, nur als ästhetischer Rückzug erscheinen.

5. Andererseits wurde jedoch auch die fehlende Ganzheit kritisiert: das Fehlen der Wirtschaft und der Naturwissenschaften – eine Kritik, die als Ausläufer des bereits im 19. Jahrhundert ansetzenden Streits zwischen humanistischer Bildung und Realbildung gesehen werden kann. Die Kritik richtete sich gegen die Wirklichkeitsfremdheit des humanistischen Bildungsideals, das sich nicht den praktischen Erfordernissen des Lebens stellt, sondern sich am fernen Vorbild klassischen Menschentums orientiere und die Problematik der Technik und der modernen Arbeitswelt nicht berücksichtige. Es wurde die Gefahr betont, in einer fernen und gegenwartsfremden Bildungswelt steckenzubleiben und den aktuellen Anforderungen des modernen Lebens hilflos und passiv ausgeliefert zu sein, während eine dem kontemplativen Ästhetizismus verbundene Tatenlosigkeit zum Ideal hochstilisiert werde.

6. Ein anderer Kritikpunkt war die zentrale Stellung der Sprache als Sozialisations- und Bildungsfaktor. Es würde dabei der Einfluß von Regeln, Normen und Sachzwängen nicht berücksichtigt. Die Erkenntnisse der Altertumswissenschaften führten zu einer Entidealisierung

antiker Vorbilder, wodurch das humanistische Ideal der Auseinandersetzung mit der antiken Kultur und Sprache in Frage gestellt wurde
(s. auch Punkt 7).

7. Weiters wurde kritisiert, daß die Autonomie der Individualität
in einer Gesellschaft, die durch die Herrschaft von Institutionen bestimmt ist, nur eingeschränkt möglich sei. Diese Haltung würde die
Verstrickung des einzelnen in vielfachen Abhängigkeiten ignorieren
und damit eine politische Naivität fördern oder andererseits einen
politischen Aristokratismus, der durch die Vernachlässigung der Reflexion gesellschaftlicher Einflüsse einseitig Bedeutung und Macht
des Individuums betone.

8. Weitere Kritik wurde an den Elitevorstellungen geübt. Es hand-
le sich hierbei um einen elitären Humanismus, der eigentlich ein
Bildungsegoismus sei: Nur jene, die relativ frei von wirtschaftlichen
Abhängigkeiten und ökonomischer Not seien, könnten sich nach diesem Ideal entwickeln. Hier setzte auch die Kritik an W. v. Humboldt
und seinem humanistischen Bildungsbegriff an. Der aristokratische
Zug dieser Bildungslehre zeige sich in einer weitgehenden Beschränkung der höheren Bildungsanstalten Gymnasium und Universität auf
die oberen Schichten des Bürgertums, was den eigentlichen neuhumanistischen Intentionen zuwiderlaufe.

Der gesellschaftskritische Humanismus

Der gesellschaftskritische Humanismus ist auf dem Boden der sogenannten Kritischen Theorie entstanden, die von HORKHEIMER und
seinen Mitarbeitern, ADORNO und MARCUSE, in den zwanziger Jahren
ausgearbeitet und nach 1945 weiterentwickelt wurde. Mit HABERMAS
u. a. wurde die Kritische Theorie in den sechziger Jahren als „Frank-
furter Schule" geistiger Impulsgeber für die Studentenbewegung. Die
Kritische Theorie entwickelt ihre Erkenntnisse im Bewußtsein des
Zusammenhanges von Erkenntnis, Interesse und einer gesellschaftlichen Praxis, die immer eine sich historisch verändernde ist. Zentraler
methodischer Zugang ist die Selbstreflexion, die den Erkenntnisprozeß auch auf das erkennende Subjekt lenkt, das dadurch immer auch
Teil des Erkenntnisproblems und Problembewußtseins wird.

Der gesellschaftskritische Humanismus beginnt mit einer Analyse
der modernen *Industriegesellschaft*, in der das ursprüngliche Subjekt
Mensch verobjektiviert, zum Objekt seiner selbst gemacht wird. Die

Geschichte, in die der Mensch eingebunden ist, wird dabei als Prozeß des zunehmenden Abbaus und der Verminderung von Naturabhängigkeiten interpretiert, ist also im Grunde ein *Emanzipationsprozeß*. Diese Emanzipation und Loslösung von der Natur durch Beherrschung der Natur ist jedoch nur unter Einsatz planmäßiger Organisation und Verwaltung und durch eine fortschreitende technologische Entwicklung erreichbar, die notwendigerweise neue Formen der *Herrschaft* mit sich bringen. Die wirtschaftlich-technische Entwicklung hat die Abhängigkeit des Menschen von „Apparaten" zur Folge; die Dinge herrschen nun über den Menschen. Es handelt sich im Grunde um eine Unterwerfung des Menschen unter die strukturelle Gewalt eines ökonomisch-technischen Fortschritts. Durch die Emanzipation wird der Mensch so zum Objekt seiner eigenen Herrschaft, und der Emanzipationsprozeß ist untrennbar und irreversibel mit dem Verlust von Freiheit verbunden: Die Emanzipation von der Natur bringt neue Formen der Herrschaft mit sich.

Diese gesellschaftskritische Perspektive beinhaltet, daß Humanität und Humanisierung immer im Zusammenhang mit den gesellschaftlichen Verhältnissen betrachtet werden müssen, in die der Mensch selbst eingebunden ist (selbstreflexive Betrachtung). Die Zielrichtung der Emanzipation schafft im Prozeß der Befreiung von und der Beherrschung der Natur immer wieder neue Formen der Herrschaft und Abhängigkeit. Da sie dem Subjekt neue Abhängigkeiten und Zwänge bringt, muß sie sich schließlich auch kritisch gegen die neu entstandenen Herrschaftsformen richten. Humanisierung ist daher nur als dialektischer Prozeß zu verstehen: Die Fortsetzung der Emanzipation, der „neue Mensch" kann nur durch veränderte gesellschaftliche Prozesse hervorgebracht werden, die der Mensch aber selber bewirken muß. Humanität muß laufend neu geschaffen werden, Humanisierung ist ein fortwährender, grundsätzlich nicht abschließbarer Prozeß.

Der existentialistische Humanismus

Der existentialistische Humanismus wird auf dem Hintergrund der Existenzphilosophie verständlich, einer Richtung innerhalb der Philosophie, die in sehr verschiedenen Ausprägungen vorwiegend im 20. Jahrhundert auftritt. Es sind damit Namen wie KIERKEGAARD, HEIDEGGER, JASPERS, BLOCH, BUBER und die französischen Existentialisten SARTRE und CAMUS verbunden, die teilweise auch sehr unterschiedliche Auffassungen vertreten. Eine für die Humanismusdiskussion bedeutsames Problembewußtsein der Existenzphilosophie liegt im Begriff der Existenz, der vielfach Ausgangspunkt der Überlegungen ist. Die menschliche Existenz, das Vorhandensein des Menschen in der Welt, wird nicht als bloßes Faktum akzeptiert, sondern die Frage nach einer akzeptablen Sinngebung und nach den charakteristischen Bestimmungen der menschlichen Existenz ist der Ansatzpunkt (vgl. auch Kap. 6).

SARTRE bezeichnet seinen atheistischen Existentialismus als Humanismus, da er ihn als Lehre vom Selbstentwurf und der Selbstverwirklichung des Menschen angesichts des Nichts versteht. Humanität wurde als Entwurf gesehen und in Verbindung mit der existentiellen Grundbefindlichkeit des Menschen und seiner Existenz in der Welt diskutiert. *In-der-Welt-Sein* heißt, die individuelle Existenz und die Welt (Umgebung) sind ein untrennbares Ganzes. Erst vor dem Hintergrund der Welt wird die individuelle Existenz sichtbar. Dadurch, daß der Mensch quasi „in die Welt geworfen wird" (er kann es sich nicht aussuchen), wird er erst zur Existenz. Gleichzeitig ist er ein „Noch-Nichts", weil er *keine wie immer geartete Bestimmung* hat, keinerlei „menschliche Natur" besitzt, auf die er bauen könnte. „Wenn der Mensch [...] nicht definierbar ist, so darum, weil er anfangs überhaupt nichts ist" (Sartre 1975, S. 11). Er ist quasi der Welt ausgeliefert. Dieses Ausgeliefertsein, diese Geworfenheit in die Welt verschafft dem Menschen die Grundbefindlichkeit der *Angst*. Doch diese Angst konfrontiert den Menschen mit seiner Freiheit. Erst die Grundbefindlichkeit der Angst bringt dem Menschen die Möglichkeit der *Wahl* und *Entscheidung*: Er muß sich entscheiden, um diese Angst zu ertragen. Freiheit ist nicht ein positiv bestimmtes und idealisiertes Charakteristikum des Menschen, sondern sein unentrinnbares Schicksal: „Der Mensch ist verurteilt frei zu sein. Verurteilt, weil er sich nicht selbst erschaffen hat, anderweit aber dennoch frei, da er, einmal in die Welt geworfen, für alles verantwortlich ist, was er tut" (ebd., S. 16). Humanität im Sinne des Existentialismus ist gekennzeichnet durch „radikale Eigengesetzlichkeit", die dem Menschen durch seine existentielle Situation (In-der-Welt-Sein; Angst, Freiheit und Verantwortung) zukommt: In die Welt geworfen, hat er nichts anderes als seine Existenz und seine existentielle Angst. Er ist verurteilt, etwas aus sich zu machen, sich zu entwerfen und ständig seinem Handeln Sinn zu geben:

„Der Mensch ist nichts anderes, als wozu er sich macht" (ebd., S. 11). Erst wenn er sich ständig selbst entwirft und selbst überschreitet, existiert er. Dabei ist der Mensch das, was er vollbringt, und nichts anderes als sein Leben – nichts darüber hinaus. Die radikale Eigengesetzlichkeit und Eigenverantwortlichkeit in der Selbstfindung unterstreicht Sartre mit dem Gedanken: „Der Mensch muß sich selber wieder finden und sich überzeugen, daß ihn nichts vor ihm selber retten kann [...]" (ebd., S. 36). Der Existentialismus ist nach Sartre eine optimistische Lehre, da er behauptet, daß das Schicksal des Menschen in ihm selbst liege. Nicht Pessimismus sei es, was Kritiker mißverstehend angreifen, sondern die „optimistische Härte", mit der der Existentialismus den Menschen auf die Wirklichkeit seines Lebens zurückwirft. „Selbstverständlich", so räumt Sartre ein, „kann dieser Gedanke jemandem hart erscheinen, dem sein Leben nicht geglückt ist" (ebd., S. 23).

5

Der philosophisch-anthropologische Kontext – Menschenbild und Selbstinterpretation des Menschen

Humanismus als philosophische Herausforderung

Zur Unterscheidung zwischen Humanismus und anderen philosophischen Perspektiven bietet BULLOCK (1985, S. 16*) eine allgemeine, aber aussagekräftige Orientierung an:

[...] westliches Denken behandelte Mensch und Kosmos auf drei verschiedene Arten. Die erste, die übernatürliche oder transzendentale Sichtweise, hat sich auf Gott gerichtet und den Menschen als Teil des Göttlichen behandelt. Eine zweite, die natürliche oder naturwissenschaftliche, hat die Natur in den Mittelpunkt gestellt und behandelt den Menschen als Teil der Naturordnung wie andere Organismen. Die dritte, die humanistische, hat ihre Aufmerksamkeit auf das menschliche Wesen [Man] gerichtet und auf die menschliche Erfahrung als Ausgangspunkt für das Wissen des Menschen über sich selbst, über Gott und die Natur.

Das menschliche Wesen bildet eine eigene Seinskategorie im Unterschied zu anderen Wesen oder Realitäten. Typische Aspekte der menschlichen Erfahrung wie Sprache, Kreativität und Selbstreflexion sind jene Merkmale, die das spezifisch Menschliche ausmachen. Jedoch die implizite Aussage des Humanismus liegt darin, daß der Besitz solcher Qualität dazu dient, um den menschlichen Bereich von anderen Sphären der Realität zu unterscheiden (Davidson 1992). Aus dieser grundlegenden Überzeugung über den einzigartigen Wert und Status des menschlichen Wissens und der menschlichen Erfahrung folgen drei Charakteristika humanistischer Tradition (Bullock 1985).

Die erste stellt eine *epistemologische* Konsequenz des spezifisch ontologischen Status der menschlichen Natur dar. Denn wenn das Menschliche einen Bereich für sich selbst darstellt, der nicht auf Materielles oder Spirituelles reduzierbar ist, dann muß das Wissen über das Menschliche einen ähnlich spezifischen Charakter aufweisen. Das spezifisch Menschliche nur aus dem Bezugsrahmen der Naturwissenschaften oder des Spirituell-Religiösen abzuleiten würde dessen Charakter verzerren. Das bedeutet allerdings nicht, daß das Materielle und Spirituelle keine Rolle im menschlichen Leben spielt, aber sie können nicht der erste Zugang sein, wenn es darum geht, der Natur der menschlichen Erfahrung gerecht zu werden. „Menschliche Erfahrung muß selbst das Ursprüngliche sein und andere Realitäten können nur durch diese Linse des menschlichen Bewußtseins gedacht werden" (Davidson 1992, S. 138*). Wissenschaftliche Forschung und religiöser Glaube erscheinen aus diesem Blickwinkel als menschliche Praktiken, die dem menschlichen Geist und der menschlichen Erfahrung entspringen.

Als zweites Charakteristikum des Humanismus gelten der Wert, der auf dem *Individuum* liegt, und der Respekt für die *Freiheit* und *Würde* der Person, welcher als Grundlage für alle anderen Werte und Rechte gilt. Auch diese ethische und politische Folgerung ergibt sich aus dem privilegierten Status des spezifisch Menschlichen: Da spezifisch menschliche Eigenschaften wie die Fähigkeiten zu Vernunft, Reflexion, Kommunikation und Kreativität im Individuum selbst liegen, wurde die Quelle der Bewertung dessen, was spezifisch menschlich ist und als Basis für ökonomische und politische Ordnung gelten kann, ebenfalls in das Individuum gelegt. Allerdings gibt es unverzichtbare Voraussetzungen für die Ausübung dieser Fähigkeiten durch das Individuum. Einerseits muß individuelle Freiheit bzw. Freiheit des Ausdrucks sichergestellt werden: Hier liegt die Schnittstelle zwischen Humanismus und Demokratie, wenn der Staat oder eine andere institutionalisierte Gewalt möglichst wenig die individuelle Freiheit beeinträchtigt und für die Förderung und den Schutz der Persönlichkeitsrechte des Individuums sorgt. Die andere Voraussetzung sind Erziehung und Bildung: Die Möglichkeiten und Talente des Individuums müssen erweckt und durch einen Erziehungsprozeß kultiviert werden, damit die Kompetenz zur Bewertung und die Selbstinterpretation mit Sensibilität und Differenzierung ausgeübt werden können (Bullock 1985).

Das dritte Charakteristikum des Humanismus liegt in der Betonung von *Ideen*, *Vernunft* und der *Pluralität* der Perspektiven, durch die das spezifisch Menschliche ausgedrückt werden kann. Skepsis gegenüber abstrakten Denksystemen und die Favorisierung der historischen Erforschung konkreter menschlicher Erfahrung und ihrer symbolischen Ausdrucksformen im sozialen und kulturellen Kontext ist Teil dieses Charakteristikums. Der Humanismus akzeptiert vielfältige Ausdrucksformen von Wahrheit, Kreativität und Spiritualität. Er betrachtet Religion, Wissenschaft und Kunst als grundlegende symbolische Praktiken, die das Streben nach Sinn und Bedeutung widerspiegeln. Aus der Betonung des symbolischen Ausdrucks folgt das Interesse für Literatur, Drama und Kunst, und speziell an der Sprache als Visualisierung und Symbolisierung der menschlichen Vorstellungskraft. Da Zivilisation auf der Konstruktion von Bedeutungen basiert, die in den alltäglichen Praktiken der Bürger verwurzelt sind, sind Geschichte und Kultur Gegenstand kontinuierlicher Aufmerksamkeit. Im Studium der Sprache, Kunst und Geschichte sowie der symbolischen Praktiken ist die Einfühlung (Empathie) ein wichtiges Werkzeug für das Verständnis menschlicher Erfahrung in verschiedenen Kontexten. Sie erlaubt auch den Zugang zu anderen (fremden) Kulturen.

Humanismus und Anthropologie

Ganz allgemein kennzeichnet den Humanismus eine Einschätzung, nach der der Mensch sich von anderen Lebewesen prinzipiell unterscheidet und daher mit eigenen Maßstäben gemessen werden muß. Der Mensch ist seinem Wesen nach ein einzigartiger Typus von Lebewesen und es kommt ihm demgemäß ein eigener Wert zu. Das, was dem Menschen eigen ist, sein von anderen Lebewesen unterscheidbares Wesen, ist auch Thema der Anthropologie.

Eine Theorie und Idee vom Menschen wurde zuerst im Rahmen der Theologie vertreten, die allerdings nicht von einem erfahrungswissenschaftlichen Standpunkt ausging (der Mensch als Geschöpf Gottes). Eine philosophische Anthropologie entwickelte sich erst allmählich mit der Ablösung der Philosophie von der Theologie. Mit DESCARTES emanzipierten sich die Vorstellungen vom Menschen von ihren theologischen Bindungen und gingen vom Blickwinkel der Naturwissenschaften auf die Frage zu. Der dabei betriebene *Dualismus* von Körper und Geist bzw. Seele hatte eine „empfehlenswerte Primitivität" (Gehlen 1961, S. 13), da die Vorstellung vom Menschen als einer „vom Geist beseelten Maschine" die Ablösung von der Theologie förderte und darüber hinaus noch ein einfaches Modell lieferte, das es erlaubte, sich auch mit dem „Geist" und der „Seele" wissenschaftlich zu befassen. Die Folge dieser Entwicklung zeigt sich bis heute in der dualistischen Organisation der Wissenschaften als Geistes- und Naturwissenschaft, die allerdings in vielen Fragen und mit zunehmendem Bewußtsein der Komplexität von menschlichen Phänomenen eine Belastung geworden ist. Die Anthropologie hat den Menschen zum wissenschaftlichen Zentralthema gemacht. Indem das Problem des Menschen in den Vordergrund getreten ist, wurde eine anthropologische Wendung in beinahe allen Wissenschaften in die Wege geleitet. Die Geschichte der Anthropologie zeigt uns, daß eine physische Anthropologie als Ergänzung zur Zoologie bereits eine lange Tradition hatte. Sie wurde gleichzeitig als Rassenkunde betrieben und war eine Mischung aus physischer und ethnologischer Forschung. Neben diesem ethnologisch-beschreibenden und zoologisch-anatomischen Interesse entwickelte sich auch eine Kulturanthropologie, die sich auf die Erforschung von kleinen und überschaubaren Gesellschaften und Subkulturen (sogenannte Naturvölker) richtete.

Durch SCHELER (1928) wurde der Auseinandersetzung mit dem Wesen des Menschen eine epochemachende Idee hinzugefügt: der Mensch als *weltoffenes Wesen*. Er betrachtete den Menschen nicht in seiner Ähnlichkeit zu Gott, sondern im Gegensatz zum Tier. Den Wesensunterschied zwischen Tier und Mensch sah er im „Geist", womit die Ablösbarkeit des Menschen aus der biologischen Verankerung und vom biologischen Druck gemeint war: Der Mensch ist nicht das triebgebundene Wesen, das starr auf Auslösereize reagiert, sondern er kann sich selbst und seine Umwelt vergegenständlichen, „sachlich" betrachten. Er kann sein Handeln und Erkennen nach vielen Momenten bestimmen, die aus der Auseinandersetzung mit sich selbst und der Umwelt erwachsen, unabhängig davon, ob sie einen biologischen Sinn haben. Er ist beeindruckbar durch Umweltdaten und -reize, selbst wenn sie im biologischen Sinn gleichgültig oder sogar schädlich sind (vgl. Gehlen 1961), insofern ist er „weltoffen".

Die Sonderstellung des Menschen in der Natur wurde mit einem weiteren prägnanten Begriff bezeichnet: der Mensch als *Mängelwesen*

(Gehlen 1958). Das Fehlen von körperlich-organischen Waffen oder anderer Schutzmittel, die Instinktunsicherheit und die eingeschränkten Sinnesleistungen, also die vielen „Mängel" im Vergleich zu den Fähigkeiten von Tieren, berechtigten zu dieser ursprünglich von HERDER gebrauchten Charakterisierung. Als Mängelwesen wäre der Mensch lebensunfähig, so daß unter diesem Gesichtspunkt sich die Notwendigkeit zur kompensierenden Plastizität ergibt: Um diese Mängel auszugleichen, muß er die Natur – und zwar seine eigene und die äußere Natur – entsprechend den Umweltgegebenheiten in vielfältiger Weise ändern und ergänzen, um unter verschiedenen Außenumständen leben zu können. Der Zoologe PORTMANN (1960) hat mit dem Begriff der *physiologischen Frühgeburt* in einer spezifischen Weise auf die Notwendigkeit des Lernens hingewiesen. Da das Kind erst mit etwa einem Jahr gewisse Fähigkeiten wie Laufen, Kommunizieren zeigt, die höhere Tiere schon kurz nach der Geburt aufweisen, ist es auf einen besonderen Schutz und Betreuung angewiesen, quasi eine Verlängerung des embryonalen Zustandes außerhalb des Uterus. Das heißt, daß all die Reifungs- und Lernvorgänge im ersten Lebensjahr unter spezifischem Einfluß der Umwelt geschehen. All diese Beispiele und Erkenntnisse, die auf einem Vergleich von tierischer und menschlicher Existenz und Entwicklung basieren, verweisen auf den Menschen als Kulturwesen, auf sein Angewiesensein auf Kultur. Man kann aus dieser Perspektive, von den „einzigartigen biologischen Bedingungen des Menschen her verstehen, weshalb er ein Kulturwesen ist" (Gehlen 1961, S. 21).

Eine Weiterführung dieser Problematik liegt in der Unterscheidung des Menschen als Naturwesen, als Sozial- und Kulturwesen und als Geistwesen (Zdarzil 1972). Diese Kategorien, so global sie auch sein mögen, versuchen die Komplexität des Menschen zu beschreiben. Als *Naturwesen* ist er an physikalische, chemische, biologisch-physiologische Voraussetzungen und genetische Gegebenheiten gebunden. Seine Existenz als Naturwesen verweist den Menschen auf ererbte Eigenschaften (zum Beispiel die Haarfarbe), Reflexe, Instinktresiduen und genetisch bedingte Entwicklungs- und Leistungsgrenzen (etwa durch bestimmte Krankheiten oder Gehirnschädigungen). Der physische Körper und der biologische Organismus sind hier der Ausgangswert, die Grundtatsache, auf der der Naturbegriff ruht. Der menschliche Körper als physisches Objekt ist unter anderem physikalischen Gesetzmäßigkeiten unterworfen: Wenn wir einen Schritt aus dem Fenster machen, dann fallen wir unweigerlich auf die Straße. Es ist uns auch nicht – wie den Katzen – auf Grund unseres Körperbaues die Fähigkeit gegeben, das Mehrfache unserer Körpergröße im freien Fall zu überwinden und trotzdem unversehrt festen Boden zu erreichen. Fragen wir jedoch nach der genetischen Bedingtheit der Lernfähigkeit des Menschen, so läßt sich höchstens die Vorstellung eines Potentials, eines „Raum[es] möglichen Lernens und möglicher erzieherischer Intervention" gewinnen (Zdarzil 1982, S. 156). Damit ist allerdings nur eine allgemeine „Faustregel" für die Praxis gewonnen, „vor allem erlaubt es keine genaue Prognose und Diagnose über die Förderungsfähigkeit einzelner", eine Orientierung darüber ist nur „durch auslotendes Probieren" erreichbar (ebd.). Das Wort Natur oder natürlich muß hier problematisiert werden, denn es hat nicht mehr die Bedeutung einer uneingeschränkten *Fixierung* auf eine Ursprünglichkeit, die mit dem Wort Natur in der Regel verbunden war. Folgende *Einschränkungen* müssen hier berücksichtigt werden:

1. Es existiert beim Menschen nur eine geringe Anzahl von Verhaltensformen und -abläufen, die sich starr und naturgesetzlich abwickeln. Viele Verhaltensmuster und Reaktionen, die an genetisch programmierte Abläufe erinnern oder entwicklungsgeschichtlich auf sie zurückgehen, sind beim Menschen in einem Ausmaß plastisch geworden, daß sie für kultur- und lernbedingte Veränderungen und Überformungen offen wurden.

2. Die Entwicklung der Wissenschaften (zum Beispiel der Medizin, Biologie) hat eine Richtung genommen, die es erlaubt, in physikalische, physiologische und chemische Strukturen und Prozesse des menschlichen Organismus gestaltend einzugreifen. Austausch und Ersatz von Funktionen durch materielle und organische Äquivalente eröffnen einen Bereich von neuen Entscheidungsmöglichkeiten bei vormals unabänderlichen, „natürlichen" Vorgaben. Die Möglichkeiten, die im Bereich der künstlichen Befruchtung oder der gentechnischen Forschung bereits bestehen oder sich abzeichnen, verschärfen diese Problematik und machen den traditionellen Begriff der Natur vollends fragwürdig, denn Natur verliert die Last des Schicksalhaften, aber auch den Sinn für Ursprünglichkeit und Originalität (Unverfälschtheit). Die kontinuierliche Verlängerung der Lebenserwartung in den westlichen Industrieländern ist ein Beispiel dafür. Ihre Verbindung zu „natürlichen" organischen Vorgängen ist uns oft gar nicht

mehr bewußt, da es sich hierbei um eine Verlängerung der Endlichkeit des Menschen durch medizinische und technische Gestaltung und durch kulturelle Errungenschaften (Verbesserung der Lebens- und Arbeitsbedingungen, Arbeitsentlastung etc.) handelt.

3. Eine weitere Anmerkung, die sich auf die eingeschränkte Bedeutung der menschlichen Natur bezieht, betrifft die Fähigkeit des Menschen, durch die Erfindung und den Gebrauch von Werkzeugen, durch Hilfsmittel und Prothesen jeglicher Art die Bandbreite der menschlichen Funktions- und Leistungsfähigkeit auszugleichen, zu erweitern und zu verstärken. Einige Vorgaben des menschlichen Organismus erlauben es uns nicht, kraft unseres Körpers etwa unter Wasser zu leben oder zu fliegen. Ebenso ist unsere Mobilität eingeschränkt, wenn wir nur auf die Möglichkeiten körperlicher Fortbewegungsmittel zurückgreifen können. Allerdings hat die technisch-wissenschaftliche Entwicklung zu Hilfsmitteln geführt, die die körperlich-organische Beschränkungen ausgleichen oder aufheben. Obwohl es sich bei diesen Hilfsmitteln um kulturelle Errungenschaften handelt, verschwimmt hier die Grenze zwischen Natur und Kultur in einer eigenartigen Weise. Beispielsweise bedeutet der Gebrauch eines Hammers eine Verlängerung des menschlichen Armes. Polanyi (1962) hat darauf hingewiesen, daß der Hammer tatsächlich als eine Verlängerung des Armes, als Teil des menschlichen Körpers erlebt werden muß, um ihn überhaupt als Werkzeug erfolgreich verwenden zu können. Jede Abweichung, die das Erleben der Einheit von Körper und Hammer (Werkzeug) unterbricht, würde unweigerlich dazu führen, daß wir uns auf die Finger schlagen, wenn wir etwa versuchten, mit dem Hammer einen Nagel einzuschlagen. Dieses Erleben der Einheit von Körper und Werkzeug, Hilfsmittel bzw. Prothese kann permanent oder temporär sein, sie ist jedoch die Grundlage jenes Bereiches von Phänomenen, die wir üblicherweise „zweite Natur" (vgl. auch Olechowski 1973) nennen. In ähnlicher Weise verhält es sich mit anderen Formen selbstverständlich gewordener kultureller Errungenschaften. Die Möglichkeiten, die etwa eine urbane Infrastruktur bietet (Zugang zu und Gebrauch von Verkehrs-, Lebens- und Kommunikationsmitteln), werden in einer Weise als Erweiterung und Intensivierung der individuellen menschlichen Funktions- und Leistungsfähigkeit erlebt, so daß uns Straßen, Autos, Supermärkte, U-Bahn und Telefonkabinen als „natürliche Umwelt" erscheinen. (Mir ist tatsächlich eine Zeitgenossin begegnet, die Spinat bis dato nur in passiertem

und tiefgefrorenem Zustand kennengelernt hatte. Für sie „wuchs" quasi der Spinat im Kühlregal von Supermärkten.)

Als *Sozial- und Kulturwesen* zeigt sich der Mensch, indem er als Mitglied einer Gemeinschaft und als Teil einer Kultur auftritt. Wenn hier das Charakteristikum des Sozialen und Kulturellen in einem Zusammenhang genannt wird, so geschieht das, weil das Leben in der Gemeinschaft immer kulturelle Ausdrucksformen produziert und umgekehrt kultureller Ausdruck immer auch eine Mitteilungsfunktion enthält und die Möglichkeit einer sozialen Resonanz voraussetzt. Selbst dort, wo der Mensch nur mehr sich selbst gegenübersteht, ist – phänomenologisch gesehen – ein „Gegenüber", ein „Zwischen" die Voraussetzung symbolischen Ausdrucks. Die unvermeidliche Bindung des Menschen an ein Sozialsystem zeigt sein Charakteristikum als „physiologische Frühgeburt" (Portmann 1960), die ohne Schutz, Pflege und sorgenden Umgang durch die mütterliche Dyade oder ein minimales Sozialsystem nicht lebensfähig wäre (vgl. Spitz 1976). Das Sozialsystem, in das das Kind hineinwächst, ist ein Resultat kultureller Errungenschaften. Die Institutionen, Rollenzuweisungen, Organisationsformen, die Moralvorstellungen und Gesetze, Sitten und Gebräuche, die Sprache, die Formen der Kindererziehung, selbst die individuellen Ausdrucksformen sind Teil einer Auseinandersetzung mit einem sozio-kulturellen System, die man generell Sozialisation nennt. Sozialisation erschöpft sich dabei weder in einer bloß passiven Anpassung an ein intransparentes System noch in einer unreflektierten Ein- und Unterordnung, sondern ist ein im wesentlichen interaktiver Prozeß. Die Mittel und Vehikel der Sozialisation bestehen größtenteils wieder aus kulturellen Errungenschaften – vom Menschen geschaffen und aufrechterhalten – wie etwa Bildungssysteme und -institutionen, Verwaltungsämter, Gesetze, Reglementierungen und dergleichen, die eine eigene Realität darstellen. Komplexe Systeme können durch eine unkontrollierbare Eigendynamik eine intransparente Wirkung entfalten (strukturelle Macht). Sozialisation ist ein über kulturelle Subsysteme vermittelter Prozeß der Beeinflussung des Menschen durch den Menschen, der zentrale Fragen der Macht und Kontrolle, Verantwortung und Freiheit sowie Selbst- und Fremdbestimmung berührt. Die Integration in ein sozio-kulturelles System leistet bei der Ausformung von individuellen Erlebens- und Verhaltensformen ihren Anteil, sie gibt dem Individuum eine Struktur und Rahmenbedingungen für eine „soziale Karriere". Gegenüber der prinzipiellen *Entwicklungsoffenheit* des Menschen bedeutet seine Einbindung in ein sozio-kulturelles System wieder eine *Einschränkung* seiner Möglichkeiten. Selbst die multikulturelle Gesellschaft stellt einen eigenen Typus dar, der sich durch besondere Toleranz gegenüber Vielfältigkeit und Abweichungen auszeichnet, und bedeutet im Grunde eine Einschränkung und relative Festlegung auf eine bestimmte Anzahl von Sprachen, kulturellen Ausdrucksformen und dergleichen. Die Existenz des Menschen als Sozial- und Kulturwesen enthält eine Paradoxie: Das Angewiesensein des menschlichen Individuums auf soziale Resonanz, die Einbindung in eine Gemeinschaft als Überlebensnotwendigkeit, die Einführung in eine Kultur als Voraussetzung für die Ausbildung spezifisch menschlicher Ausdrucksformen und Merkmale, führt unvermeidlich zu einer Einschränkung seiner prinzipiellen Offenheit. Dieser Umstand wurde als ein Verhältnis beschrieben, in dem „eine unendlich offene (vielleicht auch erst zu öffnende) Bildsamkeit auf eine unendlich offene Selbstbestimmung bezogen ist" (Roth 1971, S. 38) – eine Selbstbestimmung, die – wenn sie ausgeübt wird – der polymorphen Plastizität des Menschen eine Richtung gibt. Sie führt nicht notwendigerweise zur Einschränkung der subjektiven individuellen Freiheit, sofern jene Seite zum Tragen kommt, die den Menschen als Geistwesen kennzeichnet.

Die Bezeichnung *Geistwesen* verweist auf eine Reihe von Merkmalen und Fähigkeiten, die dem Menschen eine besondere Stellung in der Entwicklungsgeschichte des Lebendigen verleihen (vgl. Zdarzil 1972). Diese Merkmale bilden einen Strukturzusammenhang, sie sind teilweise voraussetzungshaft aufeinander bezogen.

1. Die Fähigkeit zur Reflexion und Selbstreflexion. Damit ist ein Set von Fähigkeiten bezeichnet, bei dem der Mensch sein Verhalten auf eine gedanklich und symbolisch vermittelte Wirklichkeit richtet. Daraus resultieren kognitive Aktivitäten wie die Wirklichkeit zu erkennen, zu überprüfen, zu bezeichnen, Fragen zu stellen und Zweifel aufzuwerfen oder zwischen Wahrem und Falschem, Wirklichem und Unwirklichem zu unterscheiden. Die Antizipation des eigenen Handelns, die Entwicklung eines normativen Bewußtseins sind Ausdruck der Fähigkeit zu Reflexivität. Sofern der Mensch sich selbst zum Objekt seiner Reflexionen macht, ist er mit Selbstreflexion befaßt, besitzt er Selbstbewußtheit und die Möglichkeit von Selbsterkenntnis. Der

Mensch kann sich selber gegenübertreten, mit sich im Einklang oder Konflikt stehen, jedenfalls handelt es sich um eine Qualität, die neue Möglichkeiten eröffnet, mit der er aber auch eine neue Krisenanfälligkeit erwirbt.

2. Die Fähigkeit zu Selbstbestimmung und Freiheit. Selbstreflexion ist die Voraussetzung dieser Fähigkeit des Menschen. Dabei ist Freiheit als phänomenologischer Tatbestand, als Erfahrung gemeint (im Gegensatz zu einem bloß intellektuellen bzw. philosophischen Problem) und Selbstbestimmung als ein vom Ich gesetzter Akt zu verstehen. Freiheit und Selbstbestimmung dürfen hier allerdings nicht als absolut mißverstanden werden: Akte der Selbstbestimmung und die Erfahrung der Freiheit sind an die aktuelle Situation des Individuums gebunden, also auch an seine Grenzen, die ihm sein Körper und dessen unwillkürliche Ausdrucksformen und durch Sozialisation eingeschränkte Erlebnisformen setzen.

3. Die Fähigkeit zur Selbstgestaltung. Die Selbstreflexivität und Selbstbestimmung bilden den Hintergrund und die Voraussetzung für seine Fähigkeit zur Selbstgestaltung. Das Setzten von Zielen für die eigene Entwicklung, die Reflexion auf richtungsgebende Vorstellungen oder auch nur die unterschwellige Wahrnehmung eines Richtungsbewußtseins kennzeichnen diesen Bereich der Selbstgestaltung. Diese Fähigkeit gibt dem Menschen in der Bewältigung seiner Entwicklungsaufgaben eine neue Qualität: er kann sich zum Werk seiner selbst machen, sein Lernen steht unter dem Prinzip der Selbstverwirklichung (Olechowski 1974, 1978). Roth (1971, S. 162) hat dies mit folgenden Worten ausgedrückt: „Wir müssen uns im klaren darüber sein, daß ein qualitativ neuer Schritt im Werden der Person erreicht ist, wenn die Führungskräfte im Menschen, sagen wir seine Ich-Stärke, so angewachsen sind, daß er sein Werden als Aufgabe zu konzipieren beginnt und sich nach einem Bilde (oder Bildern) bestimmt, daß er antizipierend erfaßt und dessen erlebter oder vorgestellter (und allenfalls idealisierter), anreizender oder verlockender Kompetenz er nacheifert."

4. Die Fähigkeit zur symbolischen Darstellung. Damit ist die Fähigkeit des Menschen gemeint, seine äußere Wirklichkeit und innere Situation symbolisch zu repräsentieren und damit einen symbolischen Bezug zur Welt herzustellen. Neben der bedeutungsvermittelnden Funktion der Sprache oder künstlerischen Ausdrucksmitteln stehen hier komplexere kulturspezifische Ausdrucksformen (z. B. Rituale)

zur Verfügung, mit denen eine symbolische Verarbeitung der inneren und äußeren Wirklichkeit ermöglicht wird.

Funktionen von Menschenbildern

ROTH (1971) hat auf die Bedeutung und *Variabilität* des Menschenbildes hingewiesen, indem er feststellte: „Jede Epoche hat ein ‚Bild vom Menschen‘, das – ausgesprochen oder unausgesprochen – eine gewisse Verbindlichkeit für die Epoche und den Zeitgeist hat" (S. 38). Und weiters: „Die Vielfalt der möglichen Ausprägungen des Menschen, wie sie die Vielfalt der Völker, Gesellschaften und Kulturen beweist, zeigten auch die kulturelle Bestimmung des Menschen als eine offene Aufgabe" (S. 40). An anderer Stelle bekräftigt Roth (ebd.) das Menschenbild als Kategorie der *metatheoretischen* Reflexion von Theorien: „Alle deskriptiven oder interpretierenden Begriffe [...] stammen aus Hintergründen und Zusammenhängen, die von ausgesprochenen oder unausgesprochenen Menschenbildern und Persönlichkeitstheorien herrühren, die eine lange Tradition haben" (S. 188). Er stellt über diese „Grundintuitionen über den Menschen" fest: „Es ist unsere wissenschaftliche Pflicht, uns diesen Hintergrund aller Entwicklungstheorien und Lerntheorien so gut wie möglich bewußt zu machen" (S. 188). Und weiters: „Wir glauben uns über solche naive Grundannahmen, die so positiv eindeutig sind, erhaben, aber wir dürfen uns nicht von den modernen Einkleidungen heutiger Theorien täuschen lassen; im Hintergrund unserer modernen entwicklungspsychologischen Grundannahmen stehen gleichfalls Menschenbilder und Persönlichkeitstheorien, bei denen es nicht nur Scharfblick, sondern Blindheit (blinde Flecken) zu erkennen gilt" (ebd., S. 192). Bei Roth hat das Aufzeigen des Menschenbildes, das die Forschung und Theoriebildung leitet, eine eindeutige Aufklärungsfunktion.

Es gilt, das implizite Menschenbild, das die gesamte Forschung als Hintergrundraster beeinflußt, explizit zu formulieren und so der Kritik zugänglich zu machen. Für VOGLER (1972) ist das Interesse am Menschenbild selbst ein Zeichen für eine spezifische Qualität, die den Menschen auszeichnet: „Daß mit dem Menschen ein Menschenbild gegeben ist, kennzeichnet eine Qualität des Humanen" (S. 16). Das Menschenbild hat in Analogie zu einem *Modell* verschiedene Funktionen und Merkmale. Es führt zu einer Vereinfachung von komplexen

Strukturen, Systemen und ihren Funktionszusammenhängen, indem
es eine Reduktion der Komplexität auf wesentliche Merkmale durch-
führt. Indem es bestimmte Bezüge, Zusammenhänge und Faktoren
hervorhebt oder betont, führt es zu einer Akzentuierung eines Gegenstandes oder Phänomens. Die Reduktion und Akzentuierung haben
eine zunehmende Transparenz (Durchsichtigkeit) des komplexen
Gegenstandes zur Folge, die auch ein größeres Verständnis mit sich
bringt. Menschenbilder und Modelle sind immer und unvermeidlich
auch perspektivisch, da sie Zusammenhänge einseitig selektieren und
hervorheben (vgl. auch Herzog 1984). Ein Menschenbild hat einen
nicht-empirischen Charakter. Es spiegelt die Werte und das Erkennt-
nisinteresse einer Wissenschaftergemeinschaft und ist ein expliziter
Hinweis auf die Voraussetzungshaftigkeit der Forschung. Es hat darüber hinaus erkenntnisleitende und heuristische Funktion, indem es
das Problembewußtsein und die Fragerichtung bestimmt (vgl. Hagehülsmann 1985). Der nicht-empirische Charakter des Menschenbildes – seine Kennzeichnung als Voraussetzung – kann durch die Wahrnehmung seiner heuristischen und erkenntnisleitenden Funktion
aufgehoben werden, indem die Forschung Anhaltspunkte und Daten
erarbeitet, die das Modell bestätigen. Andererseits besteht auch die
Gefahr einer Täuschung und Verzerrung, wenn Ableitungen aus den
Modellannahmen (Menschenbildern) mit empirischer Erkenntnis
und empirischer Bestätigung verwechselt werden. Eine Form dieser
Täuschung liegt etwa im Anthropologismus, der Annahmen zu Menschenbildern expliziert und extrapoliert, ohne einen empirischen
Bezug herzustellen.

Zum Charakter des Menschenbildes als bewußter Setzung muß
noch eine Bemerkung hinzugefügt werden. Bisweilen wird dieser
Umstand als Kritik angebracht mit dem Argument, dies würde die
Voraussetzungslosigkeit in Frage stellen. Ein ausdrückliches Menschenbild würde zu nichts anderem führen als zur Bestätigung dieses
Menschenbildes, die Theorie würde die Empirie eindeutig determinieren. Diese Argument geht selbst von dem Anspruch einer voraus-
setzungsfreien Realitätserkenntnis aus – ein Standpunkt, von dem aus
die bewußte Setzung von modellhaften „Vorwegnahmen" wie das Ein-
geständnis eines Scheiterns wirken muß. Tatsächlich geht jedoch die
Annahme eines voraus-gesetzten Menschenbildes von der Unvermeidlichkeit einer perspektivischen Wirklichkeitserkenntnis aus, deren
Qualitätskriterium ja geradezu die Transparenz der Voraussetzungs-

haftigkeit ist. Diese Position formulierte Vogler (1972, S. 18) in folgender Weise:

Soweit es geht, bleiben wir im wertungsfreien Raum. Wir können und wollen aber nicht verhindern, daß in unseren Fragestellungen und Entwürfen Werte vorrangig sind. Wenn wir auf eine werthaltige Problematik stoßen, setzt ganz bewußt Auswahl und (Alternativ-)Wahl ein. Die Wertung ist aber eine ausdrückliche, und die Wahl bleibt unter Kontrolle. Wir leben nicht mehr in der Naivität, irgendeine Wissenschaft vom Menschen könne überhaupt und bis zum Schluß wertfrei existieren. Die lautesten Rufer nach Voraussetzungslosigkeit und Wertfreiheit sind solche, die offenbar am wenigsten von ihren eigenen Voraussetzungen wissen.

Zum Menschenbild der Humanistischen Psychologie

Vertreter der Humanistischen Psychologie haben immer wieder deutlich auf die spezifische Bedeutung eines Menschenbildes für Forschung und Praxis hingewiesen: C. BÜHLER und ALLEN (1973, S. 11) stellten etwa fest, „daß jeder Psychologe ein vorgeformtes Bild vom Menschen hat, das, auch wenn es nicht ausdrücklich zur Sprache kommt, doch die Forschung und die Bildung von Theorien beeinflußt. Dieser Begriff geht aus der Philosophie einer bestimmten Zeit hervor, die sich in einer bestimmten kulturellen Epoche und deren geistigem Klima entwickelt hat."

Bei ROGERS bedeutet das auf die Anthropologie und das Menschenbild bezogene Philosophieren – ähnlich wie bei Roth (s. oben) – das Formulieren und Herausarbeiten des Menschenbildes, das die Basis jeglicher wissenschaftlichen Tätigkeit in den Human- und Sozialwissenschaften darstellt. Für Rogers hat jede psychologische Schule ihre eigene Philosophie vom Menschen, die nicht immer explizit dargestellt wird, aber oft einen subtilen Einfluß auf die Theorie- und Hypothesenbildung hat (Rogers 1964). Er sieht einen Fortschritt in der expliziten Formulierung eines Menschenbildes. Der Fortschritt besteht in einer größeren Bewußtheit des Forschers in bezug auf seine Voraussetzungen und Vorgriffe auf den Gegenstand, die in seinem Menschenbild enthalten sind:

Die Richtung der Arbeit und Forschung des Wissenschafters, die Theorien und Ideen, die er entwickelt, sind alle sehr deutlich auf sein Menschenbild

bezogen. [...] Es scheint mir, daß die Verhaltenswissenschaften einen
großen Fortschritt machen würden, wären wir als Individuen stärker gewillt,
unsere Voraussetzungen und Annahmen, die sich auf jene Charakteristika
des Menschen beziehen, die wir für elementar halten, ausdrücklich zu
formulieren (Rogers 1965, S. 18).

Humanistische Psychologie versuchte in ihrer Beschäftigung und besonderen Betonung der Bedeutung des Menschenbildes nicht ein
umfassendes und vollständiges Bild des Menschen zu entwickeln, sondern Akzente zu setzen in Richtung auf vernachlässigte und unterschätzte Merkmale des Menschen. In den ersten Phasen der Entwicklung der Humanistischen Psychologie wurde ein Menschenbild nicht
nach dem Kriterium der Vollständigkeit formuliert, sondern nach
Gesichtspunkten der Akzentuierung und Perspektivität. Der ständige
Hinweis auf die *erkenntnisleitende Funktion* des Menschenbildes, das
einen Filter für Wahrnehmung und Erfahrungsbildung bereitstellt
und in einer grundlegenden Weise das Problembewußtsein bestimmt,
wurde mit der Forderung nach einem veränderten Menschenbild verbunden. Diese Forderung nach einem *neuen Menschenbild* war ja ein
wichtiges Motiv für die Formierung der Humanistischen Psychologie
als Denkrichtung. Es waren weniger bereits vorliegende theoretische
Ansätze, die diesen formbildenden Antrieb brachten (wie Maslows
Motivationstheorie), sondern erst die Integration verschiedener inno-
vativer Ansprüche in der Forderung nach einem veränderten Menschenbild und einem diesem Menschenbild entsprechenden wissenschaftlichen Zugang. Somit war dies im Grunde der Versuch, eine
metatheoretische Wende innerhalb von Psychologie und Sozialwissenschaften zu einer sensibleren, die spezifisch menschlichen Bedingungen berücksichtigenden Betrachtungsweise herbeizuführen.

  Die Einleitung einer metatheoretischen Wende kam besonders in
der Formulierung des Programms der Humanistischen Psychologie
zum Ausdruck. Dabei ist auffallend, daß die Formulierung eines Menschenbildes oft auf Motiv- und Entwicklungskonzepte bezogen ist. Bei
C. BÜHLER und ALLEN (1973) sind es das subjektiv-persönliche Erleben und weitere spezifisch menschliche Charakteristika wie die Fähigkeiten zu wählen, die Kreativität, Wertsetzung und Selbstverwirli-
chung, die hervorgehoben werden. Weiters wird die Aufrechterhaltung von Wert und Würde des Menschen betont, das Vorhandensein
eines produktiven Potentials im Menschen, das in der Möglichkeit der

Entwicklung der jedem Menschen innewohnenden Kräfte und Fähigkeiten besteht, der Entdeckung seines Selbst in seiner Beziehung zu
anderen Menschen und zu sozialen Gruppen. Wesentliche Aspekte
eines humanistischen Menschenbildes kommen in C. BÜHLERS (Bühler und Allen 1973) vier *Grundtendenzen* des Lebens zum Ausdruck:

1. die Tendenz, persönliche Befriedigung in Sexualität, Liebe und
   Anerkennung des Ichs zu suchen;
2. die Tendenz zur selbstbeschränkenden Anpassung um der Zugehörigkeit und Sicherheit willen;
3. die Tendenz zur schöpferischen Expansion;
4. die Tendenz zur Integration und Aufrechterhaltung der inneren
   Ordnung.

Die Dynamik der Motivation, das Streben nach Selbstverwirklichung
und Erfüllung bzw. auch der Ablauf von Entscheidungen, ergibt sich
aus den Wechselwirkungen dieser vier Grundtendenzen. Auffallend
ist hier, daß Motivationsvorgänge bzw. Kräfte, die sich auf die Motivation beziehen, akzentuiert werden, um ein neues Bild vom Menschen
zu präsentieren. Mit dem Hinweis auf befriedigende Sexualität, Liebe
und Anerkennung, Streben nach Zugehörigkeit und Sicherheit, Betonung des Schöpferischen und der Innerlichkeit werden wieder spezifisch menschliche Bedingungen hervorgestrichen.

Die anthropologischen Voraussetzungen des Ansatzes von ROGERS,
auf dem die psychotherapeutische Methode der Personenzentrierten
Psychotherapie basiert, besteht aus folgenden Annahmen: Der
Mensch steht in einem andauernden Prozeß der Veränderung und
besitzt die Fähigkeit, sich in Richtung größerer Reife und psychischer
Funktionsfähigkeit zu entwickeln (Selbstverwirklichungstendenz). Er
ist fähig, selbst die Verantwortung für seine Ideen, Gefühle und Handlungen zu übernehmen (Selbstverantwortlichkeit), sich von „innen",
von seiner „organismischen" Basis her zu steuern und seine im Leben
auftretenden Probleme unter günstigen Bedingungen selbst zu lösen
(Selbstregulierung). Dieses Menschenbild, so allgemein wie es hier
formuliert ist, beruht ebenfalls nicht auf empirisch fundierten Aussagen, sondern ist als „anthropologisches Regulativ" für das therapeutische Verhalten aufzufassen. Es ist eine Modell-Vorgabe für die
Anwendung in der Praxis der Psychotherapie und Erziehung (Rogers
1951, 1959a; vgl. auch Hutterer 1991).

Bei BUGENTAL (1964) stehen die Ganzheitlichkeit des Menschen und die zwischenmenschliche Existenz im Vordergrund. Weiters wird die Freiheit des Menschen zur Wahl und Entscheidung, seine Möglichkeit des bewußten und zielgerichteten Lebensvollzuges und seine Autonomie betont. Damit steht auch die Fähigkeit des Menschen in Verbindung, sein aktuelles So-Sein, den aktuellen Zustand zu überschreiten und sich zu wandeln (Transzendenz). Bugental hebt darüber hinaus die Intentionalität des Menschen (Zielorientierung) hervor, eine bewußte Orientierung an Motiven, Zielen und Werten bzw. ein unterschwelliges Richtungsbewußtsein, das den Lebensvollzug des Menschen beeinflußt. Für SEVERIN (1976) liegt der Schwerpunkt seiner Charakterisierung der Humanistischen Psychologie ebenfalls auf einer Veränderung des Menschenbildes. Diese Veränderung weist in die Richtung einer Betonung der Einheit der Person, ihrer Autonomie und Einzigartigkeit sowie einer expansiven, auf Selbstverwirklichung gerichteten Motivation und Antriebsquelle. Schließlich hat GIORGI (1981) auf die metatheoretische Bedeutung aller inhaltlichen Formulierungen eines Menschenbildes hingewiesen.

VÖLKER (1980) hat wesentliche Aspekte des Menschenbildes der Humanistischen Psychologie in vier allgemeinen Merkmalen zusammengefaßt:

1. Autonomie und soziale Interdependenz. Damit ist die Fähigkeit des Menschen bezeichnet, sich trotz einer Gebundenheit in biologische und emotionale Abhängigkeit in Richtung Beherrschung der Umwelt und Unabhängigkeit von äußerer Kontrolle zu bewegen. Autonomie ist dabei die Kehrseite der Eigenverantwortlichkeit als Moment der Freiheit, die jedoch immer auch bezogen ist auf die Gemeinschaft (Gruppe, Familie, Gesellschaft). Autonomie und soziale Interdependenz stehen somit in einem unauflösbaren Wechselverhältnis.

2. Selbstverwirklichung. Das Moment der Selbstverwirklichung bezieht sich auf die Tendenz, neben homöostatischen Aktivierungsformen (Reduktion von Bedürfnisspannung zugunsten eines Gleichgewichtszustandes) anti-homöostatischen Strebungen zu folgen (Neugierverhalten, schöpferische Eigenaktivitäten), also solchen, die im Prinzip auch auf die Aufhebung eines Gleichgewichtszustandes, auf Erhöhung der Unsicherheit und der Risikobereitschaft gerichtet sind. Goldstein, Rogers und Maslow haben dieses Moment besonders betont.

3. Ziel und Sinnorientierung. Mit der Ziel- und Sinnorientierung des Menschen wird ein Merkmal angesprochen, das die Fähigkeit eines Richtungsbewußtseins in vielfältigen Abstufungen aufgreift. Bedeutungen, Werte, die über die unmittelbare materielle Existenz hinausgehen, symbolisch vermittelte Sinngehalte, die in Verbindung mit vorhandenen Strebungen neue Motivationsquellen darstellen, die das Handeln leiten.

4. Ganzheit. Mit diesem Merkmal wird ein Gegenpol zur analytisch-zergliedernden bzw. atomistischen Betrachtung aufgestellt. Den Menschen als Ganzheit im Blick zu behalten, bedeutet dabei, seine verschiedenen Seiten, Aspekte, Ebenen und Prozesse gleichzeitig als Bestandteile einer Einheit und in ihren Wechselbezügen zu untersuchen. Im Prinzip bedeutet die Betonung der Ganzheit, den Menschen als differenzierte Einheit zu sehen (z. B. seine kognitiv-intellektuellen, emotionalen und sozialen Prozesse, um nur eine Möglichkeit der Differenzierung zu nennen).

SOHNS (1976) hat wesentliche Kernbestimmungen der Einzigartigkeit des Menschen herausgearbeitet, die im Menschenbild der Humanistischen Psychologie in verschiedenen thematischen Variationen impliziert sind. Ein wesentliches Moment ist die Beziehungsfähigkeit bzw. Beziehungsgebundenheit des Menschen, die auch im Kontext einer biologisch-philosophischen Fragestellung gesehen werden muß. Damit ist in erster Linie der Umstand angesprochen, daß der Mensch als physiologische Frühgeburt (Portmann) auch im biologischen Sinn auf eine pflegende, schützende und nährende Beziehung zu einem anderen Menschen (in der Regel zur Mutter) angewiesen ist, um überhaupt überleben zu können. Seine Beziehungsgebundenheit zeigt sich besonders im Kontext seiner Entwicklung in einer soziokulturellen Umgebung, in der er sich als ein sich seiner Geschichtlichkeit bewußtes Wesen Traditionen schafft und sich mit Traditionen identifiziert. Als Schöpfer und Träger von Symbolen und als ein der Sprache fähiges Wesen bringt er ein Spezifikum des Menschen zum Ausdruck: Die besondere Plastizität des Menschen ist in Verbindung mit seiner Innerlichkeit und Subjektivität sowie seiner äußeren Ausdruckskraft zu sehen. In der Verwendung von Symbolen und Sprache in einer Funktion, in der die Spannung von äußerem Ausdruck und Innerlichkeit (Subjektivität) sich zeigt, ist der Dialog im Sinne von Buber spezifischer Ausdruck menschlicher Beziehung. Ein weiteres

menschliches Spezifikum liegt in dem Problem der Angst als Phänomen menschlichen Daseins. Mit der Bewußtheit seiner Endlichkeit als
Quelle der Angst wird ein existentialistisches Element in der Interpretation des Menschenbildes betont.

6

Der ideengeschichtliche Kontext
– Verdichtungsprozeß vielfältiger Einflüsse

MASLOW (1973) stellte die Humanistische Psychologie als Zusammenschluß vieler Splittergruppen mit entsprechenden „Splittertheorien" dar. Bezeichnend ist ferner, daß die Humanistische Psychologie sich in Auseinandersetzung mit den in der Phase ihrer Entstehung großen Paradigmen in Psychologie und Sozialwissenschaften – orthodoxe Psychoanalyse und klassischer Behaviorismus – entwickelte. Somit ging auch ein Einfluß von jenen Denkrichtungen aus, von denen sie sich abzugrenzen versuchte. Ideengeschichtlich ist die Entwicklung der Humanistischen Psychologie als Prozeß der Ideenverschmelzung zu betrachten. Beiträge zu dieser Ideenverschmelzung stammen aus vielen Einflüssen. Die verschiedenen Einflußlinien sind dabei nicht parallellaufende Splittertheorien geblieben, sondern haben sich zu einer abgrenzbaren Denkrichtung verbunden. Bach und Molter (1979, S. 30) bezeichnen deshalb die Entwicklung der Humanistische Psychologie als einen „Verdichtungsprozeß vielfältiger Einflüsse".

Einen Eindruck von der Vielfältigkeit der Einflüsse gibt MASLOW (1973), wenn er folgende Strömungen, Gruppierungen bzw. Personen als Teil einer sich formierenden „Dritten Kraft"-Psychologie bezeichnet: Tiefenpsychologie (Neofreudianer, Adlerianer, Rankianer, Ich-Psychologie), Gestaltpsychologie und Lewinianer, Gestalttherapie, Persönlichkeitstheoretiker wie Murray, Murphy, Allport, die organismische Psychologie Goldsteins, Personen wie Moreno, Marcuse, Szasz, existentielle Psychologie und Psychiatrie, Phänomenologische Psychologie, Selbst-Psychologie (Maslow meint damit aber nicht die Selbstpsychologie im Sinne von Kohut [1988, 1992], sondern phänomenologische Persönlichkeitstheoretiker wie Raimy, Lecky, Snygg,

Combs, die das phänomenale Selbst in den Mittelpunkt ihrer Überlegungen gestellt haben), Wachstums-Psychologie und Rogerianer. Maslows 1962 getroffene Einschätzung ist – rückblickend gesehen – keine korrekte oder vollständige Widerspiegelung der Humanistischen Psychologie. Man wird auch der Verschiedenartigkeit dieser Ansätze nicht gerecht, würde man sie als bloße Spielarten der Humanistischen Psychologie betrachten. Allerdings ist es richtig, daß von all diesen Ansätzen Einflüsse mit unterschiedlicher Gewichtung für die paradigmatische Diskussion der Humanistischen Psychologie ausgegangen sind. Tiefenpsychologisches Denken ist speziell in die Entwicklung der verschiedenen psychotherapeutischen Ansätze innerhalb der Humanistischen Psychologie eingeflossen, ohne daß jedoch die spezifisch psychoanalytische Theoriesprache übernommen oder vollständig integriert worden wäre. Einen offensichtlicheren Einfluß auf das theoretische Denken und Problembewußtsein hatte eine Organismus-Vorstellung, deren komplexer Charakter durch Begriffe wie Ganzheit und Gestalt zum Ausdruck gebracht werden sollte. Dieser Schwerpunkt des Denkens erhielt in späteren Entwicklungsphasen der Humanistischen Psychologie sogar ein stärkeres Gewicht. Anregungen aus der Systemtheorie, aus fernöstlichen Philosophien und allen Ansätzen, die komplexere Beziehungen zwischen somatischen und psychischen Prozessen und körperlichem Ausdruck herstellten, wurden integriert.

Inwiefern das Zusammentreffen dieser Vielfältigkeit an Ansätzen zu einer gelungenen Ideenverdichtung (Bach und Molter 1979) oder zu einer konzeptionellen Konfusion geführt hat, läßt sich weder generell noch endgültig feststellen. Manche der Ideen, die in die Entwicklung der Humanistischen Psychologie eingeflossen sind, haben die Begründer stärker inspiriert als ihre Nachfolger. In manchen Forschungsbereichen ist die Ideenverdichtung auf die Zusammenschau weniger und leicht vereinbarer Einflußlinien konzentriert (z. B. in der Persönlichkeitstheorie), während in anderen Bereichen die ideengeschichtliche Dynamik einen breiten Eklektizismus produzierte (z. B. bei der Anwendung der Humanistischen Psychologie in der Psychotherapie). Die wesentlichsten Quellen, die in die paradigmatische Diskussion der Humanistischen Psychologie eingeflossen sind, sollen hier im einzelnen dargestellt und einige Spuren in der Entwicklung der Humanistischen Psychologie sichtbar gemacht werden.

Behaviorismus

Die Humanistische Psychologie war ursprünglich ein Aufschrei gegen ein mechanistisches Menschenbild. Ihre Vertreter stellten von Anfang an und sehr häufig die behavioristische Auffassung der menschlichen Natur der humanistischen gegenüber. Indem die humanistische Auffassung oft durch Negation der behavioristischen gewonnen wurde, ist der Behaviorismus eine nicht zu unterschätzende Einflußquelle für die Entwicklung der Humanistischen Psychologie. Sowohl Allport als auch Maslow wurden in der besten behavioristischen Tradition ausgebildet. In ihrer Kritik des Behaviorismus und auch in der von anderen humanistischen Psychologen, wie Rogers, May und Bugental, zeigte sich eine große Vertrautheit mit behavioristischen Ideen. Der Behaviorismus war über viele Jahrzehnte der humanistischen Kritik ausgesetzt. Maslow und Allport begannen mit ihren kritischen Stellungnahmen bereits in den vierziger Jahren, in die fünfziger und sechziger Jahre fällt die Debatte zwischen Rogers und Skinner, während May und Bugental bis in die sechziger und siebziger Jahre kritische Artikel publizierten (DeCarvalho 1991). Die Hauptzielrichtung der Kritik war das Konzept des Verhaltens, ethische und psychologische Implikationen von Kontrolle und Voraussage des Verhaltens und das Bild der menschlichen Natur, das dem Behaviorismus implizit ist.

Das gemeinsame Thema der von ALLPORT geäußerten Kritik bezog sich auf das Stimulus-Response-Konzept. Allport führte ein „O" in diese Formel ein: S(timulus)-O(rganism)-R(esponse). Später schlug er sogar vor, ein kleines „s" und „r" zu nehmen (s-O-r), mit folgender Begründung: „[...] es scheint mir, daß alle die interessanten Dinge in der Persönlichkeit in den Schlußfolgerungen liegen, die wir darüber machen müssen, was in diesen intervenierenden Variablen wie Motivation, Interessen, Einstellungen, Werten und so weiter vor sich geht" (Allport 1953, S. 352f.). Allport sah im *Organismus* jenen Faktor, der alle Differenzierungen in der Beziehung zwischen Reiz und Reaktion bewirkt. Bezüglich der Möglichkeit der Voraussage menschlichen Verhaltens betonte er die Bedeutung des „Bezugsrahmens" des Individuums: Die Voraussage ist präziser, wenn der Bezugsrahmen des Individuums bekannt ist. Allports kritische Einstellung und Abkehr vom Behaviorismus war deutlich von einem Lernprozeß getragen, der in den Jahren 1922–1923 während seines Aufenthaltes in Deutschland initiiert wurde, wo er die Gestaltpsychologie und die Ideen William

STERNS und Eduard SPRANGERS und damit das Ganzheits- und Strukturdenken kennenlernte.

Auch MASLOW wandte sich nach einer intensiven Romanze mit
dem Behaviorismus von diesem ab. Er lernte den Behaviorismus als
Denkrichtung während seines Studiums kennen. Da er den spekulati-
ven Charakter der philosophischen Diskussion ablehnte, wurde er von
der Psychologie des 19. Jahrhunderts im Sinne von TITCHENER mit
ihren empirischen und physiologischen Schwerpunkten angezogen.
Die Entdeckung des behavioristischen Programms im Sinne von
WATSON erzeugte in ihm ein außerordentliches Interesse und eine
große Erregung. Denn er dachte, durch harte Arbeit könnte alles
verändert und rekonditioniert werden. Diese Konditionierungstech-
niken versprachen eine Lösung für wesentliche psychologische und
soziale Probleme, und die leicht verständliche positivistische Philosophie wurde auch als Schutz gegen die philosophischen Fehlspekula-
tionen der Vergangenheit erlebt. So war sein Studienschwerpunkt
behavioristisch, was sich auch in seiner Doktorarbeit niederschlug, die
sich mit der Rolle der Dominanz unter Primaten beschäftigte. Nach
seinem Studium, nachdem er FREUD gelesen, die Gestaltpsychologie
kennengelernt, Alfred ADLER, Max WERTHEIMER und Kurt GOLD-
STEIN getroffen hatte, veränderte sich sein Denken und er ließ den
Behaviorismus hinter sich. Unter dem Einfluß dieser neu aufgenom-
menen Ideen entwickelte er seine Theorie der Motivation, die ihn
auch berühmt machte. Maslows Kritik des Behaviorismus bezog sich
vor allem auf das Konzept des Verhaltens, das er nicht als bloßes Resultat einer *linearen* Beziehung zwischen einem einzelnen und isolierten
Reiz und einer einzelnen Reaktion sah, sondern er betrachtete es als
durch Gefühle, Einstellungen, Wünsche bestimmt, die die vollständige Persönlichkeit ausmachen. Maslow argumentierte wiederholt, daß
das Studium von isolierten einzelnen Verhaltensweisen ein simplifizierender und irreführender Ansatz sei.

Die von ROGERS beinahe lebenslang vorgebrachte Kritik am Behaviorismus fand ihren Höhepunkt in seiner öffentlichen Debatte mit
SKINNER in den fünfziger und sechziger Jahren über die Bedeutung
von Freiheit und Kontrolle des menschlichen Verhaltens. Die Zielrichtung dieser Debatten, die zu verschiedenen Zeitpunkten statt-
fanden, war, unterschiedliche Trends im Gebrauch von wissenschaftlichen Erkenntnissen für die Kontrolle und Veränderung von
Verhalten zu klären. Dabei betonte Skinner in seiner Position, daß der

Psychologe und Verhaltenswissenschafter seine Macht und sein Wissen verwenden sollte, um menschliches Verhalten zu kontrollieren, eine Position, mit der Rogers in keinem Fall übereinstimmte. Diese Debatte zog so viel öffentliche Aufmerksamkeit auf sich, daß nicht nur der damit verbundene Bruch und Gegensatz innerhalb der psychologischen und sozialwissenschaftlichen Fachkollegen sichtbar wurden; es wurde auch klar, daß damit ein wichtiger Lebensnerv der amerikanischen Kultur berührt wurde: Dies zeigte sich auch darin, daß eine dieser öffentlichen Debatten im Jahre 1962, die neun Stunden dauerte, eine Zuhörerschaft von mehr als 900 Personen anzog. Die Auseinandersetzung zwischen Skinner und Rogers gehört zu jenen Ereignissen, die den Konflikt zwischen Humanistischer Psychologie und Behaviorismus bezüglich Erziehung und Verhaltenskontrolle am umfassendsten widerspiegeln. Eine Reihe von Vertretern der Humanistischen Psychologie teilte die Auffassung, daß das Verhalten nicht vom Organismus isoliert verstanden und erforscht werden könne, und schlug alternative Sichtweisen vor, die den Menschen als proaktives, zielorientiertes und eigenverantwortliches Wesen präsentieren (vgl. Rogers und Skinner 1975, DeCarvalho 1991).

Ein weiterer Kritikpunkt und Anlaß zur Abgrenzung bezieht sich auf den Umstand, daß der Behaviorismus die Forschungsmethoden der Naturwissenschaften zu imitieren und zu übernehmen versuchte, insbesondere die exzessive Beschäftigung mit Forschungsmethoden, die sich an die Physik anlehnten, und die von der Biologie importierte evolutionäre Sichtweise bzw. die Verwendung von Tierexperimenten als Analogon für Einsichten über den Menschen. Dies veranlaßte etwa ALLPORT (1950), von einer „Rattenplage" zu sprechen, die die Psychologie heimsuchte. WATSONS (1907) Publikation über Lernen in Labyrinthen gilt allgemein als Ursprung behavioristischen Denkens, wie überhaupt die wissenschaftliche Sozialisation von Watson als Begründer des Behaviorismus eng mit der Beschäftigung mit Tier-(Ratten-)Experimenten verbunden war, wie seine Dissertation über die psychische Entwicklung der weißen Ratte anzeigt (Watson 1903, vgl. auch Wertz 1986). Ein Hauptargument der methodologischen Kritik am Behaviorismus bezog sich auf die starke Betonung der Quantifizierung, die alle Probleme, die nicht dieser Zugangsweise offen sind, ausschließt. Es würden dadurch vorselektierte, einfache, bedeutungslose und triviale Probleme übrigbleiben und die Entwicklung von neuen Forschungstechniken insgesamt blockiert werden.

Der Einfluß des Behaviorismus auf die Humanistische Psychologie muß insgesamt differenziert gesehen werden. Einen Großteil seiner Bedeutung für die Entwicklung der Humanistischen Psychologie erlangte er in einer indirekten und abgrenzenden Weise. Eine Reihe von paradigmenbestimmenden Vertretern der Humanistischen Psychologie wurde in einem intellektuellen Klima sozialisiert, in dem eine naturwissenschaftlich-experimentelle Forschungsmethode und behavioristisches Gedankengut als Standards entwickelt wurden. Der Behaviorismus war für sie eine inspirierende und motivierende Herausforderung, die zur Formulierung von alternativen Sichtweisen und zu Differenzierungen führte, die jedoch vorerst die Abgrenzung und Profilierung gegenüber behavioristischen Konzepten brauchten. Ein Beispiel für eine dieser Differenzierungen ist MASLOWS Kritik des Konzepts der Kontrolle und Voraussage von Verhalten, die mit Begriffen seiner Theorie der Bedürfnishierarchie argumentiert wurde. Diese Theorie unterscheidet zwischen *Ausdrucksverhalten* und *Bewältigungsverhalten* (in heutigen Begriffen würden wir dies Coping-Verhalten oder -Strategien nennen). Maslow warf den Behavioristen vor, sich ausschließlich auf das Bewältigungsverhalten zu konzentrieren, der Ausdruck jenes Teils der Persönlichkeit ist, der auf einem geringeren Level von Funktionsfähigkeit operiert. Ausdrucksverhalten wie etwa (absichtsloses) kreatives Handeln, Spiel, Liebe etc. spiegelt jenen Teil der Persönlichkeit wider, der nicht-funktional und ohne Belohnung aufrechtbleibt. Bewältigungsverhalten ist dagegen funktional, instrumental und adaptiv, das Produkt der Interaktion zwischen Charakterstruktur und der Umwelt. Da Bewältigungsverhalten gelernt ist oder erworben wurde, um mit spezifischen Umweltsituationen zurechtzukommen, „stirbt es aus", wenn es nicht belohnt oder nicht ständig mit neuen Anreizen versorgt wird (es wird dann überflüssig, wenn die zu bewältigende Reizsituation wegfällt). Im Zusammenhang mit dieser kritischen Argumentation warnte Maslow (1954) davor, ausgehend vom Bewältigungsverhalten des Menschen allgemeine Schlußfolgerungen über die Natur des Menschen abzuleiten.

Viele der Vertreter der Humanistischen Psychologie (vor allem der ersten Generation) anerkannten trotz aller Kritik die Bedeutung des Behaviorismus für die Entwicklung der Humanistischen Psychologie in dieser indirekten und herausfordernden Weise bzw. auch seine energetisierende Wirkung für die Entwicklung der Psychologie und angrenzender Forschungsfelder insgesamt. Der Kern der Kritik am

Behaviorismus und an dessen Abkömmlingen richtete sich von Anfang bis in die Gegenwart jedoch stets gegen die Tendenzen zur *Mono-
polisierung* der Ansprüche an Wissenschaftlichkeit (Einheitswissenschaft), gegen methodologische Exklusivität und Rigidität in der
wissenschaftlichen Forschung und praktischen Anwendung auf Kosten der Vielfältigkeit an Perspektiven.

Psychoanalyse

Die Humanistische Psychologie als „Dritte Kraft" bezieht sich auch auf
die Psychoanalyse als die „zweite Kraft", die einen dominierenden
Einfluß auf die Psychologie und das Feld der Verhaltens- und Sozialwissenschaften hatte (und weiterhin hat). Ähnlich wie beim Behaviorismus zeigte sich der Einfluß der Psychoanalyse auf die Entwicklung
der Humanistischen Psychologie indirekt und als Inspiration oder
Provokation zu Abgrenzungen und Alternativkonzepten. Dies trifft
allerdings nur zum Teil zu, vor allem auf den Einfluß der sogenannten
orthodoxen Freudianischen Psychoanalyse. Ein Unterschied muß
hier innerhalb der psychoanalytischen Bewegung gemacht werden
zwischen FREUD und der klassischen Psychoanalyse und den Neo-
Freudianern, der für den Einfluß der Psychoanalyse auf die Humanistische Psychologie relevant ist. Obwohl viele der paradigmenstiftenden Vertreter der Humanistischen Psychologie der Person Freud Anerkennung zollten, standen sie einigen psychoanalytischen Konzepten und Gedanken ablehnend bis ambivalent und kritisch gegenüber.
Von Vertretern der *Neo-Psychoanalyse* gingen jedoch eine Reihe von
dokumentierbaren Einflüssen aus, die im Zuge der Entwicklung der
Humanistischen Psychologie in ihre paradigmatische Konzeptbildung und Diskussion integriert wurden. DECARVALHO (1991) stellte
sogar fest, daß die Humanistische Psychologie mehr der Neo-Psychoanalyse verbunden war, als normalerweise eingestanden wurde. Insgesamt wurde oft darauf hingewiesen, daß die Beobachtungen Freuds
nicht ersetzt, sondern durch eine umfassendere phänomenologische
und existentielle Auffassung vom Menschen ergänzt werden sollten.
Die Anerkennung Freuds oder von bestimmten Aspekten seiner Leistungen findet sich etwa bei Rollo MAY, der ihn in seiner Bedeutung in
eine Reihe mit Sokrates, Newton und Einstein stellte. May würdigte
nicht die psychoanalytische Technik, mit der er nicht übereinstimmte,
sondern das Konzept eines dynamischen Unbewußten, das er als eine

Antwort auf das Hauptproblem des 19. und 20. Jahrhunderts sah. Er brachte es in der Frage zum Ausdruck: Wie lebt man in einem Zeitalter der Unterdrückung? (vgl. DeCarvalho 1991). Oft wurde auch unterschieden zwischen Freuds klinischen Darstellungen, die geschätzt wurden, und den damit verbundenen theoretischen Annahmen, die jedoch kritisch bis ablehnend aufgenommen wurden (vgl. Maslow 1981). ROGERS sah in Freuds Auffassungen nicht mehr und nicht weniger als einen Keim an Wahrheit und schätzte Freud insbesondere als Forscher, der flexibel seine Konzepte und Begriffe im Sinne seiner eigenen klinischen Erfahrung revidierte.

Ein nicht zu unterschätzender Einfluß kann auch in dem Umstand gesehen werden, daß eine Reihe von paradigmenstiftenden Vertretern der Humanistischen Psychologie sich selbst einer Psychoanalyse unterzogen. MASLOW wurde zumindest dreimal in seinem Leben analysiert (durch Emil OBERHOLZER, Felix DEUTSCH und Harry RAND) und beschrieb diese Erfahrung der Psychoanalyse von innen als die beste aller Lernerfahrungen (Maslow 1973, 1981). BUGENTAL (1976b) berichtete dagegen von einer negativen Erfahrung. Rollo MAY wurde vermutlich u.a. von Erich FROMM analysiert, der auch sein Supervisor in einem klinischen Praktikum war. May bezeichnete seine psychoanalytischen Erfahrungen als außerordentlich wertvoll (vgl. DeCarvalho 1991).

Unter den Psychoanalytikern waren es die Neo-Freudianer, die den stärksten intellektuellen Einfluß auf wichtige Vertreter der Humanistischen Psychologie hatten. Umgekehrt hatte auch ALLPORT einen substantiellen Einfluß auf die Ich-Psychologen wie etwa Heinz HARTMANN, Erich FROMM und Karen HORNEY (Boring und Lindzey 1967). MASLOW drückte in seinen Schriften oft seine Verbundenheit zu Alfred ADLER, Erich FROMM und Karen HORNEY, Abraham KARDINER und Franz ALEXANDER aus, die seine intellektuelle Entwicklung stimulierten. Die meisten dieser Einflüsse und Anregungen geschahen während Maslows Aufenthalt in New York City in den dreißiger und vierziger Jahren, als diese Stadt von europäischen Emigranten überflutet wurde. Ansbacher machte Maslow mit Adler bekannt, dessen Seminare von Maslow besucht wurden (Ansbacher 1971). Zwischen Maslow und Adler entwickelte sich eine Freundschaft, und obwohl sie einander nur kurz kannten (Adler starb 1937), war Adlers Einfluß auf Maslow bedeutsam. Maslows Beachtung der sozialen Interessen und des Altruismus ist auf Adlers Einfluß zurückzuführen (vgl.

Hoffman 1988). Ähnliche Kontakte gab es zu Fromm und Horney, die
er in seinen Werken neben Adler, Goldstein und Rogers am öftesten
zitierte (Maslow 1973, 1981).

ROGERS, als eine der einflußreichsten Figuren der Humanistischen Psychologie und der amerikanischen Psychologie überhaupt,
wurde in den frühen Phasen der Entwicklung seiner Form der Psychotherapie (nicht-direktiv, klientenzentriert) von Gedanken Otto
RANKS inspiriert. Als Direktor einer Kinderklinik arbeitete er mit einigen Sozialarbeitern zusammen, die an der School of Social Work der
Universität von Pennsylvania ausgebildet wurden, wo Rank seit 1926
lehrte. 1936 hielt Rank auf Einladung von Rogers ein dreitägiges Seminar ab, wo er seine „relationship therapy" vorstellte. Rogers wurde
von Ranks Ideen quasi „infiziert" (vgl. Kirschenbaum 1979), was insbesondere seine Auffassungen von der Bedeutung des aktiven Zuhörens,
der gefühlsverbalisierenden Interventionen und des Wachstums-
potentials beeinflußte (vgl. Kramer 1995, Raskin 1948). Obwohl der
Einfluß von Rank auf Rogers bemerkenswert ist, ist die klientenzentrierte Psychotherapie keine Weiterentwicklung der Rankschen Therapie und auch keine Therapieform, die aus psychoanalytischen Wurzeln stammt, wie manchmal fälschlicherweise und ungenau bemerkt
wird. Rogers hatte als Begründer der klientenzentrierten Orientierung nicht einen einzelnen Mentor oder Lehrer, er hat aus mehreren
Quellen Anregungen erhalten und diese Anregungen zunehmend
mit einer antidogmatischen Einstellung integriert. Ein Charakteristikum der klientenzentrierten Psychotherapie liegt darin, daß sie aus
einer Verbindung phänomenologischer Theoriebildung mit intensiver empirischer Psychotherapieforschung entwickelt wurde und nicht
eine Weiterentwicklung einer bereits vorhandenen Methode darstellt.
Da Rogers seine Ausbildung zum Kliniker während einer Zeit erhielt,
in der sich psychoanalytisches Gedankengut in den USA verbreitete,
war er mit psychoanalytischen Konzepten konfrontiert und empfand
eine Auseinandersetzung damit als notwendig. Ein Beispiel dafür ist
das *Konzept des Widerstands*, das im Denken von Rogers zwar eine
Rolle spielte, allerdings von ihm in einer spezifischen Bedeutung gesehen wurde. Widerstand ist für ihn in erster Linie ein „Entwicklungs-
widerstand", wie das folgende Zitat zeigt.

„Gewöhnlich treten diese Widerstände auf, weil der Beratungs-
prozeß schmerzlich war. Dem Bewußtsein ist Material zugänglich
gemacht worden, dem sich der Klient nur widerwillig gestellt hat.

Entscheidungen müssen getroffen werden, die dem Klienten unange-
nehm sind. Dadurch werden der Berater und die Beratungssituation
selbstverständlich zu etwas, das ge- bzw. vermieden werden muß"
(Rogers 1972, S. 139). Die Funktion des Widerstandes ist in der Auffassung von Rogers weder in Theorie noch in der Technik zentral: „Die
Hypothese lautet, daß Widerstand gegenüber Beratung und Berater
weder ein wünschenswerter noch ein unvermeidlicher Teil der Psychotherapie ist, sondern daß er in erster Linie auf mangelhafte Techniken zur Handhabung des Ausdruck der Gefühle des Klienten zurückzuführen ist. Noch genauer: Widerstand dieser Art entsteht, wenn
der Berater versucht, den therapeutischen Prozeß durch Diskussion
von emotionalisierten Einstellungen zu beschleunigen, mit denen
sich auseinanderzusetzen der Klient noch nicht bereit ist" (ebd.). Ein
durch Widerstand motiviertes Verhalten des Klienten erfordert nicht
ein technisch unterschiedliches Vorgehen, sondern es ist Anlaß für
die Frage, ob es sich dabei nicht um einen durch den Therapeuten
induzierten Widerstand handelt. Auch wenn Rogers insgesamt seine
Therapieform als Alternative und Abgrenzung zur Freudianischen
Psychoanalyse darstellte, so brachte er doch zum Ausdruck, daß der
klientenzentrierte Ansatz Freud wegen seiner Konzepte der Repression, Katharsis und Einsicht zu Dank verpflichtet sei (Rogers 1946).

Rollo MAY war einer jener Vertreter der Humanistischen Psychologie, die sehr intensiv in die psychoanalytischen Bewegung involviert
waren. May setzte sich nicht nur mit den Schriften FREUDS auseinander, sondern auch JUNG, RANK und speziell ADLER hatten einen bedeutsamen Einfluß auf seine frühe intellektuelle Entwicklung.

PERLS übernahm zum Teil die *Abwehrmechanismen* der Psychoanalyse, die ganz offensichtlich besonders den Kontakt im Hier und
Jetzt behindern, und zählt zu diesen Formen der Kontaktvermeidung:
die Introjektion, die Projektion, die Konfluenz, die Retroflexion und
die Deflexion. Alle diese Kontaktstörungen machen auf unterschiedliche Art erfolgreiche Assimilationsprozesse unmöglich oder beein-
trächtigen diese zumindest und stören so Wachstum und Selbstaktualisierung (F. Perls 1976, 1977; Krisch und Ulbing 1992).

Insgesamt muß man bei der Beurteilung der Bedeutung der Psychoanalyse für die Entwicklung der Humanistischen Psychologie
differenziert vorgehen, insofern, als die Entwicklung der Humanistischen Psychologie sich über eine Zeit erstreckte, in der die Psychoanalyse – bedingt durch eine Reihe von Faktoren – sich kontinuier-

lich veränderte, differenzierte und im Zuge einer Absetzbewegung von der klassischen Theorie und Technik im Sinne von Freud neue Teiltheorien und neue Verständnismöglichkeiten psychoanalytischer Technik entwickelte. Auch das Paradigma der Humanistischen Psychologie entwickelte sich teilweise in Abgrenzung und als Protest zur klassischen Psychoanalyse, empfing allerdings bedeutsame Anregungen durch die veränderten Ansätze der Neo-Psychoanalyse. Nicht zufällig betrachtete Maslow noch 1962 – also bereits zu der Zeit, als sich die Humanistische Psychologie nach einer informellen Phase in einer Vereinigung zu organisieren begann – die Vertreter der Tiefenpsychologie (Adlerianer, Jungianer, Rankianer, Neo- und Postfreudianer, die psychoanalytischen Ich-Psychologen) als Teil jener „Dritten Kraft", die dann unter dem Namen „Humanistische Psychologie" auftrat. Allerdings ist auch bemerkenswert, daß im Redaktionskollegium jener beiden Fachzeitschriften, die die Humanistische Psychologie im engeren Sinn repräsentieren – das *Journal of Humanistic Psychology* und *The Humanistic Psychologist* – Vertreter der Neo-Psychoanalyse beinahe komplett fehlen.

Die Beziehung der Humanistischen Psychologie zur Psychoanalyse hat sich im Verlauf ihrer Entwicklung in vielfältigen Formen gezeigt: eine ablehnende und abgrenzende bis ambivalente Haltung gegenüber der klassischen Psychoanalyse und eine integrierende bis vereinnahmende Einstellung gegenüber neofreudianischen Ansätzen (wie etwa bei Maslow). Die Auseinandersetzung mit Aspekten und Ansätzen aus der Tiefenpsychologie hat im Verlauf der paradigmatischen Entwicklung der Humanistischen Psychologie den Charakter einer Selbstverständlichkeit erhalten, insbesondere dann, wenn dadurch spezifische Probleme und Sichtweisen der Humanistischen Psychologie differenzierter und prägnanter entwickelt werden konnten (vgl. etwa Masek 1989, Barclay 1991).

Phänomenologie

Etwa seit der Jahrhundertwende gilt Phänomenologie als die Bezeichnung für die von HUSSERL begründete und entwickelte Richtung der Philosophie, die zu den einflußreichsten philosophischen Schulen zählt. Sie verstand sich darüber hinaus auch als Grundlagenwissenschaft der Psychologie. Ausgangspunkt ist der Begriff des Bewußtseins, in dessen Zentrum die Intentionalität steht, die den vielfältigen Bewußtseinsakten Einheit gibt. Bewußtsein ist immer *Bewußtsein von etwas*, gerichtet auf einen Inhalt. Eine phänomenologische Untersuchung muß daher immer das „Objekt", auf das das Bewußtsein gerichtet (intendiert) ist, berücksichtigen und bewegt sich in der Spannung zwischen kontinuierlichem Bewußtseinsstrom und sogenannten „intentionalen Akten". Das „Objekt", der jeweilige Gegenstand einer phänomenologischen Untersuchung, ist nicht einfach ein Ding der äußeren Umwelt, sondern das Gleichbleibende im Wandel der jeweiligen *Bewußtseinsakte*, die auf einen Gegenstand bezogen sind. Durch diese „eidetische Variation" – die anschauliche Vorstellung seiner verschiedenen „Wirklichkeiten" – wird der Gegenstand gewonnen und auf jene urspüngliche Anschauung (des variantenreichen und immer kontextgebundenen Gegenstandes) beschränkt, auf die das Bewußtsein gerichtet ist, um den Gegenstand in seinen Variationen überhaupt erkennen zu können. Man spricht in diesem Zusammenhang auch von phänomenologischer Reduktion, Intuition und Evidenz als Erkenntnisleistungen des Bewußtseins, die das Wesen eines Gegenstandes enthüllen (Wesensschau). Gegenstand einer phänomenologischen Untersuchung kann prinzipiell alles sein, wozu ein bewußtseinsmäßiger Zugang besteht, besonders auch komplexe Erfahrungen und innere Erlebnisse (z. B. Freundschaft, Liebe, Angst, Behaglichkeit). Im Zusammenhang mit sozialen Erscheinungen wurde der Begriff der Lebenswelt relevant. Da die Phänomenologie nicht in einer Weise methodisch „diszipliniert" ist, daß sie nachvollziehbare, exakt wiederholbare äußere Operationen angeben kann, sondern in Bewußtseinsleistungen besteht, die nur durch Akte der Selbstreflexion „dokumentierbar" und aufklärbar sind, erhält sie als Untersuchungsmethode auch den Charakter einer Kunstform. Aus diesen Gründen wurde sie als methodisch nicht prüfbar kritisiert oder auch abgelehnt, und ihre Ergebnisse wurden als unverbindlich betrachtet. Speziell der philosophischen Phänomenologie wurde auch der Vorwurf gemacht, eine „Geheimwissenschaft" zu sein, deren Mystizismus sich auch in einem schwer verständlichen Sprachstil zeigt: Nicht jede dunkle Andeutung über die Wirklichkeit beruht auf einer profunden phänomenologischen Untersuchung (Röhrs 1971).

Das Problembewußtsein und die Erkenntnisse der Phänomenologie bedeuteten jedoch insgesamt eine wissenschaftstheoretische Horizonterweiterung. Als Untersuchungsmethode im Kontext von Einzelwissenschaften hat sie sich in verschiedenen Spielarten entwikkelt. Ihr Ziel besteht in der Erfassung von Phänomenen unter Umgehung oder Auflösung theoretischer Voreingenommenheit oder Befangenheit. Sie tritt als deskriptive Phänomenologie auf, wobei es um eine qualitativ erschöpfende Beschreibung von Phänomenen, Charakteristika und Merkmalen geht, die eine augenscheinliche Prägnanz aufweisen. Diese Beschreibung der „Oberfläche", wie sie dem Betrachter erscheint, ist auch und besonders in naturwissenschaftlichen Bereichen eine unersetzbare Untersuchungsmethode (Beschreibung von Organismen in der Biologie, Symptome und Erscheinungsformen von Krankheiten in der Medizin etc.). Weitere Spielarten der Phänomenologie zielen auf die Erkenntnis des Wesens und der Struktur der untersuchten Gegenstände. Dabei wird die auf Wesenserkenntnis abzielende Phänomenologie oft mit „Tiefe" der Erkenntnis assoziiert. Tiefe ist nicht im Sinne der Tiefenpsychologie gemeint als Methode der Erkenntnis unbewußter (in der „Tiefe" des Bewußtseins liegender) Prozesse, sondern als Erkenntnis einer tieferen Ebene der Wirklichkeit, eben des „Wesentlichen", dessen, „worauf es ankommt", das nicht ignoriert werden kann, im Gegensatz zu den variantenreichen und kontextgebundenen Ausdrucksformen der „Oberfläche" eines Gegenstandes. Diese Vermischung von Wesenserkenntnis mit Tiefenerkenntnis führt oft zu Mißverständnissen, denn Wesenserkenntnis bedeutet nicht automatisch und notwendigerweise Erkenntnis jenes Agens oder jener auf eine tiefere Wirklichkeit verweisenden bewegenden Kraft oder Energie, die die Oberflächenerscheinungen erzeugt. Der Eindruck der „Tiefe" entsteht in der Regel durch gelungene und erschöpfende Beschreibung des Charakteristischen, der „Eigenheiten" eines Phänomens in angemessener Differenzierung und Prägnanz. In Abgrenzung dazu muß an dieser Stelle noch die Vortäuschung einer Tiefenerkenntnis erwähnt werden, die durch die Verwendung von unklaren und mehrdeutigen Begriffen, einen obskuren Sprachstil und den Hinweis auf mysteriöse Vorgänge entsteht.

Der Einfluß der Phänomenologie zeigt sich besonders im Existentialismus als Denkrichtung sowie in der Psychiatrie und Psychologie. Anregungen lassen sich bei der Gestaltpsychologie aufzeigen (Spiegelberg 1972) und finden sich explizit etwa bei Wellek (1955), Metzger (1963), Graumann und Linschoten (1960) und bei Thomae (1960).

Die amerikanische Psychologie zeigt sich aus historischer Sicht weitgehend unbelastet von der Tradition der philosophischen Phäno-

menologie im Sinne von Husserl (Spiegelberg 1972). Kritisch ange-
merkt muß werden, daß die Verwendung des Begriffes Phänomenologie unter weitgehender Vernachlässigung der europäischen Wurzeln
geschehen ist (was teilweise auch durch das Fehlen von Übersetzungen bedingt war), andererseits aber dadurch eine frische und unbe-
kümmerte Zugangsweise möglich war. JAMES im 19. Jahrhundert und
ALLPORT im 20. Jahrhundert waren Wegbereiter einer bodenständigen amerikanischen Phänomenologie. Obwohl James das Wort
„Phänomenologie" nie verwendet, finden sich phänomenologische
Motive in seinem Werk (Linschoten 1961). Allport dagegen war bereits die Entwicklung der phänomenologischen Bewegung in Philosophie und Psychologie bekannt. Spätestens seit seinem Europa-
Aufenthalt 1922–1923 war er für die Phänomenologie offen, wurde
allerdings als Pluralist kein Vertreter dieser Richtung.

Als Pionier einer bodenständigen amerikanischen Phänomenologie muß SNYGG genannt werden, der sich für ein phänomenologisches System der Psychologie aussprach (Snygg 1941) und später
gemeinsam mit COMBS ein umfassenderes Werk dazu vorlegte (Snygg
und Combs 1949). Der Grundgedanke dieser neuen Psychologie, die
sich als ein „phänomenologischer Ansatz" verstand, war folgender:
Das Verhalten eines Individuums ist vollständig determiniert und bezogen auf das *phänomenologische Feld* des sich verhaltenden Organismus. Das „phänomenologische Feld" war der Hinweis auf die Phänomenologie und bedeutete die Sicht und Wahrnehmung des Individuums von seinem eigenen Standpunkt und Bezugsrahmen aus, das
individuelle Erleben und die individuelle Erfahrungsverarbeitung
mittels persönlicher Ziele, Einstellungen und Bedeutungen. Der Ansatz wurde auch als „persönlich" (personal) und „wahrnehmungsori-
entiert" (perceptual) bezeichnet (Snygg und Combs 1949, 1959).

Diese Urform amerikanischer phänomenologischer Psychologie
hatte keine Vorläufer in der amerikanischen Psychologie, schon gar
nicht in der europäischen Tradition der philosophischen Phänomenologie. Obwohl SNYGG Anfang der dreißiger Jahre BRENTANO und
HUSSERL dem Namen nach kannte, hatte er keine direkte Kenntnis
ihrer Werke oder Ideen und wurde bei der Formulierung seines Konzeptes davon sicher nicht beeinflußt. Er lernte allerdings 1929 die
Gestaltpsychologie über KÖHLER kennen, dem die europäische Tradition der philosophischen Phänomenologie zwar bewußt war, was sein
Werk jedoch nicht direkt beeinflußte. Köhler gab nur seltene, ober-

flächliche Hinweise unter Einschluß des Begriffes „Phänomenologie",
bevor er sich Mitte der dreißiger Jahre mit der Phänomenologie umfassender, wenn auch kritisch und reserviert auseinandersetzte und
sie als Grundlage für das Studium psychologischer Tatsachen diskutierte. Seine Nähe zur Phänomenologie ergab sich aber durch seine
besondere Betonung der „direkten" Erfahrung und des „direkten",
unmittelbaren Erlebens bzw. der „Wahrnehmungsorganisation" (perceptual organization), die zu Snyggs phänomenologischem Feld als
„Welt der individuellen Wahrnehmungen und Bedeutungen" inhaltlich in Beziehung gesetzt werden kann (vgl. Köhler 1929, 1969; Spiegelberg 1972). Nach Snyggs eigenen Angaben waren es seine eigenen
Arbeiten, die ihn zur Erkenntnis der Bedeutung des *Wahrnehmungs-*
feldes geführt hatten (vgl. Spiegelberg 1972), bevor er mit der für ihn
in der Folge erhellenden Unterscheidung KOFFKAS zwischen „geogra-
phischer" und „psychologischer" Umwelt (Standort, Raum) bekannt
wurde (im Original heißt es „behavioral environment" und „geographical environment"; vgl. Koffka 1935). Den Begriff „phänomenologisch" verwendete Snygg erst in seiner Dissertation (1935), nachdem ihn einer seiner Lehrer darauf aufmerksam gemacht hatte, daß
er einen „phänomenologischen Ansatz" benutze. Von diesem Zeitpunkt an bildeten das „phänomenale Feld" und das „phänomenale
Selbst" das Zentrum seiner Arbeiten, die sich mit menschlicher Motivation und – ganz in der biologistischen Tradition der amerikanischen Psychologie – auch mit der tierischen Motivation befaßten. Im
Rahmen der Zusammenarbeit mit COMBS – einem Studenten von
Rogers – entwickelte Snygg seinen Ansatz dann in einer umfassenden
und auf vielfältige Fragen bezogenen Weise weiter (Werte, Wahrnehmung, Motivation, Zeiterleben, Lernen etc.).
    Diese Spielart der phänomenologischen Psychologie amerikani-
scher Prägung und die daraus gewonnenen Konzepte (Selbst, phänomenales Feld) hatten einen unübersehbaren Einfluß auf die Persön-
lichkeits- und Motivationspsychologie. Sie wurde beinahe unverän-
dert von Rogers in seine persönlichkeitstheoretischen Überlegungen
übernommen; er hat sie durch seine Popularität bekannter gemacht
als die Autoren selbst. Sie hatte auch einen großen Einfluß auf die
spätere Selbstkonzept-Forschung. Dieser Ansatz war zu diesem Zeitpunkt der einzige bodenständige, der mit dem Etikett „phänomenologisch" versehen war, obwohl er mit der philosophischen Phänomenologie im Sinne von Husserl oder Heidegger nichts zu tun hatte, außer

über indirekte und unterstützende Anregungen mittels der Gestaltpsychologie (Köhler, Koffka). Der Hauptfaktor für die Entwicklung
dieses Ansatzes ergab sich aus den konkreten Anforderungen psychologischer Forschung und Praxis, die mit den Ansprüchen des behavioristischen Paradigmas verhaftet waren. Denn SNYGGS Hauptinteresse
war, Voraussagen individuellen Verhaltens zu machen (im Unterschied zu Voraussagen, die über repräsentative Stichproben und
Durchschnittswerte gewonnen wurden), und er betrachtete seinen
Ansatz des erlebensdeterminierten Verhaltens als eine Ergänzung zur
Stimulus-Response-Psychologie mit ihrem Konzept des umweltdeter-
minierten Verhaltens (Snygg und Combs 1959). Diese Besonderheit
und die Kontexte, in denen sich dieser Ansatz entwickelte, spiegelt
sich besonders in den Titeln der Publikation und ihren Revisionen.
Ursprünglich (1949) unterstrichen Snygg und Combs im Titel das
Interesse am *individuellen Verhalten* als neuem Kontrast zur sogenannten objektiven experimentellen Psychologie (a new frame of
reference); in der zweiten Revision (1959) wurde die Bedeutung der
Wahrnehmungsorganisation in Beziehung zum Verhalten stärker betont (a perceptual approach to behavior) und das Wort „phänomenologisch" vorsichtiger und nur im Zusammenhang mit dem Ausdruck
„phänomenales Feld" zugunsten des Ausdrucks „perceptual" benutzt,
vermutlich um Anklänge an philosophische Traditionen zu vermeiden (Snygg und Combs 1959; vgl. auch Spiegelberg 1972). Es drückt
sich dabei ein stärkerer Bezug zum zeitgenössischen Mainstream der
amerikanischen Psychologie mit dem zentralen Konzept „Verhalten"
und anti-philosophischen Tendenzen aus. Die dritte Revision (1976,
vgl. Combs u. a. 1988) stellt die Bedeutung der Wahrnehmungsorganisation ganz an die Spitze und präsentiert sich explizit als humanistischer Ansatz mit dem Interesse am Studium von Personen in ihrer
Ganzheit (Perceptual psychology: a humanistic approach to the study
of persons). Der Ausdruck „perceptual psychology" ist zwar aus der
Tradition dieses Buches und seiner Ideen nachvollziehbar, provoziert
aber vermutlich auch Mißverständnisse, denn eine Übersetzung in
„Wahrnehmungspsychologie" wird zwar dem Titel gerecht, aber dem
Inhalt weit weniger als die Übersetzung „Bedeutungspsychologie".
Dieser Wandel im Titel reflektiert auch einen veränderten Anspruch
und eine angemessenere ideengeschichtliche Einordnung: „Perceptual psychology", wie der ursprüngliche Ansatz Snyggs nun (realistischerweise) bezeichnet wird, zielt nicht auf die Erforschung des Ver-

haltens und auch nicht auf das reichhaltige Innenleben des sich Verhaltenden, sondern auf das Studium von Personen in ihrer Ungeteilt-
heit und Komplexität. Sie verbindet sich damit mit einem methodologischen Grundmotiv der Humanistischen Psychologie, als dessen In-
spirator und Produkt sie sich versteht (Combs u. a. 1988).

Das Interesse von ROGERS an der Phänomenologie kam spät und
entwickelte sich langsam. Sein ursprüngliches Interesse lag an der
klinischen Praxis und weniger an der Entwicklung einer Theorie. Seine Methode der nicht-direktiven, später klientenzentrierten Psychotherapie zielte auf das Verstehen der individuellen Wahrnehmungs-
welt des Klienten ab, auf seinen „inneren Bezugsrahmen", und kann
als angewandte klinische Phänomenologie bezeichnet werden. Erst
später integrierte er SNYGGS und COMBS' Ansatz in seine Persönlichkeitstheorie. Rogers verwendet 1951 zum ersten Mal den Begriff „phänomenologisch" in retrospektiver Charakterisierung seines Werkes
und versteht diesen Begriff in Anlehnung an die Ideen von Snygg und
Combs. Das Charakteristische dieser Phänomenologie ist die Auffassung, daß der Mensch in grundlegender Weise in einer persönlichen
und subjektiven Welt lebt (Snygg und Combs 1949, 1959; Rogers 1951,
1959). Der Begriff des Selbst oder *Selbstkonzepts* hat dabei eine funktionale Rolle in der Dynamik der Person. Der in Forschungsberichten
von Rogers und seinen Mitarbeitern immer wieder vorkommende
Ausdruck „phänomenologische Daten" meint Variablen und untersucht Merkmale, die die subjektive Welt und das Selbst reflektieren
(Combs 1948, Patterson 1961). Als Forscher bediente sich Rogers der
phänomenologischen Methode als Mittel der Theoriebildung, ohne
sie methodisch zu reflektieren oder diszipliniert anzuwenden. Seine
phänomenologische Methode in der Forschung basierte in erster Linie auf einem Vertrauen in die unmittelbare, direkte Erfahrung und
die sich daraus ergebenden Muster und Symbolisierungen, die er zu
Hypothesen verdichtete (vgl. Hutterer 1990). GENDLIN, ein Schüler
und späterer Mitarbeiter von Rogers, war jener philosophisch gebildete Psychologe, der einen stärkeren Bezug zur Phänomenologie ein-
brachte. Er entwickelte einen philosophischen und psychologischen
Zugang zum Subjektiven, indem er den Begriff des Erlebens im Sinne
eines Prozesses des direkten Erspürens von ins Körperliche reichen-
den Bedeutungen neu interpretierte (Gendlin 1962). Seine Phänomenologie ist eine erlebensorientierte, eine „experiential phenomenology" (Gendlin 1973).

Jedenfalls war die phänomenologische Psychologie in der Tradition von Snygg und Combs oder in der Rezeption durch Rogers und andere der ursprüngliche Zugang zur Phänomenologie in der amerikanischen Psychologie und wurde erst später ergänzt durch die Rezeption der *europäischen* philosophischen Phänomenologie. Die einflußreichste Publikation in dieser Hinsicht wurde 1958 herausgegeben (May u. a. 1958). Sie präsentierte dem amerikanischen Leser zum ersten Mal Übersetzungen von Schriften europäischer Phänomenologen und Existentialisten (Binswanger, Minkowksi, Erwin Straus, Jaspers u. a.). Das Buch wurde mit mehreren Auflagen ein Klassiker in seinem Bereich, übte einen großen Einfluß auf jene aus, die Alternativen zum damaligen Mainstream in Psychologie und Sozialwissenschaften suchten, und wurde für manche sogar die „Bibel der sechziger Jahre" (vgl. DeCarvalho 1991). In einem Hauptteil des Buches wurde die Phänomenologie in einigen ihrer Spielarten vorgestellt, wie etwa die deskriptive Phänomenologie, die genetisch-strukturelle Phänomenologie (Minkowski) und die kategoriale Phänomenologie (Ellenberger). Charakteristisch für die Rezeption der europäischen Phänomenologie in der amerikanischen Psychologie war, daß 1. sie in Verbindung mit existentialistischem Denken vorgenommen wurde, wobei in der Regel die „existentielle Analyse" als der umfassendere Verständnisrahmen präsentiert wurde; 2. die Phänomenologie schwerpunktmäßig in Verbindung mit psychotherapeutischen Zielen und in ihrer methodischen Anwendung in der klinischen Forschung (Fallforschung) rezipiert wurde und 3. sie mit einem Unterton oder Trend zur Abgrenzung von der philosophischen Phänomenologie geschehen ist, da man die „verwirrenden Schlußfolgerungen der Philosophie" in Psychologie und Psychiatrie vermeiden wollte (May u. a. 1958, S. 92).

Diese Charakteristika der Rezeption der europäischen Phänomenologie sind bei ihrer weiteren Entwicklung weitgehend erhalten geblieben. Die Phänomenologie wurde mit existentialistischen Motiven, als Methode des Existentialismus, präsentiert. Das wachsende Interesse daran spiegelte sich in neu entstandenen Fachzeitschriften wie dem *Journal of Existential Psychiatry* (1960) und der *Review of Existential Psychology and Psychiatry* (1961), die für die Verbreitung der Beiträge und Ideen von Europäern wie FRANKL, TILLICH, BUYTENDIJK, MARCEL und PLESSNER sorgten. MASLOW (1962) betrachtete die phänomenologisch-existentialistische Bewegung in der amerikanischen Psychologie und Psychiatrie als Unterbewegung und Einflußfaktor der Humanistischen Psychologie. Erst in den letzten ein bis zwei Jahrzehnten bis in die Gegenwart erhielt die Phänomenologie mit dem wachsenden Interesse an der qualitativen Forschung sowohl in den USA wie auch international eine breitere, über den Existentialismus und die klinisch-therapeutische Anwendung und Forschung hinausgehende Bedeutung. Seit 1970 existiert mit dem *Journal of Phenomenological Psychology* eine speziell auf eine breite Anwendung in der Psychologie spezialisierte Fachzeitschrift. Die methodologische Diskussion und Forschung hat seither konkrete und nachvollziehbare Ergebnisse gebracht (Giorgi 1985a, Ashworth u. a. 1986, Van Zuuren u. a. 1987, Moustakas 1994b). Die Phänomenologie stellt nicht nur generell eine Grundlage und einen wesentlichen Einflußfaktor für die Entwicklung der qualitativen Forschung dar, sondern sie wurde zu spezifischen Spielarten der qualitativen Forschung weiterentwickelt, die sich auch in den Bezeichnungen für diese methodischen Ansätze zeigte (z. B. Phänomenographie). Die Phänomenologie als breitere Inspirationsquelle findet man in methodologischen Überlegungen, etwa über unterschiedliche Formen deskriptiver Forschung (Aanstoos 1983, Svennson 1986), in Studien zu spezifisch psychologischen und pädagogischen Fragestellungen wie zur Phänomenologie des Denkens (Aanstoos 1983), des Lernens (Giorgi 1985b) und zu anderen, komplexeren Problemen wie der Erfahrung des Zölibats bei Priestern (Hoenkamp-Bisschops 1987), der Erfahrung als Opfer von kriminellen Delikten (Fischer und Wertz 1979) oder der Wahrnehmung in Tabu-Situationen (Wertz 1986).

Insgesamt spielt die phänomenologische Forschung in der amerikanischen Psychologie mit ihrer im allgemeinen experimentellquantitativen Dominanz eine randständige Rolle, während sie in der paradigmatischen Diskussion der Humanistischen Psychologie einen bedeutsamen Einfluß hat. Dieser Einfluß zeigt sich in einem breiten Spektrum der methodologischen Diskussion: in der Auseinandersetzung mit methodologischen Grundlagen, die auch eine Auseinandersetzung mit Husserl und der philosophischen Phänomenologie einschließt (Giorgi 1970, 1986), bis zu neuen Forschungsansätzen, die Phänomenologie und quantitative Forschung als epistemologisch komplementäre Formen der Verifikation verbinden (Price und Barrell 1980). Jedoch auch im Kontext der Humanistischen Psychologie ist trotz der Bereitschaft zur Auseinandersetzung mit der phänomenologischen Philosophie eine Reserviertheit gegenüber ihren Aussagen und Prinzipien bestehengeblieben. Die Weiterentwicklung der Phänomenologie in der Humanistischen Psychologie scheint nach dem Prinzip zu erfolgen, die philosophische Diskussion der Phänomenologie niemals auf Kosten der erlebnisorientierten (experiential) Seite, die das unmittelbare Erleben von Situationen und Phänomenen im Hier und Jetzt als zentrale Quelle der Forschung betont, zu führen.

Existentialismus

Der Existentialismus ist eine Richtung der Philosophie, die in verschiedenen Ausprägungen vorwiegend im Europa des 20. Jahrhunderts entstand. Der Ausgangspunkt der Existentialisten war die Frage nach der Sinngebung der menschlichen Existenz. Sie ist als eine Protesthaltung gegenüber der Tradition der abendländischen Philosophie zu verstehen, indem das Philosophieren im Rahmen eines Systems entschieden abgelehnt wurde. Statt dessen sollte das philosophische Denken sich am konkreten *einzelnen Menschen* orientieren, an seiner jeweiligen individuellen Existenzsituation. Die Existenzphilosophie erhielt damit einen individualistisch-subjektivistischen Zuschnitt und versteht sich als Vollzug einer Lebenspraxis. Das bewußte Erleben des Daseinsvollzugs vermittelt die „existentiellen Erlebnisse" und Grunderfahrungen wie Angst, Leid oder die Erfahrung der Absurdität (vgl. Meyers kleines Lexikon Philosophie 1987). Für die Eigentümlichkeiten des Existentialismus können eine Reihe von Merkmalen genannt werden (vgl. Störig 1993, Meyers kleines Lexikon Philosophie 1987):

1. Als Existenz wird die dem Menschen charakteristische Seinsweise verstanden. Der Existentialismus ist daher humanistisch in dem Sinne, daß der Mensch im Mittelpunkt steht und Ausgangspunkt des Philosophierens ist (und nicht die Natur).

2. Existenz bedeutet immer individuelle Existenz, sie ist unteilbare Grundeinheit und Ausgangspunkt (nicht Teil oder Ausdruck eines überindividuellen Prozesses).

3. Der Mensch hat im Unterschied zum Ding kein festgelegtes Wesen, ist offen für Entwicklung und Interpretation. Er kann daher nicht in derselben Weise Erkenntnisobjekt sein wie eine Sache oder ein (physisches) Ding oder Objekt, sondern erfordert einen eigenen ihm angemessenen Zugang.

4. Die Methode der Existenzphilosophie ist die Phänomenologie zur unmittelbaren Erfassung des existentiellen Seins.

5. Immer wiederkehrende Themen des Existentialismus sind Freiheit, Wahl, Verantwortung und Authentizität als Kernfragen menschlicher Existenz. Der Existentialismus greift auch besonders die dunkle Seite der menschlichen Existenz mit Themen wie Entfremdung, Schuld, Verzweiflung und Tod auf.

6. Die Existenz wird als dynamisch, als In-der-Zeit-Sein verstanden. Die Zeitlichkeit des Menschen und Zeitprobleme nehmen daher einen besonderen Raum ein.

7. Auch wenn die Existenzphilosophie einen individualistischen Zug hat, wird die menschliche Existenz nicht als isoliert betrachtet, sondern immer in konkreten Situationen, als verbunden mit der Welt verstanden (In-der-Welt-Sein).

8. Der Anlaß des Philosophierens war bei den einzelnen Vertretern des Existentialismus stets ein besonderes existentielles Erlebnis wie etwa die Erfahrung des Scheiterns und der Ausweglosigkeit in Grenzsituationen von Tod, Leiden, Schuld, ein Angewidertsein (Sartre) oder auch ein religiöses Grunderlebnis (Kierkegaard, Marcel).

9. Existentialistisches Philosophieren zeigt sich durch die Ablehnung einer systematischen Lehre, dagegen werden viele verschiedene Formen künstlerischer Ausdrucksformen favorisiert (Drama, Roman, Film).

Historisch betrachtet schließt die Existenzphilosophie an KIERKEGAARD, DOSTOJEWSKI und NIETZSCHE an. Im deutschsprachigen Raum sind damit Namen wie HEIDEGGER (dessen Zurechnung zur Existenzphilosophie allerdings umstritten ist), JASPERS und BLOCH verbunden. In den vierziger Jahren und nach dem Zweiten Weltkrieg ist der Existentialismus sehr populär geworden, besonders in Frankreich mit Autoren wie SARTRE und CAMUS. Der in Wien geborene jüdische Philosoph BUBER hat speziell die interpersonale Dimension der menschlichen Existenz aufgegriffen und ist für seine Philosophie des Dialoges bekannt geworden. Insgesamt übte die Philosophie des Existentialismus einen vielfältigen Einfluß auf verschiedene Bereiche wie Kunst, Literatur, Theologie, Psychologie und Psychiatrie aus.

Der Existentialismus hatte auch eine unübersehbare Bedeutung in der Entwicklung und in der Konzeptbildung der Humanistischen Psychologie. Das Konzept der Authentizität, das in der Humanistischen

Psychologie eine prominente Bedeutung hat und die Forschung zur psychischen Gesundheit angeregt hat, ist ohne den unterstützenden Einfluß existentialistischer Ideen nicht denkbar. Der Existentialismus hat allerdings nicht völlig Neues gebracht, sein Verhältnis zur Humanistischen Psychologie ist wahrscheinlich am treffendsten mit „Anregung und Unterstützung" charakterisiert. MASLOW (1962) stellt unter dem Titel „Was die Psychologie von den Existentialisten lernen kann" folgendes fest: [...] der Existentialismus [ist] nicht sosehr eine total neue Offenbarung, als vielmehr eine Betonung, Bestätigung, Verschärfung und Wiederentdeckung von Tendenzen, die in der ‚Psychologie der Dritten Kraft‘ bereits vorhanden sind" (zit. nach Maslow 1973, S. 27). Neben diesem allgemeinen Einfluß des Existentialismus kristallisierte sich jedoch auch eine Unterbewegung innerhalb der Humanistischen Psychologie heraus, für die existentialistisches Gedankengut einen Ausgangspunkt ihrer Überlegungen bildete (May u. a. 1958).

Die paradigmenbestimmenden Begründer der Humanistischen Psychologie hatten einen positiven Bezug zum Existentialismus, auch wenn sie manchen Ideen kritisch gegenüberstanden. ALLPORT gilt als ein Vorbereiter für die Einführung des Existentialismus in den USA. Er brachte den Amerikanern existentialistisches Denken über die Logotherapie Viktor FRANKLS nahe (vgl. Evans 1970). Allport war ebenso wie Maslow überzeugt, daß die überdeterministische Orientierung der amerikanischen Psychologie durch die von den Existentialisten geführte Diskussion über Freiheit, Wahlmöglichkeiten und Verantwortung erweitert werden könnte (DeCarvalho 1992).

ROGERS wurde besonders durch die Schriften von KIERKEGAARD und BUBER sowie durch persönliche Begegnungen und öffentlich geführte Dialoge mit BUBER im Jahr 1957 und TILLICH im Jahr 1965 (Kirschenbaum und Henderson 1989) mit dem Existentialismus bekannt. Auch seine Auseinandersetzung mit der ersten Konfrontation der amerikanischen Psychologie mit existentialistisch-phänomenologischem Schrifttum durch das Buch *Existence* (May u. a. 1958) ist durch seine Rezension im *American Psychologist* dokumentiert (Rogers 1959). Er prophezeite darin, daß dieses Buch vermutlich die amerikanische Psychologie, sowohl die klinische wie auch die experimentelle Psychologie, durcheinanderbringen werde. Rogers fand in Kierkegaards Schriften seine eigenen, bis dahin nur diffus vorhandenen und schwer formulierbaren Gedanken bestätigt. Besonders ein Ge-

danke von Kierkegaard hat Rogers beeindruckt: Das Selbst zu sein,
das man in Wahrheit ist (Kierkegaard 1924, vgl. auch Garnitschnig
1984). Rogers verstand darunter die Aufforderung an den Menschen,
seine innere Natur zum Ausdruck zu bringen, ein Gedanke, der seine
Theorie vom Selbst und zur Therapie stark beeinflußte. Auch in den
Gedanken Bubers fand sich Rogers wieder. Rogers beschäftigte sich
intensiv mit der Bedeutung des Therapeuten als Person, seiner Echtheit und Unmittelbarkeit in der Beziehung zum Klienten. Rogers
dachte, daß ein tiefes Gefühl von Verbundenheit und Einheit zwischen Therapeut und Klient wesentlich ist, eine *unmittelbare Begegnung* von Person zu Person. Buber spricht von ähnlichen Phänomenen, wenn es um die Ich-Du-Beziehung geht. Bubers Vorstellung
beinhaltete die tiefe wechselseitige Erfahrung eines wahrhaftigen
direkten Austausches ohne eine äußere Rolle zu spielen, eine Begegnung auf einer tiefen und bedeutsamen Ebene, die auch einen heilenden Effekt zeigt, eine „Heilung durch Begegnung" (Buber 1984).
Bei Rogers sind es Momente der Begegnung, die aus der therapeutischen Beziehung entstehen können. Er beschreibt sie folgendermaßen: „In diesen Augenblicken existiert, um einen Ausdruck von Buber zu verwenden, eine wirkliche ‚Ich-und-Du-Beziehung', ein zeit-
loses Leben in der Erfahrung zwischen dem anderen und mir. Es
bezeichnet den Gegenpol einer Sehweise, die den anderen oder
mich als Objekt betrachtet" (Rogers 1976, S. 199f.). Auch für ihn
sind das jene Momente, die in der therapeutischen Beziehung am
wirksamsten sind. GENDLIN, der in der Entfaltung einer komplexen
gefühlten Bedeutung den zentralen Prozeß in der therapeutischen
Persönlichkeitsentwicklung sieht, bringt diese „gefühlte Bedeutung"
(felt sense) mit dem Konzept der „Befindlichkeit" von HEIDEGGER in
Zusammenhang (Gendlin 1978/79). Rollo MAY, eine weitere paradigmenstiftende Figur in der Entwicklung der Humanistischen Psychologie, gilt als jene Person, die die amerikanische Psychiatrie und
Psychologie mit dem Existentialismus europäischer Prägung bekannt
gemacht hat. Sein Buch *Existence* (May u.a. 1958), das Beiträge und
Übersetzungen von führenden Phänomenologen und existentialistischen Psychologen enthält, wurde ein Klassiker auf seinem Gebiet.
Im Anschluß an die Herausgabe dieses Buches war May sehr aktiv in
der wachsenden existentialistischen Bewegung in der amerikanischen Psychologie und organisierte einschlägige Symposien und war
Mitbegründer der Association for Existential Psychology and Psychia-

try und der Zeitschrift *Review of Existential Psychology and Psychiatry*.
May war bereits durch seinen Lehrer TILLICH mit Schriften Kierkegaards, Heideggers und anderer europäischer Existentialisten und
Phänomenologen bekannt gemacht worden. In seiner Dissertation
griff er mit der phänomenologisch-existentialstischen Untersuchung
der *Angst* auch ein spezifisches Thema des Existentialismus auf.
Darin setzte er die Bedeutung von Angst in Beziehung zur Entwicklung des Selbst und zu menschlichen Kategorien wie Liebe, Macht
und Aggression (May 1950). BUGENTALS Auseinandersetzung mit
der Bedeutung und Funktion der *Authentizität* wurde inspiriert von
SARTRES Beschäftigung mit demselben Thema (vgl. DeCarvalho
1991). Bugental sieht in der Verfehlung der Authentizität die Quelle
jeder Neurose, während die Überwindung der existentiellen Angst
vor der Leere und Sinnlosigkeit den Menschen zu einem authentischen Sein bringt (Bugental 1965, 1976a). Bugental bringt die existentialistischen Wurzeln seiner intellektuellen und therapeutischen
Identität auch durch die Beschreibung seiner Konzepte und seiner
Praxis als „existential-humanistic" zum Ausdruck (Bugental 1986,
Bugental und Bracke 1992).

Die Humanistische Psychologie stand dem Existentialismus jedoch
auch kritisch gegenüber. So wurde die *antiwissenschaftliche* und *anti-
biologistische* Haltung des Existentialismus weitgehend abgelehnt.
Eine Distanz bestand auch gegenüber der starken Betonung der *negativen* Seite des Lebens wie Angst, Schmerz, Verzweiflung, Tragik, dem
Nihilismus und der Absurdität. Auch wenn diese Themen als eine
Bereicherung empfunden wurden, so wurde die Okkupation der Existentialisten durch diese Fragen kritisiert, und Maslow (1973, S. 34)
stellte fest: „Ich glaube nicht, daß wir die ausschließliche Beschäftigung der europäischen Existentialisten mit Angst, Schmerz, Verzweiflung und ähnlichem zu ernst nehmen sollten." Die Humanistische
Psychologie war ebenso kritisch gegenüber der Konzentration des
Existentialismus auf den verzweiflungsvollen Nihilismus wie sie es gegenüber der Stimulus-Response-Philosophie des Behaviorismus und
dem psychischen Determinismus Freuds war (DeCarvalho 1991).
Trotz der großen Sympathie mit der existentialistischen Auffassung,
daß der Mensch sein eigenes Projekt sei (Sartre), wurde die Betonung
der Selbstgestaltung als eine Übertreibung betrachtet, die im Widerspruch zu Erkenntnissen der Genetik und der Bedeutung biologi-
scher Faktoren gesehen wurde. Humanistische Formen der Therapie

betonen eher den Aspekt der *Selbstentdeckung* als den Aspekt der *Selbsterschaffung*, der bewußten Gestaltung der eigenen Person, die stärker auf der Funktion des Willens und der Selbstformung durch bewußte Entscheidung aufbaut. Insgesamt war der europäische Existentialismus für die Begründer der Humanistischen Psychologie und für die Bewegung im allgemeinen eine wichtige Inspirationsquelle. Jedoch ist es historisch ungenau bis inkorrekt, die Humanistische Psychologie als die amerikanische Verfremdung eines importierten Existentialismus zu interpretieren. Die Vorstellungen einer Parallelentwicklung, von Befruchtung und Bestätigung sind vermutlich angemessener als die Wurzel- und Import-Analogie. Denn in den späten fünfziger Jahren, als existentialistische Konzepte europäischen Ursprungs begannen, Einfluß auf die amerikanische Psychologie und Psychiatrie zu nehmen, hatten die Begründer der Humanistischen Psychologie ihre wesentlichen Konzepte und Ideen bereits formuliert (DeCarvalho 1991). Seit den sechziger und siebziger Jahren sind Anregungen aus und Referenzen zu existentialistischen Konzepten europäischen Ursprungs nachvollziehbar. Sie formten sich zu einer Subkultur innerhalb der Humanistischen Psychologie, wobei es gelegentlich auch zu einer Spannung gegenüber anderen Schwerpunkten der Humanistischen Psychologie kam (Bugental 1986, Bugental und Bracke 1992). Die „existentialistische Herausforderung" beginnt bei FRIEDMAN (1992), der für eine verstärkte existentialistische Ausrichtung der Humanistischen Psychologie nach (dem Ableben von) Maslow und Rogers auf der Basis von Dialog und Menschenbild argumentiert. Er fordert die stärkerer Berücksichtigung einer dialogischen Psychologie und psychologischen Anthropologie, die auch existentialistische Themen aufgreift (Angst, Schuld, Scham, Freiheit und Verantwortung etc.). Und sie reicht bis zu MOUSTAKAS (1994a), der die existentialistische Theoriesprache (In-der-Welt-Sein, Dasein, Mitwelt etc.) in die paradigmatische Diskussion der Humanistischen Psychologie stärker einbringt.

Gestaltpsychologie und Feldtheorie

Die Gestaltpsychologie und von ihr beeinflußte oder verwandte theoretische Überlegungen wie die Feldtheorie Lewins waren weitere und besondere Quellen der Anregung für die Entwicklung und Konzeptbildung der Humanistischen Psychologie.

Die Gestaltpsychologie ist eine psychologische Schule, die Anfang des 20. Jahrhunderts von Deutschland ausgehend entwickelt wurde. Sie bildete eine Gegenströmung zum Elementarismus und Strukturalismus im Sinne der experimentellen Psychologie Wundts und Titcheners, die die Bewußtseinstätigkeit als Kombination und Zusammensetzung von einfachen Prozessen und Elementen betrachteten. Sie stand auch im Gegensatz zur Denkrichtung des Behaviorismus, in der das Bewußtsein keine theoretische Signifikanz hatte. Als wichtiger Vorläufer der Gestaltpsychologie gilt Christian von EHRENFELS, der den Begriff *Gestaltqualitäten* prägte (Ehrenfels 1890), der sich auf die Qualität oder Eigenschaft eines Ganzen bezog, das aus einem Reizmuster hervorgeht. Zur Demonstration dieser *ganzheitlichen* Auffassung verwendete er das Beispiel der Melodie, die nicht durch die Summation ihrer einzelnen Töne erkennbar wird, die aber selbst bei einer Übertragung in andere Tonlagen oder -höhen noch erkennbar bleibt. Diese Eigenschaften der Übersummativität und Transponierbarkeit nannte er Gestaltqualitäten. Diese Überlegungen wurden von den Gestaltpsychologen aufgegriffen und vorerst im Zusammenhang mit der Sinneswahrnehmung weiterentwickelt und erforscht. Der Ausgangspunkt war die Auffassung, daß das Ganze die Wahrnehmung und die Eindrücke *dominiert* und sich unterscheidet von der bloßen Summierung ihrer einzelnen Bestandteile. Bezüglich ihrer Natur unterscheidet METZGER (1963) drei Arten der Gestalteigenschaften: 1. die Struktur und das Gefüge, also Eigenschaften, die sich auf Anordnung, Aufbau und Gliederung, auf Raumformen, Farbprofile, Rhythmus und Melodie bzw. Verlaufsstrukturen von Bewegungen und Prozessen beziehen (gerade, rund, geschlossen, stetig etc.); 2. die Ganzqualitäten oder -beschaffenheit bezieht sich auf alle stofflichen Eigenschaften (durchsichtig, glatt, rauh, weich, hart, schrill etc.); 3. die Wesenseigenschaften, womit komplexe Ausdrucksqualitäten eines „Betrachtungsobjektes" gemeint sind wie Charakter, Stil, Stimmung (feierlich, finster, friedlich). Die Wirksamkeit eines *Gestaltfaktors*, der die Wahrnehmung einer Ganzheit, Einheit oder eines Zusammenhangs organisiert, wird mit Hilfe von Gestaltgesetzen zu beschreiben versucht, wie etwa dem Gesetz der Nähe, des Kontrastes, der Gleichartigkeit. Sie zielen alle auf die Organisation der Wahrnehmung in Richtung eines geordneten Zusammenhangs und Zusammenhalts von Eindrücken und werden auch als Formen der „Prägnanztendenz" oder als „Tendenz zur guten oder ausgezeichneten Gestalt" bezeichnet. Eine weitere wichtige Beobachtung der Gestaltpsychologie betrifft die *Figur-Grund-Beziehung*. Am Beispiel eines optischen Materials (z. B. ein Bild) wird ein bestimmter (oder auch beliebiger) Teil als Hintergrund wahrgenommen, während sich ein anderer Teil als Figur von diesem Hintergrund abhebt und dadurch in den Vordergrund gerät. Diese Figur-Grund-Beziehung ist ein dynamisches Ordnungsprinzip unserer Wahrnehmung und unseres Erlebens. Da Figur und Hintergrund auch auf Grund einer bewußten Entscheidung wechseln können (Umspringbild), folgt die Wahrnehmung einem flexiblen Prinzip und ist Ausdruck einer schöpferischen Aktivität.

Die wichtigsten Vertreter der Gestaltpsychologie waren Max WERT-HEIMER, Wolfgang KÖHLER, Kurt KOFFKA und weiters in einer Sonderstellung Kurt LEWIN (Berliner Schule der Gestaltpsychologie). Sie führten experimentelle Nachweise ihrer These, daß die Wahrnehmungen von Gestalten, Ganzheiten und Formen Prozesse eigener Art sind. Ihre Lehr- und Forschungstätigkeiten setzten sie nach der nationalsozialistischen Machtübernahme in Deutschland in den USA fort (vgl. Kap. 2). Das Gestaltprinzip wurde auf verschiedene Problemstellungen der Psychologie und Pädagogik angewandt (Denken, Erinnerung, Motivation). Lernen wurde von den Gestaltpsychologen nicht als Assoziation zwischen Reiz und Reaktionen verstanden, sondern als Umstrukturierung und Reorganisation der ganzen Situation und unter Einbeziehung von Prozessen der Einsicht. Ein Schwerpunkt der Anwendung der Gestaltpsychologie in der Pädagogik lag im produktiven Denken (Wertheimer 1964).

KÖHLER und LEWIN entwickelten unter Anwendung gestaltpsychologischen Denkens in der Wahrnehmungs-, Sozial- und Persönlichkeitspsychologie die sogenannte Feldtheorie. LEWINS Beziehung zur Gestaltpsychologie wird manchmal als unklar angesehen, obwohl ihr Einfluß auf sein Denken eindeutig scheint. KÖHLER hält noch 1969 – in seiner letzten Vorlesungsserie vor seinem Tod – fest, daß „wir noch nicht wissen, wie Lewins wichtiges Werk in Beziehung zur Gestaltpsychologie steht" (Köhler 1969, S. 120*), während andererseits METZGER 1975 feststellt: „Lewins Ausführungen über dynamische Ganzheiten […] weisen ihn ebenso als Vertreter der Gestalttheorie aus wie seine Analyse der Begriffe Ganzheit, Differenzierung und Einheit […] " (Metzger 1986, S. 221). Die Feldtheorie ist ein auf breiter Grundlage stehendes Set von Theorien, die sich auf die ganze psychologische Umgebung beziehen. Sie versucht, Verhalten auf der Basis der dynamischen Interaktion zwischen Kräften in einem Teil eines Feldes und dem Rest des Feldes zu erklären. Das Feld wird dabei als eine Art psychologischer Raum verstanden, der den Organismus und seine Umwelt mit einschließt. Die verschiedenen Formen der Feldtheorie betonen alle die Wechselwirkung zwischen Organismus und der Wahrnehmungskonfiguration des Organismus. Köhler zog Parallelen zwischen psychologischen Feldprozessen und den elektromagnetischen Feldkräften. Er diskutierte diese allgemeine Theorie im Bereich der physiologischen Psychologie, speziell in der Physiologie der Wahrnehmung und argumentierte für die Existenz von elektrischen Gehirnfeldern, die mit der phänomenologischen Erfahrung korrespondieren (Köhler 1929, 1969; vgl. Henle 1971). Auch KOFFKA verwendet das Feld-Konzept, etwa in der Diskussion der Unterscheidung zwischen „behavioural environment" und „geographical environment" (Koffka 1935). Nach LEWIN repräsentiert das Feld die *totale Umwelt* einschließlich des Individuums und aller bedeutsamen anderen Personen, was auch mit dem Begriff *Lebensraum* zusammengefaßt wird. Die Persönlichkeit wird im Sinne von Lewin als in einem Kraftfeld stehend betrachtet, das auch in die Umgebung der Person reicht. Wichtige Funktionen in der Entwicklung der Persönlichkeit stellen *Organisation* (Beziehung zwischen Teilen und dem Ganzen) und *Differenzierung* (z. B. Unterscheidung zwischen Person und Umwelt oder innere Strukturierung des Individuums) innerhalb einer Persönlichkeit dar. Entwicklung ist ein Prozeß zunehmender Differenzierung, der allerdings durch Regression (Zurückfallen auf primitivere Verhaltens- und Erlebnisweisen) unterbrochen sein kann. Diese „Entdifferenzierung" wurde experimentell als Ergebnis von Frustration nachgewiesen (Lewin 1935). Das Verhalten des Menschen wird von den im Augenblick wirkenden und aktiven Gefühlen beeinflußt, die auch einen Teil der Spannung ausmachen, in die eine Person in einer bestimmten Situation gerät. Für diese Situation, die auch als Feld gesehen wird, verwendet Lewin den Begriff Lebensraum. Lernen ist demnach eine Funktion einer Zielveränderung im Lebensraum, durch die sich die Feldstruktur verändert. Die im Feld wirkenden Kräfte ergeben sich etwa durch den unterschiedlichen Aufforderungscharakter, den Ziele im Lebensraum aufweisen, oder durch verschiedene Valenzen, die „Regionen" und Teile im Lebensraum aufweisen können. Diese Valenzen oder Wertigkeiten sind eine Funktion der Bedürfnisse des Individuums (vgl. auch Hall und Lindzey 1957).

Die Prinzipien, die für Lewins Feldtheorie charakteristisch sind, können folgendermaßen zusammengefaßt werden: 1. Verhalten ist eine Funktion des Feldes, das zu dem Zeitpunkt existiert, in dem das Verhalten gezeigt wird; 2. die Analyse beginnt mit der Situation als Ganzes, von dem die Teile und Komponenten differenziert werden; 3. die konkrete Person kann in einer konkreten Situation mathematisch repräsentiert werden. Lewin hat die Feldtheorie auf viele verschiedene Phänomene angewandt wie etwa kindliches Verhalten, Probleme von Minderheitsgruppen, Gruppendynamik und Persönlichkeitstheorie. Die meisten Ansätze für die Entwicklung der *Trainingsgruppen* (T-Gruppen, Trainingslaboratorium) als Vehikel gruppendynamischen Lernens gehen auf Lewin zurück. Sein Zugang zur Forschung ist als *Aktionsforschung* bekannt geworden, die auf die Veränderung der sozialen Bedingungen abzielt (Lewin 1951).

Der Einfluß der Gestaltpsychologie und gestalttheoretischen Denkens auf die Humanistische Psychologie ist vielfältig. Das Wort „Gestalt" selbst wird häufig verwendet, um Phänomene zu beschreiben, die eine komplexe Einheit von aufeinander bezogenen Aspekten bezeichnen. „Wahrnehmungsorganisation", „Erfahrungsfeld", „wahrgenommene Realität" sind Begriffe und Konzepte, die von der Gestaltpsychologie ausgeborgt wurden. ALLPORT hörte von der Gestaltpsychologie das erste Mal während seines Aufenthalts in Deutschland Anfang der zwanziger Jahre. Seine Begegnung mit den Gestaltpsychologen Wertheimer, Köhler, Lewin und mit Spranger, der einen geisteswissenschaftlich-ganzheitlichen Zugang hatte, übte großen Einfluß auf seine intellektuelle Entwicklung aus. Er schloß in allen seinen Hauptwerken eine Diskussion der Gestaltpsychologie ein und betrachtete Lewin als den „ersten Cousin" seines eigenen Denkens (vgl. DeCarvalho 1991). MASLOW lernte die Gestaltpsychologie von Wertheimer und Koffka, als sie nach ihrer Emigration an der New School of Social Research lehrten. In jedem Vorwort zu seinen Hauptwerken drückte Maslow seine Verbundenheit gegenüber der Gestaltpsychologie aus. In Maslows Begriff von *Syndrom* ist der gestaltpsychologische Einfluß eindeutig nachzuvollziehen, wenn er ihn vom medizinischen Syndrombegriff als Aufzählung von Symptomen unterscheidet als eine organisierte, strukturierte Gruppe von Symptomen. Auch in seiner Motivationstheorie ist der gestalttheoretische Einfluß deutlich nachvollziehbar (Maslow 1973). ROGERS' Beziehung zur Gestalttheorie ist vor allem in seinen *persönlichkeitstheoretischen* Überlegungen bemerkbar. Er verweist selbst auf den Umstand, daß er ein Feldkonzept verwendet, das er in der Nähe von Lewins Überlegungen sieht (Rogers 1947). Das gestalttheoretische und ganzheitspsychologische Denken Rogers' kommt etwa in seinen persönlichkeitstheoretischen Gedanken zum Ausdruck, wenn er vom „Wahrnehmungsfeld als einem organisierten Ganzen" spricht und feststellt, „daß der Organismus zu allen Zeiten ein total organisiertes System ist, in dem Veränderung irgendeines Teils zu Veränderungen bei anderen Teilen führen kann" (Rogers 1951, zit. nach Rogers 1986, S. 422).

Abgesehen vom Nachweis eines gestaltpsychologischen Einflusses auf paradigmenstiftende Begründer und Hauptfiguren der Humanistischen Psychologie – sei es in ihrer intellektuellen Biographie oder auch in der Verwendung und Übernahme spezifisch gestaltpsychologischer Begriffe in der Konzept- und Theoriebildung – wird besonders deutlich, daß gestalt- und ganzheitspsychologisches Denken als *allgemeines Prinzip* in die Diskussionskultur und die Theoriesprache der Humanistischen Psychologie deutlich eingedrungen ist. Es ist im buchstäblichen Kuhnschen Verständnis eines Paradigmas eine „Art des Sehens" geworden, die sich viel stärker im Sprachstil ausdrückt als etwa neopsychoanalytisches Denken, das ebenfalls nicht unwesentliche Spuren in der Konzeptbildung hinterlassen hat. Das zeigte sich auch in den anfänglichen Versuchen, das Programm der Humanistischen Psychologie zu formulieren (s. Kap. 1). Durch den gestalttheoretischen Einfluß ist es eine selbstverständliche und mit der Zeit auch nicht mehr hinterfragte Arbeitshypothese geworden, daß gerade im Zentrum des Interesses liegende Phänomene und Gegebenheiten, egal welcher Art – in Theorie, Forschung und Praxis –, eine organisierte und strukturierte Ganzheit darstellen und Qualitäten höherer Ordnung aufweisen. Ganzheitsdenken bzw. Gestaltdenken ist eine paradigmatische Vorgabe, eine Schlüsselperspektive im Problembewußtsein der Humanistischen Psychologie von Anfang an gewesen.

Organismische Theorie

Eine weitere besonders wichtige Einflußquelle für die Konzeptbildung der Humanistischen Psychologie war die Organismische Theorie, vor allem im Sinne von GOLDSTEIN, einem deutschen Neurologen und Psychiater, der ideengeschichtlich und historisch mit der Gestaltpsychologie in Zusammenhang steht, obwohl er sich selbst nicht als

Gestaltpsychologe sah (Goldstein 1995). Seitdem Descartes das Individuum in Materie (Körper) und Geist (Bewußtsein) geteilt hat, Wundt das Bewußtsein in elementare Teile wie Empfindungen, Gefühle und Vorstellungen atomisiert hat, und damit eine elementaristische, reduktionistische und mechanistische Tradition etabliert wurde, gab es auch Versuche, Körper und Bewußtsein zusammenzufügen und den Organismus als einheitliches und organisiertes Ganzes zu begreifen.

Die im vorigen Abschnitt behandelte Gestaltpsychologie stand für eine neue Art der Analyse des Bewußtseins, die mit dem Wahrnehmungsfeld als einer Ganzheit begann und es in Figur und Grund differenzierte, um das Verhältnis dieser Komponenten und deren Wechselwirkungen zueinander zu studieren. Obwohl die Gestaltpsychologie viele Bereiche umfaßte, ist sie nicht als eine organismische Theorie im engeren Sinn zu verstehen, da sie dazu tendierte, ihr wissenschaftliches Interesse auf Phänomene der bewußten Wahrnehmung zu beschränken und nur wenige Aussagen über den Organismus selbst machte. Die organismische Theorie im engeren Sinn erinnert jedoch in einigem an feldtheoretische Überlegungen der Gestalttheoretiker, und sie hat einige Konzepte und Überlegungen von der Gestaltpsychologie ausgeborgt. Man kann sie daher als Anwendung von Gestaltprinzipien auf den Organismus unter besonderer Berücksichtigung der biologischen Seite verstehen. Die organismische Theorie ist unter Klinikern, Psychotherapeuten und Pädagogen, die mit der ganzen Person zu tun haben, populärer als unter experimentell arbeitenden Wissenschaftern, die an isolierbaren Prozessen und Funktionen interessiert sind.

GOLDSTEIN war der prominenteste Vertreter einer organismischen Theorie. Seine Auffassung ging vom Organismus als einer *einheitlichen Ganzheit* aus, im Gegensatz zu einem Verständnis des Organismus als einer Serie von differenzierten Teilen. Bewußtsein und Körper sind keine getrennten Einheiten, weder weist das Bewußtsein vom Körper unabhängige Fähigkeiten oder Elemente auf noch der Körper vom Bewußtsein unabhängige Organe oder Prozesse. Was in einzelnen Teilen passiert, trifft das Ganze und umgekehrt. Psychologische und physiologische Prozesse laufen immer im Kontext des Gesamtorganismus ab, außer sie werden künstlich isoliert. Die Gesetzmäßigkeiten des Ganzen bestimmen die Funktionsfähigkeit der Teile. Methodisch hat dies die Konsequenz, daß der Gesamtzusammenhang, die Wechselwirkungen immer im Auge behalten werden müssen, und daß man ein eingeschränktes Bild erhält, wenn man Teile, Funktionen isoliert (z. B. durch spezifische experimentelle Bedingungen) oder wenn sie bereits isoliert vorliegen (wie im Falle von Krankheit oder Störung). „Die Isolierung verändert die Kapazität, verstärkt sie in derselben Weise wie jeder Verhaltensaspekt verändert wird, wenn er vom Rest des Organismus isoliert wird" (Goldstein 1995, S. 167*). Das ist der Ausgangspunkt der organismischen Theorie. Bezogen auf die menschliche Persönlichkeit können folgende Merkmale der organismischen Theorie unterschieden werden (vgl. Hall und Lindzey 1957).

1. Die organismische Theorie betont die Einheit, Integration, den Zusammenhalt (Kohärenz) und Festigkeit der normalen menschlichen Persönlichkeit. Organisation, Organisiertheit ist der natürliche und normale Zustand der Persönlichkeit, Desorganisation der pathologische Zustand, der in der Regel durch den Einfluß einer unterdrückenden oder bedrohlichen Umwelt (oder auch durch innerorganische Anomalien) hervorgerufen wird.

2. Die organismische Theorie geht vom Organismus als einem organisierten System aus und differenziert oder analysiert von diesem Ausgangspunkt seine konstituierenden Bestandteile, „Mitglieder" oder Einheiten. Ein Bestandteil kann niemals vom Ganzen abstrahiert werden, zu dem er gehört, oder als isolierte Einheit studiert werden. Jeder Teil hat sozusagen „Mitgliedschaftscharakter" im Gesamtorganismus. Gesetzmäßigkeiten und Zusammenhänge, die den Gesamtorganismus bestimmen, können niemals durch das bloße Studium der isolierten Einzelteile gefunden werden, sondern dazu ist immer das Denken in Wechselwirkungen erforderlich.

3. Die organismische Theorie nimmt an, daß das Individuum durch eine einzige umfassende Tendenz motiviert wird und nicht durch eine Vielfalt von Antrieben. Goldstein nannte diesen obersten Antrieb Selbstaktualisierung oder Selbstverwirklichung, das kontinuierliche Streben nach der Verwirklichung und dem Ausdruck innewohnender oder angeborener Möglichkeiten über eine Vielfalt von dafür offenen Wegen. Die Einheit und gerichtete Organisation des individuellen Lebens wird durch die Zielstrebigkeit einer einzigen Tendenz verliehen.

4. Die organismische Theorie betrachtet das Individuum zwar nicht als undurchlässiges, geschlossenes System, tendiert jedoch dazu,

einen primären und bestimmenden Einfluß der Umgebung und der externen Umwelt auf die normale Entwicklung als nachrangig zu betrachten. Statt dessen streicht sie die angeborenen und dem Organismus „natürlich" zukommenden Möglichkeiten (Potentiale) zum Wachsen hervor. Der Organismus wird als selektiv gesehen, jene Gegebenheiten der Umwelt auswählend, auf die er reagieren wird. Außer in seltenen Fällen und unter außergewöhnlichen Umständen kann die Umwelt den Organismus nicht zwingen, sich in einer Art und Weise zu verhalten, die seiner Natur fremd ist. Seine innere Natur – im Sinne eines angeborenen Potentials (genetische Interpretation) oder im Sinne eines ihm „angemessenen" Potentials (psychologische Interpretation) – verleiht dem Organismus eine autonome Aktivität und eine gewisse Widerstandskraft gegenüber Umwelteinflüssen, die mit dieser inneren Natur nicht vereinbar sind. Kann der Organismus die Umwelt nicht kontrollieren, wird er versuchen sich anzupassen. Im allgemeinen geht die organismische Theorie davon aus, daß die Möglichkeiten des Organismus, wenn sie sich in einer geordneten Art und in einer angemessenen Umgebung entfalten können, zu einer gesunden und integrierten Persönlichkeit führen, während bösartige Umweltkräfte das Individuum zerstören oder verkrüppeln können. Es gibt also nichts angeborenes „Böses" im Organismus, das zu seiner inneren Natur gehört, sondern er wird „böse" durch eine inadäquate Umwelt.

GOLDSTEINS Hauptwerk ist zuerst unter dem Titel *Der Aufbau des Organismus* (Goldstein 1934) in deutscher Sprache erschienen, jedoch schon 1939 erschien unter dem Titel *The Organism* eine englische Ausgabe. Die Aktualität seiner Gedanken und das Interesse an seinen Überlegungen zeigt sich auch in dem Umstand, daß es erst kürzlich wiederaufgelegt wurde (Goldstein 1995). Goldstein verstand den Organismus als organisierte Einheit mit differenzierten „Mitgliedern", die nicht voneinander abgelöst oder isoliert sind, außer unter abnormalen oder künstlichen Bedingungen wie etwa starker Angst. Die Organisation des Organismus erfolgt auf der Basis einer *Figur-Grund-Beziehung*. Eine Figur ist jeder Prozeß, der sich gegenüber einem Hintergrund abhebt, wie etwa visuelle Reize, die die Aufmerksamkeit auf sich ziehen, oder gerade ausgeführte Aktivitäten, die die volle Konzentration erfordern, oder Bedürfnisse, die „drängend" werden. Eine Figur hat definitive Grenzen, während der Hintergrund kontinuierlich ist (analog zur Schärfeeinstellung beim Photographieren).

Was nun in den Vordergrund gerät, Figur wird, und was im Hintergrund „verschwindet", kann sich ändern und ist abhängig von der Aufgabe, mit der die Natur des Organismus ihn zu jeder gegebenen Zeit konfrontiert. Wenn die Aufgabe (und die damit verbundenen Bedürfnisse) sich ändern, treten neue Figuren in den Vordergrund: „Welcher Teil des Organismus im Vordergrund-, welcher im Hintergrundgeschehen steht, das wechselt dauernd. Was Vordergrund wird, ist bestimmt durch die Aufgabe, die der Organismus jeweils zu erfüllen hat, d. h. durch die Situation, in der er sich gerade befindet und mit deren Anforderung er fertig zu werden hat" (Goldstein 1934, S. 75). Die Dynamik des Organismus ist durch die folgenden Schlüsselprozesse der *Selbstregulation* bestimmt.

Der Ausgleichsprozeß oder das Zentrieren des Organismus
Goldstein postuliert eine konstante Energiespannung, die gleichmäßig im Organismus verteilt ist. Dieser konstante, durch gleichförmige Verteilung der Energie erzeugte Spannungszustand repräsentiert den Durchschnittszustand des Organismus, „den ‚mittleren' Zustand der Erregung, der seinem Wesen entspricht, diesem ‚adäquat' ist" (Goldstein 1934, S. 75). Der Organismus versucht immer wieder zu diesem ihm eigenen *mittleren Erregungszustand* zurückzukehren, wenn ein Reiz diesen Spannungszustand verändert. Diesen Prozeß des Zurückkehrens zu seinem ihm spezifischen mittleren Spannungszustand bzw. zu seiner spezifischen, also ihm eigenen Gleichförmigkeit der Energieverteilung nennt Goldstein Ausgleich. Essen, wenn man hungrig ist, ruhen, wenn man müde ist, oder sich strecken, wenn man verkrampft ist, sind Beispiele dafür, wie die Energieverteilung wieder ausgeglichen wird. Das Ziel eines gesunden und normalen Organismus ist es nicht, Spannung abzugeben oder zu entladen, sondern sie entsprechend seinem mittleren Zustand der Energieverteilung (seinem spezifischen „Wesen") auszugleichen. Das Niveau, auf dem sich die Energieverteilung entsprechend seinem Wesen quasi „einpendelt", entspricht der Zentrierung des Organismus. Die Zentrierung oder der Ausgleich auf einer optimalen organismischen „Spannungsmarke" befähigt den Organismus, Umweltanforderungen am effektivsten zu bewältigen und sich selbst in weiteren Aktivitäten entsprechend seiner Natur zu verwirklichen. Diese vollständige Zentrierung ist allerdings ein Idealzustand, der nur selten erreicht wird. Dieser Ausgleichsprozeß ist eine „Art der Auseinandersetzung des Organis-

mus mit der Umwelt", die dem Organismus „die Möglichkeit [gibt], in der Welt unter Wahrung seiner Eigenart sich durchzusetzen" (ebd., S. 75). Das Prinzip des Ausgleichs ermöglicht auch die Konsistenz, Kohärenz und Geordnetheit des Verhaltens trotz störender Reize. Die Störungen kommen laut Goldstein in der Regel aus der Umwelt, selten aus innere Konflikten. In einer adäquaten Umgebung bleibt der Organismus mehr oder weniger auf seinem spezifischen Niveau der Spannungsverteilung. Umverteilungen der Energie und dementsprechende Spannungsveränderungen im System resultieren meist aus „Eingriffen" der Umwelt in den Organismus. Diese Veränderungen werden jedoch durch eine dem Wesen des Organismus entsprechende Ausgleichsleistung bewältigt. „Außenweltvorgänge, die das [eine derartige Ausgleichsleistung] nicht zulassen, kommen im normalen Organismus nicht zur Wirkung, nur höchstens dann, wenn sie eine abnorme Stärke haben; dann führen sie aber nicht zu wirklichen Leistungen, sondern es kommt zu Erscheinungen schwerer Erschütterung des ganzen Organismus, die den Systemzusammenhang gefährden und die ich deshalb als *Katastrophenreaktion* bezeichnet habe" (ebd., S. 78 f.). Einfach ausgedrückt: Der normale und gesunde Organismus ignoriert in der Regel und ohne Schaden alles, was er nicht bewältigen kann (mit Ausnahme von Konstellationen, die für seine Eigenart Katastrophen bedeuten), oder umgekehrt nimmt er nur jene Umweltvorgänge und Reizkonstellationen als Aufgabe und Herausforderung wahr, die er auf Grund seiner besonderen Ausgleichsmöglichkeiten bewältigen kann. Denn „nicht alles, was in der Außenwelt vor sich geht, gehört für jeden Organismus zu seinem Milieu, nur solche Vorgänge erweisen sich normaler Weise als Reiz, mit denen der Organismus sich in der Weise auseinandersetzen kann, daß diese Auseinandersetzung seine Existenz, d.h. die Verwirklichung der ihm zugehörigen Leistungen nicht wesentlich stört" (ebd., S. 78). Mit zunehmender Erfahrung und Reife entwickelt eine Person bevorzugte Arten des Verhaltens und der Situationsbewältigung, die die Störungen aus der Umwelt minimieren und die Ausgleichsleistungen des Organismus aufrechterhalten.

Selbstaktualisierung
Für Goldstein ist die einzige Antriebs- und Energiequelle, das Hauptmotiv, das den Organismus bestimmt, die Selbstaktualisierungstendenz. Goldstein (1995, S. 162*) geht davon aus,

daß der Organismus geleitet wird durch die Tendenz, soviel wie möglich seine individuellen Fähigkeiten, seine ‚Natur' in der Welt zu aktualisieren. Diese Natur ist, was wir psychosomatische Konstitution nennen, und – soweit es in einer bestimmten Phase betrachtet wird – das individuelle Muster, der ‚Charakter', den die betreffende Konstitution im Verlauf der Erfahrung erreicht hat. Diese Tendenz, seine Natur zu aktualisieren, ‚sich selbst' zu aktualisieren, ist der Grundantrieb, der einzige Antrieb, durch den das Leben des Organismus bestimmt ist.

Was immer als unterschiedliche Triebe erscheint, ist Ausdruck dieses übergeordneten Lebenszweckes, sich selbst zu aktualisieren. Die Befriedigung eines *bestimmten Bedürfnisses* kommt in den Vordergrund, wenn es im Moment ein *Mittel* für die Selbstverwirklichung des Gesamtorganismus ist. „Unter verschiedenen Bedingungen, kommen verschiedene Handlungen in den Vordergrund; und während sie dabei auf verschiedene Ziele gerichtet scheinen, hinterlassen sie den Eindruck von unabhängig existierenden Trieben. In Wirklichkeit jedoch treten diese unterschiedlichen Handlungen in Übereinstimmung mit den verschiedenen Kapazitäten auf, die zur Natur des Organismus gehören, und erscheinen in Übereinstimmung mit jenen instrumentellen Prozessen, die dann die notwendigen Hilfsmittel der Selbstaktualisierung des Organismus sind" (ebd., S. 163*). In einer anderen Formulierung stellt Goldstein bezüglich verschiedener Erscheinungsformen der Motivation und des Antriebs weiters fest: „Sie sind spezielle Reaktionen in speziellen Situationen und repräsentieren die verschiedenen Formen, mit denen der Organismus sich ausdrückt" (ebd., S. 166 f.*). Für Goldstein sind traditionelle motivationstheoretische Konzepte und Vorstellungen – die Selbsterhaltungstendenz, die Entladung oder Reduzierung der Triebspannung und die Annahme verschiedener spezieller Triebe – Sonderfälle dieser Ganzheitstheorie des Organismus. Diese Konzepte wurden gewonnen durch Beobachtungen und Daten an Organismen, die ihre normale, ganzheitlich organisierte Dynamik nicht zeigen konnten, etwa unter pathologischen Bedingungen, bei Ausfall wichtiger Funktionen, Störungen oder auch bei (experimentellen) Einschränkungen oder durch Beobachtungen an „unfertigen" Organismen (Kinder, Tiere). Unter diesen Bedingungen funktioniert die Energieverteilung im Sinne einer Zentrierung des Organismus (Ausgleich) nicht, da in der Regel die *Isolierung* eines Teiles des Gesamtorganismus das normale organisierte Zusammenspiel der Funktionen, Teile und Zonen des Organismus in Unordnung bringt. Durch die Isolierung können andere Teile und Funktionen des Gesamtorganismus nicht mitwirken, mitreagieren, nicht ausgleichen oder gegensteuern. Die mit dem isolierten Teil verbundene Spannung oder Erregung drückt sich in Erscheinungen aus, die phänomenologisch sich als impulsiv-reflexartig (ohne Freiheitsspielraum, Einengung), stereotyp-gleichartig (Entdifferenzierung), übertrieben-gesteigert, unpassend-abnormal (von einer dem Organismus eigenen Norm abweichend) zeigen oder erlebt werden (z.B. Erregungssturm, jähzorniges Verhalten, plötzliche Gefühlslähmung, Angstattacke). Das Phänomen der *Triebe* in Form von Spannungsentladung versteht Goldstein als pathologisches Phänomen: „Die Tendenz, überhaupt jede Spannung zu entladen, ist ein Ausdruck eines defekten Organismus, von Krankheit. Es ist das einzige Mittel eines kranken Organismus, sich zu aktualisieren, wenn auch in einer mangelhaften Art" (ebd., S. 161*). Denn der Organismus versucht, die durch Isolation in abgegrenzten Bereichen oder Funktionen des Organismus entstandene, abnormal gesteigerte Spannung abzubauen, wodurch der Eindruck eines triebhaften Geschehens (impulsive, stereotype und gesteigerte Erregung) entsteht. Aus diesen Beobachtungen ist die Vorstellung entstanden, daß es das Ziel jedes Triebes sei, Spannung zu entladen, Entspannung zu erreichen und den Organismus in einen spannungslosen Zustand (Ruhezustand) zu bringen. „In einem Zustand der Isolation, wie bei kranken Menschen, ist die Entladung der Spannung im Vordergrund und die Tendenz, jede auftauchende Spannung zu beseitigen, dauert an. Im unversehrten Leben jedoch ist das Ergebnis des normalen Ausgleichsprozesses die Bildung eines gewissen Spannungsniveaus, nämlich jenes, das weitere geordnete Aktivitäten möglich macht" (ebd.). Aus einem ähnlichen Geschehen ist die Tendenz zur Selbsterhaltung zu verstehen. „Die Grundtendenz des kranken Organismus ist, die noch erhaltenen Fähigkeiten in bestmöglicher Weise zu verwenden" (ebd., S. 162*). Sie ist ein Sonderfall der Tendenz zur Selbstaktualisierung, die

im kranken menschlichen Wesen eine charakteristische Veränderung [erfährt]. Der Lebensbereich des Patienten ist in zweifacher Weise eingeschränkt. Erstens ist er gezwungen, die noch erhaltenen Fähigkeiten in bestmöglicher Weise zu nutzen. Zweitens ist er gezwungen, einen gewissen

Lebenszustand aufrechtzuerhalten und nicht in dieser Bedingung gestört
zu werden. [...] Die Tendenz, den existierenden Zustand aufrechtzuerhalten, ist charakteristisch für kranke Menschen und ist ein Zeichen
abnormalen Lebens, eines Lebensverfalls. Die Tendenz des normalen
Lebens geht auf Aktivität und Fortschritt (ebd.).

Ebenso wird der Eindruck verschiedener isolierter Triebe verständlich: „Der Eindruck von Trieben entsteht, weil der Organismus zu
einer Zeit von einer Tendenz und zu einer anderen Zeit von einer
anderen Tendenz bestimmt wird; weil die eine oder andere Tendenz
unter den gegebenen Bedingungen wichtiger für die Selbstaktualisierung wird. Das ist speziell der Fall, wenn der Organismus unter inadäquaten Bedingungen lebt" (ebd., S. 166*). Im Falle einer defekten
Zentrierung oder eines mißlungenen Ausgleichsprozesses gerät eine
entsprechende Organismus-Umwelt-Interaktion quasi in den Leer-
lauf. Es entsteht so eine Notsituation, eine Gefahr, die mit spezifischen
isolierten und übermäßigen Spannungen oder Erregungsprozessen
verbunden ist, in der Regel, wenn der Organismus für längere Zeit
seine individuellen und spezieseigenen Möglichkeiten nicht realisieren kann. Der Organismus favorisiert in dieser Gefahrensituation nur
jene speziellen Aktivitäten, die für die bloße Aufrechterhaltung seiner
Existenz erforderlich sind. Diese kommen zeitweilig und vorüberge-
hend in den Vordergrund, wodurch der Eindruck spezieller Triebe
entsteht.

Arrangieren und Einigung mit der Umwelt
Goldstein betont zwar als organismischer Theoretiker die inneren
Determinanten des Verhaltens und das Prinzip, daß sich der Organismus jene Umwelt sucht, die für seine Selbstaktualisierung angemessen
ist, nimmt jedoch nicht jene extreme Position ein, daß der Organismus immun gegenüber der Umgebung ist. Die äußere Welt ist eine
Quelle von *Störungen* und Hindernissen, die er bewältigen muß, und
eine Quelle von *Hilfsmitteln*, mit deren Unterstützung er seine Fähigkeiten und Möglichkeiten entwickelt und zum Ausdruck bringt. Zwischen Organismus und Umwelt findet ein Austausch, eine Interaktion
statt: Die Umwelt fordert den Organismus durch Reizkonfigurationen
oder auch durch Überstimulation heraus und bringt die für den individuellen Organismus charakteristische Spannungsverteilung in Unordnung. Dabei tendiert der Organismus dazu, eher jene Reizkonstel-

lationen, Ereignisse und Erfahrungen als Herausforderungen wahrzunehmen, die auf Grund seiner jeweiligen Ausstattung („psychosomatische Konstitution") potentiell zu bewältigen sind, auf die er auch unter Entwicklung von „Instrumenten" (Handlungen, Einstellungen, Bereitschaften, Einsichten etc.) antworten kann. Während der Organismus versucht, diese Unordnung zu beseitigen, entwickelt er Aktivitäten, die es ihm erlauben, einen Spannungsausgleich und eine Zentrierung des Organismus zu erreichen (Tendenz zu geordnetem Verhalten, Tendenz zur Wiederherstellung seines charakteristischen Spannungsgefüges). Dabei verändert sich der Organismus entsprechend seinen Möglichkeiten (Selbstaktualisierung), um seiner charakteristischen „psychosomatischen Konstitution" gerecht zu werden, und bildet neue Formen des Verhaltens (um Umweltbedingungen für die Spannungsveränderung zu finden oder auszuschöpfen), des Ausdrucks oder auch der inneren Organisation (z. B. Umorientierung von Einstellungen), was insgesamt eine Umwandlung des Milieus bedeutet. Diese Dynamik der Selbstaktualisierung in der Auseinandersetzung mit der Umwelt wird durch zeitweilige Unordnung und Ungleichgewicht gespeist: „Da der Organismus nie in völlig adäquatem Milieu leben kann, sondern sich immer gegen inadäquate Reize, d. h. ja solche, die isolierende Wirkungen hervorrufen, durchsetzen muß, so erfolgen die Reaktionen ja kaum je so, daß es zu einer idealen Organismus-Umwelt-adäquaten Figurbildung kommt, die Ruhe für den Organismus und die Welt bedeutet, sondern fast immer besteht doch ein gewisses Ungleichgewicht" (Goldstein 1934, S. 186). Dieser Wechsel zwischen Unordnung und Ausgleich des Organismus „ist nur der Ausdruck leichter Katastrophenreaktionen, ohne die es bei der Auseinandersetzung des Organismus mit der Umwelt nicht abgeht, der Ausdruck des Ausgleichsvorgangs, der Weg zur neuen Anpassung, zum Finden eines neuen adäquaten Milieus" (ebd., S. 186 f.). Der Prozeß der Auseinandersetzung des Organismus mit der Umwelt ist ein Vorgang des Arrangierens, der „Einigung" zwischen Umwelt und Organismus, der immer wieder auf seiten des Organismus zu einem neuen, veränderten Milieu führt, zu einer veränderten „psychosomatischen Konstitution" (Wesen), wodurch wieder ein neuer Bezugspunkt für seine Ausgleichs- und Zentrierungsaktivität entsteht. Erst wenn diese Unordnung „über ein bestimmtes Maß hinausgeht, da bedeutet er ein mangelhaftes Verhalten des Organismus, eine Gefahr für dessen Leistungsfähigkeit, für dessen Existenz. Wir haben dann ernste Katastrophenreaktionen vor uns. Subjektiv erleben wir diese als Erschütterung, als Angst" (ebd., S. 187).

Die Selbstaktualisierung des defekten Organismus in der Auseinandersetzung mit der Umwelt erfolgt unter der Bedingung von Angst. Das Ergebnis des Organismus-Umwelt-Arrangements ist eine Verminderung der Leistungsfähigkeit, eine Einschränkung des Organismus oder sogar ein Zusammenbruch – eine Selbstaktualisierung auf einem niedrigeren Niveau. Beim gesunden Organismus steht die Lust auf Eroberung oder Meisterung im Vordergrund, das zu einem Organismus-Umwelt-Arrangement führt, zu einer Anpassungsleistung, die schließlich zu einer Erweiterung der Leistungsfähigkeit oder einer differenzierteren Organisation des Organismus führt.

Einige weitere Überlegungen dienen der Spezifizierung und Ergänzung der *selbstregulatorischen Aktivitäten* des Organismus. GOLDSTEIN betrachtet die Isolierung bzw. die Erzeugung von isolierenden Wirkungen als Schlüsselprozeß für die Entwicklung von Anomalitäten oder Pathologien. An der Gesamt-Performance des Organismus – wie auch immer sie sich phänomenologisch schließlich zeigt oder ausdrückt – können sich dann die verschiedenen Subsysteme des Organismus nicht adäquat beteiligen, so daß es zu Einschränkungen, Einengungen kommt. Die Aktivitäten und die Organisation oder Struktur des Organismus sind dann durch eine zunehmende Entdifferenzierung und Stereotypie und durch leichte Irritierbarkeit angesichts von Streß und Frustration gekennzeichnet, da eine adäquate Zentrierung in Richtung eines „ausgeglichenen" Organismus nicht erfolgen kann (Störung des inneren Milieus). Die strukturelle Isolation verändert die Fähigkeiten des Organismus: Isolierende Wirkungen erzeugende Prozesse können nicht in die Gesamtaktivitäten des ganzen Organismus eingebettet werden. Daraus erfolgten die Überlegungen über isolierte Triebe als Sonderfälle von Goldsteins Ganzheitstheorie des Organismus. Der normale und gesunde Organismus ist dagegen durch Komplexität und Flexibilität gekennzeichnet. Er entwickelt ein persönlichkeits- und situationsadäquates und damit höchst individuelles Muster an Aktivitäten, inneren Strukturen, Formen der Erfahrungsverarbeitung und des Motivationserlebens. Es spielen alle Subsysteme und Funktionen, Bereiche des Organismus in einer Weise zusammen, daß eine produktive innere Spannung im Organismus und ein angemessenes Arrangement mit seiner Umgebung entstehen kann. Geht man von einem normalen und gesunden Organismus aus, so findet Goldstein den Begriff „Bedürfnisse" angemessener als den Begriff „Triebe", er schlägt diesbezüglich eine differenzierte Theoriesprache vor. Bedürfnisse spiegeln die individuellen Potentiale des Organismus wider, sie zu aktualisieren strebt er an. Durch *Bedürfnisse* bewegt zu sein erlaubt es einem Menschen, sich als aktive Persönlichkeit zu erleben (im Zustand der strukturellen Ausgeglichenheit und Zentrierung), während *Triebe* ein Erleben widerspiegeln, bei dem er zu etwas gedrängt und gezwungen wird, das im Konflikt zu seiner Persönlichkeit steht (im Zustand der strukturellen Isolierung, Unausgeglichenheit und Einengung).

Eine weitere Überlegung betrifft die *Entwicklung von Fähigkeiten und Strukturen* als Ausdruck der Tendenz des Organismus zur Selbstaktualisierung. Eine spezielle Form der Selbstaktualisierung ist das Bedürfnis, unvollständige Handlungen abzuschließen und zu komplettieren. Die Tendenz zur *Vervollkommnung* und Perfektion finden wir etwa in den zahllosen Wiederholungen des Kindes bei der Entwicklung von spezifischen Fähigkeiten. Das Ziel ist, die Aufgabe zu erfüllen: Je näher es zur Perfektion kommt, umso stärker ist diese Tendenz zur Vervollkommnung. Sie führt dazu, daß der Mensch mehr vollständig entwickelte Fähigkeiten erhält, die er dann in einem anderen Feld oder zur Entwicklung weiterer komplexerer Fähigkeiten instrumentell nutzt. Das heißt, jene Fähigkeiten und Aktivitäten, deren Entwicklung vormals als Selbstzweck erschienen und ein Ziel in sich selbst darstellten, erhalten nun eine *instrumentelle Funktion*, eine Hilfsfunktion für den Aufbau weiterer und komplexerer Aktivitäten. „Solange das Laufen des Kindes unvollkommen ist, tendiert es zu laufen und zu laufen, oft mit keinem anderen Ziel als zu laufen. Nachdem es das Laufen perfektioniert hat, verwendet es dieses Instrument, um einen speziellen Punkt zu erreichen, der seine Aufmerksamkeit anzieht, nämlich eine andere Leistung zu vervollständigen" (Goldstein 1995, S. 168*). Die Theorie der Selbstaktualisierung geht davon aus, daß die Vervollkommnung einer Handlung den Impuls für ihre instrumentelle Verwendung zum Aufbau von weiteren Aktivitäten enthält. Diese Eigenimpulse und die Eigenaktivität spielen auch eine Rolle bei der Entwicklung von angeborenen Verhaltensmustern. Auch wenn sich angeborene Dispositionen mit zunehmender Reifung entwickeln, so brauchen sie nach Goldstein einen Impuls von seiten des Organismus, um sich überhaupt oder vollständig entwickeln zu können. Die Entwicklung von Fähigkeiten setzt die Tendenz zur Selbstaktualisierung voraus, ungeachtet der funktionellen Autonomie, die sie später erreichen können (Goldstein 1995). Jede entwickelte Fähigkeit Funktion oder Struktur kann instrumentell für weitere und komplexere Leistungen des Organismus verwendet werden und macht insgesamt die Selbstaktualisierung leichter, womit die Neigung verstärkt wird, diese für weitere Leistungen auch zu verwenden: Mit der Vervollkommnung einer Leistung entsteht ein Motiv und ein Instrument für weitere Leistungen. Diese Vorgänge sind Formen der inneren Regulierung und Organisation, die die Dynamik der Selbstaktualisierung ausmachen. Die „Verselbständigung" der ursprünglichen Ziele als Instrumente und Mittel für einen neuen Zweck, die *funktionelle Autonomie* im Sinne von ALLPORT, ist ein wichtiger Schritt im Aufbau von neuen Aktivitäten, mit einer notwendigen Einschränkung: „Wenn diese Emanzipation aber ein Ausmaß erreicht, wodurch die Mechanismen praktisch von der Persönlichkeit abgelöst werden, dann sind wir mit pathologischen Bedingungen konfrontiert, mit einer Folgeerscheinung einer defekten Zentrierung des Organismus" (ebd., S. 169 f.*). Die eigenständig motivierende Wirkung von bereits erreichten Entwicklungsleistungen, so unverzichtbar sie in der Dynamik des Aufbaus von komplexen Aktivitäten ist, muß im Kontext der *Entwicklungsrichtung* des Gesamtorganismus stehen. Ist sie im Konflikt zur Gesamtentwicklung des Organismus, haben wir es wieder mit einer isolierenden Wirkung zu tun.

GOLDSTEIN hatte mit seiner Ganzheitstheorie des Organismus einen substantiellen und auch paradigmengestaltenden Einfluß auf die Konzeptbildung und damit auch auf die Theoriesprache der Humanistischen Psychologie. Der Begriff der Selbstaktualisierung wurde von einigen Begründern der Humanistischen Psychologie in der einen oder anderen Abwandlung übernommen und hatte von Anfang an die Funktion eines paradigmatischen Schlüsselkonzepts, das auf viele Ansätze eine Ausstrahlung ausübte. MASLOW traf Goldstein in den späten dreißiger Jahren in New York. Maslow war es auch, der den Begriff der „Selbstaktualisierung" durch seine Schriften populär gemacht hat, und ihm wurde ursprünglich und auch immer wieder in Unkenntnis der ideengeschichtlichen Einflüsse die Urheberschaft dafür zugeschrieben. Maslows motivationstheoretischer Ansatz (Maslow 1981) war von Goldsteins organismischer Theorie stark inspiriert, die er als ganzheitlich, auf Funktionen beruhend, dynamisch und zweckgerichtet formulierte (im Gegensatz zu atomistisch, taxonomisch-klassifikatorisch, statisch und mechanistisch). Auch ROGERS lehnte sich in seinen motivations- und entwicklungstheoretischen Überlegungen sowie in seinen Gedanken über den Prozeß der Therapie an Goldsteins Ansätze an. Rogers verwendet ebenfalls den Begriff Selbstaktualisierung, um später eine entwicklungs- und persönlichkeitstheoretisch wichtige *Unterscheidung* zwischen der Tendenz zur *Aktualisierung* (bezogen auf den Gesamtorganismus) und der Tendenz zur *Selbstaktualisierung* (bezogen auf das Selbst als Teilfunktion des Gesamtorganismus) zu begründen (Rogers 1951, 1959; vgl. Hutterer 1992). Auch sein Begriff von „rigiden Konstrukten" als Ausdruck beeinträchtigter Erfahrungsverarbeitung erinnert in der Intention und Funktion stark an Goldsteins Idee von der Isolierung und isolierenden Wirkungen von inneren Prozessen. Rogers motivationstheoretische Auffassungen sind allerdings an manchen Stellen abstrakter und unanschaulicher geblieben als Goldsteins Ansatz. Der Einfluß Goldsteins auf die intellektuelle Entwicklung von Rollo MAY war direkt und unmittelbar: Während er an seiner Dissertation über die Bedeutung von Angst schrieb, hatte May viele Stunden stimulierender Diskussionen mit Goldstein selbst. Gerade mit diesem Blick auf die Angst als Phänomen menschlichen Erlebens arbeitete May die existentialistische Dimension im Denken von Goldstein heraus. Die Bezugnahmen auf Goldsteins Denken waren im Verlauf der Entwicklung der Humanistischen Psychologie zahlreich und vielfältig. Er wurde auf Grund seines Beharrens auf der Einzigartigkeit und Ganzheitlichkeit des Individuums in einer Zeit, in der atomistisch-mechanistische Ideen dominierten, als Pionier der Humanistischen Psychologie anerkannt. Erst in den letzten Jahren hat sich durch die zunehmende Kritik an der *biologistischen Belastung* humanistischer Theorien der Bezugsrahmen der paradigmatischen Diskussion in Richtung Systemtheorie verschoben. Zum „Organismus" als Leitidee ist das „System" als Leitidee hinzugekommen, was allerdings kein grundsätzliches Umdenken, keinen Wandel in der „Art des Sehens" bedeutete und erforderlich machte.

Pragmatismus und Funktionalismus

Der *Pragmatismus* gilt als einzige eigenständige philosophische Bewegung auf amerikanischem Boden (Hochkeppel 1992). Als philosophische Bewegung ist er z.T. unter verschiedenen Bezeichnungen

von Charles PEIRCE, William JAMES, der ihn „radikalen Empirismus"
oder auch „empirischen Radikalismus" nannte, und John DEWEY entwickelt und vertreten worden. Als europäischer Vertreter gilt der Engländer SCHILLER, der unter dem Namen „Humanismus" die Auffassung vertrat, daß alle Erkenntnis auf den Menschen bezogen sei und
nicht darüber hinausgehen könne. Wahrheit muß sich daher als für
den Menschen lebensfördernd, befriedigend und „nützlich" erweisen. Dieser Aspekt des praktischen Nutzens spielt im Denken der klassischen Pragmatisten Peirce, James und Dewey eine herausragende
Rolle. Die Beziehung zwischen *Wahrheit* und *Nützlichkeit* bestand
allerdings nicht in dem Prinzip der Gleichsetzung von Wahrheit und
praktischem Nutzen oder Nützlichkeit, sondern in dem Prinzip,
Wahrheiten umzusetzen, die nützlich sind. Die prinzipielle Frage, was
die praktische Befolgung einer „Wahrheit" für das Leben bedeute, die
Bewährung in der *Praxis*, ist ein Eckpfeiler des Pragmatismus. Der
Pragmatismus verlangt, daß jedes philosophische Prinzip, jeder
Grundsatz oder Denkansatz seinen Wert und seine Bedeutung im
praktischen Handeln des Menschen bekommt oder daran geprüft
werden muß. Die Bedeutung des Tuns, Handelns und der Praxis ist
auch im Verhältnis zum Erkennen sichtbar. Erkennen ist immer auch
mit Handeln verbunden, mit dem Überprüfen von Theorien durch
Experimentieren. Umgekehrt wird Erkennen auch als eine Form des
Handelns gedeutet, so daß Wahrheit nicht bloß passiv erkannt, sondern hergestellt und gemacht wird. Theoretische Vorstellungen werden durch Handeln und hergestellte Ereignisse „wahr" gemacht.
Wahrheit ist nicht etwas, was einer Theorie starr zukommt, sondern
ein Prozeß der Klärung im Handeln. Theorien haben nur Sinn, wenn
sie an Handlungsanweisungen geknüpft sind, so daß unter den jeweiligen theoretischen Gesichtspunkten ein Experimentieren möglich ist
(Experimentieren ist dabei nicht nur im Sinne eines wissenschaftlichen, kontrollierten Experiments gemeint, sondern hat eine weitere
Bedeutung im Sinne von Ausprobieren, Versuch-und-Irrtum-Han-
deln). Der Pragmatismus ist eine aktive weltgestaltende Philosophie,
orientiert sich an der Machbarkeit der Zukunft, wobei die Wirklichkeit stets im Prozeß des Entstehens ist und die Chance der Korrektur
durch Handeln permanent vorhanden ist. Plakativ gesprochen kennt
der Pragmatismus keine Berührungsängste mit der Praxis, ohne die
Verflechtung von Theorie und Praxis aus den Augen zu verlieren:
Theoretisieren ohne praktische Umsetzung bleibt sinnlos, anderer-

seits können Klarheit, Wissen und Erkenntnis durch Handeln gewonnen werden. Das Verhältnis von Theorie und Praxis ist progressiv, nicht regressiv zurückführend: Theorie und Praxis sind beides Ansatzpunkte für das Fortschreiten der Erkenntnis und Wirklichkeitsgestaltung, keiner dieser Ausgangspunkte ist dem anderen überlegen, sofern sie als miteinander zusammenhängend und einander befruchtend gesehen werden. Der Pragmatismus steht in der Nähe von *Positivismus* und *Empirismus* insofern, als er die wissenschaftliche Methode der systematischen Vorgangsweise in Experimentieren und Datenerhebung als Mittel benutzt, an der Erfahrung kontrolliertes Wissen zu erlangen. Er verliert aber im Unterschied zu diesen erkenntnistheoretischen Richtungen die *soziale Bedingtheit* und Verflochtenheit allen Erkennens nicht aus dem Auge. Darüber hinaus wird diese Facette noch akzentuiert, indem der instrumentelle Charakter des Denkens und Erkennens hervorgehoben wird, deren Zweck im Erreichen einer besseren Anpassung und in der Bewältigung der Auseinandersetzung mit der Umwelt gesehen wird.

Mit der Anerkennung einer objektivierenden wissenschaftlichen Forschung lehnt der Pragmatismus aber nicht gleichzeitig andere Wege des Erkennens ab, da man von pragmatischen Prinzipien her gesehen keine Erkenntnisse und Annahmen ablehnen könne, solange sich nützliche Konsequenzen für das Leben zeigen. Die Einstellung des amerikanischen Pragmatismus bezüglich des Wahrheitsbegriffes ist durch skeptische Unbefangenheit, Pluralismus und Dynamismus (Wahrheit und Erkennen als ständiger Prozeß) charakterisiert. JAMES glaubte nicht, daß die menschlichen Erfahrung die höchste im Universum vorkommende Erfahrung sei, wie er auch die dem Menschen geläufige Form des Erkennens nicht als die einzig sinnvolle und gültige betrachtete. Das aus dieser Einstellung verfaßte Werk über die Vielfältigkeit der religiösen Erfahrung (James 1961) gilt auch als Wegbereiter der *transpersonalen* Psychologie. Der *Wahrheitsbegriff* des Pragmatismus ist kein abstrakter und absoluter, sondern um die Pluralität von „Wahrheiten" bemüht, die praktischen Nutzen aufweisen. Er steht im Gegensatz zu der bis dahin traditionellen Auffassung von Wahrheit als Übereinstimmung des erkennenden Geistes mit der Sache. Die Kritik am Pragmatismus wurde deshalb auch häufig unter dem Stichwort „Preisgabe des Wahrheitsbegriffes" formuliert.

Der Pragmatismus hatte seine Hochblüte um den Ersten Weltkrieg und danach und ist heute als eigenständige philosophische Bewegung nicht mehr wirksam. Durch die Verschmelzung mit verschiedenen emigrierten Denkschulen aus Europa (z. B. logischer Positivismus, Existentialismus, Phänomenologie) konnte sie nicht mehr eine geschlossene Wirkung als Denkrichtung entfalten. Es finden sich aber deutliche und zahlreiche Spuren auf verschiedenen Gebieten wie etwa in der Soziologie durch Georg Herbert MEAD oder in der Pädagogik, in der DEWEYS pragmatistisches Prinzip des *learning by doing* eine eigene Wirkungsgeschichte entfaltet hat (vgl. Bohnsack 1979). Weiters propagierte er einen spezifischen Begriff von *Demokratie*, die bei ihm nicht als Regierungsform, sondern als *Lebensform* verstanden wurde: Demokratie als Möglichkeit des sinnerfüllten Lebens, das in verantwortungsvoller Beteiligung geführt wird. Erfüllung und Mitbestimmung sind Eckpfeiler seines Demokratieverständnisses. Von seiner Versuchsschule in Chicago sind vielfältige Anregungen ausgegangen. In der Projektmethode wurde das Prinzip des „learning by doing" als demokratischer Lernprozeß praktisch umgesetzt. Denn der Schüler sollte sich in der Projektmethode an der Zielauswahl und -entscheidung beteiligen und jene Aufgaben auswählen können, die als Teil seiner Lernumwelt einen Aufforderungscharakter für ihre praktische Bewältigung aufweisen.

Popularisierung und Mißdeutungen des Pragmatismus sind eine weitere Spur, die bis in die Gegenwart und in die Alltagssprache gedrungen sind. Als „pragmatisch" bezeichnet man etwa Entscheidungen, die „leicht", ohne Widerstand der praktischen Realität (auch der sozialen), umsetzbar sind: Es wird realisiert, was „eben gerade geht". Es drückt im positiven Sinn Entscheidungsfreude, Experimentierfreude, Kompromißbereitschaft und Toleranz gegenüber Unfertigem und Unvollkommenem aus, durchaus im Sinne der ursprünglichen philosophischen Bedeutung, die die Wahrheit und Wirklichkeit als ständig im Werden befindlich und daher auch „Teilerfolge" als nützlich begriff. Der negative Aspekt liegt im unreflektierten Handeln des „Machertums", das sich am schnellen Erfolg eines „Business" orientiert, im opportunistischen und populistischen Orientieren am Beifall, an der Wirkung der Präsentation, am Verkaufs- und Barwert. Die Begriffe „cash-value" (Barwert), Profit, Verdienst, Resultate sind Begriffe, die auch durch ihren Gebrauch in der philosophischen Diskussion zu Mißdeutungen geführt haben. Der Pragmatismus wurde daher auch als Abart des Nützlichkeitsdenkens und als „Händler-Philosophie" verstanden.

Die amerikanische Psychologie war seit Beginn ihrer Entwicklung mit dem Pragmatismus verbunden. Die oben angesprochenen negativen Aspekte der Mißdeutungen des Pragmatismus finden sich in der Psychologie seit spätestens den zwanziger Jahren mit ihrer beginnenden *Kommerzialisierung* in den USA. Ein bis in die Gegenwart anhaltender Aspekt dieser Kommerzialisierung sind die zahlreichen „How-to-do"-Bücher, die eine einfache, „praktizierbare" Orientierung in der seelischen Not versprechen, bis zur Vermarktung von psychosozialen Dienstleistungen, deren Gütekriterium allein am „cash-value" gemessen wird, das ist die Anzahl der Interessenten und Teilnehmer und die Höhe des Preises, den sie zu zahlen bereit sind (je höher, desto „nützlicher").

Die Humanistische Psychologie ist von den „Segnungen" der Kommerzialisierung in der Phase des Psychobooms der sechziger und siebziger Jahre nicht verschont geblieben: Die Popularität mancher ihrer Konzepte und Methoden wurde von den Wirkungen der ökonomischen Deutung des Pragmatismus getragen. Der Einfluß des Pragmatismus auf die Humanistische Psychologie ist nicht nur auf diesen vordergründigen Aspekt beschränkt geblieben. Wesentliche Begründer der Humanistischen Psychologie wie Maslow und Rogers sind als Wissenschafter im Geiste des Pragmatismus sozialisiert worden, der in der Zeit ihres Studiums seinen Höhepunkt erreichte. MASLOW nimmt auf JAMES und DEWEY in seinen wichtigsten Werken mehrfach Bezug. Einen wesentlichen Einfluß in seiner intellektuellen Entwicklung stellte das Denken Deweys dar, insbesondere in der Entwicklung seiner Erziehungsphilosophie und seiner Auffassung von seelischem Wachstum (Kirschenbaum 1979, Van Belle 1990). ROGERS war ursprünglich mehr an praktischer Tätigkeit interessiert, entwickelte seine theoretischen Überlegungen und die Prinzipien seiner psychotherapeutischen Methode konsequent aus der Untersuchung seiner praktischen Arbeit. Ebenso formulierte GENDLIN (1964, 1981), einer seiner Schüler, das Experiencing-Konzept auf der Basis von Entdeckungen, die aus der Praxis gewonnen wurden.

Der pragmatistische Wahrheitsbegriff und die Offenheit für Pluralität zeigt sich auch in der Wissenschaftsauffassung. Rogers, Maslow und viele Forscher, die sich mit der Humanistischen Psychologie identifizierten, anerkannten die systematische Überprüfung von Theorien an der *Erfahrung* und das *Experimentieren* in der Realität als wichtiges wissenschaftliches Handwerkzeug, ohne gleichzeitig andere Erkennt-

nismethoden oder Fragestellungen, die der objektivierenden Forschung nur schwer zugänglich waren, zu vermeiden. Sie bewegten sich
damit in der pragmatistischen Tradition von James.

Die *Nachvollziehbarkeit* von wissenschaftlichen Untersuchungen
und deren Ergebnissen im direkten und unmittelbaren Erleben als
Kriterium ihrer lebenspraktischen Bedeutsamkeit ist ein weiterer
Aspekt, der pragmatische Wurzeln erkennen läßt. Die Humanistische
Psychologie stellt diesen Anspruch nicht nur an ihre Theorien und
Konzepte, sondern auch an die Kritiker derselben: Die Anerkennung
einer Kritik wird in der Regel nur gewährt, wenn sie auf der Basis von
Erfahrung und direktem Erleben dessen, was kritisiert wird, also auf
Grund einer vorhandenen „Kennerschaft" erfolgt.

Die Einführung von *erlebnisaktivierenden* Methoden spiegelt einen
weiteren Einfluß des Pragmatismus wider. Ebenso die Kreation von
pädagogischen und therapeutischen „Übungen", die bestimmte Phänomene erfahrbar machen sollen, oder auch die Bedingungen von
Experimenten exemplarisch und auf das Wesentliche reduziert nach-
bilden, um ihren Ausgang, „die Ergebnisse" erfahrbar zu machen. Die
geleitete Aktivität ist dabei das didaktische Mittel der Erlebnisakti-
vierung. Die Entwicklung der Gestalttherapie, die in der Erlebnis-
aktivierung ein wichtiges Prinzip sieht, erfolgte ebenfalls unter Einfluß
des Pragmatismus: Paul GOODMAN, einer der Mitautoren an einem
der zentralen Werke zur Gestalttherapie (F. Perls u. a. 1979), galt als
Vertreter der Chicagoer Schule des Pragmatismus (Mead, Dewey etc.).

Die Humanistische Psychologie „profitierte" von Einfluß und Anspruch des Pragmatismus speziell in zwei Phasen ihrer Entwicklung:
einmal in der Phase der Vorläufer und Wurzelbildung zur Zeit der
europäischen Einwanderer und Ideenverschmelzung. Dies bedeutete,
daß die neuen Ideen unter pragmatischem Anspruch, mit Blick auf
die Nachvollziehbarkeit ihrer lebenspraktischen Bedeutsamkeit, weiterentwickelt wurden. Vermutlich haben nur jene Ansätze einen nach-
haltigen und fortwährenden Einfluß ausüben können, die diese *pragmatische Wende* nachvollziehen konnten. LEWIN ist hier als positives
Beispiel zu nennen. In seiner spezifischen Verbindung von Erkennen
und Handeln in der *Aktionsforschung* und in der Umsetzung feldtheoretischer Annahmen in der *Gruppendynamik* zeigt sich der Anspruch des Pragmatismus. Lewins Konzepte haben einen immensen
Einfluß auf die weitere Entwicklung der Humanistischen Psychologie
ausgeübt und werden als Teilbewegung dieser verstanden (C. Bühler

und Allen 1973). Als negatives Beispiel ist die Gestaltpsychologie der Wahrnehmungsforschung zu nennen, die als eigenständige Denkschule weitgehend aufgehört hat, eine geschlossene Wirkung auszuüben und in den Mainstream der psychologischen Forschung integriert wurde. Ein weiterer Punkt der Unterstützung durch den Pragmatismus ist in der Phase des Psychobooms und des Human-potential-Movement zu sehen, in der ein Klima des Experimentierens zahlreiche Erfahrungen hervorbrachte, die sich sowohl in praktischen Methoden als auch in einer erweiterten und differenzierteren Theoriebildung niederschlagen konnten.

In weitgehender Personalunion mit dem amerikanischen Pragmatismus ist der *Funktionalismus* zu sehen (James, Dewey, Mead). Dieser Standpunkt wurde als Abgrenzung und Gegensatz zum experimental-psychologischen *Strukturalismus* im Sinne von TITCHENER formuliert und entwickelt, dessen Interesse an der Erforschung des Inhalts des Bewußtseins bzw. ihrer Struktur bestand. Die Strukturalisten analysierten mit der Methode der Introspektion die Inhalte des Bewußtseins in seinen Bestandteilen. Die Überlegung war, daß diese Bestandteile die Grundelemente des Bewußtseins darstellen, die Grundeinheiten der Struktur. Die Funktionalisten suchten dagegen herauszufinden, was psychologische Vorgänge tun, und nicht, was sie sind, also ihre Aufgabe und Funktion im Gesamtzusammenhang, denn die *Wirkung* derselben Aktivitäten kann in verschiedenen Systemen und Kontexten verschieden sein. Seelische Aktivitäten wurden so unter dem Aspekt betrachtet, daß sie eine Funktion ausüben, deren Bedeutung nur vom Gesamtzusammenhang bestimmbar ist. In Verbindungen mit evolutionstheoretischen Überlegungen im Sinne von DARWIN wird die adaptive Funktion des Bewußtseins und Denkens hervorgehoben. Phänomene und Leistungen des Bewußtseins werden als Funktion von physiologischen Vorgängen und von Bedürfnissen des Organismus gesehen. Vom Bewußtsein gesteuerte Aktivitäten, Denken und Handeln sind zielgerichtete Aktivitäten im Dienste der Daseinsbewältigung, ihre Funktion liegt in der Bewältigung von Umweltanforderungen. Funktionalistisches Denken ist ein Denken in Zusammenhängen, in Kontexten und hat einen ganzheitlichen Anspruch. Kategorien wie Kooperation und Koordination sind zentrale Perspektiven. Die psychischen Aktivitäten zukommenden Funktionen werden von der Art ihrer Interaktion untereinander bzw. von der Art der Interaktion mit Umweltanforderungen bestimmt.

Die Denkrichtung des Funktionalismus etablierte sich als psychologische Schule in Chicago (Dewey, Angell, Mead), entfaltete aber eine weite Wirkungsgeschichte. Funktionalistisches Denken finden wir in der Soziologie und Sozialanthropologie. Der Begriff der *Rolle* ist ein funktionalistischer Begriff. Die funktionale Theorie der Bedeutung geht davon aus, daß die Bedeutung eines Objekts von ihrer Funktion, also davon abhängt, welche Aufgabe es gerade erfüllt, was es gerade „tut". Obwohl der Funktionalismus ganzheitliche Aspekte zeigt und – durch Analogie zu Aktivitäten des Organismus inspiriert – in Begriffen von Ganzheiten mit selbstregulierenden, kooperierenden Teilen denkt (bei Ausfall eines Teiles können andere Teile seine Funktion übernehmen), ist er durch den Fokus auf das, was das Bewußtsein „tut", ein geistiger Wegbereiter des Behaviorismus geworden, dessen Startsignal allerdings durch Watson gegeben wurde.

Die Humanistische Psychologie hat sich in ihrer Konzeptbildung und in der paradigmatischen Diskussion im Zuge ihrer Entwicklung weitgehend funktionalistischen Denkens bedient, insbesondere in der Formulierung von Persönlichkeits- und Motivationstheorien. Bei MASLOW (1977) erfüllen intellektuelle Operationen unterschiedliche Funktionen, je nachdem ob sie unter Bedingungen von Angst (Schutz, Abwehrfunktionen) oder Freiheit von Angst erfolgen (Neugier, explorative Funktion). Ebenso ist das Denken von ROGERS von funktionalistischen Facetten und Perspektiven durchzogen. Beispielsweise ist die Emotion eine Funktion des suchenden und vollziehenden Verhaltens des Organismus und die Intensität der Emotion eine Funktion der wahrgenommenen Bedeutung des Verhaltens für die Erhaltung und Erhöhung des Organismus (Rogers 1951). Sowohl die intrapsychische Dynamik als auch die Organismus-Umwelt-Auseinandersetzung werden von einer funktionalistischen Sichtweise her beschrieben.

Fernöstliche Philosophien

Der Einfluß fernöstlichen Denkens auf die Humanistische Psychologie ist eine weitere Quelle der Ideenverdichtung. Allerdings scheint die tatsächliche Bedeutung dieses Einflusses oft überschätzt worden zu sein (DeCarvalho 1991). Der Einfluß dieser philosophischen Ansätze zeigte sich in erster Linie in der Berücksichtigung von einigen Aspekten des Taoismus und des Zen-Buddhismus. Später kam noch das Interesse an Formen „sanfter" und „humaner" Selbstverteidigung wie etwa Tai Chi hinzu. Der Taoismus ist eine der Hauptströmungen der chinesischen Philosophie, der das Prinzip des „Nicht-Tuns", das Sich-Hingeben an das Sein betont. Das Wirken ohne Handeln und das Lehren ohne Reden sind Ausdrucksformen dieses Prinzips. Der Zen-Buddhismus – ebenfalls eine traditionelle asiatische Philosophie mit indischen Wurzeln und Verbreitung in China und Japan noch in der Gegenwart – betont den Zugang zur unmittelbaren Wirklichkeit des Lebens. Daher wird jede in Worte, Lehrsätze und andere Formen gegossene Lehre abgelehnt. Das Haften an Worten und Begriffen wurde für das Erkennen der unmittelbaren Wirklichkeit und reinen Wahrheit als hinderlich gesehen. Dem entspricht die Praxis der Wortlosigkeit und des schweigenden Verstehens sowie das Bemühen um ein „nicht-unterscheidendes Denken" oder ein „Nicht-Bewußtsein". Ein wichtiges Element dieser asiatischen Philosophien ist das *Paradoxe* (in der Lehre und Überlieferung, in Beispielen und Geschichten sowie in der Praxis) als Mittel der Auflösung des Rationalen und Logischen zugunsten einer nicht-dichotomisierenden, nicht-kategorisierenden und nicht-bewertenden Bewußtseinstätigkeit und Erlebensverarbeitung (vgl. Störig 1993, Meyers kleines Lexikon Philosophie 1987).

Die Wirkung fernöstlicher Philosophien auf die Entwicklung humanistischer Theorie und Praxis war vermutlich in manchen Unterströmungen deutlicher als in anderen. In der Praxis der Humanistischen Psychologie wurden fernöstliche Methoden und Praktiken wie etwa *Meditation* explizit integriert. Die aktivistische Seite der Humanistischen Psychologie nahm die entsprechenden Denkansätze, Praktiken und die Symbolik (z.B. Yin-Yang-Symbol) im Sinne des Zeitgeistes der Offenheit schnell auf. Dies geschah zum Teil in experimenteller Absicht – im Ausprobieren von einzelnen fernöstlichen „Angeboten" und meditativen Praktiken, teilweise aber auch im Propagieren einer entsprechenden Lebensphilosophie und eines damit verbundenen Lebensstils. Bildlich gesprochen hat die Wirkung östlicher Philosophien die Humanistische Psychologie an einigen Stellen „durchwandert" und auch einige Spuren hinterlassen, sich aber schließlich und dann stärker in der transpersonalen Psychologie verankert. In dieser fand sie auch eine wissenschaftliche Herausforderung, während die aktivistischen, lebenspraktischen und religionsnahen Facetten in der New-Age-Bewegung landeten.

Für die Entwicklung von Theorien und Konzepten hatte die Auseinandersetzung mit fernöstlichen Philosophien eher indirekte und
bestätigende Bedeutung für das geistige Klima, in dem humanistische
Ansätze entstanden sind. In den späten fünfziger Jahren stellte Rollo
MAY einen kurzen Vergleich an zwischen östlichem Denken und der
existentialistischen Psychologie. Er strich hervor, daß östliches Denken nicht diese radikale Trennung von Subjekt und Objekt erfahren
hatte, die so charakteristisch für das westliche Denken sei. Er warnte
aber auch vor der Übersimplifizierung östlicher Philosophien, speziell
ihres Konzepts der Transzendenz als Mittel, Angst, Schuld, das Tragi-
sche und die Realität des Bösen zu umgehen (May u. a. 1958). Als
ROGERS den Zen-Buddhismus entdeckte, stellte er auch orientalische
Facetten in seiner eigenen personenzentrierten Philosophie fest. Es
beeindruckte ihn besonders die Betonung der persönlichen Erfahrung als Lernmöglichkeit und das Vermeiden von Manipulation.
Rogers verwendete auch einmal Zen-Geschichten als Eröffnung einer
Encountergruppe (Rogers 1963, 1965; DeCarvalho 1991). Ein persönliches Zusammentreffen mit einem Zen-Meister während eines
Japan-Aufenthaltes 1961 beschrieb Rogers als eher enttäuschend (Kirschenbaum 1979). Aus dem Zen-Buddhismus sind auch starke Einflüsse auf die Gestalttherapie von PERLS ausgegangen, die autonome
Prozesse der Selbstregulation und bewußtseinserweiternde Prozesse
stärker betonte (vgl. Clarkson und Mackewyn 1995, Kriz 1985).

MASLOW war jener Theoretiker der Humanistischen Psychologie,
der sich am häufigsten auf asiatisches Gedankengut, insbesondere auf
den Taoismus, bezog. Er hörte vom Taoismus in Seminaren des Gestaltpsychologen WERTHEIMER Anfang der vierziger Jahre und griff
auf taoistische Ideen in der Entwicklung seiner Motivationstheorie
zurück (Maslow 1981). Insbesondere bei der Beschreibung der ex-
pressiven Komponenten des Verhaltens und bei unmotivierten und
„zwecklosen" Reaktionen verwendet Maslow Ausdrücke wie „taoisti-
sches Nachgeben und Gehenlassen" (Maslow 1981, S. 162), um Vorgänge des spontanen, unbefangenen und ungehemmten Ausdrucks
darzulegen. In seinem Werk *Psychologie der Wissenschaft* (Maslow 1977)
stellt er der kontrollierenden Wissenschaft die „taoistische Wissenschaft" gegenüber, die mit einer Haltung der *Rezeptivität* und
Nichteinmischung vorgeht. Er bezeichnet die „taoistische Rezeptivität" als eine „Haltung der Natur gegenüber" und als eine „Antitech-
nik", die „[...] in der Hauptsache darauf hinausläuft, daß man imstan-

de ist, die Hände wegzulassen, den Mund zu halten, geduldig zu sein, zuzuwarten und sich aufnahmewillig und passiv zu verhalten. Sie legt Wert auf sorgfältige Beobachtung, die sich nicht einmischt" (ebd., S. 127). Maslow sprach vom „taoistic helper" und vom „American Taoism", worunter er die Bereitschaft von Eltern, Erziehern, Beratern und Therapeuten verstand, Kindern das Erleben von höheren Werten zu ermöglichen: So wie Heranwachsende mit Vitaminen zur Befriedigung ihrer physiologischen Bedürfnisse nach Zink, Magnesium und Kalzium selbstverständlich versorgt werden, sollten sie während des Aufwachsens auch Schönheit, Wahrheit und Gerechtigkeit erleben können. Als Merkmal einer demokratischen Einstellung führt Maslow weiters den „taoistischen Respekt" an, den er im Sinne einer nichtmanipulierenden und nicht-kontrollierenden oder auf die Veränderung der anderen Person abzielenden Haltung versteht (vgl. Hoffman 1996). Maslow bezieht sich ferner auf den Zen-Buddhismus bei der Beschreibung seines Konzepts des „Erfahrungswissens", das durch „volles Erfahren" mit Verlust des Ich-Bewußtseins und eine besondere Erlebnisfähigkeit gekennzeichnet ist, in der das Individuum sich völlig in der Gegenwart verliert (Maslow 1977).

Für die Anziehungskraft fernöstlichen Denkens und entsprechender Praktiken auf die Humanistische Psychologie sind mehrere Ansatzpunkte zu nennen. Es bildete einen Kontrast zur westlichen Kultur mit ihrer Reizintensität und Hektik, dem Aktivitätszwang, der Leistungsorientierung und dem Materialismus. Es war eine Perspektive, die einen kulturkritischen Blick auf die Werte der eigenen Gesellschaft und Kultur ermöglichte. Die meditativen Praktiken und Methoden waren ferner eine neue Möglichkeit der Bewußtseinsveränderung und Selbsterfahrung, ein Projekt, das zentral für die Praxis der Humanistischen Psychologie war. Die Anregungen fernöstlicher Philosophie für die Wissenschaft und Forschung enthielt mit der nichteinmischenden, rezeptiven Haltung eine Form des Forschungszuganges, die die Unversehrtheit des ganzen Subjekts versprach und daher als eine Möglichkeit der Aufhebung des Reduktionismus betrachtet wurde. Ein weiterer Grund mag auch darin zu suchen sein, daß die Humanistischen Psychologie mit ihrer Denkoffenheit und ihrem Bemühen um Integration keine Berührungsängste zu „ungewöhnlichen" Evidenzen und „fremden" Ideen hatte.

Insgesamt waren die Konzepte, Zugänge und Praktiken, die sich aus den fernöstlichen Denken ergaben, für die eigenen Konzepte eine

Bestätigung aus einer Denktradition, die zu der eigenen – westlichen – sehr verschieden war. Sie bedeuteten eine Ermutigung zur weiteren Beschäftigung mit Phänomenen, die sich schwer in das Denkschema traditioneller westlicher, objektivierender Wissenschaft einfügten, wie nicht-lineare komplexe, ganzheitlich amaterielle Prozesse und Vorgänge, und auf der Basis mechanistischen und materialistischen Denkens nicht verstanden werden konnten. Die Auseinandersetzung mit Konzepten und Ansätzen fernöstlicher Philosophien ist ein Projekt, das bis in die Gegenwart reicht, und zeigt sich etwa im Vergleich der persönlichkeitstheoretischen Aspekte in Sri Aurobindos Integralem Yoga mit Maslows Theorie (Vrinte 1995) und des Menschenbilds und der Therapietheorie von Rogers mit der Perspektive des Buddhismus (Purton 1996) und des Taoismus (M. Miller 1996). Weiters wurde das Konzept der Selbstaktualisierung von Rogers und Maslow zu der Idee der Selbstverwirklichung im Hinduismus in Beziehung gesetzt (Das 1989).

Persönlichkeitstheoretiker

Historisch war die Humanistische Psychologie der Persönlichkeitstheorie näher als jedem anderen Fachgebiet innerhalb der Psychologie. Hier ist besonders Gordon ALLPORT zu nennen, der sowohl als zentraler Vorläufer der Humanistischen Psychologie als auch als Pionier der Persönlichkeitspsychologie gilt. Sein Buch *Personality: a psychological interpretation* (Allport 1937) war das erste Lehrbuch der Persönlichkeitstheorie. Unter dem Einfluß von STERN und SPRANGER entwickelte er eine Persönlichkeitspsychologie als offenen und „eklektischen" Ansatz, der die menschliche Persönlichkeit im *Organismus* eingebettet sieht, Motivation von *gegenwärtigen* Kräften (im Gegensatz zu vergangenen) bestimmt sieht und das Phänomen des *Selbstbewußtseins* berücksichtigt. Persönlichkeit definiert er als „die dynamische Organisation derjenigen psychophysischen Systeme im Individuum, die seine einzigartigen Anpassungen [...] an seine Umwelt bestimmen" (Allport 1949, S. 49). Er hielt das Studium der Einzelpersönlichkeit für den fruchtbarsten Ansatz der Persönlichkeitspsychologie, so wie auch die Einzigartigkeit jedes Menschen der Eckpfeiler seiner theoretischen Überlegungen war. In seinem Verhältnis zur Psychoanalyse betonte er die Bereicherung durch das Konzept der Abwehrmechanismen, wies jedoch kritisch darauf hin, daß die Grenze zwischen der normalen und der neurotischen Psyche verwischt würde (Allport 1961a). Allport (1961a) ist besonders für seine motivations-theoretischen Überlegungen bekannt geworden, die von der Bedeutung der Gegenwärtigkeit für das Motivationsgeschehen, von der Unterschiedlichkeit und Offenheit der Motive, der Bedeutung der dynamischen Kraft intentionaler kognitiver Prozesse und von der Einzigartigkeit der Motive ausging. Der vieldiskutierte Begriff der *funktionellen Autonomie* wurde von Allport geprägt. Er bezeichnet die Tendenz eines Motivationsgeschehens, sich in Richtung auf zunehmende Unabhängigkeit von den ursprünglichen Antrieben zu entwickeln. Eine Aktivität kann in sich selbst Ziel werden, intrinsisch motiviert sein, obwohl es ursprünglich extrinsisch motiviert war (z. B. ein Student besucht ursprünglich Seminar, um einen „Schein" zu erhalten, und entdeckt dabei sein Interesse an den Inhalten). Dieselbe Aktivität kann bei sich verändernder Motivlage aufrechterhalten werden oder kann sich auf eine sehr individualisierte Motivlage stützen, denn dieser Grundsatz der funktionellen Autonomie führt auch zur Entwicklung der Einzigartigkeit von Motivlagen, die charakteristische und besondere Formen der Anpassungen einer Person erlauben und darstellen (Allport 1961). Allport hat mit diesen Überlegungen einen Verständnisrahmen für idiosynkratische Entwicklungen und für die Plastizität des Motivationsgeschehens gegeben, der besonders von Vertretern der Humanistischen Psychologie aufgegriffen wurde.

Ein Persönlichkeitstheoretiker, auf den sich auch Rogers bezieht, ist George KELLY mit seiner Psychologie persönlicher Konstrukte. Er war ein Kollege von Rogers an der Ohio State University. Kelly geht davon aus, daß der Mensch die Fähigkeit hat, eigene Mittel zur Wahrnehmung der Welt zu schaffen. Diese Fähigkeit ist Ausdruck der „schöpferischen Kraft des Lebendigen [...], die Umwelt abzubilden und nicht nur auf sie zu reagieren" (Kelly 1986, S. 22). Kelly hebt den Menschen als Wissenschafter hervor. Jene Muster und Schablonen, die der Mensch entwirft und an die realen Gegebenheiten anpaßt, nennt Kelly *Konstrukte*. Seine philosophische Position nennt er konstruktiven Alternativismus, um damit hervorzuheben, daß der Mensch ein großes Ausmaß an Freiheit hat, zu entscheiden, wie seine Welt beschaffen ist, und welche Bedeutung sein Leben haben wird. Der Mensch hat die Möglichkeit, Unterschiede (Alternativen) zum gegenwärtigen Geschehen zu konstruieren, wenn er die Herausforderung annimmt, neue Bedeutungen zu entdecken und zu kreieren. Kellys

Theorie wurde von einer Reihe von Vertretern der Humanistischen
Psychologie in manchen Facetten aufgegriffen. Rogers verwendet
Kellys Begriff des Konstrukts, um Formen der Konstruktion von Erfahrung und der Erlebnisverarbeitung von Klienten in Verlauf der
Psychotherapie zu beschreiben. Kelly hat besonders BUGENTAL beeinflußt, dessen Doktorvater er war und der seine Ermutigung zur
offenen freien gedanklichen Auseinandersetzung schätzte (vgl. De-
Carvalho 1991). Weitere Spuren von Kellys Ansätzen sind im Ansatz
der „Bedeutungspsychologie" (Combs u. a. 1988) zu finden, im Prozeß der Veränderung von kognitiven Strukturen im therapeutischen
Erleben im Sinne von Mahrer (1986), dessen Lehrer Kelly war. Bei
RYSCHLAK (1977) finden Kellys Gedanken einen wissenschaftsphilosophischen Niederschlag. Ryschlaks Auffassung, daß der Mensch aktiv
in der Schöpfung von Bedeutungen involviert ist, daß die Realität eher
erfunden als entdeckt wird, schöpft aus Kellys Konzept des Menschen
als Wissenschafter (vgl. auch Epting und Leitner 1992).

Die Persönlichkeitstheorie von Andras ANGYAL ist eine weitere
Quelle, auf die sich motivations- und persönlichkeitstheoretische Ansätze innerhalb der Humanistischen Psychologie beziehen. Angyal
schloß ein Studium der Psychologie in Wien und ein Medizinstudium
in Turin ab, bevor er 1932 in die USA kam. Seine Theorie hat einen
organismischen und ganzheitlichen Kern, ist von der Gestaltpsychologie, vom personalistischen Ansatz Sterns und dem Holismus Smuts
beeinflußt. Sein implizites Denkmodell ist die „organisierte Ganzheit", die „differenzierte Einheit" oder die „unitas multiplex", die
Angyal (1941, 1952) als bedeutendste Eigenschaft eines Persönlich-
keitssystems hervorgehoben hat (vgl. Seeman 1983). Er prägte den
Begriff der *Biosphäre*. Damit ist eine organisierte ganzheitliche Einheit gemeint, die das Individuum und die Umgebung umfaßt, und
zwar als Aspekte einer einzigen Realität. Es gehören somatische, psychologische und soziale Prozesse dazu. Die Grundidee dieses Begriffes
war, daß es in dem Vorgang, den wir Organismus-Umwelt-Interaktion
nennen, Prozesse gibt, die eher vom Organismus „regiert" werden,
und solche, die eher von der Umgebung geleitet werden, aber niemals
ausschließlich, sondern ihr Charakter ist immer „biosphärisch". Eine
Biosphäre besteht aus verschiedenen „biosphärischen" Systemen, die
sich durch Grade an *Rigidität* und *Plastizität* unterscheiden. Aktivi-
ten eines rigiden Systems laufen standardisiert, lokal, stabil, automatisch und mit einem geringeren Grad an Bewußtheit ab, Aktivitäten

eines plastischen Systems weisen eine Bandbreite funktionaler Variation auf, sind flexibel, eher instabil, vermischen sich mit benachbarten Systemen und sind dem Bewußtsein zugänglich. Ein System besteht aus differenzierten und undifferenzierten Zuständen und Aktivitäten. *Differenzierung* geschieht, wenn eine komplexe Aufgabe oder Funktion erforderlich ist, die Arbeitsteilung verlangt. Es entstehen dadurch individualisierte Teilprozesse und -zustände mit relativer Autonomie. Um Desintegration zu vermeiden, wirkt das Prinzip der *Selbsterweiterung* (self-expansion) als integrierende und koordinierende Kraft. Ein System erweitert sich durch sukzessive Stufen der Differenzierung und Integration. Das menschliche Wesen verhält sich wie eine Ganzheit in der Stellung eines Zwischengliedes, quasi wie ein „Zwischenhändler", der selbst die Preise (je nach Umständen und Rahmenbedingungen) gestaltet, aber doch wieder zum allgemeinen Preisniveau in Beziehung steht, das der Preisdynamik durch Konkurrenz und durch Veränderung von Ansprüchen unterliegt (im Einkauf und Verkauf). Die Selbsterweiterung basiert auf der Spannung zwischen Selbstbestimmung und Einordnung, zwischen Eigenständigkeit und Selbst-Hingabe. Der Mensch ist „ein Organisator seiner unmittelbaren persönlichen Welt und ein Teilnehmer an einem [...] übergeordneten Ganzen, zu dem er gehört" (Angyal 1952, S. 133*).

Eines der wichtigsten Systeme mit relativer Autonomie bezeichnet er als *symbolisches Selbst*. Es bezeichnet die Idee über sich selbst als Organismus, die Summe all jener Vorgänge und Zustände über sich selbst, die einmal bewußt geworden sind. Das symbolische Selbst, das Verhalten steuert, ist jedoch nicht immer eine verläßliche Repräsentation des Organismus. Daher können Aktivitäten des Organismus, die sich am symbolischen Selbst orientieren, unangemessen und uneffektiv sein bezüglich der Bedürfnisse des Organismus. Angyal stellte daher fest: „Die relative Absonderung des symbolischen Selbst innerhalb des Organismus ist vielleicht der verletzlichste Punkt in der menschlichen Persönlichkeitsorganisation" (Angyal 1941, S. 121*). Das symbolische Selbst kann die Realität der Biosphäre stören und verzerren. Angyals organismische Persönlichkeitstheorie wurde im allgemeinen weniger und zögernder beachtet als jene GOLDSTEINS, obwohl sie umfassender und sehr originell war. Es lag vermutlich daran, daß er in seine theoretische Spekulationen keine klinischen Beobachtungen und experimentelle Forschung einband (vgl. Hall und Lindzey 1957). Humanistische Persönlichkeitstheoretiker haben allerdings Angyals

Art der Betrachtung der Persönlichkeit in ihre Sichtweise integriert. ROGERS verweist auf Angyal in bezug auf die Tendenz in Richtung zunehmender Autonomie und Differenzierung und beim Phänomen der „Überforderung" des Selbst bei der Kontrolle des Gesamtorganismus (Rogers 1951). MASLOW (1962), der mit Angyal befreundet war, verweist auf Angyals Unterscheidung von Autonomie und Homonomie, um seine Gegenüberstellung von Ich-Bezogenheit und Ich-Transzendenz zu erläutern. Weitere Referenzen finden sich in Combs u. a. (1988).

Die Ideenverdichtung innerhalb der Humanistischen Psychologie griff auch die Theorien von Gardner MURPHY auf, dessen Werk sehr vielfältig und komplex ist. Es reicht von der Allgemeinen Psychologie, Psychologiegeschichte, Sozialpsychologie bis zur Parapsychologie. Murphy (1947) nennt seine Theorie biosozial, da sie den Menschen als biologisches Wesen betrachtet, das mit der materiellen und sozialen Umwelt in einer Wechselwirkung steht. Seine Auffassung basiert auf der *Feldtheorie*: Der Mensch wird nicht als differenziertes Individuum gesehen, das von anderen isoliert ist, auch nicht als strukturierte Ganzheit, die nur in Begriffen ihrer eigenen strukturellen Eigenschaften verstanden werden kann, sondern als Organismus-Umwelt-Feld, das strukturiert ist und in dem jeder Aspekt in dynamischer Beziehung zu anderen Aspekten steht. Er bewegt sich hier in der Nähe von LEWINS Zugang, legt aber im Unterschied zu diesem einen deutlichen Schwerpunkt auf die biologisch-physiologische Ausstattung des Menschen. Ein wichtiger Begriff in Murphys Persönlichkeitstheorie ist die *Kanalisierung*, ein vom französischen Psychologen und Psychiater JANET übernommener Begriff, den er aber fruchtbar ausgeführt hat. Damit ist die Entwicklung und Stärkung einer Präferenz für eine bestimmte Bedürfnisbefriedigung gemeint. Eine anfangs unspezifische Motiv- und Antriebslage tendiert durch wiederholte Erfahrung dazu, durch bestimmte Aktivitäten eher befriedigt zu werden als durch andere. Die Stärke einer Kanalisierung hängt von verschiedenen Faktoren ab wie Bedürfnisstärke, Stärke und Häufigkeit der Befriedigung und vom Entwicklungsstadium, ist jedoch funktional variabel: eine feste Kanalisierung kann aus einem schwachen Bedürfnis in Verbindung mit einer ebenfalls schwachen, aber häufigen und wiederholten Befriedigung entstehen, aber genauso aus einem heftigen Bedürfnis und einer einmaligen intensiven Befriedigung. Es sind im Verlauf der Entwicklung eine Vielzahl von Kanalisierungen möglich. Murphy stellt eine offene Theorie zur Verfügung. Sie ermöglicht die Vorstellung von im Laufe der Entwicklung neu entstehenden spezifischen Motiv-, Antriebs- und Energieformen. Die Komplexität eines Menschen zeigt sich in Ausmaß und Tiefe der Kanalisierungen, die sich im Motivsystem, Wahrnehmungs- und Selbstsystem niederschlagen, diese konsolidieren und der individuellen Entwicklung Kontinuität verleihen.

Ein oft zitierter Satz Murphys weist auf die Verknüpfung von *Wahrnehmung* und Motivation hin: „Vor der Wahrnehmung liegen immer schon Bedürfnisse" (Murphy 1947, vgl. Bischof 1983, S. 125). Das Wahrnehmungssystem ist eine Funktion des Motivationssystems. Das Wahrnehmungssystem folgt dabei zwei Prinzipien: 1. der Regelmäßigkeit von Erfahrungen, wodurch Erwartungen und Gewohnheiten entstehen, und 2. der Relevanz des Wahrgenommenen (Wahrnehmungsobjekte) für die Bedürfnisse. Die Entwicklung von Interessen, Präferenzen und Einstellungen geht nicht von wenigen Grundbedürfnissen aus, sondern basiert auf der gegenwärtigen und unmittelbar entstehenden Befriedigung von spezifischen Sinneserfahrungen und Aktivitäts-Erfahrungen. Eine Speise wird bevorzugt, weil sie unmittelbar beim Essen besser schmeckt. Ihre Bevorzugung hält an, nicht weil sie durch Konditionierung mit einem anderen Motiv verknüpft wurde, sie hält an, weil ihr Genuß jedesmal eine angenehme Erfahrung vermittelt, weil es jedesmal schmeckt.

Einen wichtigen Stellenwert haben bei Murphy die *Symbole*, womit er jeden Reiz nennt, der für einen anderen Reiz steht. Symbole sind nicht nur auf Sprache beschränkt, sondern Kleidung, Gesten, Werke und auch spezifische Eigenheiten im Handeln sind „Symbolisierungen" und besitzen Symbolwert. Symbolwelt und Handlungswelt sind eng miteinander verbunden, indem der Mensch seine Handlungen an Symbolen orientiert und damit auch anfällig für symbolische Manipulation wird. Jede Persönlichkeit hat ein integriertes Symbolsystem, die Persönlichkeit ist durch Symbole organisiert. Das Spannungssystem einer Persönlichkeit drückt sich in seiner spezifischen Symbolwelt aus. Persönlichkeitsunterschiede gehen auf unterschiedliches Verhalten und unterschiedliche Reaktionen auf eine Symbolwelt zurück. Mit zunehmender Entwicklung bilden sich stabile Symbolmuster und Präferenzen hinsichtlich der Ansprechbarkeit auf Symbole und hinsichtlich eigener Symbolisierungen. Die Fähigkeit zur Symbolisierung, die Rezeptivität gegenüber Symbolen und die Funktionali-

tät der Symbolwelt ist ein zentrales Element in der Auseinandersetzung der Persönlichkeit mit sich selbst und ihrer sozialen Umwelt (vgl.
Bischof 1983).

Eine Form komplexer Kanalisierung stellt für Murphy das Selbst
dar, das in seiner Theorie eine hervorragende Stellung einnimmt.
Die Kanalisierung des Selbst entsteht aus einem Komplex diffuser
Gefühle und Empfindungen und ist im frühen Alter auf Körper und
Mund zentriert. Es entwickelt sich vorerst aus einem Gefühl des
Gewahrseins des Körpers und ist das Ergebnis eines fortlaufenden
Differenzierungsprozesses im Wahrnehmungsfeld. In dem Prozeß
der Entwicklung des Selbst werden Vorgänge der Projektion und
Introjektion wirksam. Dabei ist der Gebrauch von Symbolen wichtig,
die der Mensch teilweise selbst produziert, auf die er angewiesen und
denen er ausgesetzt ist. Nachdem sich das Selbst entwickelt hat und
durch Gefühle der Bedeutung und Wirksamkeit gefestigt ist, treten
auch Tendenzen der Selbstverteidigung auf. Dabei ist es unvermeidlich, daß Selbst-Abwehr und Selbst-Erhöhung potentiell immer im
Konflikt zur Selbst-Abwehr und Selbst-Erhöhung anderer stehen können. Die Fähigkeit des Menschen zur Kanalisierung kann auch zur
Rigidität des Selbst führen. Durch komplexe und unvollständige
Identifizierungen können multiple, divergierende und unvereinbare
Kanalisierungen im Selbst entstehen. Humanistische Persönlichkeitstheoretiker wie Rogers und Maslow haben auf Murphy immer wieder
Bezug genommen, ohne spezifische Konzepte explizit zu überneh-
men. Murphys Begriff des Selbst und die Bedeutung der Symbolisie-
rung scheint die Persönlichkeitstheorie von ROGERS inspiriert zu
haben, bei dem die „Symbolisierung von Erfahrung" und die „exakte
Symbolisierung" eine funktionale Bedeutung in der Dynamik der
Persönlichkeit haben.

Auch Henry MURRAY ging von einer feldtheoretischen Orientierung aus: Der Umgebungskontext mußte erst genau untersucht und
verstanden werden, bevor individuelles Verhalten angemessen erfaßt
werden kann. Er behandelte in seinen Publikationen die Frage der
Motivation besonders sorgfältig. Murray ging davon aus, daß das Studium der gerichteten Tendenzen des Menschen der Schlüssel sei zum
Verständnis des menschlichen Verhaltens (1951, S. 276): „[…] das
wichtigste an einem Individuum zu entdecken […] ist die übergeord-
nete Gerichtetheit (oder Richtungen) seiner Aktivitäten, ob geistig,
verbal oder physisch." Murray stellte eine Grundlage für die Unter-

scheidung von verschiedenen *Bedürfnissen* bereit, die er nach Gegensatzpaaren in die folgenden Typen einteilte.

Primäre oder *viszerogene* Bedürfnisse sind an charakteristische organische Ereignisse und Zustände gebunden und beziehen sich auf physische Befriedigung (Luft, Wasser, Nahrung, Sexualität, Defäkation etc.). Die sekundären oder *psychogenen* Bedürfnisse sind durch das Fehlen einer klaren Verbindung zu organischen Aktivitäten oder einer physischen Befriedigung (Erkennen, Leistung, Dominanz, Autonomie, Achtung) gekennzeichnet.

Eine weitere Unterscheidung macht Murray zwischen *offenen*, manifesten und *verdeckten*, latenten Bedürfnissen (overt vs. covert needs). Es ist eine Unterscheidung zwischen Bedürfnissen, die mehr oder weniger direkt und unmittelbar ausgedrückt werden, und solchen, die blockiert, gehemmt und unterdrückt sind. Offene Bedürfnisse zeigen sich oft in äußerem Verhalten, während verdeckte auf eine Phantasietätigkeit beschränkt bleiben, obwohl diese Unterscheidung nicht streng ist.

Ein dritter Typus unterscheidet *fokale* und *diffuse* Bedürfnisse. Fokale Bedürfnisse bündeln die Energie auf konkrete Objekte in der Umwelt oder konkrete Aktivitäten in spezifischen Situationen, während diffuse Bedürfnisse allgemein auf viele Objekte und Situationen anwendbar sind. Diese Unterscheidung weist darauf hin, daß der Bereich der Ereignisse und Objekte in der Umwelt, für die ein Bedürfnis relevant ist, erweitert oder eingeschränkt werden kann und die Handlungen und instrumentellen Aktivitäten, die mit dem Bedürfnis verbunden sind, anwachsen, umfangreicher sein oder einfacher und verringert sein können.

Eine weitere Unterscheidung stellt *proaktive* und *reaktive* Bedürfnisse einander gegenüber. Proaktive Bedürfnisse sind weitgehend von innen her bestimmt, treten „spontan" als ein Ergebnis von Prozessen auf, die innerhalb der Person ablaufen. Reaktive Bedürfnisse stellen dagegen eine Antwort auf ein Ereignis in der Umwelt dar. Der Unterschied bezieht sich auf Aktivitäten, die durch eine bestimmte Reizveränderung, und jene, die in Abwesenheit einer Reizveränderung auftreten.

In einer weiteren Kategorie von Bedürfnissen unterscheidet Murray zwischen Prozeßaktivität, Modalbedürfnissen und Wirkungsbedürfnissen. Die amerikanische Psychologie hat in ihrem Interesse an Funktion und Nützlichkeit Bedürfnisse, die einen erwünschten Endzustand und ein Resultat erreichen, betont. *Wirkungsbedürfnisse* sind jene Bedürfnisse, die erst befriedigt sind, wenn ein bestimmtes Ergebnis, ein Effekt erzielt ist. Murray stellt dem die *Prozeßaktivitäten* gegenüber, die Tendenz, Handlungen um ihrer selbst willen zu zeigen. Es sind Aktivitäten, die durch ihre Expressivität, aus Funktionslust eine intrinsische Befriedigung mit sich bringen. *Modalbedürfnisse* (oder „Ausführungsbedürfnisse") sind mit einem Qualitätsanspruch und einem Bedürfnis nach Perfektion verbunden. Sie schaffen erst Befriedigung durch die Erfüllung von Momenten ästhetischer Qualitäten, von Vollständigkeit und Angemessenheit.

Nach Murray operieren diese Bedürfnisse nicht isoliert voneinander, sondern sind komplex miteinander verbunden und beeinflussen sich wechselseitig. Im Falle einer Bedürfnisfusion können verschiedene Bedürfnisse durch dieselbe bzw. eine zusammenhängende Handlung erfüllt werden. Bedürfnisse können durch das Prinzip der *Subsidiarität* miteinander verbunden sein: Ein subsidiäres Motiv steht im Dienste und ist Instrument für die Befriedigung eines anderen Motivs, so daß es auch zu Ketten von Subsidiaritäten kommen kann. Es entwickeln sich *Hierarchien* von Bedürfnissen, so daß bestimmte Bedürfnisse eine Vormacht gegenüber anderen bekommen. Im Falle des gleichzeitigen Auftauchens von zwei oder mehreren Bedürfnissen, wird das vormächtige zuerst verhaltenswirksam. Vormächtige Bedürfnisse können im Verhältnis zu weniger vormächtigen nicht zurückgestellt werden. Wie an dieser exemplarischen Darstellung gesehen werden kann, zeichneten sich Murrays Überlegungen durch eine sorgfältige und sensible Behandlung des Motivationsprozesses aus, der besonders humanistische Persönlichkeitstheoretiker wie etwa Rogers und Maslow beeindruckte. Das Konzept der Bedürfnishierarchie finden wir auch in MASLOWS Motivationstheorie wieder.

Eine letzte hier zu nennende Theorie ist die Theorie der *Selbstkonsistenz* von Prescott LECKY (1945). Er sieht die Persönlichkeit als eine Organisation von Ideen, die miteinander konsistent sein müssen. „Der Kern ist ein System [...] ist die Idee oder der Entwurf des Individuums von sich selbst" (Lecky 1994, S. 163*). Das Verhalten ist der Versuch, die Integrität und Einheit dieser Organisation von Ideen aufrechtzuerhalten. Das Streben nach Einheit, Integrität und Organisation ist das einzige Motiv, aus dem Antriebsenergien erwachsen. Neue Erfahrungen können nur unmittelbar integriert werden, wenn sie konsistent zum bestehenden Entwurf des Individuums sind. Ideen

und Entwürfe, die als inkonsistent erkannt werden, müssen ausgesto-
ßen werden. Psychische Probleme entstehen erst dann, wenn es einem
Individuum unmöglich ist, Inkonsistenzen zu beseitigen. Leckys
Theorie warf zu seiner Zeit ein neues Licht auf das Phänomen des
Widerstandes: „Das Problem des Widerstandes hat bis jetzt sehr wenig
Aufmerksamkeit in der Erziehungspsychologie erhalten, die Lernen
als Gewohnheitsbildung betrachtet. [...] Doch der außergewöhnliche
Umstand, daß wir danach streben, wahrhaftig zu uns selbst zu sein,
schließt Widerstand gegenüber der Akzeptanz von allem ein, was inkonsistent ist. So muß Widerstand als normal und notwendig erkannt
werden. Tatsächlich kann eine einheitliche Organisation ohne ihn
nicht aufrechterhalten werden" (ebd., S. 165*). Widerstand ist für
Lecky ein beständiges Element der Persönlichkeitsdynamik. Phänomene des Widerstandes sind stets vorhanden, da das Individuum eine
gewisse Anzahl von Entwürfen über sich selbst auf der Basis unzureichender Evidenz aufrechterhält, deren Inkonsistenz noch nicht zum
Ausdruck gekommen ist. Leckys Gedanken wurden von ROGERS bei
der Entwicklung seiner Persönlichkeitstheorie übernommen. Sie sind
in Rogers' Begriff des Selbst zu erkennen und insbesondere in der
Dynamik der Erfahrungsverarbeitung, wenn Rogers etwa feststellt, Erfahrungen werden in „Beziehung zur Selbst-Struktur organisiert [...],
weil sie mit der Selbst-Struktur übereinstimmen und sie deshalb stärken" (Rogers 1986, S. 435), und „daß Wahrnehmungen ausgeschlos-
sen werden, weil sie widersprüchlich [zum Selbst] sind, nicht weil sie
herabsetzend oder entwürdigend sind" (ebd., S. 436). Der bei Rogers
so wichtige Begriff der Inkongruenz im Zusammenhang mit der Entstehung von psychischen Störungen scheint stark von Leckys Vorstellung von latenten Inkonsistenzen inspiriert zu sein (vgl. Rogers 1951,
1959).
    Die Theorien und das Denken der hier angeführten Persönlich-
keitstheoretiker hatten insgesamt einen breiten Einfluß auf die paradigmatische Entwicklung der Humanistischen Psychologie. Die entsprechenden Publikationen fallen in die dreißiger und vierziger Jahre
und schufen – abgesehen von spezifischen, abgrenzbaren und nach-
weisbaren Einflüssen – das intellektuelle Klima für die Ausformulie-
rung humanistischer Ansätze in Psychologie und Sozialwissenschaften, die in den fünfziger und sechziger Jahren erfolgte. Die persön-
lichkeits- und motivationstheoretischen Konzepte fügten sich nahtlos
in das entstehende Paradigma der Humanistischen Psychologie ein,

denn sie waren alle mehr oder weniger eklektisch-integrierend, funktional, holistisch und feldtheoretisch (vgl. Hall und Lindzey 1957). Für die Entwicklung eines humanistischen Paradigmas hatten sie mit diesen Attributen eine Schlüsselfunktion, sie waren Anregung, Unterstützung und Bestätigung. Denn es zeichnete sich mit diesen theoretischen Perspektiven eine „Art des Sehens" ab, die sich von der klassischen Psychoanalyse und dem klassischen Behaviorismus abgrenzen ließ, die Forschung anregte, für die Praxis eine brauchbare Orientierung abgab, sich auf andere Bereiche durch Analogien übertragen ließ (z.B. Gruppenarbeit) und durch das Aufkommen von verwandten Ansätzen (z.B. Systemtheorie) eine Bestätigung erfuhr. Verständlicherweise wurde die Humanistische Psychologie oft mit diesen Persönlichkeitstheorien gleichgesetzt, auch wenn diese Einschätzung letztendlich eine Verkürzung darstellt.

Gruppenbewegung, methodischer Expressionismus und Körperorientierung

Ein sehr vielschichtiger Beitrag zur Ideenverdichtung kommt aus der Praxis der Gruppenbewegung, die die Entwicklung der Humanistischen Psychologie über weite Strecken begleitet, zeitweise getragen, jedenfalls aber vielfältig angeregt hat. Die Wurzeln der gruppentherapeutischen Bewegung gehen einerseits auf Selbsthilfegruppen zurück, die bereits um die Jahrhundertwende in den USA aktiv waren. Ein Internist namens PRATT organisierte Patienten mit Tuberkulose, die sich eine Behandlung in einer Klinik nicht leisten konnten, in Gruppen. In diesen Gruppen sollten die Patienten Ermutigung, gegenseitige Hilfe und das Erleben des gemeinsamen Leidens erfahren. Besonders wichtig war die Bedeutung, die in der „ansteckenden" Wirkung jener Patienten bestand, die Fortschritte im Genesungsprozeß machten (vgl. Schaffer und Galinsky 1977). Eine zweite Wurzel der gruppentherapeutischen Bewegung geht bis in die Jahre 1910 bis 1914 zurück, in denen Jakob MORENO mit Kindergruppen, Diskussionsgruppen mit Prostituierten und in einem Flüchtlingslager in Mitterndorf bei Wien arbeitete (vgl. Moreno 1988). Die wesentlichen Anfänge der Gruppenpsychotherapie sind daher in Europa zu suchen. Durch die Emigranten wurden viele Ideen während der Nazizeit in die USA verpflanzt, wo sie schließlich erfolgreicher waren als in Europa. „Mit anderen Worten", so stellte Moreno fest, „das Kind wurde in Eu-

ropa konzipiert, aber in Amerika geboren" (Moreno 1988, S. 10). Der
Beginn der wissenschaftlichen Gruppenpsychotherapie geht bis an
den Anfang der dreißiger Jahre zurück. Moreno gab sein erstes Buch
über Gruppenpsychotherapie heraus, in dem der Begriff der Gruppenpsychotherapie zum ersten Mal definiert wurde (Moreno 1932).

MORENO stellte der Übertragung aus dem Bereich der Psychoanalyse die *Begegnung* gegenüber (Moreno 1914). Die Verwirklichung
folgender Gesichtspunkte in der Gruppentherapie betrachtete er als
wichtig: das Prinzip der therapeutischen Interaktion, das Prinzip der
Spontaneität und den direkten unmittelbaren Charakter der Interaktion in der Gruppe. Der Leiter der Gruppe ist dabei offen gegenüber Interaktionen mit anderen Gruppenmitgliedern. Dies sieht Moreno bewußt im Gegensatz zur Abstinenz und zur Zurückhaltung des
Psychoanalytikers oder zur Unterrichts- und Suggestionsmethode, wie
sie etwa in Amerika durch Pratt praktiziert wurde. Diese Formen der
Anwendung einer suggestiven Methode auf eine Gruppe unterscheidet Moreno von der dynamischen Gruppentherapie. Moreno berich-
tet, daß es im Jahre 1925, als er in die Vereinigten Staaten kam, keine
Gruppenpsychotherapie gab, jedoch ein besonders günstiges Klima
für eine Bewegung in Richtung psychischer Hygiene, vor allem auch
durch die amerikanischen Philosophen und Psychologen DEWEY und
COOLEY (Moreno 1988). Moreno bezeichnete sich bis zum Jahre 1935
als den „einzigen, der die neuen Methoden unter dem Namen Gruppentherapie und Gruppenpsychotherapie anwandte" (ebd., S. 16).
Die Gruppentherapie selbst wurde erst etwa zwanzig Jahre später von
den Vereinigten Staaten nach Europa importiert. Nach 1940 verbreitete sich die Gruppenpsychotherapie vor allem in den Vereinigten
Staaten, in Großbritannien (Bion, Foulkes) und seit etwa 1950 auch in
Mitteleuropa, besonders in den deutschsprachigen Ländern (Bau-
meyer in Berlin, Langen in Tübingen und Schindler in Wien). Als für
die Vorgeschichte der Gruppentherapie in Österreich wichtige Momente nennt Moreno den Einfluß der Jugendbewegung, das Interesse
an psychopädagogischen Problemen und nicht zuletzt eine *Protesthaltung* gegen die Psychoanalyse: „Die Entwicklung der Psychoanalyse in
Wien schuf einen natürlichen Boden für die Entfaltung ihrer Anti-
these. Die Gruppenpsychotherapie entstand im Gegensatz und als
Protest gegen die individuellen Methoden, welche damals dominierten" (ebd., S. 10). Die Protesthaltung dehnte sich auf die Ausschließlichkeit der verbalen Vorgangsweise in der Psychoanalyse aus und

mündete in eine „Rebellion des unterdrückten Täters gegen das Wort" (ebd., S. 14). Für Moreno war das ein zweiter Schritt über Freud hinaus zum *Psychodrama*. Das Psychodrama, das auch auf Morenos Erfahrungen im von ihm 1921 gegründeten Stegreiftheater, dem Theater der Spontaneität, gründete, nutzte beide Momente: Es war eine Gruppenmethode in Verbindung mit einem methodischen Expressionismus, d. h., der Ausdruck der innerpsychischen Situation in einer dramatischen Handlung wurde methodisch eingesetzt und genutzt. Der Schwerpunkt lag weniger auf der gegenseitigen Hilfe, der gegenseitigen Identifikation der Gruppenmitglieder und dem verbalen Bericht und der Erzählung, sondern auf dem Ausdruck in der *dramatischen Handlung* und Darstellung des *einzelnen* in Abhebung von der Gruppe (vgl. Schaffer und Galinsky 1977).

Dieses Moment des methodischen Expressionismus wurde in verschiedenen Formen des Psychodramas und Rollenspiels im Rahmen von Gruppen in Psychotherapie und Erwachsenenbildung angewandt und entwickelt. Darüber hinaus findet sich dieses Prinzip in verschiedenen Formen erlebnisaktivierender Übungen und Experimente, bei denen innerpsychische Situation, Wort und motorischer Ausdruck in Handlung und Gestik als verstärkte Symbolisierung innerer Erfahrung oder als alternative Symbolisierung gegenüber dem verbalen Ausdruck fungieren. Der direkte oder indirekte Einfluß Morenos auf die Technologie der Erlebensaktivierung wurde als so umfassend gesehen, daß man von einem „Moreno-Problem" sprach: Im Bereich der aktiven Techniken, wurde festgestellt, war nach Moreno nichts Neues mehr denkbar, da er alles bereits im Psychodrama ausprobiert hatte (Berne 1970). Moreno stellte mit der *Soziometrie* eine Methode zur Messung und Erfassung von zwischenmenschlichen Beziehungen zur Verfügung. Er führte an, daß die Soziometriker die ersten waren, die eine Theorie zwischenmenschlicher Beziehungen entwickelten. Die Soziometriker waren die ersten, die den Gebrauch von *Tonbändern* in den Sitzungen vorschlugen, um erhöhte Objektivität in der Psychotherapie zu gewährleisten (Moreno 1932, 1988), ein Hilfsmittel für die Forschung, das schließlich in der Entwicklung der klientenzentrierten Psychotherapie durch ROGERS und seine Mitarbeiter tatsächlich eingesetzt wurde und dort eine zentrale Bedeutung erlangte (Rogers 1942, 1951).

Morenos Einfluß erreichte auch LEWIN, der weitere zentrale und eigene Impulse und Entwicklungen in die Arbeit mit Gruppen ein-

brachte. Lewin folgte ursprünglich einem sozialpsychologischen Interesse am Studium von Gruppen und von geplanten Veränderungen
sozialer Systeme. Es ging ebenfalls um die Überwindung der ausschließlich auf das Individuum bezogenen Formen der Beeinflussung
und Veränderungsmaßnahmen. Lewins Feldtheorie und sein Modell
der Aktionsforschung, das die Anregung und Bewertung von Veränderungsmaßnahmen und -prozessen in Kooperation von Forscher-
team und Betroffenen vorsieht, waren Grundlagen für seine sozialpsychologische Forschung. Ein wichtiger Teil von Lewins Forschung war
auf die Dynamik von Gruppen unter der Bedingung demokratischer
und autokratischer Führung gerichtet (Lewin u.a. 1939).

Die Entwicklung jener Prinzipien, die der Trainingsgruppe und
Gruppendynamik als Veränderungsinstrument zugrunde liegen, gehen auf die Entdeckung des Feedbacks zurück: Bei einem Seminar im
Jahr 1946 sollten die Teilnehmer dazu befähigt werden, ein Gesetz
über die faire Behandlung von Arbeitsuchenden noch besser zu vertreten und durchzusetzen. Die Teilnehmer an diesem Seminar kamen
aus den Lehr- und Sozialberufen, gelegentlich auch aus der Wirtschaft. Die beigezogenen Forscher wollten herausfinden, wie sich die
Teilnahme an diesem Seminar auf die Teilnehmer auswirkt, vor allem
hinsichtlich des Transfers von Verhaltensänderungen in deren Alltagsleben. Obwohl es ursprünglich nicht vorgesehen gewesen war,
wurde einigen Teilnehmern erlaubt, den abendlichen Besprechun-
gen von Trainern und Forschern beizuwohnen. Die Anwesenheit und
Beteiligung der Gruppenteilnehmer an diesen Sitzungen hatte unvor-
hergesehene Folgen. „Die offene Erörterung ihres Verhaltens und
seiner beobachteten Folgen wirkte sowohl auf die Teilnehmer wie auf
die Trainingsleiter elektrisierend" (Bradford u.a. 1972, S. 97).

Diese Sitzungen gewannen eine derartige Anziehungskraft, daß
auch alle anderen Teilnehmer des Seminars ihnen beiwohnten, weil
sie feststellten, daß sie daraus bedeutsame Erkenntnisse und Einsichten über ihr Verhalten bzw. über Prozesse ihrer Gruppe gewinnen
konnten. Dem Trainingsstab wurde allmählich auch klar, daß sie mit
dieser Vorgangsweise ein sehr wirkungsvolles Instrument für Lernen
und Verhaltensänderung entdeckt hatten: „Wenn man die Gruppenmitglieder mehr oder weniger objektiv mit Daten über ihr Verhalten
und dessen Folgen konfrontierte, und wenn sie sich ohne Abwehr am
Nachdenken über diese Daten beteiligten, so konnte ihr Lernen über
sich selbst, über die Reaktionen anderer auf sie, über Gruppenverhal-

ten und Gruppenentwicklung im allgemeinen zu höchst bedeutsamen Resultaten führen" (ebd., S. 98) Diese Entdeckung wurde in späteren Seminaren systematisch umgesetzt und verwendet (1947/ 48). Ein typischer Vorgang bei diesen Seminaren war, daß ein Beobachter der Gruppe seine Wahrnehmungen mitteilte, und dadurch die Diskussion stimulierte, um der Gruppe zu einer tieferen Untersuchung ihrer zugrundeliegenden Prozesse zu verhelfen.

Das Ziel dieser Trainingsgruppen, die in den „National Training Laboratories" (NTL) entwickelt wurden, lag in der Einübung von Fähigkeiten zur *Gruppenleitung* und im Training *zwischenmenschlicher Beziehungen* sowie der Förderung des *sozialen Wandels*. Die erzieherischen Impulse richteten sich auf den Gesunden, der befähigt werden sollte, die Entwicklung von Gruppen und Gemeinschaften in Richtung demokratischer Prinzipien zu regulieren (vgl. Heigl-Evers und Schulte-Herbrüggen 1973). Die Grundlage der Trainingsprogramme war das Vertrauen in demokratische Methoden, die auf der humanistischen Überzeugung ruhten, daß Menschen das Potential haben, gemeinsam in Gruppen ihre wechselseitige Selbstaktualisierung zu fördern. Die Entwicklung der Trainingsgruppe in der Folge war auch ein Ergebnis der verschiedenen philosophischen Orientierungen und Trainingsideologien innerhalb des Stabs sowie auch der daraus resultierenden Konflikte. In diesem Trainerstab waren vor allem Sozialpsychologen, Pädagogen und Soziologen vertreten. 1949 kamen neue Mitglieder aus dem Bereich der Psychiatrie und der klinischen Psychologie hinzu. Da unter diesen neuen Mitgliedern Freudianer und Rogerianer waren, kam eine neue Dynamik hinzu, nämlich durch die Konflikte zwischen diesen beiden und zwischen den Klinikern und den Lewinianern. Eine Konsequenz war, daß das Trainingsziel der Verbesserung innovatorischer Fertigkeiten verschwand und die Beachtung von Organisations- und Gruppenstrukturen vermindert wurde. Dagegen richtete sich der Fokus der Trainer und Teilnehmer mehr auf das interpersonale Geschehen zwischen den Trainern und Teilnehmern bzw. zwischen den Teilnehmern; und zum Teil auch auf den Entwicklungsprozeß der Gruppe. „Die Sprache der Interpretationen, mit denen die Ereignisse geklärt wurden, wurde stärker psychoanalytisch oder rogerianisch und weniger soziologisch und lewinianisch" (Benne 1972, S. 101). Durch diese Akzentverschiebung wurde auch die Grenze zwischen Trainings- und Therapiegruppe unschärfer. Anfang der fünfziger Jahre erfolgte also eine Umorientierung in den Zielen der Trainingsgruppe und der Schwerpunkt lag in der Analyse der Geschehnisse im Entwicklungs- und Erfahrungsprozeß der Gruppe bzw. ihrer Mitglieder. Daraus resultierte ein Lernen über interpersonale Beziehungen, über das individuelle Selbst und über die Funktionsweise und Entwicklung von Gruppen als soziale Systeme (Schaffer und Galinsky 1977, Bradford u.a. 1972). Diese Veränderung der Ziele und Funktionen der Trainingsgruppe ging von der sozialpsychologischen Aktionsforschung und Gruppendynamik zum *persönlichen Wachstum* des Individuums *innerhalb der Gruppe,* zur zunehmenden Stärkung des Individuums in seinem Wunsch, Menschen und Ereignisse vollständiger zu erfahren, sich selber gründlicher und genauer kennenzulernen und eine tiefere und sinnvollere Bedeutung für sein Leben zu finden (vgl. Weschler u.a. 1962).

Ein wichtiger direkter Input in Richtung Förderung der Entwicklung des einzelnen in der Gruppe ging von Rogers selbst aus. In denselben Jahren, als LEWIN und seine Mitarbeiter die Trainingsgruppe entwickelten, nämlich 1946 und 1947, experimentierten ROGERS und seine Kollegen am Counseling Center der Universität Chicago mit kleinen Intensivgruppen. Ein Ausgangspunkt für diese Entwicklung war Rogers' Lehrstil, der sehr viel Ähnlichkeit mit dem Leitungsstil seiner späteren Encountergruppen hatte, in dem er sehr viel Freiheit gab und dabei half, Gedanken und Gefühle der Studenten zu klären. In dieser Situation ohne traditionelle Führung kam es oft zu Dynamik in Richtung vermehrter Konflikte, zur Entwicklung von Nähe und zu einer verstärkten Verantwortlichkeit der Mitglieder für den Prozeß der Gruppe. In dieser Zeit wurden Rogers und seine Mitarbeiter mit einer Aufgabe konfrontiert, die sie anhielt, weiter über die Gruppe als therapeutische Situation und Lernsituation nachzudenken (wie im übrigen auch die Entwicklung von psychoanalytischen Gruppen auf diese Anforderung und Aufgabe zurückzuführen ist): Die verschiedenen Organisationen, die die aus dem Zweiten Weltkrieg zurückkehrenden Soldaten betreuten, suchten Unterstützung für die psychologische *Betreuung der Kriegsheimkehrer.* Da eine relativ große Anzahl von Personen betreut werden mußte, wurden aus organisatorischen und ökonomischen Gründen kleine Gruppen gebildet, denen je ein Berater für die ganze Gruppe zugewiesen wurde. Damit war die Hoffnung verbunden, daß dieses Setting den Mitgliedern helfen würde, sich selbst besser zu verstehen und ihre eigenen Einstellungen zu klären. Die Erfahrung war, daß die Gruppenmitglieder begannen, sich *gegenseitig zu beraten* und zu helfen, und dadurch die Gruppenerfahrung einen sehr starken Einfluß auf die Teilnehmer erhielt (Rogers 1984). Der Unterschied zwischen den Gruppen an der Universität Chicago und den Trainings-Gruppen im Sinne von Lewin war, daß die NTL-Gruppen eine stärkere Betonung auf das Führungstraining und die Prozeßbeobachtung legten und die persönliche Entwicklung, das Wachstum der Teilnehmer, sekundär war, während die Chicago-Gruppe die persönliche Entwicklung der Teilnehmer als Schwerpunkt betrachtete. Allerdings schenkte Rogers der Erfahrung mit den kleinen Intensivgruppen in Chicago nicht sehr viel Aufmerksamkeit, da er gerade wichtige Forschungsarbeiten durchführte im Bereich der Einzelpsychotherapie, und es war für ihn möglicherweise die Erforschung einer Gruppentherapie ein unüberwindliches Problem. 1958 war in Rogers' Erinnerung der erste Workshop, an dem er selbst teilnahm und in dem ihm von vornherein der Schwerpunkt klar war, daß der Zweck die Exploration von zwischenmenschlichen Beziehungen sein sollte (vgl. Kirschenbaum 1979). Ab diesem Zeitpunkt führte er weitere Workshops dieser Art durch, die sich immer mehr in Richtung einer intensiven Gruppenerfahrung entwickelten. Sensitivitytrainings und Human-relations-Trainings kamen zu dieser Zeit in Mode und erhielten eine zunehmende Popularität. In der Zeit zwischen 1964 und 1968 leitete er eine große Anzahl von Gruppen und engagierte sich in diesem Bereich sehr intensiv. Auch die NTL luden ihn jährlich ein, eine Gruppe zu leiten. Rogers wurde nach seinem Engagement in Encountergruppen als der Großmeister der Encountergruppen tituliert. Oft wurde angenommen, daß Rogers die Encountergruppen erfunden hatte. Aber er selbst hat den NTL zugestanden, die wirkliche Pionierarbeit für die Encountergruppenbewegung geleistet zu haben. Denn sie leisteten einen Gutteil der Forschung im Bereich der Gruppendynamik, entwickelten Anwendungen ihres Trainingsansatzes auch im Bereich der Organisationsarbeit und Gemeinschaftsentwicklung und waren in vielen industriellen Organisationen, Erziehungsorganisationen und religiösen Organisationen tätig. Sie hatten auch schon früh ein Netzwerk von qualifizierten und graduierten Trainern (vgl. Kirschenbaum 1979).

Eine weitere wichtige und mit der Gruppenbewegung in Zusammenhang stehende Entwicklung in der Praxis waren Ansätze, die man unter dem Titel *Körperorientierung* zusammenfassen kann. Schon MORENO hatte von einer „Körpertechnik" gesprochen, die bereits im

Zusammenhang mit seinem Stegreiftheater Bedeutung hatte. Es ging dabei um die *Lockerung* physischer wie psychischer Reflexe, um die „körperlichen Mitbewegungen" bei der Darstellung einer Rolle. Auf das Zusammenspiel von Psyche und Körper im Psychodrama verwies Moreno mit der Feststellung: „An frei steigende Vorstellungen werden sich sinngemäß frei steigende Gesten schließen" (Moreno 1988, S. 252). Eine wichtige Grundlage für den Trend zur Körperorientierung stellten die Überlegungen von Wilhelm REICH dar, einem österreichischen Psychiater und Psychoanalytiker, der sich mit der Entwicklung von Anschauungen, die er Charakteranalyse nannte, von Freud entfernte (vgl. Reich 1989). Reich betont besonders die Einheit und das funktionelle Zusammenspiel von Körper und Seele. Seelisches Erleben ist in der körperlichen Ebene verankert. Ausdrucksformen des Organismus wie etwa Angst oder Erregung zeigen sich im psychischen wie physischen Bereich, etwa in emotionalen Hemmungen oder in Verkrampfungen des Muskelapparates. Der therapeutische Zugang müsse sich daher im Sinne dieses biophysischen Zusammenspiels auf die Auflösung chronifizierter Gefühlszustände und Erlebnisformen sowie auf Auflockerung von Muskelverspannungen und Muskelpanzerung richten. Die Beachtung von körperlichen Spannungszuständen, Verkrampfungen und Verspannungen sowie Einengungen und Einschränkungen körperlicher Funktionen, die sich in psychosomatischen Symptomen zeigen, ist ein Schwerpunkt in der Vegetotherapie nach Reich. Diese Phänomene stellen eine extreme und oft chronifizierte Form des Schutzes dar und werden als *Panzerung* bezeichnet (Körperpanzer, Charakterpanzer). Dabei wird dem Atmen besondere Aufmerksamkeit geschenkt, sowohl in seiner repressiven Funktion (Atemanhalten) als auch in seiner stimulierenden und empfindungsverstärkenden Funktion. Reich gilt als Vater körperorientierter Psychotherapie. Er hatte direkt oder indirekt Einfluß auf die Entwicklung verschiedener Formen der Körperarbeit und Körpertherapie, wie etwa der Bioenergetik (Lowen 1981, 1982), der Biosynthese (Boadella 1990) und der Biodynamischen Psychologie (Boyesen 1987, Boyesen und Boyesen 1987).

Das Interesse ging über diese Formen der Körpertherapie hinaus und richtete sich auf weitere körperorientierte Techniken und Methoden, die zumindest ursprünglich keinen therapeutischen Anspruch stellten wie etwa rituelles Tanzen, Yoga, Tai Chi (ein chinesisches System von „sanften" Bewegungformen), Aikido (eine Form der

Selbstverteidigung). All diese Methoden zielten auch auf die Entwicklung und Einübung verschiedener Arten „höheren Bewußtseins" (spirituelles Bewußtsein, Körperbewußtheit).

Eine weitere Facette der Körperorientierung stellt das aufkommende Interesse am Körperkontakt in seiner Bedeutung für die Entwicklung des Menschen (Montagu 1974) und an der Körpersprache des Menschen dar (Fast 1971). *Körperkontakt* wurde nun nicht mehr allein als mechanischer Vorgang, als Handlung mit instrumentellem Charakter (z. B. das Händegeben als Mittel zur Begrüßung und Höflichkeitsgeste) oder als Ausdrucksform der Zuneigung in besonderen Situationen und besonderen Beziehungen (Liebende, Eltern und Kinder) gesehen, sondern bekam einen Wert für sich, indem die Funktion der Energieübertragung und des Energieaustausches durch eine körperliche Berührung betont wurde (vgl. Cohen 1989, D. Johnson 1994, Krieger 1987, MacNeely 1992). Die Untersuchung der *Körpersprache* und des kommunikativen Verhaltens des Körpers geht auf den Anthropologen BIRDWHISTELL zurück, der eine Methodologie für das Verständnis der Körpersprache entwickelte (Gesichtsausdruck, Mienenspiel, Gestik, Körperhaltung etc.). Er betonte die *Symbolfunktion* der Körpersprache und die Notwendigkeit der Berücksichtigung des kulturspezifischen und sozialen *Kontextes* für das Verständnis der körperliche Ausdrucks (Birdwhistell 1952, 1970). Die Körpersprache ist demnach nicht ein künstliches Beiwerk zur verbalen Mitteilung. Sie beinhaltet komplexe Formen der Kommunikation und des Ausdrucks und ist in bestimmten Situationen dem verbalen Ausdruck überlegen oder gegenüber diesem sogar unersetzbar. Die Erfahrung des Unaussprechlichen in der verbalen Mitteilung („das kann man mit Worten nicht sagen") verweist auf den komplexen Symbolcharakter der Körpersprache. Die soziale Funktion der Körpersprache richtet sich auf die Regelung von Beziehung (Nähe und Distanz), die Begrenzung oder Öffnung „territorialer" Zonen, Signale der Aufforderung oder Abschreckung und ist ein Mittel der Imitation, Manipulation und Entlarvung. Der Wert der Körpersprache wird in spezifischer Weise demonstriert im Vergleich und Aufzeigen von Widersprüchlichkeiten oder Übereinstimmung von körperlichem und verbalem Ausdruck als Methode der Selbstkonfrontation und als Indikator für eine authentische Handlung.

Die Gruppenbewegung hat auf dem Weg ihrer Entwicklung hin zum Vehikel individuellen psychischen Wachstums vielfältige Formen

der sogenannten Encountergruppen hervorgebracht. Verschiedene
Wachstumszentren haben ihre Dienste und Programme angeboten,
wobei viele der Erkenntnisse und Kompetenzen, die die NTL entwikkelt hatten, verwendet wurden. Dabei wurde aber der Schwerpunkt
auf die persönliche Entwicklung der Teilnehmer gelegt und eine
Reihe von anderen Techniken wurden integriert, wie etwa Massagetechniken, körperorientierte Techniken oder bewußtseinserweiternde Aktivitäten. In einem größeren oder geringeren Ausmaß hat sich
die Entwicklung von speziellen Techniken, erlebnisaktivierenden Methoden, strukturierten Übungen und Interventionen am methodischen Expressionismus und an der Körperorientierung ausgerichtet.
Die Experimentierfreudigkeit hat eine große Vielfalt von Gruppenformen mit Licht- und Schattenseiten gebracht. Die körperliche Berührung und der Körperkontakt wurden enttabuisiert, wurden als
phänomenologische Erfahrung und in ihrer therapeutischen Funktion besprechbar (Mintz 1973). Die zunehmende Orientierung der
Gruppenbewegung am individuellen Wachsen ist durch die Integration des methodischen Expressionismus und der Körperorientierung
in einem Ausmaß gefestigt worden, daß bisweilen das ursprüngliche
Anliegen der Förderung einer reflektierten demokratischen Gemeinschaftsbildung im Sinne von Lewin im Hintergrund verschwunden ist.
Die zahlreichen Psychotechnologien, Gruppenformen und Leiter-
stile, die durch die beinahe epidemische Entwicklung der Encountergruppe Anfang der sechziger Jahre produziert wurden, eröffneten ein
Spektrum vom nichtdirigierenden, akzeptierenden und freundlich
stimulierenden zum charismatischen, aggressiv konfrontativen Leiter,
von der hochstrukturierten Gruppe mit autoritärem Leiter bis zur
leiterlosen, instrumentierten Trainingsgruppe (vgl. Liebermann u. a.
1973). Die Ansprüche dieser Gruppenformen reichten von therapeutischen Zielen bis zur Idee der kompensatorischen Erwachsenenbildung. Beide Ansprüche entstanden auf dem Boden des Protestes gegen Werte und Zwänge der bestehenden Gesellschaft und gegen die
Erziehung in der Familie: In der temporären Sekundärgruppe wurde
im Gegensatz zur Erfahrung in der primären Gruppe der kontinuierlichen Familie die Kraft und Möglichkeit gesehen, Neurotisierungen
zu heilen und „Verbildungen" zu verlernen. Von der Encountergruppe wurde als Instrument der Therapie und Erziehung erwartet,
gesellschaftlich geförderte Einstellungen und Defizite zu überwinden
und das erfüllte Leben und den Erlebnisreichtum in der freien sozia-

len Begegnung als neue Werte zu festigen. Welche ideellen Anregungen sind nun von der Gruppenbewegung in Verbindung mit dem methodischen Expressionismus und der Körperorientierung für die paradigmatische Entwicklung der Humanistischen Psychologie als Denkrichtung ausgegangen? Inwiefern konnte die Gruppenbewegung als Praxis eine Bedeutung für die ideengeschichtliche Verdichtung der Humanistischen Psychologie haben?

Als erster Zugang zu dieser Frage muß festgehalten werden, daß sich in der Beschäftigung mit der Gruppe gegenüber dem Individuum, dem Körper gegenüber der Seele, der situationsbezogenen Handlung gegenüber dem bloßen Wort und dem „Verhalten", dem Gefühl gegenüber dem Intellektuellen und Kognitiven der humanistische Anspruch der Wiederherstellung der Ganzheit nicht nur widerspiegelte, sondern als praktische Realität installiert wurde. Diese Praxis war nur teilweise theoriegeleitet. Sie stellte vielmehr ein Experimentierfeld für die Realisierung eines allgemeinen ganzheitlichen Anspruches und für die Generierung von Erfahrungen dar, die Anlaß für theoretische Reflexion und Kritik gaben. Jedenfalls war sie eine Gelegenheit für den Gebrauch einer spezifischen Theoriesprache und für die Anregung und Weiterentwicklung der paradigmatischen Diskussion innerhalb der Humanistischen Psychologie. Das eklektische, funktionale, holistische, organismische und feldtheoretische Denken erhielt eine Herausforderung in Praxis und Theorie durch die Anwendung und Weiterentwicklung dieser Betrachtungsweisen in der *Anwendung* auf das komplexe Phänomen der Gruppe in *Therapie* und *Erwachsenenbildung*, in der Anwendung auf ein Instrument der Veränderung und „Umerziehung".

Diese praktischen Erfahrungen inspirierten die Theoriebildung, auch wenn sie oft nur zu Teiltheorien und nichtsystematisierten Annahmen führten. Die paradigmatische Entwicklung hatte damit eine Praxis, die sie selbst hervorbrachte. Die „Art des Sehens", die mit der Humanistischen Psychologie verbunden war, lebte besonders von der Diskussion und Reflexion der Anwendungen in der Praxis. Die ideengeschichtliche Bedeutung der Gruppenbewegung lag in der Gelegenheit, die sie bot, die Theoriesprache der Humanistischen Psychologie anzuwenden, zu erproben und weiterzuentwickeln. Die Teiltheorien, die dabei entwickelt wurden, bezogen sich vor allem auf die Dynamik der Gruppe, den Prozeß der Gruppe und den Prozeß psychischer Veränderungen. Exemplarisch sei hier auf die Theorie über die Funk-

tion und die Bedeutung von *Macht* und *Intimität* in Gruppen hingewiesen (Bennis 1972). Zentrale Aussage dieser Theorie ist die Auffassung, daß die Kernprobleme der Gruppe in der Einstellung zu Autorität und Intimität liegen. Die damit im Zusammenhang stehenden
Persönlichkeitsaspekte, die in der Gruppenentwicklung hervortreten,
sind der Dependenzaspekt und der personale Aspekt. Der *Dependenzaspekt* bezieht sich auf charakteristische Handlungen und Verhaltensweisen von Mitgliedern bezüglich eines designierten Führers oder
einer bestehenden Regelstruktur. Mitglieder, die Autorität in diesem
Sinne (Verfahrensregeln, Diskussionsregeln, Tagesordnungen, Experten etc.) angenehm empfinden und sich ihr unterordnen oder ihr
folgen, werden als abhängig oder dependent bezeichnet. Mitglieder,
die auf diese Autorität mit irgendeiner Form der Rebellion reagieren,
werden als kontradependent bezeichnet. Der *personale Aspekt* bezieht sich auf jene Handlungen und Verhaltensweisen von Mitgliedern, die sich auf interpersonale Intimität beziehen. Solche, die einen
hohen Grad an Vertraulichkeit und Nähe in ihren Beziehungen suchen, werden als überpersonal bezeichnet, jene, die dazu neigen, Intimität und Nähe mit anderen zu vermeiden, werden als kontrapersonal
bezeichnet. Die Theorie thematisiert weiters charakteristische Phasen
der Gruppenentwicklung, die sich mit der sich verändernden Einstellung der Mitglieder gegenüber Autorität und Intimität ergeben.

Die Körperorientierung kommt etwa in der Auseinandersetzung
mit dem Phänomen der *somatischen Wahrnehmung* als Funktion der
gesunden Persönlichkeit zum Ausdruck. Somatische Wahrnehmung
bezieht sich auf die Fähigkeit des Menschen, Körpersignale und -zu-
stände zu unterscheiden und sie in Beziehung zu vitalisierenden, le-
bensfördernden oder devitalisierenden Tendenzen und Vorgängen
zu bewerten. Die Unterdrückung und Ignorierung der somatischen
Wahrnehmung, das „Übergehen" von Körpersignalen und die devitalisierenden Effekte der somatischen Repression werden dabei als Symptome einer „Entkörperung" betrachtet, die auch im Kontext kultureller Vereinseitigung gesehen wird. JOURARD (1980, S. 161*) hat in
diesem Zusammenhang darauf hingewiesen, daß wir keine „phänomenologische Anatomie und Physiologie, die unser Gewahrsein unseres Körpers von der lebendigen Innenseite erhöhen würde", haben.
Er betrachtet das Fehlen von psychosomatischen Theorien auf der
Basis einer Phänomenologie des Körpererlebens bzw. erlebter Kör-
pervorgänge als mitverantwortlich für eine Reihe von „Körperpatho-

logien", wie etwa Über- und Untergewichtigkeit, die hypochondrische
oder narzißtische Okkupation mit Gesundheit, körperlicher Schönheit oder körperlichen Unzulänglichkeiten wie auch den Trend zu
Muskelkultivierung ("Body-Bildung").

Insgesamt war die Praxis des Human-potential-Movement und der
Gruppenbewegung mit ihren expressionistischen und körperbezoge-
nen Dimensionen der Katalysator und "Schmelztiegel" für die Verdichtung der verschiedenen Einflüsse in der paradigmatischen Diskussion der Humanistischen Psychologie. So lassen sich die in diesem
Klima entstandenen vielfältigen Übungen zur Selbsterfahrung und
Wahrnehmungsübungen (vgl. Stevens 1975, Schwäbisch und Siems
1994) beispielsweise unter psychodramatischen, gestaltpsychologischen, pragmatistischen, funktionalistischen, phänomenologischen,
existentialistischen und persönlichkeitstheoretischen Aspekten diskutieren – Perspektiven, die Voraussetzung und Anregung für die
Entwicklung dieser Übungen darstellten (s. auch Kap. 2).

Systemtheorie und moderne Naturwissenschaften

Eine weitere, besonders in den letzten beiden Jahrzehnten wichtig
gewordene Quelle der Ideenverdichtung in der Entwicklung der
Humanistischen Psychologie stellt die systemtheoretische Sichtweise
dar. Sie tritt oft in Verbindung mit der Auseinandersetzung mit den
philosophischen Implikationen der modernen Naturwissenschaften,
insbesondere der Biologie und Mikrophysik auf. Der Begriff *System*
hat eine weit zurückreichende Geschichte in der westlichen und öst-
lichen Philosophie. Im Alltagsgebrauch begegnet uns der Begriff
System etwa in "Regierungssystem", "Steuersystem", "Planetensy-
stem", "Denksystem", was auf die Unterscheidung von "natürlichen"
und "künstlichen" (vom Menschen geschaffenen) Systemen einerseits und auf die Unterscheidung von "gedanklichen" und "gegen-
ständlichen" Systemen andererseits verweist. Das Wort Systematik bezeichnet eine gedankliche Ordnung. Es wird in der Regel verwendet,
um ein philosophisches Lehrgebäude, ein in Teilgebieten und Unter-
teilungen geordnetes Wissen und eine Ordnung von Begriffen zu
bezeichnen. Mit dem Aufkommen der Systemtheorie versteht man
darunter zunehmend ein Beziehungsgefüge von Prozessen mit einer
dynamischen Qualität (vgl. Seifert und Jantsch 1992). Die Systeme
der Realität sind dynamische Systeme, sie tragen den Anstoß und die

Möglichkeiten zu ihrer eigenen Veränderung in sich, sind durch einen Informationsfluß und durch innere und äußere Kommunikation gekennzeichnet, so daß sie „den Charakter einer lebendigen Individualität" erhalten (Vester 1983, S. 20).

Das Problembewußtsein, das mit der Systemtheorie verbunden ist, geht im wesentlichen auf das Problem der Grenzen der Analyse als Verfahren in den Wissenschaften zurück. Das Wort Analyse (griechisch „Auflösung") bezeichnet Prozeduren und Methoden in der Forschung, die die Zergliederung eines Gegenstandes in seine Bestandteile erlaubt. Die Analyse kann nach verschiedenen Gesichtspunkten erfolgen (z.B. logisch, kausal, räumlich, zeitlich) und führt dementsprechend zu verschiedenen Formen der Analyse wie etwa Kausalanalysen, Stoffanalysen oder Begriffsanalysen (vgl. Meyers kleines Lexikon Philosophie 1987). Die Analyse ist das Grundprinzip vieler Wissenschaften geworden. Der Fortschritt der Wissenschaften hat auch gezeigt, daß dieses Prinzip in einem weiten Bereich von Fragestellungen erfolgreich war und damit ein Erkenntnisfortschritt demonstriert werden konnte. Die erste Voraussetzung, die dabei gemacht werden mußte, war, daß die Interaktionen zwischen den Teilen nicht vorhanden oder so schwach sind, daß sie vernachlässigt werden können. Nur mit dieser Voraussetzung konnte man Teile logisch oder begrifflich herauslösen und sie später wieder zusammenfügen. Zweitens mußten die Beziehungen, die das Verhalten der Teile beschreiben, linear sein. Nur unter diesen Umständen ist die Eigenschaft der Summativität gegeben, wodurch die Zusammensetzung der Teilvorgänge ermöglicht, das Gesamtbild des analysierten Gegenstandes zu beschreiben (vgl. Bertalanffy 1968). In der Regel spricht man von „Systemen", „organisierter Komplexität", „organisierten Ganzheiten" dort, wo diese Bedingungen nicht erfüllt sind, sondern *starke Wechselwirkungen nichtlinearer Art* bestehen. Wesentlich dabei ist, daß ein System durch mindestens zwei (oder auch mehrere) Ebenen der Dynamik und Beschreibung charakterisiert ist, die sich nicht aufeinander zurückführen lassen. Vorgänge auf der makroskopischen Ebene lassen sich nicht erschöpfend durch die Vorgänge auf der mikroskopischen Ebene verstehen oder darauf zurückführen. Systemorientiertes Denken ist daher grundsätzlich eine nichtreduktionistische Form des Denkens.

Systeme sind in erster Linie durch Zusammenhänge und Beziehungen gekennzeichnet, durch Zusammenhänge zwischen Elemen-

ten, Strukturen und Prozessen etc. Sie stellen organisierte, verschach-
telte Gefüge dar, die man allgemein auch als „Netzwerk" oder vernetz-
te Formationen bezeichnet. Teilprozesse und Funktionen in einem
Netzwerk bekommen erst durch ihre Beziehungen zu anderen Teilen
ihre Bedeutung zugewiesen. Was ein System wird oder was als solches
betrachtet wird, hängt von der Art der Beziehung der Teile und Einzelelemente ab. Im System verhalten sie sich anders, im Zusammenspiel erhalten sie neue Eigenschaften, die sie unverbunden und „be-
ziehungslos" nicht hatten. Die Art der Beziehung ist für das Verständnis des Systemverhaltens wichtig. Die einfachsten Beziehungen sind
lineare Beziehungen wie zum Beispiel die Beziehung zwischen aufge-
wandter Zeit und Arbeitsleistung bei einfachen oder spezifischen Leistungen. Sie werden im Verhältnis von je–desto ausgedrückt: je mehr
Zeit er hat, desto mehr Ziegel kann der Bauarbeiter verarbeiten, desto
mehr Kilometer kann der Lkw-Fahrer zurücklegen. Aber diese Beispiele laden bereits ein, uns Abweichungen und Sonderfälle vorzustel-
len, die etwa durch Müdigkeit oder Konzentrationsschwäche, Demoti-
vation bedingt sind. Die Linearität der Beziehung zwischen Zeit und
Arbeitsleistung geht wieder verloren bei spezifischen kreativen Tätigkeiten. Sie zeigen uns den Weg zu nichtlinearen Beziehungen wie
etwa überproportionalem oder exponentiellem (explosionsartigem)
Wachstum: die Beziehung zwischen Verkehrsdichte und Abgaspro-
duktion ist etwa überproportional, wenn es zu Stauungen kommt (vgl.
Vester 1983). Die Redewendung „Kleine Ursachen – große Wirkung"
spiegelt diese exponentielle Beziehung wider. Umgekehrt kann es
auch zu Phänomenen der Sättigung kommen, so daß große Investitio-
nen zu geringen Erträgen führen. Weitere Formen nichtlinearer Beziehung haben mit *Grenz- und Schwellenwerten* zu tun (Luftballon,
Bogenschießen). Vester bringt ein eindrucksvolles Beispiel zum
Wachstum einer Elefantenherde. „Sie kann sich ungehemmt lange
Zeit vermehren. Das Angebot an Pflanzen reicht zunächst für alle
Tiere. Je größer die Herde wird [...], desto stärker werden die Pflanzen abgeweidet: Die Vegetation nimmt exponentiell ab. Wenn einmal
eine kritische Elefantenzahl überschritten ist, so ist sehr schnell der
Punkt erreicht, an dem auch das letzte Akazienbäumchen abgefressen
ist. Die ganze Herde stirbt ‚auf einen Schlag' aus" (Vester 1983, S. 51).
Das Beispiel zeigt die Bedeutung von Grenz- und Schwellenwerten
oder das Phänomen von „kritischen Massen". Weitere nichtlineare
Beziehungen werden durch Begriffe wie negative oder positive Rück-

koppelung (Feedback), „Aufschaukeln", Eskalation, Übersteuerung, Kettenreaktionen oder qualitatives Wachstum zum Ausdruck gebracht.

All diese Begriffe ergeben einen Sinn in einem Gefüge von unterschiedlichen Beziehungen, das wir allgemein durch den Begriff Komplexität bezeichnen. *Komplexität* erscheint vorerst als etwas Subjektbezogenes, vom Vorwissen und den kognitiven Fähigkeiten des Betrachters abhängig. Je mehr wir wissen, je intelligenter wir an die Sache herangehen, um so weniger „kompliziert" ist sie für uns. Komplexität erscheint uns aber auch als etwas Prinzipielles dort, wo Ursache und Wirkung nicht mehr eindeutig unterschieden und zugeordnet werden können. Diese prinzipielle „chaotische" Natur der Komplexität kommt in folgender Aussage zum Ausdruck: „Das Zufallsverhalten eines chaotischen Systems ist offenbar systemimmanent und durch keine noch so genaue Kenntnis des Systems eliminierbar" (Küppers 1987, S. 18). Denn jeder in Erkenntnisabsicht erfolgende Zugriff auf ein komplexes System erzeugt augenblicklich einen „Schuß" Unberechenbarkeit. Die Komplexität zeigt sich als strukturelle Komplexität (Vielschichtigkeit) und funktionelle Komplexität (Mannigfaltigkeit von Funktionen). Komplexität fordert immer wieder Versuche ihrer Berechenbarkeit heraus, was durch die Reduktion der Komplexität herbeigeführt werden soll. Letztlich drückt sich das Ausmaß der gelungenen Komplexitätsreduktion immer darin aus, in welchem Ausmaß und in welchem Verhältnis das Zufällige vom Gesetzmäßigen getrennt werden konnte. Ein Maß für die Komplexität liegt in der Vielfältigkeit von Aufgaben und Funktionen, die erfüllt werden müssen, um das System aufrechtzuerhalten, und im Ausmaß an selbstreflexiver Energie, die aufgewandt werden muß, um ein System zu steuern oder zu erneuern. Eine Möglichkeit, Handlungsfähigkeit angesichts nichteliminierbarer Komplexität zu erreichen, liegt im Interesse an der Erforschung von sogenannten *Schlüsselfunktionen*, also Funktionen, deren Erfüllung und Ausführung Bedeutung für mehrere andere Funktionen hat. Das Ausmaß an Information, das notwendig ist, um die Performanz einer Funktion zu „entschlüsseln", ist konstituierend für ihr Bedeutung als Schlüsselfunktion.

Das Bewußtsein um die Komplexität von organischen wie anorganischen Phänomenen wurde durch Errungenschaften der Naturwissenschaften im 20. Jahrhundert bestärkt. Besonders die Fortschritte in der Mikrophysik und Biologie waren dafür maßgeblich. Durch die

Wichtigkeit der Differenzierung von zufälligem und regulärem Verhalten in komplexen Systemen und bei komplexen Phänomenen bekam die Wahrscheinlichkeit eine besondere Bedeutung. Anstelle von
Kausalzusammenhängen wurde nun mit Wahrscheinlichkeitszusam-
menhängen operiert. Bei Phänomenen im subatomaren und mikro-
physikalischen Bereich konnte man nur mehr davon ausgehen, daß
sie „Tendenzen zu existieren" haben: „Alle Gesetze der atomaren
Physik werden in solchen Wahrscheinlichkeitsbegriffen formuliert.
Wir können ein atomares Geschehen niemals mit Gewißheit voraussagen, wir können nur Wahrscheinlichkeiten seines Eintretens vor-
hersagen" (Capra 1983, S. 85). In der Mikrophysik mußte man vom
Determinismus abgehen und Zusammenhänge als statistische Gesetze
formulieren. Es wurden „lokalen Variablen", die innerhalb der untersuchten Situation existieren, „verborgene Variablen" und „nicht-lo-
kale Zusammenhänge mit dem Gesamtsystem" einander gegenübergestellt, um die Dynamik der Unregelmäßigkeiten interpretieren zu
können.

  Die Relativitätstheorie EINSTEINS stellte die Vorstellungen von
Raum und Zeit radikal in Frage. Vorgänge in der Zeit, der zeitliche
Ablauf von Ereignissen konnte nun nicht mehr unabhängig von dem
Ort, an dem sie stattfinden, verstanden werden. Der „relative" *Stand-
ort des Beobachters* mußte nun in die Messungen, Berechnungen und
Überlegungen mit einbezogen werden. Der Beobachter mußte nun
als ein Bestandteil der physikalischen Welt, als ein „physikalisches
Wesen" gesehen werden. PRIGOGINE und STENGERS (1983, S. 227)
formulierten diesen Standpunkt in folgender Weise: „Unseren Dialog
mit der Natur führen wir erfolgreich von unserem Platz innerhalb der
Natur aus, und die Natur antwortet nur jenen, die ausdrücklich zuge-
ben, ein Teil von ihr zu sein."

  HEISENBERG hat im Zuge seiner Auseinandersetzung mit der
Quantentheorie den Begriff der *Unbestimmtheitsrelation* eingeführt,
die von BOHR mit der Vorstellung der Komplementarität beschrieben
wurde. Zu der Erkenntnis, daß sich das Atom sowohl als Teilchen als
auch als Welle beschreiben läßt, stellte Heisenberg (1984, S. 32 f.) fest:

Die beiden Bilder schließen sich natürlich gegenseitig aus, weil eine
bestimmte Sache nicht gleichzeitig ein Teilchen (d. h. eine Substanz,
beschränkt auf ein sehr kleines Volumen) und eine Welle (d. h. ein Feld
ausgebreitet über einen großen Raum) sein kann. Aber beide Bilder

ergänzen sich; wenn man mit beiden Bildern spielt, indem man von einem
Bild zum anderen übergeht und wieder zurück, so erhält man schließlich
den richtigen Eindruck von der merkwürdigen Art von Realität, die hinter
unseren Atomexperimenten steckt. [...] Die Kenntnis des Ortes eines
Teilchens ist komplementär zu der Kenntnis seiner Geschwindigkeit oder
seiner Bewegungsgröße. Wenn wir die eine Größe mit großer Genauigkeit
kennen, können wir die andere nicht mit hoher Genauigkeit bestimmen,
ohne die erste Kenntnis wieder zu verlieren. Aber wir müssen doch beide
kennen, um das Verhalten des Systems zu beschreiben.

Es wird damit zum Ausdruck gebracht, daß man sich mit einer an-
nähernden Beschreibung der Wirklichkeit zufriedengeben mußte.
BOHR übertrug den Gedanken der *Komplementariät* auf den Bereich
der Biologie. Im Sinne der Idee der Komplementarität ging er auch
davon aus, daß es keinen wirklichen Widerspruch zwischen Natur-
und Geisteswissenschaften gibt (vgl. Wolf 1986). Es wurde mit diesen
Erkenntnissen und Phänomenen auf Wechselbeziehung von Meß-
apparatur und Meßergebnissen auf den Umstand aufmerksam gemacht, „daß die Beobachtung eine entscheidende Rolle bei dem
Vorgang spielt, und daß die Wirklichkeit verschieden ist, je nachdem,
ob wir sie beobachten oder nicht" (Heisenberg 1984, S. 35). Beobachtete Phänomene wurden nun als Funktion verschiedener Vorgänge
der Beobachtung und Messung verstanden, die sich immer im Bewußtsein des menschlichen Beobachters zusammenfinden. Es wurde
damit klar, „daß der Beobachter nicht nur notwendig ist, um die
Eigenschaften eines atomaren Geschehens zu beobachten, sondern
sogar notwendig, um diese Eigenschaften hervorzurufen" (Capra
1983, S. 90f.).
    Ein weiterer provokanter Gedanke stammt von dem Physiker
BOHM, der die Vorstellung von einer impliziten Ordnung formulierte.
Die klassische Vorstellung geht von unabhängig voneinander existierenden Elementen, Objekten und Feldern aus, die durch Kräfte aufeinander wirken. Die sich daraus ergebende Ordnung ist eine räumliche Anordnung von Objekten (räumliche Reihe) oder eine zeitliche
Anordnung von Ereignissen (zeitliche Serie). Im Unterschied dazu ist
in der *impliziten Ordnung* im Sinne von Bohm alles in allem „einge-
faltet", die gesamte Wirklichkeit ist in jedem Teil enthalten. Bohm
geht davon aus, „daß in einem fundamentalen Sinne jeder Teil in
seiner wesentlichen Aktivität innerlich mit dem Ganzen sowie mit al-

len anderen Teilen verbunden ist" (Bohm 1986, S. 79). Die äußere
Realität ist ein äußerliches Gefüge von Dingen, eine „Ordnung zweiten Ranges", die „aus der Bewegung der Entfaltung hervorgeht, die
ihrerseits einer tieferen und innigeren impliziten Ordnung entspricht. Die Ordnung der einander äußerlichen Elemente heißt demnach die entfaltete Ordnung oder die explizite Ordnung" (ebd.). In
der expliziten Ordnung ist alles so strukturiert, „daß jedes Ding nur in
seinem besonderen Raum-(und Zeit-)Abschnitt liegt, das heißt außerhalb der Abschnitte, die zu anderen Dingen gehören" (Bohm 1987,
S. 231). Bohm geht in seinem dynamischen Holismus von einer unge-
teilten Ganzheit mit impliziter Struktur und Dynamik aus, die durch
Vorgänge der Einfaltung und Entfaltung bestimmt sind. Die implizite
Ordnung kann sich in unterschiedlichen Ausdrucksformen als äußere
Realität zeigen, ohne die Verbindung mit der impliziten Ordnung zu
verlieren. Die Verbindung der äußeren Realität (als explizite Ordnung) mit der impliziten Ordnung spiegelt sich in nichtlokalen, verborgenen Variablen wieder. Die implizite Ordnung ist nicht ein ver-
feinerter und komplexerer, quasi komprimierter Typus der expliziten
Ordnung, sondern von einer ganz anderen Qualität und Struktur, die
durch Potentiale der kreativen Entfaltung gekennzeichnet sind.
Bohm wendet diese Vorstellung einer impliziten Ordnung auch auf
das Leben, das Bewußtsein und die Symbolbildung an, z.B. auf den
Denkprozeß, bei dem ein Gedanke andere Gedanken in sich schließt
(impliziert) und damit auf ein unteilbares Ganzes verweist, das die
Explikation der impliziten Gedanken erst ermöglicht. Er zieht auch
eine Verbindung zu dem Begriff des *stillschweigenden Wissens* (tacit
knowledge) im Sinne von Michael POLANYI (1966, 1985, 1994), das er
ebenfalls implizit strukturiert versteht. Ein wichtiges Merkmal von
Bohms Auffassung ist sein Anti-Reduktionismus, indem er (Bohm
1986, S. 83) betont,

daß sowohl Geist als auch Materie letztlich implizit geordnet sind, und
daß entfaltete Ordnungen in allen Fällen als Komplexe relativ autonomer,
gesonderter und unabhängiger Objekte, Wesen und Formen entstehen,
die sich aus impliziten Ordnungen entfalten. Dies bedeutet, daß der Weg
für ein Weltbild frei gemacht wird, worin sich Geist und Materie schlüssig
miteinander verbinden lassen, ohne daß man dabei in eine reduktionistische Position verfiele, für die eines von beiden bloß eine abgeleitete
Folgeerscheinung des anderen ist.

Der Gedanke, daß alles in allem enthalten ist, in dem Sinne, daß identische Kopien des genetischen Materials in allen Zellen eines Lebewesens vorhanden sind, spielt auch in der Theorie der morphogenetischen Felder des Biochemikers SHELDRAKE (1986, 1987) eine Rolle. Sheldrake greift die Idee des *morphogenetischen Feldes* auf, das vom Russen GURWITSCH und dem Österreicher KAMMERER in den zwanziger Jahren des 20. Jahrhunderts entwickelt bzw. weiterentwickelt wurde. Demnach wird jeder Organismus bei seinem Wachstum von formgebenden Feldern in Analogie zu den Feldern der Physik (Magnetfeld) beeinflußt. Auch der Organismus ist von unsichtbaren Feldern umgeben, die seine Entwicklung und die Bildung seiner Form steuern. Diese Felder sind formgebende Ganzheiten mit dem Charakteristikum der Geschlossenheit und erklären Phänomene wie etwa die Regeneration, weil die Felder weiterhin vorhanden und wirksam sind, auch wenn der physische Organismus beschädigt wurde. Sie sind nicht Ausdruck eines fixen Naturgesetzes, sondern stellen „Gewohnheiten" einer Spezies bzw. eine Art „kollektives oder zusammengefügtes Gedächtnis" dar (Sheldrake 1986, S. 116). Nach Sheldrake verändern sich diese Felder derart, daß „jedes Mitglied einer Spezies durch [...] deren spezifisches morphogenetisches Feld geformt [wird]. [...] Umgekehrt beeinflußt aber die Form, die der Organismus schließlich entwickelt, wiederum das morphogenetische Feld, wirkt auf dieses Feld zurück und formt dadurch zukünftige Mitglieder derselben Art" (ebd.). Was dabei provokant wirkte und auch kontrovers diskutiert wurde, ist die Idee einer Fernwirkung, von Zusammenhängen bzw. formbildenden Ganzheiten über Raum und Zeit hinweg. Jedes Element beeinflußt das Ganze und umgekehrt, wobei morphogenetische Felder probabilistisch strukturiert sind, also im Sinne von Wahrscheinlichkeiten wirken. Wenn sich ein Angehöriger einer Gattung verändert und dies Veränderung lange genug beibehält (d.h. wiederholt), wird auch das morphogenetisches Feld der Gattung verändert, so daß eine Wechselwirkung zwischen Gattung und deren Angehörigen, eine „morphische Resonanz" erfolgt, die phänomenologisch als Ähnlichkeit zwischen Gattungsangehörigen zum Ausdruck kommt.

Weitere Vertreter der Naturwissenschaften haben auf den komplexen Charakter des Lebendigen mit Begriffen und Ideen, die die Aufgabe oder zumindest die Relativierung des traditionellen mechanistischen, materialistischen und reduktionistischen Denkens erfor-

derlich machten, herausgearbeitet. Der Chemiker und Nobelpreis-
trägers PRIGOGINE hat den Begriff der *dissipativen Strukturen* eingeführt, um eine Verbindung zwischen Struktur und Ordnung bzw.
Umwandlung und Unordnung herzustellen. Der Energieverlust, der
etwa bei der Umwandlung von Energieformen in Wärme, bei Wärme-
übertragung oder bei Reibungsvorgängen auftritt, wurde üblicherweise als „verschwenderische" Verteilung und Zerstreuung (Dissipation)
betrachtet. Prigogine konnte zeigen, daß die Dissipation eine Quelle
für die Bildung einer neuen dynamischen Ordnung werden kann,
wenn ein System in Ungleichgewicht mit der Außenwelt interagiert. Es
ist eine „Ordnung [...], die im Grunde einer gewaltigen Schwankung
entspricht, welche durch den Energieaustausch mit der Außenwelt
stabilisiert wird" (Prigogine 1985, S. 104). Einfach ausgedrückt, beschreibt diese Theorie die Bedingungen, unter denen Schwankun-
gen, Instabilität und Ungleichgewicht zu neuen Ordnungen führen.
Die mit dissipativen Strukturen bezeichneten komplexen Phänomene
bedeuteten eine Abkehr vom Denken in Gleichgewichtsvorgängen
und in der einfachen „Mechanik" des Ausgleichs.

MATURANA und VARELA (1980, 1987) prägten den Begriff der
Autopoiesis, ein Kunstwort (aus dem Griechischen: autos, selbst;
poiein, erzeugen, machen), mit dem die Autonomie und die zirkuläre
Organisation von lebenden Systemen charakterisiert werden sollte.
Die autopoietische Natur eines Systems besteht darin, daß sie interagierende Produktionsprozesse darstellen, die damit beschäftigt sind,
sich selber zu erzeugen. Jedes Element hat die Funktion, sich an der
Produktion anderer Elemente zu beteiligen und wird selber wieder
durch deren Bestandteile produziert. Autopoiese schließt Vorgänge
der Regeneration wie auch die Bildung von neuen Strukturen, Fähigkeiten und Verhaltensmustern mit ein. Die Theorie der Autopoiese ist
im Zusammenhang mit der Selbstorganisation lebender Systeme in
den letzten Jahren in vielen Bereichen wissenschaftlicher Forschung
rezipiert und diskutiert worden (vgl. Fischer 1991).

In ähnlicher Weise wurde die *Chaostheorie* aufgegriffen (Gleick
1990). Die Chaostheorie beschäftigt sich mit dem Bereich des Tur-
bulenten und Unvorhersagbaren und ist als ein Teilgebiet in der Auseinandersetzung mit Komplexität zu sehen. Denn die Zunahme der
Komplexität stimmt mit der Chaostheorie überein. Ein dynamisches
System, ein System in Entwicklung, entfernt sich naturgemäß immer
mehr von seinen Ausgangsbedingungen. Zentral ist der Begriff der

Rückkoppelung: „Das erste Prinzip der Chaostheorie ist die empfind-
liche Abhängigkeit von Ausgangsbedingungen, unendlich kleine Unterschiede können im Ergebnis zu unendlich großen Unterschieden
führen. Unterschiede ergeben sich nicht nur aus der unvermeidlichen Ungenauigkeit von Messungen; Abweichungen vergrößern sich
exponentiell aufgrund der Rückkoppelung. Eine Störung ist wie eine
Kaskade, denn Interaktionen verändern die Bedingungen von weiteren Interaktionen" (Wesson 1993, S. 51). Die Komplexität des Lebens,
die Differenzierung, Wechselwirkungen, Umwandlungen und Vermi-
schungen, die innerhalb der Selbstregulierung und Selbstreproduk-
tion von Organismen und Systemen passieren, werden als Ausdruck
einer chaotischen Dynamik, einer Tendenz zu Unvorhersagbarkeit,
Unregelmäßigkeit und Unordnung beschrieben (vgl. R. Lewin 1993).
Beim genetischen Wandel wie beim kulturellen Wandel spielt demnach Chaos eine bedeutsame Rolle: Historische Bedingungen, unterschiedliche sozio-kulturelle Ausgangsbedingungen können durch
Rückkoppelung über Aktivitäten von Individuen, Kleingruppen oder
gesellschaftlichen Minderheiten in Verbindung mit Ereignissen im
Umfeld zu unvorhersehbaren Ergebnissen führen. Im Bereich der
Kreativität und der kulturellen Vielfältigkeit wird von „einem immensen chaotischen Gewirr von Rückkoppelungen" gesprochen (Wesson
1993, S. 343).

Insgesamt sind diese Erkenntnisse und Perspektiven, die speziell
aus der Physik, Chemie und Biologie stammten und eine Neuorientierung des wissenschaftlichen Denkens erforderlich machten, häufig
aufgegriffen und diskutiert worden. Sie haben letztendlich die Entwicklung der Systemtheorie und ihre Erweiterung ermöglicht (vgl.
Bublath 1992, Cramer 1993, Laszlo 1989, Nicolis und Prigogine 1987,
Prigogine 1995, Wesson 1993). Aus verschiedenen Perspektiven und
im Zusammenhang mit den dargestellten Erkenntnissen lassen sich
folgende charakteristische Aspekte von Systemen beschreiben (vgl.
Seiffert und Jantsch 1992).

1. Umweltbeziehung. Ein System ist durch einen Austausch mit seiner
Umgebung gekennzeichnet. Man unterscheidet demnach offene, ge-
schlossene und isolierte Systeme, um den Grad der Offenheit und
Ausmaß und Art des Austausches zu unterscheiden.

2. Organisation. Als Organisation bezeichnet man die Muster von
Verknüpfungen jener Prozesse, die im System ablaufen. Charakteristi-

sche Organisationsmuster sind zyklische Organisationen und hierarchische Organisationen. Zyklische Organisationen werden als kreisförmig geschlossene Umwandlungsprozesse verstanden. Die zyklische Funktion sorgt für die Umwandlung von einer Qualität in eine andere, etwa von energiereichen Anfangsprodukten zu energieärmeren Endprodukten. In einer hierarchischen Organisation schließt jede höhere Ebene alle niedrigeren Ebenen in sich ein. Die Funktion der Hierarchisierung schafft verschiedene Schichten, z. B. in einem autonomen Schichtensystem, in dem jede Ebene Initiative entfalten kann, wobei den höheren Ebenen Koordinationsfunktion zukommt. Viele Systeme verbinden im unterschiedlichen Ausmaß Prinzipien der Autonomie, Hierarchie und Kontrolle.

3. Funktion. Unter einer Funktion versteht man eine Aufgabe oder ausführende Tätigkeit, die eine Stellung innerhalb eines größeren Ganzen oder Gesamtsystems einnimmt. In der Mathematik versteht man darunter eine Zuordnungsvorschrift, mit der man eine Abhängigkeit von Werten voneinander definiert. Entsprechend den Aufgaben unterscheidet man verschiedene Funktionen wie etwa Verteilerfunktion, Kontrollfunktion, Katalysatorfunktion. Eine Funktion in einem System kann sowohl die Umweltbeziehungen als auch die Organisation des Systems betreffen. Eine besondere Funktion, die im Zusammenhang mit der Selbstregulierung von Systemen thematisiert wurde, war die Funktion der Autopoiese. Eine autopoietische Funktion ist auf die Selbsterneuerung eines Systems gerichtet (Maturana 1987), indem Prozesse des Aufbaus und Abbaus zusammenspielen. Man sagt hier auch, daß ein autopoietisches System auf sich selbst gerichtet ist (selbstreferentiell).

4. Struktur. Eine Struktur bedeutet Aufbau und Gefüge in einem differenzierten und gegliederten Zusammenhang oder System, wobei die einzelnen Teile eine Funktion erfüllen. Nach der Art der Struktur kann man räumliche Strukturen, Prozeßstrukturen und gesellschaftlich-kulturelle Strukturen unterscheiden. Eine weitere Unterscheidung kann zwischen Gleichgewichtsstrukturen und dissipativen Strukturen (verteilende, zerstreuende Strukturen), die sich ständig selbst erneuern und einen Umweltaustausch pflegen, getroffen werden.

5. Gesamtsystem-Dynamik. Die Dynamik des Gesamtsystems kann im Prinzip fremdorganisiert oder selbstorganisierend sein. Von einer konservativen Selbstorganisation spricht man, wenn die Prozesse und Funktionen auf einen Gleichgewichtszustand zentriert sind, während

bei einer dissipativen Selbstorganisation eine Entwicklung auf eine neue und höhere Ordnung hin erreicht werden kann.

Im Zusammenhang mit diesen Aspekten von Systemen kann man zwei Grundklassen von Systemen unterscheiden: strukturbewahrende Systeme, die entweder nach einem mechanistischen Prinzip funktionieren (statische Struktur) oder adaptiv auf einen Gleichgewichtszustand hinstreben, oder sogenannte evolvierende Systeme, die nicht in einem Zustand verharren oder auf dieselbe Art von Norm hinstreben, sondern sich ständig erneuern, also eine Abfolge von autopoietischen Strukturen produzieren. *Strukturbewahrende* Systeme erreichen eine Anpassung nur, wenn sie ebensoviele Handlungsmöglichkeiten haben wie ihnen die Umwelt Aufgaben oder Herausforderungen beschert (Gesetz der erforderlichen Vielfalt) oder von einem System gesteuert werden, das die erforderliche Vielfalt an Reaktionsmöglichkeiten besitzt (z. B. ein Auto, das von einem Lenker gesteuert wird). *Evolvierende* Systeme tragen die Möglichkeiten der Veränderung in sich, sie basieren auf Prozessen der Selbsterneuerung. Die Übergänge von einer Struktur auf eine andere werden systemintern durch die Verstärkung von Fluktuationen (kontinuierlicher Wechsel, Schwanken, Aufschaukeln) gefördert, bis eine kritische Größe, Masse oder ein Grenzwert erreicht wird, die das System instabil machen. In diesem Zustand des Chaos ist der Einfluß von Einzelaktivitäten besonders wirksam, weil die Inkonsistenz der Einzelelemente, -bereiche und -funktionen eine „Dynamik der Desorganisation" trägt, die Widerstand, Unterdrückung, Modifizierung oder Verdünnung von Einzelaktivitäten in einer beständigen, weil organisierten Form nicht zuläßt. In der Evolution ist dies sozusagen die „Chance" der kreativen Minderheit. In der Phase des Übergangs von einer bestehenden zu einer neuen Struktur besteht Wahlfreiheit zwischen mehreren strukturellen Möglichkeiten, eine strukturelle Unbestimmtheit im Sinne einer offene Evolution (vgl. Seifert und Jantsch 1992). Diese Wahlfreiheit in der Strukturbildung erfordert das sukzessive und antizipierende Bewerten, das Probieren mit Richtungsbewußtsein, quasi „teleologische Experimente".

Die Systemtheorie brachte wieder die lange Zeit als mysteriös, übernatürlich und anthropomorph geltenden Konzepte des zweckgerichteten Verhaltens und der *Teleologie* gegenüber den mechanistischen und deterministischen Perspektiven ins Gespräch, um das

Studium selbstregulierender und aktiv selbstbestimmter Organismen zu untersuchen. Die systemtheoretische Deutung der Teleologie geht weder von höheren Zwecken (transzendentale Deutung) noch von dem System bereits innewohnenden Zwecken (biologistische Deutung), noch von willkürlich gesetzten Zwecken (voluntaristische Deutung) aus. Die tatsächliche Richtung kommt immer erst in der *aktuellen Situation* der Entscheidung unter der Bedingung von Wahlfreiheit zum Vorschein. Die Entscheidung wird immer im Hier und Jetzt der aktuellen Systembedingungen getroffen, auch wenn sie in einem nicht abschätzbaren Ausmaß von Gewohnheiten (Geschichte, Vergangenheit) oder Erwartungen (Zielvorstellungen, Zukunft) informiert ist, die ja ebenfalls zum System gehören. Die systemtheoretische Deutung versteht Teleologie als zu jeder Zeit, bei jedem Schritt als „in statu nascendi" befindlich. Diese Interpretation gilt auch für Phänomene der Fixierung und starrer „mechanistischer" Wiederholung. Auch eine Wiederholung ist eine Schritt „in statu nascendi" – eine neu entstehende Selbstverstärkung, die Folgen wie die Bildung von Strukturen, Gewohnheiten, Erwartungen oder auch Rigidität hat. Begriffe wie Feedback, zirkuläre Prozesse und besonders Organisation waren notwendig, um der Vielschichtigkeit der Probleme gerecht zu werden. Die Charakteristika von *Organisationen*, seien sie lebende Organismen oder sei es die Gesellschaft als Ganzes, sind mit Begriffen wie Ganzheit, Wachstum, Kontrolle, Wettbewerb, Differenzierung, hierarchische Ordnung etc. verbunden, Begriffe, die in der klassischen deterministischen Physik, die als Modell erfolgreicher Naturwissenschaft stand, keine Bedeutung hatten. Dabei hat der einzelne Mensch nicht eine untergeordnete Bedeutung, wie die Systemtheorie manchmal mißverstanden wurde, sondern seine Einzigartigkeit stellt die letztgültige Richtlinie dar: „Die wirklichen Werte der Menschlichkeit sind nicht jene, die sie mit biologischen Einheiten teilt [...], sondern jene, die von der individuellen Seele stammen. Die menschliche Gesellschaft [...] gründet auf der Leistung des einzelnen und ist zum Untergang verurteilt, wenn das Individuum zu einem Rädchen in der sozialen Maschinerie gemacht wird" (Bertalanffy 1968, S. 52f.*).

Die Systemtheorie brachte auch eine Reihe von anregenden wissenschaftsphilosophischen Implikationen. Zuerst muß darauf hingewiesen werden, daß mit der Systemtheorie Ansätze aufgetaucht sind, um den Gegensatz zwischen Naturwissenschaften und Geisteswissenschaften zu überbrücken (vgl. Jantsch 1982). Die Erforschung von

Systemen und der Komplexität ermöglicht neue Zugänge für das Zusammenspiel und das Zusammenführen von naturwissenschaftlich und geisteswissenschaftlich orientiertem Denken. Ein Indiz dafür ist etwa das besondere Interesse von naturwissenschaftlichen Fachvertretern an philosophischen Erörterungen (vgl. etwa Heisenberg 1984; Pietschmann 1980, 1990; Riedl 1985) oder an der Beziehung zwischen Physik und Transzendenz (Dürr 1986). Es ist bezeichnend, daß es Naturwissenschafter waren, die die Bedeutung der späten Errungenschaften der menschlichen Evolution (Symbolfähigkeit, reflexives Bewußtsein) und die (geisteswissenschaftlichen) Methoden ihrer Untersuchung wieder ins rechte Licht rückten und sie wieder zurückholten in den Kreis des Ernstzunehmenden und Unverzichtbaren.

Ein weiterer wichtiger Aspekt ist der interdisziplinäre und nicht-monopolistische Zugang zur Forschung, der eine Veränderung des wissenschaftlichen Denkens in eine Richtung bedeutete, die nicht von einer einzigen und allumfassenden Sicht der Welt ausgeht, sondern verschiedene Modelle favorisiert, die gewisse Aspekte der Realität repräsentieren und weder erschöpfend und hinreichend sind noch sich wechselseitig ausschließend. Die wissenschaftsphilosophische Grundlage für die Vielfalt an Methoden, Zugängen und Kategorien ist der systemtheoretische Perspektivismus, der Erkenntnis entwicklungstheoretisch und vor dem Hintergrund ihrer evolutionären Funktion interpretiert. Die relative Gültigkeit vielfältiger Perspektiven und ihre Konvergenz oder Vereinbarkeit ist Ausdruck der evolutionären Dynamik des Organismus-Umwelt-Systems. Der Organismus verwendet vielfältige Symbolismen, Kategorien und „Sprachen", um damit vielfältige Umweltformen zu erforschen. Sein Forschen ist eine bedürfnisorientierte Auseinandersetzung mit der Umwelt, wodurch eine absolute Erkenntnis der Realität weder möglich noch notwendig, noch sinnvoll erscheint. Die forschende Beziehung zur Realität erfordert nur eine *Korrespondenz* mit der Realität in einem Ausmaß und in Aspekten, die die Bedürfnis- und Interessenlage des Forschers, sei es die Sicherung des Überlebens, Höherentwicklung, Differenzierung, Integration etc., trifft. Die Erfahrung muß die Realität nicht vollständig widerspiegeln, sondern braucht nur innerhalb gewisser Toleranzgrenzen für Unschärfen so weit mit der Realität *isomorph* sein, daß eine Orientierung möglich ist. Verschiedene Erkenntnisse und Perspektiven, die eine Orientierung in der Wirklichkeit tatsächlich erlauben, sind nicht nur möglich und relativ gültig, sondern auch prinzipiell vereinbar und – sofern eine gemeinsame symbolische Ebene entdeckt werden kann – tatsächlich vereinbar. Das heißt, der Relativismus ist dem Ergänzungscharakter der Perspektiven verpflichtet. Eine Perspektive erlaubt die Neuinterpretation einer anderen Perspektive, ohne daß sich beide widerlegen oder außer Kraft setzen. Für die Praxis und für das Handeln unter Systembedingungen bedeutet dies, daß es verschiedene Ansatzpunkte des Handeln bei demselben Problem gibt, solange man die Komplexität berücksichtigt. Als methodologische Konsequenz aus dieser Sichtweise ergibt sich, daß ganzheitliches Denken und Vorgehen bedeutet, einen *bewußten und reflektierten Perspektivenwechsel* zu betreiben, und nicht – wie Ganzheitlichkeit oft mißverstanden wurde – die Betrachtung eines Phänomens in seiner Gesamtheit und Vollständigkeit von einem externen Standpunkt, der eine „Übersicht" ermöglicht. Dies sind zentrale Bestimmungsstücke des systemtheoretischen Perspektivismus, der der Interdisziplinarität, Methodentoleranz und Relativität der Erkenntnisse einen erkenntnistheoretischen Bezugsrahmen gibt.

Die Entwicklung der Systemtheorie war für die Ideenentwicklung und Ideenverdichtung im Bereich der Humanistischen Psychologie in mehrfacher Hinsicht relevant:

1. Die systemtheoretische Sichtweise bedeutete eine Weiterführung von Ansätzen, die in der Entwicklung der Humanistischen Psychologie einen Einfluß erlangten. Köhler untersuchte bereits 1930 die Beziehung zwischen Gestaltpsychologie und moderner Physik (Köhler 1930). Wertheimers Interesse an der feldtheoretischen Begründung der Gestalttheorie brachte ihn mit den Physikern Born und Einstein in Kontakt (Luchins und Luchins 1988). Metzger (1986, S. 219) hat auf das Gemeinsame der Systemtheorie mit Gestalttheorie und Feldtheorie – zwei wichtigen Faktoren und Katalysatoren der Ideenverdichtung in der Humanistischen Psychologie – hingewiesen, indem er sie als Sonderformen dynamischer Theorien kennzeichnete: „Diese drei theoretischen Ansätze stimmen darin überein, daß sie dynamische Theorien sind. Sie handeln nämlich von Bereichen, innerhalb derer es keine gegeneinander isolierten, unabhängig voneinander verlaufenden Vorgänge gibt. Die Zustände an sämtlichen Stellen solcher Bereiche stehen in dynamischen Zusammenhang [...] Ein solcher Bereich reagiert [...] grundsätzlich stets als Ganzer. Die Wirkung eines örtlichen Eingriffs bleibt nur ausnahmsweise auf ihren Ort be-

schränkt. Im allgemeinen pflanzt sich jede örtliche Einwirkung durch das Ganze fort". Insbesondere in der Persönlichkeits- und Motivationstheorie sind diese Verbindungslinien zur Systemtheorie zu sehen. Das Verständnis der Persönlichkeit als aktiver Organismus, die Dynamik der Motivation als nicht-homeostatischer Vorgang sind Vorstellungen, die mit der Systemtheorie vereinbar sind (vgl. Bertalanffy 1968).

2. Eine besondere Bedeutung für das Selbstverständnis der Humanistischen Psychologie hatten die systemtheoretischen Ansätze für die Überwindung des dichotomen Denkens und der Trennung von Natur- und Geisteswissenschaften. Speziell das im Zusammenhang mit der Quantentheorie diskutierte Konzept der Komplementarität wirkte als eine Bestätigung für die von der Humanistischen Psychologie oft geforderte Offenheit des Denkens und der Toleranz gegenüber Mehrdeutigkeiten in Wissenschaft und Forschung (vgl. Maslow 1977). Die Humanistische Psychologie betonte von Anfang an die Bedeutung verschiedener Bereiche und Schichten wie der physischen, organischen und symbolischen zum Verständnis der menschlichen Existenz. Die Hartnäckigkeit, mit der sie die Berücksichtigung vielfältiger Ansätze in der Forschung gegenüber einer in manchen Forschungsbereichen tatsächlichen oder stets drohenden Monokultur einer naturwissenschaftlich experimentellen Forschung forderte, erhielt in der Systemtheorie einen Rückhalt.

3. Die systemtheoretische Sichtweise war für die Humanistische Psychologie auch eine Bestätigung der Komplexität ihres Gegenstandsbereiches. Die Betonung eines ganzheitlichen Zugangs und die Wachsamkeit gegenüber reduktionistischem Eifer erhielten durch die Systemtheorie Unterstützung und neue Argumente. Der oft als antiquiert empfundene, philosophisch vorbelastete und zu Mißverständnissen einladende Begriff der Ganzheit erhielt durch die systemtheoretische Deutung als organisierte Komplexität neue Facetten und eine produktive Schärfe, die auch eine Neuorientierung im Problembewußtsein der Humanistischen Psychologie zur Folge hatte.

4. Die Wichtigkeit, die die Interdisziplinarität in der Humanistischen Psychologie von Anfang an hatte, erhielt durch die wissenschaftsphilosophischen Anregungen der Systemtheorie einen stabileren Boden. Denn die bloße, wenn auch enthusiastische Toleranz gegenüber vielfältigen Sichtweisen und Einsichten, hinterließ den deutlichen Geschmack von pragmatischem Relativismus und erkennt-

nistheoretischem Opportunismus. Der systemtheoretische Perspektivismus gab der Interdisziplinarität und Methodentoleranz der Humanistischen Psychologie eine Begründung, indem er auf den evolutionären Charakter der Mehrperspektivität und Ergänzungsbedürftigkeit der Erkenntnis aufmerksam machte.

Die Systemtheorie trifft sich mit der Humanistischen Psychologie an einigen zentralen Punkten. Eine dieser zentralen Fragen für beide Ansätze betrifft die menschliche Motivation, wo auch die Systemtheorie das homöostatische Prinzip und das Reiz-Reaktions-Schema in Frage stellt und relativiert. Die Mehrperspektivität und das Zusammenlaufen der verschiedenen Ströme der Ideenverdichtung zeigt sich in folgendem Zitat von Bertalanffy (1968, S. 109*), in dem er (mit sprachkritischen Seitenhieben) Systemtheorie, Existentialismus und organismische Persönlichkeitstheorie in der Frage der menschlichen Motivation zusammenführt:

Was also gesagt wurde [über die Fragwürdigkeit des homöostatischen Prinzips und des Reiz-Reaktions-Schemas], kann auch in philosophischen Begriffen gesagt werden. Wenn Existentialisten über die Leere und Sinnlosigkeit des Lebens sprechen, wenn sie darin eine Quelle nicht nur der Angst, sondern der eigentlichen psychischen Krankheit sehen, ist es im wesentlichen derselbe Gesichtspunkt: daß Verhalten nicht nur eine Sache der Befriedigung von biologischen Trieben ist und der Beibehaltung des psychologischen und sozialen Gleichgewichtes, sondern daß etwas darüber hinaus beteiligt ist. Wenn das Leben unerträglich leer in einer industrialisierten Gesellschaft wird, was kann eine Person anderes tun als eine Neurose entwickeln? Das Prinzip, das man ungenau spontane Aktivität des psychophysischen Organismus nennen kann, ist eine realistischere Formulierung dessen, was die Existentialisten in ihrer oft obskuren Sprache sagen wollen. Und wenn Persönlichkeitstheoretiker wie Murphy und Maslow von Selbstverwirklichung als menschlichem Ziel sprechen, ist es wieder ein irgendwie schwülstiger Ausdruck desselben.

Insgesamt steht die Humanistische Psychologie zur Systemtheorie in einer mehrfachen Beziehung: Einige ihrer Konzepte gelten als Beitrag zur Systemtheorie, sie haben beide gemeinsame Vorläufer (Gestalt- und Feldtheorie), und umgekehrt brachte die Systemtheorie eine Anreicherung von Denkmöglichkeiten für die Humanistische

Psychologie, die sich in der Theoriesprache und in der expliziten Entwicklung von systemtheoretischen Perspektiven zeigte wie etwa der Betrachtung der Persönlichkeit als System (Allport 1960). Die Fortschritte in der Systemtheorie hatten verstärkende Signalwirkung für die Auseinandersetzung mit komplexen, nichtlinearen Vorgängen verschiedener individueller und sozialer Phänomene bei gleichzeitiger Erhaltung der Komplexität. Dieser Zugang zeigt sich etwa in der interdisziplinären Untersuchung des Zeiterlebens (Fraser 1987) oder in der Betrachtung des personenzentrierten Ansatzes nach Rogers unter dem Aspekt der Quantentheorie (Bozarth 1985) und der Chaostheorie (Sanford 1993).

7

Der methodologische Kontext – Wissenschaftsverständnis und Forschung

Die methodologische Spannung

Die methodologische Entwicklung in den Sozialwissenschaften und der Psychologie ist sehr stark von der Spannung zwischen Naturwissenschaften und Geisteswissenschaften geprägt. Denn gerade der Mensch als individuelles und soziales Wesen stellt einen Gegenstandsbereich dar, der beide Zugänge in vielfältigen Spielarten anzieht. Historisch betrachtet war die Übernahme naturwissenschaftlich orientierter Forschungsprinzipien in Bereichen wie Psychologie, Soziologie oder Erziehungswissenschaften vermutlich zu jeder Zeit auch ein Versuch, sich an die Überzeugungskraft der Naturwissenschaften anzulehnen. Als geschichtlicher Urheber für die Übernahme eines naturwissenschaftlich experimentellen Paradigmas in die Psychologie wird Wilhelm WUNDT angesehen. Er gilt als Begründer des ersten experimentalpsychologischen Laboratoriums an der Universität Leipzig 1876, wo er psychologische Forschung nach Prinzipien der experimentellen Naturwissenschaften durchführte, um die Psychologie als wissenschaftliche Disziplin vom Bereich philosophischer Spekulationen über die menschliche Persönlichkeit zu trennen. Dieser Trend wurde durch die Mangelhaftigkeit der Introspektion als Forschungsstrategie, durch das Aufkommen des Behaviorismus und durch die wissenschaftsphilosophische Argumentation des Positivismus unterstützt. Die Spannung zwischen „Natur" und „Geist" zeigt sich in den Vor- und Nachteilen, die die Orientierung an den Naturwissenschaften für diese Fächer und Gegenstandsbereiche hatte (vgl. Tageson 1982).

Die Anwendung einer *naturwissenschaftlich-experimentellen* Methode auf Problembereiche der Psychologie hatte historisch gesehen mehrere *Vorteile*.

1. Es konnte auf Erfolge dieses Ansatzes in den Naturwissenschaften verwiesen werden. Es konnte bei der wissenschaftstheoretischen Begründung auf bereits vorliegende Argumentationsfiguren der Theorie der Naturwissenschaften zurückgegriffen werden. Die Adaption von naturwissenschaftlichen Forschungsmethoden auf Problembereiche der Psychologie schien nicht nur durchführbar, sondern auch erfolgversprechend.

2. Der im 19. Jahrhundert bestehende Trend zur Differenzierung der Wissenschaften und der Loslösung von der Philosophie war eine Herausforderung, die durch die Übernahme eines naturwissenschaftlichen Forschungsmodells lösbar erschien. Die Abgrenzung von der Philosophie erforderte Kriterien, die durch den Rückgriff auf die Begrifflichkeit und Methodologie der Naturwissenschaften zur Verfügung standen.

3. Der Objektivitätsanspruch der naturwissenschaftlichen Forschung erlaubte die Entwicklung einer Methodologie, deren Überzeugungskraft auch unabhängig von den sie verwendenden Wissenschaftern aufrechterhalten werden konnte und deren Praktikabilität auch ohne ständigen Rückgriff auf wissenschaftsphilosophische Argumentation bestand.

Darüber zeigten sich paradoxerweise mit zunehmendem Erfolg einer naturwissenschaftlich orientierten Vorgangsweise in Sozialwissenschaften und Psychologie einige *Nachteile*:

1. Die Frage nach der Angemessenheit der Methoden für den Gegenstandsbereich blieb ungelöst im Hintergrund. Die Erfolge einer naturwissenschaftlich orientierten Forschung in der Psychologie erlaubten es, die Folgen der freiwilligen paradigmatischen Selbstbeschränkung und die Kritik an ihr herunterzuspielen und nicht ernst zu nehmen.

2. Paradoxerweise blieben, trotz der Erfolge einer naturwissenschaftlich orientierten Forschung und des Anspruches, eine Einheitswissenschaft zu begründen, Psychologie und Sozialwissenschaften, die diese Entwicklung ebenfalls vollzogen, mit einem anomalischen Charakter behaftet, bezogen auf die Gesamtentwicklung dieser Disziplinen als Wissenschaften. In der Geschichte der Sozialwissenschaften traten immer wieder kritische Alternativen und Ergänzungen auf. Der Trend zur qualitativen Forschung in den letzten ein bis zwei Jahrzehnten ist ebenfalls in diese Richtung interpretierbar.

3. Speziell die Psychologie und die Sozialwissenschaften, sofern sie sich eng an die naturwissenschaftlich-experimentelle Forschung anlehnten oder darauf beschränkten, haben sich durch die Adaption einer naturwissenschaftlich-experimentellen Forschung von der Philosophie emanzipiert. Obwohl sie ihre empiristischen Wurzeln nicht verleugnet, scheint sich die methodologische Entwicklung weitgehend verselbständigt zu haben und unabhängig von der wissenschaftsphilosophischen Diskussion vor sich zu gehen, so daß eine unübersehbare Immunisierung gegen wissenschaftsphilosophische Auseinandersetzung eingetreten ist. Diese Immunisierung betrifft naturgemäß die geisteswissenschaftliche Tradition, aber umfaßt auch die wissenschaftsphilosophischen Implikationen der neuen Naturwissenschaften und der Systemtheorie.

Die in diesen Argumenten angesprochene Situation ist der Hintergrund, vor dem die Humanistische Psychologie ihr methodologisches Verständnis zu entwickeln hatte. Als neue Erscheinung in der Landschaft bestehender Traditionen setzt sich die Humanistische Psychologie zuerst durch Wissenschaftskritik zu dieser in Beziehung, bevor sie mit Erfolgen in der Forschung einige Sicherheit mit dem eigenen Methodenverständnis entwickeln konnte.

Wissenschaftskritik und Protest

Die Hauptmotive der Kritik und des Protestes gegen traditionelle und bestehende Auffassungen von Wissenschaft waren gegen Vereinseitigung, Verengung und Entpersönlichung von Wissenschaft und Forschung in den Sozial- und Humanwissenschaften und den damit verbundenen Phänomenen wie etwa Sinnverlust oder Expertokratie gerichtet. Die Humanistische Psychologie begann als Gegenbewegung auf eine sinnentleerte Wissenschaft (Koch 1977). Ihre Kritik richtete sich zuallererst gegen eine von der Philosophie des logischen Positivismus gestützte naturwissenschaftliche Forschungsweise in der Psychologie und gegen ein vom Behaviorismus auf ein Reiz-Reaktions-System verkürztes Verständnis vom Menschen und führte zur Entwicklung von einigen vielversprechenden und richtungsweisenden Analysen und Programmen. Vor allem MASLOW (1977, 1981) zeichnete mit seinen Überlegungen zu einer „Psychologie der Wissenschaft" und zu seiner „Psychologie der Gesundheit" radikale Perspektiven. Parallel dazu erschütterten wissen-

schaftsphilosophische und -historische Analysen das Objektivitäts- und
Kontinuitätsideal eines positivistischen Wissenschaftsmodells, indem sie
auf die enge Verflechtung des Forschungsprozesses mit sozialen und
historischen Vorgängen hinwiesen und die Bedeutung der persönlichen
Partizipation und leidenschaftlichen Involviertheit des Forschers in
allen Phasen seiner Forschungstätigkeit als strukturellen Bestandteil
der Wissenschaft kennzeichneten (Kuhn 1967, Polanyi 1962).

Kritik gegen rigiden Objektivismus

Da die Humanistische Psychologie ihr Hauptinteresse auf jene Phänomene, Vorgänge und Prozesse richtet, die das menschliche *Bewußtsein* und menschliche *Subjektivität* als innere Erfahrung zur Voraussetzung haben, steht sie jenen wissenschaftlichen Zugängen kritisch
gegenüber, die weder eine wissenschaftsphilosophische Unterstützung noch methodologische Mittel besitzen, um diese Phänomene
adäquat zu erforschen. Ein Wissenschaftsmodell, das sich eng an die
Naturwissenschaften anlehnt und als einzige Kriterien für sein Forschungsinteresse die Beobachtbarkeit, Meßbarkeit und Wiederhol-
barkeit von Phänomenen und Ereignissen betrachtet, wird allein
nicht als adäquat angesehen, das Phänomen des menschlichen Bewußtseins und der bewußten Erfahrung adäquat zu berücksichtigen.
Da sie der öffentlichen Beobachtbarkeit nicht zugänglich sind, erschienen sie als subjektive und private Phänomene, die der wissenschaftlichen Aufmerksamkeit nicht bedürfen.

Eine weitere Kritikrichtung gegen den Objektivismus thematisierte
seine Tendenzen zum Reduktionismus und zur *Trivialisierung*
wesentlicher Aspekte menschlicher Erfahrungen. Die Kritik an der
Trivialisierung existentieller menschlicher Erfahrung kommt in folgendem Zitat zum Ausdruck:

Sie erklären Liebe zu sexuellen Trieben, verwandeln Angst in physischen
Streß, schließen Hoffnung als Illusion aus, erklären Verzweiflung als
Depression, vereinfachen menschliche Leidenschaft in Bedürfnis-
befriedigung und machen Entspannung zu Spannungsverminderung.
Wenn Menschen in totaler Verzweiflung mutig und leidenschaftlich auf
der Grundlage dessen handeln, was sie als ihre Bestimmung ansehen,
bezeichnen es Psychologen als nichts anderes als eine Reaktion auf einen
Reiz (DeCarvalho 1991, S. 128).

Diese Kritik enthält implizit den Anspruch, den Erlebnisreichtum menschlicher Erfahrung zu erhalten. Die Humanistische Psychologie wendet sich gegen die rigide Anwendung eines naturwissenschaftlich orientierten Forschungsmodells für das Studium des menschlichen Erlebens und Verhaltens. Sie versucht es durch die Entwicklung von neuen Forschungsmodellen zu ergänzen. Das Ziel bei der Entwicklung dieser neuen Forschungsansätze liegt in der Schaffung von Wissen und Einsichten über jene Phänomene und Phänomenebenen, die von einer ausschließlich naturwissenschaftlich orientierten Forschung nicht erreicht werden. Die Notwendigkeit, ein Zusammenspiel zwischen naturwissenschaftlich orientierter und geisteswissenschaftlich orientierter Forschung zu finden, ergab sich naturgemäß aus dem besonderen Forschungsinteresse der Humanistischen Psychologie etwa im Bereich der Psychotherapie oder Persönlichkeitsforschung. Die Tatsache, daß mit der Psychotherapie eine Form der Begegnung zwischen Menschen erforscht werden soll, deren Dynamik ein hohes Ausmaß an Intimität und subjektiver Betroffenheit freisetzt und deren Prozeß von vielen individuellen Momenten durchsetzt ist, machte die Spannung zwischen Subjektivität und Objektivität zu einer schwer umgehbaren Frage. Obwohl Allport, Rogers und Maslow versiert und ausgebildet waren in der Durchführung experimenteller und quantitativer Forschung, erkannten sie ihre Einschränkungen, als sie die subjektiven Aspekte der menschlichen Persönlichkeit zu erforschen begannen (vgl. DeCarvalho 1991).

Kritik am Reduktionismus

TAGESON (1982) unterscheidet in den Humanwissenschaften zwei allgemeine Formen des Reduktionismus. Die erste Form könnte man einen *Theoriereduktionismus* nennen. Es ist die Auffassung, daß alle Aussagen, die soziale und psychologische Ereignisse in gesetzmäßiger Art verbinden, auf Aussagen über physiologische Ereignisse reduziert werden können. Sie ist mit der Hoffnung verbunden, daß diese Phänomene selbst wieder auf physikalische und chemische Ereignisse zurückgeführt werden können. Es wird angenommen, daß die Komplexität von sozialen und psychologischen Ereignissen durch eine stufenweise Reduktion auf die grundlegende mathematische Sprache der Physik und Chemie und die physio-chemischen Komponenten des Lebens erklärbar wird. Tageson nennt diese Form des Reduktionismus biologischen Reduktionismus, der mit dem Versuch verbunden war, eine Einheitswissenschaft zu konstituieren. Eine zweite Form des Reduktionismus läßt sich *methodologischer Reduktionismus* nennen; er besteht darin, die qualitativen Aspekte menschlichen Verhaltens auf quantifizierbare Phänomene zu reduzieren und bezieht seine Motivation aus dem Interesse für wissenschaftliche Strenge. Tageson (1982) nennt diese Form des Reduktionismus mathematischen Reduktionismus und weist darauf hin, daß Quantifizierung und Meßbarkeit die stabilste und prägnanteste Ausdrucksform wissenschaftlicher Ansprüche darstellt. Die Zweckmäßigkeit der Quantifizierung sei jedoch nur so lange einsichtig, solange die intrinsischen Grenzen dieser Form des Reduktionismus gesehen werden, nämlich seine Unfähigkeit, den Reichtum der Realität und der menschlichen Erfahrung vollständig zu erfassen. Der biologische Reduktionismus verleugnet jede Art eines qualitativen Unterschieds zwischen anorganischer Materie, organischen Systemen und menschlichem Bewußtsein. Menschliches Bewußtsein ist ein Epiphänomen, das die komplexe Interaktion neuraler Strukturen begleitet und auf ihre physio-chemischen Komponenten reduziert werden kann. Auch die Entwicklung zu komplexeren Strukturen ist streng determiniert durch diese physio-chemischen Eigenschaften.

Kritik gegen Rigidität und Selbstbeschränkung

Bei aller Kritik am Objektivismus wird die *Produktivität* eines naturwissenschaftlich orientierten Forschungsparadigmas in der Regel nicht grundsätzlich in Frage gestellt, sondern seine rigide und unreflektierte Anwendung und die Beschränkung des Forschungsinteresses durch die Ausschließlichkeit seiner Anwendung. MASLOW (1977, S. 33) ist nicht prinzipiell gegen eine experimentelle Vorgangsweise, aber er weist darauf hin: „Erst wenn wir bereits eine Menge über sie [die Phänomene] wissen, können wir gründlicher untersuchen und eindringlichere Fragen stellen – mit einem Wort: mehr experimentell vorgehen." Auch ROGERS rief dazu auf, jeder Form der Einengung in der Forschung entgegenzuwirken, da er dadurch vor allem die Kreativität gefährdet sah. Er meinte, daß die Wissenschaft alles entschlossen ablehnen sollte, „was ihren eigenen Bewegungsspielraum begrenzt oder die Methoden und Perspektiven ihres eigenen Strebens nach Wissen willkürlich einengt" (Rogers 1964, S. 119*).

Für Rogers selbst war die kontinuierliche Auseinandersetzung zwischen dem Subjektiven und dem Objektiven eine wünschenswerte Spannung, auf deren Basis er sich entwickeln und verändern konnte (Kirschenbaum 1979). Seinen Überlegungen zu Wissenschaft und Forschung hatten stets das Ziel vor Augen, eine adäquatere Auffassung der Wissenschaft vom Menschen sowie eine Synthese von „naturwissenschaftlicher" und „geisteswissenschaftlicher" Forschung zu entwickeln.

Problemorientierung versus Methodenorientierung

Eine weitere Form der Einengung und des Reduktionismus, der kritisiert wird, ist die häufig anzutreffende Praxis, die Forschungsfragen nach Maßgabe der dominierenden Forschungsmethoden auszusuchen. MASLOW (1977, S. 36) stellt dazu fest: „Vermutlich liegt die Versuchung nahe, alles wie einen Nagel zu behandeln, wenn man als einziges Werkzeug einen Hammer besitzt." Forschungsfragen werden in der Regel in einer Art und Weise formuliert und eingeengt, daß der Forscher auf die Fruchtbarkeit seiner Methode verweisen kann. Maslow hat auf die Okkupation mit und Konzentration auf Mittel und Methoden und auf Erscheinungen, die die Erkenntnisfähigkeit des Forscher einengen, bereits sehr früh aufmerksam gemacht, wie etwa auf die pragmatische Einstellung, daß bei einer Dissertation die Problemstellung keine Rolle spielt, solange die Arbeit nur methodologisch gut gemacht ist. Maslow (1977) weist auf folgende Gefahren hin, wenn Wissenschaft mittel- und methodenorientiert anstelle von problemorientiert vorgeht:

1. Förderung von „Technikern" und „Apparate-Menschen" in Spitzenpositionen der Wissenschaft anstelle von „Fragestellern" und „Problemlösern";
2. die Beschäftigung mit Methoden als Selbstzweck, unabhängig von Fragestellungen, und dadurch Überbewertung dieser und Anpassung an diese;
3. Hierarchisierung von Wissenschaft in Fächer und Vorgangsweisen, die mehr oder weniger wissenschaftlich sind, und die Fragmentierung in Fächer (dazu gehört auch die Kluft zwischen Wissenschaftern und Personen, die mit anderen Methoden Wahrheit und Verstehen anstreben);

4. eine Hauptgefahr ist die Förderung von Orthodoxie in den Wissenschaften, die Blockierung von neuen Verfahren und die Einengung des Zuständigkeitsbereiches von Wissenschaft;

5. schließlich nennt Maslow noch eine psychologische Gefahr, nämlich die Ermunterung der Wissenschafter, durch die mittelzentrierte Orthodoxie ein Image der Kühle, Sachlichkeit und des Vernünftigen auf Kosten der Risikobereitschaft zu entwickeln, und die Wertproblematik wegen einer „eingebildeten Unabhängigkeit" wissenschaftlicher Tätigkeit von Werten zu vermeiden.

Entpersönlichung der Forschung
– Emotion, Werte und Wahrheit

MASLOW nimmt zwar zur Kenntnis, daß gewisse Arten der Emotion unser Urteil völlig verzerren können. Es folgt für ihn jedoch nicht daraus, Emotionen aus der Forschung zu verbannen: „Eine humanistische Einstellung zur Wissenschaft erzeugt eine andere Haltung, daß nämlich die Emotion mit Erkenntnis synergetisch und eine Hilfe bei der Wahrheitsfindung sein kann" (Maslow 1977, S. 144). Der subjektiv-persönliche Faktor kann Motor und Hindernis für den Forschungsprozeß sein, da er die Arbeit des Forschers in spezifischer Weise ausformt und begrenzt. Jedoch das Ignorieren und Verleugnen dieses Faktors macht wissenschaftliche Forschung nicht verläßlicher und die gewonnenen Ergebnisse nicht notwendigerweise vertrauenswürdiger. Maslows Vorstellung einer Synergie zwischen Emotion und Erkenntnis bedeutet, daß mit der Bewußtheit und reflektierten Berücksichtigung des subjektiv-persönlichen Faktors der Objektivitätsanspruch nicht aufgegeben werden muß, sondern dadurch differenzierter eingelöst werden kann. Maslow (1981, S. 33) hat diesen Umstand auch hinsichtlich der Beziehung zwischen Wissenschaft und menschlichen Werten und der Beziehung zwischen Theoriebildung und subjektiv-persönlichen Momenten formuliert:

Die einzige Art und Weise jedoch, die wir kennen, um die Verfälschungen unserer Wahrnehmung der Natur, der Gesellschaft oder unser selbst durch menschliche Werte zu vermeiden, ist, sich dieser Werte ständig und immer bewußt zu sein, ihren Einfluß auf die Wahrnehmung zu verstehen und mit Hilfe solchen Verstehens die notwendigen Korrekturen vorzunehmen. [...] Zwar ist es das Ideal der Wissenschaft, diese menschlichen Deter-

minanten der Theorie auf ein Minimum zu reduzieren, aber man wird es
nie erreichen, wenn man ihren Einfluß verneint, sondern nur, wenn man
ihn gut genug kennt.

Entpersönlichung der Forschung
– Sterilität der Forschungs- und Publikationspraxis

Ein weiterer Aspekt der Kritik der Entpersönlichung der Wissenschaft
zielt auf die fehlende und systematische Vermeidung von persönlicher Beteiligung und Engagement des Forschers in verschiedenen
Phasen des Forschungsprozesses. Die subjektiven Erfahrungen des
Forschers, seine leidenschaftliche Involviertheit im Forschungsprozeß, sein Engagement im wissenschaftlichen Wettstreit und seine kreativen und „irrationalen" Gedankensprünge, tragen oft entscheiden-
der zur Entwicklung einer neuen Perspektive der Realität bei als kon-
tinuierliches Datensammeln, sorgfältiges logisches Denken (Polanyi
1994). Jeder Forscher projiziert in einem gewissen Ausmaß seine eigene Person in seine wissenschaftliche Tätigkeit und markiert sie so mit
seinem eigenen Charakter (Kelly 1969). Die Kritik richtet sich gegen
die Auffassung, daß Theorien, die ausdrücklich auf der Basis persönlicher Erfahrungen und über einen Vorgang intuitiver Auseinandersetzung und kreativen Durchdenkens entwickelt wurden, nur subjektive Fehler und persönliche Verzerrungen widerspiegeln.

Die Publikationspraxis ist eine weitere Zielscheibe der Kritik. Denn
das Ausblenden der kreativen Vorgänge und intuitiven Prozesse, die
im Bewußtsein des Forschers im Verlauf der Entwicklung von theoretischen Annahmen ablaufen, zeigt sich deutlich in der Forschungs-
und Publikationspraxis: „Die meisten Abhandlungen über Forschung
in der Psychologie und sicherlich fast alle ihrer veröffentlichten For-
schungsberichte beginnen mit einer angenommenen Hypothese und
berichten uns in quälenden Einzelheiten, was von da an passiert. Aber
die aufregendsten Stufen der Forschung treten bereits vorher auf und
werden selten erwähnt, oft nicht einmal wahrgenommen" (Kelly 1969,
S. 60*).

Die Kritik richtet sich gegen die Darstellung in einer „normierten"
und unpersönlichen Sprache, die die Individualität des Autors verschwinden läßt. Das Bild von einer kühlen, sachlichen und unpersönlichen Wissenschaft wird damit eindrucksvoll dokumentiert. Diese
Entwicklung entspricht einer Forschungspraxis, in der Forschungs-

handlungen zur Überprüfung von Hypothesen wie Konstruktion und
Aufbereitung von Meßinstrumenten, Datensammeln und statistische
Auswertung dominieren, während die Entwicklung von theoretischen
Konzepten oft ohne besonderen Rekurs auf den persönlichen Erfahrungsschatz und die theoretische Phantasie des Forschers erfolgen
(vgl. Wachtel 1980). KOCHS (1981, S. 259*) Charakterisierung von
Forschung als „processing" (im Gegensatz zu „discovery") kann hier
als kritische Bemerkung herangezogen werden: „Es setzt voraus, daß
Wissen ein beinahe automatisches Ergebnis einer Trickanwendung,
eines Fließbandverfahrens, einer ‚Methodologie' ist. Es geht davon
aus, daß Forschungsaktivität so starr und ausnahmslos von Regeln
bestimmt ist, daß in dieser Auffassung von Forschung es den Regeln
oft erlaubt wird, ihre menschlichen Benutzer vollkommen zu ersetzen."

Erkenntnispathologien: Psychologie der Wissenschaft und Selbstreflexion

Ein zentraler kritischer Ansatz von MASLOW ist sein Konzept der
Erkenntnispathologie, das er im Rahmen seiner Überlegungen zu
einer Psychologie der Wissenschaft entwickelte (Maslow 1977). Die
psychologische Interpretation von Wissenschaft stellt eine Form der
Selbstreflexion dar. Sie geht von der Voraussetzung aus, daß Wissenschaft eine menschliche Schöpfung ist: Das Wesen von Wissenschaft,
ihre Theorien, Gesetze und Methoden sind nicht nur Ausdruck der
Realität, die Wissenschaft zum Gegenstand macht, sondern spiegelt
auch Wesen und Ausstattung des Menschen wider, der Wissenschaft
betreibt (Maslow 1981). Eine zweite Voraussetzung betrifft die oft
behauptete „Dichotomie von Vernunft und Animalität" (ebd., S. 29),
die er als überholt und relativierungsbedürftig ansieht. Maslow
(ebd.) setzt die Auffassung entgegen, „daß beim gesunden Men-
schenwesen Rationalität und Antrieb synergetisch sind und stark
dazu tendieren, ähnliche Schlußfolgerungen zu erreichen und nicht
entgegengesetzte. [...] Chronische Diskrepanz oder der Antagonis-
mus zwischen Antrieb und Erkenntnis ist gewöhnlich in sich selbst
ein Produkt sozialer und individueller Pathologie." Seine Ausgangs-
überlegung, die zur Formulierung des Konzepts der Erkenntnis-
pathologien führte, beschreibt er (Maslow 1977, S. 37) folgendermaßen:

Während die Menschen die Erkenntnis lieben und suchen – sie sind neugierig – haben sie andererseits auch Angst davor. Je näher sie ans Persönliche heranreicht, desto größer ist ihre Angst davor. Daher tendiert menschliche Erkenntnis zu einer Art Dialektik zwischen dieser Liebe und dieser Angst. So schließt Erkenntnis auch Abwehr gegen sich selbst, Repressionen, Beschönigungen, Gleichgültigkeit und Vergessen ein. Daher gehört zu jeder Methodologie, die hinter die Wahrheit zu kommen versucht, in irgendeiner Form auch unausweichlich […] eine Methode, um die Angst vor der Wahrheit über uns selbst aufzulösen […].

Maslow (ebd., S. 42) versuchte daher, „die durch Angst verursachten kognitiven Tätigkeiten von denen zu unterscheiden, welche ohne Angst oder unter Überwindung der Angst ablaufen […]", und ging davon aus, daß „diese kognitiven Impulse offenbar entweder unter Bedingungen der Angst oder des Mutes ablaufen, daß sie aber unter diesen beiden unterschiedlichen Bedingungen unterschiedliche Merkmal aufweisen." Die bekannte Funktionalisierung kognitiver Fähigkeiten zur Beseitigung von Angst und Bedrohung bzw. zur Herstellung von Sicherheit und Gleichgewicht ist für Maslow (ebd., S. 41 f.) auch auf die forschende Tätigkeit des Wissenschafters anzuwenden:

Wenn Neugier, Forschen, Manipulieren durch Furcht oder Angst angetrieben werden, kann man feststellen, daß ihr Hauptzweck die Beseitigung oder Milderung der Angst ist. […] Das unbekannte Objekt ist dann primär ein Angsterzeuger […]. Manche Organismen bringen es fertig, nachdem sie sich beruhigt haben, den Gegenstand dann auch per se aus reiner (nicht angstbedingter) Wißbegier in seiner unabhängigen, draußenbefindlichen Realität zu untersuchen. Dagegen gibt es andere Organismen, die jedes Interesse an dem Gegenstand verlieren, nachdem er entgiftet, vertraut geworden […] und nicht länger furchteinflößend ist. Das heißt, daß das Vertrautwerden Unaufmerksamkeit und Langeweile zur Folge haben kann.

Maslow (ebd., S. 43) betrachtet jegliches kognitive Bedürfnis – auch jene, die in der institutionalisiert betriebene Wissenschaft zum Ausdruck kommen – vor dem Hintergrund der Frage, ob es „entweder dazu dient, Angst zu beseitigen, oder aber ein nicht-angstbedingtes Interesse an der Natur der Realität darstellt". Wissenschaftliches Forschen ist ein Resultat dieser beiden Momente:

Mit anderen Worten kann man von einem Wissenschafter entweder annehmen, daß er relativ defensiv, vom Mangel oder vom Bedürfnis nach Sicherheit motiviert ist, daß er weitgehend von Angst getrieben ist [...]. Oder man kann in ihm einen Menschen sehen, [...] der die Freiheit gewonnen hat, sich einer wahrhaft faszinierenden Wirklichkeit zuzu-wenden, der er sich völlig hingeben kann, anstatt sie in ihrer Relevanz zu seinen persönlichen emotionalen Schwierigkeiten zu sehen; das heißt, er kann sich auf die wissenschaftlichen Probleme anstatt auf sein eigenes Ego konzentrieren (ebd., S. 41).

Die Ängste können dabei verschieden sein: Angst vor dem Unerwarte-ten, dem Peinlichen, dem Nichtwissen. Die Reduzierung der Ängste geht beim sicherheitsmotivierten Wissenschafter stets Hand in Hand mit einem steigenden Desinteresse gegenüber dem Angst erzeugen-den Objekt oder Phänomen. „Es handelt sich nur scheinbar um Wis-sensdrang, da für solche Menschen die Wirklichkeit, sobald sie sie als ungefährlich erkannt haben, aufhört interessant zu sein. Das heißt aber, daß ihnen die Wirklichkeit selbst gleichgültig ist" (ebd., S. 48).

Ausdrucksformen dieser Dynamik von Angst und Erkenntnis sind kognitive Pathologien verschiedener Art: voreilige Verallgemeinerun-gen, Festhalten an Verallgemeinerungen entgegen widersprechenden Informationen, Leugnen von Nicht-Wissen, Zweifel und Erstaunen, Intoleranz gegenüber Mehrdeutigkeiten und dem Unbestimmten, ri-gides Kategorisieren („Schubladen-Denken") und Dichotomisieren („Entweder-oder-Denken"). Sämtliche wissenschaftliche Tätigkeiten oder Werte wie Genauigkeit, Sorgfalt, Verläßlichkeit, Vernünftigkeit können zu kognitiven Pathologien werden, wenn sie primär aus einem Bedürfnis nach Sicherheit und Angstreduzierung erwachsen. Nach Maslows Vorstellung muß Wissenschaft diesen Umstand in selbstreflexiver Wendung auf die eigene Tätigkeit berücksichtigen, damit Wissenschaft eine Vorgangsweise wird, „mit deren Hilfe fehl-bare Menschen ihren eigenen menschlichen Hang, die Wahrheit zu fürchten, zu meiden und zu verzerren, überlisten" (ebd., S. 52).

Die phänomenologische Tradition in der Humanistischen Psychologie

Von humanistischen Autoren werden verschiedene Ansätze verwen-det, die menschliche Subjektivität in der psychologischen Forschung zu berücksichtigen. Einige berufen sich auf die Fortschritte der modernen Naturwissenschaften, besonders der theoretischen Physik, bezüglich der Rolle des Beobachters in bezug auf physische Phänomene. Andere kommen direkt von einer phänomenologischen Philosophie.

Die Weiterentwicklung der geisteswissenschaftlichen Tradition, besonders in der phänomenologischen Spielart, war ein ursprüngliches Anliegen. Die philosophischen Wurzeln einer phänomenologischen Erfahrungswissenschaft vom Menschen gehen auf HUSSERL, den Vater der modernen phänomenologischen Philosophie, zurück. Sie findet sich bei HEIDEGGER, der einen Ansatz der existentiellen Phänomenologie entwickelte. Heidegger und andere mit seiner Tradition verwandte Philosophen hatten einen bemerkenswerten Einfluß auf Psychologie und Psychiatrie. Besonders bedeutend war er in jenem Zweig der Humanistischen Psychologie, der Existenzanalyse genannt wird und dessen Vertreter in erster Linie Kliniker und Psychiater sind, die ihre klinisch-praktische Arbeit auf der Grundlage dieser existentialphänomenologischen Perspektive durchführen.

Die Anwendung der phänomenologischen Methode durch die Existentialanalytiker richtete sich auf die Explikation der inneren phänomenologischen Erfahrung von psychopathologischen Bewußtseinszuständen, wie der Schizophrenie, der Zwanghaftigkeit und Depression. Ihre bevorzugte Methode bestand in der empirischen Fallgeschichte. Diese beruht auf der empathischen Beobachtung und Beschreibung der Zustände, wie sie von den Patienten erlebt wurden, oder auf der Analyse von Aufzeichnungen jener Personen, die diese pathologischen Bewußtseinszustände durchlebt hatten. JASPERS war einer der ersten, der eine deskriptive Phänomenologie der verschiedenen psychopathologischen Zustände entwickelte (Jaspers 1913). Weitere Vertreter einer phänomenologischen Methode sind Ludwig BINSWANGER, Medard BOSS und Rollo MAY.

Ein weiterer Zugang zur Phänomenologie war die amerikanische Variante und Urform der amerikanischen phänomenologischen Psychologie, die das unmittelbare Erleben und die „Wahrnehmungsorganisation" (perceptual organization), das phänomenologische Feld und die „Welt der individuellen Wahrnehmungen und Bedeutungen" inhaltlich zueinander in Beziehung setzt (Snygg und Combs 1949, 1959). Die Bedeutung des Wahrnehmungsfeldes und die Erkenntnis der Unvermeidlichkeit des bewußten Erlebens war für die Humanistische

Psychologie Ausgangspunkt, um die Phänomenologie als Methode der Erfahrungsverarbeitung zum zentralen Bezugspunkt für Theorie und Praxis, Forschung und Anwendung zu machen (s. auch Kap. 6).

Die Unvermeidlichkeit des bewußten Erlebens

Da für den Gegenstandsbereich der Humanistischen Psychologie das bewußte menschliche Erleben zentral ist, greift sie auf eine phänomenologisch-deskriptive Analyse des menschlichen Bewußtseins zurück. Diese unterscheidet verschiedene Ebenen bewußten Erlebens, die simultan zu existieren scheinen, aber nicht aufeinander reduzierbar sind (z. B. Körpererleben, Kontakt- und Beziehungserleben, Aufmerksamkeit, Sensibilität, Selbstreflexion). Es wird dabei einer phänomenologischen Vorgangsweise gefolgt, deren Basis die Daten und Phänomene sind, die sich aus dem stets fließenden Strom des Bewußtseins bilden.

Die Unvermeidbarkeit des bewußten Erlebens der äußeren Realität wird als Grundlage jeglicher Erkenntnisfähigkeit betrachtet. Eine phänomenologische Analyse beginnt mit diesen unvermeidlichen Vorgaben des Bewußtseins. Jede weitere Analyse, die angestellt wird, bekommt nur Bedeutung in bezug auf diese unmittelbaren Phänomene. Das bewußte Erleben ist demgemäß Wurzel und Quelle jeder Erweiterung und Differenzierung unseres Wissens. Man kann in diesem Sinne nicht wissen, daß etwas existiert und Realität besitzt, außer es „bricht" im buchstäblichen Sinn in unser Bewußtsein. Die Unvermeidlichkeit des bewußten Erlebens und die Überzeugungskraft, die in der Unmittelbarkeit des bewußten Erlebens liegt, bedeuten allerdings nicht, daß die Humanistische Psychologie Skepsis, Wahrnehmungstäuschung und -verzerrung leugnet. Im Gegenteil, alle diese Phänomene müssen sich auf die Unmittelbarkeit des bewußten Erlebens beziehen, um sie relativieren zu können: Eine Skepsis gegenüber einer bestimmten Erfahrungen setzt voraus, diese Erfahrungen vorerst einmal als Realität anzuerkennen. In diesem Sinne verlangt die Humanistische Psychologie, auf die unmittelbare Erfahrung und das bewußte Erleben Bezug zu nehmen, selbst dann, wenn sie uns in die Irre führen (in diesem Fall muß es nachvollziehbar gemacht werden, wie es zu einer Täuschung kommen konnte).

TAGESON (1982) erläutert dies an einem Beispiel: Wir können unsere Aufmerksamkeit auf feste, stabile Objekte richten, wie etwa auf einen Schreibtisch, auf einen Stuhl. Diese Objekte schauen fest und stabil aus, fühlen sich so an und handeln quasi so, als wären sie undurchdringlich. Dieser Eindruck der Festigkeit ist unvermeidlich. Wenn uns der Physiker auch erzählt, daß diese Festigkeit nicht in einem absoluten Sinne besteht, sondern diese Objekte eine schwirrende Masse von Molekülen darstellen, die dichter verpackt sind als Moleküle, die in der Luft vorhanden sind, und auf keinen Fall dieses kontinuierliche Stück von Material sind, das unseren Sinnen so scheint. Aber trotz dieses Wissens bleibt unsere ursprüngliche Erfahrung bestehen. Es bleibt also keine Alternative zum sturen Beharren auf dieser ursprünglichen Erfahrung, außer der Wissenschafter zeigt uns, wie seine Tatsachen mit unserer Erfahrung in einer bedeutungsvollen Art korrespondieren. Das ist auch möglich, denn der Physiker erklärt uns, daß die molekulare Struktur unseres Körpers weniger dicht „verpackt" ist als etwa der Schreibtisch, wodurch wir einen relativen Eindruck der Festigkeit gewinnen. Der Physiologe oder Neuropsychologe kann uns darüber hinaus erklären, wie die visuellen Muster im Gehirn reproduziert werden, und diese wissenschaftlichen Beschreibungen ergeben für uns einen Sinn. Trotzdem können wir weiter unserem ursprünglichen bewußten Erleben trauen und uns etwa an den Schreibtisch lehnen, ohne Angst haben zu müssen, durchzubrechen. Auch wenn wir wissenschaftliche Erklärungen zu Verfügung haben, so ergeben diese nur dann einen Sinn, wenn sie sich adäquat zu unserem ursprünglich bewußten Erleben der Realität, auf das wir im Lebensvollzug angewiesen sind, in Bezug setzen lassen.

Ein unverzichtbares Prinzip der Humanistischen Psychologie ist, daß unmittelbar gegebene Bewußtseinsphänomene nicht nur die ursprüngliche *Wurzel* aller weiteren Analyse sind, sondern auch deren unverzichtbares *Bezugskriterium*. Man kann Erklärungen und Schlußfolgerungen über die Realität nur akzeptieren, wenn sie die unmittelbare Erfahrung nicht verletzen. Wenn es so scheint, wie etwa im Fall der bereits bekannten Wahrnehmungstäuschungen, dann muß gezeigt werden, daß kein wirklicher Widerspruch besteht.

Die Funktion der Phänomenologie

Die phänomenologische Methode hat im wissenschaftsphilosophischen und methodologischen Bezugsrahmen der Humanistischen Psychologie insofern eine zentrale Rolle, als ihr vielfältige Funktionen zukommen. Für GIORGI (1970, 1981) ist sie Grundlage metatheoretischer Überlegungen, für ROGERS ein unverzichtbarer Bestandteil der empirischen Forschung (s. unten). Die Phänomenologie ist ein Hilfsmittel für die Auswertung von Erfahrungen und die persönliche Überprüfung von Forschungsergebnissen. Für MASLOW ist sie Ausgangspunkt der Forschung und Garant intellektueller Offenheit. Maslow (1977, S. 71) geht davon aus,

daß erstens die meisten psychologischen Probleme mit der Phänomenologie beginnen und beginnen sollten, anstatt mit objektiven,
experimentellen, behavioristischen Laboratoriumstechniken, und daß
wir zweitens im allgemeinen von den phänomenologischen Anfängen
ausgehend objektive, experimentelle, behavioristische Methoden
anstreben sollten. Es ist meiner Ansicht nach der normale, übliche Weg,
von einem weniger verläßlichen Anfang zu einer verläßlicheren Ebene
des Wissens vorzustoßen.

Für Maslow (ebd., S. 81) sind Daten und Wissen „in einer Hierarchie von mehr oder weniger großer Verläßlichkeit" einordenbar. Er (ebd.) spricht sich für eine Wissenschaft aus, die offen ist und auf der Grundlage intelligenter Wahl und Urteilskraft den Mut zum Unkonventionellen hat:

Man kann jede Frage stellen und jedes Problem aufwerfen. Sobald das
geschehen ist, sucht man sich die zur Beantwortung dieser speziellen Frage,
die zur Lösung des Problems an besten geeignete Methode aus, ohne sich
durch irgendwelche begrifflichen oder methodologischen Pietätsrück-
sichten behindern zu lassen, die es einem verbieten könnten, bei dem
Unterfangen sich seines ganzen Verstandes und aller seiner Fähigkeiten
zu bedienen.

Die phänomenologische Methode verfolgt den Anspruch der Humanistischen Psychologie, die integrativen Fähigkeiten im Denken und Wahrnehmen als Forschungsinstrument einzubringen. Maslow (ebd., S. 87) beschreibt das in folgender Weise:

Diese Vorbedingung für die holistische Wahrnehmung von Qualitäten
der Ganzheitlichkeit möchte ich als ‚Erfahrungsnaivität' bezeichnen, als
die Bereitwilligkeit und Fähigkeit, zu einer unmittelbaren Erfahrung ohne

bestimmte andere Arten des ‚Wissens' zu gelangen. Es bedeutet, daß wir alle unsere Neigungen, zu rubrizieren, zu wissen anstatt wahrzunehmen, in Elemente zu zerlegen und auseinanderzuspalten, beiseite lassen. Schließlich ist ja die Qualität der Ganzheit etwas, was das Ganze durchdringt und was durch Sezieren zerstört wird.

Strukturelle und funktionale Phänomenologie

Bei der empirischen Adaption der phänomenologischen Methode durch die Humanistische Psychologie wurden verschiedene Spielarten entwickelt. Man unterscheidet im wesentlichen die strukturelle Phänomenologie und die funktionale Phänomenologie.

Die *strukturelle* Phänomenologie richtet ihr Forschungsinteresse auf die qualitative Beschreibung der inneren Erlebniswelt von menschlichen Subjekten, um sie in ihrem Reichtum, ihrer Vielfältigkeit und Komplexität verständlich und nachvollziehbar zu machen. Dieser Ansatz entspricht auch DILTHEYS geisteswissenschaftlichem Anspruch, menschliche Erfahrung von dieser Erfahrung selbst her zu verstehen. Das Interesse an Voraussage, Manipulation und Kontrolle fand im methodologischen Rahmen dieses Ansatzes keinen Platz. Die strukturelle Phänomenologie basierte auf der empirisch-klinischen Methode und erforderte engagierte Beobachter in einem klinischen Setting. Der Forscher benötigt gewisse Fähigkeiten wie in anderen Wissenschaften, die auf angemessener Beschreibung und Klassifikationen beruhen. Die wissenschaftliche Notwendigkeit eines strukturellen oder deskriptiv-klassifikatorischen Ansatzes zeigt sich in allen Realwissenschaften, wie KUHN argumentiert. Auch die Naturwissenschaften entwickelten über lange Phasen ein Verständnis ihres Gegenstandsbereiches durch sorgfältiges Beobachten, Beschreiben und Klassifizieren, bevor sie allgemeine Zusammenhänge überprüfen konnten (Kuhn 1967).

Die *funktionale* Phänomenologie versucht wiederholbare mathematische Beziehungen zwischen verschiedenen phänomenologischen Variablen oder zwischen phänomenologischen Variablen und beobachtbaren Vorgängen aufzustellen. Die einzige innovative Veränderung, die die funktionale Phänomenologie dem hypothetisch-deduktiven Ansatz in der empirischen Forschung hinzufügte, war die Veränderung des paradigmatischen Bezugsrahmens in Richtung Erforschung von phänomenologischen Variablen. Das sind Vorgänge, die

die innere, private Erfahrung und die bewußte Reflexion auf diese
Erfahrung ausdrücken. Da das Problem des direkten Zugriffs auf diese
Erfahrungen blieb, wurden Methoden kreiert, die dem Forschungssubjekt erlauben, diese Daten dem Forscher mitzuteilen und sie durch
Skalierung einer statistischen Verarbeitung zuzuführen. Die Spielart
der funktionalen Phänomenologie innerhalb der humanistischen
Bewegung wurde in erster Linie von amerikanischen Psychologen
entwickelt, die ursprünglich eine Ausbildung in den Methoden der
empirisch-experimentellen Forschung erhielten. Dieses Forschungsverständnis wurde zwar durch die Entwicklung der funktionalen Phänomenologie verändert, blieb aber stets eine Quelle methodologischer Inspiration, jedoch nicht in einer ausschließlichen, rigiden und
einschränkenden Anwendung. Das Forschungsinteresse der Humanistischen Psychologie wurde im Laufe ihrer Entwicklung nicht methodologisch gezähmt, sondern – eher umgekehrt – es wurden für das
Forschungsinteresse entsprechende methodologische Ausdrucksformen gesucht. ROGERS war einer der ersten, die eine funktionale
Phänomenologie entwickelten. Aus seinen Erfahrungen und Beobachtungen in der therapeutischen Situation mit Klienten entstand
jene phänomenologische Selbsttheorie, die mit seinem Namen verbunden ist. Die Selbsttheorie-Forschung hat sich seit diesen ersten
Studien entscheidend geändert, aber Rogers' Studien gehörten zu
den ersten in der amerikanischen Psychologie, die das traditionelle
Forschungsparadigma der Psychologie durch den Einbezug von phänomenologischen Variablen änderten.

Ein anderes Beispiel ist die logische Lerntheorie von RYCHLAK
(1977), einem klinischen und experimentellen Psychologen, der sich
für die Aufrechterhaltung eines rigorosen Humanismus ausspricht
und der die humanistische Theorie einer strengen wissenschaftlichen
Prüfung unterziehen möchte. In seiner logischen Lerntheorie versucht er, die dialektischen Aspekte des menschlichen Bewußtseins mit
einzubeziehen. Er postuliert subjektgebundene Variablen, die unabhängig von Umgebungseinflüssen sind und den Verlauf menschlicher
Lernprozesse beeinflussen, die affektive Bewertung, womit die affektive Ablehnung oder Annahme eines externen Stimulus gemeint ist.
Die *affektive Bewertung* impliziert einen aktiven Bewertungsprozeß
durch das Individuum: Das Individuum reagiert nicht nur auf Umgebungsfaktoren, sondern schätzt auch fortwährend seine Lebensumstände ein. Und diese Einschätzung bestimmt den Verstärkungswert

der Umgebung. Wesentlich dabei ist, daß der Verstärkungswert eine subjektgebundene Variable ist, also eine „Eigenleistung", ein Prozeß, der vom Individuum selbst erzeugt wird und nicht mit einem bestimmten Reiz selbst verbunden ist. Diese Theorie wurde in empirischen Forschungsprogrammen überprüft, die sich hauptsächlich auf verbales Lernen bezogen. Mit der Herausarbeitung dieser Bedeutung von subjektiven phänomenologischen Variablen ist Rychlaks logische Lerntheorie eine prägnante Illustration der funktionalen Phänomenologie.

Das Methodenproblem der Humanistischen Psychologie

Die Humanistische Psychologie gerät von ihrem Selbstverständnis der Offenheit her in ein unvermeidliches Methodenproblem. Da sie das menschliche Bewußtsein als eigenständigen Funktionsbereich ansieht, der nicht vollständig auf andere Prozesse, z.B. physiologische, zurückführbar ist, beansprucht sie auch einen eigenständigen Forschungsbereich, der Phänomene einschließt, die nicht der direkten Beobachtung zugänglich sind. Dies steht in einer Spannung zu einer Definition von Wissenschaftlichkeit, die sich bewußt auf quantifizierbare Phänomene beschränkt. Da die dominierende Strömung in der amerikanischen Psychologie lange Zeit nur das direkt Beobachtbare und Quantifizierbare zum Gegenstand wissenschaftlicher Untersuchungen machte, war das erlebte Bewußtsein, worum es der Humanistischen Psychologie ging, ein Gegenstandsbereich, der diesem Anspruch an Wissenschaftlichkeit nicht genügen konnte. Dem Vorwurf, daß ein Quantifizierungsvorgang eine Reduktion sei, bei der wesentliche Daten verlorengingen, wurde das Argument entgegengehalten, daß etwa eine phänomenologische Beschreibung ebenso zu einer Reduzierung von Erfahrung führt; eine Reduzierung auf Worte, so daß der Phänomenologe dem Reduktionismusargument nicht entkomme. Da aber jede Beschreibung von Erfahrung, egal ob phänomenologisch oder quantifizierend, auf Sprache angewiesen ist, ist nur ein sprachlicher (symbolischer) oder intellektueller Zugang möglich. TAGESON (1982) versucht die Phänomenologie gegenüber dieser Kritik zu retten: Wenn nämlich ein phänomenologisch qualitativer Zugang Erfahrung in einer anderen Weise verkürzt als ein Zugang, der auf quantifizierbaren Aspekten beruht, so könne das doch zu relevanten Entdeckungen von Erfahrungsaspekten führen, die dem Quantifizierungsansatz verschlossen bleiben. Dieses Argument sprach für die Ergänzungsbedürftigkeit qualitativer und quantitativer Methoden.

Die Pioniere und angesehenen Vertreter der Humanistischen Psychologie haben die strukturelle Phänomenologie zugunsten einer funktionalen Phänomenologie vermieden. Dadurch wurde der qualitative Reichtum bewußter Erfahrung zwar gefährdet gesehen (Giorgi 1970), zumindest konnte aber das Phänomen der bewußten Erfahrung eine respektable Anerkennung als Forschungsproblem erreichen und blieb nicht mehr in den Bereich des Mystizismus und der Metaphysik verbannt. Aber die Entwicklung einer Wissenschaft vom menschlichen Bewußtsein wurde von der Humanistischen Psychologie nur dann als vollständig gesehen, wenn es möglich war, auch phänomenologisch qualitative Daten gleichberechtigt in den wissenschaftlichen Diskurs einzubringen. Die sich abzeichnende Entwicklung in diese Richtung bezeichnet Tageson (1982) als einen „Quantensprung" in den Verhaltens- und Sozialwissenschaften.

Methodologische Kontroversen innerhalb der Humanistischen Psychologie

Der Unterschied zwischen einer strukturellen Phänomenologie, die eine empirische Adaption der phänomenologischen Philosophie bedeutet, und der funktionalen Phänomenologie, die eine Veränderung der traditionellen, naturwissenschaftlich orientierten Psychologie durch den Einbezug von phänomenologischen Variablen darstellt, spiegelt auch eine methodologische Kontroverse innerhalb der Humanistischen Psychologie wider, bei der es um die Rolle der *Messung* geht.

Die strukturelle Phänomenologie betrachtet die Anwendung von Messung als randständige Angelegenheit. Ihr Ziel liegt in der qualitativen Beschreibung von bewußten Phänomenen. Die Beschäftigung mit Meßproblemen und Quantifizierung wird als eine Form des Reduktionismus angesehen, der die Integrität und Bedeutung bewußter Erfahrung verletzt. Dieser radikale phänomenologische Ansatz stellt in der Humanistischen Psychologie eine Minderheit dar und wird vor allem von GIORGI (1970, 1981) und Adrian VAN KAAM (1966) repräsentiert. Die meisten humanistischen Psychologen in Amerika vertreten eine gemäßigte Position und sehen in einer Methodenvielfalt und gegenseitigen Befruchtung der verschiedenen Forschungsmethoden und Ansätze eine Vorgangsweise, die am ehesten den Forschungsproblemen innerhalb der Psychologie und Sozialwissenschaften gerecht wird. ROGERS etwa hat sich für die Sinnhaftigkeit von Quantifizierung und Messung auch auf der Basis von phänomenologischer Forschung ausgesprochen, dort, wo es der Wissensstand in einem Gegenstandsbereich erlaubt. Erwin CHILD (1973) untersuchte die Beziehung der Humanistischen Psychologie zu den verschiedenen Forschungstraditionen. Child macht sowohl die traditionelle, naturwissenschaftlich orientierte Psychologie als auch die Humanistische Psychologie verantwortlich für das Fehlen einer gegenstandsadäquaten Methodologie und Wissenschaftlichkeit. Die traditionelle Psychologie erlaubte den verfügbaren Methoden, den Gegenstandsbereich zu begrenzen und einzuschränken, während der Humanistischen Psychologie es an konzentrierter Theoriebildung und Genauigkeit fehlte. Die Phänomenologie gewinnt zunehmend Bedeutung für die sozialwissenschaftliche und psychologische Forschung. Es scheint möglich, eine erfolgreichere Analyse von bewußten Phänomenen vorzunehmen als es für die Introspektionisten des 19. Jahrhunderts möglich war, da die strukturellen Phänomenologen eine empirische Version der phänomenologischen Methode entwickelt haben, die den frühen Introspektionisten nicht zugänglich war. Diese Ansatz hat sich für die Beschreibung von psychopathologischen Zuständen des Bewußtseins als fruchtbar erwiesen. Die funktionalen Phänomenologen haben darauf hingewiesen, daß die Leistungen des Introspektionismus dort erfolgreich waren, wo es möglich war, Skalierungstechniken zu entwickeln. Ein Beispiel für die Verbindung von phänomenologischer Forschung und moderner Skalierung zeigt die Arbeit von PRICE und BARRELL (1980).

Die radikalen Phänomenologen argumentieren für eine drastische Änderung des Wissenschaftsbegriffs, für die Überwindung der positivistischen Muster in der psychologischen Forschung durch die Hinwendung zu einer phänomenologischen Philosophie. Die Ziele der Wissenschaften sollten nicht in einer strengen Objektivität und genauen Messung gesucht werden, sondern in der Angemessenheit und Genauigkeit der Forschung (Giorgi 1970). Psychologische Messung sollte nicht als Selbstzweck betrieben werden, sondern immer in dem Bewußtsein, daß damit der qualitative Reichtum der menschlichen Erfahrung reduziert wird und vitale Informationen verlorengehen. Die gemäßigten Vertreter humanistischer Forschung argumentieren nicht für diese drastische Änderung der Wissenschaftsauffassung, sondern wollen wissenschaftliche Forschung gegenüber phänomenologischen Variablen öffnen. Sie versuchen *keine grundlegende Änderung* des psychologischen Forschungsparadigmas, sondern *neue Daten* für die psychologische Forschung bereitzustellen. Meßbarkeit bleibt ein wichtiges Kriterium, wenn auch hierbei jede Rigidität abgelehnt wird. In der Sichtweise der radikalen Phänomenologen reicht es nicht aus, eine Veränderung des naturwissenschaftlich orientierten Forschungsparadigmas vorzunehmen, sondern erst die Aufgabe dieses Forschungsparadigmas ermöglicht es, eine eigenständige, dem Gegenstand angemessene Methodologie zu entwickeln und nicht nur Entwicklungen der Naturwissenschaften adaptiv nachzuvollziehen. Der gemäßigte Ansatz betrachtet die Koexistenz und Komplementarität verschiedener Forschungsmethoden als die fruchtbarste Haltung und geht keine strenge Bindung mit einer der prägnanten wissenschaftsphilosophischen Positionen ein. Bisweilen wird das behavioristische Programm als eine sinnvolle Ergänzung zur eigenen Arbeit gesehen, oder sie sind offen für Anregungen aus der psychoanalytischen Theorie, obwohl sie sich kritisch gegen die Exklusivität und den Vorherrschaftsanspruch dieser Ansätze wenden. Dieses gemäßigte Forschungsverständnis der Humanistischen Psychologie läßt sich leichter in das Selbstverständnis etablierter Wissenschaft einbringen, während die radikale Phänomenologie, wenn sie einen Ausschließlichkeitsanspruch vertritt, eine ernsthafte Bedrohung für das wissenschaftliche Establishment darstellt und Ausgrenzungsreaktionen hervorruft (Tageson 1982).

Die methodologische Verletzbarkeit der Humanistischen Psychologie

Das Methodenproblem war ein ständiger Begleiter in der Entwicklung der Humanistischen Psychologie und öffnete Zonen einer spezifischen methodologischen Verletzlichkeit.

1. Die Entwicklung der Humanistischen Psychologie war durch den Anspruch motiviert, die geisteswissenschaftliche Tradition methodologisch zu integrieren, die sich als eigenständiger wissenschaftlicher Ansatz mit den Arbeiten u. a. von Dilthey, Brentano und Stern gegen Ende des 19. Jahrhunderts herauskristallisierte. Diese geisteswissenschaftliche Tradition konnte jedoch hinsichtlich Tradition, Prägnanz

und Überzeugungskraft und hinsichtlich der Abgrenzungsbereitschaft gegenüber der Philosophie mit der naturwissenschaftlichen
Tradition nicht konkurrieren, da sie sich ja selbst aus der Philosophie
heraus entwickelte und sich auf diese bezog. Die Zuwendung zu
einem naturwissenschaftlichen Paradigma war in einer Situation, in
der die Erfolgsversprechungen der Wissenschaften auch eingelöst
werden mußten, keine zufällige Wahl, wie etwa Giorgi (1970) argumentierte, sondern zielte auf eine erfolgreiche Abgrenzung von der
Philosophie. Die Nähe zur geisteswissenschaftlichen Tradition bedeutete eine Schwächung im Kontext einer naturwissenschaftlich orientierten amerikanischen Psychologie.

2. Die modernen Alternativen zur naturwissenschaftlich orientierten Forschung – die qualitative Forschung – emanzipierten sich jedoch zunehmend methodologisch von der Philosophie, obwohl sie
mit ihren philosophischen Wurzeln verbunden blieben. Sie emanzipierten sich ferner philosophisch von den Naturwissenschaften, obwohl sie auch den Einfluß dieser Tradition in der Entwicklung ihrer
Methodologien nicht leugnen. Die gesamte humanistische Bewegung
stand von Anfang an im Prozeß der Auseinandersetzung mit dieser
differenzierten Herausforderung. Gerade das Bemühen um Differen-
ziertheit und Offenheit schuf eine methodologische Verletzlichkeit
und schwächte die Möglichkeiten zur Selbstbehauptung. Denn es ist
eine differenzierte Argumentation erforderlich, die dieses Unternehmen anfällig für vielfältige Abgrenzungsprobleme und Mißverständnisse macht. Die Diskussion leidet bis in die Gegenwart unter einseitigen Argumentationen.

3. Darüber hinaus erzeugte jene Hoffnung, die die Humanistische
Psychologie auf die Phänomenologie setzte und die sich zum Teil auch
erfüllte, einen „wunden Punkt". Das Ziel dieser Forschungsmodelle
lag darin, ebenfalls die Naivität der Common-sense-Erfahrung zu beseitigen, sie durch eine wissenschaftliche Analyse des Phänomens des
bewußten Erlebens zu ersetzen und sie in Beziehung zu Phänomenen
zu setzen, die andere Fachbereiche und wissenschaftliche Richtungen
bereitstellen. Der phänomenologische Zugang zum Erleben wurde
jedoch besonders für die Praxis des Human-potential-Movement at-
traktiv, wo er vorwiegend in einer naiven Form ausgeübt wurde. Die
Unmittelbarkeit des Erlebens im Hier und Jetzt wurde durch Verbreitung von Wachstumszentren und Selbsterfahrungsgruppen zelebriert.
Die Phänomenologie kam dadurch teilweise in Verruf, der auch akade-

misch orientierte Forschungsinstitute und professionelle Organisationen, die sich an eine erlebnisorientierte Vorgangsweise und Forschung hielten, erfaßte. Viele dieser Forschungsaktivitäten fanden daher außerhalb und zum Teil mit Widerstand der etablierten akademischen Psychologie statt. Die Humanistische Psychologie vermischte sich mit der Gegenkultur der sechziger und siebziger Jahre und zögerte, sich von extremen Ansprüchen wie etwa dem Anti-Intellektualismus zu distanzieren. Dies führte zu ihrer Isolierung innerhalb der Universitäten und akademischen Forschung, und ihr Bemühen um einen methodologischen Dialog wurde ignoriert (Polkinghorne 1992).

4. Die Humanistische Psychologie hat von Anfang an ihre paradigmatische Entwicklung auf die Grundlage einer wissenschaftsphilosophischen Diskussion gestellt und eine breite Grundlage für die Entwicklung eines adäquaten Forschungsmodells gesucht. Das Prinzip der Methodentoleranz öffnete die wissenschaftstheoretische und methodologische Diskussion faktisch nach allen Richtungen, so daß naturwissenschaftlich und geisteswissenschaftlich orientierte Forschung in orthodoxen und modernen Spielarten gleichberechtigt existieren konnten. Die Vielfalt der Denktraditionen, die unter Berücksichtigung der humanistischen Prinzipien in die aktuellen Auseinandersetzungen unbefangen eingebracht wurden, eröffnete zwar ein Potential für ein erweitertes Verständnis, jedoch auch die Gefahr eines verkürzenden Eklektizismus. Darüber hinaus wurde dieser hohe Anspruch, der eine differenzierte Argumentation erforderte, von den Vertretern der Humanistischen Psychologie nur teilweise und unsystematisch erfüllt und konnte von ihren Kritikern leicht als methodologische Ambivalenz und Diffusität interpretiert werden. Aufgrund des Fehlens eines überzeugenden wissenschaftsphilosophischen Bezugsrahmens für die Verwendung von Methodologien aus unterschiedlichen Forschungstraditionen hat der Mainstream der amerikanischen Psychologie die empirisch-experimentellen Forschungsleistungen innerhalb der Humanistischen Psychologie schnell absorbiert und inkorporiert, genauso schnell wie er die qualitative Forschung zur Zielscheibe von Kritik machte.

Ein ständiges Thema der Wissenschaftskritik der Humanistischen Psychologie waren Klagen darüber, daß die dominierende Forschungstradition und Methodologie der amerikanischen Psychologie nicht für jene besonderen Attribute und Möglichkeiten des Menschseins geeignet wären wie Kreativität, Freiheit, Liebe und absichtsvolles Handeln – Themen, die von größtem Interesse für die Öffentlichkeit wären. Diese Kritik hat zwar teilweise Vereinseitigungen in der Forschung und Wissenschaft getroffen, hatte aber auch den Effekt, den eigenen blinden Fleck gegenüber den methodologischen Fortschritten und der Veränderung der dominierenden Forschungstradition in der amerikanischen Psychologie zu kultivieren. Darüber hinaus bestärkte diese Kritik eine zeitweilige Selbstisolation der Humanistischen Psychologie, die ihre methodologische Verletzlichkeit verstärkte. Die Angriffspunkte, die für die Vertreter der Humanistischen Psychologie in den frühen Jahren ihrer Bewegung bestanden, sind heute nicht mehr in diesem Ausmaße vorhanden. Die Art der Forschung in Sozialwissenschaften und Psychologie, die Gegenstand der frühen Attacken waren, existiert nicht mehr. *Kognitive Psychologie* und Humanistische Psychologie entwickelten sich historisch parallel, beide waren an der Untersuchung von kognitiven Prozessen interessiert. Trotzdem schien kein erwähnenswerter Dialog zwischen den Mitgliedern beider Gruppen zustande zu kommen. In den letzten Jahren hat die kognitive Psychologie begonnen, komplexe Prozesse zu erforschen und das Computer-Modell als Prototyp mentaler Aktivität teilweise aufgegeben (Gardner 1985).

Eine weitere signifikante Veränderung hat die Verbindung der amerikanischen Psychologie zum *logischen Positivismus* gelockert, nämlich die Entwicklung von qualitativen Methoden, speziell auch in der Entwicklungspsychologie. Es scheint eine Bewegung in Richtung Anerkennung und Anwendung verschiedener Forschungsmethoden sichtbar zu werden, so daß eine Annäherung unterschiedlicher Forschungstraditionen möglich erscheint (Polkinghorne 1992). Dieser Trend wird durch entsprechende wissenschaftsphilosophische Überlegungen unterstützt (Manicas und Secord 1983) und hat auch jene humanistischen Nischen ergriffen, die phänomenologisch-existentialistische Perspektiven auf Kosten einer experimentellen Forschung favorisierten (Valle und King 1978).

ROGERS (1985) nannte zwei Herausforderungen der Humanistischen Psychologie im Zusammenhang mit Wissenschaft und Forschung: 1. die Entwicklung von adäquaten Forschungsmethoden für das Studium der menschlichen Existenz in ihrer Vielschichtigkeit; 2. die amerikanische Psychologie zu stimulieren, diese Prozeduren in ihren Forschungsprogrammen zu verwenden. Er stellte fest, daß der große Einfluß, den die Humanistischen Psychologie auf die amerikanische Kultur hatte, in starkem Kontrast zu dem Umstand steht, daß sie nur wenige bedeutsame Beiträge zu den Hauptströmungen der amerikanischen Psychologie lieferte. Die Humanistische Psychologie hat zwar eine Reihe von neuen Ansätzen in der Forschung entwickelt (vgl. Barrell 1986), war jedoch weit weniger erfolgreich bezüglich der von Rogers genannten zweiten Herausforderung, die amerikanische *akademische Psychologie* zu überzeugen, ihre allgemeine methodologische „Verpflichtungen" entscheidend zu überdenken. Wenn es eine Lockerung der methodologischen Verpflichtungen und eine gewisse methodologische Offenheit in der amerikanischen Psychologie gibt – wie oben ausgeführt –, kann derzeit schwer unterschieden werden, ob es sich um eine Auswirkung des Protests und der positiven Anstrengungen der Humanistischen Psychologie handelt oder um eine Reaktion auf die ernüchternde Bilanz bezüglich des Beitrages der amerikanischen Psychologie zur Lösung der drängenden Probleme in Erziehung, Kriminalitäts- und Suchtbekämpfung (Sarason 1981). Insgesamt scheinen sich die verschiedenen Facetten des Methodenproblems der Humanistischen Psychologie entschärft zu haben durch den Trend zur methodologischen Integration von unterschiedlichen Forschungstraditionen. Dieser Trend ist im Rahmen der Humanistischen Psychologie sichtbar ausgeprägt, während er sich in der amerikanischen Psychologie im allgemeinen nicht so deutlich zeigt. Obwohl die europäische existentialistisch-phänomenologische Psychologie, die für die amerikanische Humanistische Psychologie nach wie vor ein wichtiger Orientierungsrahmen ist, der empirisch-experimentellen Forschung weiterhin skeptisch gegenübersteht, versucht die amerikanische Humanistische Psychologie eine Integration von experimentellen und naturalistisch-interpretativen Verfahren. Das Saybrook Institute in San Francisco zum Beispiel, eines der führenden Forschungs- und Studienzentren für Humanistische Psychologie, hat sich dem Anspruch verpflichtet, verschiedene Forschungsmethoden zu lehren, die experimentelle Forschung eingeschlossen (DeCarvalho 1991).

Perspektiven und Prinzipien humanistischer Forschung

Ein wichtiges Element zum Verständnis humanistischer Forschung sind generelle Prinzipien und Gesichtspunkte der Forschung. Da die Humanistische Psychologie grundsätzlich von einer Vielfalt von Forschungszugängen, Forschungsprozeduren, methodologischen Ansätzen ausgeht, die je nach Forschungsproblem adaptiert und angewandt werden können, ist eine Orientierung durch allgemeine Prinzipien und Perspektiven, die auf den einzelnen Fall eines Forschungsprojekts angewandt werden, notwendig. Die Bedeutung und Funktion dieser Prinzipien hängt mit der Frage nach dem Selbstverständnis der Humanistischen Psychologie als Wissenschaft zusammen. Die Auseinandersetzung mit der Frage *„Was macht Forschung humanistisch?"* hat zwei Typen von Antworten gebracht:

1. Die methodologische Position. Sie versucht eine spezifisch humanistische Form der Forschung und Methodologie zu begründen, die sich gegenüber anderen Denkrichtungen abgrenzt. Speziell sind das jene, von denen sich die Humanistische Psychologie traditionellerweise abgrenzt, vornehmlich jene Forschungsauffassungen, die dem Positivismus und der experimentell-empirischen Auffassung im engeren Sinn nahestehen. Das Abgrenzungskriterium, die kritische Frage in diesem Kontext ist, ob Vorgangsweisen und Methodologie in der Forschung dem Menschen als bewußtem, ziel- und sinnorientiertem Wesen adäquat sind? Die Antwort auf diese Frage: Die spezifisch humanistische Form der Forschung lehnt sich in der Regel an die phänomenologisch-hermeneutisch-existentialistische Tradition an und strebt auch die Entwicklung einer entsprechenden Meta-Theorie an (vgl. Giorgi 1970, 1981). Unter dieser Position läßt sich eine Vielfalt von humanwissenschaftlichen Ansätzen (human science research) subsumieren, die sich als Wissenschaft der menschlichen Erfahrung verstehen, als erfahrungsorientierte Ansätze (experiential approaches). Sie reichen von Formen phänomenologischer Forschung, deskriptiver Forschung, Ethnographie, narrativer Ansätze und sämtlicher Spielarten der qualitativen Forschung (vgl. Barell 1986; Moustakas 1994b; Polkinghorne 1988, 1992), wobei Formen der Forschung, die qualitative und quantitative Ansätze verbinden, ebenfalls eingeschlossen sind (Price und Barrell 1980).

2. Die inhaltlich-theoretische Position. Sie richtet den Fokus auf die inhaltliche Seite der Forschung, auf die Theorien als Abgrenzungskriterium (im Gegensatz zu den Methoden als Abgrenzungskriterium). Diese Position möchte wegkommen von der Frage, „was humanistische Methoden sind, zu [der Frage,] wie Forschung zu verwenden ist, um ein humanistisches Verständnis der menschlichen Exi-

stenz und des Verhaltens zu prüfen und zu verbessern. Denn was uns
als humanistische Psychologen zu definieren scheint, ist nicht unsere
Verpflichtung gegenüber speziellen Forschungsmethoden, sondern
unser Verständnis zu bewahren, daß menschliche Wesen innerhalb
einer Erfahrung von Bedeutung existieren und die Möglichkeit haben, auf der Basis von selbstbestimmten Zwecken zu handeln" (Polkinghorne 1982, 47 f.*). Der Fokus verlagert sich von den Methoden,
die spezifisch menschlichen Charakteristika gerecht werden, zu Theorien, die spezifisch menschlichen Charakteristika gerecht werden.
Eine größere Vielfalt der Forschung, einschließlich von Formen experimenteller Forschung, ist mit dieser Position vereinbar. Die Aufgabe
der empirisch-experimentellen Methode liegt in der Erforschung von
Beziehungen zwischen Ereignissen (Variablen, Faktoren etc.), während die qualitativen, phänomenologisch orientierten Methoden
darunterliegende und damit verbundene Strukturen zu erfassen versuchen. Die Wahl der Methoden ist von der Forschungsfrage, vom
Training und Selbstverständnis des Forschers abhängig, also auch
eine pragmatische Frage und nicht eine, die ausschließlich metatheoretische Ansprüche erfüllen müßte (vgl. Polkinghorne 1982). Maslows
(1965) Verständnis von Wissenschaft und Forschung entspricht eher
dieser offenen Position, in der, je nach Forschungsfrage, die Wahl der
Methoden davon abhängt, „was immer notwendig erscheint".

Beide Positionen sind Ausdruck der komplexen Frage nach dem Verhältnis von Methode und Gegenstandsbereich von Wissenschaft und
Forschung. Beide Positionen lassen eine Vielfalt von methodologischen Prozeduren und Formen der Forschung zu. Während die methodologische Position eine metatheoretische Bindung vorsieht, in
der das Verhältnis von Gegenstand und Methode eine prinzipielle
Lösung verlangt, erfordert es die inhaltlich-theoretische Position, das
Verhältnis von Gegenstand und Methode je nach Forschungsproblem
(auch unter pragmatischen Gesichtspunkten) zu reflektieren. In beiden Positionen haben allgemeine Prinzipien der Forschung eine
Funktion, entweder als Teil metatheoretischer Überlegungen in der
methodologischen Position oder als Kriterien und „Faustregeln" einer
Ad-hoc-Reflexion und Planung konkreter Forschungsaktivitäten im
Rahmen der inhaltlich-theoretischen Position. VÖLKER (1980) nennt
fünf allgemeine Perspektiven und Prinzipien, die das Wissenschaftsverständnis der Humanistischen Psychologie charakterisieren: 1. eine

problemzentrierte Haltung, die sich in erster Linie von dem „Aufforderungscharakter" des Problems und seinen Facetten leiten läßt und
Methoden danach bemüht, ob sie der Fragestellung angemessen sind;
2. Wissenschaft verstanden als Wertesystem berücksichtigt den Umstand, daß Werte, Bedürfnisse und Wünsche in vielfältiger Weise in
die wissenschaftliche Tätigkeit einfließen und die Wertimplikationen
der Wissenschaft reflektiert werden müssen; 3. gesellschaftliche Verantwortlichkeit berührt ebenfalls das Werte-Problem und bezieht sich
auf die sozial verträgliche Anwendung von wissenschaftlichen Erkenntnissen und auf die Verpflichtung, die der Wissenschafter gegenüber der Gesellschaft und seinen Mitmenschen hat; 4. interdisziplinäre Orientierung ist ein Prinzip, das die Kooperation mit und Offenheit gegenüber anderen Forschungsfeldern, Fächern und Fragestellungen betont; 5. die Einheit von Forschung und Handeln greift ein
Postulat aus der Lewin-Schule auf, nach dem die Erforschung eines
sozialen Systems und das Eingreifen in dieses eine Kooperation von
allen Beteiligten erfordert.

Viele der Forschungsprinzipien, mit denen das allgemeine Wissenschaftsverständnis der Humanistischen Psychologie charakterisiert
wird, sind eher als Einstellungen zu verstehen, da sie sich in verschiedenen wissenschaftlichen Aktivitäten zeigen und nicht an bestimmte
methodologische Prozeduren gebunden sind. Solche grundsätzlichen
Einstellungen berühren etwa die Funktion und Bedeutung der Erfahrung in der Forschung oder Fragen der Objektivität. Eines der wichtigsten Prinzipien der Forschung in der Humanistischen Psychologie
wird als *empirische Einstellung* bezeichnet. Maslow (1977, S. 98)
spricht von einer „primären empirischen Grundregel […], die lautet,
daß man die Dinge anhand eigener Erfahrungen überprüfen muß.
Der Grund hierfür ist, daß das Gemeinwissen eine Kontrolle unseres
Berichts über unsere privaten Erfahrungen durch die Erfahrung anderer Menschen darstellt." Die empirische Einstellung bedeutet auch,
sich „selber die Dinge ansehen, anstatt dem a priori oder irgendeiner
Autorität zu vertrauen" (ebd., S. 170). Sie ist nicht eine Fähigkeit, die
man ein für allemal erwirbt, sondern sie kann in unterschiedlichem
Ausmaß in den verschiedensten Forschungsaktivitäten zum Ausdruck
kommen, nicht nur in der Anwendung empirischer Forschungsmethoden im engeren Sinn.

Ein weiterer Gedanke unterscheidet zwischen verschiedenen Arten der Objektivität. Objektivität wird meist mit Sachlichkeit und

Unvoreingenommenheit gleichgesetzt. In der Wissenschaft wird damit in der Regel die Ausschaltung des Subjektiven verstanden, beruht also auf einer Trennung von Subjektivität und Objektivität, das ein Freisein von Verzerrung und Fehlurteilen sichern soll. In der Forschungspraxis versucht man diese Objektivität oft dadurch zu erreichen, daß die zu erforschenden Gegebenheiten in der Operationalisierung auf einfache Merkmale zurückgeführt werden und die Beurteiler/Beobachter Distanz zu diesen aufweisen. Plakativ ausgedrückt ist der Beurteiler, dem der Forschungsgegenstand *fremd* ist, der sich auf die Beurteilung seiner einfachen Aspekte zurückziehen kann und auch den Untersuchungszweck nicht kennt (sich nicht auskennt, worum es geht, „blind" ist – vgl. auch die Blindstudien und Doppelblindstudien), der Garant der Objektivität. Es wird also der subjektive Faktor als Quelle von Fehlern betrachtet, der die Objektivität in Beobachtung und Experiment gefährdet. Die Humanistische Psychologie ergänzt dieses Objektivitätsverständnis durch eine Alternative, in der der subjektive Faktor als Wegweiser zu einer anderen Objektivität und Wahrheit gesehen wird. Diese alternative Sicht der Objektivität erfordert den Kontakt, die Nähe und *Bekanntschaft* mit der zu erforschenden Realität, die sich nicht nur in den äußeren Merkmalen und Daten erschöpft, sondern durch Involviertheit erst seine verborgenen und tieferen Strukturen freigibt. Es ist eine Sichtweise, die *Objektivität* und *Kennerschaft* miteinander verbindet. Beide Formen der Objektivität sind komplementär zueinander, beziehen sich auf unterschiedliche Aspekte und Ebenen eines Gegenstandes und repräsentieren einen unterschiedlichen Standort der Betrachtung. Der Begriff Objektivität ist jedoch mißverständlich, weil er auf einen Absolutheitscharakter des Wissens verweist. Es scheint günstiger, von Formen der Intersubjektivität zu sprechen und anzugeben, unter welchen Bedingungen sie erreicht wurde.

Eine weitere prinzipielle Einstellung wird als *rezeptive*, nichteinmischende Forschung im Kontrast zur kontrollierenden und eingreifenden Forschung bezeichnet. MASLOW (1977, S. 127 f.) beschreibt diese Einstellung in folgender Weise:

Eine wirkliche Aufnahmefähigkeit im taoistischen Sinne ist nur schwer zu erlangen. Zuhören können – wirklich mit ganzer Seele, passiv und sich selbst vergessend zuhören können –, ohne etwas vorauszusetzen, ohne zu klassifizieren, ohne etwas zu verbessern oder anzufechten, zu werten, zuzustimmen oder abzulehnen, ohne sich auf ein Rededuell einzulassen, ohne sich seine Erwiderung im voraus zurechtzulegen, ohne anzufangen, zu Teilen des Gesagten frei zu assoziieren und auf diese Weise das später Gesagte überhaupt nicht mehr zu hören – solches Zuhörenkönnen ist selten. [...] Heiterkeit, Gelassenheit, Ruhe, Stille, Frieden, Entspannung – Wörter wie diese können vielleicht deutlicher machen, was ich meine, wiewohl sie auch die Sache nicht ganz treffen. Jedenfalls besagen sie, daß Angst, Spannung, Zorn und Ungeduld Widersacher der Aufnahmefähigkeit und des Sich-nicht-Einmischens sind, daß man fähig sein muß, Respekt vor dem zu haben, was man untersucht oder worüber man etwas erfahren möchte. Man muß imstande sein, zuzulassen, daß es es selbst bleibt, man muß sich ihm beugen, ja man muß es billigen, daß es es selbst ist, und es als lohnend, ja selbst als erfreulich empfinden, zusehen zu dürfen, wie es selbst ist, das heißt, wie es sein eigenes inneres Wesen entfaltet, ungestört durch das Wesen des Beobachters, und ohne daß dieser störend eingreift.

Maslow macht mit dieser Beschreibung deutlich, daß es sich dabei um eine innere Haltung handelt, um eine „kontemplative Forschung", eine Form des „nichtaktiven, sich nicht einmischenden Erlebens und Genießens" (ebd., S. 133). Nach Maslow ist die „sich nicht einmischende Aufgeschlossenheit für die Erfahrung" ein innerer Prozeß, der die Erfahrungen und Einsichten ungezwungen entstehen läßt und die Erkenntnisse zuverlässiger macht: „In einem solchen Augenblick kommt die Erfahrung von selbst, anstatt herbeigeführt zu werden. Da ihr das die Möglichkeit gibt, sie selbst zu sein und vom Beobachter nur minimal verzerrt zu werden, ist es in vielen Fällen ein Weg zu einer zuverlässigeren und wirklichkeitsnäheren Erkenntnis" (ebd.). Als innere Haltung kann sie in verschiedenen Forschung-Settings, in unterschiedlichen Methoden und Prozeduren der Datensammlung, wie etwa Interviews, teilnehmende Beobachtung, zum Ausdruck kommen. Mit dieser Haltung erhält der Forscher unabhängig davon, mit welcher konkreten Forschungsmethode er sie verbindet, die Rolle eines wohlwollenden Zeugen zeitgeschichtlicher Ereignisse.

Ein weiteres Prinzip humanistischer Forschung komme in der Anerkennung des Umstandes zum Ausdruck, daß Erkenntnis als *Austausch von Subjekt und Objekt* zu verstehen ist. Humanistische Forschung nimmt die Bedeutung des Forschers für das „Machen der Wahrheit" zur Kenntnis. Unabhängig davon, ob der Forscher unter der Bedingung von Distanz oder Involviertheit arbeitet, hat er eine

Funktion für die *Produktion* von Daten. Mit anderen Worten: Sowohl der involvierte Forscher als auch der distanzierte Forscher stellen Rahmenbedingungen dar, unter denen die erforschte Situation oder Person spezifische Daten oder Aspekte ihrer Realität freigibt. „Die Realität scheint damit eine Art Legierung zwischen Beobachter und Beobachtetem zu sein, eine Art von gemeinsamem Produkt, eine Transaktion" (Maslow 1977, S. 143). Die Involviertheit des Forschers kommt in Maslows Begriffen „Fusionswissen", „Erfahrungswissen" oder „Wissen durch zwischenmenschliche Beziehung" zum Ausdruck, ein Wissen, das „durch Verschmelzung mit dem Gegenstand, durch Einswerden mit ihm" zustande kommt, „ein Wissen von innen heraus" (ebd., S. 144). Dies steht im Kontrast zum „Zuschauerwissen", das die strenge Trennung von Subjekt und Objekt impliziert, und dem Ideal des unbeteiligten Beobachters, der jede Identifizierung mit dem Gegenstand vermeidet. Zur Illustration des Unterschiedes zwischen diesen beiden Arten des Wissens und Forschens stellt Maslow (1977) Mikroskop und therapeutisches Erkennen einander gegenüber.

Ein weiteres Prinzip humanistischer Forschung, das mit dem Zusammenspiel von Subjekt und Objekt in Zusammenhang steht, ergibt sich aus dem Umstand, daß die Funktionen und Möglichkeiten des Menschen in der Forschung aus seiner besonderen Stellung in der Natur hervorgehen. Diese besondere Stellung besteht im physischen Sinne durch seine physische Beschaffenheit im Verhältnis zu anderen Objekten der Natur (man denke an die physischen Dimensionen des Sonnensystems, eines Bergmassivs der Alpen einerseits und eines Ameisenhügels oder einer Bakterienkultur andererseits im Kontrast zu jenen des Menschen), sie ist durch seine affektive Ausstattung gegeben (Identifikationsfähigkeit und -bedürfnis, Bildung von „selbstlosen" Interessen, die über Schutz und Selbsterhaltung hinausgehen) und durch seine geistigen Fähigkeiten und Erkenntnisfähigkeiten, die von der Wahrnehmung einfacher Empfindungen (z. B. Unterscheidung von warm und kalt) über komplexe und phantasiedurchtränkte Vorstellungen bis zur Fähigkeit der Selbsterkenntnis reichen: Auf Grund der besonderen Stellung des Menschen in der Natur und seiner besonderen Fähigkeiten ist es leichter, gegenüber der unbelebten Natur unbeteiligter zu sein als gegenüber dem Menschen. Deshalb erfordert die Erforschung lebender Organismen eine andere „Sensibilität" und ein damit verbundenes Instrumentarium als die Erforschung der unbelebten Materie. Deshalb zeigen Makro- und Mikrowelt unterschiedliche Empfindlichkeit gegenüber dem forschenden Eingreifen des Menschen. Die moderne Physik hat die besondere Stellung des Menschen in der Entwicklung von Theorien berücksichtigt, wenn etwa die relative Geschwindigkeit von Objekt und Subjekt im Meßvorgang eine Funktion erhält. In den Human- und Sozialwissenschaften kann die besondere Stellung des Menschen in der Natur durch die Funktion der *Selbstreflexion* berücksichtigt werden. Selbstreflexion ist eine Form der Auseinandersetzung des erkennenden Systems mit sich selbst in seiner Beziehung zur Umgebung, die es erforscht. Sie erfordert ebenfalls Distanz, eine *Distanzierung* von der Unmittelbarkeit der Erfahrung, ohne zu ihr den Kontakt und das Empfinden von Zusammengehörigkeit zu verlieren. In der Wissenschaft bedeutet das, daß der Forscher Teilhabender und Beobachter gleichzeitig ist und ein „Wechselspiel zwischen dem erfahrenden Ich und dem sich selbst beobachtenden Ich" (Maslow 1977, S. 137) in Gang hält. Dadurch wird Selbsterkenntnis ein wesentlicher Bestandteil des kognitiven Prozesses, der die Forschung charakterisiert. Im Unterschied dazu ist im „Zuschauermodus" im Sinne von Maslow der Forscher Außenstehender und Fremder. Der Unterschied zwischen dem das Objekt erfahrenden Ich und dem sich selbst erfahrenden Ich wird nicht wahrgenommen, ist sogar überflüssig und störend, so daß Selbsterkenntnis für den kognitiven Prozeß gar nicht notwendig ist (Maslow 1977).

Zwei komplexere Konzepte und Ideen, die von den an Forschung interessierten Personen innerhalb der Humanistischen Psychologie immer wieder diskutiert und aufgegriffen wurden, beziehen sich auf die beiden Begriffe „persönliches Wissen" (Polanyi 1962) und „authentische Wissenschaft" (Hutterer 1984, 1990).

Persönliches Wissen

Das Konzept des „persönlichen Wissens" stammt von Michael PO-LANYI, einen Naturwissenschafter und Wissenschaftsphilosophen, der in insbesondere in seinem erstmals 1958 publizierten und kürzlich wiederaufgelegten Buch, *Personal Knowledge*, ein alternatives Konzept des Wissens entwickelte. Er integriert dabei in seine Überlegungen bewußt gestaltpsychologische Perspektiven: „Ich habe die Erkenntnisse der Gestaltpsychologie als meine ersten Anhaltspunkte

[...] verwendet. Wissenschafter sind vor den wissenschaftsphilosophischen Implikationen der Gestaltpsychologie davongelaufen; ich
möchte sie kompromißlos begünstigen" (Polanyi 1962, S. vii*). Das
Konzept des „persönlichen Wissens" geht von der Überzeugung aus,
daß die menschliche Perspektive eine unverzichtbare und vitale Komponente jeglicher Wissenschaft ist (vgl. Hutterer 1990). Polanyi hat
diesen Umstand in folgender Aussage zusammengefaßt: „[...] welche
Lippenbekenntnisse auch immer gegenüber der ‚Objektivität' ab-
gegeben werden [...], als menschliche Wesen müssen wir unvermeidlich das Universum von einem Zentrum, das in uns selbst liegt,
betrachten [...]. Jeder Versuch, unsere menschliche Perspektive von
unserem Bild der Welt restlos zu eliminieren, muß zur Absurdität
führen (ebd., S. 3*). Die persönliche Partizipation des Forschers in
allen Akten des Verstehens macht das Wissen nicht subjektiv. Denn
Verstehen sieht Polanyi weder als willkürlich und beliebig noch als
eine passive Erfahrung, sondern sie entspricht der Erfahrung einer
verantwortungsbewußten Tat, die nach universeller Gültigkeit strebt.

Ein derartiges Wissen ist tatsächlich in dem Sinne objektiv, daß es einen
Kontakt mit einer verborgenen Realität herstellt; ein Kontakt, der als
die Bedingung für die Antizipation eines unbestimmten Bereiches von
noch unbekannten (und vielleicht noch unbegreiflichen) wahren
Implikationen definiert ist. Es scheint vernünftig, diese Verbindung des
Persönlichen und Objektiven als Persönliches Wissen zu beschreiben
(ebd., S. vii f.*).

Für POLANYI sind kognitive Prozesse nicht eine unpersönliche Leistung einer distanzierten Objektivität, sondern wurzeln im gesamten
Verlauf in persönlichen Akten einer *stillschweigenden Integration* (tacit integration), einer Art „heimlicher" und unterschwelliger Integration, die nicht auf logischen Operationen gründet. Dadurch gründet
Forschung auf einer dynamischen Vorstellungskraft, einer Überzeugung über die Natur der zu erforschenden Phänomene. Es ist in ver-
trauensvoller Akt, der nicht von Skeptizismus bestimmt ist, sondern
von festen Überzeugungen. Jedes Wissen ist entweder stillschweigend
oder wurzelt in stillschweigendem Wissen. Diese heimliche oder stillschweigende Integration stützt sich auf die Unterscheidung zwischen
subsidiärer und *fokaler Bewußtheit*. Polanyi sieht Wissen als ein aktives
Begreifen der Dinge, die gewußt werden. Der Akt des Wissen erfordert

Geschick und Befähigung. Es funktioniert durch die Unterordnung von Einzelheiten und Teilfunktionen als Anhaltspunkte oder Hilfsmittel (Subsidien) bei der Ausführung einer gewandten theoretischen oder geschickten praktischen Leistung. Dieser Umstand wird zum Ausdruck gebracht, indem man sagt, daß uns diese Teilfunktionen und Einzelheiten subsidiär bewußt werden (Hintergrundbewußtsein) innerhalb unserer fokalen Bewußtheit der zusammenhängenden Leistung. Die Hinweise und Hilfsmittel werden als solche verwendet und können nicht selbst beobachtet werden, sie funktionieren als Erweiterungen der körperlichen Ausstattung, was eine Veränderung des gesamten Selbsterlebens während der Ausführung einer Leistung bedeutet.

So wird etwa beim Benutzen eines Hammers der Hammer im Sinne einer heimlichen und unterschwelligen Integration als Erweiterung der körperlichen Ausstattung, als mit der ihn führenden Hand zusammengehörig erlebt. Am Beispiel der Verwendung eines Hammers zum Einschlagen eines Nagels kann man den Unterschied zwischen subsidiärer und fokaler Bewußtheit zeigen. Bei dieser Tätigkeit achten wir bewußt auf – ja wir beobachten scharf – das Zusammentreffen des Hammerkopfes mit dem Nagel, wodurch der Nagel hineingetrieben wird, während wir gleichzeitig auch ein gewisses Bewußtsein aufrechterhalten, daß wir den Hammer mit der Hand halten und wie wir ihn führen. Der Nagel ist Objekt bewußter Aufmerksamkeit, während die Hand und der Hammer Instrumente und Hilfsmittel sind. Es sind zwei verschiedene Arten der Aufmerksamkeit, die es ermöglichen, diese Leistung erfolgreich auszuführen. Das Halten des Hammer in der Hand liegt in der subsidiären Aufmerksamkeit, das Zusammentreffen des Hammerkopfes mit dem Nagel in der fokalen Aufmerksamkeit. Beide Arten der Aufmerksamkeit – obwohl gleichzeitig vorhanden – schließen einander aus. Wenn der Klavierspieler darauf achtet, was er mit seinen Fingern tut, wird er verwirrt und kann das Klavierspiel nicht mehr fortsetzen, nehmen wir die Hand mit dem Hammer „fokal" ins Bewußtsein, schlagen wir uns unweigerlich auf die Finger. Das Phänomen der Selbstbefangenheit entsteht ebenfalls, indem die fokale Aufmerksamkeit auf die Subsidien gerichtet wird. Im Falle der *Bühnenangst* ist es das Achten auf das nächste Wort oder die nächste Geste, die den Schauspieler über die Worte stolpern läßt und unbeholfen macht, weil nämlich durch die fokale Bewußtheit der Subsidien der Kontext zerstört wird (Polanyi 1962).

Die Wirkung dieser stillschweigenden Integration in der Sprache und Kommunikation erkennen wir beim Verwenden von Metaphern oder beim Erzählen eines Witzes. Es ist die besondere Verwendung von Hilfsmitteln und Hinweisen wie etwa von Auslassungen, Übertreibungen, Bedeutungsverschiebungen oder Mehrdeutigkeiten, die die gesamte Erzählung eines Witzes zu einer Pointe führen. Der besondere Charakter einer Erzählung als *Witz* liegt nicht in der Kombination der verwendeten Worte, sondern in der Art des Zusammenhanges der Bedeutungen, der sich in der gesamten Erzählung niederschlägt. Die dabei wichtige kohärenzstiftende Integration entfaltet ihre Wirkung als Hintergrundaktivität (subsidiär). Die stillschweigende Integration wird jedoch durch ein etwaiges Erklären der Pointe zerstört. Es ist allgemein bekannt, daß Witze ihre Effektivität verlieren, wenn man die Details oder die Pointe erklären muß (Polanyi und Prosch 1975).

Der Übergang von der subsidiären zur fokalen Aufmerksamkeit spiegelt die Ähnlichkeit und Struktur von zwei Wissensformen wider, die als „Know-how" und als „Know-what" bezeichnet werden können, allgemein und unscharf auch als praktisches und theoretisches Wissen. Diese Beispiele zeigen nicht nur die Ähnlichkeit in der Struktur beider Wissensformen, sondern auch, daß Know-how immer ein subsidiäres Know-what beinhaltet. Andererseits kann das Know-what niemals alle Subsidien einer Tätigkeit erschöpfend spezifizieren, da in ihr auch eine kohärenzstiftende Dynamik beteiligt ist, die erst für die zusammenhängende Ausführung der Tätigkeit sorgt. In diesem Sinne wissen wir mehr, als wir sagen können.

Auch erfolgreiche *Forschungsaktivitäten* werden nach POLANYI nicht durch das Befolgen eines Sets von Regeln oder durch logische Operationen wesentlich bestimmt (höchstens als Teil der Subsidien), sondern durch stillschweigendes Wissen und durch stillschweigendes Integrieren. Beim Suchen und Entdecken von Theorien ist es etwa eine intuitive Leitvision einer noch verborgenen Realität, die eine kohärenzstiftende Funktion ausübt und einzelnen Prozeduren Sinn und Kontext gibt. Der Kontext und die subsidiäre Dynamik einer kohärenzstiftenden Funktion verweisen auf die unverzichtbare Bedeutung des Problembewußtseins und der Problementdeckung: „Ein Problem zu sehen, ist ein definitiver Zusatz zu unserem Wissen [...]. Ein Problem zu erkennen, das gelöst werden kann, und es wert ist, gelöst zu werden, ist in der Tat eine Entdeckung mit eigenem Recht" (Polanyi 1962, S. 120*). Der Kontext eines Problembewußtseins erlaubt erst die Unterscheidung zwischen wissenschaftlichen Vermutungen, die sich als falsch erwiesen haben, und wissenschaftlichen Vermutungen, die nicht nur falsch, sondern auch inkompetent sind (nämlich solche, die erkennen lassen, daß das Problem gar nicht erfaßt wurde).

Polanyis Aussage unterstreicht die kohärenzstiftende Bedeutung des Selbst als Zentrum des Bewußtseins und der persönlichen Erfahrungen (Moustakas 1956, Tageson 1982). Das Selbst des Forschers als Kern seiner Persönlichkeit formt seine Erfahrungen der Realität in eine persönliche Welt von bedeutungsvollen Strukturen. Die Entdeckungen des Wissenschafters werden in persönliches Wissen verwandelt, indem er sein Selbst als für die wissenschaftliche Forschung relevant betrachtet. Indem Forschung in ihrem Selbst verankert ist, sind Wissenschafter in der Lage, einen engeren Kontakt mit einer verborgenen Realität herzustellen und sich mit bedeutsamen Erfahrungen unbeschränkt und vollständig, mit einer größeren Sensibilität gegenüber inneren und äußeren Hinweisen auseinanderzusetzen. Diese Forschung basiert auf zunehmender Selbstbewußtheit und Akzeptierung aller Facetten der einzigartigen Erfahrung des Forschers mit den motivationalen, sensorischen, emotionalen und kognitiven Komponenten (vgl. Hutterer 1990). Polanyis Überlegungen, die sich um die Struktur des Wissens, die Unterscheidung von subsidiärer und fokaler Bewußtheit und eine Reihe darauf bezogener Konzepte ranken, zielen auf die Wiederherstellung von Bedeutung und theoretischer Fruchtbarkeit in der Wissenschaft durch die Entwicklung eines Begriffes des persönlichen Wissens.

Authentische Wissenschaft

Ein weiteres Konzept, das auf die Unersetzbarkeit des Menschen im Forschungsprozeß verweist, ist die Idee der „authentischen Wissenschaft". Dieser Begriff wurde ursprünglich von DEVEREUX (1967) und ROGERS (1973a) verwendet. Das Wissen um die Unersetzbarkeit des Menschen im Forschungsprozeß wird als Voraussetzung für eine Humanisierung der Wissenschaft angesehen, die im Bereich der Sozial- und Humanwissenschaften immer eine Wissenschaft von Menschen, über Menschen und für Menschen ist: „Eine authentische Verhaltenswissenschaft wird es dann geben, wenn ihre Vertreter erkannt haben, daß eine realistische Wissenschaft vom Menschen nur von Menschen geschaffen werden kann, die sich ihres eigenen Menschseins vollkommen bewußt sind, was vor allem bedeuten muß, daß dieses Bewußtsein in ihre wissenschaftliche Arbeit eingeht" (Devereux 1973, S. 22). Die Frage, wie das Bewußtsein des Forschers über sein eigenes Menschsein in seine wissenschaftliche Arbeit eingehen kann, ist zentral für eine humanistische Reform wissenschaftlicher Kompetenz.

Die Idee einer authentischen Wissenschaft geht davon aus, die authentischen Grundlagen und Wurzeln wissenschaftlicher Forschung derart aufzudecken, daß Wissenschafter sich verpflichten können, ihre persönlichen Erfahrungen, ihre Werte und intrinsischen Motive und ihre Gefühlsreaktionen als Quelle für die Definition des interessierenden Problems und als Motor für das Vorantreiben ihrer Forschung in einer kreativen Weise zu verwenden. Das Bekenntnis zu der eigenen Individualität, die Verpflichtung gegenüber den eigenen intrinsischen Motiven und Interessen und die Entscheidung, an der eigenen Sicht der Realität zu arbeiten und einen originalen Beitrag zur Lösung eines wissenschaftlichen Problems zu leisten, ist der Beginn einer authentischen Existenz als Forscher.

Im Rahmen einer authentischen Wissenschaft bekommt wissenschaftliche Kompetenz eine besondere zusätzliche Bedeutung, die sich vor allem darauf bezieht, wie der Forscher seinen persönlichen und individuellen Hintergrund in den Forschungsprozeß integriert. Die folgenden Aspekte des subjektiv-persönlichen Faktors scheinen dabei wesentlich, um den authentischen Charakter wissenschaftlicher Forschung zu gewährleisten.[1]

Intrinsische Motiviertheit
Der Forscher setzt sich mit Problemen auseinander, zu denen er einen intrinsischen Bezug hat. Authentische Forschung ist innengeleitete Forschung: Der Ausgangspunkt sind Probleme, die dem Forscher aus der Erfahrung seines subjektiven Lebens fragwürdig erscheinen und von deren Beantwortung er sich auch eine Bereicherung seines eigenen Lebens erhofft. Die Auseinandersetzung mit diesen Problemen und Fragen hat – vom Forscher her gesehen – in sich selbst Sinn und folgt der intrinsischen Anziehungskraft der Fragen. Er läßt sich von Eigenüberlegungen und Entscheidungen leiten, die mit Werten und

---

1 Die folgende Passage ist eine leichte Überarbeitung des entsprechenden Textes in Hutterer (1984, 1990).

Interessen zusammenhängen, die er als bedeutsam empfindet. Er geht von seinen eigenen „offenen Fragen" aus, die einen Fortschritt in seinem eigenen individuellen und persönlichen Erkenntnisprozeß und eine Erweiterung seiner Perspektiven und seiner Orientierungskompetenz erwarten lassen. Sein Verlangen nach Verstehen von Phänomenen, die *ihn interessieren*, und nach Aufklärung von Fragen, die *ihn verwirren*, ist der dominierende Antrieb für seine Forschungshandlungen, nicht die Attraktivität von wissenschaftlichen Moden (sofern sie nicht für ihn bedeutsam sind) oder das Bedürfnis, Anerkennung zu erlangen, beziehungsweise die Angst, Anerkennung zu verlieren. Die Verpflichtung für seine intrinsischen Motive und Interessen erfordert vom Forscher Bewußtsein über seine Motive und Interessen und Werte und die Kenntnis und das Verstehen seiner eigenen Person. Authentische Forschung ist „selbst-bezogen" und verlangt vom Forscher ein gewisses Ausmaß an Selbsterforschung und einen transparenten und problemzentrierten Bezug zu seiner eigenen Biographie und Situation (vgl. Devereux 1967). Intrinsische Motivation ist wichtig, um einen näheren Kontakt des Bezugsrahmens des Forschers mit der verborgenen Realität, die er erhellen möchte, herstellen zu können, indem sie seine Möglichkeiten der Exploration des Noch-Unbekannten vertieft. Da etwas Unbekanntes keine Belohnung verspricht, muß die Forschung in sich selbst belohnend sein. Extrinsische Belohnung versorgt den Wissenschafter mit Unterstützung und einer sicheren (ökonomischen) Umgebung, sie vertieft aber nicht die theoretische Neugier des Forschers. Intrinsische Motivation fördert einen Zustand der Neugier, der den Forscher dazu bringt, einer größeren Vielfalt an Hinweisen und Erfahrungen nachzugehen.

Persönliche Betroffenheit

Die „offenen Fragen", die der Forscher zum Ausgangspunkt seiner Forschung wählt, berühren seine persönlichen Überzeugungen und seine bisherige Sicht der Realität. Es sind nicht Fragen, denen er distanziert gegenübersteht und deren Beantwortung ohne Einfluß auf seine Sicht der Realität bleibt. Sie betreffen ihn persönlich, und er riskiert mit ihrer Beantwortung, daß seine bisherigen Überzeugungen in Frage gestellt werden. Ihre Beantwortung bringt einen irreversiblen Erkenntnisfortschritt, aus dem sich neue und veränderte Perspektiven ergeben. POLANYI (1962, S. 143*) umschreibt diesen Umstand in folgender Weise: „Wenn ich einmal eine Entdeckung gemacht habe, werde ich niemals die Welt wieder so sehen wie vorher. Meine Augen haben sich verändert; ich habe mich selbst in eine Person verwandelt, die anders wahrnimmt und denkt." Die persönliche Involviertheit ist auch immer mit dem Risiko verbunden, mit Erfahrungen konfrontiert zu werden, die den Forscher verwirren oder bedrohen, wodurch Forschung auch einen Vorgang der *Selbstentdeckung* beinhaltet. Der authentische Forscher vergewissert sich seiner persönlichen Betroffenheit und der Bedeutung, die die Erforschung eines bestimmten Problems für seinen persönlichen Erkenntnisprozeß hat, und macht diese für andere transparent.

Orientierung an subjektiven Erfahrungen

Der authentische Forscher orientiert sich bei der Konzeption des Forschungsproblems und bei dem Entwurf von Hypothesen und Theorien an seinen persönlichen und subjektiven Erfahrungen. Er wertet die Facetten seiner Erfahrung, die ein Problem betreffen, differenziert aus und berücksichtigt diese „reflektierte Erfahrung" als eine Quelle der Theoriebildung. Er untersucht Phänomene, die ihm bekannt sind, oder sucht die Bekanntschaft mit Phänomenen und Situationen, die er zum Gegenstand seiner Forschung macht, und „befragt" quasi seine Erfahrung hinsichtlich ihrer *Bedeutung* für seinen *persönlichen Erkenntnisprozeß*. Der Forscher betrachtet seine persönlichen Erfahrungen nicht als Hemmschuh oder Hindernis, die verleugnet und ignoriert werden müssen, damit der Anspruch an Wissenschaftlichkeit und Objektivität erfüllt wird, sondern erarbeitet sich sein Wissen und seine Theorien aus dem Kontakt und der Konfrontation mit seinem Erfahrungsschatz, den er im Vollzug seines Lebens und in der Auseinandersetzung mit den wechselnden Situationen seines Lebens erworben hat. In einem gewissen Sinn macht sich der Forscher zum Subjekt seiner eigenen Experimente, so daß sich seine Theorien aus der Bekanntschaft und Vertrautheit mit den Phänomenen und Vorgängen, die er erforschen möchte, entwickeln können (vgl. Scharfetter 1981, Polanyi 1962). Publikationen, Experimente und Forschung anderer können die Sichtweise des Forschers inspirieren und unterstützen, bleiben jedoch ohne Überzeugungskraft, wenn sie nicht mit Erfahrungen aus erster Hand zusammengehen (Hutterer 1990). Auf der Basis dieser „Kennerschaft" entwickelte Theorien, in denen sich die spezifische Erfahrung des Forschers als Individuum und die kreative Auswertung dieser Erfahrungen niederschlagen, ermöglichen es dem Forscher, seinen originalen Beitrag zum allgemeinen Erkenntnisprozeß beizusteuern.

Verpflichtung gegenüber der eigenen Individualität
Jeder Forscher ist als Person einzigartig. Sein persönlicher Entwicklungs- und Lernprozeß unter den besonderen Bedingungen einer bestimmten Gesellschaft und eines bestimmten historischen Zeitabschnittes machen ihn zu einem Individuum mit spezifischen Erfahrungen, Werten, Fähigkeiten und Überzeugungen. Die Kultivierung spezifischer Wahrnehmungsmöglichkeiten, Denkstile und theoretischer Perspektiven kennzeichnet zusammen mit seinen subjektiven Erfahrungen, Präferenzen für bestimmte Werte, Ziele und Überzeugungen seine Individualität als Forscher.

Der Stand des Bewußtseins eines Forschenden, seine Vorerfahrungen, die er sich im Sozialisationsprozeß seiner Personifikation erworben hat, bestimmt wesentlich, was aus der unendlichen Fülle des Wahrnehmbaren zu Befund wird und wie, in welchen gnostischen Erlebnisqualitäten (Fragen, Vermuten, Gewißsein, Meinen) wahrgenommen wird, welchen argumentativen Beweiswert einer einem Befund zuerkennt und wie dieser in das Suchverhalten des Forschers einbezogen wird, wie und wo er als Baustein in ein Anschauungsgebäude (Theorie) eingeordnet wird (Scharfetter 1981, S. 30).

Seine Individualität ist für den Forscher unumgehbar. Er kann sich von ihr distanzieren, sich als Individuum weiterentwickeln, sich aber niemals von der Tatsache trennen, daß er zu jeder Zeit ein Individuum mit einer *besonderen Ausstattung* an Geschichte, Erfahrungen, Fähigkeiten, Talenten, Werten, Zielen und Überzeugungen ist. Die Individualität des Forschers bestimmt seine Erkenntnis- und Wahrnehmungsmöglichkeiten und -grenzen. Im Rahmen authentischer Wissenschaft fühlt sich der Forscher gegenüber seiner Individualität verpflichtet. Was er erforscht, wie und wofür er forscht, fließt aus dem Bewußtsein seiner besonderen Ausstattung und mit dem Wissen seiner Begrenztheit. Seine Motive, Werte, Erfahrungen, Ahnungen und intellektuellen Fähigkeiten sind die Bausteine für den Forschungs- und Erkenntnisprozeß. Er erforscht das, was er auf Grund der Mittel und Möglichkeiten, die ihm von seiner Person her zur Verfügung stehen, erforschen kann. Die Verpflichtung gegenüber seiner eigenen

Individualität bedeutet gleichzeitig Verantwortung für seine Grenzen. Durch das Wissen um seine Besonderheit schützt er sich vor der Illusion einer person- und zeitunabhängigen Erkenntnis.

Intrinsische Motiviertheit, persönliche Betroffenheit, Orientierung an subjektiven Erfahrungen und Verpflichtung gegenüber seiner eigenen Individualität machen die Tätigkeit des Forschers zu einem authentischen Unternehmen. Durch das Bekenntnis zu der eigenen Subjektivität und Individualität wird wissenschaftliche Forschung nicht zu einer asozialen Tätigkeit. Authentische Forschung ist *nicht autistische Forschung.* Auseinandersetzung mit den Einsichten anderer ist notwendiger Bestandteil jedes Forschungsvorganges. In der Kommunikation mit anderen wird Authentizität erst wahrnehmbar. „Mehr" Authentizität in der Wissenschaft bedeutet einfach ausgedrückt: Der Forscher geht von seinen Fragen, Ahnungen und Theorien aus und nicht von denen anderer. Er prüft, kultiviert und setzt seine eigenen Wahrnehmungsfähigkeiten und intellektuellen Möglichkeiten ein. Er entwickelt ein autonomes Instrumentarium, was auch bedeuten kann, daß er „fremde" oder bereits bewährte Methoden, Instrumente und Denkformen auf ihre Eignung und Adäquatheit für seinen eigenen Erkenntnisprozeß prüft und integriert. Und er unternimmt seine Forschungsbemühungen mit dem Wissen, daß seine Fragen und Theorien einseitig und seine Methoden begrenzt sind. Die Idee einer „authentischen Wissenschaft" ist nicht ein neuer wissenschaftlicher Ansatz und in der Regel auch kein Widerspruch zu bewährten Methodologien, sondern bezieht die Forschung auf die Personen, die hinter ihr stehen, und bettet sie in einen Kontext persönlicher Bedeutung und Werte ein.

Wissenschaftsauffassung von Carl Rogers

Der Exkurs zur Wissenschaftsauffassung von Carl Rogers soll exemplarisch zeigen, wie ein Pionier der Humanistischen Psychologie versucht hat, die naturwissenschaftliche Forschungtradition mit der phänomenologischen zu verbinden.[2] Ursprünglich entwickelte Rogers die Grundannahmen seiner therapeutischen Vorgangsweise aus den Er-

2 Die folgende Passage ist eine leichte Überarbeitung des entsprechenden Textes in Hutterer (1984, 1990).

fahrungen der Therapeut-Klient-Beziehung in der Einzeltherapie.
Erst mit zunehmender Erfahrung kristallisierte sich die Bedeutung
dieser Grundannahmen auch für andere Bereiche, wie Gruppentherapie, Erziehung und Partnerschaft, heraus. Darüber hinaus sind im
therapeutischen Prozeß der Einsichtsgewinnung deutliche Implikationen für den Prozeß der Wahrheitsfindung in der wissenschaftlichen Forschung erkennbar:

Das Vertrauen des klientenzentrierten Therapeuten liegt in dem Prozeß,
durch den man Wahrheit entdeckt, gewinnt und ihr nahekommt; es ist
nicht ein Vertrauen in die bereits gewußte oder formulierte Wahrheit.
[…] Wenn wir in die Zukunft blicken, so scheint es ganz klar, daß dieser
Prozeß, in den wir grundlegend vertrauen, in einer neuen Philosophie der
Wissenschaft zum Ausdruck gebracht werden muß. So eine Formulierung
würde Platz für intuitive und erfahrungsorientierte Einsichten finden – das
bedeutet ein Überdenken der kreativen Seite der Wissenschaft –, genauso
wie für ein Überdenken der objektiven, experimentellen, empirischen und
bestätigenden Seite (Rogers 1974, S. 9*).

Das allgemeine Programm: eine offene
und authentische Wissenschaft

Das Überdenken des gesamten Prozesses wissenschaftlicher Forschung vom Bezugspunkt einer ständigen Suche und Annäherung an
die Wahrheit ist das allgemeine Programm für die Erneuerung der
Wissenschaftsphilosophie. Die Zielvorstellungen, die diesem Programm voranstehen, sind eine offene und authentische Wissenschaft
(Rogers 1964, 1980). Offenheit ist dabei in zweifacher Hinsicht zu
verstehen: Erstens ist damit eine Wissenschaft gemeint, die ihre Aufmerksamkeit und ihr Interesse auf eine breite Realität richtet, die „die
Beobachtung der inneren kognitiven Prozesse", „die Erforschung innerer, persönlicher, gefühlsbehafteter Bedeutungen" und das „Verstehen sowohl der phänomenologischen Welt" des Menschen als auch
seines „äußeren Verhaltens" und seiner „äußeren Reaktionen" enthält
(Rogers 1980, S. 159). In dieser umfassenden Wissenschaft vom Menschen würden die verschiedenen Forschungslinien zusammenlaufen
und verschmelzen, und sie würde die verschiedenen, heute noch konkurrierenden Forschungskonzepte integrierend einschließen.
  Zweitens ist damit eine Wissenschaft gemeint, die von der methodischen Einengung der verschiedenen Wissenschaftskonzepte und

„Schulen" frei ist und eine breite Vielfalt von Erkenntnisquellen benutzt: „Wissenschaft sollte entschlossen alles ablehnen, was ihren eigenen Bewegungsspielraum begrenzt oder die Methoden und Perspektiven ihres eigenen Strebens nach Wissen willkürlich einengt" (Rogers 1964, S. 119*). Diese Wissenschaft würde im Prozeß des Forschens das auf den persönlichen Erfahrungen des Forschers basierende „subjektive Wissen", das sich aus der empathischen Kommunikation mit anderen ergebende „interpersonale Wissen" und das mit Hilfe beobachtbarer Operationen gewonnene „objektive Wissen" in angemessener Beziehung verarbeiten und die Person und Perspektive des Forschers genauso wie die Person und Perspektive des erforschten Subjekts einschließen (Rogers 1964).

Die Zielvorstellung der Authentizität ist dann gegeben, wenn die tragende Basis der Wissenschaft die am Forschungsprozeß beteiligten subjektiven und existentiellen Personen sind. Der Forscher wird dabei als subjektives menschliches Wesen gesehen, das mit seinen Werten und intrinsischen Motiven seinem Forschungsfeld verpflichtet ist, und das zu erforschende Subjekt als ein zu respektierender Partner, dessen Interessen und subjektive Deutungen in den Forschungsprozeß eingehen. Auf diese Weise wird Wissenschaft zu einer authentischen Suche nach subjektiv und persönlich bedeutsamen Einsichten (Rogers 1973a, 1968). Die Anwendung ausgearbeiteter Methoden bekommt im Rahmen authentischer Forschung Hilfsfunktion.

Die Dominanz des Subjektiven in Wissenschaft und Forschung
Im wissenschaftsphilosophischen Denken Rogers' nimmt das Subjektive und Persönliche eine tragende Rolle ein: „Wissen ruht auf dem Subjektiven: Ich erfahre etwas; in diesem Erfahren existiere ich; in diesem Existieren weiß ich in einer gewissen Hinsicht, habe ich eine ‚gefühlte Sicherheit'. Alles Wissen, eingeschlossen das wissenschaftliche Wissen, ist eine weit ausgedehnte, umgekehrte Pyramide, die auf dieser kleinen persönlichen, subjektiven Basis ruht" (Rogers 1968, S. 60). Jede wissenschaftliche Forschung und Theoriebildung braucht den „Nährboden der unmittelbaren, persönlichen, subjektiven Erfahrung" (Rogers 1973a, S. 215). Diese innere organismische Erfahrung ist nur unvollständig kommunizierbar, aber doch jene Quelle, aus der der Forscher seine Originalität für die Lösung eines Problems schöpft und schöpfen kann. Forschen besteht im Aufdecken von Ahnungen, im Suchen nach einer versteckten Realität, die er subjektiv ahnt und

die vorerst mehr die Qualität eines Glaubensbekenntnisses hat. Der Forscher kann durch „seine subjektive Sicht zu einer tieferen und signifikanteren Sicht der Wirklichkeit" kommen. Die Orientierung an einer „subjektiv gebildeten Leitvision" ist dabei die wesentliche Triebfeder des Erkenntnisprozesses (Rogers und Rosenberg 1980, S. 158).

Forschung und Wissenschaft sind für Rogers ohne diese Verankerung in der subjektiven Erfahrung und ohne dieses Einwirken subjektiver Elemente nicht denkbar. Ursprung, Prozeß und Anwendung von Wissenschaft ist in vielfältiger Weise beeinflußt von als subjektiv zu qualifizierenden Vorgängen der daran beteiligten Personen: Der Wissenschafter, der Forschung betreibt, tut das auf der Basis von Zielen und Werten, die für ihn persönliche Bedeutung haben. „Es gibt bei jeder wissenschaftlichen Bemühung [...] eine vorausgegangene persönliche und subjektive Entscheidung hinsichtlich des Zwecks oder des Wertes, dem jede wissenschaftliche Arbeit dienen soll" (Rogers 1973a, S. 379).

Der persönliche und kulturelle Background des Forschers, die Einsichten, Einstellungen, Fähigkeiten und Werte, die er auf Grund seiner Erfahrungen im Laufe seiner persönlichen Geschichte und auf Grund der Sozialisation in einem bestimmten kulturellen Klima entwickelt hat, sind von seiner Problemwahl, seinen Forschungsaktivitäten und der Theoriebildung schwer zu trennen. „Keine Theorie kann ohne eine gewisse Kenntnis des kulturellen und persönlichen Bodens, aus dem sie entspringt, angemessen verstanden werden" (Rogers 1959, S. 185*).

Die Entscheidung für den Gebrauch wissenschaftlicher Methoden selbst ist die Sache subjektiver Wahl. Ebenso trifft der Wissenschafter bei der konkreten Anwendung von Forschungsmethoden eine Reihe von subjektiven Entscheidungen, die den Gang der Forschung bestimmen und die Möglichkeiten der gewinnbaren Einsichten und Erkenntnisse in spezifischer Weise begrenzen. Diese subjektiven Vorgaben und Eingriffe sind nach Auffassung Rogers' kein zu ignorierendes Beiwerk, sondern Anlässe, im Sinne einer Selbstreflexion den persönlichen Input des Forschers aufzuklären und transparent zu machen.

Bei der sogenannten Anwendung von wissenschaftlichen Erkenntnissen müssen eine Reihe von Entscheidungen getroffen werden, die ohne die Bezugnahme auf persönliche Präferenzen, Werte und Ziele nicht getroffen werden können: „Was ich mit dem Wissen anfange, das ich durch wissenschaftliche Methoden gewinne – ob ich es benutze zu verstehen, zu bereichern, zu verbessern, oder ob ich es benutze zu kontrollieren, zu manipulieren und zu zerstören –, das ist eine Angelegenheit subjektiver Entscheidungen, die abhängig ist von den Werten, die für mich von Bedeutung sind" (Rogers 1973a, S. 221).

Ein weiterer Bereich, in dem subjektive und persönliche Elemente eine bedeutende Rolle spielen, ist der Bereich des Akzeptierens und Übernehmens von wissenschaftlichen Erkenntnissen. „Bereitschaft, wissenschaftliche Ergebnisse zu glauben, gibt es nur, wenn die subjektive Bereitschaft zum Glauben vorhanden ist" (ebd., S. 217). Vorbereitende persönliche Erfahrungen oder subjektive Glaubenshaltungen, die bestimmten wissenschaftlichen Erkenntnissen entsprechen, sind notwendige Voraussetzungen für das Akzeptieren von Einsichten, die auf der Basis wissenschaftlichen Forschens gewonnen wurden.

Wissenschaft als menschliche Erfindung und die subjektive Welt des Forschers

Rogers faßt Wissenschaft als menschliche Erfindung auf, als einen fehlbaren und mit Fehlern behafteten Versuch, Wissen zu erarbeiten, dessen Gelingen von der intelligenten, intuitiven und persönlichen Auswahl von Hypothesen und angemessenen Formen, sie zu prüfen, abhängt. Wissenschaftliche Bemühungen sind im Grunde genommen Problemlöseaktivitäten von Menschen (Rogers 1964). Die Entwicklung und der Einsatz von wissenschaftlichen Methoden ist mit der Hoffnung verbunden, angemessenere und verläßliche Antworten auf bedeutsame Fragen zu finden. „Wissenschaft ist nicht etwas außerhalb von Menschen. Wissenschaft existiert nur im Menschen" (Rogers 1973a, S. 214). Auch wenn es gelingt, Erkenntnisse und Einsichten in systematischer und gesammelter Form darzustellen, geschieht diese Sammlung durch Aktivität eines Menschen, und das Systematisieren ist eine intellektuelle Leistung einer Person oder Personengruppe. So gesehen gibt es keine „Wissenschaft", sondern nur Wissenschafter, die sich mit bestimmten Problemen beschäftigen, die auf bestimmte Methoden vertrauen, bestimmte Erkenntnisse und Einsichten gewinnen, Beziehungen zwischen ihren Erkenntnissen und denen anderer sehen, einen gewissen Überblick über bereits gewonnene Ergebnisse und verwendete Methoden haben, bestimmte Erfahrungen mit Methoden aufweisen, lose und isoliert voneinander oder gemeinsam arbeiten, unabhängig sind oder in einem institutionellen Zusammenhang stehen.

Die Auffassung von Wissenschaft als einem persönlichen Prozeß
der Erforschung von bedeutsamen Fragen und der Einsichtgewinnung ist auf dem Hintergrund der Persönlichkeitstheorie von Rogers
verständlich: Jeder Wissenschafter und Forscher lebt in einer ständig
sich ändernden Welt der Erfahrungen, deren Mittelpunkt er selbst ist.
Die Welt dieser Erfahrungen ist eine private Welt. Er kann seine Aufmerksamkeit auf diejenigen Erfahrungen richten, die seinem Bewußtsein zugänglich sind. Aus diesen Erfahrungen erwächst sein Problembewußtsein. Und er reagiert nicht auf eine absolute Welt, sondern auf
seine Wahrnehmung der Realität, die im Grunde eine Hypothese ist,
die in Beziehung zu seinen Bedürfnissen steht. Der Wissenschafter
orientiert sich an einer „wahrnehmungsmäßigen Landkarte" (Rogers
1973a, S. 420), die nicht die Realität selbst ist. Es erscheint auch überflüssig, von einem absoluten Konzept der Realität auszugehen. Die
Realität, die der Wissenschafter wahrnehmen und anerkennen kann,
ist die Realität seiner Einsichten und Erkenntnisse. Wenn er seine
Wahrnehmungen an der Realität testet und korrigiert, sie gegen die
Erkenntnisse anderer Wissenschafter abwägt, kann ein immer zuver-
lässigerer Wegweiser zur Realität erarbeitet werden. Für den individuellen Wissenschafter ist die Realität grundsätzlich die Welt seiner individuellen Wahrnehmungen und der daraus gewonnenen Einsichten,
auch wenn sie mit Hilfe wissenschaftlicher Methoden gewonnen wurden. Für den Wissenschafter, der im Verband der Scientific community forscht und dessen forscherische Bemühungen von sozialen Absichten getragen sind, ist die Bestimmung der Realität ein Vorgang, bei
dem Wahrnehmungen unter mehreren Personen einen hohen Grad
an Allgemeinheit und wechselseitiger Übereinstimmung erreichen.
Forschung erscheint aus dieser Perspektive als fortlaufende Korrektur
von Wahrnehmungen (Hypothesen) durch zunehmende Erfahrung
und durch Abwägen der eigenen Wahrnehmungen gegen die Wahrnehmungen anderer und als ein zunehmendes Bewußtmachen, Differenzieren und Ordnen von Erfahrungen, die über Theorien symbolisiert werden.

Wissenschaft als dynamischer Prozeß
Mit seiner Auffassung von Wissenschaft als einem Vorgang, der von
dem Vertrauen in den Prozeß der fortlaufenden Wahrheitsentdek-
kung und Einsichtgewinnung getragen wird (Rogers 1974), wendet
sich Rogers gegen eine statische Konzeption von Wissenschaft, in der

„Wissenschaft als eine systematisierte und geordnete Sammlung vor-
läufig verifizierter Fakten" in einem Wissensgebäude und „wissenschaftliche Methodologie als das gesellschaftlich gebilligte Mittel der
Akkumulierung dieses Wissensgebäudes und der Fortsetzung seiner
Verifizierung" gesehen wird (Rogers 1973a, S. 213). „Es gibt eigentlich
kein solches Wissensgebäude. Es gibt nur vorläufige Ansichten, die in
einer Anzahl verschiedener Menschen subjektiv existieren. Wenn diese Glaubensinhalte nicht vorläufiger Art sind, dann herrscht das Dogma, aber nicht Wissenschaft" (ebd., S. 218). Und: „Jedes wissenschaftliche Unternehmen hat seinen kreativen Beginn, seinen Prozeß und
seinen vorläufigen Abschluß in einem oder mehreren Menschen"
(ebd., S. 214). Wissenschaft ist ein dynamisches Ereignis, das von Menschen vorangetragen und ausgeformt wird. Der Motor des Forschers
liegt im Vertrauen auf den Prozeß, nicht im Vertrauen auf die Ergebnisse, die durch zunehmende Erfahrung widerlegt werden können
(Rogers 1959).

Dieses Vertrauen in die Prozeßhaftigkeit wissenschaftlichen Forschens drückt sich in einer „gewährenden Haltung" gegenüber dem
Forschungsfeld und in einer Offenheit für neu sich entwickelnde
Fragen und Problemstellungen aus. Die gewährende Haltung erlaubt dem Forscher, seine Einsichten und Erkenntnisse aus dem
Kontakt mit dem ihn interessierenden Phänomen zu entwickeln, zu
korrigieren und zu präzisieren. Sie ist verbunden mit dem Wissen,
daß in jedem wissenschaftlichen Bereich die Forschungsbemühungen verschiedene Stadien durchlaufen, daß die Beobachtungen vorerst einmal grob sind, daß die Hypothesen ungenau, spekulativ und
voller Fehler sind, und daß erst mit zunehmender Erfahrung in
einem Forschungsfeld die Hypothesen treffender und die Beobachtungen genauer werden können. Wichtig dabei ist nicht der Grad
der Präzision und Perfektion, sondern die Richtung der Entwicklung.

Mit Offenheit ist jene Haltung gemeint, aus der der Forscher die
Ergebnisse seiner forscherischen Bemühungen zum Anlaß nimmt,
um neue Fragestellungen zu entwickeln und Probleme aus einem
weiteren Blickwinkel zu sehen, wodurch der Forschungsprozeß neue
Impulse für seine weitere Dynamik erhält. Sie ist verbunden mit dem
Wissen, daß Forschen ein Prozeß des ständigen Fragens und von sich
entwickelnden Fragen ist, der niemals abgeschlossen ist, sondern bestenfalls Zwischenergebnisse bringt (Rogers 1959).

Der Organismus als Forschungsinstrument: die Bedeutung
der Phänomenologie, Intuition und Kreativität
Die Dominanz des Subjektiven kommt im wissenschaftsphilosophischen Denken Rogers' am stärksten in der Bedeutung des menschlichen Organismus als Forschungsinstrument zum Ausdruck: Der
menschliche Organismus, wenn er frei und nicht defensiv operiert, ist
das beste wissenschaftliche Handwerkszeug, das existiert, und er kann
ein Muster erfühlen, lange bevor es jemand bewußt formulieren kann
(Rogers 1968).

Ein wichtiger Teil des Forschungsprozesses ist das Erkennen einer
vorerst undeutlich erahnten Gestalt, einer verborgenen Realität, die
unverbundenen Phänomenen erst Kontur und Bedeutung gibt. Dieses Erkennen ist gewöhnlich vorlogisch, intuitiv und geschieht unter
Einbeziehung aller Kapazitäten des gesamten Organismus. Je mehr
Erkenntniswege des Organismus dabei beschritten werden – bewußte
und rationale Prozesse und Einsichten, intuitive und gefühlsbehaftete
Stellungnahmen, vorbewußte Prozesse –, umso wahrscheinlicher
führt wissenschaftliche Tätigkeit zur adäquaten Erfassung dieser Gestalt und eines Musters von Beziehungen. Das intuitive Vertrauen in
die eigenen Erfahrungen und in die kreativen Möglichkeiten aller
Vorgänge im Organismus bildet die Grundlage des persönlichen Ent-
deckungsprozesses beim Forscher (Rogers 1968).

Rogers streicht damit die Bedeutung jener Vorgänge hervor, die in
der Philosophie des logischen Positivismus in den Bereich des Entdek-
kungszusammenhanges fallen (Popper 1966) und wendet sich gegen
einen verkürzten Empirismus: Seit Wissenschaft mit Beobachtbarem
befaßt ist, vermuten wir, daß die Muster und Konzepte, die wir intuitiv
entwickeln, ebenfalls mit Beobachtbarem zu tun haben müssen, und
beschränken dabei unseren menschlichen Organismus in seiner Ar-
beitsweise (Rogers 1968). Mit der Aufwertung einer phänomenologischen Vorgangsweise auf der Basis intuitiver und kreativer Vorgänge
als integraler und eingeplanter Bestandteil wissenschaftlicher Tätigkeit verbindet Rogers die Hoffnung nach adäquateren und breiteren
Erkenntnismöglichkeiten.

Die Voraussetzung einer phänomenologischen Vorgangsweise
oder einer phänomenologischen Auswertung der Erfahrungen, die
sich aus der vorbewußten, intuitiven Interaktion zwischen dem Forscher und seinem Gegenstand kreativ entwickeln, ist die Bereitschaft
des Forschers, sich in das Phänomen von Interesse zu versenken, sich

darauf einzulassen und es mit dem gesamten Organismus zu erfassen, so daß die gesamte Komplexität eines Phänomens aufgenommen werden kann. Sich-Einlassen mit dem gesamten Organismus bedeutet ein Offensein des Forschers gegenüber den verschiedenartigen Reaktionen seines Organismus auf die Konfrontation mit dem ihn interessierenden Phänomen, sowohl seiner rationalen Einsichten als auch seiner Gefühle und unfertigen und undeutlich auftauchenden Konzepte. Diese Haltung des Forschers ist verbunden mit einer gewissen Toleranz gegenüber Mehrdeutigkeiten und Kontradiktionen, mit einem Widerstand gegen das Bedürfnis abzuschließen und der Wertschätzung von Kuriositäten. Aus dieser Versenkung heraus werden dem Forscher verschiedene Muster, Regelmäßigkeiten oder Beziehungen klar, die gepflegt werden müssen, egal wie absurd sie auch erscheinen, wenn sie durch bewußtes Denken überprüft werden (Rogers 1968).

Das über diesen Vorgang entwickelte Wissen ist ein subjektives Wissen, das auf Grund der Testung von Hypothesen innerhalb des inneren Bezugsrahmens des Forschers unter Verwendung des fortwährenden Flusses vorkonzeptionellen Erfahrens als Bezugspunkt entsteht. Vorerst ist das Wissen um ein Phänomen oder um eine Aufgabe undifferenziert, global und unpräzise. Dann beginnt der Forscher Muster zu erahnen: gewisse Ereignisse oder Fakten scheinen zusammenzugehen und zusammenzugehören, andere Ereignisse oder Fakten werden bedeutungsloser, während sie an der Oberfläche von großer Bedeutung erscheinen. Dieser Vorgang des zögernden Testens innerer Hypothesen bewegt sich vorwärts, wenn Muster oder Beziehungen als stärker erlebt werden, oder wird korrigiert, wenn die Ahnung eines Musters verblaßt. Obwohl äußere Hinweise oder Reize involviert sein können, erfolgt die Testung der inneren Hypothesen nicht gegen eine äußere Situation, sondern es ist das innere Erleben, auf das sich der Forscher beim Schärfen und Differenzieren seiner hypothetischen Konzepte bezieht (Rogers 1964, S. 110f.). Diese phänomenologische Vorgangsweise, die auf einem tief verwurzelten organismischen Erfühlen und Erahnen beruht, aus dem der Forscher seine bewußten Symbolisierungen und Konzepte bildet und differenziert, ist für Rogers die grundlegendste Art der Einsichtgewinnung und unersetzbare Basis für die empirische Überprüfung von theoretischen Konzepten.

Empirische Forschung als Vorsichtsmaßnahme
gegen Selbsttäuschung

Im Prozeß der wissenschaftlichen Forschung hat die Hypothesen-
prüfung nach den Regeln der empirischen Forschung die Funktion,
eine Beziehung zwischen subjektiv gebildeten Überzeugungen und
Ahnungen (Hypothesen) und beobachtbaren und wahrnehmbaren
Gegebenheiten herzustellen, mit dem Ziel, dem Forscher eine ver-
läßlichere und befriedigendere Grundlage für die Beurteilung seiner
Hypothesen zu schaffen (Rogers 1973a). Methodologie, Operationalismus und Begründungstheorie sind nicht der harte Kern des Forschungsprozesses, an dem der Wissenschafter seine Forschungshandlungen und sein gesamtes Denken von Anfang an orientiert, sondern
die Methodologie der empirischen Forschung steht im Dienste der
Überprüfung der Hypothesen und theoretischen Konzepte, die der
Forscher kreativ entwickelt hat. Aus der Erfahrung, daß wir uns als
Individuen bei der Erfassung und Interpretation der Realität täuschen und irren können, ergibt sich ihre Funktion als Vorsichtsmaßnahme gegen Selbsttäuschung und Selbstbetrug: „Wissenschaftliche
Methodologie ist so betrachtet genau das, was sie in Wirklichkeit ist:
eine Art und Weise, um mich davon abzuhalten, mich hinsichtlich
meiner kreativ geformten, subjektiven Mutmaßungen zu betrügen,
die sich aus der Beziehung zwischen mir und meinem Material ergeben haben" (Rogers, 1973a, S. 216).

Rogers (1974, S. 10) sieht seine Auffassung nicht in einem unver-
einbaren Gegensatz zum logischen Positivismus, sondern der Unterschied besteht in einer unterschiedlichen Wertsetzung:

Der klientenzentrierte Standpunkt legt eine primäre Bedeutung auf das
subjektive menschliche Wesen und glaubt, daß eine völlig objektive und
empirische Wissenschaft als eines der Mittel und Werkzeuge benutzt
werden kann, durch das der Mensch neue Wege der Selbstentwicklung
und neue Mittel zur Erlangung subjektiv gewahrter Ziele entdecken kann.
Folglich legt er auf wissenschaftliche Methoden eine sekundäre Bedeutung,
nämlich als Werkzeug, als sie zum höchsten Selbstzweck zu erheben.

Die Anwendung wissenschaftlicher Methodologie ist weder Selbstzweck noch letzte Instanz, die die Verläßlichkeit einer Hypothese
automatisch und unabhängig von Personen bestimmt, sondern die
Haltbarkeit beziehungsweise Unhaltbarkeit einer Hypothese oder

theoretischen Einsicht ergibt sich aus den kommunikativen Vorgängen zwischen Forschern, auf denen der Überprüfungsvorgang basiert. Der Forscher glaubt, daß seine Überzeugungen und seine Theorien ähnlich denen anderer sind, weil er seine empathischen Fähigkeiten einsetzt, um die Kommunikation und den inneren Bezugsrahmen anderer Forscher zu verstehen. Wenn der Forscher die Fragestellung, die verwendeten Methoden und die Schlußfolgerungen anderer Forscher angemessen nachvollzogen hat, kann er sagen, daß Ergebnisse, die er erhalten hat, mit denen anderer übereinstimmen oder nicht, und daß die subjektiven Überzeugungen anderer, die sie auf Grund ihrer Forschungsergebnisse bilden, mit seinen subjektiven Überzeugungen übereinstimmen. Die Empathie ist dabei direkt auf die entsprechende Bezugsgruppe innerhalb der Scientific community gerichtet. Eine Erkenntnis wird quasi „objektiv" durch die subjektive Einsicht eines Forschers unter Berücksichtigung ihrer empirischen Grundlagen und durch die wechselseitige Übereinstimmung in diese Einsicht durch andere Forscher. Die Bedeutung dieser kommunikativen Vorgänge zwischen Wissenschaftern im Forschungsprozeß weist auch auf die große Bedeutung der Bezugsgruppe hin: Der Forscher wählt eine von ihm geschätzte Gruppe, deren Mitglieder einander als sorgfältige Beobachter und Forscher bestärken und deren Kommunikation wechselseitig verstanden wird. Wenn die Bezugsgruppe eng ist und nur diejenigen Personen zugelassen werden, die im voraus in die zu prüfenden Hypothesen und Überzeugungen einstimmen, führt die auf diese Weise erreichte intersubjektive Überprüfung zu einer Pseudo-Objektivität. Je weiter die Bandbreite der Individuen ist, die als kompetente Bezugsgruppe herangezogen werden, um so sicherer ist die Basis der Hypothesen und der theoretischen Konzepte (Rogers 1964). Wissenschaftliche Methodologie erscheint aus dieser Perspektive als Vehikel für wechselseitige Kommunikation, Unterstützung und Kritik, und Wissenschaft selbst als kooperatives Gruppenunternehmen von Forschern (Rogers 1959).

Die Bedeutung von Theorien

Theorien sind für Rogers der Versuch, Erfahrungen in einer Art und Weise zu „symbolisieren", um scheinbar isolierte Ereignisse in Beziehung und in eine innere Ordnung zu bringen. Dieser Vorgang der Symbolisierung und Konzeptbildung ist nicht mit einer reinen Abbildung von Erfahrungstatsachen gleichzusetzen, sondern hat in erster

Linie sinnstiftende, integrierende und ordnende Funktion. Theorien sind das Ergebnis eines beständigen, disziplinierten Bemühens, Sinn und Ordnung in Phänomene der subjektiven Erfahrung zu bringen (Rogers 1959). Die gefundene Ordnung ist niemals endgültig: jede Theorie hat den Charakter der Vorläufigkeit und enthält einen unbekannten und nicht aufklärbaren Bestandteil an Irrtümern und Fehlern (ebd.). Von diesem Theorieverständnis her werden Resultate der Forschung und Theorien zum „Sprungbrett für weitere Forschung und Suche" (Rogers 1973a, S. 217), und Theoriebildung wird zu einem dynamischen Versuch der Realitätserfassung.

„Wenn Theorie als das gesehen werden konnte, was sie ist – als fehlbarer, sich wandelnder Versuch, ein Netz von feinen Fäden zu konstruieren, das solide Fakten beinhaltet, dann würde sie dazu dienen, wozu sie dienen sollte, nämlich als Anregung zu weiterem kreativen Denken" (Rogers 1959, S. 191*). Jede Formulierung einer Theorie enthält die Gefahr des Dogmatismus, die nur dann eingeschränkt werden kann, wenn die Weiterentwicklung und Revision von Theorien mit mehr Respekt vor den beobachteten Fakten als vor den formulierten Theorien vorgenommen wird (Rogers 1959). Bei der Suche nach fruchtbaren und adäquaten Theorien orientiert sich Rogers an folgenden Kriterien:

1. Die Schönheit und Eleganz einer Theorie ist zumindest ein Anhaltspunkt für die Fruchtbarkeit einer Theorie (Rogers 1968).

2. Eine Theorie ist um so fruchtbarer, je mehr sie eine Einheit in der Natur enthüllt. Jede Theorie, die in einem Forschungsbereich entwickelt wurde, muß auch auf andere Bereiche sinnvoll übertragen werden können. Dabei muß berücksichtigt werden, daß sich Fehler in der Theoriebildung bei der Übertragung auf andere Bereiche im Sinne der Wahrscheinlichkeit für falsche Schlußfolgerungen stärker auswirken als bei der Anwendung auf den Bereich, für den sie entwickelt wurde (Rogers 1959, 1968).

3. In den Wissenschaften vom Menschen sind jene Theorien angemessener, die eine Verbindung mit den fundamentalen Problemen der menschlichen Existenz haben und die sich von der mechanistischen Einengung des Behaviorismus befreit haben.

4. Angemessene Theorien sind eher prozeßbezogen. Sie erfassen mehr die fortlaufende Beziehung und die Dynamik von Ereignissen als statische Elemente. Die Erfassung der Prozeßhaftigkeit von Er-

eignissen ist eines der wichtigsten Kriterien der Adäquatheit von Theorien.

5. Die Fruchtbarkeit und Adäquatheit von Theorien zeigt sich in ihrer innovativen Kraft: Neue Theorien liefern eine neue Sichtweite der Realität und beeinflussen die Variablenwahl in der Forschung (Rogers 1964).

Das Verhältnis von Philosophie und Wissenschaft
Als Vertreter der Humanistischen Psychologie betreibt Rogers Wissenschaft nicht in strenger Absetzung von der Philosophie, sondern er streicht gerade die Verbundenheit von Philosophie und Wissenschaft heraus: „Heutzutage betrachten es manche Psychologen als Beschimpfung, wenn man sie philosophischer Gedankengänge bezichtigt. Ich teile diese Reaktion nicht. Ich kann nicht anders, als über die Bedeutung dessen, was ich beobachte, zu rätseln" (Rogers 1973a, S. 164).

Philosophieren bedeutet das Formulieren und Herausarbeiten des Menschenbildes, das der wissenschaftlichen Tätigkeit in den Human- und Sozialwissenschaften zugrunde liegt. Jede psychologische Schule hat ihre eigene Philosophie vom Menschen. Diese Philosophie ist nicht immer explizit dargestellt, hat aber oft einen subtilen und bedeutsamen Einfluß auf die Theorie- und Hypothesenbildung (Rogers 1964). Gerade die Wissenschaften vom Menschen können nicht ohne eine philosophische Vorstellung vom Menschen als Leitlinie und Orientierungsrahmen für die Entwicklung von Theorien auskommen.

Die Richtung der Arbeit und Forschung des Wissenschafters, die Theorien und Ideen, die er entwickelt, sind alle sehr deutlich auf sein Menschenbild bezogen [...]. Es scheint mir, daß die Verhaltenswissenschaften einen großen Fortschritt machen würden, wären wir als Individuen stärker gewillt, unsere Voraussetzungen und Annahmen, die sich auf jene Charakteristika des Menschen beziehen, die wir für elementar halten, ausdrücklich zu formulieren (Rogers 1965c, S. 18).

Der Fortschritt besteht in einer größeren Bewußtheit des Forschers über seine Voraussetzungen und Vorgriffe auf den Gegenstand, die in seinem Menschenbild enthalten sind. Philosophie hat dabei aufklärende Funktion.

Das Verhältnis von Wissenschaft und Praxis
Auf Grund seiner Erfahrungen als praktizierender Therapeut und als
praktizierender Forscher wurde Rogers mit dem Verhältnis von Wissenschaft und Praxis ständig konfrontiert. Diese Spannung kam in
zweifacher Hinsicht zum Ausdruck: in der Beziehung zwischen Subjektivität und Objektivität, in der Beziehung zwischen Freiheit und
Determiniertheit.
Die Erfahrung der Einzigartigkeit des Klienten, seiner subjektiven
Entscheidungsfreiheit, des persönlichen Beteiligtseins des Therapeuten und der Unmittelbarkeit der Beziehung in der Therapie, die Erfahrung der abgelösten, distanzierten Beobachtung und der Erkenntnis von überindividuellen Gesetzmäßigkeiten und funktionalen Beziehungen in der Wissenschaft bezeichnet Rogers als „Doppelleben in
Subjektivität und Objektivität" (Rogers 1973a, S. 197).
Die Auflösung der Spannung zwischen Wissenschaft und Praxis
sucht Rogers in der paradoxen Balance zwischen Subjektivität und
Objektivität einerseits und Freiheit und Determiniertheit andererseits: Als Praktiker ist man Teilnehmer, als Wissenschafter kann man
sich von der praktischen Erfahrung ablösen, sie als Beobachter betrachten und sie zum Objekt machen. Das ist kein unpersönlicher
Vorgang, sondern der Wissenschafter lebt subjektiv eine andere Phase
seines Selbst. Die Erfahrungen als Praktiker und die Erfahrungen als
Wissenschafter sind zwei Erfahrungstypen im Selbst. Durch innere
Kommunikation dieser Erfahrungstypen kann sich ein tieferes Verständnis für das interessierende Problem entwickeln (Rogers 1973a).
In der wissenschaftlichen Forschung muß man mit der Annahme arbeiten, daß die Welt eine determinierte ist.
Das ist aber nur ein Teil der Wahrheit über das Leben. Die Erfahrung von subjektiver Wahl und Freiheit ist ebenso wahr (Rogers
1964). „Wir können unser subjektives Leben genausowenig schadlos
verleugnen wie die objektive Beschreibung dieses Lebens" (Rogers
1973a, S. 388). Das Akzeptieren dieses Paradoxons ist unvermeidlich. Ein günstiger Weg, um Verhalten zu verstehen, ist, die vorher-
gehenden Ursachen ausfindig zu machen bei gleichzeitiger Erfahrung der Realität subjektiver Entscheidung und Wahl. Das Objektivi-
tätsdilemma und das Freiheitsdilemma ist bei Rogers theoretisch
nicht auflösbar, sondern nur praktisch durch das Akzeptieren para-
doxer Perspektiven.

Methodologische Vielfalt und Integration

Da die Humanistische Psychologie die Beiträge anderer Perspektiven nicht grundsätzlich ablehnt, sondern sie zu ergänzen versucht und sie in eine breitere Konzeption menschlicher Erfahrungs- und Erkenntnismöglichkeit stellen möchte, wird einerseits das Moment der Methodentoleranz und andererseits das Moment der Integration vertreten. Wissen und Erfahrung sollen aus verschiedenen Quellen und über verschiedene Methoden aufeinander bezogen und integriert werden.

Mit der Toleranz gegenüber verschiedenen wissenschaftlichen Methoden ist auch die Auffassung der Relativität jeglicher Erkenntnisse verbunden. Auch wenn ein Schwerpunkt der Methodenanwendung und Methodenentwicklung in den letzten Jahren bei den vielfältigen Spielarten der qualitativen Forschung lag, so ist die empirisch-experimentelle Forschung von Anfang an ein unverzichtbares Element im Methodenrepertoire der Humanistischen Psychologie gewesen. Der Anspruch der Humanistischen Psychologie, eine methodologische Alternative zum Positivismus zu schaffen, erstreckte sich nicht auf die Eliminierung der empirischen Forschung, sondern ursprünglich auf deren ausschließliche und reduktionistische Verwendung. Die Pioniere der Humanistischen Psychologie wie ALLPORT, MASLOW und ROGERS, die den Großteil ihres Wirkens auf akademischem Boden entfalteten, waren überzeugt, daß die empirisch-experimentelle Forschung, wie sie von der behavioristischen und positivistischen Psychologie amerikanischer Prägung vertreten wurde, einem überholten Modell der Physik und Naturwissenschaften folge, das mechanistisches Denken und eine Depersonalisierung in der Wissenschaft fördere. Der Physiker OPPENHEIMER (1956) bekräftigte diese Überzeugung, indem er davor warnte, sich nach einer Physik zu orientieren, die nicht mehr existierte und bereits völlig veraltet war. Die Pioniere der Humanistischen Psychologie waren auch der Überzeugung, daß eine *empirische Humanwissenschaft*, in der der Beobachter auch der Beobachtete ist, einen besonderen Zugang und eine besondere Art des Forschens verlangt (vgl. DeCarvalho 1991). Allport, Maslow und Rogers entwickelten daher eine Philosophie und Methodologie der Forschung, die quantitative und phänomenologische Methoden kombinierten und verbanden. Sie anerkannten die Zentralität der menschlichen Subjektivität. Sie standen auch der Verwendung von quantitativen Methoden nicht ablehnend gegenüber. Persönliche Erfahrung und Experiment galten für sie als verschiedene Arten des Wissens, die nicht im Gegensatz zueinander standen. Sie sahen es sogar als gefährlich an, wenn Erfahrung und Abstraktion dichotomisiert werden, und vertraten die hierarchische Integration von phänomenologischen und experimentellen Methoden, um jeden der beiden Zugänge zu erweitern.

Erweiterung methodologischer Perspektiven

Erweiterung ist ein wichtiges Thema in der wissenschaftsphilosophischen und methodologischen Diskussion der Humanistischen Psychologie. Eine Erweiterung ist etwa die bewußte Reflexion und Berücksichtigung des Umstandes, „daß wissenschaftliche Theorien Teil des gesamten kulturellen Kontextes sind und speziell von der dominierenden, zeitgenössischen Wissenschaftsphilosophie beeinflußt werden, die die wissenschaftliche Forschung leitet und den konzeptionellen Rahmen bildet, in dem wissenschaftliche Theorien konstruiert werden" (Madsen 1971, S. 3*). Ein beständiger Anspruch zeigt sich in den verschiedenen Versuchen, die Trennung und Gegensätzlichkeit von Forschungsansätzen, die philosophisch in Opposition stehen, zu überbrücken. Dementsprechend strebt eine humanistische Reform wissenschaftlicher Forschung danach, die Trennung von verschiedenen Forschungsansätzen (naturwissenschaftlich vs. geisteswissenschaftlich, empirisch-experimentell vs. phänomenologisch) zu überwinden. Sie versucht eine methodologischen *Monokultur zu vermeiden* und eine Wissenschaftsphilosophie und Methodologie zu entwickeln, die sämtliche menschlichen Erkenntniskräfte unterstützt. Ein Ansatz liegt etwa darin, „für die spezifische menschliche Welt Interpretation und kausale Erklärung irgendwie zu verbinden" (M. B. Smith 1990, S. 17*), um eine befriedigende Wissenschaft menschlicher Erfahrung und menschlichen Handelns zu bilden.

Dabei sind die allgemeinen wissenschaftsphilosophischen und methodologischen Entwicklungen speziell in den Sozialwissenschaften dem Anspruch der Humanistischen Psychologie, eine methodologische Alternative zum Positivismus zu entwickeln und einer methodologischen Monokultur entgegenzuwirken, entgegengekommen. Folgende Entwicklungen können hier angeführt werden:

1. Differenzierung des dominierenden methodologischen Denkens. Mit zunehmender Erfahrung in der Durchführung von empirisch-experimenteller Forschung in Psychologie und Sozialwissenschaften wurden die Grenzen und die Reformbedürftigkeit der klassischen Laboratoriums-Experimente bewußt. Die Auseinandersetzung mit quasi-experimentellen Designs ist hier als ein Beispiel zu nennen, das zu einer Veränderung des dominierenden methodologischen Denkens führte (Campbell und Standley 1963). Weitere Veränderung im methodologischen Problembewußtsein signalisierten die Auseinandersetzung mit dem Phänomen der Reaktion der Versuchspersonen auf die Versuchssituation und der Beeinflussung der Versuchssituation durch die Anwesenheit eines Beobachters (vgl. Webb u. a. 1966, 1981) sowie die Erweiterung der Methoden zur Datengewinung für die Erfassung von komplexen Merkmalen (vgl. Langer und Schulz v. Thun 1974).

2. Interdisziplinarität. Wissenschaftliche Forschung bewegte sich verstärkt in Richtung Interdisziplinarität. Die Vernetzung des Problembewußtseins erfolgte besonders in den verschiedenen Feldern und Fächern sozialwissenschaftlicher Forschung.

3. Kritik durch die postmoderne Bewegung. In letzter Zeit wurden der empirischen Psychologie und den empirisch forschenden Sozialwissenschaften eine Vielzahl von kritischen Argumenten von Positionen entgegengebracht, die man im weiteren Sinn als postmodernes Denken bezeichnen kann. Konstruktivismus, Dekonstruktivismus, Kontextualismus, Feministische Psychologie sind jene Richtungen, die einen naturwissenschaftlichen Anspruch in der humanwissenschaftlichen Forschung in Frage stellen zugunsten einer interpretativen und narrativen Forschung. Diese Kritik richtete sich gegen Fortschrittsglauben, die Annahme von universellen psychologischen Prozessen und eines grundlegenden psychologischen Gegenstandsbereiches und die Gewinnung von Tatsachenerkenntnis durch Empirie. Sie wurde von der Humanistischen Psychologie teilweise aufgegriffen und diskutiert (vgl. Gergen 1990, Kvale 1990).

4. Expansion qualitativer Forschung. Teilweise im Zusammenspiel mit dem methodologischen Diskurs der postmodernen Denker und durch Anregung aus der soziologischen und anthropologischen Forschung kam es zu einem Boom an qualitativen Methodologien: Die Expansion der qualitativen Forschung in den letzten zehn bis fünfzehn Jahren war phänomenal: In dieser Zeit wurde die wissenschaftsphilosophische Debatte im Zusammenhang mit qualitativer For-

schung energisch geführt, neue einschlägige Zeitschriften sind erschienen, neue wissenschaftliche Konferenzen entstanden und die Quantität der Publikationen hat gewaltig zugenommen (vgl. Miles und Huberman 1994).

Alle diese Entwicklungen haben unterschiedliche Motive und Entstehungsgeschichten, jedoch insgesamt die methodologische Landschaft in den Sozialwissenschaften erweitert und das Problembewußtsein bedeutend angereichert. Ein gemeinsames Motive ist in der Spannung zu sehen, die zwischen dem Bedürfnis nach wissenschaftlicher Strenge und relevanter Forschung liegt. Für die Humanistische Psychologie war diese Entwicklung eine Bestätigung der von Anfang an betonten Methodentoleranz und Methodenflexibilität. Ein Mosaik von Methoden steht der Forschung zur Verfügung, das je nach Problembewußtsein und Fragestellung benutzt werden kann. Die Bedeutung und Gewichtung der verschiedenen Forschungsmethoden unterlag zwar immer wieder Modeerscheinungen oder dem Einfluß von Trends, die die Humanistische Psychologie aufgegriffen hatte, enthält allerdings das gesamte Repertoire von sozialwissenschaftlichen Forschungsmethoden, auch jener, die ursprünglich aus konkurrierenden Forschungstraditionen stammten. Das Wissenschaftsverständnis der Humanistischen Psychologie enthält zumindest folgende generelle Forschungsstrategien, die jede mit einer Vielzahl von methodologischen Subkulturen verbunden sind:

1. Empirisch-experimentelle Forschung. Dabei werden das Feldexperiment und Ex-post-facto-Experiment gegenüber dem Laborexperiment favorisiert; Price und Barrell (1980) folgen einer Forschungsstrategie, die einen erfahrungsorientierten Ansatz mit einem experimentell-quantitativen Ansatz verbindet. Auf Grund einer phänomenologischen Analyse jener Phänomene, die Gegenstand der Untersuchung sind, werden funktionale Hypothesen – Aussagen über die Beziehung zwischen Erfahrungselementen – gebildet, die in der folgende Phase der Forschung experimentell überprüft werden. Forschungsarbeiten, die mit diesem Ansatz durchgeführt wurden, bezogen sich auf die Untersuchung von Schmerzerleben, die somatischen Reaktionen in Streßsituationen und Prüfungsangst (vgl. Barrell und Price 1975, 1977; Barrell u.a. 1986).

2. Qualitativ-naturalistische Forschung. Damit ist eine Vielfalt von Methoden gemeint, die auf einer interpretativen und naturalistischen

Basis durchgeführt werden. Der qualitative Forscher studiert das Phänomen von Interesse in seinem „natürlichen", nicht-manipulierten Setting und interpretiert die dabei gesammelten Daten im Sinne der Fragestellung. Eine Vielfalt von empirisch-qualitativem Material wird über Strategien zur Datenerhebung gesammelt, wie Fallstudien, der Report persönlicher Erfahrungen, Introspektion, Interviews, verschiedene Formen der Beobachtung und die Interpretation von historischen Dokumenten, interaktionelle Szenen und auch bildliches Material (vgl. Denzin und Lincoln 1994, Miles und Huberman 1994). Zur qualitativen Forschung gehören auch verschiedene Formen phänomenologischer Forschung (Moustakas 1994b).

3. Aktionsforschung und Handlungswissenschaft. Die Aktionsforschung versucht die Trennung von Theoriebildung und Praxis aufzuheben und zielt auf die Veränderung von sozialen Aktivitäten und sozialer Praxis. Die Wurzeln der Aktionsforschung gehen auf Lewin zurück, der versuchte, soziale Systeme durch ihre Veränderung zu studieren. Aktionsforschung beinhaltet Veränderungsexperimente auf der Basis von realen Problemen in sozialen Systemen. Sie entspricht einem Vorgang des Sozialmanagements, indem Probleme identifiziert, Veränderung geplant, durchgeführt und evaluiert werden. Ein wichtiges Instrument in der Aktionsforschung ist die Entwicklung von Feedback-Strategien (Bennis u. a. 1976). Argyris u. a. (1985) sprechen von einer „action science", die auf die Entwicklung von Wissen abzielt, das theoretische Gültigkeit und praktischen Nutzen aufweist.

Die Verwendung einer Vielfalt von Forschungsstrategien und damit verbundenen methodologischen Subkulturen in der Humanistischen Psychologie folgt der Überzeugung, die Vielfalt menschlicher Erkenntniskräfte umfassend zu nutzen und zu integrieren. Allerdings führte das Fehlen einer überzeugenden wissenschaftsphilosophischen Grundlage für die Verwendung von Methoden, die aus unterschiedlichen Forschungstraditionen kommen, zu permanenten Methoden- und Rechtfertigungsproblemen und einer wissenschaftstheoretischen Schwächung. Die Hinweise auf die Methodenflexibilität und Methodentoleranz waren zwar ausreichende Gründe für die Verwendung unterschiedlicher Forschungsstrategien, hoben allerdings die wissenschaftsphilosophische Schwächung nicht auf. So wie den Sozialwissenschaften und der Psychologie als Gesamtdisziplinen

ist es auch der Humanistischen Psychologie nicht gelungen, die Forschung auf eine einheitliche und konsistente Methodologie einzu-
schwören, und zwar weder in Richtung einer neo-positivistischen,
empirisch-experimentellen Wissenschaft noch in Richtung einer
metatheoretisch reflektierten, interpretativen und phänomenologischen Humanwissenschaft (Giorgi 1970). Eine methodologische
Monokultur ist vor dem Hintergrund der Spannung zwischen naturwissenschaftlicher und geisteswissenschaftlicher Tradition weder in
die eine noch in die andere Richtung möglich gewesen. Offenbar hat
das Bewußtsein, daß jede methodologische Monokultur eine Einengung bedeutet, eine permanent korrektive Wirkung: Denn in jedem Fall wäre dann der konzeptionell-theoretischen Reichhaltigkeit
ein eingeschränktes Methodenrepertoire und eine weit geringere methodologische Flexibilität gegenüber gestanden. Eine weitere Folge
wäre gewesen, auf die unterschiedlichen Funktionen, die Wissen haben kann (Verstehen, Erklären, Handlungsgrundlage, Orientierung
etc.), nur methodologisch stereotyp zu reagieren.

Eine wissenschaftsphilosophische Perspektive: transzendentaler Realismus und Forschung in geschlossenen und offenen Systemen

Neuere Entwicklungen in der wissenschaftsphilosophischen Diskussion haben eine Perspektive eröffnet, die die methodologische Spannung zwischen naturwissenschaftlicher und geisteswissenschaftlicher
Tradition kritisch aufgreift und die Verwendung von Methoden aus
unterschiedlichen Forschungstraditionen nicht nur möglich und tole-
rierbar, sondern auch wissenschaftsphilosophisch argumentierbar
und notwendig erscheinen läßt. Das wissenschaftsphilosophische
Konzept, das hier im Überblick dargestellt werden soll, findet sich in
der Literatur als transzendentaler Realismus (Bhaskar 1978, 1979).
Der Realismus geht davon aus, daß es eine objektive Realität, *unabhängig vom erkennenden Bewußtsein*, gibt, und traut der Erkenntnisfähigkeit des Menschen eine wie immer geartete Verbindung zur
Wirklichkeit zu. Er steht damit im Gegensatz zum Idealismus, für den
die Wirklichkeit ein Produkt des denkenden Subjekts ist. Möglicherweise muß jeder Mensch und jede Philosophie in gewisser Weise
einem Realismus verpflichtet sein, nämlich in diesem Sinne, daß ohne
Annahme einer wirklich existierenden Welt jegliche Erfahrung, der
Lebenszusammenhang des Alltags und die Tatsache, daß sich Men-

schen verständigen können (Kommunikation), nicht begreiflich wäre. Diese Annahme bleibt plausibel selbst dann, wenn wir nicht naiv annehmen, die Erkenntniskräfte des Menschen könnten eine perfekte Kopie der Wirklichkeit liefern, die Realität „naturgetreu" erfassen, sondern wenn wir im Sinne eines kritischen Realismus uns teilweise mit Hilfskonstruktionen und Fiktionen behelfen müssen, um mit dieser Realität uns in Beziehung setzen und zurechtkommen zu können.

Die Wirklichkeit ist für den transzendentalen Realisten weder eine Ansammlung von einzelnen Bausteinen und Elementen noch ein amorphes Material, sondern besteht aus komplexen Prozessen und Strukturen. Die Eigenschaften der Objekte und Ereignisse, die Bestandteile von Strukturen sind, sind nicht gleichbleibend gegenüber den Wechselwirkungen mit anderen Ereignissen, sondern bilden sich aus ihnen heraus, wandeln sich mit den Wechselwirkungsverhältnissen. Gesetzmäßige Strukturen sind Ausdruck des kausalen Vermögens von Strukturen und ergeben sich aus charakteristischen Konfigurationen von Prozessen und Wechselwirkungen, die zu relativ stabilen und regelmäßigen Ereignisfolgen führen. Die Wirklichkeit besteht aus sich entwickelnden und auftauchenden *Ebenen*, die aufeinander *nicht reduktionistisch bezogen* sind, d. h., die Dynamik auf der einen Ebene läßt sich nicht vollständig aus den Gegebenheiten einer anderen erklären. Die Grundlage für diese Sichtweise ist, daß die Gegebenheiten der Wirklichkeit komplexe Verbindungen sind. Verbindungen haben andere Eigenschaften als ihre Elemente. Analog dazu sind die Interaktionen von Menschen interagierende, verflochtene Strukturen auf verschiedenen Ebenen.

Die Aufgabe der Forschung ist das Herausarbeiten des kausalen Vermögens oder die kausale Wirksamkeit von Strukturen, die in der Wirklichkeit tätig, quasi „in Betrieb sind" und nicht Ereignisse oder Klassen von Ereignissen, die stochastisch oder regelmäßig verbunden sind. In der Regel versucht die Forschung, Invarianzen in der Natur unter Bedingungen, die experimentell produziert und kontrolliert werden, zu finden, die dann durch die Zuschreibung eines fortwährenden Mechanismus erklärt werden. Es ist dieser Schritt von der Identifikation von Invarianzen zu den Mechanismen und Strukturen, die für sie verantwortlich sind, dessen Logik eine wissenschaftliche Entdeckung ausmacht. Man muß ein theoretisches Verständnis der Strukturen haben, damit jemand die Bedingungen spezifizieren kann, unter denen die gefragte Eigenschaft realisiert oder auch nicht realisiert wird, eine Theorie über das kausale Vermögen von Strukturen unter der Bedingung der experimentellen Geschlossenheit haben. Wenn „theoretisches Salz" in „theoretisches Wasser" gegeben wird, dann muß es unter bestimmten und gleichbleibenden Bedingungen sich zwingend auflösen, es kann nichts anderes tun. Die Theorie sagt uns, daß es sich hier um ein kausales Vermögen von Salz in Verbindung mit Wasser handelt, und warum das so ist. Reales Salz allerdings hat „nur" die Tendenz, sich in realem Wasser aufzulösen, weil die Bedingungen, unter denen diese Veränderung passieren muß, nicht immer oder vollständig gegeben sind (vgl. Manicas und Secord 1983). *Kausalität* oder die Ausübung einer kausalen Kraft ist nicht eine Kraft, die für sich selbst und eigenständig existiert, sondern bezieht kausal aktive Objekte ein. Anders formuliert: Prozesse, die etwas anderes als sich selbst bewegen (z. B. der Lavafluß; die brechenden Wellen; der humorvolle Mensch, der andere zum Lachen bringt). Kausalität ist eine Qualität von Ereignissen, nicht eine geheimnisvolle, im Hintergrund wirkende Kraft. Es sind Ereignisse, die „operieren", „arbeiten", „erzeugen", „produzieren", und zwar in einer Weise, die notwendig genannt wird. Der Ausdruck „kausales Vermögen" bezeichnet eine Beziehung des Erzeugens und Produzierens zwischen spezifischen Objekten oder Prozessen, die sich in Phänomenen einer experimentellen Situation oder auch in den Erfahrungen des Alltagslebens zeigen. Diese „Kräfte" oder integrierten Strukturen von „Kräften" besitzen für den transzendentalen Realisten Realität (vgl. Harré 1988). Das kausale Vermögen von Strukturen ist eine Konfiguration von erzeugenden Mechanismen, die sich in aufeinanderfolgenden Zuständen der Wirklichkeit, in beständig sich entwickelnden Strukturen zeigen. In diesem Fluß von sich verändernden Zuständen unterscheiden wir Ursachen und Wirkungen. Es existiert eine Vielfalt an erzeugenden Mechanismen in der Wirklichkeit. Es sind komplexe Vorgänge, deren Wirkkraft durch ein Zusammenspiel verschiedener Prozesse entsteht. So sind beim Start eines Wettlaufes viele Vorgänge beteiligt: Der Startschuß ist der Auslöser, der nur wirkt, wenn bei den Läufern ein Zustand der Bereitschaft vorhanden ist, darauf zu reagieren, und die Reaktion eine Muskelanspannung erzeugt, die zum Weglaufen führt. Die Erzeugung einer Wettkampf-Atmosphäre und die damit verbundene äußere Situation (z. B. Zuschauer) und innere Situation (Erwartungen Anspannung, Ehrgeiz) schafft ein partiell geschlossenes System, in dem der Startschuß Auslöser für Effekte (Start) ist. Außerhalb dieses geschlossenen Systems reagiert der Läufer auf Geräusche, die einem Startschuß ähneln, nicht mit einem Start. Dementsprechend basieren auch unsere Technologien, die beständige Wirkung und Kraft produzieren, auf dem Prinzip der partiellen und relativen *Geschlossenheit* in ihrer kausalen Konfiguration (Maschinen als geschlossene Systeme).

Da die Welt geschichtet ist, ein Komplex von Strukturen und strukturierten Prozessen, operieren die Ereignisse, Dinge und Gegebenheiten in der Wirklichkeit niemals unter kompletter Geschlossenheit. Wir machen daher die Erfahrung von „Mustern". Wir sprechen etwa von charakteristischen Mustern, Tendenzen oder Wahrscheinlichkeiten von Wirkungen oder Veränderungen, die sich in der Wirklichkeit zeigen. „Ereignisse sind ein Zusammentreffen von strukturierten Prozessen und immer das Ergebnis von komplexen kausalen Konfigurationen auf derselben und vielen verschiedenen Ebenen" (Manicas und Secord 1983, S. 402*). Besonders in der sozialen Interaktion gibt es eine Dynamik partieller und temporärer Geschlossenheit, die zu Ereignisfolgen führt, die wir als Wirkungen von Ursachen identifizieren, die jedoch in anderen, vergleichbaren Situationen nicht auftreten. Aus diesen Gründen können kausale Prozesse auch überraschende (nicht voraussagbare) Ergebnisse zeigen. Es müssen sich nicht die Wirkungen zeigen, die sonst auftreten. Trotzdem, auch in diesem Fall geht der Realist davon aus, daß es Strukturen gibt, deren kausale Eigenschaften Effekte haben. Das heißt nicht, wie in der traditionellen Auffassung, daß die Abwesenheit von voraussagbaren Ergebnissen damit erklärt wird, daß das „Kausalgesetz" nicht gilt, das kausale Vermögen der Struktur keine Rolle spielt trotz des Vorhandenseins der sonst als Auslöser fungierenden Gegebenheiten („Stimulus"); oder daß die theoretisch behauptete Beziehung zwischen der Auslöser-Situation und der Struktur falsch ist. Der Realismus erlaubt also die Vorstellung eines wirklichen Indeterminismus bei gleichzeitigem Vorhandensein kausaler Mechanismen.

Auf Grund dieser Überlegungen wird auch die Logik eines Experiments verständlich: „Da die Strukturen der Welt niemals unter Bedingungen kompletter Geschlossenheit operieren, können wir unsere Theorien über sie testen, indem wir eingreifen, um (soweit das möglich ist) Geschlossenheit zu schaffen. Um das zu tun, brauchen wir natürlich Theorien über die Strukturen und ihr kausales Vermögen" (Manicas und Secord 1983, S. 402*). In der Regel beginnt die Forschung dann mit den Mustern, die in der Erfahrung gegeben sind (phänomenologisch). Daraus werden Vermutungen angestellt, daß hier ein kausal wirkender Mechanismus am Werk ist. Im nächsten Schritt wird eine Theorie aufgestellt, die uns sagen können muß, was wir zu erwarten haben, wenn wir den theoretisch behaupteten Mechanismus isolieren können. Ein gutes und gelungenes Experiment bestätigt eine Theorie gerade deswegen, weil das Experiment etwas hervorbringt, das ohne Experiment nicht hätte beobachtet werden können. Das kann aber nur gelingen, wenn die Theorie so gut ist (d. h. das theoretische Verständnis des Forschers), daß der Forscher eine Beziehung zur Realität mit einer Zuverlässigkeit und Treffsicherheit herstellen kann, die es ihm erlaubt, die richtigen Bedingungen einzuführen und die störenden kausalen Mechanismen zu eliminieren, also die Realität der experimentellen Situation im Sinne der Theorie zu gestalten.

Es ist daher weder etwas Zweifelhaftes noch etwas Anrüchiges oder gar eine (Selbst-) Täuschung – wie Kritiker der empirisch-experimentellen Forschung gelegentlich anmerken – in dem Umstand, daß mit einem *Experiment* versucht wird, *jenes Ergebnis zu erzeugen*, das die entsprechende *Theorie* gerade bestätigt. Denn es zeigt nur, daß das theoretische Verständnis des kausalen Vermögens von Strukturen der Realität, das der Forschers entwickelt hat, so umfassend und tiefgreifend ist, daß er kausale Mechanismen in einem Ausmaß isolieren kann, das seine Voraussagen verläßlich und eindeutig macht. Anders formuliert: Wenn es dem Forscher durch die gründliche Kenntnis von Strukturen der Realität (und weiterer praktischer Kompetenzen) gelingt, eine experimentelle Situation über die Gleichhaltung relevanter Bedingungen und die Abschirmung anderer kausaler Mechanismen derart abzuschließen und in ein (relativ) geschlossenes System zu verwandeln, daß der theoretisch behauptete kausale Mechanismus – ohne weiteres Zutun des Forschers – das isolierte Geschehen eindeutig verändert. Die Kritik, daß ein Experiment darauf abzielt, gerade jene Theorie zu bestätigen, die es hervorgebracht hat, ist zutreffend für jene experimentelle Forschung, die eine fehlende theoretische Vorstellungskraft durch methodische Spitzfindigkeit zu kompensieren versucht (Motto: Wenigstens methodisch soll die Forschung in Ordnung sein!). Die drohende Vorahnung einer mißlungenen Eindeutigkeit wird Anlaß hektischer Überlegungen, um durch vielfache Hilfs- und Zusatzannahmen, meßtechnische Kunstgriffe und mit Unterstützung komplexer Datenverarbeitung die ärgsten Auswüchse von mehrdeutigen Ergebnissen „abzufangen" und durch bemühte Interpretation sie in den Kanon empirischer Prüfungen einzuordnen. Erscheinungen dieser Art sind oft das Ergebnis *atheoretischer Forschung* oder theoretischer Fruchtlosigkeit. Denn die theoretische Durchdringung der Wirklichkeit war offenbar weder ausreichend, um experimentelle Geschlossenheit zu erreichen, noch, um zu verstehen, warum der angenommene (oder zumindest erhoffte) kausale Mechanismus unter den aktuellen Bedingungen nicht in der Lage war, eindeutige Ergebnisse zu generieren.

Ein Experiment ist ein Instrument, um der Wirklichkeit Gesetze und Beziehungen zu „entlocken", die sie ohne dieses Instrument nicht hergeben würde. Die Entwicklung von Theorien über die in Strukturen der Realität enthaltenen generativen Mechanismen ist dabei zentral. Experimentelle Handlungen sind ohne die Sprache der theoretischen Beschreibung und Vorschriften nicht verständlich. Die Entwicklung von Theorien als „ideelle Reproduktion der objektiven Realität" (Bayertz 1980, S. 216) geht in der Regel von bereits bekanntem Wissen, von Strukturen und Prozessen aus, deren kausales Vermögen theoretisch begriffen und als praktisch beherrschbar erfahren wurde. Daher wird „die unbekannte Struktur [...] auf dem Weg einer Analogiebildung nach dem Muster bereits bekannter Zusammenhänge betrachtet" (ebd., S. 217). Es werden dadurch dem unbekannten Gegenstand Strukturen und Eigenschaften unterlegt, die aus anderen Kontexten bereits bekannt sind. Durch die *Analogie* werden neue Sichtweisen und Fragen möglich, deren Adäquatheit geprüft werden kann. Ein Beispiel wäre die bekannte Metapher von der „Trichterpädagogik", die Lehren und Lernen in Analogie mit dem Einfüllen einer Substanz in einen Behälter betrachtet. Die Fragen, die sich daraus ergeben, können neue Perspektiven und Forschung anregen, aber auch Hinweise auf die Inadäquatheit der Analogie geben. Der Trichter in dem Bild steht dafür, daß beim Einfüllen nichts verlorengeht, übertragen auf das Lernen, also für die Lernökonomie, eine Frage, die zur experimentellen Lehr- und Lernforschung in Beziehung gesetzt werden kann, die etwa Behaltensleistung in Abhängigkeit von der Anzahl der Wiederholungen untersucht. Andere Fragen, die aus der Analogie entstehen, werden sie als inadäquat entlarven. So wird etwa die Frage, wie das bereits Gelernte wieder aus dem Behälter entfernt wird, um Platz für neues Wissen zu schaffen, uns „komisch" vorkommen und die Analogie zum „Behälter mit einer einzigen Öffnung" in Frage stellen. Die Analogiebildung ist ein zentrales Prinzip der Theorieentwicklung und daraus entwickelte Modelle sind der Kern wissenschaftlicher Theorien. Der transzendentale Realist überprüft seine Modelle hinsichtlich ihrer Plausibilität und ihrer Wahrheit, d. h., ob sie den kausalen, erzeugenden Mechanismus *adäquat* beschreiben. Ein Modell erhält eine Beziehung zu seiner Quelle, das ist die Analogie zu einem bereits bewährten Produkt menschlicher Vorstellungskraft. Und es erhält auch eine Beziehung zu seinem Gegenstand, nämlich die Adäquatheit bezüglich der realen Mechanismen, die es beschreibt. Ein gelungenes Modell ist daher ein sozial produziertes Wissen über einen natürlichen Vorgang, der eine vom Menschen unabhängige Wirklichkeit besitzt (Bhaskar 1978).

Für den Realismus können weder Theorien noch die experimentelle Dynamik ein Ergebnis individueller oder sozialer Willkür sein. Der Wirklichkeit kann nicht jede beliebige Erscheinung entlockt werden, nicht alles ist möglich, sondern maximal nur jene Erscheinungen und Ergebnisse, die aus dem Potential ihres kausalen Vermögens unter Zuhilfenahme intelligenter Theorien erzeugt werden können. Forschung ist mit dem Aktualisieren von Potentialen befaßt unter Zuhilfenahme der Vorstellungskraft über Strukturen der Realität und der verschiedenen Formen menschlicher Erkenntnisfähigkeit. Wissenschaftliche Theorien haben für den Realismus einen *charakteristischen, nicht vernachlässigbaren Inhalt*. Sie entsprechen Beschreibungen von Prozessen, die für unterscheidbare oder beobachtbare Ereignismuster oder Eigenschaften verantwortlich sind. Sie enthalten auch Aspekte der Wirklichkeit, die der direkten Beobachtbarkeit nicht zugänglich sind, jedoch unterscheidbare Muster, Ereignisse oder Eigenschaften erzeugen. Theorien sind „nicht ein bloß logischer Apparat für Voraussage, daher dürfen sie nicht hinsichtlich ihrer Voraussagekraft allein beurteilt werden, sondern hinsichtlich ihrer Plausibilität des Bildes von der Welt, das sie helfen zu kreieren" (Harré 1981, S. 4*). Sie müssen deshalb ernstgenommen werden, weil sie ein Sprungbrett für die empirische Erforschung jener Gegebenheiten sein können, die vorerst für unbeobachtbar gehalten wurden. Theorien haben eine *transzendente Funktion* in zweifacher Weise:

Sie transzendieren die aktuelle explizite Bedeutung einer Theorie, indem sie durch die weitere Differenzierung von unterscheidbaren und beobachtbaren Einzelheiten und Tatsachen helfen, die empiri-

sche Relevanz der Theorie zu erweitern. Da zusätzliche Fälle, Tatsachen und Bedingungen zeigen, wie der theoretisch behauptete ge-
nerative Mechanismus zu beobachtbaren Mustern und Ereignissen
führt, bedeutet diese transzendente Funktion der Theorie eine weitere Durchdringung und Verbindung von Theorie und Wirklichkeit.

Theorien transzendieren die Erfahrung, indem sie durch das Aus-
dehnen der Begriffe über das empirisch Gegebene hinaus Realität
antizipieren. Diese transzendente Funktion der Theorie entspricht
der Fähigkeit des Menschen, über die gegebene Erfahrung hinauszu-
denken in Richtung jener vorgestellten und verborgenen Prozesse,
die beobachtbare Muster bilden können.

Der Realismus wird zu einem transzendentalen Realismus, indem
er nicht nur Theorie und Wirklichkeit in eine Verbindung bringt,
sondern weil die Theorien Hinweise auf verborgene Strukturen und
Prozesse und Hinweise auf noch nicht unterscheidbare empirische
Gegebenheiten enthalten. Diese Hinweise sind wichtig für die Gestaltung experimenteller Geschlossenheit in einer spezifischen Untersu-
chungssituation, jedoch auch für die Anwendung und Praxis in einer
radikal offenen Welt bei gleichzeitiger Tätigkeit kausaler Mechanismen und verborgener Prozesse. Die Idee von verborgenen, (noch)
nicht beobachtbaren Vorgängen, die jedoch ein Muster von Erfahrungen erzeugen und den beobachtbaren Erscheinungen zugrunde liegen oder unter bestimmten Bedingungen auch für die Regelmäßigkeit von Erscheinungen verantwortlich sind, steht in Verbindung mit
dem Umstand, „daß die menschliche Erkenntnisfähigkeit durch die
Struktur der Sinnesorgane und die Eingebundenheit in jeweils spezifische Wahrnehmungsbedingungen nicht beschränkt ist" (Bayertz
1980, S. 93). Auch wenn wir wissen, daß sich die Erde um die Sonne
dreht, können wir – da unser Standort die Erde ist, womit unsere
Wahrnehmungsbedingungen charakterisiert sind – selbst mit größter
Anstrengung nicht sehen, was wir wissen. Wir erleben weiterhin, daß
die Sonne „aufgeht" und „untergeht".

Es ist bereits darauf hingewiesen worden, daß Theorien über das
kausale Vermögen von Strukturen und die Bildung von charakteristischen Konfigurationen von Prozessen und Ereignisfolgen bzw.
Regelmäßigkeit wichtig für die Erzeugung experimenteller Geschlossenheit genauso wie für die Gestaltung und das Verständnis der Wirklichkeit bei fehlender Geschlossenheit sind. Das, was wir Praxis nennen, ist gekennzeichnet durch eine radikale Offenheit. Der transzen-

dentale Realismus betont, daß „Wissenschaft auf die Produktion von
Wissen über wirkliche Strukturen abzielt, die unabhängig von unserem Wissen, unserer Erfahrung und den Bedingungen, die uns einen
Zugang zu ihnen erlauben, andauern und operieren" (Bhaskar 1978,
S. 25; vgl. auch Bhaskar 1979, Secord 1982). Der Realist experimentiert, weil er glaubt, daß die Gesetze, Mechanismen und Potentiale
der Wirklichkeit auch in Abwesenheit von experimenteller Geschlossenheit gelten und operieren. Wenn unsere Wirklichkeit aus kausalen Mechanismen, Eigenschaften und Prozessen besteht, die unter
jeweils spezifischen Bedingungen für die Erscheinungen, Ereignisfolgen und wahrnehmbares Geschehen unserer Welt verantwortlich
sind, dann können wir kraft unserer Theorien die Dynamik von
Strukturen der Wirklichkeit sowohl unter der Bedingung von Geschlossenheit als auch von Offenheit erforschen. Dabei können sich
die verschiedenen, aus unterschiedlichen Forschungstraditionen
stammenden Methodologien auf denselben komplexen Gegenstand
beziehen. Die Erforschung von Strukturen der Wirklichkeit, ihres
kausalen und dynamischen Vermögens unter Bedingungen von Geschlossenheit, erfordert schwerpunktmäßig Kompetenzen experimenteller Forschung, während ihre Erforschung unter Bedingungen
der Offenheit schwerpunktmäßig Kompetenzen qualitativ-interpre-
tativer Forschung verlangt. Im experimentellen Laboratorium ist es
möglich, Geschlossenheit zu schaffen, um die generativen Mechanismen zur Wirkung zu bringen, die die im Laboratorium auftretenden
Erscheinungen erzeugen. Das Handeln des Menschen im Alltag geschieht unter der Bedingung von Offenheit, und jeder Versuch, das
Verhalten von Individuen im Alltag zu erklären und zu verstehen,
führt biographische, soziale, historische und situationsbedingte Faktoren ein. Auf dieser Skala, die zwischen der Wirklichkeit unter der
Bedingung von Offenheit einerseits und Geschlossenheit andererseits unterscheidet und variiert, lassen sich Aktivitäten der Wissenschaft nach *Ausmaß und Art der Offenheit oder (partiellen) Geschlossenheit* verstehen. Es ist somit eine sinnvolle Unterscheidung von
Forschungspraktiken möglich, die auf die Entwicklung und Anwendung von Theorien unter experimenteller Geschlossenheit abzielen,
und jenen, die die Entwicklung und Anwendung von Theorien in
offenen Situationen durchführen. Sie müssen dabei in der Lage sein,
Orientierungen, Erklärungen, Diagnosen und Voraussagen von komplexen Konfigurationen zu entwickeln.

Die Theorie des transzendentalen Realismus weist die instrumentalistische Idee zurück, daß *Erklärung* und *Voraussage* symmetrisch sind. Ereignisse in der Wirklichkeit, wie etwa der Einsturz einer Brükke, sind Verbindungen von kausalen Prozessen, die unter Bedingungen der Offenheit operieren. Sie sind das Ergebnis von verschiedenen Mechanismen unterschiedlicher Art, die wieder in unterschiedlichen Konfigurationen kombiniert sind. Wissenschaftliche Erklärung ist nicht simple Ableitung aus Gesetzen und Antezedenzbedingungen, sondern eine kausale Erklärung, die zeigen muß, wie in jedem besonderen Fall eine bestimmte kausale Konfiguration zu dem fraglichen Ereignis geführt hat. Man muß dazu das Ereignis in seine Komponenten auflösen, die möglichen Ursachen zurückverfolgen, um zu sehen, welche Prozesse an der spezifischen Konfiguration beteiligt waren: Man braucht ein Wissen über das kausale Vermögen der beteiligten Prozesse und Strukturen. Deshalb kann man zwar Ereignisse, nachdem sie geschehen sind, erklären, aber es wäre prinzipiell unmöglich gewesen, sie vorauszusagen. Trotz relativ beständiger Strukturen der Wirklichkeit, deren kausales Vermögen bekannt ist, sind Erklärung und Prognose wieder nur unter Bedingungen der Geschlossenheit symmetrisch. Da Ereignisse aus der Sicht des Realismus zufälligen Verkettungen von realen Strukturen entsprechen, kann nur die Vergangenheit, das, was bereits geschehen ist, determiniert sein und kausal erklärt werden. Aber die Zukunft ist nicht determiniert, weil komplex aufeinander bezogene Strukturen und Prozesse ständig neu konfiguriert werden (vgl. Manicas und Secord 1983). Wichtig dabei ist die Unterscheidung zwischen empirischen Gesetzen und kausalen Gesetzen. Damit steht das bekannte Problem in Zusammenhang, daß man aus hohen Korrelationen ohne weitere Überlegungen und Prüfungen keine kausale Beziehung ableiten kann. Empirische Gesetze sind empirische Regelmäßigkeit unter Konstanz von Zeit und Raum. Kausale Gesetze sind Naturnotwendigkeiten, die von empirischen Regelmäßigkeiten unterschieden werden müssen, auch wenn sie letztere unter bestimmten Bedingungen produzieren können. Viele Ereignisse der Wirklichkeit, menschliches Verhalten eingeschlossen, „können nicht als einfache Manifestationen eines einzigen Gesetzes oder Prinzips erklärt werden" (ebd., S. 405). Wenn die Wirklichkeit aus Wechselwirkungen, interagierenden Ebenen von komplex aufeinander bezogenen Schichten besteht (Stratifikation), die nicht aufeinander reduzierbar sind, dann muß man menschliches Verhalten als „systemoffene" Aktivität verstehen. Dabei partizipieren eine Vielzahl von Prozessen, Ebenen und Strukturen (physikalische, physiologische, chemische, biologische, psychologische und soziologische). Die Erklärung von komplexem Verhalten und situativem Handeln ist ein multidisziplinäres Projekt, das viele Perspektiven aufeinander beziehen muß: Das Verstehen und die Identifikation von Strukturen und ihre Dynamik kann nur erreicht werden durch die mehrperspektivische Anwendung einer phantasievollen und ideenreichen Theorie, die gleichzeitig Beobachtung, Analyse, das Experimentieren und Interpretieren leitet (vgl. Manicas und Secord 1983). Daraus ergibt sich, daß für die Forschung in Sozialwissenschaften und Psychologie nicht nur Interdisziplinarität und Multi-Perspektivität erforderlich sind, sondern auch eine Familie von verschiedenen, jedoch aufeinander bezogenen Methodologien und Forschungsstrategien.

Jede Einseitigkeit ist im Sinne des Realismus irreführend, speziell wenn versucht wird, die komplexen und vielfältigen Formen menschlichen Erlebens und Handelns auf ein einziges Set von Gesetzen oder Prinzipien zurückzuführen, die in Laborexperimenten entwickelt wurden. Deshalb warnt der Realismus den Behavioristen, der die Bedeutung und das Vermögen des menschlichen Bewußtseins minimiert zugunsten einer Voreingenommenheit mit mechanistischen Zusammenhängen, genauso wie den Humanisten, der dem Bewußtsein und der Selbstbestimmung eine zentrale Rolle zuschreibt zugunsten einer vollständigen Aufgabe einer kausalen Betrachtungsweise.

Insgesamt erlaubt die Perspektive des transzendentalen Realismus es dem Wissenschafter, sein Interesse auf Gegebenheiten zu richten, die real genug sind, um sie zum Gegenstand seiner Forschung zu machen, auch wenn sie (noch) nicht direkt beobachtbar sind. Sie weist auch darauf hin, daß Theoriebildung als Ausdruck der Erfindungsgabe und Vorstellungskraft menschlichen Bewußtseins das Kernstück der Wissenschaft ist, das Aktivitäten in Forschung und Anwendung immer begleitet. Es ist auch klar, daß es keinen einfachen Weg von einer empirischen Verallgemeinerung zu einem theoretischen Gesetz gibt und in jeder Phase, in der entdeckenden wie in der begründenden und bestätigenden, es neue Entwicklungen gibt, die eine Theorie weiter entfalten. Es erlaubt auch eine vernünftige Unterscheidung zwischen Forschung und Anwendung, Theorie und Praxis, die beiden Seiten einen respektablen Platz läßt. Der Wissenschafter praktiziert Forschung, indem er zumindest teilweise geschlossene

Systeme kreiert, der Praktiker verwendet die Entdeckungen der Forschung, um Veränderung zu fördern, wofür er auch ein eigenständiges Wissen braucht, das die Erkenntnisse der experimentellen Forschung ergänzt. Jedoch – ihre unterscheidbare Aufgabe verzeiht keinem von beiden Einseitigkeiten. Die Produktion von theoretischem Wissen und praktischen Fertigkeiten (Know-how) erfordert ein Mosaik von vielfältigen, aufeinander bezogenen Methodologien und Perspektiven.

Für die Weiterentwicklung einer humanistischen Wissenschaftsauffassung scheint die wissenschaftsphilosophische Perspektive des transzendentalen Realismus, die auf einer Kritik des logischen Positivismus und des reinen Phänomenalismus beruht, vielversprechend zu sein. Eine Weiterentwicklung ist vermutlich davon abhängig, ob in den Sozialwissenschaften die immer wieder merkbare zwiespältige Haltung gegenüber wissenschaftsphilosophischen Reflexionen überwunden werden kann. Diese zwiespältige Haltung kommt nach TAGESON (1982) darin zum Ausdruck, daß die Psychologie generell auf die wissenschaftstheoretischen Grundlagen naturwissenschaftlicher Forschung baut, die selbst in den Naturwissenschaften bereits als relativiert gelten, und sich andererseits in einem falsch verstandenen Eigenständigkeitsanspruch von der gegenwärtigen wissenschaftsphilosophischen Diskussion innerhalb der Sozialwissenschaften abschottet. Im Gegensatz dazu wäre es wichtig, Beiträge zur wissenschaftsphilosophischen Diskussion durch einen systematischen und ernstgemeinten Entwurf eines differenzierten Forschungsparadigmas zu leisten, das aus der Komplexität ihres Gegenstandsbereiches heraus argumentiert wird.

Humanistische Psychologie als akademische Disziplin

Ein Merkmal der Entwicklung einer Denkrichtung ist ihre Repräsentanz an Universitäten und in einschlägigen Fachlehrbüchern. In der ersten Hälfte dieses Jahrhunderts gab es eine Reihe von respektierten Wissenschaftern wie Allport, Murray, Goldstein, Rogers und Maslow, die auf der Basis universitärer Forschung ihre Konzepte entwickelten, ohne daß sie sich zunächst formell als Vertreter einer Humanistischen Psychologie bezeichneten. Seitdem diese Denkrichtung unter einem eigenen Etikett und „Markenzeichen" auftritt, verstand sie sich häufig als Alternative zu den dominierenden Richtungen der behavioristischen Psychologie und der Psychoanalyse. Innerhalb der amerikanischen Universitäten wurde die Humanistische Psychologie später als eigene Einheit abseits vom Mainstream betrachtet. Ihre Forschung wird von der experimentellen Psychologie häufig wegen ihrer qualitativen Ausrichtung und dem fehlenden Interesse für Quantifizierung, Voraussage, Kontrolle und Technologie kritisiert. Das ursprüngliche Selbstverständnis, eine Protestbewegung zu sein, führte in der Folge häufig dazu, Fortschritte in der Weiterentwicklung dieser Denkrichtung zu übersehen, wie gelegentlich beklagt wurde (Churchill 1992). In den letzten Jahren entwickelte sich ein stärker eklektisches Klima in der amerikanischen akademischen Psychologie, in dem Vertreter einer Humanistischen Psychologie gelegentlich inhaltlich integrierende Funktionen wahrnehmen konnten (ebd.).

Trotz dieser Entwicklungen muß festgestellt werden, daß im Vergleich zur Bedeutung humanistischer Konzepte in der psychologischen, psychotherapeutischen und sozialwissenschaftlichen Praxis sie als eigene, ausgewiesene Richtung auf akademischem Boden unterrepräsentiert ist. Dafür gibt es einige Gründe: Viele Personen, die professionelle Kompetenz auf dem Hintergrund der Humanistischen Psychologie erworben haben, haben es vorgezogen, in die Praxis zu gehen anstatt an Universitäten. Die Dominanz eines naturwissenschaftlich orientierten Forschungsparadigmas an amerikanischen Universitäten bot wenig Anreize für Vertreter einer Humanistischen Psychologie, die ein phänomenologisches Wissenschaftsverständnis favorisierten, eine Forschungs- oder Lehr-Position an einer Universität anzustreben.

Dazu kommt noch, daß die Offenheit für andere Denkrichtungen und die interdisziplinäre Einstellung im Konkurrenzkampf eines akademischen Settings faktisch als wissenschaftspolitischer Nachteil wirkte. Typisch für diesen Umstand mag die Geschichte Abraham MASLOWS sein, die auch insgesamt typisch für eine gewisse politische Naivität innerhalb der Humanistischen Psychologie ist: Maslow bekam in den fünfziger Jahren Gelegenheit, als Institutsvorstand ein *universitäres Ausbildungsprogramm* an der Brandeis-Universität im Sinne seiner Idee von Humanistischer Psychologie zu entwickeln. Seine Absicht war, auf der Basis seiner Vorstellung von Fairneß und Offenheit und seinem Respekt vor all den vielfältigen Richtungen innerhalb der Psychologie und Sozialwissenschaften – auch jenen, mit denen er nicht übereinstimmte – ein einzigartiges Studienprogramm zu

bilden. Um diesen Anspruch umzusetzen, stellte er wissenschaftliche
Mitarbeiter an, die diese Vielfältigkeit repräsentieren sollten. Anfangs
gelang es auch, die Offenheit, die Maslow mitbrachte, in ein Studienprogramm und Curriculum zu übersetzen, das den Studenten erlaubte, frei nach ihren Interessen Kurse, Seminare und Professoren zu
wählen. Diese offene Struktur wurde jedoch bald von dem Lehrkörper, den Maslow ursprünglich selbst zusammengestellt hatte, eingeschränkt. Es wurden mehr und mehr Anforderungen, Voraussetzungen und Verpflichtungen eingeführt, die jeweils die Spezialitäten der
einzelnen Mitglieder des Lehrkörpers zu befriedigen hatten. Darüber
hinaus bestand der Lehrkörper darauf, weitere Sub-Spezialitäten im
Curriculum zu definieren. Dies führte schließlich dazu, daß Studenten, die ursprünglich vom offenen Programm von Maslow angezogen
worden waren, mit einem Labyrinth von Anforderungen und Pflicht-
kursen konfrontiert waren. Es blieben nur wenige Gleichgesinnte
übrig wie KELLY (1969, 1986), der bald starb, und KLEE, der, nachdem er bald nach Maslow die Brandeis-Universität verlassen hatte, auf
Grund dieser Erfahrung ein tiefer Zyniker wurde (vgl. Klee 1970,
1982; Arons und Harari 1992; Arons 1996). In seinen Tagebüchern
gab Maslow (1982) seine Verbitterung über diese Entwicklung preis,
die beinahe seine gesamte letzte Lebensdekade andauerte. Einer von
Maslows Schülern, Mike ARONS, der ein inzwischen 30 Jahre fortwäh-
rendes Studienprogramm für Humanistische Psychologie an der West
Georgia State University aufgebaut hat, berichtete, von Maslow im
Zusammenhang mit der Entwicklung dieses Programms einen Rat-
schlag erhalten zu haben, der Maslows Verbitterung, aber auch seine
Integrationsbereitschaft ausdrückte: „Stelle Leute an mit einer humanistischen Orientierung – versuche nicht fair zu sein – aber stelle jene
an, die auch in der Lage sind, konventionelle Inhalte kompetent zu
lehren. Und […] engagiere immer Leute, die besser sind als du
selbst" (Arons 1996). Diese Erfahrung brachte Maslow dazu, die Entwicklung einer Humanistischen Psychologie außerhalb des konven-
tionellen Feldes zu unterstützen, obwohl er gewählter Präsident der
American Psychological Association war, die den Mainstream der
amerikanischen Psychologie repräsentierte. Das war einer der Gründe, warum die American Association for Humanistic Psychology gegründet wurde (vgl. auch Kap. 2).

Trotz dieser Schwierigkeiten entwickelte sich ein Netzwerk von
akademischen Ausbildungs- und Forschungsstätten und einschlägi-

gen Fachzeitschriften, die ausdrücklich mit dem Anspruch auftraten, den Schwerpunkt auf Vermittlung einer Humanistischen Psychologie zu legen. Das heute bekannteste universitäre Ausbildungsprogramm am Saybrook Institute legt ausdrücklich auf eine vielfältige und kompetente methodische Ausbildung Wert, die phänomenologische, interpretative und experimentelle Methoden einschließt. Weitere Institutionen sind zum Beispiel die Union Graduate School, das Fielding Institute, das Center for Humanistic Studies und eine Reihe weiterer Programme. Etwa 30 Universitäten, Colleges und Institute bieten derzeit Masters- oder Doktorats-Studien an, die den Schwerpunkt auf eine „ganzheitliche" und humanistische Orientierung legen (vgl. Arons 1988). Neben diesen formalen Ausbildungsprogrammen gibt es eine Reihe von Einzelpersonen, die auf Grund einer Ausbildung in Humanistischer Psychologie eine Lehrtätigkeit an Instituten, die nicht vorwiegend humanistisch orientiert sind, ausüben. Weitere Universitätslehrer haben zwar nicht ursprünglich eine humanistische Ausbildung an einer der einschlägigen Institutionen genossen, gehören jedoch zu jenen, die im Verlauf ihrer akademischen Karriere wesentliche Beiträge zur Weiterentwicklung der Humanistischen Psychologie geleistet haben, wie etwa Karl PRIBRAM (1981, 1986; vgl. Churchill 1992).

Humanistische Psychologie in den Lehrbüchern und Fachzeitschriften

Die geringe und nur langsam wachsende Repräsentanz der Humanistischen Psychologie an amerikanischen Universitäten zeigt sich auch in der Darstellung der Humanistischen Psychologie in einführenden Lehrbüchern der Psychologie. Einige Studien zeigten, daß der Humanistischen Psychologie oft nur wenige Seiten gewidmet werden. Dabei werden in der Regel nur Maslows Beiträge zur Persönlichkeitstheorie und Rogers' Beitrag zur Psychotherapie erwähnt. Entwicklungen der letzten dreißig Jahre werden entweder unterschlagen oder auch verzerrt dargestellt (Churchill 1988, Henley und Faulkner 1989). Eine weitere Studie von WERTZ (1992) bestätigt diese Ergebnisse. Seine ins Detail gehende Analyse zeigt auf, daß in den Lehrbüchern größtenteils relevante Informationen (wie etwa die Tatsache, daß die Humanistische Psychologie in einer eigenen Abteilung der American Psychological Association organisiert ist) nicht mitgeteilt werden. Weiters zeigt der Vergleich verschiedener einführender Lehrbücher, daß die

Einschätzung der Bedeutung der Humanistischen Psychologie durch die Autoren von „total negativ" bis höchstens als „problematische, aber überlegenswerte Alternative" reicht.

Zu den einschlägigen Fachzeitschriften, in denen die paradigmatische Diskussion und Weiterentwicklung der Humanistischen Psychologie stattfindet, gehört das *Journal of Humanistic Psychology*, das Organ der Association for Humanistic Psychology. Es ist eine Fachzeitschrift, die Theorie, Forschung und Anwendung in verschiedenen Bereichen verbindet. Es sind breit gestreute Themen zu finden wie Authentizität, Selbstaktualisierung, Kreativität, humanistische Psychotherapie, Identität und Werte. Neben theoretischen Arbeiten werden qualitative und empirisch-quantitative Studien publiziert. Das offizielle Organ der Division 32 der American Psychological Association (APA) ist *The Humanistic Psychologist*, eine Zeitschrift, deren allgemeine Politik die Publikation von philosophischen Grundlagenfragen im Rahmen des Existentialismus, der Hermeneutik, der Phänomenologie und des Post-Strukturalismus sowie qualitative und deskriptive Forschung fördert. Weitere die qualitative Forschungsmethode favorisierende Zeitschriften setzen spezielle Schwerpunkte auf die Methodologie (*Methods: a Journal for Human Science*), Existentielle Psychotherapie (*Review of Existential Psychology and Psychiatry*) und Phänomenologie (*Journal of Phenomenological Psychology*).

Insgesamt spielt die Humanistische Psychologie in der akademischen Lehre und Forschung an amerikanischen Universitäten eine eher untergeordnete Rolle. CHURCHILL (1992) stellt in einer Studie über die Präsenz der Humanistischen Psychologie in Lehre und Ausbildung fest, daß die meisten der universitären Ausbildungsprogramme auf die persönliche Entwicklung der Studenten und auf klinisches Training und weniger auf Forschung, Theoriebildung und Publikation ausgerichtet sind. Es sind auch meist Programme, die bereits Berufstätige anziehen, die ihre berufliche Kompetenz erweitern wollen, und seltener junge Studenten, die eine akademische Karriere anstreben. Die kritische Einschätzung der Leistungen der Humanistischen Psychologie in der akademischen Lehre und Forschung der letzten Jahrzehnte blieb praktisch konstant (Rogers 1965, Misiak und Sexton 1973, Giorgi 1987): Die Charakteristika einer Gegenkultur sind, wenn auch mit leichten Akzentverschiebungen, erhalten geblieben. Das Interesse an Bewußtseins- und Selbsterweiterung blieb im Übergewicht. Es gibt eine starke Orientierung in Richtung psychotherapeutischen Trainings unter *Vernachlässigung von Forschung und Theoriebildung.* Trotz organisatorischer Konsolidierung verschiedener Spielarten der Humanistischen Psychologie in einer Abteilung der APA wird sie in einschlägigen Lehrbüchern als obskure Richtung dargestellt. Die Autoren dieser Lehrbücher machen sich meist nur ein schnelles und unklares Bild von der Entwicklung der Humanistischen Psychologie und gehen über die Darstellung einiger Ideen, die von Rogers und Maslow vor 50 Jahren formuliert wurden, nicht hinaus. FORD und MAAS (1989) haben in einer Analyse von Lehrbüchern festgestellt, daß die Darstellung etwa der motivationstheoretischen Ideen von Rogers nicht nur unvollständig waren, sondern grobe Ungenauigkeiten und verzerrende Fehler enthielten.

Die meisten Absolventen von Instituten mit einer Orientierung zur Humanistischen Psychologie erhalten Lehrpositionen an amerikanischen Universitäten. Sie finden aber selten hohe Positionen im Fach Psychologie, sondern eher in sozialwissenschaftlichen und erziehungswissenschaftlichen Studienrichtungen, die für ihre Perspektiven und Forschungskompetenzen eher ansprechbar sind. Daraus ergeben sich massive *Nachwuchsprobleme,* besonders was Forschung und Theoriebildung anbelangt (Farson 1978, Churchill 1992). Durch das weitgehende Fehlen von klinischen Trainingsprogrammen an amerikanischen Universitäten, die einen Schwerpunkt auf Methoden der Humanistischen Psychologie legen, steigt die Befürchtung, daß das Nachwuchsproblem auch auf jene Bereiche übergreift, in denen der Einfluß der Humanistischen Psychologie bis jetzt gegeben war (Gendlin 1992).

Die Einschätzungen über die Bedeutung der Humanistischen Psychologie an amerikanischen Universitäten und speziell im Fach Psychologie fallen ernüchternd aus (Churchill 1992, Polkinghorne 1992, Giorgi 1992). Der Kontrast zum Einfluß, den die Humanistische Psychologie auf die amerikanische Kultur im allgemeinen und auf verschiedene Lebens- und Arbeitsbereiche (z.B. Erwachsenenbildung, Management, Wohlfahrtsorganisationen) hatte, fällt hier besonders auf. CHURCHILL (1992) vermutet, daß die amerikanische akademische Psychologie durch besondere Rigidität und eine monolithische Orientierung charakterisiert und nicht bereit ist, Einsichten aus verschiedenen Forschungsbereichen zu integrieren. Unter diesen Voraussetzungen scheint es kaum verwunderlich, daß der späte SKINNER, der die Humanistische Psychologie und sogar die Kognitive Psycholo-

gie als nichts anderes als bestenfalls eine Abweichung oder schlimm-
stenfalls als einen großen Irrtum auf dem „steilen und dornigen Weg
zu einer Wissenschaft vom Verhalten" betrachtet (vgl. Skinner 1975,
1987, 1990), weiterhin als die führende Stimme der amerikanischen
Psychologie betrachtet wird. Ebensowenig verwunderlich ist es dann,
daß es praktisch keine umfassende klinische Ausbildung an amerikanischen Universitäten mit einer Orientierung an Rogerianischer
Psychotherapie gibt, obwohl ROGERS in Umfragen von zwei führenden amerikanischen psychologischen Fachzeitschriften als der für die
befragten Psychologen einflußreichste amerikanische Psychologe ge-
reiht wurde (Heesacker u.a. 1982, D. Smith 1982).

8

Der thematische Kontext
– Grundthemen und Produktivität
der Humanistischen Psychologie

Zum Kernstück einer Denkrichtung gehören jene Themen, die das Paradigma und die paradigmatische Diskussion inhaltlich leiten. Es scheint daher sinnvoll, aus der großen Vielfalt an Interessen, Methoden und Schwerpunkten die gemeinsamen Perspektiven zu bestimmen, die immer wiederkehren, und die Dynamik und Inhalt eines humanistischen Paradigmas prägen. Die paradigmatischen Grundthemen spiegeln die Produktivität einer Denkrichtung wider, ihre Grundbegriffe, Theorien und Auseinandersetzungen in der paradigmatischen Weiterentwicklung. Sie sind jene Kristallisationspunkte, um die sich Theorien, Argumentationsfiguren, Kontroversen und Forschungsfragen bilden (vgl. Tageson 1982). Die folgende Beschreibung von zentralen Themen der Humanistischen Psychologie umreißt die Schwerpunkte der paradigmatischen Auseinandersetzung. Durch die Offenheit der Humanistischen Psychologie ist sie weniger durch ihre Abgrenzungen als durch ihre *Schwerpunktsetzungen* zu erkennen. Die Grundthemen der Humanistischen Psychologie wurden in vielen der vorangehenden Kapiteln mehr oder weniger sichtbar. Sie zeichneten sich in ihrer Entwicklung ab, im historische Zusammenhang, insbesondere aber im ideengeschichtlichen Kontext. In diesem Teil sollen die charakteristischen Grundthemen der Humanistischen Psychologie zusammenfassend dargestellt und ergänzt sowie ihre Produktivität am Beispiel von Theorien, Konzepten oder Argumentationsfiguren aufgezeigt werden.

Phänomenologie und Erleben

Aufgrund der zentralen Rolle der Selbstbewußtheit als spezifisch menschliches Merkmal besteht eine allgemeine Tendenz innerhalb der Humanistischen Psychologie, einen phänomenologischen Ansatz für das Studium des menschlichen Erlebens und Handelns als unverzichtbar zu betrachten. Die Weiterentwicklung der geisteswissenschaftlichen Tradition, besonders in der phänomenologischen Spielart, war ein ursprüngliches Anliegen. Die Humanistische Psychologie betrachtet die Unvermeidbarkeit des bewußten Erlebens der äußeren Realität als Grundlage jeglicher Auseinandersetzung mit der Realität. Eine phänomenologische Analyse beginnt mit Inhalten des Bewußtseins. Jeder weitere Schritt geht davon aus und bekommt nur Bedeutung in bezug auf diese unmittelbaren Phänomene. Das bewußte Erleben ist Wurzel und Quelle jeder Erweiterung, Differenzierung und Überprüfung unseres Wissens. Die Verpflichtung zur einem phänomenologischen Zugang sichert die Erfahrungsnähe in Theorie und Praxis. Unabhängig davon, welche metatheoretische Funktion der Phänomenologie zugedacht wird, ist sie in der Humanistischen Psychologie ein unbestrittener paradigmatischer Eckpfeiler.

Die philosophischen Wurzeln einer phänomenologischen Erfahrungswissenschaft vom Menschen finden sich bei HUSSERL und HEIDEGGER (s. auch Kap. 6). Heidegger und andere mit seiner Tradition verwandte Philosophen hatten einen bemerkenswerten Einfluß besonders auf jenen Zweig der Humanistischen Psychologie, dessen Vertreter in erster Linie Kliniker und Psychiater sind, die ihre klinisch-praktische Arbeit auf der Grundlage dieser phänomenologischen Perspektive durchführten. Während die europäische Existenzanalyse allgemein und ganz bewußt eine erfahrungsorientierte Version der phänomenologischen und existentialistischen Philosophie bevorzugt (Husserl, Heidegger, Jaspers, Buber, Sartre u. a.), sind die amerikanischen Vertreter der Humanistischen Psychologie mehr pragmatisch orientiert. Sie sehen keine Schwierigkeiten darin, einen empirisch-phänomenologischen Ansatz anzunehmen. Gleichzeitig lehnen die meisten den Idealismus ab, der mit der philosophischen Tradition der Phänomenologie verbunden war. Sie entwickelten ihre eigene Terminologie und Ansätze, die in unterschiedlichem Ausmaß mit Methoden der kontrollierten Beobachtung versetzt sind, die vor dem Hintergrund des Operationalismus entwickelt wurden (z. B. bei Rogers; vgl.

Hutterer 1984, 1990). ROGERS entwickelte z. B. seine theoretischen
Auffassungen auf der Basis seiner unmittelbaren Erfahrungen in Therapiesituationen und versuchte, die auf phänomenologischer Grundlage entwickelten Konzepte zu operationalisieren und der empirischexperimentellen Forschung zugänglich zu machen. Demselben Muster folgten JOURARD mit seiner empirischen Erforschung der Effekte
der Selbstöffnung und MASLOW bei seiner Untersuchung der sich
selbst verwirklichenden Individuen. Wenn auch verschiedene Begriffe
verwendet werden, so gibt es doch eine Übereinstimmung hinsichtlich der Einzigartigkeit des individuellen menschlichen Bewußtseins
und der Wichtigkeit, die Realitätswahrnehmung von Individuen in
ihrem Erscheinungsbild (phänomenologisch) nachzuvollziehen.

Psychologie der Bedeutung

Eine spezielle Ausformung hat in der amerikanischen Phänomenologie die Auffassung erhalten, daß die Wahrnehmung der Realität das
Handeln der Menschen motiviert und determiniert, egal wie diese
Realität unabhängig von dieser Wahrnehmung auch sein mag. Dabei
wird die Bedeutung der unmittelbaren, subjektiven Realitätswahrnehmung als psychologisches Faktum und nicht als philosophische Überzeugung angesehen (vgl. Combs u.a. 1988, Snygg und Combs 1949).
COMBS (1989) betrachtet das menschliche Bewußtsein und den
menschlichen Geist als „Organe" für die Produktion von Bedeutungen. Diese Annahme ist für ihn der neue Bezugsrahmen einer Psychologie der Bedeutung. Die Entwicklung von Bedeutung setzt beim individuellen Erleben, bei der unmittelbaren Wahrnehmung an und ist
deshalb auch eine Wahrnehmungspsychologie („perceptual psychology"; Snygg und Combs 1949, Combs u.a. 1988; vgl. auch Kap. 6).

Die Psychologie der Bedeutung setzt sich mit der Bedeutung von
Wahrnehmungen bzw. der wahrgenommenen Bedeutung auseinander. Sie bezieht sich mit dem Begriff Wahrnehmung auf jede Differenzierung, die durchzuführen eine Person in ihrem Wahrnehmungsfeld
fähig ist, unabhängig davon, ob ein objektiv beobachtbarer Reiz anwesend ist. Dieser Prozeß der *Differenzierung* im Wahrnehmungsfeld
wird als fundamental gesehen für Sinneswahrnehmung (Sehen, Hören, Riechen), ebenso wie für andere Funktionsleistungen des Organismus, wie z. B. Fühlen, Wissen, Verstehen. Auch wenn die jeweiligen
Inhalte variieren, der Prozeß der Differenzierung wird als derselbe

angesehen: Die Differenzierung einer Idee oder eines Konzeptes entwickelt sich im Grunde analog zu der Differenzierung eines Tones
oder eines visuellen Zeichens. Alle Differenzierungsvorgänge beinhalten in einem gewissen Ausmaß persönliche Bedeutungen auf seiten
des Wahrnehmenden. Deswegen ist der Begriff Wahrnehmungspsychologie auf Grund seiner Vorbelastung mißverständlich, und es wäre
günstiger, den Begriff Bedeutungspsychologie oder Psychologie von
wahrgenommenen Bedeutungen zu verwenden. Diese Sicht von
Wahrnehmung wurde 1949 zuerst vorgeschlagen und vorerst als eher
einfache und naive Perspektive über Wahrnehmung betrachtet. Inzwischen jedoch hat die breitere Definition von Wahrnehmung als persönliche Bedeutungen eine breitere Akzeptanz gefunden.

Ein Grundpostulat der Bedeutungspsychologie besagt, daß das
Wahrnehmungsfeld oder Bedeutungsfeld das Verhalten determiniert. Konkreter formuliert: In derselben physikalischen Situation
oder objektiv identischen Situation unterscheiden sich die wahrgenommenen Bedeutungen von unterschiedlichen Personen. Jedes Individuum antwortet auf diese Situation im Sinne dessen, was sie für es
bedeutet, wie die Situation für diese eine Person erscheint. Das *Verhalten* ist deshalb ein *Symptom* der wahrgenommenen Bedeutung einer
Situation. Um dieses Verhalten oder diese Handlungen zu verstehen,
ist es nicht notwendig zu wissen, wie diese Situation wirklich oder
objektiv ist. Handlungen sind nicht bestimmt durch objektive Fakten,
sondern durch die *Wahrnehmung der Situation*. Die Faktoren, die das
Verhalten eines Individuums bestimmen, sind nur jene, die vom Individuum zur Zeit des Verhaltens erfahren werden. Diese Erfahrungen
werden Wahrnehmungen oder wahrgenommene Bedeutungen genannt, und das ganze Feld dieser Wahrnehmungen Wahrnehmungsfeld oder Bedeutungsfeld (perceptual field, experiential field). Diese
Determination ist keine lineare Determination, sondern eine System-
determination. In jedem Fall erscheint dem Individuum das eigene
Verhalten als vernünftiger und notwendiger Ausdruck der gegenwärtigen Situation. Diese Situation ist nicht die physikalische Situation
oder die objektive Situation, sondern die wahrgenommene Situation,
die Situation, wie sie der handelnden Person erscheint. Die Aktivitäten und Handlungen einer Person können für andere Menschen irrational wirken, weil sie von einem externen Standpunkt aus betrachtet
werden, und weil man dann nicht erkennen kann, wie diese Person
selbst sie erfährt. Andere Menschen zu verstehen erfordert daher das

Verstehen der *persönlichen Bedeutungen,* die determinieren, wer sie sind (Identität, Selbst), was sie wahrnehmen (wahrgenommene Bedeutung) und tun (Handeln, Verhalten). Übereinstimmungen in der Wahrnehmung von Situationen, die üblicherweise als „objektiv" charakterisiert werden, reflektieren nur das Ausmaß, in dem Situationswahrnehmungen anderer Personen Bestandteil der eigenen Situationswahrnehmung sind (Combs 1989).

Eine Psychologie persönlicher Bedeutungen ist mit einem speziellen methodologischen Problem konfrontiert, weil persönliche Bedeutungen nicht von außen und direkt beobachtet bzw. auch nicht direkt manipuliert werden können. Es wurde deshalb in Anlehnung an einen Begriff aus der Physik der Begriff des Feldes eingeführt, wodurch es möglich wurde, sich legitimerweise auf Gegebenheiten zu beziehen, die nicht der direkten Beobachtung zugänglich sind. Viele komplexe Ereignisse können durch die Annahme von vielfältigen Wechselbeziehungen verstanden werden. Auch wenn wir diese Wechselbeziehungen und diese Interaktivität nicht genau kennen, kann es möglich sein, diese Annahme wirksam anzuwenden. Die Feldtheorie versucht nun mit diesen Wechselbeziehungen und Interaktivitäten zu operieren. Wenn ein Ereignis auftritt, offensichtlich deswegen, weil ein anderes Ereignis an einem anderen Punkt oder Ort auch auftritt, ohne daß beobachtbare Ursache-Wirkung-Verbindungen vorhanden sind, dann wird das so ausgedrückt, daß man sagt, die zwei Ereignisse sind in einem Feld verbunden. Das Feld dient dabei als eine Art Netz zwischen Ursache und Wirkung. Es hat den Vorteil, daß man mit dynamischen Ereignissen und Prozessen operieren kann, ohne eine klare Vorstellung der intervenierenden Variablen zu haben. Der Begriff *Wahrnehmungsfeld* bezieht sich auf die mehr oder weniger flüssige Organisation von Bedeutungen, die für jede Person zu jedem Zeitpunkt existiert. Synonyme Begriffe sind etwa der Begriff private Welt, psychologisches Feld, Bedeutungsfeld, Lebensraum, Lebenswelt, Bezugsrahmen oder phänomenales Feld. Das Bedeutungsfeld jedes Individuums ist immer weit ausgedehnter oder auch weit eingeschränkter als jene Situationsreize, die in der unmittelbaren physischen Umgebung verfügbar sind. Das Bedeutungsfeld ist also bedeutungsreicher als die objektive physikalische Welt, denn der Mensch lebt nicht in einer Welt von Objekten ohne Bedeutung. Für jeden von uns erscheint das Wahrnehmungsfeld einer anderen Person potentiell fehlerhaft und illusionär, mehr eine Interpretation der Realität als die

Realität selbst. Trotzdem ist es „nur" jene Realität, zu der der Mensch Zugang hat. Unser Bedeutungsfeld oder Wahrnehmungsfeld erscheint uns immer als wirklich, grundlegend und fest. Es ist die einzige Realität, die wir direkt erfahren können, und wenn andere diese Erfahrung nicht teilen, wird die eigene Realitätserfahrung in Frage gestellt (dabei kann es schnell vorkommen, daß wir uns selbst oder andere uns als dumm oder verrückt betrachten). Ob irgend etwas Wirkliches vorhanden ist, wenn wir wahrnehmen, ist ein philosophisches Problem mit langer Tradition. Aber vom Standpunkt der Bedeutungspsychologie ist dieses Problem nicht relevant. Denn wenn wir davon ausgehen, daß die Wahrnehmung oder die wahrgenommene Bedeutung die Handlung von Menschen beeinflußt und bestimmt, dann können diese Bedeutungen studiert werden, unabhängig davon, in welchem Ausmaß sie tatsächlich eine intersubjektiv gesicherte Realitätswahrnehmung repräsentieren.

Die Bedeutungsfelder von Individuen, die eine wichtige Funktion in der Auseinandersetzung mit der Umwelt haben, sind durch folgende Merkmale charakterisiert:

1. Stabilität. Bedeutungsfelder sind organisiert und erhalten dadurch ein bestimmtes Ausmaß an Festigkeit. Das Individuum benötigt ein organisiertes, stabiles und voraussagbares Feld, um sich mit seiner Umgebung in Beziehung setzen zu können.

2. Flüssigkeit. Das Wahrnehmungsfeld verändert sich kontinuierlich. Diese Flüssigkeit ermöglicht es, Verhalten zu verändern, und eine Anpassung an veränderte Umgebungsbedingungen. Die potentielle Flüssigkeit des Wahrnehmungs- und Bedeutungsfeldes ermöglicht auch Lernen, Vergessen, Erinnern und Kreativität.

3. Gerichtetheit. Ein Wahrnehmungsfeld ist zu jeder Zeit organisiert hinsichtlich der Bedürfnisse und Aktivitäten, in die ein Individuum eingebunden ist. Wenn etwa fremde Elemente in ein aktuelles Wahrnehmungsfeld eintreten, dann hat das folgende Gründe: Das störende Element wurde nicht zu Ende gebracht und ist noch „in Arbeit", oder die störende Aktivität ist wichtiger für die Bedürfnisbefriedigung als jene Aktivität, die aktuell ausgeführt wird. Die Wahrnehmung ist immer eine Bedeutung des steuernden Einflusses von Bedürfnissen, die in einem organisierten Feld operieren.

4. Intensität. Die Intensität, mit der Ereignisse im Wahrnehmungsfeld repräsentiert sind, ist abhängig von der Differenzierung und dem

Bewußtseinsgrad. Auch wenn das Wahrnehmungsfeld alle bewußt-
seinsfähigen Reize einschließt, sind uns nicht alle Teile mit demselben
Ausmaß an Klarheit bewußt. In jeder Situation gibt es Wahrneh-
mungsbereiche, die uns nur auf einer sehr niedrigen Ebene bewußt
sind und deren volle Bewußtheit oder Klarheit wir weder benötigen
noch als sinnvoll oder adäquat empfinden würden.

    5. Figur-Grund-Fluktuation. Die Gestaltpsychologie hat festge-
stellt, daß die Bedeutung eines Ereignisses immer ein Resultat der
Beziehung jedes Details zur Gesamtsituation ist. Diese Beziehung zwischen einzelnen Teilen und dem Ganzen wird Figur-Hintergrund-
Beziehung genannt. Die Fluktuation zwischen Figur und Hintergrund
im Wahrnehmungsfeld ist ein wichtiges Konzept in der Psychologie
persönlicher Bedeutungen im Sinne von Combs u. a. (1976). Mit dieser Beziehung können zwei wesentliche Prozesse und Vorgänge im
Wahrnehmungs- und Bedeutungsfeld erklärt werden, der Prozeß der
Differenzierung und der der Bewußtwerdung.

Der Prozeß der Differenzierung steht in Beziehung zum Prozeß der
Bewußtwerdung. Jedes Individuum sucht konstant in seinem Feld
nach Details und Bedeutungen, die es ihm besser ermöglichen, seine
Bedürfnisse zu befriedigen und sich in Beziehung zur Umgebung zu
setzen. Das bedeutet eine kontinuierliche Veränderung im Wahrnehmungsfeld, so daß jeweils neue Elemente und Bedeutungen in
den *Vordergrund* rücken und andere Elemente und Merkmale in den
Hintergrund. Dieser Prozeß des Auftauchens einer Figur aus dem Hintergrund impliziert eine zunehmende Bewußtheit von Details und
wird deswegen Differenzierung genannt. Dieser Prozeß selektiert quasi aktuelle Details und Teile aus der bedeutungsreichen Gesamtheit
einer Situation, während andere im Hintergrund bleiben.

    Eine weitere Feldveränderung geschieht durch den Prozeß der
Bewußtwerdung. Eine neu auftauchende Figur, die in das Bewußtsein
dringt, ist normalerweise zuerst vage und relativ undifferenziert. Prinzipiell unterscheidbare Details werden erst allmählich subjektiv unterscheidbar. Da die Eigenschaften einer neu auftauchenden Gestalt von
ihrer Beziehung zum Rest des Feldes bestimmt sind, kann es leicht zu
Täuschungen oder Fehlinterpretationen kommen. Erst wenn es zu
einer angemessenen Balance zwischen *Details* und dem zusammenhängenden *Ganzen* kommt, hebt sich die Figur deutlich und klar vom
Hintergrund ab. Im Falle einer vollständigen Auflösung des Hinter-

grundes, bei gleichzeitig deutlicher Bewußtseinsschärfe der Figur, kann es zu einer Einengung des Bewußtseins kommen (Beispiel: Betrachten eines Filmes – Verschwinden des Hintergrundes bzw. Auflösen des Hintergrundes und vollständige Bewußtseinsschärfe der Spielhandlung, so daß wir „allein mit dem Film sind" und z. B. bei entsprechender Betroffenheit auch weinen, was wir vermutlich nicht tun würden, wäre uns bewußt, daß wir von vielen fremden Menschen umgeben sind). Die Verbindung beider Prozesse, von Differenzierung und Bewußtheit, erlaubt die Unterscheidung von Vordergrund-Bewußtsein und Hintergrund-Bewußtsein, eine Unterscheidung, die sich in POLANYIS (1962) Gegenüberstellung von subsidiärem und fokalem Bewußtsein findet.

Im Prinzip kann alles im Wahrnehmungsfeld in den Vordergrund treten und zur Figur werden, z. B. körperliche Empfindungen, Schmerzen oder auch abstrakte Ideen. Allerdings ist es nicht möglich, zwei Figuren gleichzeitig in den Vordergrund treten zu lassen. Jedoch können Veränderungen im Wahrnehmungsfeld so rasch vor sich gehen, daß der Eindruck entsteht, zwei oder mehr Ereignisse seien gleichzeitig im Vordergrund, oder daß keine Figur im Vordergrund ist. Längere Abwesenheit einer stabilen Figur fördert Angst (Reizdeprivation) oder stellt höhere Anforderungen an die Frustrationstoleranz. Die Qualität und das Ausmaß, in dem ein Ereignis differenziert wird, hängt von den Bedürfnissen einer Person ab und den Möglichkeiten für eine Differenzierung, die verfügbar sind. Da eine Figur der einzige Aspekt eines Feldes ist, der klar bewußt sein kann, bedeuten Veränderungen im Feld gleichzeitig Veränderungen der Figur. Eine Figur kann präziser, schärfer, detaillierter werden und intensiver oder sie kann vager, diffuser und undifferenzierter werden, und zwar in einem solchen Ausmaß, daß sie sich de facto mit dem Hintergrund verbindet. Das passiert normalerweise nur im Zustand des tiefen Schlafes oder der Bewußtlosigkeit, unter normalen Umständen im Alltagsleben jedoch befindet sich das Individuum in ständiger Aktivität bei der Suche nach Mitteln für die Bedürfnisbefriedigung, was eine kontinuierliche Aktivität von Vordergrund- und Hintergrund-Bewußtsein, eine ständige Figurbildung erfordert.

Eine Ausgangsthese der Wahrnehmungspsychologie lautet, daß jegliches Verhalten und Handeln vom Wahrnehmungs- und Bedeutungsfeld determiniert ist (Verhalten als Symptom des Bedeutungsfeldes). Daraus folgt auch, daß Wahrnehmungen auf jeglicher Bewußtseinsstufe oder mit jeglichem Bewußtseinsgrad ihre Wirksamkeit im Verhalten komplex entfalten. Es kann jedoch nicht angenommen werden, daß jegliche Bedeutungen, die im Wahrnehmungsfeld mit einem niedrigen Bewußtseinsgrad vorhanden sind, immer klar ins Bewußtsein gerufen und kommuniziert werden können. Viele Aspekte unserer Erfahrung bleiben stets im Hintergrund. Die Bedeutungspsychologie lehnt die Begriffe „bewußt" und „unbewußt" im Sinne einer eindeutigen Dichotomie ab zugunsten einer kontinuierlichen Abstufung von *Bewußtseinsgraden*. Es scheint der Komplexität von Bewußtseinsvorgängen angemessener, von Ebenen des Bewußtseins zu sprechen und von Bewußtseinsgraden, anstatt das Gegensatzpaar bewußt und unbewußt zu verwenden.

Die Bedeutungspsychologie untersucht von ihrer Perspektive komplexe menschliche Aktivitäten (z. B. Intelligenz, psychische Störungen) oder zwischenmenschliche Phänomene (Kommunikation). Gelungene oder mißlungene *Kommunikation* ist im wesentlichen ein Prozeß der Abstimmung persönlicher Bedeutungen sowohl auf der Ebene der Figurbildung als auch auf der Ebene des Hintergrund-Bewußtseins. Kommunikation ist möglich durch das Überlappen der Wahrnehmungsfelder verschiedener Personen. Anders ausgedrückt: Veränderungen im eigenen Wahrnehmungsfeld werden begleitet durch Handlungen anderer, die anzeigen, daß auch in ihrem Wahrnehmungsfeld Veränderungen stattgefunden haben. Kommunikation bedeutet daher, ein größeres Verständnis für das Wahrnehmungsfeld eines anderen Individuums zu erwerben, und kann nur gelingen, wenn bereits eine minimale gemeinsame Basis existiert. Wenn der partielle Erwerb eines Wahrnehmungsfeldes eines anderen Individuums in Frage gestellt ist, der Überlappungsbereich von Wahrnehmungsfeldern diffus und undifferenziert bleibt und keine inhaltliche Konfiguration in den Vordergrund der Kommunikation rückt, dann löst das in der Regel Angst und *Schutzaktivitäten* aus, die eine Abstimmung von Bedeutungen wieder behindern. Die kontinuierliche Aufrechterhaltung von Schutzaktivitäten infolge erlebter Bedrohung kann dazu führen, daß Bedeutungskonstrukte rigid werden, d. h., ihre Flüssigkeit verlieren. Die Funktion der Bedeutungsfelder in der Organismus-Umwelt-Auseinandersetzung ist in diesem Falle eingeschränkt und führt zu Wahrnehmungsverzerrung, einem unangemessenen und rigiden Selbst-Verständnis, Prozesse, die Ausgangspunkte und Grundlagen psychischer Störungen darstellen.

Subjektives Erleben

Zum Thema der Phänomenologie und des Erlebens gehört auch der spezifische Zugang der Humanistischen Psychologie zum Menschen. Er beinhaltet ein klares Interesse und einen Respekt für die subjektive Seite der Personen, die Gegenstand der Forschung sind, für ihre Einzigartigkeit und Würde als Vertreter der menschlichen Rasse, für den Reichtum und die Komplexität der individuellen Erfahrung und eine Wertschätzung subjektiven Erlebens. Es betrifft die Art des Umgangs mit Bezugspersonen im wissenschaftlichen oder praktischen Rahmen. Die Erlaubnis, in die private Welt der Erfahrung einer anderen Person einzutreten, erfordert eine Feinfühligkeit und Besorgtheit; eine Besorgtheit, die sich nicht nur auf die Ziele der Forschung richtet. Diese Art des Zugangs erweitert das Bewußtsein des Forschers, das normalerweise nicht durch Instrumente der objektiven Forschung erreichbar ist, bei der die Distanz der Forschers ein Qualitätskriterium darstellt und die Objekthaftigkeit der zu untersuchenden Personen durchgehend aufrechterhalten wird.

Der Anspruch der Humanistischen Psychologie liegt in der *Überwindung der Subjekt-Objekt-Dichotomie*. Eine personenzentrierte Haltung schließt das Engagement des Forschers und seine aktive Zusammenarbeit mit dem Forschungssubjekt in der Hoffnung ein, für sich selbst und für das Untersuchungssubjekt ein tieferes Verständnis des zu untersuchenden Phänomens zu erreichen. Das ist ein wesentliches Unterscheidungskriterium zu einer objektzentrierten Forschungsstrategie. Der Begriff personenzentriert stammt von ROGERS und charakterisiert die Erweiterung seines klientenzentrierten Ansatzes in der Psychotherapie auf Bereiche außerhalb der Psychotherapie. Die Aufmerksamkeit richtet sich auf die andere Person als Zentrum und Ort des Selbstbewußtseins und subjektiven Erlebens (s. auch Kap. 6 und 7).

Holismus und Komplexität

Die Bedeutung des Begriffes Holismus wurde der *Gestaltpsychologie* entlehnt, die ihn wahrscheinlich vom organismischen Ansatz in der Biologie übernahm. Die Aussage „Das Ganze ist mehr als die Summe der Teile" betont die Bedeutung der Organisation der Einzelelemente, die deren Zusammenhang und Zusammenwirken eine zusätzliche Qualität verschafft. Der Begriff Gestalt selbst meint ein dynamisches

Ganzes und wurde als Gegensatz zu einer atomistischen und elemen-
taristischen Auffassung definiert. Die klassischen Arbeiten der Gestaltpsychologen liegen in der Psychologie der Wahrnehmung. In ihnen
wurde demonstriert, daß Wahrnehmung ein Phänomen ist, das sich
von der bloßen Summierung von Empfindungen unterscheidet.

Dieser holistische Schwerpunkt in der Humanistischen Psycholo-
gie kann direkt in Bezug gesetzt werden zu der Arbeit des deutschen
Neurophysiologen Kurt GOLDSTEIN, der in seinen klassischen Arbeiten über das Verhalten von gehirnverletzten Patienten und ihren
Bemühungen, ihre vollständige Persönlichkeit trotz neurologischer
Defizite zu bewahren, den holistischen Ansatz zum organismischen
Funktionieren formulierte. Sie zeigten, daß Patienten mit bestimmten
Gehirnverletzungen ihre Fähigkeit, abstrakt zu denken, verloren hatten, während ihnen aber die Fähigkeit blieb, Aufgaben zu lösen, die
konkretes Denken erforderten. Was Goldstein beeindruckte, waren
die Versuche dieser Patienten, ihr Leben trotz dieses Defizits so zu
organisieren, daß sie so gut wie möglich funktionieren konnten, so, als
ob dieses Defizit nicht existieren würde. Da sie in eine Krise gerieten,
wenn sie mit Aufgaben konfrontiert wurden, die diese fehlenden Fähigkeiten erforderten, entwickelten sie Lebensroutinen, durch die sie
solche Probleme vermeiden konnten. Der Zweck ihrer Bemühungen
war ihnen scheinbar nicht bewußt, auch nicht das Defizit selbst; sie
waren zufrieden mit ihrer Existenz, solange sie erfolgreich das für sie
nicht Bewältigbare vermeiden konnten. Goldsteins Schlußfolgerungen aus seinen Forschungen bestanden in der Einsicht, daß die neuro-
logischen Defizite, an denen seine Patienten litten, nicht als isolierte
Ereignisse aufgefaßt werden konnten. Denn der menschliche Organismus reagierte auf diesen Verlust an Potential als ein Ganzes, indem
aktiv eine vollkommen *neue existentielle Gestalt* geformt wurde.

Die Richtung dieses Reorganisationsprozesses zeigte stets auch die
Realisierung des Potentials des Organismus, soweit es eben möglich
war. In diesen Fällen war das Potential natürlich geringer als vor dem
Auftreten der Defizite. Der lebende Organismus versucht als Einheit
das Beste zu tun, um dieses Potential zu realisieren. Darüber hinaus
kann von der Erfahrung des Bewußtseins das Bestehen auf einem ganzheitlichen Ansatz des menschlichen Funktionierens gerechtfertigt
werden. Bewußte Erfahrung entwickelt, auch wenn sie sich differenziert hinsichtlich unterschiedlicher und nicht aufeinander reduzier-
barer Bewußtseinsebenen zeigt, eine ganzheitliche Dynamik. Eine be-

stimmte Ebene des Bewußtseins kann dominieren, zu einem gegebenen Zeitpunkt quasi vom Hintergrund zur Figur werden, während alle
Ebenen des Bewußtseins simultan und miteinander verwoben existieren. Dieses Konzept hatte einen ungemein großen Einfluß auf die
Humanistische Psychologie und auf die amerikanische Psychiatrie.

Als Gegenteil des Holismus wird in der Regel der *Reduktionismus*
angesehen, der Versuch, das komplexe menschliche Funktionieren
auf einfache Elemente zu reduzieren, die dann genauer erforscht
werden können und von denen her die Charakteristika jener Strukturen verstanden werden können, die auf diesen einfachen Elementen
basieren. Solche Beispiele für einen einfachen Reduktionismus liegen
etwa in dem Versuch, alle bewußten Phänomene auf einfache Empfindungen und Wahrnehmungen zu reduzieren, aus denen dann wieder
komplexere Bilder und Gedanken gebildet werden. Eine Facette des
Reduktionismus ist eine Perspektive, die versucht, komplexe Zusammenhänge auf lineare Mechanismen zurückzuführen. Die Funktionsweise eines linearen Mechanismus müssen wir uns so vorstellen, daß
jeder Teil einen Input empfängt und einen Output weitergibt, der für
einen damit verbundenen Teil der nächste Input ist usw. Wenn ein
Teil oder Element in dieser Kette ausfällt und damit die Wirkungsket-
te unterbrochen ist, dann tritt auch nicht das erwartete Ergebnis ein.

In komplexen Systemen ist eine Interaktivität zwischen Inputs und
Outputs zu beobachten, die nicht in diesem Sinne deterministisch ist.
Die Komponenten oder Teile eines komplexen Systems bilden so etwas wie Demokratien, die darin übereinstimmen, daß gewisse Funktionen erfüllt werden müssen, jedoch ist es den Ausführenden über-
lassen, diese Funktionen zu erfüllen. Es ist deswegen unbestimmt,
welche speziellen Komponenten eine Aufgabe erfüllt. Welche spezielle Funktion eine Komponente erfüllt, ist auch mit bestimmt durch
die Art der Funktionen, die durch andere erfüllt werden. Das bedeutet, daß es ein hohes Ausmaß an *Plastizität* innerhalb eines komplexen Systems gibt. Determiniert ist die Gesamt-Performance des
Systems als Ganzes, nicht determiniert sind die isolierten Beziehungen der Teile untereinander (Laszlo 1972).

Systemtheorie und Komplexität

Das Ganzheitsdenken in der Humanistischen Psychologie wurde
durch die Perspektive der Systemtheorie differenzierter und reichhal-

tiger. ALLPORT (1960) machte in dieser Richtung einen wichtigen Schritt, indem er darauf hinwies, daß sich die Theoriebildung und Forschung in der amerikanischen Psychologie stark auf die „disorganisierte Komplexität" richtete und eigentlich vor der Vielfältigkeit von Wechselbeziehungen zugunsten der Untersuchung von Fragmenten kapitulierte. Er ermutigte zur Betrachtung der Persönlichkeit im Sinne eines offenen Systems. Diese Betrachtung würde der menschlichen Persönlichkeit gerechter. Offene Persönlichkeitssysteme müßten folgende Merkmale berücksichtigen: 1. den ständigen Austausch von Materie und Energie; 2. die Aufrechterhaltung eines homöostatischen Zustandes, damit das Eindringen von äußerer Energie die innere Ordnung nicht stört; 3. die Zunahme von Ordnung, Komplexität und Differenzierung der Teile; und 4. einen ausgedehnten Austausch mit der Umwelt, eine umfassende Auseinandersetzung mit der Umwelt. Besonders das letzte Merkmal würde eine breite sozialwissenschaftliche Kompetenz in der Persönlichkeitsforschung und -theorie erfordern, die das Wechselspiel von Person-Umwelt-Transaktionen differenziert untersucht. Diese Untersuchung müßte stärker spezifische Phänomene wie Selbstorganisation, kortikale Selbst-Stimulation, verschiedene Feedback-Mechanismen und sich selbst erhaltende Kreisprozesse berücksichtigen. Denn diese Phänomene würden zu einem Grundcharakteristikum der Dynamik in offenen Persönlichkeitssystemen beitragen: „Es ist die besondere Natur eines offenen Systems, fortschreitende Ebenen der Ordnung durch Veränderung in der kognitiven und motivationalen Struktur zu erreichen" (Allport 1960, S. 308*).

COMBS (1977) stellt zum besseren Verständnis einer ganzheitlichen Sichtweise das Denken in offenen dem Denken in geschlossenen Systemen gegenüber. Generell ist in einem geschlossenen System das Endprodukt definiert und eine Art von Maschinerie wird eingerichtet und in Gang gesetzt, die auf die Erreichung dieses definierten Zieles gerichtet ist. Zieldefinition, Einrichtung von Methoden und Evaluation der Ergebnisse ist die Schrittfolge in einem geschlossenen System. Ein offenes System beginnt ohne manifeste Definition von Zielen, sondern mit einem komplexen Problem, für das es Lösungen sucht, die am Beginn des Unternehmens nicht klar differenziert werden können. Die Lösungsaktivitäten folgen nicht einer definierten und strengen Methodologie, sondern sind eher explorativ und von einer experimentellen Offenheit getragen. Welche Art des Systemdenkens gewählt wird, hat eine Serie von Folgen, die in der Art des Problembewußtseins, Auswahl von Suchstrategien und philosophischen und moralischen Implikationen bestehen.

Eine Vorgangsweise im Sinne eines Denkens in *geschlossenen Systemen* benötigt Ziele, die im voraus definiert sind. Je klarer und präziser diese Ziele definiert sind, um so funktionaler passen sie in die weitere Vorgangsweise. Probleme werden genau geprüft und sind abgrenzbar, haben einen klaren Beginn und ein klares Ende. Diese Ziele können daher auch im Sinne von nachdrücklichen Sollensforderungen formuliert werden.

Die Ziele im Sinne eines Denkens in *offenen Systemen* können nicht präzise definiert werden, sind im voraus nicht bekannt, sondern existieren nur im Sinne von allgemeinen Vorstellungen oder in einem impliziten Richtungsbewußtsein. Die weitere Vorgangsweise ist entdeckungsorientiert, es ist nicht die Erreichbarkeit von Zielen zu prüfen und zu beweisen (wie in einem geschlossenen System), sondern es müssen Anreize und Ziele herausgefunden werden. Der Prozeß und die Erfahrung während des Entdeckens können wichtiger sein für das Verständnis des Problems und die möglichen Lösungen als das Ergebnis, das schließlich erreicht wird. Die Ziele können nicht genau determiniert werden und können sich im Verlauf der Handlungen ändern oder wandeln. Von einem äußeren Standpunkt betrachtet, wird dieses Fehlen von Präzision fälschlicherweise oft als mystisch, vage und unverantwortlich gesehen, obwohl es eine notwendige Unschärfe in einem offenen System darstellt.

Die Problemlösung in geschlossenen Systemen geschieht Schritt für Schritt in einer definierten und logisch erscheinenden Reihenfolge. Da in einem offenen System Ziele nicht im voraus bekannt sind, kann eine Lösungsstrategie nicht logisch konsistent zugeordnet werden. Statt dessen muß man in einem offenen System mehr auf Intelligenz und Motivation der beteiligten Personen setzen, um Probleme zu konfrontieren und Lösungen zu finden. Exploratives Handeln in offenen Systemen ist auf die Entdeckung des Unbekannten gerichtet. Wenn jemand nicht sicher ist, wonach er sucht, ist der Prozeß des Suchens Gegenstand der Bewertung und nicht ein im voraus gewußtes Ziel. Deshalb ist die Konzentration auf die Einrichtung von Rahmenbedingungen für die Entwicklung von angemessenen Lösungen notwendig und nicht das direkte Zusteuern auf bekannte Ziele. Die Prozeßorientierung von offenen Systemen wird in einer ziel- und leistungsorientierten Gesellschaft oft als unsystematisch und unrealistisch mißverstanden. Während geschlossene Systeme die Gefahr einer Illusion in Richtung unbegrenzter Machbarkeit und Sicherheit schüren, können offene Systeme die Gefahr uneingeschränkter Permissivität und fatalistischer Selbstregulierung enthalten. Die potentiell gefährliche Dynamik eines geschlossenen Systems besteht darin, daß es schnell, geradlinig und unbeirrbar auf eine Katastrophe oder einen Schaden zusteuern kann, weil einige Ausgangsparameter ursprünglich falsch oder unangemessen waren und auf dem Weg nicht mehr korrigiert werden können. Die potentiell gefährliche Dynamik eines offenen Systems besteht im Unterschied dazu darin, daß es nach langen und erfahrungsreichen Umwegen in der Verwirrung enden kann, weil in den wechselnden Umständen und Anreizen Problembewußtsein verlorengeht, Ziele und Bedürfnisse diffus bleiben und in keiner Phase partielle Kontrolle und Entschlossenheit (Geschlossenheit) für die Befriedigung von Bedürfnissen entsteht.

Geschlossene Systeme sind produktorientiert, so daß Menschen als Teil der Produktion gesehen werden. Personen werden daher eher als Objekte behandelt und funktionalisiert. Es ist nicht die Individualität und Besonderheit einer Person wichtig, sondern ihr Verhalten, ihr Tun und ihre Leistung im Hinblick auf erwünschte Ergebnisse und im Hinblick auf die Effektivität der Handlung. Offene Systeme betrachten Menschen nicht als Mittel der Produktion, sondern sie sind selbst die Produkte. Offene Systeme erfordern daher Organisationsmuster, die die Besonderheit, Innerlichkeit und Entwicklungsoffenheit des Menschen berücksichtigen. Die Probleme und die Lösungen, die dabei entstehen, können nur im Hinblick auf die Beteiligten und betroffenen Personen beurteilt werden. Erfolg oder Mißerfolg werden in Begriffen menschlicher Befriedigung, Werte und Gefühle gemessen. Für die Logik geschlossener Systeme ist es irrelevant, was die beteiligten Personen über einander denken, in welcher Beziehung sie zueinander stehen. Die Produktivität wird aufrechterhalten, als ob diese Fragen keine Rolle spielten. Die Wirksamkeit dieser ignorierten Dimensionen kann sich in einer unwillkürlichen Sabotage der erwünschten Ziele und in einer Entfremdung der Menschen von sich selbst zeigen.

Die Logik offener Systeme verlangt aktive Teilnahme der Betroffenen. Motivation und Verbindlichkeit sind ein geringeres Problem, weil die Beteiligung an der Entscheidungsfindung erwünscht ist. Mo-

tivation wird in den Problemen selbst gesucht und muß nicht von
außen hinzugefügt werden. Identifikation mit Problemen und Bedürfnissen des anderen und Kollegialität sind in einem offenen
System wahrscheinlicher. Das Problem der Verantwortlichkeit und
Kontrolle ist in geschlossenen und offenen Systemen unterschiedlich
gelöst. In geschlossenen Systemen haben Experten die Verantwortung und die Kontrolle über Tempo und Richtung des Prozesses. Es
herrscht das Prinzip der totalen Verantwortlichkeit für das Produkt
und die Ergebnisse, wie z. B. die totale Verantwortung für den Patienten in medizinischen Institutionen oder die Verantwortung der
„Chefs" für Produktionsquoten in der Industrie. Der Begriff der „politischen Verantwortlichkeit" wird in der Regel im Sinne eines geschlossenen Systems interpretiert: Im Falle von Mängeln oder Fehlern
auf einer beliebigen Entscheidungsebene werden politische Konsequenzen gefordert, d. h. das Auswechseln von Entscheidungsbefugten
an der Spitze, weil implizit angenommen wird, daß an der Spitze der
Hierarchie die Möglichkeit einer totalen Kontrolle besteht. Diese aus-
gezeichnete Situation der Experten- und Führungsebene bringt eine
Reihe von Gefahren mit sich. Denn mit den Experten und Spitzenpositionen wird oft eine spezielle Aura verbunden, die in Bewunderung und Respekt für ein vermeintlich überlegenes Talent und in
einem Zuschanzen von weiterer Macht zum Ausdruck kommt. Die
psychologischen Folgen dieser Situation sind oft Einsamkeit und
Angst vor Fehlern einerseits, andererseits auch Blindheit gegenüber
eigenen Mängeln durch ständiges Bewundertwerden. Das Phänomen
des unverdienten Ruhms beinhaltet den Umstand, daß Führungskräfte durch opportunistische Bewunderung allmählich glauben, sie
gebühre ihnen zu Recht.

Ein weiteres Merkmal geschlossener Systeme ist die Konzentration
von Macht, die einer professionellen und intellektuellen Elite oder
einer „Managerklasse" ermöglicht wird. Das Phänomen der Einsamkeit der Bosse ist auch ein Resultat der Dynamik eines geschlossenen
Systems: Enge persönliche Kontakte auf beruflicher Ebene werden
komplizierter durch die Verzerrungen, die das Verhältnis von Über-
ordnung und Unterordnung in einem geschlossenen System mit sich
bringt. Die übliche und beinahe unwillkürliche Reaktion auf eine
formale Autorität, die eine Person auf Grund einer Position oder
Funktion in einem geschlossenen System hat, ist Befangenheit in verschiedenen qualitativen Ausprägungen. Inhaber von Entscheidungs-

positionen in geschlossenen Systemen müssen daher ein beträchtliches Ausmaß an Zeit und Energie verwenden, um sich mit Personen zu beschäftigen, deren Einstellung entweder apathisch und passiv ist oder verdeckte oder offene Feindseligkeit zeigen.

In offenen Systemen sind Prozeß und Produkt Gegenstand einer geteilten Verantwortung, was Inhaber von Führungspositionen entlastet. Fehler sind nicht ein persönlicher Mangel, sondern Teil des Feedbacks, das ein Projekt im Verlauf seines Fortschreitens freigibt, und Anlaß für Korrekturen und Gegensteuerung. Partizipation, geteilte Macht, geteilte Entscheidungen und Kooperation sind zentrale Merkmale eines offenen Systems. Der Erfolg ist abhängig von der Kooperation aller beteiligten Personen und der flexiblen Ausübung ihrer Funktionen. Anfallende Aufgaben werden kooperativ nach dem Prinzip der temporären Delegation und spontanen Stellvertretung erledigt. Die philosophischen Implikationen eines Denkens in geschlossenen Systemen liegen in der Überlegenheit einer Führungsschicht, die alle Angelegenheiten kontrolliert, einer Philosophie der „großen Männer", die wissen, „wo es langgeht". Es entspricht der Logik eines geschlossenen Systems, daß sich der Rest unter der Überlegenheit der „Managerklasse" unterzuordnen hat. Die philosophischen Implikationen des Denkens in offenen Systemen weisen auf eine demokratische und egalitäre soziale Organisation, die durch temporäre und flexible Funktionsverteilung, durch fortwährende Entwicklung und Weiterentwicklung der Kapazitäten aller Beteiligten und durch Sicherung und Erweiterung einer gewachsenen Freiheit gekennzeichnet ist.

KRIPPNER u. a. (1985) weisen darauf hin, daß die Methodologie der allgemeinen Systemtheorie, die in den Naturwissenschaften verwurzelt ist, wesentlich dazu beitragen kann, Aspekte und Konzepte der Humanistischen Psychologie zu klären. Sie schlagen vor, die Systemtheorie als metatheoretischen Bezugsrahmen zu betrachten, um alte Probleme in neuem Licht sehen zu können. Besonders das Leib-Seele-Problem wie es sich bei psychosomatischen Phänomenen zeigt, könnte einem differenzierteren Verständnis zugeführt werden. Körperliche und psychische Prozesse erscheinen im Sinne der Systemtheorie als komplexe Vorgänge des Zusammenspiels von Subsystemen auf verschiedenen Ebenen menschlichen Bewußtseins. Ebenso können Begriffe wie Wachstum, Selbstaktualisierung und Aktualisierungstendenz durch eine systemtheoretische Sichtweise klarer erläutert

werden. Die Humanistische Psychologie betont bei der Beschreibung
menschlicher Entwicklung die Multi-Perspektivität der Modelle: Der
Prozeß der Selbstaktualisierung wird in Zyklen von Veränderungen,
als Stufenfolge einer psychosozialen Entwicklung, als fortschreitendes
Selbstgewahrsein oder auch als Prozeß der Anpassung, der in Richtung zunehmender Komplexität und höhere Formen der Ordnung
strebt, gesehen. Die Systemtheorie könnte helfen, die Vielfältigkeit
von Entwicklungsprozessen zu klären. Denn Theoretiker der Humanistischen Psychologie hätten es verabsäumt, das intuitive Erkennen des
Wachstumsprozesses in gut formulierte Theorien zu übersetzen. Per-
sönlichkeitswachstum, Selbstaktualisierung und ähnliche Begriffe
wurden daher häufig als lineare Vorgänge mißverstanden. Die systemtheoretische Perspektive kann aufzeigen, daß Entwicklung vielfältigen
Mustern folgt: Veränderungsraten mit kontinuierlicher oder sporadi-
scher Zunahme; das Erreichen von Wachstumsplateaus, exponentiel-
les Wachstum; weiters qualitative Veränderung, die eine kreative
Wandlung, Prozesse der Differenzierung und Integration beinhaltet;
das Phänomen, daß eine Integration erst durch Differenzierung
neuer Elemente möglich wird; Phänomene der Entdifferenzierung,
die zu einer Desintegration führen, und ähnliche Phänomene.

Die systemtheoretische Sichtweise bringt weiters ein vertieftes methodologisches Verständnis einer „ganzheitlichen" Vorgangsweise in
der Forschung. Ganzheitliches Forschen erfordert nicht die überheb-
liche Position dessen, der vorgibt, alles (sprich: das gesamte System)
zu überblicken und die Komplexität der vielfältigen Zusammenhänge „auf einen Blick" zu durchschauen – eine mißverständliche
Auffassung, die man oft genug antrifft. Ganzheitlichkeit in der Forschung bedeutet die bewußte Übernahme verschiedener Perspektiven und die Reflexion der Relativität unterschiedlicher Standorte.
Die Standortgebundenheit der Forschung ist aus systemtheoretischer
Sicht nicht ein Nachteil, sondern ein Vorteil, wenn es als Forschungs-
prinzip bewußt beachtet wird. Relativität ist in diesem Kontext nicht
gleichzusetzen mit Verlust an Wahrheit und Überzeugungskraft, sondern bedeutet einen reflektierten Schritt zum besseren Verständnis
des Ganzen im Sinne von Komplexität. Der ganzheitliche Schwerpunkt der Humanistischen Psychologie und die Distanz gegenüber
einer rigiden reduktionistischen Position enthält auch den Anspruch, den qualitativen Reichtum, die Komplexität menschlicher
Erfahrung und die Flexibilität und Vielfältigkeit von Funktionen, die

mit menschlichen Aktivitäten verbunden sind, zu bewahren. Die Humanistische Psychologie positioniert sich mit der systemtheoretischen Deutung von Ganzheitlichkeit im Kontrast zu anderen Ansätzen, die sich, mehr oder weniger bewußt, auf eine beschränkte Perspektive der Linearität, feste Strukturen und die Reduktion auf das Einfache zurückziehen.

Aktualisierungstendenz und Selbstaktualisierung

Ein weiteres Thema der Humanistischen Psychologie bezieht sich auf die allgemeine Annahme einer Aktualisierungstendenz, die bei allen lebenden Organismen angenommen wird. Bezogen auf den menschlichen Organismus bedeutet das eine Tendenz zur Verwirklichung oder Selbstaktualisierung. In Übereinstimmung mit einem ganzheitlichen Ansatz wurde diese Tendenz für die Humanistische Psychologie die einzige Antriebsquelle, die für lebende Systeme charakteristisch ist. Alle anderen Motive oder Antriebe entwickeln sich daraus oder sind ein partikulärer Ausdruck davon, wie zum Beispiel das Bedürfnis nach Kontakt mit der Umgebung. Der Begriff der Aktualisierungstendenz ist also ein abstraktes Konzept für komplexe Vorgänge (Hutterer 1992), das auch kontrovers diskutiert wird, da hier wieder ein teleologisches Prinzip eingeführt wird, eine Wachstumsorientierung, die etwa in vielen anderen theoretischen Orientierungen fehlt. Es impliziert, daß jedes menschliche Individuum sich auf ein Kriterium bezieht, das im Organismus selbst existiert, im Gegensatz zu einem Angetriebensein durch chaotische biologische Impulse oder einem Bestimmtsein durch Umweltkräfte. Es ist weiters ein *antihomöostatisches* Konzept, indem es den Organismus als etwas betrachtet, das konstant danach strebt, neue Potentiale zu verwirklichen, im Gegensatz zur Aufrechterhaltung oder Wiederherstellung eines spannungsfreien Zustandes des Gleichgewichts. Es ist ein *prozeßorientiertes* Konzept, das Begriffe einer kontinuierlichen Veränderung angesichts der sich verändernden Umgebung enthält, aber stets in Richtung eines Zieles oder Endzustandes, der im Organismus selbst grundgelegt ist. Weiters besagt dieses Konzept, daß der Organismus nach einer *optimalen Realisierung* der gegebenen Potentiale auf allen Stufen seiner Entwicklung strebt, und zwar zu jedem gegebenen Zeitpunkt (der Organismus macht quasi das Beste aus den Potentialen, die zu einem gegebenen Zeitpunkt vorhanden sind).

Diese Vorstellung unterscheidet sich von einer Auffassung, nach der Individuen nur auf externen Druck reagieren oder einfach das Produkt von Vektoren sind, die aus der Umgebung einwirken. Diese Umgebungsfaktoren spielen eine wichtige Rolle, allerdings nicht in einem einfachen Ursache-Wirkungs-Prinzip. Sie werden als Anregungs- und Förderungsmomente für die weitere Entwicklung des Individuums gesehen, entsprechend den Möglichkeiten, die der Organismus von Augenblick zu Augenblick zum Ausdruck bringt. Die Humanistische Psychologie ist deswegen nicht, wie eine gängige und undifferenzierte Kritik vorbringt, blind gegenüber dem Einfluß von Umweltfaktoren – trotz ihres Bestehens auf einer Aktualisierungstendenz. Denn umfangreiche Bemühungen richteten sich auf die Kritik und Rehumanisierung von sozialen Institutionen, die sehr wirksam die Entwicklung individueller menschlicher Potentiale behindert oder verhindert haben. Die wichtigsten allgemeinen Theorien zu dieser Vorstellung wurden von Maslow und Rogers formuliert.

Hierarchie und relative Vormächtigkeit der Bedürfnisse

Im Mittelpunkt von MASLOWS Theorie der Motivation steht die Wachstums-Motivation, die nach Selbstverwirklichung strebt. Maslow betrachtet die innere Natur der Selbstverwirklichung als irritierbar, im Grunde als eine zarte und subtile Kraft. Deshalb kann die innere Natur der menschlichen Selbstverwirklichung durch kulturelle Einflüsse, unangemessene elterliche Erziehung oder durch falsche Gewohnheiten „verbogen", verzerrt und verschüttet werden. Die Tendenz zur Selbstverwirklichung verschwindet allerdings niemals vollständig. Eine wichtige Unterscheidung stellt die Wachstums-Motivation der Defizit-Motivation gegenüber. Defizit-Motivation strebt einen Ausgleich von Mängeln an, ist homöostatisch. Der defizit-motivierte Mensch ist lediglich bestrebt, seine Grundtriebe zu befriedigen und einen Gleichgewichtszustand zu erhalten. Der wachstums-motivierte Mensch riskiert es auch, aus dem Gleichgewicht zu kommen, um eine qualitative Reichhaltigkeit von Erfahrungen und Bedürfnisbefriedigung zu erreichen (Maslow 1981).

Der Kerngedanke von Maslows Motivationstheorie ist die Idee der Hierarchie der Bedürfnisse bzw. der Hierarchie von Bedürfnisprioritäten. Maslow (1981, S. 65) geht davon aus, „daß die grundlegenden menschlichen Bedürfnisse in einer Hierarchie der relativen Vormächtigkeit organisiert sind". Die Grundbedürfnisse auf der untersten Stufe der Hierarchie sind in einer biologischen und physiologischen Ebene verankert und daher die mächtigsten. Ihre Deprivation oder Frustration führt zu den stärksten Reaktionen: Das Bewußtsein des Menschen ist von dem unbefriedigten Bedürfnis okkupiert und verengt, und alle Funktionen werden in den Dienst der Bedürfnisbefriedigung gestellt. Die Mächtigkeit dieser Bedürfnisse wirkt sich in der Weise aus, daß der Mensch als von diesem Bedürfnis „determiniert" erscheint – sowohl im Selbsterleben als auch aus der Sicht anderer. Die relative Vormächtigkeit bedeutet nun, daß mit aufsteigender Hierarchie diese biologische Verankerung abnimmt und die Bedeutung des Bewußtseins und der damit verbundenen Fähigkeiten (z. B. zur symbolischen Verarbeitung) eine immer größere Rolle für die Identifikation der Bedürfnisse und deren Befriedigung spielt. Bedürftigkeit auf der höchsten Stufe ist ohne symbolische Verarbeitung der Realität und Differenzierungsaktivitäten nicht vorstellbar, während die physiologische, körpernahe Bedrängnis dabei relativ gering ist. Der Freiheitsspielraum für bewußte Entscheidungen ist auf dieser Ebene am größten. Die hierarchische Priorität der Bedürfnisse zeigt sich auch darin, daß die Befriedigung von Bedürfnissen auf einer unteren Ebene zur Aktivierung von Bedürftigkeit auf der nächsthöheren Ebene führt. Der Mensch ist niemals bedürfnislos, durch Sättigung inaktiv, sondern es entstehen neue Bedürfnisse anderer Qualität. Die Erreichung eines Gleichgewichtes auf einer Ebene der Bedürftigkeit löst ein Ungleichgewicht auf der nächsten Bedürfnisebene aus. Diese Facette in Maslows Theorie ist vermutlich die wichtigste, denn er führt damit die Vorstellung einer nicht-linearen Bedürfnis-Dynamik ein, in der die Vorstellung einer Homöostase, einer Spannungsreduktion mit der Vorstellung von Spannungs- und Reizsuche verbunden ist. Maslow schlägt für diese Dynamik die folgende Stufenfolge vor.

1. Die physiologischen Bedürfnisse. Hierunter fallen die Bedürfnisse nach Luft, Nahrung, Wasser, körperlichem Wohlbefinden etc. Maslow fand es zwecklos, einen erschöpfenden Katalog physiologischer Bedürfnisse aufzustellen, da das wesentliche Merkmal, die körpernahe, somatische Bedrängnis, bei physiologisch verankerter Bedürftigkeit am stärksten sein kann, andererseits aber die Befriedigung von Bedürfnissen mit einer somatischen Basis auch Gegenstand bewußter Zielentscheidungen sein kann. Physiologische Bedürfnisse „sind rela-

tiv, aber nicht vollständig isolierbar" (Maslow 1981, S. 63), aber an
ihrer relativen Vormächtigkeit erkennbar: „Jemand, dem es an Nahrung, Sicherheit, Liebe und Wertschätzung mangelt, würde wahrscheinlich nach Nahrung mehr als nach etwas anderem hungern"
(ebd.).

2. Die Sicherheitsbedürfnisse. Damit sind Bedürfnisse nach Sicherheit, Geborgenheit, Schutz, Unversehrtheit, Stabilität, Ordnung,
nach Grenzen und Angstfreiheit gemeint. Wieder ist hier eine erschöpfende Aufzählung, wie auch bei den folgenden Bedürfnisstufen,
nicht möglich. Denn diese Sicherheitsbedürfnisse können in vielfältigen Formen zum Ausdruck kommen, etwa an dem Bedürfnis nach
ungestörter Routine, nach Struktur oder an dem Bedürfnis, leidvolle
Erfahrungen zu vermeiden.

3. Bedürfnis nach Liebe und Zugehörigkeit. Zu diesen Bedürfnissen gehören das Streben nach liebevollen Beziehungen, nach einem
Platz in einer Gruppe, nach Intimität, Übereinstimmung und Aufhebung von Einsamkeit. Die vielfachen Formen und Gelegenheiten zur
Identifikation, die der Mensch vorfindet, schafft oder ergreift, sind auf
dieser Ebene der Bedürftigkeit angesiedelt.

4. Selbstachtungsbedürfnisse. Hierunter fallen die Bedürfnisse
des Menschen nach Wertschätzung seiner Person, das Bedürfnis, eine
Wirkung zu hinterlassen, kompetent zu sein und eine nachvollziehbare Leistung zu vollbringen, in der er sich bestätigt und wiederfindet.
Auch hier finden wir viele Ausdrucksformen, wie etwa in den Bedürfnissen nach Anerkennung, Beachtung, Aufmerksamkeit, Bedeutung,
Prestige. In diesem Zusammenhang wird etwa die Unterscheidung
zwischen verdientem Respekt und unverdienter Bewunderung wichtig. Sie zeigt, wie die Fähigkeiten des menschlichen Bewußtseins mit
der Befriedigung dieses Bedürfnisses verbunden sind. Die Differenzierung zwischen verdientem Respekt (aufgrund kompetenter Aktivitäten oder Leistungen) und unangemessener äußerer Bewunderung
(etwa aufgrund einer formalen Position oder Funktion oder als Akt
der Verführung) hat auch zur Folge, daß unterschiedliche Qualitäten
der Befriedigung gewonnen werden. Mit dieser Differenzierungsfähigkeit ist in der Regel die äußere und unverdiente Bewunderung
weniger „sättigend". Andererseits kann eine große Bedürftigkeit nach
Beachtung und Mangel an Selbstachtung zu einer temporären oder
dauernden Entdifferenzierung führen: Die Suche nach Beachtung
wird unter diesen Umständen nicht sonderlich selektiv. Unverdiente,

äußere Beachtung und Würdigung kann dann fälschlicherweise als Aufwertung der eigenen Person und als Bestätigung der eigenen Kompetenz erlebt werden. Der Selbstwert, der aus trügerischen Quellen undifferenziert gewonnen wird, begründet Phänomene, die als narzißtische Störungen bezeichnet werden.

5. Selbstverwirklichungsbedürfnisse. Sie sind in Maslows Stufenfolge die höchsten Bedürfnisse, die Bedürfnisse nach Erkenntnis und nach ästhetischer Wirklichkeit und Verwirklichung, das Bedürfnis nach Schönheit, Wahrheit, Gerechtigkeit oder Vollkommenheit. Das Verlangen nach Wissen und Verstehen im Hinblick auf sich selbst und auf Erscheinungen der Wirklichkeit gehört ebenfalls auf diese Stufe.

Die Grade psychologischer Gesundheit sind mit der Befriedigung dieser Bedürfnisse stark verbunden: Wenn ein Bedürfnis im unteren Teil der Hierarchie nicht befriedigt ist, wird es das höhere Bedürfnis dominieren. Grundsätzlich ist es so, daß menschliche Aktivitäten nicht in reiner Form im Sinne dieser Hierarchie motiviert sind, sondern Impulse und Antriebe aus verschiedenen Ebenen erhalten, quasi vermischt sind. Dieselbe Aktivität kann verschiedene Bedürfnisse befriedigen, wie dieselbe frustrierende Erfahrung verschiedene Bedürfnisebenen berühren kann: Eine Trennung kann sowohl das Bedürfnis nach Zugehörigkeit als auch das Bedürfnis nach Sicherheit frustrieren. Eine Einschränkung der psychischen Gesundheit ist vorhanden, wenn die Vermischung der Bedürftigkeiten mit Einschränkungen und Verwirrungen auf seiten der Anpassungsfunktionen verbunden sind, die auch Bewußtseinsleistungen einschließen (Wahrnehmung, symbolische Verarbeitung, Differenzierung, Selektivität). Dies führt zu vielfältigen Täuschungen, Spaltungen, Entdifferenzierungen, die Aktivitäten zur Bedürfnisbefriedigung ineffektiv machen: Zum Beispiel kann eine Person viel Energie in die Erbringung von selbstbestätigenden Leistungen investieren, ohne wahrzunehmen, daß sein dominierendes Bedürfnis in der Suche nach Liebe und Zugehörigkeit besteht. Kulturspezifische Mängel können entstehen, wenn eine Gesellschaft bestimmte Fähigkeiten und Funktionen für die Bedürfnisbefriedigung höher bewertet und stärker in der Erziehung fördert als andere: So kann eine Gesellschaft durch entsprechende Bildungsprogramme (Curricula) Fähigkeiten zur Erbringung von Leistungen zur individuellen Selbstbestätigung fördern, während gleichzeitig ein Unvermögen besteht, liebevolle Beziehungen aufzubauen.

Aktualisierungstendenz und Selbst

ROGERS betont in seiner Persönlichkeitstheorie zur Frage, wie und
wodurch der menschliche Organismus seine Energien erhält, aktiviert
und in Gang gehalten wird, eine einzige, zentrale Kraft und Energiequelle.[1] Rogers verwendet dafür Bezeichnungen wie etwa „organismische Tendenz zur Erfüllung" oder „Aktualisierungstendenz" Damit ist
die Annahme gemeint, daß der Organismus eine grundlegende Tendenz und ein Streben aufweist, sich selbst zu erhalten, seine Möglichkeiten zu entfalten und sich weiterzuentwickeln. Rogers beschreibt
die Aktualisierungstendenz als „die dem Organismus innewohnende
Tendenz zur Entwicklung all seiner Möglichkeiten; und zwar so, daß
sie der Erhaltung oder Förderung des Organismus dienen" (Rogers
1987, S. 21), als „Tendenz des Organismus, sich in Richtung Reife – so
wie Reife für jede Spezies definiert ist – zu bewegen (Rogers 1986,
S. 422). Er geht davon aus, „daß in jedem Organismus auf jedweder
Entwicklungsebene eine Grundtendenz zur konstruktiven Erfüllung
der ihm innewohnenden Möglichkeiten vorhanden ist. Auch der
Mensch weist diese natürliche Tendenz zu einer komplexeren und
vollständigeren Entfaltung auf" (Rogers 1981, S. 69).

Diese Überzeugung von einer Aktualisierungstendenz entwickelte
sich bei Rogers aus seiner eigenen Erfahrung einer vorwärtsbewegen-
den Tendenz bei seinen Klienten in der Einzelpsychotherapie. In der
Zeit, als er diese Überzeugung entwickelte, wurde das intellektuelle
Klima im klinisch-psychotherapeutischen Bereich durch Publikationen beeinflußt, die in eine ähnliche Richtung wiesen (Maslow, Goldstein, Horney und Rank; ferner phänomenologische Theoretiker wie
Snygg und Combs).

Andere Vertreter der Humanistischen Psychologie setzten mit ähnlichen Formulierungen zum Teil andere Akzente, jedoch ist die
grundlegende Idee dieselbe. COMBS umschreibt diese zentrale Kraft
als Streben nach Gesundheit und Erfüllung (Combs 1989), während
SNYGG und COMBS (1949) von einem Streben nach persönlicher
Adäquatheit (personal adequacy) sprechen. Es ist damit eine stre-
bende Kraft gemeint, eine der eigenen Individualität und den Herausforderungen des Lebens angemessene Organisation der eigenen Per-

---

1 Dieser Abschnitt ist eine leichte Überarbeitung eines Teiles aus Hutterer
(1992).

sönlichkeit zu entwickeln. Die Aktualisierungstendenz weist einige Charakteristika auf, die ihre Wirksamkeit und ihren Operationsmodus beschreiben.

Selektivität und Zielgerichtetheit
Die Aktualisierungstendenz operiert nicht in einer zufälligen und beliebigen Weise, sie ist selektiv und zielgerichtet. Ihre Selektivität richtet sich auf die Unterstützung von Prozessen, die die Erhaltung und Weiterentwicklung des Organismus fördern. Diese selektive Funktion ist keine natürliche Automatik, sondern sie entfaltet ihre Wirksamkeit, soferne sie durch die Funktionsfähigkeit des Gesamtorganismus unterstützt wird. Dabei kommt dem Bewußtsein eine besondere Bedeutung für die Selektivität der Aktualisierungstendenz zu. Rogers geht davon aus, daß diese Selektivität wirksam wird, „sobald Gelegenheit zur eindeutigen Wahl zwischen Vorwärtsbewegung und regressivem Verhalten geboten wird" (Rogers 1986, S. 424). Erst durch die bewußte Wahrnehmung einer Wahlsituation auf der Basis von differenzierten und exakten Symbolisierungen von Erfahrungen erfüllt die Aktualisierungstendenz ihre selektive Funktion. „Es scheint, daß das Individuum regressives Verhalten als selbsterhöhendes Verhalten mißversteht, solange Erfahrung nicht angemessen symbolisiert wird und solange keine angemessenen richtigen Differenzierungen vorgenommen werden" (Rogers 1983, S. 424). Sobald der Organismus seine selektive Funktion wahrnimmt, nährt die Selbstaktualisierungstendenz einen „organismischen" Bewertungsprozeß, der die Wahl einer Richtung im Sinne der Erhaltung und weiteren Entfaltung des Organismus fördert. Diese Richtung läßt sich durch die folgenden Prozesse umschreiben.

1. Autonomie und Selbstregulierung. Der Organismus wählt Aktivitäten, die seine Autonomie und Fähigkeit zur Selbstregulierung stärken und erweitern. „Er bewegt sich in Richtung auf größere Unabhängigkeit oder Selbstverantwortlichkeit [...] in die Richtung einer wachsenden Selbstbeherrschung, Selbstregulierung und Autonomie und weg von abhängiger Kontrolle oder Kontrolle durch äußere Kräfte" (ebd., S. 422).
    2. Differenzierung, komplexe Organisation und Wechselseitigkeit. Der Organismus entwickelt sich in Richtung auf zunehmende Differenzierung, Komplexität und Wechselseitigkeit seiner Funktionen

und Fähigkeiten und seiner Beziehungen zur Umgebung. Rogers hat diese Prozesse schon in seinen früheren Schriften im Zusammenhang mit dem Begriff der Aktualisierung betont: „Der Begriff beinhaltet die Tendenz des Organismus zur Differenzierung seiner selbst und seiner Funktionen" (Rogers 1987, S. 22). Jedoch sah er später in diesen Prozessen einen weiteren Verständnisrahmen, den er als „formative Tendenz" bezeichnet. Die Aktualisierungstendenz stellt er dabei in den umfassenderen Kontext der formativen Tendenz, die in seinem Sinne ein „schöpferischer Vorgang ist" (Rogers 1981, S. 76), eine „Tendenz hin zu größerer Ordnung, größerer Komplexität und stärkerer Wechselbeziehung" (ebd., S. 83) und eine „Tendenz, die gesamte Komplexität zu entwickeln, deren ein Organismus fähig ist" (ebd., S. 84). In unserem Zusammenhang ist es unerheblich, welche Prozesse den umfassenderen Verständnishorizont liefern, sondern wesentlich ist, daß die Aktualisierungstendenz in Verbindung mit einer zunehmenden Differenzierung, Komplexität und Wechselseitigkeit des Organismus und seiner Funktionen operiert, soferne sie ihre selektive Funktion erfüllt.

3. Entwicklung von konstruktiven und sozialen Lösungen. Eine weitere Tendenz besteht darin, daß der Organismus bei seinem Streben nach Erhaltung und Erweiterung konstruktive und soziale Lösungen sucht. Diese Charakterisierung wird häufig als eine anthropologische Voraussetzung des personenzentrierten Ansatzes, als Menschenbild, formuliert und wegen seiner Naivität kritisiert. In unserem Zusammenhang beschreibt die Tendenz zu konstruktiven und sozialen Lösungen eine Richtung, die die selektive Funktion der Aktualisierungstendenz ermöglicht. Es bedeutet, daß der Organismus „konstruktiv" im Sinne der Entfaltung seiner individuellen Möglichkeiten ist und die Erweiterung seiner Beziehungsfähigkeit als soziales Wesen und seiner sozialen Fähigkeiten wie mitmenschliches Sorgen und Verständnis anstrebt. „Konstruktiv" und „sozial" sind keine Charakterisierungen im Sinne moralischer Standards wie „gut" und „böse", sondern müssen im Kontext der aktuellen Entwicklungs- und Beziehungsmöglichkeiten des Organismus gesehen werden.

4. Wertsteigerung und Transparenz. Die selektive Funktion der Aktualisierungstendenz drückt sich ferner im Bedürfnis nach Wertsteigerung und Transparenz aus: Der Organismus sucht Situationen und Aktivitäten und Entwicklungsbereiche, die seinen Wert und Selbstwert steigern. Er strebt ferner nach Realitätserkenntnis und ist

motiviert, die Wahrheit über sich selbst und seine Umgebung zu suchen, soferne sie für seine Erhaltung und Entfaltung bedeutsam ist. Dies ist zu verstehen im Gegensatz zur Aufrechterhaltung von Täuschungsmanövern, Selbsttäuschung, Halbwahrheiten und verzerrter Realitätswahrnehmung. So wie Situationen der Abwertung und Mißachtung und der Zustand der Selbsttäuschung und Realitätsverleugnung dem Organismus Sicherheit gegeben haben, so werden sie durch die selektive Funktion der Aktualisierungstendenz unbequem und einschränkend.

Präsenz und permanente Aktivität
Die Aktualisierungstendenz ist eine ständig wirksame Aktivierungskraft des Organismus. Es gibt also keinen motivationslosen Zustand, sondern „wir haben es mit einem Organismus zu tun, der immer motiviert, immer ‚unternehmungslustig‘, immer auf der Suche ist" (Rogers 1978, S. 271). Die Aktualisierungstendenz kann zwar eingeschränkt oder verformt werden, „aber man kann sie nicht zerstören, ohne den Organismus zu vernichten" (Rogers 1981, S. 69). Das Streben nach Erhaltung und Erweiterung des Organismus ist ständig in Funktion und anwesend, während ihr Operationsmodus von der Funktionsfähigkeit des Gesamtorganismus bestimmt wird.

Einheit und Vielfältigkeit
Die personenzentrierte Persönlichkeitstheorie geht von der Möglichkeit aus, daß alle organischen und psychologischen Bedürfnisse als partielle Aspekte der Aktualisierungstendenz beschrieben werden können (Rogers 1983) und die Vielfältigkeit menschlicher Bedürfnisse und Ziele sich als Ausdruck einer grundlegenden und zentralen Kraft, die in beständigem Austausch mit der Umgebung steht, entfaltet. Bedürfnisse im traditionellen Sinn sind Ausdruck der Operation dieser gerichteten Kraft. „Die Tendenz kann sich in einem überaus breiten Verhaltensspektrum ausdrücken und als Reaktion auf eine umfangreiche Skala von Bedürfnissen erfolgen" (Rogers 1978, S. 270).
Im Zusammenspiel mit der physiologischen Funktionsfähigkeit des Organismus bildet die Aktualisierungstendenz homöostatische Aktivierungsformen, die auf die Herstellung eines Gleichgewichtszustandes gerichtet sind. Rogers weist darauf hin, daß in seiner Vorstellung einer Aktualisierungstendenz auch „Motivationskonzepte, die

mit Bedürfnisreduzierung, Spannungsreduzierung und Triebreduzierung arbeiten" (Rogers 1987, S. 22), enthalten sind. Darüber hinaus setzt die Aktualisierungstendenz im Zusammenspiel mit der Symbolisierungsfähigkeit des Bewußtseins Wachstumsmotivation frei, die auf ein Ungleichgewicht des Organismus und auf Spannungssteigerung zielt. Aus dieser Perspektive erscheint die Aktualisierungstendenz als einheitliche, komplexe Motivationsfunktion, die im Gesamtorganismus vernetzt ist und im Austausch mit den Fähigkeiten und Funktionen des Gesamtorganismus in einer Weise operiert, so daß eine qualitative Vielfalt an Energien entsteht, die als „Triebe", „Bedürfnisse", „Ziele" und „sinngeladene Bedeutungen" den Organismus aktivieren.

Ganzheit und Funktionalität

Die Aktualisierungstendenz ist nicht ein Energiereservoir, das wir uns nur als begrenzt oder auch unerschöpflich vorstellen und in Teilbereichen des Organismus identifizieren können, sondern eine Funktionsfähigkeit des Gesamtorganismus. Es handelt sich „um eine vertrauenswürdige Funktion des ganzen Organismus und nicht bloß eines Teils davon" (Rogers 1978, S. 271). Diese Funktionsfähigkeit des Organismus erlaubt es ihm, immer wieder neue Energien im Zusammenspiel mit dem Gesamtsystem des Organismus zu produzieren, die als „Bedürfnisse" und Ziele den Organismus aktivieren. Allerdings ist hier nicht das Bild eines „perpetuum mobile" angemessen, einer gleichbleibenden „Maschine", die ständig in Bewegung ist, sondern wir müssen im Sinne eines Systembildes denken. Die Aktualisierungstendenz stabilisiert und vernetzt sich im Gesamtorganismus durch weitere Differenzierung und Entwicklung im Austausch mit seiner Umgebung (anderen Organismen). Sie entfaltet und „verteilt" ihre Funktionsfähigkeit im Gesamtorganismus und nutzt so seine Fähigkeiten und Funktionen, um ihm neue Energien zuzuführen. Durch diese Energieproduktion und -umwandlung bestätigt und erneuert die Aktualisierungstendenz ihre Funktionsfähigkeit, so daß ein sich selbst verstärkender Prozeß in Gang gehalten wird.

Bei der Beschreibung des Konzeptes der Selbstaktualisierung muß man vorerst darauf hinweisen, daß die Begriffe Aktualisierungstendenz und Selbstaktualisierung oft *mißverständlich synonym* verwendet werden. Rogers hat jedoch beide Begriffe theoretisch eindeutig unterschieden. Oft wird der Bedeutungswandel des Konzeptes „Selbstaktualisierung" nicht zur Kenntnis genommen (vgl. Ford

1991). FORD und MAAS (1989) haben darauf hingewiesen, daß in psychologischen Einführungstexten Selbstaktualisierung mit Wachstum, Gesundheit, Reife und optimaler Anpassung gleichgesetzt wird – eine Auffassung, die nur mit der frühen Phase der Rogersschen Theoriebildung übereinstimmt (Rogers 1951). Die Bedeutung von Selbstaktualisierung im Verhältnis zu Begriffen wie psychische Gesundheit oder Wachstum hat sich jedoch in der späteren Theoriebildung verändert (Rogers 1959, 1963). 1951 konzipiert Rogers seine Motivationsauffassung, indem er dem Organismus ein grundlegendes Streben zuweist – eine Tendenz, den erfahrenden Organismus zu aktualisieren, zu erhalten und zu erhöhen. Auf diesen Prozeß, den er im Sinne zunehmender Autonomie, Selbstregulierung und Differenzierung beschreibt, bezieht er sich ausschließlich mit den Begriffen Selbstaktualisierung bzw. Wachstum (Rogers 1951, S. 487 f.: proposition IV; 1986, S. 422 f.: These IV).

1959 behandelt Rogers Motivation auf der Basis der theoretischen Konzepte „Organismus" und „Selbst", die er eindeutig unterscheidet. Bezogen auf den Organismus verwendet Rogers den Begriff *Aktualisierungstendenz*, die er als Tendenz des Organismus beschreibt, alle seine Fähigkeit zu entwickeln, soferne sie der Erhaltung und Erhöhung des Organismus dienen. Auch hier verweist er auf eine Entwicklung in Richtung Autonomie und Differenzierung und betont gleichzeitig, daß diese Tendenz die einzige Motivationskraft darstellt, die er in seinem theoretischen System postuliert (Rogers 1959, S. 196; 1987, 21 f.). Zu Recht stellt FORD (1991) fest, daß diese Definitionen sich substantiell gleichen und Rogers hier den 1951 verwendeten Begriff Selbstaktualisierungstendenz 1959 durch den Begriff Aktualisierungstendenz ersetzt, um das grundlegende, einzige und generelle Konstrukt zur Motivation zu beschreiben. Den Begriff *Selbstaktualisierung* verwendet er späterhin in Relation zum Begriff des Selbst: Im Zuge der Entwicklung einer Selbststruktur drückt sich die generelle Aktualisierungstendenz „in der Aktualisierung des Teils der organismischen Erfahrung aus, in dem sich das symbolisiert, was wir Selbst nennen" (Rogers 1987, S. 22).

Die *Aktualisierungstendenz* ist in diesem theoretischen System der *umfassendere* Prozeß. Denn das „Selbst ‚tut' selbst nichts. Es ist eine mögliche Erscheinungsform dieser organismischen Tendenz, die den Organismus erhält und entwickelt", ein „Subsystem" der allgemeinen Aktualisierungstendenz, ein „Teilaspekt der Motivation" (ebd., S. 22).

Wir sehen an diesen Hinweisen, daß der Bedeutungswandel des Begriffes Selbstaktualisierung keinen nebensächlichen oder zufälligen
Aspekt trifft, sondern eine theoretische Weiterentwicklung und Präzi-
sierung darstellt. Die Betrachtung dieses Bedeutungswandels zeigt
aber auch, daß Rogers die Idee einer grundlegenden, einheitlichen
und einzigen Motivationsfunktion für den Organismus bereits in den
frühen Phasen seiner Theorieentwicklung verfolgte und die spätere
Unterscheidung zwischen genereller Aktualisierung und Selbstaktualisierung das Ergebnis einer präziseren und differenzierteren Überlegung ist. Wenn wir Selbstaktualisierung in diesem Sinne verstehen,
als Ausdruck der generellen Aktualisierungstendenz im Dienste der
Erhaltung und Entwicklung des Selbst, so müssen wir in Rechnung
stellen, daß jene oben beschriebenen Charakteristika einer allgemeinen Aktualisierungstendenz auch im Kontext einer Selbstaktualisierung ihre Wirksamkeit und Bedeutung entfalten. Wir müssen also
auch im Zusammenhang mit der Selbstaktualisierungstendenz von
einer Zielgerichtetheit, permanenten Aktivität, Vielfältigkeit in der
Einheit bzw. einer funktionsgenerierenden Ganzheit ausgehen. Darüber hinaus kann man komplexere Überlegungen bezüglich persönlicher Entwicklung anstellen, als es eine naive Auffassung von
Selbstaktualisierung im Sinne eines linearen Wachstumsprozesses in
Richtung psychischer Gesundheit und Reife erfordert.

Die Herausbildung einer Selbstaktualisierungstendenz als relativ
autonomes Motivationssystem geht Hand in Hand mit der Entwicklung des Selbst. Die allgemeine Aktualisierungstendenz setzt einen
Prozeß der Differenzierung von Funktionen und Funktionsleistungen
im Organismus frei. Die Offenheit und generelle Reizbarkeit des
Organismus ermöglicht eine selektive Funktionsdifferenzierung in
Auseinandersetzung mit der Umwelt. Neben anderen Funktionen
entwickelt sich die Funktion des Bewußtseins in Verbindung mit der
Fähigkeit der symbolischen Repräsentation von Erfahrungen in unterschiedlicher Klarheit und Schärfe. Eine weitere Differenzierungslei-
stung der Aktualisierungstendenz betrifft die Entwicklung des Selbst.
Einen Teil der Erfahrungen des Organismus symbolisiert er als Gewahrsein seiner eigenen Existenz und seiner Handlungen (Selbsterfahrung). In der Auseinandersetzung mit seiner Umgebung formt der
Prozeß der Selbsterfahrung ein Subsystem im Organismus, indem im
eigenen Erfahrungsfeld ein Selbstkonzept (Selbst, Selbststruktur) als
unterscheidbares Wahrnehmungsobjekt differenziert wird. Das Selbst

erhält im Laufe seiner Entwicklung eine relative Autonomie, d. h., dieses Subsystem „Selbst" ist mit einer Eigengesetzlichkeit ausgestattet, die zwar von der Dynamik der Aktualisierungstendenz getragen und gespeist wird, jedoch einen eigenen Freiheitsspielraum erhält und neue Orientierungsfunktionen entwickelt. Das Subsystem „Selbst" entwickelt gegenüber dem Gesamtorganismus neue und selektive Möglichkeiten des Austausches und der Kommunikation mit der Umgebung, neue Formen der Erfahrungsverarbeitung. Der Begriff Selbstaktualisierungstendenz bezieht sich auf die dynamische und energetisierende Dimension, die mit der relativen Eigengesetzlichkeit des Selbstsystems verbunden ist. Die Tendenz zur Selbstaktualisierung bedeutet eine Differenzierung der allgemeinen Aktualisierungstendenz im Dienste der Aufrechterhaltung und Förderung der Autonomie des Individuums. Denn erst die relativ autonome Wirksamkeit einer Selbstaktualisierungstendenz ermöglicht eine zunehmende Individualisierung des Menschen (Unterscheidbarkeit von Individuen). Selbstaktualisierung ist jenes metapsychologische Konzept, das die Vorstellung einer individuellen und autonomen Entwicklung möglich macht.

Selbstverwirklichung und Selbstreflexion

NUTTIN läßt in seinen Überlegungen den Einfluß psychoanalytischen Denkens erkennen, jedoch wendet er sich kritisch gegen das homöostatische Modell, das in der klassischen Freudschen Theorie enthalten ist. Er wendet sich auch kritisch gegen seinen Mentor Alfred Adler, der als Vertreter eines Finalismus gilt. Ebenfalls einflußreich für Nuttin waren Otto Rank, Kurt Goldstein und Carl Rogers, den er bei einem Aufenthalt in den Vereinigten Staaten besuchte. Nuttins Ansatz kann wie folgt beschrieben werden (Nuttin 1956, 1962).

1. Der menschliche Organismus unterscheidet sich von allen niedrigeren Organismen durch seine Fähigkeit zum reflexiven Bewußtsein, dessen deskriptive Analyse drei, nicht aufeinander reduzierbare Ebenen bewußten Erfahrens zeigt: die psychophysische, die psychosoziale und die spirituelle Ebene.

2. Alle lebenden Organismen sind offene Systeme und weisen ein beständiges Bedürfnis nach Kontakt und Austausch mit der Umgebung auf.

3. Bei niedrigeren Organismen ist die biologische Dynamik der Homöostase wichtig und bleibt auch der dominierende Mechanismus für die Selbstverwirklichung auf der psychophysiologischen Ebene menschlichen Funktionierens. Aber selbst diese wird zeitweise durch die spezifisch menschliche Fähigkeit der Selbstbewußtheit bedeutsam transformiert.

4. Selbstbewußtheit wird ein zunehmend wichtigerer Faktor bei der Bestimmung menschlicher Bedürfnisse und korrespondierender Motive auf dem psychosozialen und transpersonalen Level der Erfahrung.

5. Menschliches Verhalten ist motiviert durch einen Drang nach Selbstverwirklichung. Damit sind die verschiedenen Möglichkeiten auf allen Ebenen der Erfahrung gemeint. Die Aktualisierung dieser Möglichkeit erfordert einen beständigen Austausch mit der Umgebung auf allen Ebenen der Erfahrung.

6. Die Komplexität des menschlichen Organismus und Vielfältigkeit der Bedürfnisse, die auf den verschiedenen Ebenen der Erfahrung entstehen, führt unvermeidlich zu konflikthaften Prozessen. Es ist daher unmöglich, alle Fähigkeiten des Organismus gleichzeitig zu verwirklichen oder alle Bedürfnisse gleichzeitig zu befriedigen. Konflikte bei der Verwirklichung von Fähigkeiten und Befriedigung von Bedürfnissen führen zu Spannungszuständen.

7. Der menschliche Organismus ist nicht instinktgebunden und muß deswegen Entscheidungen treffen, die auch seine Persönlichkeitsentwicklung betreffen, die grundsätzlich offen ist. In frühen Entwicklungsstadien werden diese Entscheidungen entweder unbewußt getroffen oder durch kulturelle und familiäre Ideale der Persönlichkeit geleitet, was zur unbewußten Unterdrückung von bestimmten Bedürfnissen und Aspekten führen kann, die mit diesen kulturellen oder familiären Idealen nicht übereinstimmen. Die hier unterdrückten Bedürfnisse behalten ihre dynamische Kraft, die unter bestimmten Bedingungen destruktive Konsequenzen haben können. Mit zunehmender Selbstbewußtheit ist es für das Individuum deswegen erforderlich, ein konstruktives Persönlichkeitsideal zu entwickeln, das alle Daten der Erfahrung berücksichtigt und die Grundlage dafür bildet, bewußte Entscheidungen über die Fähigkeiten und Bedürfnisse zu treffen, die verwirklicht werden sollen oder die ignoriert werden sollen. Die Entwicklung der Persönlichkeit bezieht sich deswegen auf die Ganzheit der Person mit dem konstruktiven Persönlichkeitsideal

und nicht auf individuelle Bedürfnisse. Die Entscheidungen werden
von Bedeutungen, Werten, Idealen usw. geleitet, die sich aus der
transpersonalen Ebene der Erfahrung ergeben. Unter der Voraussetzung, daß dieses konstruktive Ideal persönlich befriedigend ist und
realistischerweise erfüllt werden kann, können unvereinbare Bedürfnisse ignoriert oder bewußt unterdrückt werden, ohne daß sie unbewußt wiederkehren. Der Persönlichkeitsentwurf des Individuums
wirkt dabei als abschirmender Filter, der eine destruktive Dynamik
bewußt unterdrückter Bedürfnisse verhindert.

Bei Nuttin ist die Aktualisierungstendenz in der biologischen Matrix
des Organismus verwurzelt, aber ebenso einer starken Beeinflussung
durch die menschliche Fähigkeit für reflexive Bewußtheit ausgesetzt.
Bewußtsein verändert die kulturellen Ziele, Ideale und Werte, die das
Leben des Menschen bestimmen. Selbstbewußtheit erlaubt, diese Ziele, Ideale und Werte zu personalisieren und sie in Übereinstimmung
mit individuellen Fähigkeiten und Kapazitäten zu bringen, aber auch
sie zu transzendieren. Die auf der Basis reflexiver Bewußtheit durchgeführten absichtlichen und zweckgerichteten Aktivitäten transformieren die allgemeine teleologische oder gerichtete Tendenz, die
allen lebenden Organismen anhaftet, so daß von diesem Umstand die
enorme Vielfältigkeit verstanden werden kann, die man bei individuellen und kulturellen Formen der Selbstverwirklichung findet. In diesem Konzept spielt das menschliche Charakteristikum des reflexiven
Bewußtseins eine Schlüsselrolle.

Eine wesentliche Konsequenz aus dieser gerichteten Tendenz, die im
Sinne von Maslow und Rogers für Entwicklung und Motivation zuständig ist, besteht in einem grundlegenden *Vertrauen in den menschlichen Organismus*, einem Optimismus in die individuelle Fähigkeit,
bestehende Zustände zu überwinden. ROGERS hat eine theoretische
Grundlage für das Verständnis des Problems des *Bösen*, der immer
wiederkehrenden Entfesselung von destruktiven Kräften in der Geschichte der menschlichen Existenz, angeboten. In seiner Analyse der
menschlichen Entwicklung führt er an, daß die Verzerrung des grundlegenden und dem Individuum innewohnenden Bedürfnisses nach
Selbstverwirklichung durch einen falschen Sozialisationsprozeß geschieht, der Schritt für Schritt das Selbst von seinem organismischen
Streben und Erfahren entfremdet. Bei Rogers selbst enthält diese

Auffassung noch Spuren einer Instinkttheorie, die diesen Optimismus oder diese Überzeugung über die instinktive Stärke einer Aktualisierungstendenz rechtfertigt, wodurch man auf dieses biologische Drängen zählen kann, auch wenn es durch unüberprüfte soziale Konventionen überlagert ist.

Diese positive und biologische Natur der Selbstaktualisierungstendenz wird zwar nicht von allen humanistischen Psychologen in gleicher Weise geteilt bzw. wird auch die Existenz von destruktiven Kräften nicht geleugnet, jedoch wird reale Destruktivität nur dann als wahrscheinlich angenommen, wenn diese destruktiven Kräfte und Impulse nicht dem Bewußtsein zugänglich sind. Der Optimismus der Humanistischen Psychologie in das konstruktive Potential menschlicher Existenz, egal wie eng er mit biologistischen Annahmen verbunden ist und unabhängig davon, ob Destruktivität als Epiphänomen oder als fundamentale Kraft angesehen wird, wird stets als Ausdruck eines Selbstgewahrseins angesehen, das diesen Optimismus erst ermöglicht. Das bedeutet, daß in dem Ausmaß, in dem einem Individuum alle persönlichen Daten seines Bewußtseins zugänglich sind und sie auch in Besitz genommen werden, die prosozialen Potentiale des Individuums tatsächlich realisiert werden.

Die *Rolle des Bewußtseins* im Zusammenhang mit der Aktualisierungstendenz des Organismus muß an dieser Stelle deutlich hervorgehoben werden, da das Konzept der Aktualisierungstendenz in der Regel im Kontext einer biologistischen Metaphorik dargestellt wird (vgl. Nuttin 1958, 1962). Die Rolle des Bewußtseins hier zu verleugnen oder außer acht zu lassen würde bedeuten, in eine weitere reduktionistische Falle zu geraten und menschliche Wesen als komplizierte Tiere zu betrachten. Die bewußte Reflexion auf sich selbst, als biologisch gebundenes Wesen, führt immer dort zu einem *biologistischen Selbstverständnis*, wo der reflektierende Organismus eine drängende Bedürftigkeit erlebt, gegenüber der er keine Wahl sieht. Denn eine bewußte Entscheidung gegen die Befriedigung dieser Bedürftigkeit wäre dann eine lebensbedrohende Erfahrung. In Analogie zu einem Suchterleben ist etwa der Entzug einer Bedürfnisbefriedigung mit einer erlebten Störung oder Bedrohung verbunden, auch wenn der Organismus ohne diese Befriedigung fortbestehen kann. Allein die bewußte Entscheidung gegen eine Bedürfnisbefriedigung wird als lebensbedrohlich erlebt. Ein weiteres Beispiel, das einen Bezug zu diesem Problem hat, ist die bewußte Einschränkung der Nahrungsauf-

nahme, etwa beim Fasten. Die bewußte Entscheidung für eine Einschränkung der Nahrungsaufnahme ist in Zusammenhang mit einem
bewußt gesetzten Ziel nicht bedrohlich, obwohl Nahrungsmangel
oder die Nichtverfügbarkeit von Nahrung normalerweise bedrohliche
Erlebensqualitäten hervorruft.

Diese Beispiele verweisen auf die *Plastizität des Bedürfniserlebens*,
das eine Dynamik, relativ unabhängig von einer realen Bedrohung
des Organismus, entwickeln kann. Die kritische Zone, in der eine
Bedürftigkeit lebensbedrohlich erlebt wird, ist eine Marke, die offensichtlich individuell, kulturell und auch historisch variabel ist. So mag
es kulturelle, historische und individuelle Entwicklungsphasen geben,
in denen sich die Aktualisierungstendenz in der Befriedigung von
physiologischen Grundbedürfnissen erschöpft. Und selbst hierbei
mag es eine Variabilität der Genügsamkeit oder Unersättlichkeit geben. So wie sich die Aktualisierungstendenz variabel im Bewußtsein
widerspiegelt, kann das Bewußtsein die Aktualisierungstendenz transformieren. In beiden Fällen wird die Deprivation der Bedürfnisbefriedigung eine variable Größe. Durch das Merkmal des Selbstbewußtseins kann die Aktualisierungstendenz im menschlichen Organismus
in eine gerichtete Tendenz transformiert werden, die eng mit dem
Begriff des Selbst als Zentrum der Zielgerichtetheit bei der Suche
nach Bedeutung verbunden ist. Die *durch das Bewußtsein informierte
Aktualisierungstendenz* kann in einem Willen zum Sinn zum Ausdruck kommen (Frankl). Der Wille zur Bedeutung bzw. die durch das
Bewußtsein transformierte Aktualisierungstendenz fungiert nicht
mehr als Trieb im Sinne einer homöostatischen Dynamik, sondern im
Sinne einer bewußten Zielorientierung bzw. eines unterschwelligen
Richtungsbewußtseins, die der Bedeutungssuche eine Richtung geben und die Wahlfreiheit nicht außer Kraft setzen. Bedeutungen sind
Phänomene, die durch das Bewußtsein entdeckt werden, wobei es
dem Individuum freisteht, sie zu aktualisieren oder nicht.

Die Aktualisierungstendenz enthält auch *Wachstumsbeschränkun-
gen*. Da das Potential eines Individuums immer mehrere Möglichkeiten enthält, betonen Theoretiker der Humanistischen Psychologie
immer wieder, daß es nicht möglich ist, das gesamte Potential im
Laufe eines Lebens zu realisieren. Sie wenden sich damit gegen Mißdeutungen des Begriffes der Selbstaktualisierung, wie sie in Trivialisie-
rungen der Humanistischen Psychologie immer wieder vorkommen.
Die Eröffnung von Wahlmöglichkeiten impliziert immer auch die

Notwendigkeit des Verzichts und der Beschränkung. Das biologische Potential wird quasi gemäßigt und ausgerichtet durch die Bewußtheit der Optionen, die einer Person offenstehen. Die Selektionen, Wahlen und Entscheidungen, die dabei getroffen werden, sind im Kontext dieser grundlegenden Zielgerichtetheit zu sehen (vgl. Tageson 1982).

Authentizität und psychische Gesundheit

Die meisten Autoren, die der Humanistischen Psychologie zuzurechnen sind, bringen die authentische Person oder eine authentische Entwicklung in Zusammenhang mit einer voranschreitenden Veränderung bezüglich des *Ortes der Bewertung*. In jedem Fall wird im Verlauf der Entwicklung ein Bewertungsprozeß, der von außen kommt, der sich entwickelnden Persönlichkeit auferlegt. Durch den Sozialisationsprozeß werden alle menschlichen Wesen während einer speziell verletzlichen Periode ihres Lebens beeinflußt. Das relativierende Argument der Humanistischen Psychologie lautet, daß Kinder in den anfänglichen Phasen ihrer Entwicklung eine spezielle Verletzlichkeit und Beeinflußbarkeit durch Konditionierung aufweisen, weil reflexives Bewußtsein selbst ein Entwicklungsphänomen ist und anfangs nur als Potential existiert, das sich erst im Jugendalter voll entwickeln kann. Diese Entwicklung schließt die Wahrnehmung und Differenzierung von Eigenerfahrungen ein, deren kritische Auswertung die Konstruktion von alternativen Handlungsformen und Motivationsgrundlagen einschließt. Wenn die Entwicklung reflexiven Bewußtseins noch nicht fortgeschritten ist, folgt der menschliche Organismus stärker den Gesetzen der Konditionierung, vergleichbar den niedrigeren Organismen, auf deren Untersuchung die Gesetze der Verhaltenskonditionierung beruhen. Dieser unvermeidliche Prozeß, auch wenn er die rudimentäre und undifferenzierte Eigenbewertung des Kindes nicht wesentlich verletzt, muß korrigiert werden, um eine Verantwortlichkeit für die eigene Existenz erleben zu können. Mit wachsender Selbstbewußtheit ist es möglich, diese Korrektur und bewußte Integration wahrzunehmen und als Entwicklungsaufgabe bewußt zu erleben. Die authentische Persönlichkeit ist dadurch gekennzeichnet, daß der Ort der Bewertung in ihr selbst liegt (Rogers 1973a). Eine Reihe von anderen Autoren beziehen sich auf dieses Ideal der Authentizität, das in einer Beziehung mit psychischer Gesundheit gesehen wird (vgl. auch Lietaer 1992). Es impliziert nicht Anpassung an bestehende Normen oder ein bequemes Funktionieren innerhalb bestehender Erwartungen und Gruppennormen, sondern meint eine Anpassung innerhalb des Individuums, einen Prozeß der Integration und Individuation, der auch dazu führen kann, Normen und Standards der Gesellschaft abzulehnen oder zu korrigieren. Der dialektische Ausgleich der Bewußtheit eigener Bedürfnisse, die flexible und selbstverantwortliche Kreation von Werten und Normen, die Anpassung an bestehende Normen und die Beeinflussung dieser Normen und Erwartungen machen jene Dynamik aus, die eine authentische Existenz ermöglicht. Keine andere Richtung der Psychologie hat das Problem der Authentizität mit dieser Prägnanz aufgegriffen. Weder die behavioristische noch die psychoanalytische Perspektive mit ihren eher deterministischen Betrachtungsweisen haben ausreichende theoretische Grundlagen, um dieses Problem zu behandeln.

Selbstaktualisierung und psychische Gesundheit

Anregungen für Vorstellungen von psychischer Gesundheit stammen von MASLOW, der zur Untersuchung der Hierarchie der Bedürfnisstruktur eine Forschungsstudie ganz besonderer Art durchgeführt hat. Er definierte eine Gruppe von Menschen, die er als verwirklicht betrachtete. Vor diesem Hintergrund hatte Maslow schließlich beinahe fünfzig Persönlichkeiten des öffentlichen wie des privaten Lebens gesammelt, Persönlichkeiten aus der Geschichte und lebende Personen, von denen er glaubte, daß sie die Kennzeichen psychologischer Gesundheit besaßen. Zu diesen Persönlichkeiten gehörten etwa Lincoln, Jefferson, Walt Whitman, Thoreau, Eleanor Roosevelt, Albert Einstein, Albert Schweitzer. Auch eine Anzahl von Maslows Freunden und Bekannten war darunter. Die Ergebnisse wurden 1950 in seiner Studie *Self-Actualizing People* veröffentlicht (Maslow 1950). Für Maslow war diese Untersuchung eine explorative Arbeit, die sich aus „Pilotforschung, Beweisbruchstücken, persönlicher Beobachtung, theoretischer Deduktion und reiner Ahnung" zusammensetzt (Maslow 1973, S. 17). Die wichtigsten Eigenschaften selbstverwirklichter Menschen sind nach Maslow:

1. Sie sind an der Wirklichkeit orientiert, haben eine effizientere, bessere Wahrnehmung der Realität; sind sicher und auch schnell in der Beurteilung anderer;

2. Sie akzeptieren sich selbst, die Welt und die Natur wie sie ist, den anderen in dem, was er wirklich ist, nicht, was er sein will; sind wenig heuchlerisch;

3. Hohe Spontaneität; unbeeinflußtes, natürliches Verhalten; autonome und unkonventionelle ethische Normen;

4. Problemzentriert, nicht selbstzentriert; arbeiten am Problem, nicht an sich selbst; besitzen weiten Horizont und Gelassenheit;

5. Neigung zur Distanz, manchmal großes Bedürfnis nach Zurückgezogenheit und Privatheit; nicht völlig von anderen abhängig; kann für sich allein sein;

6. In sich autonom und unabhängig; nur von sich selbst abhängig; ausgeglichen;

7. Unverbrauchte Anerkennung anderer Menschen und der Welt, nicht gelangweilt gegenüber dem Gleichen und Sich-Wiederholenden;

8. Tiefe innere Erfahrungen; erwecken den Eindruck, nicht in dieser Welt zu sein, selbstvergessen, gehen in einer Beschäftigung oder Berufung auf;

9. Starke Identifikation mit den Mitmenschen, Gemeinschaftsgefühl, aber ohne Verschmelzung oder Überidentifikation; hilfsbereit;

10. Innige Beziehungen nur mit wenigen Menschen; haben besondere Freunde oder einen kleinen Freundeskreis; suchen sich Freunde genau aus;

11. Stark demokratisch ausgerichtete Werte; demokratische Charakterstruktur, können von allen Menschen lernen; Klasse, Rasse oder Stellung ihrer Bezugspersonen sind unwichtig;

12. Verstehen den Unterschied zwischen den Mitteln zur Erlangung eines Ziels und den gerechten, anzustrebenden Zielen; sehr ethisch und moralisch, auch wenn sich ihre Vorstellungen von richtig und falsch von den üblichen unterscheiden mögen; Ziele und Zwecke stehen im Vordergrund;

13. Philosophischer Sinn für Humor; spielerischer Humor, nicht feindseliger Sarkasmus, lachen nicht über Grausamkeiten; ausgeprägtes Gefühl für Unstimmigkeiten;

14. Fähigkeit zur Kreativität, ohne unbedingt eine besondere Begabung zu haben, sondern eine Art kindlicher Kreativität, ein frisches Herangehen an Probleme;

15. Sehr offen für neue Erfahrungen, resistent gegen Konformität und können über kulturelle Besonderheiten und Eigenheiten hinwegsehen; Distanz zur Kultur.

Der selbstverwirklichte Mensch nach Maslow ist nicht jemand, der völlig glücklich oder erfolgreich oder besonders gut angepaßt ist. Er hat aber seine eigene Persönlichkeit nach seinem besten Vermögen verwirklicht.

Die vollfunktionierende Persönlichkeit

Die Hinweise von ROGERS für Vorstellungen über seelische Gesundheit stammen aus seinem Konzept der vollfunktionierenden Persönlichkeit (Rogers 1987). Die Charakteristika der vollfunktionierenden Persönlichkeit sind eine Extrapolation von konkreten Beobachtungen seiner individuellen Klienten und stellen die gemeinsamen Merkmale dieser Klienten dar, die einen Fortschritt in der Therapie zeigten. Diese Merkmale sind Richtungsangaben und nicht Beschreibungen eines fixen Endzustandes. Sie sind auch nicht Therapieziele einer klientenzentrierten Psychotherapie, wie oft mißverstanden wird. Das Konzept der vollfunktionierenden Persönlichkeit stellt auch nicht eine Klasse von Personen im Sinn Maslows dar, ebensowenig ein Entwicklungsniveau in der Theorie von Rogers, sondern Rogers drückt darin eine Richtungsorientierung aus, die gemäß seiner theoretischen Annahme im menschlichen Wesen vorhanden ist. Rogers (1973a) beschreibt die Dimensionen dieser komplexen Orientierung in folgender Weise:

1. Zunehmende Offenheit für Erfahrungen. Eine Leichtigkeit im Bewußtwerden von unmittelbaren Erfahrungen und ein realistischer Umgang mit neuen Situationen und Problemen.
2. Zunehmendes Vertrauen in den eigenen Organismus. Identifizierung einer Richtung und Gestalt in der komplexen Fülle von inneren Erfahrungen; ein Abwägen aller Komponenten der Erfahrung zur Entwicklung einer Handlungslinie.
3. Entwicklung einer inneren Bewertungsinstanz. Die Bewertung von Erfahrungen wird als Eigenleistung betrachtet. Die Bestimmung des Wertes von Erfahrungen durch das Individuum selbst, verbunden mit dem Gefühl der Urheberschaft von Entscheidungen.

4. Entwicklung der Bereitschaft zur Veränderung. Selbstverständnis als veränderliches Wesen, nicht als Produkt mit festen Eigenschaften, unabhängig von Erfahrungen.

Vergleichbare Charakterisierungen beschreibt Rogers in der Darstellung des Therapieprozesses. Jene Prozeßphase in der Psychotherapie, in der der Klient die bedeutendsten Veränderungen erlebt, charakterisiert Rogers als eine „neue Dimension" (Rogers 1973a, S. 158). Die neuen Qualitäten beziehen sich auf verschiedene Aspekte:

1. Detailliertes Erleben von Gefühlen. „Neue Gefühle werden unmittelbar und in ihrer ganzen Detailfülle erfahren [...]. Das Erfahren solcher Gefühle wird als eine klare Bezugsinstanz verwendet." Es ist „ein wachsendes und fortdauerndes Gefühl akzeptierender Eigentümerschaft an diesen wechselnden Empfindungen, eines grundsätzlichen Vertrauens in den eigenen Prozeß" (ebd., S. 155).
2. Neuartiges Erleben. „Das Erfahren hat seine strukturgebundenen Aspekte fast gänzlich verloren und wird prozeßerfahren; das heißt, die Situation wird in ihrer Neuheit und nicht aus der Vergangenheit heraus erfahren und gedeutet" (ebd., S. 156).
3. Veränderte Funktion des Selbst. „Das Selbst wird zunehmend einfach die subjektive und reflexive Bewußtheit des Erfahrens. Das Selbst ist weitaus seltener ein wahrgenommenes Objekt, meist ein zuversichtlich im Prozeß empfundenes" (ebd.).
4. Experimentelles Selbstverstehen. „Man formuliert persönliche Konstrukte versuchsweise um, damit sie durch weitere Erfahrungen bestätigt werden; auch dann behalten sie ihren lockeren Charakter" (ebd., S. 157).
5. Adäquate innere Kommunikation. „Innere Kommunikation ist eindeutig; Gefühle und Symbole passen gut zueinander; neue Begriffe für neuartige Empfindungen sind verfügbar" (ebd.).

Das Ausmaß dieser Entwicklung der Richtungscharakteristika in einer Person bestimmt das Ausmaß der psychologischen Freiheit und Funktionsfähigkeit des Individuums. Rogers' und Maslows Theorien der Aktualisierung werden fälschlicherweise oft gleichgesetzt. Ein *Hauptunterschied* liegt darin, daß von Rogers die Aktualisierungstendenz als einziges Motivationskonstrukt definiert wird (Rogers 1959). Die Motivationen, die von Maslow als Defizitbedürfnisse angenommen werden und die der Selbstaktualisierung einer Person vorausgehen, sind in Rogers' einzigem Motivationskonstrukt eingeschlossen.

Selbstöffnung und Erlebnisflüssigkeit

JOURARD (1971, 1980) verbindet die gesunde Persönlichkeit mit dem Merkmal der Transparenz und Selbstöffnung. Selbstöffnung ist ein Symptom für seelische Gesundheit und ein Mittel, sie zu erreichen. Selbstöffnung ist ein wichtiger heilender Faktor in der Psychotherapie. Generell bezieht sich Selbstöffnung auf den Akt der *Kommunikation* der eigenen Erfahrung anderen gegenüber. Authentische Selbstöffnung ist nicht nur eine Möglichkeit, sich selbst anderen bekannt zu machen, sondern auch Nähe in einer Beziehung zu gewinnen. Selbst-Entfremdung ist das Ergebnis der Unterdrückung der realen Selbsterfahrung und des fortwährenden Fehlens einer authentischen Selbstöffnung.

Einen weiteren Aspekt psychischer Gesundheit betont das Selbstgewahrsein im Fluß des Erlebens. CSIKSZENTMIHALYI (1975) untersuchte Tätigkeiten, bei denen der Mensch Freude und eine positive Anspannung erlebt. In der Schwebe zwischen Angst und Langeweile lokalisierte er eine Form des Erlebens, bei dem *der Handelnde in seiner Aktivität völlig aufgeht.* Die Aktivität bietet laufend Herausforderung. Es bleibt keine Zeit für Langeweile oder für Sorgen darüber, was möglicherweise eintreten wird. Dieses völlige Aufgehen in einem Tun bezeichnet Csikszentmihalyi als „flow" (Fließ-Erlebnis). Im Flow-Zustand folgt Handlung auf Handlung und zwar nach einer inneren Logik, die kein bewußtes Eingreifen von seiten des Handelnden zu erfordern scheint. Der Handelnde erlebt den Prozeß als einheitliches „Fließen" von einem Augenblick zum nächsten, wobei er Meister und Urheber seines Handelns ist und kaum eine Trennung zwischen sich und der Umwelt, zwischen Reiz und Reaktion oder zwischen Vergangenheit, Gegenwart und Zukunft verspürt. Das Erreichen eines Zieles ist wichtig, um eigene Leistung zu belegen, aber es ist nicht in sich selbst befriedigend. Das vielleicht deutlichste Anzeichen von „flow" ist das Verschmelzen von Handlung und Bewußtsein. Der Handelnde konzentriert sich völlig auf seine Aktivität. Sobald sich jedoch die Aufmerksamkeit teilt, indem man die eigene Aktivität von außen sieht, wird der „flow" unterbrochen.

Damit das Handeln mit dem Bewußtsein verschmilzt, muß erstens die Aufgabe zu bewältigen sein – „flow" tritt nur dann auf, wenn eine Aufgabe im *Bereich der Leistungsfähigkeit* des Ausführenden liegt. Zweitens muß sich die Aufmerksamkeit auf ein *beschränktes Stimulusfeld* zentrieren. Um sicherzugehen, daß sich der Handelnde auf sein Tun konzentriert, müssen mögliche Störstimuli außerhalb des Aufmerksamkeitskreises gehalten werden. Beim Flow-Erlebnis geht man in der Tätigkeit auf, Gedanken über Resultate spielen keine Rolle. Selbstvergessenheit bedeutet aber nicht, daß man im „flow" den Kontakt zur eigenen physischen Realität verliert. In den meisten Flow-Aktivitäten wird man sich der eigenen inneren Vorgänge intensiver bewußt, reflektiert sie jedoch nicht. Ein weiteres Merkmal einer Person im „flow" ist, daß sie ihre Handlungen und die Umwelt unter Kontrolle hat. Diese Kontrolle ist ihr nicht speziell bewußt; die betreffende Person ist einfach unbesorgt bezüglich eines eventuellen Entgleitens dieser Kontrolle.

Csikszentmihalyi untersuchte Flow-Aktivitäten bei verschiedenen Tätigkeiten wie Schachspielen, Klettern und Tanzen. Da diese intrinsisch attraktiven Tätigkeiten unproduktiv sind, kann keine Gesellschaft lange überleben, wenn sich ihre Mitglieder ausschließlich solchen spielerischen Tätigkeiten widmeten. Deshalb wurden auch Aktivitäten im beruflichen Bereich wie die Tätigkeit des Chirurgen untersucht.

Die Ergebnisse zeigten, daß nicht nur die Ausführung von komplexeren Tätigkeiten mit Flow-Charakter das Wohlbefinden heben (Rock-and-Roll-Tanzen, Operieren etc.), sondern auch scheinbar zwecklose, kleine alltägliche Aktivitäten (Mikro-Flow). Dazu gehören etwa: zum Vergnügen lesen, fernsehen, Kaugummi kauen, mehr sprechen, als zur reinen Information notwendig ist. Ein Entzug dieser Aktivitäten führte zu Müdigkeit, Schläfrigkeit, Kopfweh, Gespanntheit, Absinken der Konzentrationsfähigkeit, weiters Beeinträchtigung des Appetits und der Reizsensibilität. Flow-Entzug verursacht ein Gefühl der Stumpfheit und Irritierbarkeit. Personen mit Flow-Entzug reagierten ärgerlicher, feindseliger, verhaltener und barscher als gewöhnlich. Einige fürchteten, einem Nervenzusammenbruch entgegenzugehen, andere hatten kleine Unfälle. Csikszentmihalyi zeigte damit, daß die vielen arglosen kleinen Dinge, die wir im Verlauf eines normalen Tages unternehmen, die scheinbar nutzlosen Tätigkeiten, die beim leistungsorientierten Menschen nur das Gefühl auslösen, daß sie „aufhalten", im Sinne der Aufrechterhaltung von Motivation und Wohlbefinden sehr nützlich, vielleicht sogar unabdingbar sind.

Es zeigte sich auch eine spezifische Gefahr intensiver Flow-Erlebnisse. Bestimmte Aktivitäten können so viel Freude bereiten, daß der Betroffene davon abhängig wird und ihm das Alltagsleben daneben grau erscheint. Dieses Phänomen tritt nicht nur bei spielerischer Tätigkeit auf, sondern auch bei intensiven beruflichen Aktivitäten. Jede Art von Flow-Aktivität kann zur Gewohnheit werden und die Fähigkeit, „flow" zu erleben, kann nur auf bestimmte Tätigkeiten eingeschränkt sein. Es erscheint im Blick auf das gesamte Leben nicht sehr gesund, wenn eine Person sich nur noch beim Schachspiel, beim Klettern oder Operieren richtig lebendig fühlt. Wenn die Welt der tiefen „flows" dazu führt, sich in eine abgeschlossene Welt der betreffenden Aktivität zurückzuziehen, so geht das konstruktive Potential des Flow-Erlebens verloren.

Organismus, Bewußtsein und Selbst

Ein weiteres zentrales Thema der Humanistischen Psychologie befaßt sich mit der Struktur der Persönlichkeit, deren zentrale Einheiten in den Begriffen Organismus, Bewußtsein und Selbst gesehen werden. Mit der Entwicklung dieser Begriffe tritt die Humanistische Psychologie in eine kritische Diskussion der traditionellen Gegenüberstellung von Geist und Körper. Vereinfacht meint diese Dichotomie, daß menschliche Wesen einen dualistischen Charakter haben, aus einem körperlichen Organismus bestehen, der in Analogie zu einer Maschine funktioniert, und ebenso eine geistige Ebene aufweisen, die ihren eigenen Gesetzen folgt. Auch wenn Geist und Körper in einer Wechselwirkung stehen, so sind sie doch ihrer Wesensart nach grundsätzlich unterschieden und deswegen auch nicht kommunikativ. Ein ganzheitlicher Ansatz versucht, diese Dichotomie zu transzendieren, indem er darauf hinweist, daß bewußtes Erleben immer verkörpertes Erleben ist bzw. körpergebundenes Erleben (Gendlin 1962), und daß der Körper selbst Sitz des Bewußtseins ist. Mit dieser Auffassung ist die Betrachtungsweise des menschlichen Organismus in Analogie zu einer Maschine unvereinbar. Ebensowenig ist es möglich, rein rationale und kognitive Aspekte des Bewußtsein zu idealisieren.

Die Implikationen dieser Diskussion, die sich auf den Gegensatz von Körper und Geist beziehen, kommen in der Auseinandersetzung

mit der Dynamik der Krankheitsentstehung zum Ausdruck. Ein Beispiel dafür liefert JOURARD (1980), der etwa von der Hypothese ausgeht, daß entmutigende Ereignisse und Lebensumstände, d. h. also
spezielle Bewußtseinsphänomene, den körperlichen Organismus anfällig für stets vorhandene Krankheitseinflüsse machen, während er-
mutigende Ereignisse gesundheitsfördernde Faktoren mobilisieren,
die in jedem Organismus latent vorhanden sind. Krankheit ist somit
eine Antwort des Körpers auf Bewußtseinsphänomene und ein Signal
des Körpers an das Bewußtsein. Die Behandlung von Krankheit ist
deswegen eine Angelegenheit ganzheitlicher Vorgangsweise, die die
Kommunikation zwischen Strukturen des Körpers und Strukturen des
Bewußtseins erfaßt, d. h. die Botschaft und Antwort des Körpers und
die Botschaft und Antwort des Bewußtseins. Dieses Beispiel steht für
viele ähnliche, die einen ganzheitlichen Zugang für psychosomatische
Phänomene betonen. Es muß allerdings an dieser Stelle darauf hingewiesen werden, daß die Diskussion des Verhältnisses zwischen Körper-
lichkeit und Bewußtsein nicht so weit geht, daß alle körperlichen
Krankheiten oder Verletzungen psychologischen Prozessen zugeschrieben werden. Insgesamt sind für die Humanistische Psychologie
unterschiedliche Formen der Beziehung und des Zusammenspiels von
Organismus, Bewußtsein und Selbst Grundlage zentraler Phänomene
im Zusammenhang mit psychischer Gesundheit oder Krankheit.

Der Organismus als Funktionsmatrix

Für die menschliche Funktionsfähigkeit in der Gesamtheit spielt der
physische Organismus eine bedeutsame Rolle. Und zwar als jene physische Einheit, an die Funktionsfähigkeiten und Funktionsleistungen
gebunden sind. Ein Beispiel ist die Sinneswahrnehmung durch das
Zusammenspiel von Sinnesausstattung, Zentralnervensystem, Reizver-
arbeitung im Gehirn bzw. Reizdifferenzierung im Bewußtsein. Die
generelle Reizbarkeit des Organismus ermöglicht die Funktionsdifferenzierung in der Auseinandersetzung mit der Umgebung. Die Funktionsdifferenzierung des menschlichen Organismus selektiert gewisse
Funktionsleistungen, so daß der Organismus nur jene Funktionen
ausführen kann, für die er eine Ausstattung aufweist (Beispiel: Einschränkung des Hörsinnes beim Menschen im Vergleich zu manchen
Tieren). Was immer die Funktionsfähigkeit des Organismus bzw. die
effektive Operation der Sinnesausstattung begrenzt, begrenzt auch

die Wahrnehmung. Bei Behinderungen dieser Art ist es zwar der Fall, daß weniger Wahrnehmungen vorhanden sind, aber das Wahrnehmungsfeld selbst kann weit reicher sein als bei Individuen ohne diese Behinderung. Das Wahrnehmungsfeld enthält viele Wahrnehmungen und Bedeutungen über unsere körperliche Funktionsfähigkeit bzw. körperliche Ausstattung. Dadurch haben wir ein Bewußtsein darüber, was in uns vorgeht und wie sich unser Körper verhält. Dabei findet eine kontinuierliche Wechselbeziehung zwischen dem Verhalten einer Person und der Wahrnehmung oder dem Wahrnehmungsfeld statt, so daß das, was ein Organismus wahrnimmt, beeinflußt, wie er sich verhält, und umgekehrt.

Die Funktionsfähigkeit unseres physischen Organismus, in der Auseinandersetzung mit der Umgebung oder mit anderen Menschen, beinhaltet in manchen Situationen ein klares und unmittelbares Feedback an das Bedeutungsfeld (Beispiel: Wir schlagen uns mit einem Hammer auf die Finger). Die Wahrnehmungen eines solchen Ereignisses sind scharf und klar, aber viele andere Wahrnehmungen haben einen geringeren Klarheits- und Bewußtseinsgrad und können so vage sein, daß wir sie anderen kaum beschreiben können (z. B. ist es schwierig, den genauen Bereich von Bauchschmerzen anzugeben, wir lokalisieren in diesem Fall allgemeine Bereiche; was sich auch in unserer Wortwahl ausdrückt: „Schlechtsein“).

Diese *Vagheit* bei der Wahrnehmung und Mitteilung vieler *Körpererfahrungen* hat verschiedene Gründe. Erstens richtet sich unsere Wahrnehmung am klarsten auf jene Aspekte von Körpererfahrungen, die den unmittelbarsten und stärksten Effekt haben. Dieser Umstand hängt mit der Beziehung zwischen größeren und kleineren Organisationen zusammen. Jede Veränderung in einer Suborganisation beeinflußt direkt ihre unmittelbare Elternorganisation, und zwar mit einer Stärke, die mit der *Entfernung* von der gereizten oder angesprochenen Organisation abnimmt. Die Bewußtheit von Körpererfahrungen ist nach COMBS u. a. (1988) mit der Wahrnehmung eines Generalmanagers in einer Großindustrie vergleichbar: Dieser kann die Abteilungen, die in seiner Sichtweite sind, klar wahrnehmen, hat aber keinerlei Kenntnis von jenen Dingen, die in einem entfernten Winkel eines Abteilungsbüros vor sich gehen. Auf einer anderen Ebene hat er vielleicht eine vage Bewußtheit, z. B. daß in einer Abteilung irgend etwas nicht stimmt.

Ein zweiter Faktor, der für die Vagheit und Undifferenziertheit unserer Körpererfahrungen verantwortlich ist, ist das oft fehlende

Bedürfnis, die meisten der Körpererfahrungen in den Vordergrund eines klaren Bewußtseins zu bringen und hat möglicherweise mit der „Weisheit des Evolutionsprozesses" zu tun, d. h., es ist möglicherweise eine *nützliche Einschränkung* der Bewußtheit. Ohne diese Einschränkung würden wir möglicherweise ständig unser Herzklopfen hören oder die Vibrationen unseres Kopfes bei jedem Schritt oder unsere Verdauungsgeräusche. In anderen Fällen jedoch kann die eingeschränkte Wahrnehmung von Körperempfindungen und Körpererfahrungen einen weniger wünschenswerten Effekt haben. Sportler z. B. merken oft erst nach Ende eines Wettkampfes oder Spieles bestimmte Verletzungen. Ebenso gibt es auch kulturelle Barrieren gegen die Wahrnehmung von Körpererfahrungen und Körperempfindung, die sich in körperlichen und psychologischen Pathologien ausdrücken. Aber viele dieser Wahrnehmungen von körperlichen Bedingungen könnten klar ins Bewußtsein treten und auch kommunizierbar sein, wenn wir es beabsichtigen und dazu ermutigt werden, die Aufmerksamkeit darauf zu richten. Und wir könnten uns ohne Zweifel viele Aspekte unserer Körpererfahrungen ins Bewußtsein rufen, viel deutlicher als wir jeweils angenommen hätten. Im pathologischem Extremfall tut dies der Hypochonder, der über viele Körperfunktionen eine scharfe und klare Bewußtheit hat, die von anderen Individuen ignoriert werden. Ein anderes Beispiel ist das Bio-Feedback-Training, das darauf abzielt, im Sinne eines Erziehungsprozesses Individuen zu trainieren, Aspekte ihrer Körperempfindungen wahrzunehmen und zu kontrollieren.

Ein dritter Grund für die geringe Bewußtheit von Körpererfahrungen ist die *Reaktionsgeschwindigkeit* auf viele Wahrnehmungen. Körperempfindungen und Körpererfahrungen laufen mit einer derartig hohen Geschwindigkeit ab, daß wir sie kaum bewußt erreichen können. Ein Beispiel wäre, wenn wir beim Radfahren die Balance verlieren. Diese Erfahrung des Balanceverlierens kann in Bruchteilen von Sekunden nicht mit voller Deutlichkeit und Differenzierung ins Bewußtsein gerufen werden, sondern es erreicht uns nur auf einer geringeren Stufe des Bewußtseins. Aber trotz dieses geringen Bewußtseinsgrades und der geringen Differenzierung des körperlichen Prozesses können wir eindeutig darauf reagieren.

Ein letzter, aber sehr wichtiger Grund für die eingeschränkte Wahrnehmung von Körpererfahrungen liegt im Fehlen von adäquaten *Symbolen*, die den Inhalt dieser Erfahrungen kommunizierbar machen. Es drückt sich darin ein Mangel an Differenzierungen aus, der sich aus einer eingeschränkten Kultivierung somatischen Gewahrseins ergibt (vgl. Combs u. a. 1988).

Rogers (1951, 1959a, 1973a) verwendet den Begriff des Organismus in verschiedenen Kontexten (organismische Bewertung, organismische Erfahrung). Der Begriff ist zwar nirgends explizit definiert, ist aber häufig präsent als Hintergrundkonzept für die Erläuterung verschiedenartiger Prozesse (Selbstaktualisierung, Erfahrung) und wird dabei auch häufig als Synonym für diese Prozesse verwendet. Aufgrund dieser Verwendung in unterschiedlichen Begriffskontexten erscheint der Begriff des Organismus als Hilfskonstrukt, das Rogers seinen Überlegungen zugrunde gelegt hat. Der Begriff des Organismus ist ein Organisationssystem oder eine Organisationseinheit von Funktionsleistungen. Er „beheimatet" die Funktion der Motivierung, die Funktion der Erfahrungsaufnahme und Erfahrungsverarbeitung (organismisches Erfahren) bzw. auch das System der Selbststeuerung (organismische Bewertung). Rogers weist bei der Bestimmung des Erfahrungsbegriffs mehrmals auf die Unterscheidung zwischen einer physiologischen und einer psychologischen Definition hin, womit gemeint ist, daß in der physiologischen Definition auch jene Prozesse enthalten sind, die der Organismus prinzipiell nicht seinem Bewußtsein zugänglich machen kann, wie etwa der Blutzucker, der Blutdruck, und weist darauf hin, daß für die Zwecke einer Persönlichkeitstheorie eine psychologische Definition von Erfahrung zu bevorzugen sei, obwohl er sie an anderen Stellen wieder im physiologischen oder somatischen Sinn umschreibt. Organismus bezeichnet daher bei Rogers die Gesamtheit jeglicher Sinnes- und Körperempfindungen und Erfahrungen, die bewußt ablaufen, prinzipiell bewußtseinsfähig sind, und auch jene, die prinzipiell nicht bewußtseinsfähig sind. Die Gesamtheit aller Prozesse zielt auf die Aufrechterhaltung eines Motivationssystems, eines Systems der Erfahrungsaufnahme, Reizaufnahme und Reiz- bzw. Erfahrungsverarbeitung und eines Systems der Selbststeuerung. Prozesse, die prinzipiell nicht bewußtseinsfähig sind, betrachtet Rogers ebenfalls als Bestandteil seiner Persönlichkeitstheorie. Sie ermöglichen die wichtige Unterscheidung zwischen Prozessen, auf die das Individuum direkt und autonom eine Zugriffsmöglichkeit hat (Erfahrung, willentliche Kontrolle), und anderen Teilbereichen des Organismus, die erst über Vermittlung (Sekundärprozesse), über Sinneserweiterungen (Instrumente) oder mit Hilfe anderer Individuen erfahrbar sind (Feedback).

Der Begriff des Bewußtseins

Grundsätzlich folgt das Interesse der Humanistischen Psychologie am menschlichen Bewußtsein dem Trend zu einer multiperspektivischen Betrachtung (vgl. auch Guttmann 1992, Rychlak 1997). Für ROGERS (1987, S. 84) ist Bewußtsein die „Symbolisierung eines Ausschnittes unserer Erfahrung" oder „eine symbolische Repräsentation [...] eines Teils unserer Erfahrung". Wobei er verschiedene *Grade von Schärfe und Klarheit* unterscheidet (Bewußtseinsgrade), die die Repräsentation von Erfahrungen bestimmen. Eine weitere Formulierung, die für die Charakterisierung des Bewußtseins relevant ist, ist der Begriff der exakten Symbolisierung. Damit ist ein Prozeß der Bewußtwerdung oder Gewahrwerdung gemeint, der eine *Realitätsprüfung* beinhaltet. Bewußtseinsinhalte können im Sinne einer Figur-Hintergrund-Differenzierung einen Grad an Klarheit und Eindeutigkeit aufweisen, ohne daß diese Symbolisierung eine Entsprechung in der direkten Erfahrung der inneren oder äußeren Situation des Individuums hat. Rogers löst dieses theoretische Problem, indem er von der transaktionalen Natur der Erfahrung und Wahrnehmung ausgeht, die Konstruktionen aus eigenen Vorerfahrungen oder Vermutungen über die Zukunft enthalten. Die Sicherung von Wahrnehmungen ist ein transaktionaler Akt, d. h., auf der Basis von Vorerfahrungen und Zukunftserwartungen werden Handlungen gesetzt (physische Aktionen, soziale Handlungen etc.), die eine direkte Erfahrung der Situation ermöglichen. Das heißt auch, daß erst ein aktiver Organismus exakte Symbolisierungen erreichen kann bzw. durch die Aktivität die bereits erreichte Klarheit der Symbolisierung riskiert wird. Dieses Experimentieren mit Vorerfahrungen und Zukunftserwartungen bei der Differenzierung des Wahrnehmungsfeldes führt nicht zum Erkennen der objektiven Realität, sondern zur Stabilisierung von Differenzierungen und zur Erhöhung der Sicherheit; auch wenn z. B. die direkte Erfahrung der Situation die Figur-Hintergrund-Relation der bereits erreichten Symbolisierung diffuser werden läßt. Rogers (1987, S. 24) verwendet für diesen Prozeß die Formulierung „exakte Symbolisierung im Gewahrsein". Sie ist zu unterscheiden von Graden der Schärfe und Klarheit der Symbolisierung im Sinne einer eindeutigen Figur-Hintergrund-Relation (Gestaltwahrnehmung). So wie es Grade der Schärfe und Klarheit gibt, müssen auch *Grade der Sicherheit und Exaktheit* im Prozeß der Symbolisierung angenommen werden.

Die Humanistische Psychologie steht in der Regel einer strikten Trennung zwischen bewußt und unbewußt kritisch gegenüber, speziell der Auffassung, daß das dynamische Unbewußte quasi eine eigene Entität darstelle, die fast vollständig im Gegensatz zu den Absichten und Zielen des bewußten Individuums agiert und deswegen auch bedeutsamer ist für die Erklärung und das Verstehen des menschlichen Verhaltens. Während manche Vertreter der Humanistischen Psychologie das Problem so bereinigen, daß sie das Konzept des Unbewußten einfach außer acht lassen, versuchen andere zu dem Phänomen des Unbewußten einen neuen Zugang zu finden.

Eine Alternative zum traditionellen psychoanalytischen Konzept des Unbewußten findet sich etwa bei Alexander LOWEN (1981, 1982), einem Schüler von Wilhelm REICH, dem Begründer der Bioenergetik, der auch für die Praxis der Gestalttherapie einflußreich war. Lowen geht davon aus, daß der Körper, im speziellen die Körperhaltung, das Atmen, Muskelspannungen usw., quasi die Aufbewahrungsstätte des Unbewußten ist – körperliche Ausdrucksformen, die dem Individuum normalerweise nicht bewußt sind. Gefühle, die für das Bewußtsein nicht akzeptabel sind, werden unterdrückt und zeigen sich in einer typischen Körperhaltung, in Muskelspannungen oder in Atembeeinträchtigungen. Diese bleiben als körperliche Muster bestehen, auch wenn der Grund für ihre Entstehung nicht mehr gültig ist. Viele der auf Lowen zurückgehenden Techniken der direkten Körperarbeit wurden von humanistischen Psychotherapeuten in ihre praktische Arbeit übernommen und sind in Wachstumszentren und Workshops populäre Übungen geworden, obwohl durch das Fehlen ausreichender Forschung diese Praktiken bis heute selbst im Bereich der Humanistischen Psychologie kontrovers blieben.

Ein weiterer Ansatz für die Auflösung des Gegensatzes zwischen Bewußtem und Unbewußtem geht von dem Phänomen aus, daß es Daten gibt, die dem Bewußtsein nicht vollständig zugänglich sind. NUTTIN (1962) setzt anstelle des psychoanalytischen Konzeptes des Unbewußten seinen Begriff der psychischen Intimität oder des intimen Bewußtseins als jene Zone der Erfahrung und des Erlebens, die seinem Selbstgewahrseins zugänglich ist und etwa im intimen privaten Bereich ausdrückbar ist, während es in der Öffentlichkeit verborgen bleibt. Dementsprechend geht er von einem *intimen* und einem *öffentlichen* Teil der Persönlichkeit aus, wobei diese Trennung in einem Sozialisationsprozeß entsteht, in dem das Kind erlebte Impulse, die im Konflikt mit familiären Idealen stehen, zu unterdrücken und vor einem öffentlichen Ausdruck fernzuhalten lernt. Diese Impulse bleiben damit in einer privaten Sphäre des Bewußtseins. Für einen authentischen Lebensvollzug ist es notwendig, das intime Bewußtsein und die öffentliche Maske zu integrieren, da beide einen wesentlichen Aspekt menschlicher Funktionstüchtigkeit darstellen. Nuttin geht dabei von einer normalen Persönlichkeitsentwicklung aus und nimmt an, daß unter normalen Umständen diese beiden Seiten der Persönlichkeit bis zu einem gewissen Ausmaß integriert und miteinander verflochten werden können, auch wenn persönliche Erfahrungen des Individuums am Rande des Gewahrseins verbleiben, wenn es im Rahmen übernommener sozialer Rollen operiert. Als Ausnahme wird hier eine pathologische Entwicklung gesehen, die eine soziale Umgebung braucht, die so bestrafend oder widersprüchlich gegenüber den Inhalten des intimen Bewußtseins ist, daß das Individuum gezwungen ist, sie zu verzerren oder zu verleugnen. In diesem Fall können Erfahrungen für das Individuum unerreichbar werden und bezogen auf einen bestimmten Kontext eine bösartige Dynamik entwickeln, die in neurotischem oder psychotischem Verhalten zum Ausdruck kommt. Nuttins Auffassung scheint eine vermittelnde Position zwischen Humanistischer Psychologie und Psychoanalyse darzustellen, in der eine normale Funktionsfähigkeit an bewußte Prozesse gebunden ist, während die Beschreibung von abnormalen Entwicklungen auf die analytische Perspektive des Unbewußten verweist.

Einen weiteren Beitrag zur Auflösung einer strikten Trennung zwischen Bewußtem und Unbewußtem finden wir in der Persönlichkeitstheorie von ROGERS. Rogers spricht zwar von Erfahrungen des Organismus, die unbewußt sind oder vor dem Bewußtsein verleugnet werden bzw. das Bewußtsein in verzerrter Form erreichen, aber verwendet den Ausdruck „Unbewußtes" selten als Hauptwort. Rogers geht davon aus, daß die Dynamik des persönlichen Erlebens bestimmt wird von der dem Organismus innewohnenden Aktualisierungstendenz und dem Selbstkonzept des Individuums. Ein *organismischer Wertungsprozeß* begleitet diese grundlegende Aktualisierungstendenz und befähigt das Individuum, Erfahrungen, die dieser Aktualisierungstendenz entsprechen, zu bewerten. Und dieser Wertungsprozeß ist auch Quelle für die Ausformung des Selbstkonzepts. Eine weitere Erfahrungsquelle stammt aus dem sozialen Bereich und beruht auf dem Bedürfnis des Individuums nach persönlicher An-

erkennung und Wertschätzung. Im Sozialisationsprozeß erfährt das
Individuum, daß bestimmte Formen des Verhaltens und bestimmte
Impulse nicht akzeptierbar sind. Eine fortwährende Erfahrung dieser
Art führt dazu, daß Bedingungen, die zu einer Wertschätzung führen,
introjiziert werden. Diese *bedingte Wertschätzung* kann auch übereinstimmen mit der aktuellen Erfahrung des Individuums und seinem
organismischen Bewertungsprozeß. Aber in der Regel gerät zumindest ein Teil der Erfahrung bedingter Wertschätzung durch andere
in Konflikt mit dem eigenständigen organismischen Wertungsprozeß. Durch das Bedürfnis des Individuums nach persönlicher Wertschätzung und Anerkennung durch andere gewinnt die bedingt wertende soziale Umgebung Einfluß bei der Entwicklung des Selbstkonzepts des Individuums. (Warum hat nach Rogers die bewertende
Stellungnahme der Umgebung mehr Macht bei der Entwicklung des
Selbstkonzepts als der eigenständige organismische Bewertungsprozeß? Wahrscheinlich kommt hier der Sprache oder der symbolhaften
Beziehung zu anderen eine entscheidende Bedeutung zu. Sprachliche Fähigkeit und selbstreflexives Bewußtsein ist eine Sache der Entwicklung, und bis das Individuum volle Sprachfähigkeit, vollständige
Bewußtseinsfähigkeit erlangt, wird seine Identität überwiegend von
den sprachfähigen Erwachsenen bestimmt. Darüber hinaus ist das,
was Rogers einen organismischen Bewertungsprozeß nennt, häufig
ein körpernaher, vorbegrifflicher Prozeß und braucht Zeit und
Raum, bis er eine symbolische Prägnanz erreicht. Dieser Prozeß
scheint daher grundsätzlich unterlegen zu sein gegenüber der Allgegenwärtigkeit von bedingten Bewertungen in der sozialen Umgebung. Weiters ist die individuelle Selbstaktualisierung ein komplexer
Prozeß, der vielfältige Bedürfnisebenen berührt. Wer Hunger hat,
greift nicht nach dem erstbesten und nächsten Nahrungsmittel, das
den Hunger stillt, sondern es kommen weitere Werte ins Spiel, wie
etwa Qualität des Essens, Art des Essens, Ort des Essens, soziale Bedürfnisse.) An dieser Stelle tritt in der Entwicklung des Individuums
eine teilende *Verzweigung* in der grundlegenden Aktualisierungstendenz auf. Der Organismus setzt sein Aktualisierungsstreben fort und
schätzt jene Erfahrungen, die in diese Richtung führen. Das Selbstkonzept versucht ebenfalls, sich aufrechtzuerhalten, sich zu realisieren, bewertet die Erfahrungen des Individuums jedoch nach den introjizierten Bedingungen der Wertschätzung. Dort, wo die bedingte
Wertschätzung der sozialen Umgebung in Konkurrenz oder Konflikt

gerät mit der organismischen Bewertung, die Ausdruck der Selbstaktualisierungstendenz ist, wird auf Grund der Verletzlichkeit des Individuums gegenüber den Bedingungen, unter denen es Anerkennung durch andere gewinnt, die bedingte Bewertung im Selbstkonzept verankert auf Kosten des organismischen Bewertungsprozesses.
Und dort, wo das Selbstkonzept von Introjekten bestimmt wird, die
inkongruent mit dem organismischen Erleben sind, entsteht eine
Quelle für psychische Beeinträchtigungen. Wenn es gelingt, diesen
organismischen Bewertungsprozeß aufrechtzuerhalten oder wiederherzustellen, so daß durch organismische Feedback-Prozesse erzeugte Eigenbewertungen in ein Selbstkonzept einfließen können, das fähig ist, zwischen diesen Eigenbewertungen und Fremdbewertungen
zu differenzieren, dann ist eine fließende Übereinstimmung von
Selbst und Erfahrung vorhanden, was Rogers mit dem Begriff der
vollfunktionsfähigen Person beschreibt. Die Tendenz zur Selbstaktualisierung kann ungebrochen in das Selbstkonzept einfließen, das
nicht den Charakter einer festen Struktur trägt, sondern den Charakter eines fließenden, erfahrungsbegleitenden Selbstgewahrseins. Die
differenzierte Komplexität dieses Prozesses des Selbstgewahrseins
kommt durch die scheinbar mühelose und flüssige Unterscheidung
zwischen der Erfahrung und Wahrnehmung von Eigenbewertungen
durch Bezug auf körpernah gespürte Bedeutungen und zwischen der
Erfahrung und Wahrnehmung von Bewertungen durch andere zum
Ausdruck. Diese Unterscheidungsfähigkeit im komplexen Erfahrungsfluß bildet einen charakteristischen Rahmen für ein reiches inneres Erleben, optimale Entscheidungsfreiheit, bedürfnisgesteuerte
und zielorientierte Aktivitäten sowie sinnerzeugendes Handeln. Eine
vollfunktionierende Person ist, mit plakativer Prägnanz ausgedrückt,
ein Individuum ohne festen Charakter, aber mit einem verläßlichen
Bezug zur eigenen Identität, die auch kommunizierbar ist. Die von
Rogers entwickelte klientenzentrierte Psychotherapie zielt auf Stärkung dieses organismischen Bewertungsprozesses und Förderung
eines komplexen und differenzierten Prozesses des (unterschwelligen) Selbstgewahrseins.

Dabei wird dem machtvollen interpersonellen Prozeß, der die Aktualisierungstendenz in eine Spaltung trieb, ein ebenso machtvoller
interpersoneller Prozeß entgegengesetzt, der die Integration des Ge-
spaltenen erlaubt und ermöglicht, daß die Aktualisierungstendenz
wieder in einer einheitlich durchdringenden und gebündelten Art

operiert. In dieser Auffassung sind unbewußte Abwehrmechanismen das Ergebnis eines Sozialisationsprozesses, aber das Unbewußte ist nicht als separate Einheit konzipiert, die eigenen Gesetzen und Zielen folgt, sondern die Aktualisierungstendenz bleibt trotz aller Wechselfälle konkurrierender Ausdrucksformen und gespaltener Prozesse als ganzheitliches Erklärungskonzept erhalten. Erfahrungen und deren individueller Wert, die zugunsten sozialer Anerkennung verzerrt und verleugnet werden, sind nicht für immer verloren, noch fordert dieses Konzept Verdrängung als Heilmittel, sondern kann durch therapeutische Begegnung in einem Klima interpersoneller Sicherheit in den Fluß des Selbstgewahrseins integriert werden.

Selbst

ALLPORT (1983, S. 40) machte darauf aufmerksam, daß der Begriff des Selbst über viele Jahre suspekt war, Ausdruck einer „mysteriösen, zentralen Instanz", die „die Persönlichkeit zusammenbindet und ihre Integrität aufrechterhält". Inzwischen gehört dieses Konzept zu den am meisten diskutierten persönlichkeitstheoretischen Vorstellungen. Es findet sich in vielen Verbindungen wie Selbstbestimmung, Selbsttäuschung, Selbstbild, Selbstbestätigung usw. Das Wort Selbst ist ein substantivisch gebrauchtes Fürwort, eine Art reflexive Vorsilbe, die in einer eindrucksvollen Anzahl von psychologisch relevanten Begriffen und Aussagen vorkommt. Selbstkontrolle bedeutet eigentlich, das das Selbst das Selbst kontrolliert – Subjekt und Objekt sind identisch. Der Begriff Selbst verweist auf *verschiedene Arten einer selbstreflexiven Identität*, als Übereinstimmung (mit sich selbst), Zusammengehörigkeit (mit sich selbst) und Zugehörigkeit (zu sich selbst). Die Humanistische Psychologie hat dieses Konzept des Selbst in vielen Facetten entwickelt und weiterentwickelt. Der Begriff Selbst bezeichnet ein *Subsystem* des Organismus bzw. der Persönlichkeit. Es sind die Annahmen, Erfahrungen und Bewertungen eines Individuums über sich selbst, seine Eigenschaften und Fähigkeiten, sein So-Sein. Es wird verstanden als ein komplexes Muster von Selbsterfahrungen, deren Konfiguration symbolisch verankerte Elemente, unterschwellige Wahrnehmungen, charakteristische Affekte und gefühlsmäßige Bewertungen (Selbstgefühl und Selbstwertgefühl) enthält. Das Selbst ist die Quelle und Grundlage der „psychischen Individualität" eines Menschen. Es ist Resultat der Auseinandersetzung des

Organismus mit der (sozialen) Umgebung und im Sinne einer Selbstaktualisierung auf seine Erhaltung und Erweiterung gerichtet (Aktualisierungstendenz). Für ROGERS ist das Selbst eine mit der Persönlichkeit verbundene Organisation, die aus den Wahrnehmungen der
eigenen Person und den Beziehungen dieser Selbstwahrnehmungen
zu anderen Aspekten der Realität besteht. Es ist das, was eine Person
im ständigen Prozeß der Selbsterfahrung an sich selbst bemerkt oder
in der Interaktion mit anderen an ihr quasi „festgemacht" wird: „Sich-
selbst-Sein heißt das Muster, die zugrundeliegende Ordnung finden,
das in dem sich unaufhaltsam ändernden Fluß der Erfahrung existiert" (Rogers 1973a, S. 120). Das Selbst besitzt im Normalfall zu
jeder Zeit eine Einheit, einen Zusammenhalt (Selbstkonsistenz),
obwohl es auch eine flüssige, sich ändernde Organisation darstellt
(Rogers 1959, 1987). MASLOW betont zwei Komponenten des Selbst:
eine biologisch verankerte, die auf einer inneren Natur beruht (genetisch bedingte, konstitutionelle Merkmale und Potentiale), und
eine kreative, selbstgestaltende Komponente, die auf das Charakteristikum der freien Wahl baut. Die biologische Komponente ist eine
Art Rohmaterial, an dem sich die kreative Komponente gestalterisch
betätigen kann. Maslow (1973) betont, wie die Existentialisten, daß
das Selbst Ergebnis einer Eigenleistung ist: Der Mensch macht sich
selbst, ist sein eigenes Projekt.

RAIMY (1971) sieht im Selbstkonzept ein mehr oder weniger organisiertes Wahrnehmungsobjekt, das aus gegenwärtigen und vergangenen Selbstbeobachtungen resultiert. Es beinhaltet das, was eine
Person über sich selbst glaubt, denkt, wie sie sich wahrnimmt. Das
Selbstkonzept vergleicht er auch mit einem Plan, den jede Person zu
Rate zieht, besonders um sich in Momenten der Krise und Entscheidung selbst zu verstehen.

Die Psychologie der Bedeutung (Combs 1989, Combs u. a. 1988)
verbindet das Selbst mit der Prämisse, daß jedes Verhalten eine Funktion des Wahrnehmungsfeldes zum Zeitpunkt der Handlung ist. Das
Wahrnehmungsfeld enthält Wahrnehmungen eines Individuums
über sich selbst und über die Realität zu jedem Zeitpunkt. Soferne sich
diese Wahrnehmungen auf die eigene Person beziehen, spricht man
von einem „phänomenalen Selbst". Um aus der Masse von Selbstwahrnehmungen jene zu unterscheiden, die besonders wichtig und vital
für das Individuum sind, hat man für diesen Bereich die Bezeichnung
Selbst-Konzept verwendet. Von der Perspektive der *Bedeutungspsycho-*

logie können die folgenden Aspekte und Charakteristika des Selbst-Konzeptes angeführt werden.

1. Das Selbst-Konzept ist ein System von Überzeugungen, Einstellungen und Wahrnehmungen, die ein Individuum über sich selbst und über seine Beziehung zur äußeren Realität macht. Es enthält nicht nur die Charakterisierung der eigenen Person (z. B. ich bin Vater, ein begabter Musiker, habe viele Freunde), sondern auch die Bewertungen dieser Charakterisierungen.

2. Die Wahrnehmungen über das eigene Selbst variieren hinsichtlich ihrer Zentralität und Wichtigkeit. Manche sind zentraler mit der eigenen Identität verbunden und tragen viel zur Handlungsorientierung bei, andere befinden sich eher an der Peripherie und kommen nur selten in den Vordergrund.

3. Obwohl das Körperempfinden bei der Entwicklung des Selbst eine wichtige Rolle spielt, ist das Selbst eine Struktur und Leistung des Bewußtseins. Es ist nicht an die Körpergrenzen gebunden. Temporär können Teile des Körpers als nicht zum Selbst gehörend empfunden werden, andererseits kann man jedoch Personen oder Objekte außerhalb des Körpers als zu einem selbst gehörend erleben.

4. Das Selbst-Konzept ist stabil und flüssig. Zentrale Aspekte, die durch Erfahrung immer wieder bestätigt werden, sind sehr stabil und können sehr widerstandsfähig gegenüber Veränderung werden.

5. Das Selbst-Konzept ist eine gelernte Struktur. Ein wichtiger Aspekt ist das Empfinden des eigenen Körpers in der frühen Entwicklung und die Unterscheidung zwischen dem, das zu mir gehört, „ich" bin, und dem, das nicht zu mir gehört. Das Selbst-Konzept entwickelt sich im Kontext der komplexen Erfahrungen, Ansprüche und in Ausübung von Funktionen im Verlauf der Sozialisation. Durch diese Erfahrungen lernt das Individuum, wer es ist, was es ist und wie adäquat es ist, wobei die Erfahrungen mit wichtigen anderen Personen, den sogenannten „signifikanten Anderen" eine besondere Rolle spielen.

6. Das Selbst determiniert das Verhalten. Handlungen des Menschen sind der äußere Ausdruck davon, wie er sich selbst wahrnimmt und sieht bzw. wie er zu jedem Zeitpunkt die Umgebung wahrnimmt. Das Selbst-Konzept ist daher an jeder Art der Handlung beteiligt, auch wenn sie noch so trivial ist.

7. Das Selbst-Konzept organisiert die Wahrnehmungen und das Erleben des Individuums im Sinne der zentralen Aspekte des Selbst.

Das Selbst übt eine selektive Funktion auf Erfahrungen und Wahrnehmungen aus, so daß neue Erfahrungen im Sinne des bestehenden
Selbst interpretiert werden. Eine Person, die im Grunde und sehr
beständig pessimistisch ist, wird weitere Erlebnisse und Erfahrungen
im Sinne dieses Merkmals organisieren und deuten, sie quasi mit
einem pessimistischen Ton „einfärben".

8. Wenn das Selbst-Konzept etabliert ist, hat es die Tendenz, sich
selbst aufrechtzuerhalten und zu bestärken. Da das Selbst eine zentrale Funktion für Verhalten und Erleben hat, organisiert es das Erleben
in einer Weise und produziert Handlungen, deren Konsequenzen ein
sich selbst verstärkendes Feedback darstellen. Das bestehende Selbst
wird wieder bestätigt. Ein negatives Selbstbild wie auch ein positives
weisen die Tendenz auf, sich selbst zu verstärken: Wenn wir uns als
unfähig, wertlos und unakzeptabel betrachten, ist es sehr wahrscheinlich, daß wir derart handeln, daß dieses Bild bekräftigt wird. Die Chan-
cen, Selbstachtung und ein positives Selbstbild zu entwickeln, werden
in diesem destruktiven Kreislauf immer geringer. Im Sinne dieser
Dynamik werden die Armen immer ärmer und die Reichen immer
reicher.

9. In Verbindung mit der Aktualisierungstendenz ist das Selbst
Ausgangspunkt vielfältiger Bedürfnisse. Da die Aktualisierungstendenz die Spannung zwischen Selbsterhaltung und Selbsterweiterung
enthält, wird auch das Selbst von dieser Spannung ergriffen. Bedrohung des Selbst führt zu Reaktionen der Selbsterhaltung, mobilisiert
die Selbst-Verteidigung. Diese Reaktionen der Selbstverteidigung stellen „Überlebenstechniken" des Organismus dar. Unter Beteiligung
dieser Dynamik wird auch ein ungünstiges oder negatives Selbst-Konzept verteidigt. Ein weiterer Effekt von Bedürfnissen der Selbsterhaltung oder Selbsterweiterung ist die Wahrnehmungsverengung (tun-
nel vision): Unter Bedingungen der Bedrohung wird das bedrohliche
Objekt oder Erlebnis in den Brennpunkt genommen, das Erleben
engt sich auf diese Bedrohung ein und wird davon quasi okkupiert.
Die Dynamik gilt auch umgekehrt. Insgesamt zentriert das grundlegende Bedürfnis nach Selbstverteidigung (Selbsterhaltung) und
Selbsterfüllung (Selbsterweiterung) die Aufmerksamkeit des Individuums auf das bedrohliche oder erfüllende Objekt oder Ereignis unter Ausschluß anderer Aspekte und Wahrnehmungen (Combs 1989).

10. Das Selbst-Konzept hat große Bedeutung für die Persönlichkeitsorganisation und -entwicklung. Es hat eine zentrale Funktion im

Prozeß der Selbstaktualisierung und in der Bedürfnisbefriedigung und berührt viele Bereiche und Funktionen des Menschen: Intelligenz, psychische Gesundheit, effektives Lernen, Erfolgserleben, befriedigende Beziehungen etc. Das Selbst eines Menschen bestimmt in wichtigen Bereichen seine Lebensqualität.

Die Bedeutung und Dynamik des Selbst wird im Rahmen der Humanistischen Psychologie in verschiedenen Zusammenhängen diskutiert und untersucht, vor allem im Zusammenhang mit Psychotherapie und Erziehung. Als Konsequenz wird betont, daß es im Verlauf des Sozialisationsprozesses wichtig ist, positive Erfahrungen mit sich selbst zu sammeln, um ein günstiges Selbst-Konzept entwickeln zu können. In ein kritisches Schlaglicht kommt in diesem Zusammenhang die schulische Sozialisation, die durch ungünstige Organisationsformen, Überforderungen und zwischenmenschliche Abwertungen eine Kultur des Mißerfolges aufbaut. Das Resultat sind Schüler mit ungünstigen Selbst-Konzepten, die durch die selbstbekräftigende Dynamik des Selbst schließlich ihr schulisches Versagen bestätigen.

Das Selbst wird als Zentrum der Zielgerichtetheit gesehen, das als aktives Handlungsmotiv in seiner Umgebung fungiert und dadurch mehr ist als das reaktive Produkt von Kräften, die auf es einwirken. Ferner wird thematisiert, inwiefern ein a priori vorhandenes, positives „wahres" Selbst, das der Körper- und Sinneserfahrung entspringt, eine Voraussetzung für psychische Gesundheit ist. Die Humanistische Psychologie macht den Körper oder in die Körpertiefe reichende Empfindungen zum Ausgangspunkt ihrer Auffassung vom Selbst. Durch die Konzentration der Humanistischen Psychologie auf das Selbst als Zentrum des Bewußtseins und die Betonung der Selbstverwirklichung verweist sie auch auf die *Dichotomie zwischen Selbst und anderen*. Der Vorwurf an Konzepte der Humanistischen Psychologie, sie würden Selbstverwirklichung auf Kosten von anderen unterstützen, auch wenn diese Verzerrung mehr in der Praxis als in der Theorie zu finden ist, ist ein problematischer Ausdruck dieser Dichotomie. MASLOW hat diese Verzerrungen in der praktischen Anwendung humanistischer Konzepte als Perversion seines eigenen Denkens bezeichnet (1971). Auch aus dem persönlichkeitstheoretischen Denken von ROGERS (1959) geht hervor, daß die Entwicklung einer Selbst-Struktur und eines Selbst-Konzepts notwendigerweise eine fortlaufende Interaktion mit signifikanten anderen erfordert und Persönlichkeitsentwicklung durch die sorgende Begegnung mit anderen gefördert wird. Für die Versuche, diese Dichotomie zwischen dem Selbst und anderen zu überwinden, wird der Umstand betont, daß das Individuum sich selbst verlieren muß, um sich selbst finden zu können. Diese paradoxe Phrase verweist auf einen Prozeß, in dem das Individuum durch ein Sich-Einlassen auf die materielle Umwelt oder die soziale Mitwelt ein Selbstgewahrsein entwickeln kann, das nicht auf einem narzißtischen Egozentrismus beruht, sondern auf persönlicher Erfüllung im Engagement und Interesse, die sich auf Bereiche richten, die vom Selbst unterschieden sind. Die Auflösung der narzißtischen Selbstbefangenheit und die Entwicklung persönlicher Erfüllung durch Transzendenz des eigenen Selbst (Selbsterfüllung durch Selbsttranszendenz) wird dabei nicht als Ergebnis eines sozialen Konditionierungsprozesses gesehen, sondern als Ergebnis eines bewußten und geprüften Wahlvorgangs, der die Daten persönlicher Erfahrung umfassend mit einschließt. Ein Grundpostulat ganzheitlichen Denkens in der Humanistischen Psychologie liegt in der Annahme, daß eine vollständige und gesunde Entwicklung und Integration, von der sowohl das Individuum als auch die Gesellschaft als Ganzes profitiert, den Einschluß aller Aspekte der Existenz oder Erfahrung im Bewußtsein erfordert.

Das starke Interesse an der Auseinandersetzung mit dem Begriff Selbst-Konzept und die Bedeutung dieses Begriffes zeigte SEEMAN (1988) auf. Er verglich die Anzahl der Eintragungen des Begriffes „Selbst-Konzept" im Zeitraum 1946–1950 mit dem Zeitraum 1976–1980 und stellte fest, daß die Eintragung zwischen 1976–1980 um 222mal häufiger erfolgte als zwischen 1946–1950. Die Wiederentdeckung der Begriffe Selbst und Selbst-Konzept wurden wahrscheinlich in einem hohen Ausmaß von theoretischen Entwicklungen innerhalb der Humanistischen Psychologie angeregt. Die Selbstkonzept-Forschung ist heute ein reichhaltiges Forschungsgebiet, das von unterschiedlichen Ansätzen betrieben wird (vgl. Wylie 1974, Greenwald und Suls 1983, Stevens 1996).

Dialog und Begegnung

Ein wichtiges Thema der Humanistischen Psychologie greift die Bedeutung der zwischenmenschlichen Beziehung für die Persönlichkeitsentwicklung des Menschen auf. Die Diskussion, Theoriebildung und Forschung richtet sich auf die Qualität dieser Beziehung und ihre

Konsequenzen für Lernvorgänge und die Entwicklung der Persönlichkeit. Spezifische Phänomene und Fragen, die das Lernen im Kontext von zwischenmenschlichen Beziehungen betreffen, sind etwa
Vertrauensbildung in der Gruppe als Vehikel der Entwicklung und
Selbstauseinandersetzung, die Beziehung im Kontext der Psychotherapie, die Erfahrungen, die mit den Begriffen Dialog und Begegnung
verbunden sind.

Viele humanistische Autoren wurden von den Schriften BUBERS
inspiriert, der das dialogische Denken philosophisch erörterte. Sein
berühmtestes Werk, *Ich und Du*, enthält eine in einer lyrischen und
bildhaften Sprache dargestellte Anthropologie des Dialoges und der
Beziehung. Buber erinnert an den einfachen Sachverhalt, daß
menschliche Entwicklung und Menschsein im sozialen Kontext geschieht, von Beziehungserlebnissen und Wechselseitigkeit getragen
ist. Viele von Bubers Schriften sind Variationen dieses Zentralthemas.
Buber betont besonders die Unmittelbarkeit der Beziehung, die
durch keine Zweckbindung oder berechnende Manipulation instru-
mentalisiert wird: „Alles *wirkliche Leben ist Begegnung*. Die Beziehung
zum Du ist unmittelbar. Zwischen Ich und Du steht keine Begrifflichkeit, kein Vorwissen und keine Phantasie; [...] Zwischen Ich und Du
steht kein Zweck, keine Gier und keine Vorwegnahme. [...] Alles
Mittel ist Hindernis. *Nur wo alle Mittel zerfallen, geschieht die Begegnung*. Vor der Unmittelbarkeit der Beziehung wird alles Mittelbare
unerheblich" (Buber 1984, S. 15f.; Hervorhebung hinzugefügt).

Buber entwickelt die bildnerische Wirkung und Bedeutung der
Ich-Du-Beziehung, indem er darauf hinweist, „daß die unmittelbare
Beziehung ein Wirken am Gegenüber einschließt" (ebd., S. 18). „Beziehung ist Gegenseitigkeit. Mein Du wirkt an mir, wie ich an ihm
wirke" (ebd., S. 19). „Am Anfang ist die Beziehung: als Kategorie des
Wesens, als Bereitschaft, fassende Form, Seelenmodell, das Apriori
der Beziehung; *das eingeborene Du*. Die erlebten Beziehungen sind
Realisierungen des eingeborenen Du am begegnenden" (ebd., S. 31;
Hervorhebung im Original). „Die Entwicklung der Seele des Kindes
hängt unauflösbar zusammen mit der des Verlangens nach dem Du,
den Erfüllungen und Enttäuschungen dieses Verlangens [...]. *Der
Mensch wird am Du zum Ich*. Gegenüber kommt und entschwindet,
Beziehungsereignisse verdichten sich und zerstieben, und im Wechsel
klärt sich, von Mal zu Mal wachsend, das Bewußtsein des gleichbleibenden Partners, das Ichbewußtsein. Zwar immer noch erscheint es

nur im Gewebe der Beziehung, in der Relation zum Du, als Erkenn-
barwerden dessen, das nach dem Du langt und es nicht ist, aber immer
kräftiger hervorbrechend, bis einmal die Bindung gesprengt ist und
das Ich sich selbst, dem abgelösten, einen Augenblick lang wie einem
Du gegenübersteht, um alsbald von sich Besitz zu ergreifen und fortan
in seiner Bewußtheit in die Beziehung zu treten" (ebd., S. 32; Hervorhebung hinzugefügt).

Buber beschreibt in diesen Äußerungen in einer beinahe lyrischen
Phänomenologie die Entwicklung von Selbstbewußtheit als Voraussetzung von Individualität und Autonomie durch die bestätigende Beziehung zu einem Gegenüber.

Buber unterscheidet das Soziale vom Zwischenmenschlichen. Das
Soziale baut auf die Zugehörigkeit zu einer Gruppe oder Gemeinschaft, auf die Kollektivität, die den Menschen vor der Einsamkeit und
Angst schützt. Das *Zwischenmenschliche* ist „das Leben zwischen Person und Person" (ebd., S. 272). Der Mensch ist „Partner im Lebensvor-
gang", der nicht als Objekt betrachtet wird: „[...] das Nicht-Objekt-
Sein [...] ist die eigentümliche Wirklichkeit des Zwischenmenschlichen, das Geheimnis des Kontaktes" (ebd., S. 274). Der Zwischen-
bereich, die Resonanz in der „Sphäre des Zwischenmenschlichen", die
Entfaltung des „Einander-gegenüber" nennt Buber „das Dialogische"
(ebd., S. 276). Die psychischen Vorgänge in zwei Menschen, die einander im Gespräch begegnen, sind sekundär, sie sind „die heimliche
Begleitung zu dem Gespräch selber, einem sinngeladenen phoneti-
schen Ereignis, dessen Sinn weder in einem der beiden Partner noch
in beiden zusammen sich findet, sondern nur in diesem ihrem leib-
haften Zusammenspiel, diesem ihrem Zwischen" (ebd.). Aus dieser
Sphäre des Zwischenmenschlichen kann sich ein echtes Gespräch entwickeln. Ein echtes Gespräch bedeutet „die Hinwendung zum Partner
in Wahrheit, [...] das [...] in diesem Augenblick mögliche Maß der
Vergegenwärtigung üben" (ebd., S. 293). Mit der wahrnehmenden
Vergegenwärtigung ist die Bestätigung des anderen verbunden: „Die
wahrhafte Hinwendung seines Wesens zum andern schließt diese
Bestätigung, diese Akzeptanz ein" (ebd.). Für die Entwicklung eines
echten Gespräches muß weiters „jeder, der daran teilnimmt, sich selber einbringen" (ebd.), das sagen, was er zu sagen hat. Es heißt treu zu
sein gegenüber dem, was man zum Thema oder zur Sache zu sagen
hat, entschlossen, rückhaltlos und ohne Verzerrung, aber mit innerer
Verbindlichkeit: „Rückhaltlosigkeit [...] ist das genaue Gegenteil des

Drauflosredens" (ebd., S. 294). Ein weiteres Merkmal ist „die Überwindung des Scheins", denn „der Gedanke an die eigene Wirkung als
Sprecher" (ebd.) stört das echte Gespräch: „Weil das echte Gespräch
[...] sich durch die Authentizität des Seins konstituiert, kann jeder
Einbruch des Scheins es versehren" (ebd., S. 295). Ein Gespräch
dieser Art entfaltet eine besondere Kreativität, die Erschließung von
Neuem: „Wo [...] das Gespräch sich in seinem Wesen erfüllt, zwischen
Partnern, die sich einander in Wahrheit zugewandt haben, sich rückhaltlos äußern und von Scheinenwollen frei sind, vollzieht sich eine
denkwürdige, nirgendwo sonst sich einstellende gemeinschaftliche
Fruchtbarkeit. [...] Das Zwischenmenschliche erschließt das sonst Un-
erschlossene" (ebd.). So wünschenswert diese Fruchtbarkeit auch sein
mag, das echte Gespräch ist nicht absichtlich herstellbar, ist im Grunde unberechenbar. Der Charakter des Überraschenden und Unvorhersehbaren ist konstitutiv: „ein echtes Gespräch kann man nicht vor-
disponieren" (ebd., S. 296). ROGERS ist durch Buber in seiner späten
„philosophisch-anthropologischen Phase" inspiriert worden, nicht
zuletzt in einem persönlichen Zusammentreffen mit Buber im Jahr
1957 (Buber und Rogers 1984). Er beschreibt seine Erfahrung als
Psychotherapeut als eine Erfahrung, in der er sich aufs Spiel setzt, sich
in die „Unmittelbarkeit der Beziehung" einläßt. Dieser Prozeß der
Selbsterfahrung im Dialog vermittelt eine einzigartige Erlebnisfülle.
Rogers Beschreibung ähnelt dem echten Gespräch von Buber, und er
stellt auch fest: „In diesen Augenblicken existiert, um einen Ausdruck
von Buber zu verwenden, eine wirkliche ‚Ich-Du-Beziehung', ein zeit-
loses Leben in der Erfahrung zwischen dem anderen und mir. Es
bezeichnet den Gegenpol einer Sehweise, die den anderen oder mich
als Objekt betrachtet" (Rogers 1976, S. 199f.).

   FRIEDMAN (1992) untersucht das Phänomen der Heilung durch
Begegnung in der Psychotherapie. Für Friedman ist die Begegnung,
das „Zwischen" im Sinne von Buber eine zentrale Quelle der seelischen Heilung. Eine dialogische Therapie müsse daher auf dem Begriff der Begegnung aufbauen.

Psychotherapie und Beziehung

ROGERS war als Psychotherapieforscher und praktischer Psychotherapeut bemüht, die Struktur der therapeutischen Beziehung und ihre
Qualität erschöpfend zu beschreiben. Im Laufe der Entwicklung der

Personenzentrierten Therapie hat sich zunehmend die Auffassung durchgesetzt, daß der therapeutische Erfolg nicht vom Wissen und technischen Können des Therapeuten abhängt, sondern von bestimmten umfassenden Einstellungen und damit verbundenen Verhaltensweisen des Therapeuten, die er in der Beziehung zum Klienten realisiert. Rogers (1957) geht von den folgenden Parametern einer therapeutischen Beziehung aus. Vom technischen Aspekt kann man sie auch als therapeutische Handlungsprinzipien betrachten (vgl. Hutterer 1991, 1995; vgl. auch Land 1984, Pawlowsky 1988).

1. Bestehen und Aufrechterhaltung eines Kontaktes zwischen Therapeut und Klient/Patient im Sinne einer wechselseitigen Beeinflussung des Wahrnehmungsfeldes. Technisch heißt das, die Bereitschaft, Kontakt aufzunehmen, unmittelbar in der Situation in Kontakt sein. Das heißt weiter, zu wissen, daß es ohne einen zunehmenden Kontakt keine tiefgreifende Reorganisation der Persönlichkeit des Klienten gibt.

2. Inkongruenz, Verletzlichkeit des Klienten (Leidensdruck). Das bedeutet, die Verletzlichkeit des Klienten aufgreifen und einen Blick dafür entwickeln. Das Aufspüren der Sphäre der Verletzlichkeit und die Bewußtheit der Verletzlichkeit ist ein wichtiger Entwicklungsfaktor.

3. Kongruenz/Authentizität (Selbstübereinstimmung) des Therapeuten in der therapeutischen Beziehung. Echtheit, Kongruenz bedeutet, daß der Therapeut sich ungekünstelt und ohne professionelles oder routinemäßiges Gehabe verhält. Seine Äußerungen und sein Verhalten stehen in Übereinstimmung mit seinem Erleben, sie „fließen" aus dem, was der Therapeut unmittelbar erlebt, empfindet und wahrnimmt. Er ist dabei für sein Fühlen und Erleben in der Situation offen und macht es zur Grundlage seines Verhaltens, sofern es für die Beziehung zum Klienten eine Bedeutung hat.

4. Kommunikation von nicht an Bedingungen gebundener positiver Wertschätzung durch den Therapeuten. Nicht an Bedingungen gebundene Wertschätzung und emotionale Wärme bedeuten, daß der Therapeut die Person des Klienten unabhängig davon, welche Erfahrungen und Gefühle er ausdrückt, respektiert. Er betrachtet den Klienten als eine Person von eigenem Wert und respektiert seine Individualität. Er enthält sich jeder Kritik und versucht nicht, das Verhalten und Erleben des Klienten zu verbessern oder abzuwerten, sondern

zeigt uneingeschränkt Wertschätzung für den Klienten mit seinen augenblicklichen Möglichkeiten, Fähigkeiten und Grenzen.

5. Kommunikation von einfühlendem Verstehen der inneren Welt des Klienten durch den Therapeuten. Nicht-wertendes, einfühlendes Verstehen (Empathie) bedeutet, daß der Therapeut seine Aufmerksamkeit auf die von Augenblick zu Augenblick vom Klienten geäußerten Erfahrungen und gefühlsmäßigen Erlebensinhalte richtet. Er versucht, den Klienten zu verstehen, wie dieser sich selbst sieht. Er bewertet die vom Klienten ausgedrückten Gefühle und Erfahrungen weder offen noch insgeheim und sucht auch nicht nach Erklärungen dafür, sondern seine Aktivität besteht darin, die Welt aus der Sicht des Klienten zu erfassen und zu verstehen und das Verstandene mit eigenen Worten dem Klienten mitzuteilen.

6. Wahrnehmung der Therapeutenqualitäten durch den Klienten und Offenheit des Klienten für das therapeutische Beziehungsangebot. Das bedeutet, daß der Klient Ansprechbarkeit und Resonanz zeigt bzw. die personenzentrierten Einstellungen und Verhaltensweisen in einem minimalen Ausmaß auch als etwas wahrnimmt, das sich in seinem konstruktiven Zugang von dem defizitären inneren Prozeß des Klienten unterscheidet.

Durch ein Beziehungsangebot des Therapeuten, das durch Echtheit, Empathie (Einfühlung) und Achtung gekennzeichnet ist, kommt der Klient allmählich in die Lage, die verleugneten, verborgenen und schwer zugänglichen Aspekte seiner Erfahrungen und Gefühle wiederzuerleben, auszudrücken und in sein Selbstbild zu integrieren. *Echtheit* (Kongruenz, Authentizität) ist jene Fähigkeit des Therapeuten, die die Beziehung zum Klienten auf eine realistische Basis stellt und diesem ermöglicht, seine Erfahrungen und Gefühle mit wachsender Offenheit auszudrücken. Das *Einfühlungsvermögen* des Therapeuten hilft dem Klienten, seine unterdrückten, diffusen und verwirrenden Erfahrungen wahrzunehmen und zu differenzieren. Die *Wertschätzung* des Therapeuten schafft ein beurteilungsarmes Klima, in dem der Klient abgelehnte Erfahrungen und Gefühle bei gleichzeitigem Gewinn an Selbstachtung in sein Selbstbild integrieren kann. Die therapeutische Praxis der Rogerianischen Psychotherapie besteht in der flexiblen und situationsangemessenen Berücksichtigung oder Umsetzung dieser Parameter in der Therapeut-Klient-Beziehung. Für Rogers war die Beziehung nicht nur Ausdruck eines philosophischen

Konzepts von Zwischenmenschlichkeit – diesen Kontext hatte er erst
später hinzugefügt –, sondern sie hat eine empirisch nachvollziehbare
und belegbare Grundlage.

Begegnung und Persönlichkeitsentwicklung in Gruppen

Erfahrungen der Beziehung und Begegnung spielen auch in der „geplanten Gruppenerfahrung" eine wichtige Rolle, die Rogers als „eine
der ganz großen sozialen Erfindungen dieses Jahrhunderts [...] vermutlich die mächtigste überhaupt" bezeichnet (Rogers 1984, S. 8). Er
sah die Entwicklung dieser *geplanten Gruppenerfahrungen* als Außen-
seiterentwicklung, als außerhalb des Establishments. Rogers verweist
auf den Ursprung dieser geplanten Gruppenerfahrung in der von
Kurt Lewin entwickelten Trainingsgruppe und den von ihm und seinen Mitarbeitern an der University of Chicago (Beratungszentrum)
etwa zur selben Zeit entwickelten Gruppen. Jedoch wurde dieser Ansatz damals nicht weiter ausgebaut.

Bei der Beschreibung des Prozesses in Gruppen geht Rogers von
einer einfachen und naturalistischen Perspektive aus, die er gegenüber einer abstrakten und theoretischen Beschreibung vorzieht. Er
folgt damit konsequent einer phänomenologischen Vorgangsweise:
„Beim derzeitigen Stand unseres Wissens möchte ich lediglich die zu
beobachtenden Geschehnisse beschreiben und berichten, wie sie
sich meiner Erfahrung nach einander zuordnen" (ebd., S. 21 f.). Er
geht davon aus, daß seine Beschreibung eine von gleichbleibenden
Tendenzen ist, von sich wiederholenden Mustern, die jedoch keine
scharf abgrenzbaren Übergänge besitzen. Die Darstellung des Phänomens der Beziehung und ihrer Entwicklung im komplexen Kontext einer Gruppe macht auf den Prozeßcharakter dieser Beziehung
aufmerksam. Sie entfernt sich dadurch auch von der philosophisch
idealisierten, konflikt- und spannungsfreien Ich-Du-Beziehung, wie
sie bei BUBER erscheint. Rogers zeigt dagegen auf, daß die reale
Entwicklung von Beziehungen in Gruppen von *Ambivalenzen, Spannungen, Konflikten, Widerstand und Unsicherheit* getragen ist. Diese
Phänomene zeigen sich in den verschiedenen Phasen einer Gruppenentwicklung.

1. Allgemeine Unsicherheit. Die Freiheit von Regeln und Strukturen
am Beginn schafft Verwirrung, oft peinliches Schweigen und ober-

flächliche Verhaltensweisen oder Frustrationen. Die Interaktion ist diskontinuierlich, d. h., viele nehmen nicht aufeinander Bezug.

2. Widerstand gegen persönlichen Ausdruck oder Exploration. Jeder Versuch, persönliche Einstellungen, Gefühle oder Gedanken auszudrücken oder zu offenbaren, ruft widersprüchliche Reaktionen bei anderen Gruppenmitgliedern hervor. Oft werden nur risikolose Seiten der eigenen Person, das öffentliche Selbst, ausgedrückt.

3. Beschreibung vergangener Gefühle. Die Vertrauenswürdigkeit der Gruppe ist für viele Mitglieder noch nicht sicher. Es gibt Widersprüchlichkeiten. In dieser Situation ist es oft nur möglich, vergangene Gefühle auszudrücken.

4. Ausdruck negativer Gefühle. Die ersten Gefühle, die man als gegenwärtige Gefühle einstufen kann, sind in der Regel negative Gefühle gegenüber anderen Mitgliedern in der Gruppe. Rogers meint, der Grund, warum zuerst negative Gefühle ausgedrückt werden, ist der Versuch, die Vertrauenswürdigkeit der Gruppe zu erproben, oder weil positive Gefühle schwieriger auszudrücken sind als aggressive und negative, weil sie verletzbarer machen.

5. Ausdruck und Erforschung von persönlich wichtigem Material. Wenn sich eine Atmosphäre des Vertrauens zu entwickeln beginnt, zeigen Mitglieder tiefere Seiten der eigenen Person, obwohl es noch Ambivalenzen in bezug auf Selbstenthüllungen gibt.

6. Der Ausdruck unmittelbarer, interpersonaler Gefühle in der Gruppe. Neben der Exploration von persönlichen Erfahrungen von Gruppenmitgliedern, die für sie selbst sehr bedeutsam sind, kommt es vor, daß auch die unmittelbaren Gefühle anderen Gruppenmitgliedern gegenüber direkt ausgedrückt werden.

7. Entwicklung einer Heilungskapazität in der Gruppe. Damit meint Rogers eine „natürliche und spontane Fähigkeit" (Rogers 1984, S. 29), die von Gruppenmitgliedern gezeigt wird, anderen zu helfen, sie zu fördern und einfühlsam zu behandeln. Rogers meint damit die Heilungskapazität, die sich zwischen den Gruppenmitgliedern zeigt bzw. in deren Interaktion.

8. Selbstakzeptierung und beginnende Veränderung. Die Selbstexploration der Gruppenmitglieder geht allmählich Hand in Hand mit einer Selbstakzeptierung, die die Möglichkeit breiterer und größerer Wahlfreiheit und Verhaltensänderung beinhaltet.

9. Zerschlagen der Fassaden. Rogers beschreibt die „Abneigung gegenüber defensivem Verhalten" (ebd., S. 34) als ein prägnantes

Phänomen innerhalb der Gruppe; und damit verbunden auch Aktivitäten, Verhaltensweisen, um dieses defensive Verhalten zu vermindern. Während in früheren Phasen der Gruppe eine ambivalente Einstellung gegenüber Selbstoffenbarung vorherrschte, dominiert jetzt stärker eine ambivalente Einstellung gegenüber Fassadenhaftigkeit.

10. Individuum erhält Feedback. Rogers hält die Interaktion, in der Gruppenmitglieder Rückmeldungen über ihr eigenes Verhalten, über die Wirkung ihres eigenen Verhaltens, erhalten, für eine signifikante Erfahrung, die sehr wirksam ist, wenn sie in einer Atmosphäre des Vertrauens stattfindet.

11. Konfrontation. Eine verstärkte Form dieses Feedback bezeichnet Rogers als Konfrontation, die positiv, aber auch negativ sein kann.

12. Helfende Beziehung außerhalb der Gruppensitzungen. Rogers beschreibt als eine Prozeßkomponente das Phänomen, daß sich die veränderten Beziehungen in der Gruppe auch außerhalb der Gruppe fortsetzen oder sich bisweilen noch intensivieren und differenzieren.

13. Die grundlegende Begegnung. Damit beschreibt Rogers das Phänomen des engen und direkten Kontaktes, „der viel intensiver ist, als es im Alltagsleben möglich ist (Ich/Du-Beziehungen)" (ebd., S. 42). Momente der Begegnung sind Situationen und Interaktionen mit besonderer Nähe, Resonanz und Berührung.

14. Ausdruck positiver Gefühle. Damit ist das Phänomen bezeichnet, daß sich zunehmend in der Gruppe positive Gefühle und zwischenmenschliche Nähe und Wärme beständig und verläßlich entwickeln und aufrechterhalten werden.

15. Verhaltensänderung in der Gruppe. Das Verhalten von einzelnen Mitgliedern in der Gruppe wird zunehmend kooperativer und spontaner und deutlich unterschiedlich im Vergleich zu Verhaltensweisen in früheren Phasen.

16. Funktion des Gruppenleiters. Der Gruppenleiter fungiert als Förderer, der der Gruppe maximale Freiheit läßt und nicht Ziele für sie bestimmt, auf die er sie hinlenkt. Der Leiter bekommt eine Doppelfunktion als Mitglied und als Leiter.

Vertrauensbildung in der Gruppe

Auch GIBB zeigt in seiner Theorie der Gruppenentwicklung den komplexen Charakter zwischenmenschlicher Beziehungen. Er streicht vor

allem das Problem der Vertrauensbildung als wichtigen Lernfaktor
hervor: Entfaltung in Beziehungen ist nur dann möglich, wenn es
gelingt, abwehrmindernde Maßnahmen zu setzen, die Furcht und
Mißtrauen verringern. Um dieses abwehrmindernde oder vertrauens-
fördernde Klima zu schaffen, sind nach Gibb vier Probleme in der
Gruppe zu lösen: das Problem der Akzeptierung, das Problem des
Datenflusses, das Problem der Zielbildung und das Problem der sozialen Kontrolle. Diese Probleme sind in jeder Sozialstruktur relevant.

Das Problem der Akzeptierung bezieht sich auf die Vertrauensbildung und die gegenseitige Anerkennung der Mitglieder und die Verminderung der Furcht. Ein Aspekt dieses Problems ist das Problem
der Mitgliedschaft in der Gruppe.

Das Problem des Datenflusses bezieht sich auf den Ausdruck von
Gefühlen und Wahrnehmungsdaten, die Kommunikation von Einstellungen und mit die Aufnahme dieser Daten. Ein Aspekt dieses
Problems ist das Problem des Wahl- und Entscheidungsverhaltens in
der Gruppe.

Das Problem der Zielbildung bezieht sich auf die Erfahrung der
intrinsischen Motivation der Gruppenmitglieder und mit der Umsetzung dieser Motivation in Handlungen und Problemlösungen. Ein
Aspekt dieses Problems ist das Problem der Produktivität.

Das Problem der sozialen Kontrolle hat mit der intrapersonalen
und interpersonalen Regulierung zu tun, mit der Koordination von
Verhalten, der Bildung von Rollen, Erwartungen und Funktionen. Ein
Aspekt dieses Problems ist das Problem der Organisation.

Gibb nennt diese Probleme Modalprobleme und meint, daß sie
immer wiederkehrende Themen oder Prozesse von Gruppen darstellen.

In den *frühen Stadien der Gruppenentwicklung* ist das Problem der
Akzeptierung in dieser Richtung erkennbar, daß es unaufgelöste Gefühle von Furcht und Mißtrauen gibt. Solche Symptome des Mißtrau-
ens sind etwa ein ständiges Verteidigen der eigenen Person, andere
verändern Wollen, Dominieren, Konfliktvermeidung, eine gewisse
Freizügigkeit mit Ratschlägen, Abwertung, Distanzierung. Das Problem der Akzeptierung differenziert sich zu dem Problem der Zugehörigkeit zu der Gruppe, der Mitgliedschaft in der Gruppe, d. h., wie
man eine Bedeutung oder Wichtigkeit in dieser Gruppe gewinnt.

Der Datenfluß in einer beginnenden Gruppe ist in der Regel blok-
kiert. Es gibt wenige Informationen oder eine Fassadenbildung, um

Gefühle und Wahrnehmungen zu verdecken und Offenheit zu vermeiden. Wegen unzureichender Informationen werden oft unzutreffende Entscheidungen getroffen. Denn Entscheidungsprozesse in der Gruppe erfordern das Vorhandensein oder das Suchen nach Informationen, wobei mit Entscheidungen und Wahlverhalten die vielen kleinen Entscheidungsschritte gemeint sind, die einzelne Teilnehmer in der Gruppe durchführen. Mit Fortgang der Entwicklung lernen Gruppenmitglieder Informationen wirkungsvoller durch Zuhören und durch den freien Ausdruck von Gefühlen und Wahrnehmungen zu sammeln.

Dabei geht es um das Bestimmen von gemeinsamen Zielen und das Einschätzen von Motivationen und daraus resultierenden Zielen. Oft setzen sich die Teilnehmer selbst Ziele oder sie werden ihnen vorgegeben, d. h., sie sind extrinsisch (aufgezwungen oder als fremde übernommen). Dadurch gibt es nur eine partielle Bindung an eine gemeinsame Aufgabe, Apathie und Langeweile. Das Einschätzen der eigenen Motivation ist daher sehr wichtig. Eine Fehleinschätzung kann zu einem passiven Widerstand führen (Ablenkung, Geflüster, Nebentätigkeit). Die Lösung dieses Problems hängt mit dem Problem der Produktivität zusammen. Produktiv kann eine Gruppe nur dann werden, wenn es ihr möglich ist, auch intrinsische Motive in der Interaktion und Gruppenentwicklung zum Tragen kommen zu lassen. Wenn es möglich ist, intrinsische Motivationen in den Vordergrund zu rücken, entsteht ein hohes Interesse und eine breite Beteiligung. Äußere Belohnung oder Konkurrenz um die Billigung des Leiters sind dann weitgehend unnötig.

Das Problem der Kontrolle bezieht sich auf das Einflußnehmen in der Gruppe: Kontrolle und Bedeutung für das Geschehen in der Gruppe zu entwickeln bzw. auch die eigenen Impulse zu kontrollieren und sich als Gesamtgruppe zu organisieren und in Richtung gemeinsamer Ziele zu arbeiten. Ungelöste Kontrollprobleme zeigen sich etwa in Überredungsmethoden, im Erteilen von Ratschlägen, Debattieren, Argumentieren, an Wünschen, kontrolliert zu werden, oder an Aktivitäten, eine Unorganisiertheit aufrechtzuerhalten.

In einer *fortgeschrittenen Gruppenentwicklung* zeigt sich das Problem der Akzeptierung in einer Verminderung von Furcht und Mißtrauen, in einer Wärme und Zuwendung und einem Zutrauen in die Fähigkeit der Gruppe bzw. einem geringen Interesse, sich mit anderen zu vergleichen. Bezüglich des Datenflusses ist die Kommunikation offen und wird je nach Bedarf geäußert, um flexibel Entscheidungen

treffen zu können. Beim Vorliegen neuer Daten werden neue Entscheidungen getroffen und bereits getroffene rückgängig gemacht.
Bezüglich der Zielbildung gibt es einen hohen Grad an Zielintegra-
tion, d. h., Partialziele und -motive werden als Ausdruck eines zentralen Zweckes gesehen. Die inneren Ziele der einzelnen Gruppenmitglieder werden abgestimmt. Es gibt wechselnde Führung, und
Konflikte werden rasch gelöst. Das Problem der Kontrolle verändert
sich in die Richtung, daß es für viele Mitglieder möglich ist, flexibel
Einfluß auszuüben, und die wichtigsten Rollen in der Gruppe sind
nicht auf bestimmte Personen fixiert, sondern austauschbar und
wechseln ab. Die Führung und Macht wechselt je nach Qualifikation,
Problem und Situation (optimale Rollenfluktuation), wodurch sich
Organisationsformen spontan bilden und wieder verschwinden. Es
gibt auch keine Organisationsformen, die fixiert werden, und es wird
keine Organisationsform als einer anderen überlegen betrachtet.

Die *Rolle des Leiters* aus der Sicht dieser Theorie liegt darin, an
diesen Problemen teilzunehmen und an deren Lösung sich zu beteiligen. Das Problem der Mitgliedschaft ist für den Leiter ebenso wie für
die Mitglieder vorhanden. Es enthält einen besonderen Akzent durch
seine Rolle und durch seinen Status am Beginn der Gruppe. Durch
die besondere Funktion des Leiters wird der Erwerb der Gruppenmit-
gliedschaft durch selbstauferlegte Rollenvorschriften sowie durch
Rollenerwartungen, die an ihn herangetragen werden, eine besondere Herausforderung.

Er nimmt an der Lösung des Datenproblems oder Datenflußpro-
blems und an Entscheidungsprozessen teil, indem er seine Wahrnehmungen der Gruppe anvertraut. Allerdings wird auch dieses Problem
für den Leiter sehr kompliziert durch die besonderen Wünsche von
Mitgliedern, seinen Deutungen und Informationen einen besonderen Wert zuzuschreiben. Ein Beispiel für so ein Datenproblem ist das
häufig geäußerte Gefühl von Teilnehmern, daß es keinen Zweck hat,
den Trainer zu fragen, weil er es ja doch nicht sagt. Die Beteiligung an
der Zielklarheit ist für den Leiter ebenso eine Herausforderung wie
das Erkunden der eigenen Motive, Ziele. Das ist eine Voraussetzung
für die Produktivität des Leiters. Bezüglich des Problems der Kontrolle ist es besonders wichtig, daß der Leiter seine eigenen Abhängig-
keitsbedürfnisse und Kontrollbedürfnisse versteht und auch fähig ist,
sie offen mit der Gruppe zu diskutieren. Dadurch beteiligt er sich an
der Normbildung und Organisation der Gruppe.

Die Humanistische Psychologie behandelt das zentrale Thema der Beziehung und Begegnung zu einem Gutteil im Zusammenhang mit der Erfahrung in Gruppen. Die Gruppe ist ein wichtiges Medium der Selbsterfahrung und Beziehungserfahrung. Sie ist der Ort für das Experimentieren in Beziehungen, für die Pflege und Kultivierung von zwischenmenschlichen Beziehungen. Die Erfahrung in temporären Sekundärgruppen wird als wichtiger Faktor der kompensatorischen Sozialisation in einer fragmentierten Gesellschaft gesehen. Die Gruppe ermöglicht die Erfahrung von Gemeinschaftsbildung (Coulson 1973). Die pädagogische Bedeutung der Gruppe liegt in ihrer Funktion als Lerngemeinschaft. Auch wenn die Gruppe als Sozialisationsgemeinschaft einen Schwerpunkt in der Humanistischen Psychologie findet, liegt ein weiteres Interesse in der verändernden Wirkung von besonderen Beziehungserfahrungen wie etwa dem Erlebnis der ersten Liebe (Alapack 1984).

Begegnung in der ersten Liebe

Eine besondere Form der Begegnung, die gleichzeitig das Moment der Transzendenz enthält, ist die Erfahrung der ersten Liebe. Sie ist für die Beteiligten eine neue, fremde und beispiellose Art, einer gegengeschlechtlichen Person zu begegnen. ALAPACK (1984) hat diese ursprüngliche Erfahrung, die erste bedeutsame Bindung eines heranwachsenden jungen Menschen untersucht. Die Studie ist deskriptiv und phänomenologisch-reflexiv. Alapack hat auf der Basis der hermeneutisch-phänomenologischen Reflexion von qualitativen Interviews die grundlegenden Charakteristika dargestellt, die die erste Liebe von anderen intensiven sexuellen Erlebnissen unterscheiden. Alapack hat folgende zentrale Momente in der Erfahrung der ersten Liebe herausgearbeitet:

1. Absolutheit. Die erste Liebe wird als absolut und extrem erlebt („wir werden uns nie trennen", „es gibt nichts, was ich nicht für dich tun würde", „ich werde dich immer lieben, was auch immer passiert").
2. Einzigartigkeit. Die Liebenden haben das Gefühl, eine einzigartige Erfahrung zu machen („nie hat jemand so geliebt wie wir").
3. Vollkommenheit. Die Liebe wird als vollkommen empfunden („meine einzige und wahre Liebe"). Im Gegensatz zur Erfahrung von

Unvollkommenheit und Zwiespältigkeit der reifen Erwachsenenliebe erscheint die erste Liebe als erschöpfend, eindeutig und ideal.

4. Zusammengehörigkeit. Das Wort „unser" beherrscht den Sprachgebrauch der Liebenden. Die Zusammengehörigkeit tendiert zur Exklusivität. Jeder fühlt sich als die Hälfte eines Ganzen. Auf der einen Seite wird die Beziehung durch diese Zusammengehörigkeit gestärkt, andererseits kann hier auch der Beginn eines besitzergreifenden Verhältnisses liegen.

5. Idealismus. Die erste Liebe wird als eine Oase im Alltag erlebt, ist verträumt und hingebungsvoll. Der Akzent liegt auf der Offenheit, den Möglichkeiten und dem Wunder.

6. Unschuld. Die erste Liebe hat mit respektvollen, „heiligen" Gefühlen und Gedanken zu tun. Sie spielt sich auf der unschuldigen Seite des Lebens ab. Die Beziehung an sich ist das Wichtige, weniger die Sexualität.

7. Intensive Kommunikation und authentische Begegnung. Es scheint, daß sich die Partner ständig etwas zu sagen haben. Gefühle, Gedanken und Pläne werden ständig besprochen, eine gemeinsame Sprache wird ausgebildet. Sie interagieren nicht nur, sondern kommunizieren. Dabei entkleidet praktisch jeder die Seele des anderen, und hier werden auch die ersten Erfahrungen gemacht, was es heißt, vor einem gegengeschlechtlichen Partner verwundbar, ungeschützt und angreifbar zu sein.

8. Emotionale Verbindung und Austausch. Die erste Liebe ist die Feuerprobe für bislang ungezeigte Gefühle („durch sie habe ich neue Tiefen entdeckt"). Völlig neue Gefühle werden entdeckt: besitzergreifende Eifersucht, Zärtlichkeit, Verantwortung, die Schmerzen der Liebe. Die erste Liebe öffnet die Türen zu den noch unvollständigen Erfahrungen der Empathie, Großzügigkeit und Gegenseitigkeit. Gegenseitige Verstrickung. Geben und Nehmen werden intensiv erlebt („durch sie und mit ihr habe ich gelernt, das Leben zu teilen").

9. Ununterbrochene Anwesenheit des Geliebten. Die Realität der Beziehung hängt nicht von der physischen Anwesenheit der geliebten Person ab, sondern sie ist ständiger Begleiter im Bewußtsein („mein Geliebter ist mit mir in jedem Moment").

10. Orientierung an der Zukunft. Phantasien und Pläne für die Zukunft werden geschmiedet und zum Teil auch tatsächlich verwirklicht. Träume und Phantasien über das Zuhause, das sie sich gemein-

sam aufbauen möchten, werden geteilt. Beide sind im ersten Stadium des Verstehens des Ernstes und der Schönheit von Verpflichtungen.

11. Erfahrung der Übereinstimmung mit den eigenen Wurzeln. Dieser spezielle Mensch, mit dem wir uns eine Zukunft vorstellen, wird meist als jemand erlebt, der mit unserer Vergangenheit vereinbar ist. Die zentralen Werte, grundlegenden Einsichten und Lebenseinstellungen scheinen mit den eigenen übereinzustimmen. Man erkennt in der geliebten Person die eigenen Wurzeln wieder.

Alapack stellt zur Struktur der ersten Liebe fest, daß sie nicht automatisch passiert. Wann immer sie passiert, ist sie weder zufällig noch irgendwie verursacht. Es muß eine Bereitschaft, eine Ansprechbarkeit vorhanden sein, um auf die Offenheit des anderen antworten zu können. Durch die erste Liebe wird man psychisch verändert, und zwar auf eine vielschichtige Weise. Die Erfahrung der Entdeckung einer anderen Person, die viele Überraschungen mit sich bringt, sowie die Auseinandersetzung mit tiefem Schmerz ist damit verbunden. Zu den strukturellen Aspekten der ersten Liebe gehört ihre entdeckerische Seite. Existentielle Fragen über die eigene Person, Entwicklung und Zukunft tauchen auf. Antwort auf solche Fragen kann nur in einer Beziehung gefunden werden, die als speziell und intensiv erlebt wird. Es liegt in der Natur der ersten Liebe, daß die Liebenden aus sich herausgehen müssen. Durch den *informierenden Aspekt* der ersten Liebe nimmt das Selbstverständnis neue Formen an. Die Liebenden erhalten durch ihre Erfahrungen Informationen über sich selbst. Der *orientierende Aspekt* der ersten Liebe stellt jeden Beteiligten in einen Horizont von Möglichkeiten, Erwartungen, Hoffnungen und Versprechungen. Der Weg führt von einer Verwirrtheit hin zu einem Gefühl für eine Richtung. Es werden Strukturen gefunden, die das Gefühl, ruderlos und verwirrt zu sein, ersetzen. Das Leben erhält dadurch Bedeutung und Richtung.

Die schmerzvolle Seite der ersten Liebe kommt durch die Konfrontation mit der Illusion von grenzenloser Liebe zum Vorschein. Die schmerzvolle Wandlung von einem selbst-zentrierten Menschen zu einem, der sich auch am anderen orientiert, wird (erfolgreich oder erfolglos) herausgefordert. Die Liebenden stellen fest, daß nicht alles unter Kontrolle ist und nach ihren Plänen läuft.

Der *begrenzende Aspekt* der ersten Liebe tritt auf dem Weg zu einer realistischen Beziehung zum Vorschein, im extremen Fall in einer Trennung. Die Erfahrung von Verlust und Trennung wird durch den

magischen Beginn der Beziehung in der ersten Liebe mit einer besonderen Absolutheit erlebt: ein Schock, eine Todeserfahrung und -sehn-
sucht, extreme Bitterkeit und Verzweiflung. Der Verlust der ersten
Liebe ist immer schwer zu ertragen, da die Beziehung mit so viel
Hoffnungen, Versprechungen, Idealen und Träumen beladen ist. Der
Absolutheitscharakter der ersten Liebe kann auch durch das „Hän-
genbleiben" an der ersten Liebe zum Ausdruck kommen: Nach der
Trennung „hängt" man noch immer an seiner alten Liebe und sucht
in jeder weiteren Beziehung ein Duplikat des ersten Partners, oder
der neue Partner wird mit dem ersten verglichen.

Die phänomenologisch-qualitative Untersuchung von Alapack
spricht eine Reihe von paradigmatischen Themen der Humanistischen Psychologie an: Begegnung, Transzendenz, Ganzheit, Authentizität. Sie ist ein Beispiel für die Erfahrungsnähe der amerikanischen
Phänomenologie und reflektiert auch existentialistische Momente.

Selbsttranszendenz und Sinnfindung

Ein weiteres Hauptthema der Humanistischen Psychologie ist mit
dem Interesse für das Phänomen des Selbstbewußtseins verbunden:
das Phänomen der Selbsttranszendenz; es bezieht sich auf eine Unterscheidung, die auf Bedürfnisse und Interessen gerichtet ist, die die
individuelle und isolierte individuelle Existenz übersteigen. Der Begriff der Selbsttranszendenz erhielt in diesem Zusammenhang unterschiedliche Bedeutung: Selbsttranszendenz wird einmal als Möglichkeit der Aufhebung der Isolierung der individuellen Existenz durch
soziale Beziehungen vielfältiger Art interpretiert und verschiebt sich
dadurch zum Thema der zwischenmenschlichen Beziehung und Begegnung. Sie bezieht sich auf eine weitere Form des „Übersteigens"
der individuellen Existenz, nämlich auf philosophische, moralische
und religiöse Fragen, auf das Bedürfnis, zu wissen und einen Sinn in
der Vielfältigkeit der Eindrücke sowie in der menschlichen Existenz
überhaupt zu finden. Eine dritte Bedeutung der Selbsttranszendenz
liegt in der Überwindung des aktuellen individuellen So-Seins, der
Veränderung des bestehenden Zustandes. Das Interesse an der Selbsttranszendenz wird in der transpersonalen Psychologie fortgesetzt, die
sich der empirischen Erforschung jener veränderten Bewußtseinszustände widmet, in denen die Erfahrung der Selbsttranszendenz vor-
herrschend ist (vgl. Kap. 1).

Die Thematisierung der Selbsttranszendenz basiert auf der Unterscheidung verschiedener Ebenen des Bewußtseins: der psychophysiologischen, der psychosozialen und der transpersonalen Ebene (vgl. Tageson 1983):

Die psychophysiologische Ebene. Unter all den Inhalten, die im Strom des menschlichen Bewußtseins vorhanden sind, gibt es solche, die sich auf den Körperzustand (Körpererleben, Körpergefühl) des Menschen beziehen. Meistens sind diese Daten nicht bewußt, wenn der Mensch seine Aufmerksamkeit auf äußere Objekte oder Umstände richtet. Aber manchmal erzwingen sie eine Aufmerksamkeit, zum Beispiel, wenn man Schmerz empfindet. Eine andere Möglichkeit besteht darin, wenn absichtlich die Aufmerksamkeit darauf gerichtet wird. Dann erfahren wir diese Zustände differenzierter (zum Beispiel, daß es uns zu warm ist, daß wir irgendwie angespannt sind, daß wir hungrig sind, daß wir unbequem sitzen). Diese Klasse von bewußten Erfahrungen nennt Tageson (1982) psychophysiologische. Einen Teil der physiologischen Zustände können wir nur indirekt in unser Bewußtsein befördern, etwa durch bestimmte instrumentelle Erweiterungen unserer Sinne (zum Beispiel bei der Blutdruckmessung). Weitere innere physiologische Zustände können selbst durch diese indirekte Art nicht erfahren werden.

Die psychosoziale Ebene. Bewußte Erfahrungen erlauben es dem Menschen auch, sich als Zentrum des Erlebens wahrzunehmen, abgesetzt und getrennt von den Dingen in seiner Umgebung. Getrennt von anderen „Bewußtseinszentren" (Personen), mit denen er jedoch kommunizieren und sich austauschen kann. In der Regel wird angenommen, daß diese anderen Bewußtseinszentren der eigenen Person ähnlich sind, auch wenn es nicht unmittelbar erfahrbar ist. Zustände, die andere Personen beschreiben, ergeben einen Sinn, wenn ähnliches erlebt wurde. Diese zentrierte Bewußtheit wird als ein einzigartiger Zustand gesehen, auf dem die Erfahrung der Getrenntheit von der (sozialen) Umgebung basiert. Sämtliche Erfahrungen auf dem Kontinuum Einsamkeit versus Verbundenheit bzw. Nähe und Distanz lassen sich auf dieser Ebene diskutieren. Diese Klasse von bewußten Erfahrungen können als psychosoziale oder interpersonelle Dimension des Bewußtseins bezeichnet werden (Tageson 1982).

Die transpersonale Ebene. Auch wenn der Mensch stets in eine Umgebung mit Objekten und Personen eingebettet ist, die er bewußt erfahren kann, erlaubt es die Fähigkeit seines Bewußtsein, die Hier-

und-Jetzt-Situation, die raumzeitliche Dimension all dieser gegenwärtigen Inhalte zu transzendieren. Er kann sich zur Welt als Ganzes in Beziehung setzen, sich in eine Vergangenheit versetzen, die er niemals direkt erfahren hat, oder sich eine Zukunft vorstellen, die noch überhaupt nicht existiert. Er kann eine Vorstellung von sich selbst in diesen zukünftigen Umständen entwickeln. Wenn er sich selbst in eine Vergangenheit oder Zukunft projiziert, so kann das verschiedenartige Gefühle zur Folge haben. Diese Inhalte des Bewußtseins haben keine Entsprechung in der gegenwärtigen Realität, sie sind Akte der aktiven Phantasie und der selbstreflexiven Vorstellungskraft. Dennoch besitzen sie im menschlichen Bewußtsein eine Art von Realität, die sich von der persönlichen Identität unterscheidet. Diese eher abstrakte Dimension des Bewußtseins kann man transpersonales oder transzendentes Bewußtsein nennen (Tageson 1982). Diese Ebene des Bewußtseins wird als Voraussetzung für Selbsttranszendenz und jegliche bewußte Veränderung des Menschen gesehen.

Diese Ebenen des Bewußtseins werden in einem sehr grundlegenden Sinn als irreduzibel betrachtet (nicht aufeinander rückführbar). Der transpersonale Bereich der menschlichen Existenz ist jene Bewußtseinsebene, auf der Fragen und Interessen auftauchen, die die individuelle und isolierte Existenz übersteigen. Die Tendenz zur Selbstverwirklichung zeigt sich auf der transpersonalen Ebene des Bewußtseins als Bedürfnis, zu wissen und einen Sinn in der Vielfältigkeit der Eindrücke zu finden.

Die *existenzphilosophische* Begründung der Selbsttranszendenz geht von der unvermeidlichen Einsamkeit und Isoliertheit der menschlichen Existenz aus. Damit verbunden ist die existentielle Angst, die unter anderem durch die Suche nach Verbundenheit mit dem Absoluten oder mit etwas, das größer ist als die begrenzte menschliche Existenz, überwindbar erscheint. Die *systemtheoretische* Begründung der Selbsttranszendenz basiert auf der Auffassung, daß das Leben ein offenes System ist, dessen Überleben und Wachstum vom konstanten Austausch mit seiner Umgebung abhängt: Der Mensch ist unfähig, sich allein, nur aus den eigenen Ressourcen heraus weiterzuentwickeln. Daher strebt das Individuum danach, seine eigenen Systemgrenzen zu übersteigen und Kontakt zu suchen zu größeren Systemen sozialer oder ideologischer Art und mit Fragen und Orientierungsmustern, die ihm philosophische, moralische oder religiöse Bedeutungen zuführen. Diese Bedürfnisse nach Selbsttranszendenz, die der transpersonalen Ebene des Bewußtseins zuordenbar sind, sind für die Humanistische Psychologie ebenso wesentlich für eine optimale Lebensqualität und psychische Gesundheit wie die Bedürfnisse nach sozialen Beziehungen, Aufmerksamkeit, Liebe oder Nahrungsaufnahme. MASLOW schreibt den Gipfelerfahrungen, wie etwa mystischen Erfahrungen, Momenten der Naturerfahrung, ästhetischer Wahrnehmung, kreativen Momenten, intellektueller Einsicht, Momenten ekstatischen Ausdrucks, sexueller Erfüllung oder bestimmten Formen athletischer Körperbeherrschung die Qualität der Selbsttranszendenz zu. ROGERS beschreibt aus seinen therapeutischen Erfahrungen Momente der Begegnung, denen er eine Qualität der Selbsttranszendenz zuspricht. Ebenso sieht PERLS und die Gestalttherapie die offene Begegnung mit anderen als wesentliches Mittel der Selbsttranszendenz oder Verbundenheit an. Das Selbst wird hier verstanden als Grenze zwischen Individuum und Umgebung. Es wird die Notwendigkeit betont, den Erfahrungsfluß durch beständige Begegnung und Kontakt aufrechtzuerhalten. Durch diesen Prozeß kann die Entfremdung, Abkapselung und Isolation des Ich überwunden oder verhindert und psychische Gesundheit gefördert werden. Zwei weitere spezifische Beispiele für die Produktivität dieser Thematik stellen die Überlegungen von Frankl und Angyal dar.

Wille zum Sinn

Die existenzphilosophische Fragestellung berührt Viktor FRANKL, dessen Überlegungen als Beitrag zur Humanistischen Psychologie diskutiert werden. Frankl, ein in Wien geborener Psychiater, gilt als Begründer der „dritten Wiener Schule der Psychotherapie" im Kontrast zur Psychoanalyse Freuds und der Individualpsychologie Adlers. Ab dem Zeitpunkt seiner Tätigkeit als Gastprofessor an der Harvard University, 1961, verbreiteten sich seine Ideen schnell in den USA. Gordon ALLPORT spielte dabei eine unterstützende Rolle. Frankl gehört auch zum Redaktionsstab des *Journal of Humanistic Psychology*. Frankl (1981) thematisiert besonders die Erfahrung der Leere, Sinnlosigkeit und Orientierungslosigkeit des Menschen in der modernen Gesellschaft. Die Methode der Logotherapie ist eine Form der existentiellen Analyse, die auf den Sinn der menschlichen Existenz fokussiert. Im Kontrast zum Lustprinzip Freuds und zur Betonung des Machtbedürfnisses bei Adler betont Frankl (1982) den Willen zum

Sinn. Die Suche nach Sinn ist für Frankl die zentrale Antriebsquelle
des Menschen. Die Suche nach Sinn ist dabei nicht eine sekundäre
Rationalisierung eines Triebes. Frankl begründet die Notwendigkeit
der Suche nach Sinn mit dem Fehlen von Instinkten und der allmählichen Auflösung von Traditionen. Der Mensch habe dadurch keinen
Halt und keine Orientierung. Als Folge davon entstehen Phänomene
wie Konformismus (Suche nach Halt in der Masse und Mehrheit), der
Totalitarismus (Suche nach Halt beim Starken und vermeintlich
Überlegenen) und verstärkte Sinnlosigkeitsgefühle, die mit Wertkon-
flikten und Gewissenskonflikten verbunden sind. Frankl verwendet
den Begriff der *noogenen Neurose*, um auf die grundlegende existentielle Frustration des Menschen zu verweisen. Er unterscheidet die
noogene Neurose von anderen Formen seelischer Störungen wie der
somatogenen Neurose, der psychogenen Neurose. „Sinnstörungen"
gehören zu einem eigenen Bereich, der in einer nicht-religiösen spirituellen bzw. transzendenten Sphäre liegt.

Frankl macht auf ein weit verbreitetes Phänomen in der modernen
Gesellschaft aufmerksam, auf das sogenannte „existentielle Vakuum",
das auf die Instinktbefreiung des Menschen, das Fehlen stabilisieren-
der Tradition und auf das Gefühl der Sinnlosigkeit des Daseins zurückgeführt wird. Diese Vakuum wird quasi aufgefüllt, indem der
Mensch die Orientierung anderen überläßt. Langeweile ist etwa eine
manifestes Ausdrucksform des existentiellen Vakuums, die in Alkoho-
lismus, Delinquenz oder Selbstmord enden kann.

Die Logotherapie Frankls versucht die Wiedergewinnung des
Sinns zu fördern. Sie zielt schwerpunktmäßig auf die Entwicklung von
sinnerfüllenden Aktivitäten, eher als auf die Befriedigung von Bedürfnissen oder die Lösung von inneren Konflikten. Eine wichtige Technik der Logotherapie ist die *paradoxe Intention*, die Frankl schon sehr
früh entwickelt hat. Bei der paradoxen Intention geht es um das bewußte und absichtliche Herstellen oder Herbeiführen der behindern-
den Ängste. Das Ziel der paradoxen Intention ist die Auflösung von
Erwartungsängsten, die durch exzessive Beabsichtigung (Hyperinten-
tion) oder durch exzessive Aufmerksamkeit (Hyperreflexion) entstehen. Die paradoxe Intention, die z.B. in Form einer Symptomver-
schreibung als therapeutische Technik angewandt wird, durchbricht
die antizipatorische Angst, indem das Symptom bis zu einem Punkt
bestärkt wird oder ihm Aufmerksamkeit geschenkt wird, an dem es
lächerlich und sinnlos erscheint.

Der Sinn des Lebens ist für Frankl in einer Erfahrung zu finden, die man üblicherweise als „in einer Sache aufgehen" bezeichnet. Diese existentielle Dimension des Menschen erlaubt ihm, Sinn in Bereichen zu finden, die über seine Existenz, die Grenzen seiner Person hinausgehen. Der wahre Sinn des Lebens ist in der Welt, die das Individuum umgibt, zu suchen, nicht Selbst-Aktualisierung, sondern *Selbst-Transzendenz* ist der Schwerpunkt (vgl. Frankl 1973, 1987). Die Bedeutung der Selbsttranszendenz, die Betonung des Erlebens von Sinn, wird auch unterstrichen, indem man von einer „Höhenpsychologie" im Kontrast zu einer „Tiefenpsychologie" spricht (Lukas 1983).

Selbstbestimmung und Selbsthingabe

Selbsttranszendenz im Sinne von Überwindung des aktuellen Zustandes einer Person ist Thema der Überlegungen von ANGYAL. Sie lassen sich der systemtheoretische Perspektive der Selbsttranszendenz zuordnen, die die Einordnung einer „Teilgestalt" in ein größeres System als sinnstiftendes Moment betont. Bei Angyal erfüllt die Tendenz zur Selbsthingabe diese Funktion. Nach Angyal läßt sich das Gesamtmuster der Persönlichkeit in zwei wesentliche Funktionen aufschlüsseln. Die eine Perspektive bezieht sich darauf, daß das menschliche Wesen grundsätzlich dahin strebt, die eigene Selbstbestimmung zu behaupten und zu erweitern. Die Person wird als autonomes, sich selbst verwaltendes Wesen gesehen, das sich selbst aktiv behauptet, anstatt passiv auf die Einflüsse der Umgebung zu reagieren. Das Individuum übt seine Freiheit aus und organisiert bedeutsame Aspekte und Angelegenheiten seines Lebens und seiner Welt im Sinne eines autonomen Verwaltungszentrums (das Selbst). Angyal nennt diese Tendenz den Trend nach zunehmender Autonomie, das Streben nach Spontaneität, Selbstbehauptung und Streben nach Freiheit und Meisterung bzw. Beherrschung (Kompetenz). Von außen betrachtet kann diese Tendenz in folgender Weise beschrieben werden: „Das menschliche Wesen ist eine autonome Einheit, die auf die umgebende Welt wirkt, sie formt und verändert. Sein Leben ist Resultat der Selbstbestimmung auf der einen Seite und der Einflüsse der umgebenden Welt, der Situation und des anderen. Diese Grundtendenz, der Trend nach zunehmender Autonomie, drückt das Streben der Person aus, von einem Zustand geringerer Selbstbestimmung (und größerem Situationseinfluß) zu einem Zustand von größerer Selbstbestimmung (und geringerem Situationseinfluß) zu gelangen" (Angyal 1956, S. 45*).

Der andere Gesichtspunkt, der hier zu erwähnen ist, zeigt ein sehr unterschiedliches Grundmuster. Von diesem Gesichtspunkt aus sucht eine Person einen Platz für sich selbst in einer größeren Einheit und versucht, ein Teil davon zu werden. Die erste Tendenz strebt nach Zentralisierung, ist eine aktiv formende und organisierende Aktivität, die versucht, die Objekte und Ereignisse der eigenen persönlichen Welt (des Erfahrungsfeldes nach Snygg und Combs 1959) unter die Gesetze und die Verwaltung der eigenen Person zu bringen. In der zweiten Tendenz waltet ein komplementäres Prinzip, wonach die Person eher danach strebt, sich selbst hinzugeben, einen Platz oder ein „Heim" für sich zu suchen und „ein organischer Teil von etwas zu werden, daß sie als größer als sich selbst wahrnimmt" (Angyal 1956, S. 45*). Diese überindividuelle Einheit kann von Person zu Person variieren und ist abhängig vom kulturellen Hintergrund und vom persönlichen Verständnis. Es kann eine soziale Einheit sein (Familie, berufliche Bezugsgruppe, Nation), eine Ideologie oder die Unterordnung unter ästhetische, soziale oder moralische Einstellungen oder auch eine religiöse Einstellung.

Diese Tendenzen betrachtet Angyal als universelle Grundcharakteristika aller menschlichen Wesen. Das Individuum verhält sich wie eine „Ganzheit in einer Zwischenordnung" (ebd., S. 46*), d.h. eine Teilgestalt, ein System, das eine Ganzheit bildet, eine Organisation von vielen Teilen darstellt und gleichzeitig ein Teil einer übergeordneten Ganzheit ist. Beide Tendenzen, die Tendenz zur zunehmenden Selbstbestimmung und die Tendenz zur Hingabe an ein übergeordnetes, überindividuelles Ganzes, spiegeln sich auch in den Beziehungen zu anderen wider. Wäre das Verhalten ausschließlich durch die Tendenz nach Selbstbestimmung und Meisterschaft bestimmt, würde sich die Beziehung zu anderen im Sinne einer Zweck-Mittel-Beziehung gestalten. Alle Interessen einer Person würden in ihm selbst zentriert sein, er wäre eine isolierte Einheit, wäre mit einer fremden Welt konfrontiert. Seine Versuche, über sich selbst hinauszugehen, würden nur darin bestehen, zu besitzen, zu beherrschen und die ihn umgebende Welt nach seinen Gesichtspunkten zu regeln. Konkurrenz oder berechnende Kooperation mit anderen wären bevorzugte Beziehungsformen. Die Hingabe an ein überindividuelles Ganzes setzt ein Gegen-

gewicht zu dieser Tendenz nach Selbstbestimmung und Selbstbehauptung. Es bedeutet nämlich grundsätzlich, die Unterschiedlichkeit einer Person zu bemerken, zu akzeptieren, und sie als wertvolles
Wesen in ihrem eigenen Recht und ihrer Unabhängigkeit zu respektieren. Die Tendenz zur Hingabe drückt sich im Wahrnehmen, Wert-
schätzen, Akzeptieren, Respektieren und in der Liebe zu jenen Teilen
aus, die zu dieser Ganzheit gehören. Die Tendenz zur Hingabe
schließt ferner das Verstehen anderer Personen mit einer minimalen
Projektion ein (Empathie).

ANGYAL stellt die Entwicklung der Selbstbestimmung und Selbsthingabe in eine *entwicklungspsychologische* Perspektive: Das Kind
hat vorerst keine klare Unterscheidung zwischen sich selbst und der
anderen Welt, sondern Selbst und Welt sind in eine einzige Totalität
verschmolzen. Die Differenzierung zwischen sich selbst und der
Umwelt entwickelt sich allmählich. Die schrittweise Entwicklung der
Individualität ist teilweise ein Reifungsvorgang, der jedoch auch
durch schmerzliche Kontakte mit der umgebenden Welt angeregt
und beschleunigt wird. Die Wahrnehmung des anderen, seiner Unterschiedlichkeit entsteht auch, weil das Kind erfährt, daß einige
Objekte in seiner Umgebung einen frustrierenden Widerstand und
eine Unabhängigkeit in bezug auf seine Wünsche zum Ausdruck
bringen. Diese Schmerzen und Frustrationen sind nicht traumatisch
in sich selbst. Sie beschleunigen die *Individualisierung*, die Wahrnehmungsfähigkeit und Differenzierungsfähigkeit bezüglich einer
äußeren Welt, die unterschieden ist vom eigenen Selbst. Die *Erfahrung der Getrenntheit* von der umgebenden Welt nährt die Tendenz,
die Umwelt zu beherrschen und zu meistern. Die Erfahrung der
Getrenntheit der eigenen Person führt jedoch gleichzeitig zur Erfahrung der Unvollkommenheit und der Ergänzungsbedürftigkeit des
individuellen Lebens durch die Teilnahme an einem Leben, das die
eigene Individualität übersteigt (Selbsthingabe). Die Erfahrung dieser Getrenntheit ist notwendig und bietet die Möglichkeit für die
Person, diese beiden Grundtendenzen zu entwickeln.

Traumatisierend sind jene Situationen, in denen die Person davon
abgehalten wird, diese Grundtendenzen auszudrücken. Weder Selbstbehauptung noch Selbsthingabe können sich adäquat entwickeln,
weil viele Aktivitäten, die aus diesen Tendenzen erwachsen, entwertet,
zurückgewiesen oder ignoriert werden. Als Reaktion auf die emotionalen Verletzungen des Kindes durch die Eltern kommt das Kind

schrittweise dazu, sich selbst zu verleugnen, die spontanen Impulse zu
verstecken und vorzutäuschen oder zu versuchen, jemand anderer zu
sein, der eindrucksvoller und wünschenswerter ist. Diese Entwicklung
ist Ausdruck einer außergewöhnlichen Verzweiflung, denn durch die
Entwicklung und Aufrechterhaltung einer äußeren Fassade wird die
ursprüngliche und eigentliche Person als wertlos erklärt. „Die Neurose repräsentiert ein kompliziertes, ineinander verschachteltes System
von Manövern, die geschaffen werden, das Leben in einem menschlichen Sinne aufrechtzuerhalten, trotz des Umstandes, daß die Person
im Kern ihrer Natur verwundet ist" (Angyal 1956, S. 55*).

Für die Wiederherstellung dieser beiden Grundtendenzen, der
Tendenz nach Selbstbestimmung und der Tendenz nach Selbsthingabe, spielt die kreative Wut, der kreative Ärger eine wichtige Funktion.
Die Erfahrung des Klienten, daß er Ärger in der therapeutischen Situation – auch gegenüber dem Therapeuten – ausdrücken kann,
ohne zurückgewiesen oder bestraft zu werden, ist jedoch nicht in sich
selbst eine wesentliche therapeutische Erfahrung. Angyal nimmt an,
daß nicht alle Formen ärgerlichen Ausdrucks einen therapeutischen
Effekt haben, sondern nur gewisse Arten mit gut definierten, unter-
scheidenden Charakteristika: der blinde Ausdruck einer machtlosen
Wut produziert keinen therapeutischen Effekt, sondern eher Gefühle
der Schuld. Der *therapeutisch wirksame Ärger* enthält immer einen
mutigen und klaren Ausdruck des Gefühls, daß der Klient nicht mehr
bereit ist, die ihn einengenden Umstände oder Zustände weiter auszu-
halten, in Kauf zu nehmen und zu tolerieren. Durch diese mutige
Aggression erhält der Klient den Respekt für sich selbst wieder zurück.
Der therapeutische Effekt dieser Art von Ärger liegt darin, daß Gefühle der Inadäquatheit und Inkompetenz aufgehoben werden. Ferner
macht eine verläßliche positive Beziehung des Therapeuten gegenüber dem Klienten es dem Klienten auf Dauer unmöglich, die Fiktion
eines grundlegenden Ungeliebtseins und einer grundlegenden Wert-
losigkeit aufrechtzuerhalten. Für Angyal ist die kreative Wut eine
Möglichkeit des Menschen, seinen aktuellen defizitären Zustand zu
überwinden, zu transzendieren. In diesem Sinne, wie es Angyal beschrieben hat, ist sie eine emotionale Leistung, die aus sich heraus
etwas schafft, das den Charakter der Selbstbestätigung (Wertgewinn)
und Selbstüberwindung (Kompetenzgewinn) gleichzeitig in sich
trägt. Durch die Rückgewinnung von Wert und Kompetenz kehrt das
Individuum damit auch wieder als „Teilgestalt" in das größere (so-

ziale, geistige oder ideologische) System zurück und kann durch seine selbsthingebende Partizipation seine Bedeutung stabilisieren.

Autonomie, Werte und Wahlfreiheit

Ein weiteres paradigmatisches Grundthema der Humanistischen Psychologie bezieht sich auf die Diskussion des Begriffes Selbstbestimmung, womit die alte Kontroverse zwischen Freiheit und Determinismus wieder aufgegriffen wird. Das Problem der persönlichen Freiheit gewinnt in der Humanistischen Psychologie vor allem durch den Einfluß existentialistischen Denkens breite Bedeutung. Dieses Problem wurde in der Psychologie und Philosophie derart dargestellt, daß den kognitiven Funktionen, dem Denken und dem Gedächtnis eine Kraft gegenübergestellt wird, die Wille genannt wird; dessen Aufgabe wurde in der Auswahl der Alternativen gesehen, die das Denken bereitstellte. Die Frage, ob der Wille in diesem Entscheidungsprozeß frei ist, zielt letztlich darauf hin, ob er unter den Alternativen, die das Denken bereitstellt, frei auswählen kann oder ob diese Entscheidungen determiniert sind durch Vorbedingungen, wie etwa die Nähe dieser Alternativen zu früheren Erfahrungen, die Stärke der konkurrierenden Motive. Die Vertreter der Willensfreiheit sahen in dieser Freiheit eine angeborene Eigenschaft der Willenskraft.

Für die Humanistische Psychologie erfordert die Frage der menschlichen Freiheit und Selbstbestimmung eine komplexe Diskussion. Die Wahlfreiheit des Menschen, seine Möglichkeit der bewußten und autonomen Lebensgestaltung wird hervorgehoben: die Möglichkeit, seine Existenz bewußt zu reflektieren, eine Bewußtheit über sich selbst (Selbstbesinnung) zu erreichen, wird als Voraussetzung für seine Selbstbestimmung gesehen, unabhängig davon, wieviel dem Bewußtsein jeweils zugänglich ist. Die Humanistische Psychologie geht davon aus, daß der Mensch nicht hilflos von äußeren Kräften bestimmt ist, sondern ein aktiver, autonomer, selbstbestimmt Handelnder (Maslow 1965). ANGYAL (1956) stellt der Selbsthingabe eine Tendenz nach zunehmender Autonomie, nach Spontaneität, Selbstbehauptung und Streben nach Freiheit gegenüber. BUGENTAL (1964) etwa hob in seinen programmatischen Voraussetzungen eigens hervor, daß der Mensch in der Lage ist, zu wählen und zu entscheiden. Das Phänomen der menschlichen Freiheit wird als phänomenologisches Faktum betrachtet, unabhängig von der Diskussion, ob der

menschliche Wille frei ist, die Möglichkeit der Wahl hat. Die Fähigkeit
zu wählen wird auch oft in Verbindung mit Wertsetzung und Selbstverwirklichung erwähnt. Die weitgehende Befreiung des Menschen
von einer Instinktbestimmung hat ihn nicht gleichzeitig von der Notwendigkeit zu handeln entlastet. Instinktunsicheres Handeln erfordert eine alternative Orientierung, die auf die Notwendigkeit von
Wertsetzung und Wertentwicklung verweist.

Freiheit wird allerdings nicht naiv als eine absolute Freiheit gesehen, als ständig gegebene Möglichkeit, alles zu tun, ohne Grenzen zu
sein, oder jederzeit eine Fluchtmöglichkeit aus Bindungen und Abhängigkeiten zu haben. Freiheit ist nicht eine selbstverständliche oder
automatische existentielle Vorgabe, sondern kann, im Sinne eines
aktualisierbaren Potentials, schrittweise geschaffen werden, oder muß
auch schmerzlich errungen werden. Dieser Prozeß wird im Sinne eines *Entwicklungsprozesses* verstanden, der in der individuellen Lebensspanne aktualisierbar ist, auch wenn das Potential für so eine
Entwicklung im Charakteristikum des menschlichen Bewußtseins verwurzelt und deswegen ständig präsent ist. Mit anderen Worten, die
aktuelle Präsenz eines Potentials erspart nicht den Entwicklungsprozeß. Die Beschreibung der entwicklungspsychologischen Dimensionen der persönlichen Freiheit geht von einer Zone persönlicher Freiheit aus. Sie variiert sowohl entwicklungsspezifisch als auch situations-
spezifisch. Unter idealen Entwicklungsbedingungen kann erwartet
werden, daß sie sich zunehmend erweitert. Dabei hängt die kognitive
Grundlage der Freiheit von einer normalen und vollständigen kognitiven Entwicklung ab, einschließlich der Fähigkeit zur reflexiven Bewußtheit.

Ein weiterer Gesichtspunkt sind Umgebungsfaktoren, die die freie
menschliche Aktivität begrenzen können. Denn Freiheit impliziert
die Existenz von *Wahlmöglichkeiten* und die Wahrnehmung dieser
Wahlmöglichkeiten. Eine einschränkende Umgebung stellt nur ein
geringes Ausmaß an Möglichkeiten für Entscheidungen zur Verfügung, wodurch die persönliche Freiheit eingeschränkt ist. Ein weiterer Aspekt betrifft die unbewußten Determinanten oder Einschränkungen des Verhaltens, was auch mit dem Begriff emotionale Freiheit
bezeichnet werden kann. Je mehr also ein Individuum die unbewußten Tiefen der eigenen Persönlichkeit in die Verfügbarkeit seines
Bewußtseins bekommt, desto größer ist seine psychologische Freiheit.
ROGERS bezieht sich in diesem Aspekt auf sein Konzept der vollfunk-

tionierenden Persönlichkeit, die das Merkmal der Offenheit gegenüber dem eigenen organismischen Erfahren und der unverzerrten
Wahrnehmung äußerer Realitäten aufweist. Die Entwicklung einer
eigenständigen inneren *Bewertungsinstanz* ist in diesem Kontext der
Entwicklung von psychologischer Freiheit relevant. Auf der anderen
Seite ist die psychologische Freiheit eingeschränkt, wenn *große Bereiche der Erfahrung* dem Bewußtsein *nicht verfügbar* sind und die
Wahrnehmung von anderen durch Projektion, Verzerrung oder Verleugnung behindert ist.

Die Literatur zur Humanistischen Psychologie weist besonders auf
diesen vernachlässigten Aspekt der Selbstbestimmung hin. Vermutlich erreichen die meisten erwachsenen Menschen eine bestimmte
Ebene normalen, reflexiven Bewußtseins, so daß Wahlmöglichkeiten
verfügbar sind. Aber möglicherweise repräsentiert diese Ebene eine
Minimalleistung, die durch die Zufälligkeiten des Sozialisationsprozesses erreicht wird und durch ein fehlendes Bewußtsein über Erwei-
terungsmöglichkeiten der persönlichen Freiheit beschränkt bleibt.
Der Psycho-Boom hat, abgesehen von seinen negativen Erscheinungsformen, möglicherweise eine Erweiterung der Informationen über
persönliche Entwicklungsmöglichkeiten gebracht. Die Humanistische Psychologie präsentiert ein dynamisches Konzept der menschlichen Freiheit, indem sie das Zusammenspiel von Erkennen und Wollen betont. Freiheit umfaßt sowohl Vernunft als auch Willen, und die
freie Handlung entwickelt sich aus der Grundlage einer komplexen
menschlichen Motivationskonfiguration, als Ergebnis dieser zwei
Funktionen. Die Fähigkeit zur Selbstbestimmung und zum freien
Handeln ist nicht nur ein Ausdruck der Willensfunktion, sondern ein
ganzheitlicher Ausdruck seiner Komplexität. Menschliche Freiheit ist
nicht bloß ein Ausdruck eines Willensaktes, sondern die Fähigkeit
einer Person, sich selbst zugunsten einer Wertpräferenz zu determinieren, das heißt, auch einzuschränken. Frei ist in diesem Sinne nicht
der Wille als psychologische Funktion, sondern der gesamte Mensch
in seinem komplexen Funktionieren, der mit seiner Persönlichkeit
involviert ist.

Die Humanistische Psychologie weist aber auch auf den fragilen
Charakter der Freiheit im individuellen wie im sozialen und gesellschaftlichen Bereich hin. Sie ist nicht etwas, das ein für allemal
erreicht werden kann. Sie kann wieder verlorengehen, ihre Aufrechterhaltung erfordert einen Prozeß der Abstimmung intrapsychischer

sowie interindividueller Faktoren. Sozialisationstheoretische Ansätze innerhalb der Humanistischen Psychologie betonen den sensiblen Zusammenhang von Bedürfnissen, Bewußtheit und Freiheit. Auf jeden Fall ist Freiheit ein zentraler Entwicklungsfaktor des Menschen. Ihr Vorhandensein, ihr Fehlen oder ihre Einschränkung, ihre angemessene Dosierung bringt unterschiedliche Ergebnisse.

Bedürfnisse, Freiheit und Selbstreflexion in der Sozialisation

Die Befriedigung oder Frustration von Bedürfnissen steht in einer komplexen Beziehung zum Erleben von Freiheit. Denn Freiheit ist neben den objektiven Gegebenheiten (Anzahl und Qualität der Alternativen) auch und besonders von subjektiven Momenten wie der Bereitschaft und Offenheit für bestimmte Alternativen, von Präferenzen usw. abhängig. Extreme Frustration engt das Individuum ein und kanalisiert sein Bewußtsein und Verhalten im Sinne der Frustration. Andererseits bringt der Überfluß von Alternativen neue Probleme und Belastungen: Der Überfluß von Alternativen konfrontiert den Menschen mit seinen Grenzen in der Ausschöpfbarkeit aller attraktiven Möglichkeiten. Die innere Seite der Freiheit kommt hier zum Tragen, die Freiheit von innerem Zwang, die Bereitschaft zum Verzicht und die Bewußtheit der Bedürfnisse. Der Zusammenhang zwischen Freiheit und Bedürftigkeit wird hier deutlich: Freiheit ist eine Funktion der Bewußtheit, was man wofür braucht (und nicht nur von der objektiven Verfügbarkeit von Alternativen).

Auf einer sozialen und gesellschaftlichen Ebene ist die Komplexität erweitert: Kulturelle Trends und Defizite spiegeln sich in der Erfüllung oder Frustration von individuellen Bedürfnissen wider. Die kulturelle Umgebung kann eine soziale Dynamik im Umgang mit Bedürfnissen stabilisieren. Manche Bedürfnisse können leichter, mit weniger Anstrengung und Hindernissen materieller, idealer oder moralischer Art erfüllt werden als andere: Auf dieser Ebene kann man auch von einer *organisierten Befriedigung* oder *organisierten Frustration* von Bedürfnissen sprechen. Die kulturelle Umgebung schafft kritische Situationen für menschliche Bedürfnisse, die häufiger der Frustration ausgesetzt sind. Es entsteht dadurch eine Verletzlichkeit auch im individuellen Bereich, die die Aufmerksamkeit auf sich zieht. Dieser kritische Bereich der Verletzlichkeit ist historischen Änderungen unterworfen, so daß es zu jeder Zeit relativ leicht gelungen ist,

einen Katalog frustrierter Bedürfnisse zu entwerfen, die zu ernsten
Persönlichkeitsstörungen oder weniger auffälligen Pathologien führten. Die Bedürfnisse, die sich in unserem Bewußtsein widerspiegeln,
sind Anlaß einer ständigen Reform der kulturellen Umgebung und
Gesellschaft und repräsentieren die Versuche, diese Probleme zu
meistern.

Soziale Institutionen werden als die organisierte Antwort auf die
bewußt wahrgenommenen Bedürfnisse betrachtet. Geschlossene Ge-
sellschaftssysteme, geographische oder soziale Isolation oder der
Mangel an Kommunikation zwischen verschiedenen Kulturen (bzw.
Subkulturen innerhalb einer Gesellschaft) erlaubten es, ethnozentri-
stische Bewältigungsstrategien aufrechtzuerhalten. In einer Situation
der weltumspannenden Kommunikation und des kulturübergreifen-
den Austausches sind diese Lösungen nicht mehr möglich. Durch den
Zusammenbruch und die Veränderung von sozialen Institutionen
und starren Werten verstärkt sich die (individuelle) *Bewußtheit kultureller Evolution.* Auch dem einzelnen Individuum wird die *Beeinflußbarkeit individuellen Handelns durch kulturelle Überzeugungen*
deutlich. Die paradoxe Entwicklung, auf die die Humanistische Psychologie hinweist (vgl. Tageson 1982), liegt in folgendem Umstand: Je
mehr sich Menschen ihrer Beeinflußbarkeit durch kulturelle und gesellschaftliche Bedingungen bewußt sind, desto weniger greift die
Wirkung dieses kulturellen Konditionierens. Da Menschen wissen,
daß sie sozialisiert werden, und ein *Wissen über die Verstärkerqualitäten der kulturellen Umgebung* vorhanden ist, ist diese Bewußtheit eine
Quelle für den Mißerfolg kultureller Konditionierung. Durch die zunehmende Bewußtheit über Prozesse, die unser Verhalten konditio-
nieren, ist Autonomie und Selbstbestimmung möglich. Die selbst-
bestimmte Stellungnahme des Menschen zu den Reizqualitäten der
kulturellen Umgebung ermöglicht es ihm, seine Konditionierbarkeit
mitzubestimmen. Belohnend gemeinte Reize werden zu aversiven
Reizen und umgekehrt. Durch das Wissen um die eigene Konditionierbarkeit gerät die Bedeutung der konditionierenden Umgebung
in den Spielraum der Selbstbestimmung.

Dieser Zustand ist nicht problemlos, denn wer die Bedeutungspro-
duktion, die Sinn- und Wertgebung im Bereich seiner eigenen Autonomie weiß, ist auf sich selbst zurückgeworfen und herausgefordert,
eigene Antworten auf Probleme seines Lebensvollzugs zu finden. Diese wurden ihm abgenommen, solange er keine Wahl hatte, indem

soziale oder religiöse Institutionen eine klare und auch allgemein unwidersprochene Werteorientierung gaben. Das Wissen um die Relativität kultureller Konditionierung und die abnehmende Orientierungshilfe durch soziale Institutionen verweisen den Menschen auf seine eigenen Ressourcen.

Diese sozialisationstheoretischen Überlegungen sind der Hintergrund und das Motiv im humanistischen Paradigma, auf einem *authentischen Leben* und einer frei gewählten Existenz und auf der Freiheit des Individuums zu bestehen. Ebenso führt die Postulation einer *Aktualisierungstendenz* zu einem Impuls zum Überleben und zum Wachstum innerhalb der Möglichkeiten und Grenzen, die der Umgebung zur Verfügung stehen. In einem komplexen menschlichen Organismus erfaßt diese Tendenz alle Ebenen des Bewußtseins und wird gleichzeitig durch die Aktivität des Bewußtseins verändert. Die Bedürfnisse, die sich im Bewußtsein widerspiegeln, sind Anlaß für initiierte, mehr oder weniger geplante, absichtliche und zielorientierte Veränderungen. Der Mensch hat trotz aller Beeinflussungen und Abhängigkeiten einen durch Bewußtsein *erweiterbaren Spielraum* der Autonomie und der Eigenproduktivität. Die Erweiterung des Freiheitsspielraumes ist eine Funktion der folgenden Aspekte.

Offenheit in der Organismus-Umwelt-Auseinandersetzung: Individuen und soziale Systeme werden als offene Systeme betrachtet, die in einem konstanten Austausch mit der Umgebung stehen. Offenheit im Handeln setzt voraus, daß Selbstbestimmung ein deklarierter und bewußter Wert ist (gewöhnlich sind die Pflichten und Einschränkungen dem Menschen eher bewußt als seine Freiheit). Es erfordert weiters die Verfügbarkeit von Gelegenheiten (zur Wahl) und ein experimentelles Klima, das das Spielen mit verschiedenen Möglichkeiten, das Ausprobieren fördert. Unter diesen Rahmenbedingungen kann der Freiheitsspielraum ausgelotet werden. In der Erfahrung der Spannung zwischen der Vielfalt von qualitativ unterschiedlichen Zielen und Bedürfnissen, die simultan angestrebt werden, können neue Lösungen erreicht werden. Durch Abstimmung zwischen verschiedenen Zielen im intrapersonellen und interpersonellen Austausch können neue Qualitäten entstehen (Combs 1971, Tageson 1982).

Das aktive und selbstreflexive menschliche Bewußtsein ist ein zweiter Aspekt der Erweiterung des menschlichen Freiheitsspielraumes: Das menschliche Denken ist nicht durch das begrenzt, was wahrgenommen werden kann, so daß es nur rational und demonstrativ funktioniert. Es können auch Sinnesempfindungen außer acht gelassen und der gegenwärtige Verständnishorizont durch spekulatives Denken transzendiert werden. Diese Art zu denken verweist auf die *dialektische Natur des menschlichen Geistes*. Diese bedient sich kognitiver Funktionen, die Realität abbilden, aufzeigen, speichern und Strategien der Rückkoppelung verwenden. Die dialektische Natur der Selbstreflexivität verweist auf eine Fähigkeit des Denkens, sich kritisch auf sich selbst zurückzuwenden, Alternativen zu entwickeln, die im Gegensatz zu unseren früheren oder gegenwärtigen Erfahrungen stehen. Damit ist das menschliche Denken nicht auf seine demonstrativen Aufgaben beschränkt und gebunden, sondern demonstriert selbst eine autonome Qualität, die in einem produktiven und erzeugenden Zug zum Ausdruck kommt. Wesentlich dabei ist, daß in dieser Auffassung dem menschlichen Bewußtsein Prozesse oder Aktivitäten zugeschrieben werden, die von ihm selbst stammen, ursprünglich Eigenleistungen sind und kein lineares Produkt vorhandener Erfahrungen und Lösungen. Aktive intellektuelle Prozesse konfrontieren vorliegende Erfahrungen, konstruieren sie in unterschiedlichen Zusammenhängen, spielen mit alternativen Möglichkeiten und Analogien und kommen unter Umständen zu völlig anderen Auffassungen und Bedeutungen als jene, die uns die Sinnesempfindungen nahelegen. Darin liegt die Eigenleistung der menschlichen Fähigkeit zur Selbstreflexion. Wissenschaftlicher Fortschritt basiert ebenfalls auf dieser dynamischen Fähigkeit menschlichen Denkens (Tageson 1982).

Freiheit und Nichtdirektivität als Entwicklungsfaktor

Bei ROGERS erfüllt der Faktor Freiheit eine wichtige Entwicklungsfunktion. Er geht von der Annahme aus, daß das Individuum mit der Fähigkeit zur aktiven Selbstgestaltung ausgestattet ist. Die Entwicklung der Persönlichkeit ist das Ergebnis einer eigenständigen, selbstregulierenden Aktivität, die auf Werten und Entscheidungen gründet. Umgebungseinflüsse, genetische Voraussetzungen oder biologisch verankerte Impulse werden dabei nicht geleugnet. Jedoch hat das Individuum einen Spielraum an Freiheit, der sich in spontaner Aktivität und eigenständiger Auseinandersetzung zeigt. Persönlichkeitsentwicklung ist in vielfältiger Weise durchdrungen von Eigenleistungen des Individuums, das die jeweiligen genetischen und biologischen Vorgaben bzw. Umweltbedingungen für sich nutzt, sie ausgleicht, ver-

ändert, überwindet, assimiliert oder sich anpaßt. Darüber hinaus fügt
es den Vorgaben aus dem genetisch-biologischen Potential und den
situativen Anregungen der Umgebungsbedingungen spontane Aktivität und eine selbstregulierende Verarbeitungskapazität hinzu.

Rogers zeigt in seinen persönlichkeitstheoretischen Überlegungen
den Zusammenhang zwischen Aktualisierungstendenz und Wahlfreiheit. Die Aktualisierungstendenz operiert nach Rogers selektiv und
zielgerichtet. Ihre *Selektivität* richtet sich auf die Unterstützung von
Prozessen, die Erhaltung, Weiterentwicklung und Differenzierung
des Organismus fördern. Diese selektive Funktion ist keine natürliche
Automatik, sondern sie entfaltet ihre Wirksamkeit, soferne sie durch
die Funktionsfähigkeit des Gesamtorganismus unterstützt wird. Dabei
kommt dem Bewußtsein eine besondere Bedeutung für die Selektivität der Aktualisierungstendenz zu. Rogers geht davon aus, daß diese
Selektivität wirksam wird, „sobald Gelegenheit zur eindeutigen Wahl
zwischen Vorwärtsbewegung und regressivem Verhalten geboten
wird" (Rogers 1983, S. 424). Erst durch die bewußte Wahrnehmung
einer *Wahlsituation* auf der Basis von differenzierten und exakten
Symbolisierungen von Erfahrungen erfüllt die Aktualisierungstendenz
ihre selektive Funktion. „Es scheint, daß das Individuum regressives
Verhalten als Selbst-erhöhendes Verhalten mißversteht, solange Erfahrungen nicht angemessen symbolisiert und solange keine angemessenen richtigen Differenzierungen vorgenommen werden"
(ebd.). Sobald der Organismus seine selektive Funktion wahrnimmt,
nährt die Selbstaktualisierungstendenz einen *organismischen Bewertungsprozeß*, der die Wahl einer Richtung im Sinne der Erhaltung und
weiteren Entfaltung des Organismus fördert. Dabei wählt der Organismus Aktivitäten, die seine Autonomie und die Fähigkeit zur Selbstregulierung stärken und erweitern. „Er bewegt sich in Richtung auf
größere Unabhängigkeit oder Selbstverantwortlichkeit [...] in die
Richtung einer wachsenden Selbstbeherrschung, Selbstregulierung
und Autonomie und weg von abhängiger Kontrolle oder Kontrolle
durch äußere Kräfte" (ebd., S. 422).

Für die Gewährleistung der entsprechenden Rahmenbedingungen betont Rogers ein Klima der Freiheit. Die des Psychotherapeuten
erfüllt dabei eine zentrale Funktion in der Förderung eines solchen
Klimas. Nichtdirektivität war in der Anfangsphase der Entwicklung
der klientenzentrierten Psychotherapie ein Abgrenzungsmerkmal
gegenüber psychotherapeutischen Vorgangsweisen, bei denen der

Psychotherapeut als Experte für inhaltliche Entscheidungen und Handlungen des Klienten auftritt und durch Ratschläge, Anweisungen oder sogar Überredung den Klienten veranlassen möchte, seinen Entscheidungen und Handlungen eine Richtung zu geben, die dem Psychotherapeuten aus seinem eigenen Bezugsrahmen konstruktiv und weiterführend erscheinen. Das klientenzentrierte Konzept betonte dagegen das Vermeiden von Ratschlägen, Anweisungen und Deutungen, die aus dem Bezugsrahmen des Psychotherapeuten stammen, um dem Klienten einen Freiraum für die Exploration seines eigenen Bezugsrahmens zu ermöglichen. Die Begründung dafür lag in der anthropologischen Annahme, daß der Klient wesentliche Ressourcen für die Reorganisation seiner Persönlichkeit bereits besitzt und die therapeutische Situation so gestaltet sein müsse, daß diese Ressourcen aktiviert werden. Die therapeutische Situation wurde deswegen auch als Freiraum für das Experimentieren mit autonomen Impulsen, Symbolisierungen und Lösungsversuchen, als Herausforderung für die Autonomie des Klienten gesehen.

Insgesamt geht die Position der Humanistischen Psychologie davon aus, daß dem menschlichen Organismus trotz genetischen Vorgaben und Umwelteinflüssen ein Potential für ein begrenztes Ausmaß an Selbstbestimmung oder persönlicher Freiheit verbleibt. Diese Auffassung ist vor dem Hintergrund der Annahme einer selbstreflexiven Bewußtheit oder Selbstbewußtheit beim Menschen verständlich. Die vorwissenschaftliche Erfahrung eines Selbst als aktive Handlungskraft, die internen Impulsen und externen Kräften gegenübersteht, hat eine zentrale Funktion. Als Konsequenz ergibt sich daraus, daß das Ich oder das Selbst im Sinne der Humanistischen Psychologie als jenes Zentrum des Bewußtseins gesehen wird, das Wahrnehmungen, Gefühle, Gedanken, Bedürfnisse und Motive aktiv integriert und organisiert.

Das Charakteristikum der *Intentionalität* ermöglicht es dem Menschen, nach sinnvollen Bedeutungen in den Reizkonfigurationen und Informationen zu suchen, die aus ihm selbst oder aus seiner Umgebung beständig einströmen. Dabei werden durch neue Erfahrungen oder Aktivitäten neue Bedeutungen konstruiert oder entdeckt. Innerhalb dieses Bezugsrahmens ist die Möglichkeit einer relativen, aber doch wahrnehmbaren persönlichen Freiheit und Selbstbestimmung gegeben. In dem Ausmaß, in dem das Individuum bewußt seine Bedürfnisse, Gefühle und Werte in Besitz nehmen kann, ist es fähig,

ohne zwanghafte Notwendigkeit zwischen verschiedenen Alternativen
zu wählen, die eine mehr oder weniger adäquate Selbstverwirklichung
oder Selbsterfüllung versprechen. Autonomie basiert dann auf dem
unmittelbaren Erleben im Hier und Jetzt, der Reichhaltigkeit differenzierten Wahrnehmens und Bewußtwerdens und auf einer definiti-
ven Bindung an ethische Werte (Kohn und Farau 1987).

Diese Beschreibung des Menschen, der durch neue Möglichkeiten, Ziele und Ideale motiviert ist, verleugnet nicht den Umstand, daß
der Mensch auch partiell durch biologische Notwendigkeiten, durch
frühere Erfahrungen oder Umweltkräfte bestimmt ist. Determinismus
wird als adäquates Konzept bei Phänomenen akzeptiert, die neuroti-
sche oder krankhafte Entwicklungen darstellen. Unter diesen einengenden Umständen, die mit einem beschädigten Selbst verbunden
sind, üben frühere Erfahrungen und Umweltereignisse eine determi-
nierende, d. h. vorhersagbare, zwingende oder kettenartige Wirkung
auf Handlungen aus. Jedoch wird dieser Determinismus inadäquat,
wo Selbstbewußtheit im Spiel ist. Sie eröffnet neue und unterschiedliche Möglichkeiten für die zukünftige Handlungsorientierung, sie
schafft persönliche Verantwortlichkeit und Freiheit. Bewußtheit, speziell die Bewußtheit seiner selbst, Freiheit und Verantwortlichkeit existieren nicht im gleichen Ausmaß bei allen menschlichen Aktivitäten.
Jedoch kann angenommen werden, daß sie im höchsten Ausmaße bei
Willensaktivitäten vorhanden sind. Das Konzept der Selbstbestimmung wird auf der Basis der Annahme einer Aktivität des reflexiven
Bewußtseins konsistent. Der humanistische Ansatz geht davon aus,
daß psychologische Freiheit bzw. die Fähigkeit zur Selbstbestimmung
eng mit dem Ausmaß der Selbstbewußtheit verbunden ist. Ein Individuum ist unfrei in dem Ausmaß, in dem seine Motivationen und
Handlungstendenzen außerhalb der Sphäre des Bewußtseins und der
bewußten Kontrolle liegen. Freiheit erfordert die Bewußtheit von allen relevanten Daten der Erfahrung, einschließlich der verborgenen,
unbewußten Prämissen, die eine Verhaltensorientierung in der Vergangenheit darstellten. Freiheit bleibt immer ein Teil des menschlichen Potentials, dessen Aktualisierung bestimmte Bedingungen erfordert (Rychlak 1977). Autonomie ist immer eine Funktion der Auseinandersetzung des Individuums mit seinen eigenen Werten. Die Ausübung der Selbstbestimmung ist an ein Wertesystem gebunden, das
Bevorzugungen enthält, die auf Unterscheidungen verschiedener Art
gründen (z. B. emotionaler, idealer, moralischer, ästhetischer Art).

Werte sind für die menschliche Existenz intrinsisch. Sie stellen ein konstitutives Attribut der Lebensprozesse dar und vermitteln ein Richtungsempfinden. Bevorzugungen verschiedenster Art ermöglichen Freiheit der Wahl und unterscheiden die menschliche Existenz vom bloßen Vegetieren (C. Bühler 1975).

9

Der kritische Kontext
– Humanistische Psychologie in der Kritik und Kontroverse

Die Humanistische Psychologie ist mit vielfältiger Kritik bedacht worden. Die Heterogenität, die die Humanistische Psychologie im Laufe ihrer Entwicklung und in ihren Konzepten gezeigt hat, machte sie nicht nur offen gegenüber Kritik, sondern lud regelrecht dazu ein. Es war sozusagen für jeden etwas dabei, das er zur Zielscheibe seiner Kritik machen konnte. Dieses Phänomen der „Anziehungskraft für Kritik" ist vermutlich auch Ausdruck eines Wettlaufs um eine adäquate Selbstinterpretation des Menschen. Denn die Humanistische Psychologie hat immer wieder den Anspruch geäußert, einen Zugang zum Menschen in Wissenschaft und Praxis zu suchen, der dem besonderen Charakter des Menschlichen gerecht werden soll. Dieser Anspruch enthält die provokante Implikation, daß andere Ansätze diesen Anspruch nicht erfüllen oder die Humanistische Psychologie angetreten ist, ihn besser zu erfüllen. Die Kritik an verschiedenen Facetten der Humanistischen Psychologie ist daher von unterschiedlichen Perspektiven, oft auch von widersprüchlichen Standpunkten vorgetragen worden. Die explizite Auseinandersetzung mit der Kritik an der Humanistischen Psychologie müßte daher selbst wieder eine Reihe von kritischen und selbstreflexiven Frage gegenüber der vorgebrachten Kritik stellen, um ihre Fruchtbarkeit einschätzen zu können, eine Aufgabe, die in dem vorliegenden Kapitel nur ansatzweise geleistet werden kann. Entsprechende kritische Anmerkungen sind auch in anderen Kapiteln zu finden.

Ein erster Komplex einer Sichtung kritischer Stellungnahmen enthält die Fragen: Von welchem Standpunkt aus wird Kritik geübt, mit welchem Problembewußtsein und aus der Perspektive welcher intellektuellen Identität? Von wem kommt die Kritik? Von Personen, die sich mit der Humanistischen Psychologie identifizieren, an ihrer paradigmatischen Weiterentwicklung teilnehmen, von Sympathisanten oder jenen, die mit der Haltung einer intellektuellen Feindseligkeit kritisieren?

Eine weitere Gruppe von Fragen müßte thematisieren, worauf sich die Kritik bezieht: Welche Zielrichtung hat die Kritik? Die Weiterentwicklung oder die Zurückweisung von Konzepten? Bezieht sie sich auf die Praxis oder auf theoretische Konzepte? Auf welche Phase der Entwicklung der Humanistischen Psychologie bezieht sich die Kritik? Auf die Generation der Begründer? Auf die Phase des Human-potential-Movement oder die Gegenwart? Auf welche Spielart der Humanistischen Psychologie? Die akademisch-forschende, klinische oder „volksbildnerische"?

Insgesamt fällt auf, daß die Auseinandersetzung mit Kritik an der Humanistischen Psychologie von Vertretern der Humanistischen Psychologie selbst sich in Grenzen hält. Es sind zwar einige inhaltlich-theoretische Auseinandersetzungen dokumentiert, jedoch gibt es einen merkbaren Mangel an sachlichen Kontroversen in Relation zu der Vielfalt der Aufgaben, die sich die Humanistische Psychologie gestellt hat. Dazu in Beziehung steht die mangelnde Bereitschaft von Vertretern der Humanistischen Psychologie, sich gegenüber Ansätzen, die sich temporär der Humanistischen Psychologie anschlossen oder an sie anlehnten, abzugrenzen. Die Bereitschaft, Gemeinsamkeiten mit verwandten Ansätzen zu suchen, so kurzlebig sie auch sein mochten, wurde bisweilen auf Kosten einer begrifflichen und theoretischen Klarheit überbetont. Die mangelnde Bereitschaft, auf Kritik zu reagieren, sachlich-theoretische Kontroversen als Quelle der Anregung weiterzuverfolgen, und die mangelnde Bereitschaft zur Abgrenzung gegenüber verwandten Ansätzen hat vermutlich teilweise zu dem geführt, was GIORGI (1987) als Krise der Humanistischen Psychologie bezeichnet hat und auf der akademischen Ebene trotz organisatorischer Integration in die American Psychological Association (APA) zu einer relativen Isolierung der Humanistischen Psychologie geführt hat. Ein weiterer Grund für das eingeschränkte Interesse einer systematischen Auseinandersetzung mit theoretischen Grundfragen der Humanistischen Psychologie war vermutlich auch der Umstand, daß die Identifikation mit einer humanistischen Bewegung innerhalb der

Psychologie zwar gegeben, aber selbst bei manchen ihrer Begründer eher locker oder ambivalent war. Die Zahl der *Sympathisanten* überstieg vermutlich die Zahl der *identifizierten Vertreter* in jeder Phase bei weitem: ROGERS, der als einer der wichtigsten Repräsentanten der Humanistischen Psychologie gilt, drückte seine lockere Identifikation mit der Humanistischen Psychologie in folgender Weise aus: „Ich denke, Maslow war erpicht darauf, eine eigene Richtung der Psychologie zu gründen, die Dritte Kraft. Ich war niemals sehr interessiert an einem solchen Unternehmen. Ich habe mit dem weitergemacht, was mich interessiert hat, und es zeigte sich, daß es sehr in einer Linie mit der Dritten Kraft stand" (Rogers 1984, S. 22*). Die Ambivalenz, die typisch für viele Sympathisanten der Humanistischen Psychologie ist, die sich in einer kritischen Nähe zu ihr aufhalten, wird in folgender Aussage reflektiert: „Sobald ich das humanistische Etikett für mich akzeptiert hatte, fand ich mich wieder mit seltsamen Bettgenossen. Meine fortwährende Ambivalenz spiegelt sich in der Tatsache, daß ich gerade kürzlich in der APA Abteilung 32 (Humanistische Psychologie) Mitglied wurde, wo ich mich etwas deplaziert fühle, aber der AHP (Association for Humanistic Psychology) nicht beigetreten bin, wo ich vielleicht dazugehören sollte" (M. B. Smith 1982, S. 45*).[1]

Bei jeder Auseinandersetzung mit der Kritik an einer Denkrichtung können einige typische Formen der Kritik unterschieden werden. Eine erste Form ist vornehmlich *externe Kritik*, die spöttisch, polemisch oder schroff eine prinzipielle Ablehnung einer Denkrichtung oder ihrer zentralen Konzepte zum Ausdruck bringen möchte. Die Konfrontation mit einer ablehnenden Polemik ist vermutlich das Schicksal jeder neu auftauchenden Denkrichtung, bei manchen, wie der Psychoanalyse war diese Kritik ein ständiger Begleiter. Diese Art von Kritik übertreibt oder verzerrt in der Regel jene Aspekte, die Gegenstand der Kritik werden, selbst dann, wenn sie einen problema-

---

1 Die APA Abteilung 32 vertritt die Humanistische Psychologie innerhalb der American Psychological Association mit einem methodisch-wissenschaftlichen Anspruch, der auf qualitativ-interpretative Forschung ausgerichtet ist. Die Association for Humanistic Psychology (AHP) hat ein breiteres Verständnis der Humanistischen Psychologie mit einer Offenheit sowohl zur empirischen Forschung, zu vielfältigen Formen humanistischer Praxis und auch zu gesellschaftspolitisch-aktivistischen Bewegungen wie der Umweltbewegung und Friedensbewegung (s. auch Kap. 1).

tischen Punkt treffen. Ein Beispiel für eine derartige Kritik stammt von Sigmund KOCH, einem eloquenten Kritiker des Szientismus in der amerikanischen Psychologie. Koch, der mit seiner Kritik an der Rigidität in der psychologischer Forschung sich mit der Wissenschaftskritik Maslows und der Humanistischen Psychologie trifft, lehnte andererseits die Selbstverwirklichungsbewegung mit starken Worten ab: „Die ganze weithergeholte ‚Selbstverwirklichungs‘-Bewegung ist eine Bedrohung der menschlichen Würde. Sie stellt den Menschen als Person in Frage und alles, was das Leben lebenswert macht, und zwar in einem weit größeren Maße als der Behaviorismus dies tut" (Koch 1977, S. 52). Mit ähnlich heftiger Kritik belegt Koch auch die Praxis der Gruppenbewegung und des Human-potential-Movement (Koch 1971). Ein zweiter Typus von Kritik, der sich mit dem erstgenannten oft vermischt, ist jener, der die Kritik auf eine oberflächliche und undifferenzierte Auseinandersetzung mit dem Gegenstand der Kritik baut. In der Regel kritisieren diese Kritiker ihre eigenen Mißverständnisse bezüglich des kritisierten Gegenstandes. In diesem Sinne stellt etwa WERTHEIMER (1978) fest, daß die Aufgabenstellungen der Humanistischen Psychologie von anderen Richtungen der Psychologie weit besser erledigt würden und sie als eigenständige Richtung überflüssig sei. Die Problematik dieser Arten von Kritik liegt darin, daß man ihr nicht wirklich sachliche Argumente entgegenhalten kann, da sie eigentlich eine Demonstration der Abgrenzung, des Desinteresses und eines Kontaktabbruchs bedeutet und keine weitere Diskussion und Auseinandersetzung sucht. Eine weitere Problematik externer akademischer Kritik hat Rogers angesprochen: Als ein respektierter Vertreter der akademischen Forschung meinte er, daß die akademische Welt sein Werk und Konzepte der Humanistischen Psychologie nur oberflächlich verstehen würde. Um diesen Ansatz verstehen zu können, „müßte man sich in irgendeine Form erfahrungsorientierten Lernens einlassen [...]. Aber der akademische Geist funktioniert nicht so. Alles muß in abstrakte und intellektuelle Begriffe gegossen werden. [...] Akademiker glauben an ein Lernen vom Nacken aufwärts. Sie betreiben eine intellektuelle Analyse [...], die normalerweise die bedeutendsten Aspekte wegläßt" (Rogers 1984b, S. 23).

Die weitere Darstellung der Kritik an der Humanistischen Psychologie greift Argumente und Perspektiven jener Kritiker auf, die die Humanistische Psychologie von der Innenseite kennen. Die Humani-

stische Psychologie produzierte ihre eigenen *inneren Kritiker*. Diese
Art der Kritik war meist kompetenter, ergiebiger und auch weiterführend, weil sie sich implizit auf die Frage bezieht, inwieweit die Humanistische Psychologie die eigenen Ansprüche getroffen oder verfehlt
hat. Für das Verständnis der kritischen Auseinandersetzung mit der
Humanistischen Psychologie ist die Bedeutung der Gegenkultur und
des Human-potential-Movement in ihrer Entwicklung vorerst wichtig.
Weitere kritische Argumente kommen in typischen Kontroversen innerhalb der Humanistischen Psychologie zum Ausdruck.

Das Zentrum der Kritik: Gegenkultur
und Human-potential-Movement

Eine Schlüsselbedeutung für die Entwicklung der Humanistischen
Psychologie bis in die Gegenwart hat die Verbindung und Vermischung der Humanistischen Psychologie mit der Gegenkultur und
dem Human-potential-Movement der sechziger und siebziger Jahre.
Diese Verbindung hatte höchst delikate Effekte: Ohne diese Verbindung hätten Konzepte der Humanistischen Psychologie vermutlich
niemals diese weite Verbreitung gefunden. Mit der Verbindung zur
Gegenkultur wurden jedoch auch sehr viele mißverstandene und
verzerrte Bedeutungen des ursprünglichen Anliegens der Begründer
der Humanistischen Psychologie und ihrer Konzepte transportiert
und auch realisiert. Eine Folge dieser seltsamen Verbindung äußerte
sich darin, daß die Humanistische Psychologie seit dieser Zeit *als eine
Praxis* verstanden wurde und *nicht als Theorie* mit wissenschaftlichem Anspruch, nämlich die Praxis der vielfältigen Selbsterfahrungs-
methoden und „Techniken" der Bewußtseinserweiterung. Die Humanistische Psychologie wurde also weitgehend mit der Gegenkultur
und dem Human-potential-Movement identifiziert. Ein weiterer unmittelbarer Effekt war, daß viele der älteren Begründer und Sympathisanten der Humanistischen Psychologie, die ihren wissenschaftlichen Anspruch gefährdet sahen, sich distanzierten oder zumindest
eine ambivalente Einstellung entwickelten. Kommentatoren der Entwicklung der Humanistischen Psychologie vertreten die Auffassung,
daß die Exzesse der Gegenkultur, die eine Philosophie der „Blumen-
kinder" und drogenorientierten Hippies mit einer naiven Psychologie der Selbstverwirklichung und der Bewußtseinserweiterung bei
gleichzeitiger Kommerzialisierung verband, für die Entwicklung der

Humanistischen Psychologie ein großer Schaden war (M. B. Smith 1982, 1986, 1990). Das Human-potential-Movement hatte eine Reihe von Merkmalen, die sich zwar in Konzepten der Humanistischen Psychologie reflektierten, in der Gegenkultur jedoch in einer extremen Form weitergeführt wurden. Rogers wies darauf hin, daß die extremen Formen der Gruppenbewegung der gesamten Bewegung schaden würden und ein sozialer Effekt darin bestünde, daß sich die Öffentlichkeit abwenden würde (vgl. I. Evans 1975). Die folgenden Aspekte waren eine Grundlage der Resonanz zwischen Humanistischer Psychologie und der Dynamik der Gegenkultur der sechziger und siebziger Jahre.

1. Der Individualismus, der in der Betonung von Unabhängigkeit und Eigenverantwortung bestand, dessen extreme Form jedoch in dem Motto gipfelte: „Kümmere dich um deine eigenen Probleme." Die Abgrenzung zwischen „meinen" und „deinen" Problemen wurde ein weit verbreitetes Stilmittel der Gruppenbewegung.

2. Die Idee der Selbstaktualisierung, ursprünglich ein theoretisches Konzept zur Erklärung der Organismus-Umwelt-Auseinandersetzung, wurde in der Gegenkultur zu einer sentimentalen Vorstellung menschlicher Perfektionierbarkeit, die politische, ökonomische und moralische Rahmenbedingungen weitgehend leugnete.

3. Authentizität, ein psychotherapeutisches Stilmittel mit der Bedeutung von Selbstübereinstimmung und sensibler Selbstöffnung, wurde zu einem Merkmal von Lebensstilen mit distanzloser Selbstdarstellung und unsensibler „Ehrlichkeit".

4. Das Hier-und-jetzt-Prinzip, ursprünglich auf genaue Auswertung des Situationserlebens, auf Unmittelbarkeit und Betroffenheit bezogen, wurde im Sinne einer Sorglosigkeit gegenüber Vergangenheit und Zukunft interpretiert und als Rechtfertigung von Planlosigkeit und Unverbindlichkeit.

5. Der Hedonismus, ursprünglich ein Hinweis, die lustbetonte Seite als Merkmal psychischer Gesundheit zu beachten, wurde zu einer Aufforderung, moralische Verbindlichkeiten zu ignorieren.

6. Schließlich der Irrationalismus, der ursprünglich als Gegengewicht zu einem rigiden Rationalismus gemeint war, jedoch als blindes Vertrauen in Intuition, als unkritische Affinität zum Okkulten und als Idealisierung von drogeninduzierten Hoch-Erlebnissen interpretiert wurde.

Die Dynamik der Gegenkultur wurde in ihren extremen Ausformungen und im Sinne einer Kultivierung des Narzißmus vielfachen kulturkritischen Analysen unterzogen (vgl. Roszak 1969, Lasch 1979). Die Kommerzialisierung wirkte auf die Verbreitung extremer Ideen und einer exzessiven Praxis wie eine Verstärkung, was schließlich zu einer schwer korrigierbaren Eigendynamik führte, das heißt, zu einer Praxis, die keinerlei Rückkoppelung mit theoretischer Reflexion mehr zuließ. Die Verbindung von Humanistischer Psychologie und Gegenkultur war daher nicht zufällig und in manchen Bereichen tatsächlich schwer auseinanderzuhalten. Durch die Verbindung mit der Gegenkultur gab sich die Humanistische Psychologie – zumindest teilweise – den beeindruckendsten ideologischen Exzessen der amerikanischen Kultur hin: der marktschreierischen Übertreibung und der stereotypen Hoffnung. Die Kritik an der Humanistischen Psychologie wurde daher zur Kritik an den Slogans der Gegenkultur und der Humanpotential-Bewegung. Die humanistischen Ansprüche, die an eine wissenschaftliche Psychologie und die Sozialwissenschaften gestellt wurden, gingen in dieser Eigendynamik unter, so daß eine Reihe von respektablen Sympathisanten der Humanistischen Psychologie auf Distanz zu den anti-intellektualistischen und anti-wissenschaftlichen Tendenzen innerhalb der Humanistischen Psychologie ging (vgl. M. B. Smith 1982). Durch die eingeschränkte Rückkoppelung von Theorie und Praxis auf Grund mangelnder Präsenz in Forschung und akademischer Ausbildung, und durch die Notwendigkeit für Praktiker, für ihren Lebensunterhalt eine größere Zahl von Klienten anzuziehen, ist eine Form von unkritischem Populismus entstanden, den FARSON (1978, S. 30*) durch folgende Merkmale beschreibt: „Showcharakter, Rhetorik, Mystifizierung, Übersimplifizierung, leichte Antworten und schnelle Ergebnisse". Farson (ebd.) stellt mit kritischer Treffsicherheit weiter fest:

Wenn wir abhängig von einer populären Anerkennung sind, dann können wir eine Tendenz nicht vermeiden, nach der wir den Leuten das geben, wofür sie zahlen. Nach und nach werden die Menschen nicht für eine seriöse Diskussion der komplizierten Formen des Alltagslebens zahlen, sondern sie werden sehr viel für eine gute Show, eine dramatische Darstellung, eine intensive Erfahrung, einen seelischen „Kick", eine vereinfachende Antwort auf Lebensprobleme und, am meisten, wofür sie hoffen geheilt zu werden, zahlen.

FARSON, ein Schüler und Kollege von Rogers, einer der besten Kenner und schärfsten Kritiker extremer Erscheinungsformen des Human-potential-Movement, hat besonders die geistlose Faszination von einer therapeutischen Technologie, die das ursprüngliche Anliegen der Humanistischen Psychologie korrumpierte, kritisch untersucht (Farson 1978). Farson kritisierte, daß die Humanistische Psychologie es verabsäumt hätte, die harte Arbeit der Forschung zu leisten, und sich statt dessen in der Entwicklung von neuen Therapieformen profilierte. Als angewandter Zweig der Humanistischen Psychologie ist das Human-potential-Movement jedoch Opfer jener Probleme geworden, zu deren Korrektur die Humanistische Psychologie ursprünglich angetreten ist. Ein Anliegen der Humanistischen Psychologie war es, die dehumanisierende und fragmentierende Wirkung von psychologischen Technologien zu überwinden. „Doch nun haben wir dasselbe Problem in der Humanistischen Psychologie. Wie die Behavioristen der sechziger Jahre wurden wir besessen von unseren neuen Technologien, die [...] die Menschen genauso fragmentieren wie Ansätze jener, die wir kritisieren" (ebd., S. 7*). Farson sieht zwar die Verwendung von Technologien als Mittel zur Entwicklungsförderung als notwendig an, er kritisiert aber deren unreflektierte Verwendung: Es wird häufig übersehen, daß der Trend zum Instrumentalismus und zur Anwendung von Psychotechnologien jene Geisteshaltung fördert, die Technologien wegen der Macht oder des Vorteils, die der Benutzer durch sie bekommt, hochhält. Instrumentalismus fördert unmerklich eine manipulative Einstellung, selbst wenn mit Lippenbekenntnissen das Gegenteil behauptet wird. Diese Gefahren sind besonders groß, wenn Techniken angewandt werden, die der Benutzer zwar versteht, aber nicht jener, dem sie dienen sollen. Laura PERLS kritisiert ebenfalls die „Technisierung" der Gestalttherapie, die zu einer undifferenzierten und eklektischen Anwendung von dramatischen Techniken führt. Die Workshop-Kultur des Human-potential-Movements, zu der auch ihr Mann, Fritz PERLS, beitrug, verführte geradezu zur Anwendung von dramatisierenden Techniken, weil die Dramatisierung von Träumen und Phantasien eine eindrucksvolle Demonstrationsmethode ist. Als Folge wurden die Demonstrationsmethoden der Workshop-Kultur als das Wesen der Gestalttherapie mißverstanden, während ihre philosophischen und ästhetischen Aspekte gegenüber den technischen verlorengingen (L. Perls 1992).

FARSON kritisiert einen weiteren Trend im Human-potential-Movement der Gegenkultur, den man als Trend zu mehr Leistung bezeichnen könnte. Um konkurrenzfähig zu bleiben, muß die Dosis erhöht werden: Wenn längere therapeutische Sitzungen gut sind, dann sind Marathons (durchgehende Gruppensitzungen ohne Pause über einen oder mehrere Tage) besser; wenn Tränen die Güte einer Therapie dokumentieren, dann würden Schreie oder sogar „Erbrechen" höchste Qualitätsansprüche erfüllen; wenn sich die Exploration von Kindheitserlebnissen als sinnvoll herausstellte, dann war das Wiedererleben der Geburt wohl noch besser; wenn eine Technik hilfreich ist, dann wäre eine Kombination verschiedener Techniken sicher hilfreicher. Dieses lineare Denken impliziert nach Farson, daß „mehr" von allem besser ist: mehr Kongruenz, mehr Offenheit, mehr Nähe. Es stellt nicht in Rechnung, daß des Guten zuviel sein kann, sondern geht davon aus, daß positive Prozesse unendlich ausgedehnt werden können. Als die Bedeutung des Organismus in den Vordergrund gerückt wurde, wurden plötzlich die Körperbotschaften, körperliche Empfindungen wichtiger als Gedanken und körperliche Prozesse zum Schlüssel für therapeutischen Erfolg. Der „Bauch" war wichtiger als der „Kopf", „Gefühle" wichtiger als „Gedanken" und der Körper wichtiger als der Geist.

Allerdings hat die Eigendynamik des Psychobooms vor allem in Verbindung mit den Trends nach mehr Leistung, linearem Denken und dem Trend zum Instrumentalismus neue Probleme geschaffen, neue Unzufriedenheit und neue Leiden produziert, die wieder nach neuen Psychotechnologien verlangen, so daß insgesamt eine Eskalation des Technologiebedarfs erkennbar ist. Ein Beispiel für so eine überstrapazierte Idee ist das Konzept der „offenen Kommunikation" nach dem Motto: Wenn es Probleme, Spannungen, Differenzen gibt, sprecht darüber, und es wird besser werden. Nicht selten hat diese Idee Spannungen und Probleme in Beziehungen in einem Ausmaß verschärft, daß wieder neue Heilungsversuche notwendig wurden. Farson macht deutlich, daß genauso wie in der Medizin behandlungsinduzierte Störungen und Probleme entstehen können, und kommt zu dem Schluß: „[…] die Besessenheit der Humanistischen Psychologie mit Veränderung […] hat Probleme hinzugefügt. Die leichtfertige Anwendung von Techniken, ohne ein umfassendes Verständnis von langdauernden Konsequenzen, nicht nur für unsere Klienten, sondern auch für uns selbst und für die Gesellschaft als Ganzes, kann

nicht mehr länger als die ersten Schwünge von Grünschnäbeln ent-
schuldigt werden" (Farson 1978, S. 13*).

In eine ähnliche Richtung der Kritik geht ROWAN (1987), wenn er
von humanistischen Häresien spricht als Entwicklungen, die solide
Konzepte und seriöse Praxis in einer Weise erweitern und verzerren,
daß sie einseitig werden. Rowan kritisiert folgende Entwicklungen
innerhalb der Humanistischen Psychologie: In diesem Sinne verwendet der Instrumentalismus Methoden und Technologien als neue
Möglichkeiten der Manipulation und Unterdrückung von Menschen,
führt die Überbetonung von Gefühlen auf Kosten von anderen psychischen Funktionen wieder zu einer neuen Einseitigkeit. Rowan nennt
den *Eklektizismus* als weitere Übertreibung. Ein wichtiges Prinzip in
der Praxis der Humanistischen Psychologie ist eine experimentelle
Einstellung bei der Individualisierung und Adaption von Methoden
der Psychotherapie, Beratung und Erziehung auf die besondere Situation von Klienten. Rowan kritisiert das übertriebene Experimentieren, das einer nervösen Suche nach Neuheiten und Modeerscheinungen gleichkommt. Denn die Folge davon sind Praktiker, die versuchen, einander widersprechende Theorien und Methoden in einen
Zusammenhang zu bringen. Dieser Zusammenhang ist jedoch eine
Täuschung, der auf idealisierten Wünschen des Eklektikers und auf
unkritischem Denken beruht (Rowan 1987). In einer Studie von eklektischen Praktikern in der Psychotherapie und psychosozialen Arbeit wurde festgestellt, daß eine große Anzahl von Kombinationen
unterschiedlicher therapeutischer Prinzipien und Ansätze verwendet
werden, die von sehr widersprüchlichen theoretischen Überlegungen
ausgehen (Garfield und Kurtz 1977). Man kann daher annehmen,
daß Eklektizismus eine weit verbreitete Form der Desorientierung
und eine professionelle Identitätskrise widerspiegelt (vgl. Hutterer
1992, 1993).

Insgesamt hat die kritische Auseinandersetzung mit der Gegenkultur der sechziger und siebziger Jahre der Humanistischen Psychologie
eine Reihe von pauschalen Vorwürfen eingebracht, wie etwa die Theorielosigkeit, den Anti-Intellektualismus, und die Kommerzialisierung
von Psychotechnologien, die nicht in der ursprünglichen Absicht
ihrer Erfinder lagen. MASLOW (1996) hat sich zum Beispiel sehr mas-
siv gegenüber den antirationalistischen, antiintellektuellen und anti-
wissenschaftlichen Tendenzen, die mit Wachstumszentren wie Esalen
verbunden waren, abgegrenzt. Bis heute wird die Humanistische Psy-

chologie in erster Linie auf Grund ihrer vergangenen Praxis des Human-potential-Movements der sechziger und siebziger Jahre beurteilt
und ist dadurch mit einer undifferenzierten Kritik konfrontiert. Andererseits muß darauf hingewiesen werden, daß die Ambivalenz in der
Einschätzung der Bedeutung der Gegenkultur bis heute vorhanden
ist. Denn einerseits wird das Human-potential-Movement als *histori-
sches Trauma* bewertet, das zur weitgehenden Isolierung von der akademischen Forschung und Lehre geführt hat. Darüber hinaus hat die
Praxis humanistischer Verfahren und Psychotherapie und Erwachsenenbildung heute auch die Faszination des Neuen und Ungewöhnlichen verloren (M. B. Smith 1982, 1990), womit auch der ökonomische
Vorteil gegenüber dem Nachteil der intellektuellen Isolierung wegge-
fallen ist. Anderseits gibt es nostalgische *Wiederbelebungsversuche*,
die den Geist der Gegenkultur für die Lösung gegenwärtiger Probleme beschwören wie etwa in folgender Äußerung zum Ausdruck
kommt: „Wir müssen das Human-potential-Movement wiedereinfüh-
ren, um erschwingliche und bedeutungsvolle psychologische Wachstumserfahrungen wiederherzustellen, die der Aufgabe, die Tiefen
postmodernen Schmerzes anzusprechen, angemessen sind und in der
Lage sind, uns zu den Höhen unserer Möglichkeiten anzuregen"
(O'Hara 1996, o. S.*).

Kritik und Kontroversen zu Wissenschaftsentwicklung, Metatheorie und Forschungsmethodologie

Auf Spannungen bezüglich wissenschaftsphilosophischer Fragen wurde in Kap. 7 bereits hingewiesen. Übereinstimmung bei vielen Sympathisanten und Kommentatoren der Entwicklung der Humanistischen
Psychologie besteht bezüglich der fehlenden Ablösung der Humanistischen Psychologie von einem Protestbewußtsein. ROGERS warnte
bereits zu einem frühen Zeitpunkt davor, daß die Humanistische
Psychologie, sollte sie eine Protestbewegung bleiben, nur einen temporären Einfluß haben wird (Rogers 1965). Manche Kritiker äußer-
ten die Einschätzung, daß die Humanistische Psychologie den Übergang von einer Protestbewegung zu einem positiven Forschungsprogramm nicht geschafft habe (Giorgi 1987). Dieses Protestbewußtsein wird auch als ein wichtiger Teil einer fortwährenden Krise der
Humanistischen Psychologie betrachtet. Die Krise der Humanistischen Psychologie sieht GIORGI (1987) darin, die Versprechungen,

die am Beginn des Projekts standen, nur teilweise erfüllt zu haben: das Versprechen, Methoden für die Erweiterung des menschlichen Potentials zu entwickeln; das Versprechen, ein adäquateres Bild von der menschlichen Person zu entwerfen und eine relevantere Forschung durchzuführen. Das erste Versprechen wurde erfüllt, allerdings bezogen auf die Kultur im allgemeinen und weniger im akademischen Bereich. Auch wurde ein Druck erzeugt, das implizite Menschenbild von psychologischen Denkrichtungen klarer zu formulieren. Allerdings sieht Giorgi einen Fehlschlag bezüglich der Entwicklung von adäquaten Forschungsprogrammen, weil die Humanistische Psychologie das naturwissenschaftliche Forschungsmodell nicht vollständig aufgegeben hat. Die Humanistische Psychologie sei daher in der Krise erstarrt. Im Unterschied dazu sei die Humanistische Psychologie erfolgreich gewesen, therapeutische Zugänge zu erarbeiten, die das eigentlich Menschliche respektieren und aufgreifen, obwohl das medizinische Modell im klinischen Bereich eine ebenso große Bedeutung hatte wie das naturwissenschaftliche Modell in der Wissenschaft. Die Bilanz von Giorgi (1992a, S. 422): „[...] während die Humanistische Psychologie erfolgreich in der Therapie war und einigen Einfluß auf unsere Kultur hatte, hat sie versagt, eine Forschungstradition und eine Vorstellung von Wissenschaft zu erzeugen, die radikal humanistisch ist."

Mit dem fortwährenden Protestbewußtsein ist eine mangelnde Abgrenzungsbereitschaft der Humanistischen Psychologie gegenüber der Gegenkultur eng verbunden. Durch das Fehlen einer Abgrenzungsbereitschaft bzw. durch eine bis in die Gegenwart fortdauernde ambivalente Haltung gegenüber der Gegenkultur hat die Humanistische Psychologie einen guten Teil ihrer Möglichkeiten verspielt. Es war das ursprüngliche Anliegen, eine Psychologie und Sozialwissenschaften zu schaffen, in denen man die Besonderheit des Menschen wiederfindet und die sich der Probleme des Alltags und der Selbstentfremdung annimmt, und zwar mit wissenschaftlichem Anspruch. Die führenden Figuren der Humanistischen Psychologie haben sich von ihrem wissenschaftlichen Anspruch nicht gelöst, als sie sich der humanistischen Idee anschlossen und ihre Unzufriedenheit mit der amerikanischen Psychologie der fünfziger und sechziger Jahre zum Ausdruck brachten. Die Verbindung mit der Gegenkultur und die Schwierigkeit oder auch Unwilligkeit, sich von manchen gegenkulturellen Exzessen abzugrenzen, hat der Humanistischen Psychologie als

Plattform für akademische Lehre und Forschung viel an Glaubwürdigkeit und Substanz gekostet.

Ein Teil der Kritik der Humanistischen Psychologie richtet sich gegen eine verlorengegangene Offenheit. Ein weiterer Ausdruck des fortwährenden Protestbewußtseins der Humanistischen Psychologie sei es, daß sie sich auf eine Psychologie beziehe, die es in dieser Form nicht mehr gäbe. Die Humanistische Psychologie habe sich *selbst abgeschottet* und ignoriere Fortschritte in anderen Bereichen der Psychologie und Sozialwissenschaften. Sie ignoriere sogar solche Veränderungen, die eine Bewegung in Richtung ihrer Ansprüche bedeuteten. Die Humanistische Psychologie bemerke ebenfalls nur zögernd, daß die Psychologie, die ursprünglich Zielscheibe ihrer Kritik und ihres Protestes gewesen sei, vielfältiger geworden sei und Platz für alternativen Perspektiven lasse, sofern ihre Bedeutung durch Forschung demonstriert werde anstatt durch verbale Proklamationen. M. B. SMITH (1982, S. 49) stellt dazu fest: „[...] der Grund für die Sezession der Dritten Kraft hat sich substantiell verändert [...]." Er verweist in diesem Zusammenhang auf die Entwicklung der Kognitiven Psychologie, auf die Psychoanalyse, die weniger dogmatisch geworden sei, auf die psychoanalytische Selbstpsychologie, die sich ebenfalls mit einem zentralen Begriff der Humanistischen Psychologie auseinandersetzt, und auf eine interdisziplinäre Forschung, die die menschlichen Entwicklung über die Lebensspanne adressiere (vgl. Farson 1978; M. B. Smith 1982, 1990). Diese Feststellung wird in einem Artikel von SUGARMAN (1977) bestätigt, der die Kritik der Psychoanalyse durch Vertreter der Humanistischen Psychologie untersucht und zu dem Ergebnis kommt, daß sie sich vornehmlich auf die frühe Freudianische Theorie bezieht und wenig Bewußtheit über neuere Entwicklungstrends in der Psychoanalyse zeigt.

Kontroverse Ansprüche zeigen sich, wenn M. B. SMITH (1990) von der Notwendigkeit der Verbindung von naturwissenschaftlicher und phänomenologisch-interpretativer Forschungstradition spricht, während GIORGI die Humanistische Psychologie auf eine existentialistisch-phänomenologische Metatheorie stellen möchte und beklagt, daß die am weitesten verbreitete humanistische Fachzeitschrift auch empirische Untersuchungen publiziert: „Leider, trotz ihrer Betonung des Menschlichen und des Personseins, verfehlen es viele humanistische Psychologen anzuerkennen, daß eine andere Sicht von Wissenschaft notwendig wäre, um die qualitativen Unterschiede zu errei chen, die menschliche Phänomene dem Bewußtsein des Forschers präsentieren. Wenn empirische Studien im *Journal of Humanistic Psychology* erscheinen, unterscheiden sich die angewandten Methoden nicht von den herkömmlichen Zeitschriften [mainstream journals]" (Giorgi 1992a, S. 431*). Giorgi möchte die Humanistische Psychologie auf eine einheitliche Metatheorie gründen, während die Vertreter einer Gegenposition äußerste Skepsis den Ideen einer Einheitswissenschaft, egal welcher Provenienz, entgegenbringen (M. B. Smith 1990) oder wiederholte und sich wiederholende metatheoretische Auseinandersetzungen auf Kosten der Forschung kritisieren: „[...] wir müssen weitere Redundanz in unseren Publikationen vermeiden, die manchmal die Kritik an der traditionellen Metapsychologie fortsetzen, während nur wenige programmatische Statements darüber hinzugefügt werden, welche Richtung wir in der zukünftigen Forschung nehmen müßten. Statt dessen sollte der Schwerpunkt auf solider Forschung liegen [...]" (Churchill 1992, S. 416*). Auf die mangelnde Bereitschaft, in der Forschung zu arbeiten, verweist kritisch auch FARSON (1978): In Wirklichkeit sei es nur eine kleine Gruppe von Personen, die Humanistische Psychologie mit einem wissenschaftlichen Anspruch betreiben. Dabei mangle es nicht an geeigneten humanistischen Forschungsmethoden, diese vielfältigen Methoden würden bereits häufig in anderen Forschungsbereichen wie in der Soziologie und anderen Sozialwissenschaften angewandt. Die eingeschränkte Präsenz an Universitäten hat nach Farson (1978) gravierende Nachteile gebracht: Es sei ein gesunder Skeptizismus verlorengegangen, der von den Universitäten (trotz manch anderer Nachteile und Einschränkungen) nach wie vor ausgehe; ferner sei die Humanistische Psychologie in einen Rückstand bezüglich Forschung und Theoriebildung geraten. Es wurden zwar neuere theoretische Entwicklungen außerhalb der akademischen Forschung von kompetenten Personen angeregt, sie konnten durch das Fehlen von Studenten, die solide wissenschaftliche Arbeiten durchführen, jedoch nicht geprüft werden: „Als Folge wurden ihre Theorien nicht erforscht, erweitert oder revidiert und ihr Denken nicht durch kritische Fragen von Studenten oder Universitäts-Kollegen geprüft" (Farson 1978, S. 29*). Insgesamt sieht Farson diese Entwicklungen als extrem negativ an. Sie erklärt auch die wachsende Bedeutung der Praxis des Human-potential-Movement und einen Kreislauf der allmählichen Verringerung professioneller Kompetenz: Denn ohne akademische Basis würden

Vertreter der Humanistischen Psychologie für den Erwerb ihres Lebensunterhalt von populären Versionen psychosozialer Konzepte, von simplifizierten Wachstumstechniken und Workshops abhängig, was tatsächlich wieder eine Schwächung in der akademischen Forschung und Ausbildung bedeute.

Eine weitere, nicht unwesentliche Kritik betrifft die verbleibende akademische Forschung und Arbeit selbst, die von einer mißverstandenen Interpretation von menschlichem Respekt ausgeht: „[…] Humanistische Psychologen übersetzten Respekt für die Person in die Idee, daß wenige Anforderungen an die Studenten in den Seminaren oder in der Vorbereitung von Dissertationen gestellt werden könnten" (ebd., S. 28*). In einer kritischen Sichtung von Dissertationen stellte HAMPDEN-TURNER (1982) hervorragende Arbeiten schwachen Arbeiten gegenüber. Das Motiv für dieses Projekt lag in dem Anliegen von engagierten akademischen Lehrern der Humanistischen Psychologie, Respekt vor den Studenten und Individualisierung in der Beurteilung aufrechtzuerhalten, ohne sich von den Studenten zum Zwecke der Anstrengungsvermeidung und Selbsttäuschung ausnutzen zu lassen: „Wie können wir unser bekanntes Interesse am studentenzentrierten Unterrichten und unsere Bereitschaft, die einzigartige Natur individueller studentischer Leistungen zu respektieren, vor der Ausbeutung jener Studenten schützen, deren Narzißmus nachsichtige Lehrer sucht oder deren seichte Leistung eine leichtere Aufgabe verlangt" (Hampden-Turner 1982, S. 40*).

Die besten Dissertationen setzten sich ambitionierte und realistische Ziele und Aufgaben, und die Leistungsfähigkeit der Verfasser stimmte mit diesen Aufgaben auch überein, während die schwachen Arbeiten sich großartige Aufgaben stellten, mit denen sie intellektuell nicht zu Rande kamen. Die besten Arbeiten kamen zu zusammenhängenden Darstellungen ihrer Fragen, Konzepte und Antworten, während die schwachen oft extrem unzusammenhängende und divergente Darstellungen und Schlußfolgerungen lieferten. Die schwachen Arbeiten extemporierten beschwörend und oft mit einer Anmaßung von Unfehlbarkeit über Kreativität, Ganzheit und Bewußtheit, während in den guten Dissertationen sich diese humanistischen Werte und Themen in der gesamten Arbeit differenziert widerspiegelten. Die besseren Arbeiten versuchten unterschiedlichen und gegensätzlichen Positionen gerecht zu werden und Brücken zur eigenen Position zu schlagen, während die schwachen Arbeiten in konterdependenten

Attacken gegen „feindliche" Positionen oder in sektiererischer Selbstidealisierung steckenblieben. Die schlechteren Arbeiten enthielten
oft Rechtfertigungen für Unterlassungen und implizite Bitten um
Schonung oder um Beurteilung auf der Basis guter Absichten. Die
schwachen Dissertationen hatten insgesamt eine Ausstrahlung, in der
triviale Inhalte mit humorloser Förmlichkeit und würdevoller Ernst-
haftigkeit vorgetragen wurden. Die guten Arbeiten verpackten sowohl
die Darstellung von Gegenpositionen als auch die Darstellung der
eigenen Position mit differenziertem Skeptizismus, Humor und
(Selbst-)Ironie. Insgesamt reflektieren die Stärken und Schwächen
der gesichteten Dissertationen den Charakter der Humanistischen
Psychologie als Genre wissenschaftlicher Publikationen. Diese Ergebnisse bestätigen einen Eindruck, der oft bei der Sichtung der Literatur
zur Humanistischen Psychologie oder einschlägiger Diskussionen
entsteht: Kritische und differenzierte Argumente sowie intellektuell
spannende Abhandlungen stehen neben groben Bewertungen, undifferenzierter Kritik, affirmativen Proklamationen und peinlichen
Trivialitäten.

Kritik und Kontroversen um das Konzept der Selbstaktualisierung

Das Konzept der Selbstaktualisierung ist ein theoretischer Eckpfeiler
der Humanistischen Psychologie. Denn es wurde im paradigmatischen Kontext der Humanistischen Psychologie entwickelt und aus-
führlich diskutiert, von Maslow, Rogers, Goldstein, Bühler Angyal,
Snygg und Combs, um nur einige zu nennen. Auf diese Annahme
einer zentralen, gerichteten und expansiven Motivationskraft wurde
in vielfältiger Weise Bezug genommen: Wachstum, Entfaltung, Aktualisierung, Selbstaktualisierung, Selbsterweiterung und Selbstverwirklichung sind ein Teil jener Begriffe, die dafür verwendet werden. Das
Konzept ist nicht nur Anziehungspunkt theoretischer Überlegungen
und Forschung geworden (vgl. etwa Schneewind 1984, Jones und
Crandall 1991), sondern auch Ziel ständiger Kritik und Polemik.
Schließlich treffen wir es auch in verschiedenen ideologischen Ver-
kleidungen an, etwa als „Theorie der feinen Leute" (vgl. Sader 1980).
Kritik bezieht sich auf das Konzept der Aktualisierungstendenz als
zentraler Motivationsvorgang, der aus der Thematik der „Expansion"
(Selbstverwirklichung, Erweiterung etc.) entwickelt wurde. HOF-

STÄTTER (1960, S. 583) sieht den Nachteil, daß sich aus einer derartig „monistischen Motivationslehre", die nur eine zentrale Motivations- und Entwicklungskraft kennt, keine strukturierte und differenzierte Persönlichkeitstheorie entwickeln läßt. Diese Kritik macht auf das Problem aufmerksam, inwieweit es sinnvoll und vor allem möglich ist, eine Theorie der Selbstaktualisierung differenzierter in einer Persönlichkeitstheorie und Entwicklungspsychologie zu formulieren, ohne die grundlegende und zentrale („monistische") Motivationsthematik zu verlassen. THOMAE (1965, S. 453) weist andererseits darauf hin, daß „Expansion" als zentrale Motivationsthematik organismischer Theorien und Selbstaktualisierungstheorien zwar oft mit dem ausgrenzenden Etikett „irrational" versehen wird, „sich aber von den Erkenntnissen der Entwicklungspsychologie her doch in hohem Maße anbietet".

Die Kritik am Konzept der Selbstaktualisierung richtet sich gegen den Charakter des Selbst, die Aktualisierungsneurose, die Natur des idealen Selbst. MCMULLEN (1982) nimmt in einer grundsätzlichen Kritik der Humanistischen Psychologie auf zwei Aspekte Bezug: die Phänomenologie und die Idee der Selbstbestimmung. Die Skepsis der Humanistischen Psychologie gegenüber der Auffassung, daß der Mensch legitimerweise Gegenstand naturwissenschaftlicher Forschung sein könne, bedeutet, daß Humanistische Psychologie bei ihren Erklärungsversuchen auf okkulte Kräfte wie die Selbstaktualisierung zurückgreifen muß. Deshalb könne der Humanismus nicht mehr als einen sentimentalen und romantischen Beitrag liefern. Durch ihre Einmütigkeit mit der *populären Skepsis gegenüber Objektivität* würde sich die Humanistische Psychologie in eine Reihe mit der obskuren Beschäftigung mit dem Paranormalen, mit Weissagungen und Astrologie stellen.

BLACKLER und BROWN (1978) sehen die Theorie der Selbstaktualisierung im Bereich der Organisationspsychologie, die von der Humanistischen Psychologie stark beeinflußt wurde, als problematisch an. Das Konzept der Selbstaktualisierung könne zu einer verzerrten und fehlgeleiteten Sicht des Menschen ermutigen, nach der Menschen sich selbst, den anderen und ihre Umgebung in einer *hedonistischen Sucht* nach Befriedigung ausbeuten. Ein derartiges soziales Selbstverständnis würde soziale Beziehungen und Interaktion entwerten. Organisationsberater, die sich nach diesem fehlgeleiteten Bild orientieren, würden, ohne es zu erkennen, eine konservative Rolle in Organisationen spielen.

Ein weiteres kritisches Argument betont, daß das Konzept des Selbst nicht die Entwicklung von Individualität erlaubt. Da die selbstaktualisierende Person ein Set von *Charakteristika* besitzt, die ähnlich für alle „Selbstaktualisierer" ist, resultiere dies in einem standardisierten gemeinsamen Verhalten. PATTERSON (1974) setzt diesem Mißverständnis entgegen, daß das Selbst aus einem idiosynkratischen Set von Potentialen besteht und nicht aus fixen Merkmalen. Auch MASLOW (1973) wies darauf hin, daß die Entwicklung von individuellen Unterschieden eine wesentliche Dynamik der Selbstaktualisierung ist. Und ROGERS (1961) betonte, daß Personen, die stärker den Kern ihrer Persönlichkeit verwirklichen, weniger voraussagbar sind als jene, die ihn weniger stark entwickeln. Sie verhalten sich spontaner und fühlen sich weniger an soziale Konventionen gebunden.

WILLIAMSON (1965) bringt gegenüber der Theorie der Selbstaktualisierung das *antisoziale Argument* vor. Individuen könnten ihr Potential zur Destruktivität verwirklichen, und es sei keineswegs garantiert, daß eine konstruktive Version des Menschen das Ergebnis von Selbstaktualisierung sei. Wenn das Ziel von Beratung und Psychotherapie Selbstaktualisierung ist, dann wird dadurch eine Entwicklung in jede Richtung gefördert und das sei unverantwortlich. Eine Spielart des antisozialen Arguments ist die Kritik, daß Selbstaktualisierung egozentrische und selbstbezogene Einstellungen fördern würde. Die Theorie der Selbstaktualisierung würde nichts anderes als „die pubertäre Befangenheit mit sich selbst und den eigenen Impulsen" reflektieren (White 1973, S. 69*). Die Anhänger dieser Theorie würden bequeme Solipsisten ohne soziale Interessen und ohne Selbstkritik werden. Die Hippies des San Francisco Area der sechziger Jahre wären ein Beispiel dafür, wie durch das Befolgen von Maslows Ratschlägen „hauptsächlich Bequemlichkeit produziert" und „eine Realität menschlicher Ausbeutung" entstehen würde (Aron 1977, S. 9*). Teilweise beruhen diese Schlußfolgerungen auf einer ungenauen und verzerrten Rezeption der theoretischen Überlegungen von Maslow und Rogers. Eine Annahme, die diesen kritischen Stellungnahmen zugrunde liegt, ist die Vorstellung, daß ein unvermeidlicher Konflikt zwischen dem Individuum und der Gesellschaft, dem Selbst und dem anderen gegeben sei, so daß die Selbstaktualisierung einer Person die Selbstaktualisierung einer anderen notwendigerweise behindert oder sogar verhindert, oder daß die Selbstaktualisierung von einzelnen immer ohne Beziehung zu sozialen Interessen oder sozialer Strukturen steht.

Ein weiteres Thema der Kritik an der Selbstaktualisierung steht mit dem Umstand in Beziehung, daß die Theorie der Selbstaktualisierung nicht nur als wissenschaftliche Theorie existiert, sondern auch soziale Auswirkungen und Implikationen hat. Eine immer wieder geäußerte Kritik thematisiert die *politischen Gefahren* einer Theorie der Selbstaktualisierung. LESTER (1971) beschäftigte sich mit dem Mißbrauch und unangemessener Anwendung der Idee der Selbstaktualisierung und wies darauf hin, daß Publikationen über Selbstaktualisierung „als Unterstützung für die Existenz von überlegenen Menschen, die von anderen abgesondert bleiben, interpretiert werden kann" (ebd., S. 777*). ARON (1977) spricht im Zusammenhang mit Selbstaktualisierung von einer „aristokratischen Prämisse", einer Ideologie, nach der bestimmte Menschen wertvoller, „menschlicher" als andere sind und die überlegenen, hervorragenden und besten Vertreter der Spezies das Recht hätten, andere zu führen. Die Theorie der Selbstaktualisierung würde dadurch soziale Ungleichheit legitimieren und „kann verwendet werden, um das Argument zu unterstützen, daß soziale Ungleichheit natürlich ist und letztlich gerecht, weil manche Menschen biologisch und psychologisch überlegen sind" (Shaw und Colimore 1988, S. 66*). MASLOW hat diese Implikation des biologischen Elitismus deutlich gesehen und ihn als „heiße Kartoffel" bezeichnet, die er Zeit seines Lebens aus Angst vor Mißbrauch nicht zu publizieren wagte: „Ich fürchte, wenn ich das Problem des Überlebens der Fähigsten [survival of the fittest] aufwerfe, einfach zum Zwecke der Diskussion und zur Klärung meiner eigenen begrifflichen Perspektiven und zur Prüfung auf einer vernünftigen Forschungsgrundlage, dann werden viele Nicht-Wissenschafter das Thema für ihre eigennützigen Zwecke beschlagnahmen" (Maslow 1996c, S. 71*). Maslow fürchtete, daß eine offene Auseinandersetzung mit der Frage des biologischen Elitismus in ähnlicher Weise für die Rationalisierung ökonomischer Privilegien verwendet würde wie in der post-darwinschen Ära des späten 19. Jahrhunderts. Es ist kein Zufall, daß gerade diese Facette der Selbstaktualisierungstheorie – der biologische und psychologische Elitismus – viel Polemik angezogen hat und bis heute nur zögernd diskutiert wird. Denn das von Maslow zurecht als „heiße Kartoffel" bezeichnete Problem produziert bis in die Gegenwart Kontroversen und Hilflosigkeit. Es spiegelt sich im Umgang mit Hochbegabten, in der Diskussion zur Gentechnik genauso wider wie im Phänomen des „Mobbing", bei dem nach einer gängigen Theorie die weniger Begab-

ten aus Angst die Begabteren eliminieren: Aus Furcht vor der naturgesetzhaften Dynamik der Theorie, daß die Fähigsten überleben, und
aus der unüberprüften Angst vor der eigenen biologischen Minderwertigkeit wird wiederholt die Überzeugungskraft des Faktischen in
einer Weise strapaziert, die das komplexe Problem des „survival of the
fittest" einer einfachen und pragmatischen Lösung zuführt: „the
survivors are the fittest". Ständige Wiederholungen von siegreichen
Konkurrenz- und Machtkämpfen werden dann zum Beweis für die
Gültigkeit der gefürchteten Theorie und zur nahrhaften Stärkung der
Illusion, daß die Siegreichen auch die Begabtesten sind.

Eine im engeren Sinne politische Kritik macht der Theorie der
Selbstaktualisierung und der damit verbundenen Praxis den Vorwurf,
daß humanistische Therapien *diskriminierende Angebote* seien, weil
sie das ökonomische Gefälle nicht beachten und nur für die ökonomisch und bildungsmäßig Privilegierten offen sind. Es ist ein Vorwurf,
der in ähnlicher Weise der Psychoanalyse gemacht wird, wenn sie als
Luxus für jene bezeichnet wird, die sie am wenigsten brauchen: „Die
neuen Humanisten kümmern sich nicht um die Armen. Die Kosten
einer Marathon-Sitzung[2] würden das Familienbudget eines Arbeiters
auffressen und die Kosten von zweien würden ihn bankrott machen"
(R. Johnson 1975, S. 7*). Obwohl Selbstaktualisierung nicht von derartigen Aktivitäten abhängt, ist damit ein Problem angesprochen, das
generell psychosoziale Dienstleistungen oder Weiterbildungsangebote betrifft. In der Regel werden sie nur von Personen mit erweiterter
Bildung als Hilfestellung angenommen oder als Bereicherung „diskriminiert", bzw. nur diese Gesellschaftsschicht ist tatsächlich auch in der
Lage, die Kosten zu tragen. Daß diese diskriminierenden Angebote
und Dienstleistungen Klassenunterschiede in der Gesellschaft perpetuieren, ist ein Problem, das im Rahmen einer Humanistischen Psychologie zu wenig beachtet wird, obwohl es in Spannung zu dem egalitären Ethos und zu der partizipatorischen Demokratie steht, die mit
dieser Bewegung verbunden sind. Andererseits zeigt dieser Umstand
auf, daß die innovativen Ansprüche der Humanistischen Psychologie
durch marktwirtschaftliche Rahmenbedingungen begrenzt sind.

Hier schließt eine weitere Kritik an, die den Theorien der Humanistischen Psychologie und speziell der Theorie der Selbstaktualisie

---

2 Ein Selbsterfahrungs-Workshop oder eine Therapiegruppe, die über längere Zeit – 24 Stunden oder länger – ohne Unterbrechung und Pausen läuft.

rung vorwirft, daß zentrale soziologische Faktoren und strukturelle Variablen nicht berücksichtigt werden. BUSS (1979) stellt fest, daß speziell die Theorie der Selbstaktualisierung von Maslow eine spezifische historische Situation eines demokratischen Elitismus universalisiert. Die Spannung, die in dem demokratischen Elitismus zu anderen Werten der Humanistischen Psychologie liegt, sei jedoch nach Buss kein logischer Fehler der Theorie, sondern reflektiert Widersprüche der konkreten sozio-historischen Realität. Deshalb müsse die Humanistische Psychologie in Theorie und Praxis eine breitere soziale und politische Matrix berücksichtigen und individuelle Entwicklung mit gesellschaftlichen Strukturen und sozialen Institutionen in Beziehung setzen. Diese Erweiterung der Perspektive auf den *politischen und sozialen Kontext* sei ein zentrales und kritisches Problem für die Weiterentwicklung der Humanistischen Psychologie und für ihre Rolle in einem Prozeß der sozialen Transformation (Shaw und Colimore 1988). In einer Diskussion des Zusammenhanges zwischen der Theorie der Selbstaktualisierung von Maslow und seinen Zielen der gesellschaftlichen Transformation wird kritisch festgestellt, daß Maslows angeblich progressive Psychologie eigentlich grundlegende Merkmale kapitalistischer Gedanken enthält und die konservative Bestätigung von Überzeugungen und Praktiken einer marktorientierten Gesellschaft darstellt, die ökonomischen Individualismus und eine Laissez-faire-Sozialstruktur fördert (Shaw und Colimore 1988). Deshalb sei es auch nachvollziehbar, daß die Humanistische Psychologie entgegen den ursprünglichen Intentionen auch unerfreuliche politische Konsequenzen hat. Denn „die Rhetorik der individuellen Entwicklung und Selbstaktualisierung ist von der Regierung, von Industrie- und Organisations-Psychologen übernommen worden [...] und ist in eine Ideologie verwandelt worden, die den Status quo aufrechterhält" (Buss 1979. S. 46*).

Ein zentrales Thema der kritischen Auseinandersetzung mit der Theorie der Selbstaktualisierung bezieht sich auf ihre Funktion zwischen menschlichem Bewußtsein und *biologisch-physiologischer Dynamik*. DANIELS (1988) argumentiert, daß die Theorie der Selbstaktualisierung die primäre Funktion hat, einen Mythos der menschlichen Entwicklung anzubieten, jedoch einen unwirksamen Mythos darstellt, da das Konzept der Selbstaktualisierung mit biologistischem Denken verbunden ist. WILSON (1988) argumentiert, daß die Theorie der Selbstaktualisierung Einsichten von Maslow und der Perspektive des Symbolischen Interaktionismus von Mead enthält. In diesem Sinne ist Selbstaktualisierung ein funktionelles Zusammenspiel von kognitiver Symbolisierung und somatischen Prozessen. Kognitive Symbolisierung ist gegenüber den somatischen Prozessen sekundär, ein Mittel, somatische Prozesse wahrzunehmen.

Eine Kontroverse über die Natur des Selbst und der Selbstaktualisierung, die ebenfalls die Bedeutung somatischer Vorgänge berührt, findet sich in den Beiträgen von Geller (1982, 1984) und Ginsburg (1984, 1996). GELLER (1982) kritisiert die Theorie der Selbstaktualisierung von Rogers und Maslow und argumentiert, daß beide Auffassungen inkorrekt sind und aufgegeben werden müßten. Rogers' Theorie wäre falsch, widersprüchlich und nicht praktikabel, während Maslows Theorie auf einer inadäquaten Anthropologie beruhe. Geller (1982) kritisiert an Rogers den ideologischen Charakter des Selbst und behauptet, daß dieses Selbst ein Mythos ist, der ein potentiell gefährlicher Mythos ist, wenn er in die Praxis umgesetzt wird, da die anthropologischen Annahmen von einem positiven Kern zweifelhaft seien. Die Entwicklung von Authentizität im menschlichen Wachstum, so meint er, ist ohne Selbstkritik und Selbstreflexion nicht möglich, denn ein bloßes „authentisch sein" führe nicht automatisch zu dem Guten und Gesollten, das die normative Theorie von Rogers mit einschließt. Geller sieht in der Auffassung von Rogers kein soziales Selbst, das von der Umwelt mit geformt wird. Somit sei dieses Selbst nicht empirisch erfahrbar, nicht allgemein gültig und kann daher auch nicht öffentlichen Prüfungsinstanzen unterliegen. Das Konzept der Selbstverwirklichung von Maslow kritisiert Geller als reduktionistisch, weil der Mensch nur von der Bedürfnishierarchie gelenkt wird und die Umwelt keinen formenden Einfluß auf das Selbst nimmt. Geller fehlt bei Maslows Konzept die kognitive und symbolische Komponente, wodurch die menschliche Natur eine grundsätzlich asoziale Komponente erhalte. Diese menschliche Natur würde letztlich auf eine genetische Charakteristik reduziert. Da beide Theorien selbst reduktionistisch und mit einem ideologischen Charakter behaftet wären, hätten sie nach Geller nur wenig für das Verständnis der menschlichen Existenz und Entwicklung in einer modernen Gesellschaft zu bieten.

GINSBURG (1984) sieht in der Kritik von Geller die Verwendung einer streng analytischen und mechanistischen Sichtweise, die den kritisierten Konzepten nicht gerecht würde. Gellers Kritik sei einem inadäquaten, linearen Denken verhaftet. Die Theorie der Selbstaktualisierung von Rogers und Maslow sei mißverstanden worden, da Rogers nicht annimmt, daß es einen abgrenzbaren inneren Kern ohne soziale Umwelt gibt. Rogers – und auch Maslow – geht von der individuellen Seite des Menschen aus, ohne jedoch soziale Aspekte zu vernachlässigen. Rogers integrierte in seine Theorie Erfahrungen als Psychotherapeut, denen Geller nicht zu folgen vermochte, und ihn dadurch teilweise mißverstand (Ginsburg 1984).

Inhaltlich stellt Ginsburg zur Argumentation von Geller fest, daß das Verständnis des Begriffes Selbst und Selbstaktualisierung in der Humanistischen Psychologie grundsätzlich ein somatisches Verständnis ist. Er meint, daß das Selbst sowohl als Potential vorhanden ist als auch durch die Auseinandersetzung des Organismus mit der Umwelt entwickelt wird. In der Auseinandersetzung des Organismus mit der Umgebung werden Aspekte des Selbst reflektiert und objektiviert. Das Selbst kann sich erst als Selbst erkennen, wenn es imstande ist, sich auf sich selbst zu beziehen, also sich selbst als Objekt zu sehen. Erst durch die Selbstobjektivierung, eine Funktion, die als Antwort des Organismus auf die Umwelt entsteht, wird das Selbst zum Selbst. Ginsburg verteidigt Rogers' und Maslows Ansatz vom somatischen und organismischen Selbst und versucht eine wissenschaftliche Fundierung dieses Ansatzes, indem er auf die Vorstellung von strukturbildenden Akten der Selbstunterscheidung im Sinne von MATURANA und VARELA (1980, 1987) zurückgreift. Die Auffassung vom Selbst nach Geller ist für Ginsburg nur ein Teil des Selbstbildes, das sich durch die Sprache entwickelt. Das Selbst entsteht erst durch Selbstobjektivierung und Selbstreflexion. In einem weiteren Beitrag zu dem Problem der Selbstaktualisierung bringt GINSBURG (1996) das Selbst mit der Dynamik von Identitäten in Zusammenhang. Identitäten sind Konstruktionen und Organisationen eines somatischen Kerns. Dieses Modell versucht die Beobachtung und Erfahrung zu berücksichtigen, daß Menschen verschiedene Facetten ihrer Persönlichkeit in unterschiedlichen Kontexten erleben, jedoch gleichzeitig eine unterschwellige Einheit der Person erkennen. Selbst-Identität ist ein gelernter Zustand der zugrundeliegenden somatischen Struktur, die zur Aufrechterhaltung ihrer Integrität und Einheit in einem Prozeß der Selbstorganisation steht. Verschiedene Identitäten oder verschiedene Facetten der Persönlichkeit haben keine Realität als eigene Entitäten, sondern sind funktionale (kontextbezogene) Organisationen und Neu-Organisationen einer somatischen Struktur.

Insgesamt kommen WILSON und OLCZAK (1991, S. 91) in einer
Bestandsaufnahme der Kritik an der Theorie der Selbstaktualisierung
zu dem Ergebnis, daß „dem Konstrukt der Selbstaktualisierung mit
einem beträchtlichen Widerstand begegnet wird. Die Natur des
nomologischen Netzwerkes, das das Konstrukt umgibt, wurde sowohl
in seinen theoretischen Aspekten als auch hinsichtlich seiner empirischen Stützung häufig entweder übersehen, mißverstanden oder
verdreht". MASLOW hat eine Polemik und Kritik dieser Art und den
Widerstand gegenüber der Idee einer menschlichen Selbstaktualisierung vorweggenommen. Er bezog sich in diesem Zusammenhang auf
den „Jonah-Komplex", als eine Angst, das Bestmögliche zu werden,
wozu wir befähigt sind, als Angst vor der eigenen Größe: „Wir unterdrücken nicht nur unsere gefährlichen, unangenehmen oder bedrohlichen Impulse, wir unterdrücken oft unsere besten und edelsten
Impulse" (Maslow 1996a, S. 48*).

Kritik und Kontroversen um die Bedeutung des Bösen und der menschlichen Destruktivität

Ein wichtiges Thema, das kritische Auseinandersetzung anzieht, be-
schäftigt sich mit den Fragen nach der menschlichen Destruktivität
oder umgekehrt nach dem positiven Kern der menschlichen Natur.
Da die Humanistische Psychologie in ihrem Problembewußtsein ein
Interesse für die psychische Gesundheit des Menschen und für ge-
glücktes Menschsein zeigte, war die Frage nach dem offensichtlich
Bösen, Kranken und Destruktiven stets eine kritische und delikate
Frage. Die Art, wie dieses Thema diskutiert wurde, zog eine Reihe von
Vorurteilen gegenüber der Humanistischen Psychologie nach sich,
deren verläßlichstes Merkmal war, daß sie schwer ausgeräumt werden
konnten. Die Hartnäckigkeit dieser Vorurteile gipfelte in der Kritik,
einem sozialen Romantizismus und einem anthropologischen Irrationalismus zu frönen.

ROGERS und MASLOW, jene Theoretiker der Humanistischen Psychologie, an denen die Kritik an einem unrealistischen, romantischen
und optimistischen Menschenbild festgemacht wurde, leugneten beide nicht das unermeßliche Ausmaß an realer menschlicher Destruktivität in vielen Bereichen. MASLOW (1975, 1981) betrachtete das Böse
und Destruktive im Menschen als eine „behandelbare Krankheit", als
eine nachvollziehbare Schwäche und Ignoranz, und als eine sekundä-

re, reaktive Konsequenz einer Frustration oder Bedrohung grundlegender menschlicher Bedürfnisse. Obwohl er menschliche Destruktivität nicht untrennbar mit der individuellen menschlichen Natur verbunden sieht, ist individuelle Destruktivität eine nicht zu vernachlässigende Größe gegenüber dem Gewicht schädlicher gesellschaftlich-kultureller Einflüsse. Er betont in diesem Zusammenhang dagegen das Zusammenspiel von Individuum und gesellschaftlichen Strukturen:

> Das Böse, das durch ein übles soziales System erzeugt wird, ist nicht dasselbe wie das Böse, das innerhalb der menschlichen Psyche liegt. Gute Menschen können in einer anti-synergetischen sozialen Ordnung – einer, die zu Egoismus ermuntert und gegenseitige Hilfe behindert – dazu gezwungen werden, böse Dinge zu tun. Umgekehrt können es Menschen, die persönlich überhaupt nicht gutherzig sind, als Vorteil empfinden, sich anständig zu verhalten, nur weil das soziale System synergetisch ist. Tatsächlich sind wir langfristig verpflichtet hinzuweisen, daß beide Aspekte gleichzeitig weiterentwickelt gehören. Das heißt, wir müßten den Charakter unserer Manager und Verwalter genauso verbessern wie [den Charakter] des größeren sozialen Systems selbst. Wir müssen besser eine Gesellschaft bilden, die anständiges Verhalten belohnt und Nachteile für jene schafft, die sich übel verhalten. Wir brauchen gute Menschen, um eine gute Gesellschaft zu bilden, und wird brauchen eine gute Gesellschaft, um gute Menschen hervorzubringen (Maslow 1996d, S. 149f.*).

Maslow betrachtete es als ungünstig und unangemessen, Destruktivität nicht wahrnehmen zu können oder zu verleugnen. Er warf den liberal denkenden Progressiven in einer kurzen Abhandlung mit dem Titel „Nichts Böses sehen, nichts Böses hören. Wenn Liberalismus versagt" (Maslow 1996e) vor, weder eine Theorie noch eine Wahrnehmungsfähigkeit für das Böse und für Machtbedürfnisse in anderen und ihnen selbst zu haben. Diese Stellungnahme zum Liberalismus der sechziger Jahre reflektierte damals eine kritische Haltung und würde heute vermutlich als neo-konservative Einstellung beurteilt werden, Maslow wandte sich jedoch gegen eine drastische Relativierung von moralischen Standards, die als moralische Waffe gegen institutionelle, staatliche Macht auch die Relativierung selbst von organisierter Kriminalität einschloß.

Eine Auseinandersetzung mit dem Problem des Bösen findet sich in einer Kontroverse zwischen ROGERS (1981, 1982) und MAY (1982),

zu der BAKAN (1982) und FRIEDMAN (1982) Kommentare hinzugefügt haben. Die Kontroverse nahm ihren Ausgang in einer Würdigung
von Rollo May durch Rogers, wobei er ihn offensichtlich mit folgendem Satz mißverständlich charakterisierte: „Er [May] sieht das Dämo-
nische als das grundlegende Element in der menschlichen Struktur"
(Rogers 1982, S. 237*). ROGERS setzte fort, um seine Auffassung gegenüber der von May abzugrenzen: „Obwohl ich mir des unglaubli-
chen Ausmaßes an destruktivem, grausamem und böswilligem Verhalten in der heutigen Welt bewußt bin – von den Bedrohungen des
Krieges bis zu der sinnlosen Gewalt in den Straßen –, finde ich selbst
nicht, daß dieses Böse der menschlichen Natur innewohnt" (ebd.,
S. 238*). Als Grundlage und Rechtfertigung dieser Auffassung stützte
er sich auf seine Erfahrungen als Psychotherapeut und stellte fest: „In
einem psychologischen Klima, das Wachstum und Wahlmöglichkeiten pflegt, habe ich niemals ein Individuum kennengelernt, das den
grausamen oder destruktiven Weg gewählt hätte. Die Wahl schien
immer in Richtung größerer Sozialisation und verbesserter Beziehungen mit anderen zu führen" (ebd.). Mit diesen Erfahrungen kommt er
(ebd.) zu einer Erklärung des Bösen und Destruktiven durch Gesellschaft und Kultur in der Feststellung,

daß es kulturelle Einflüsse sind, die den Hauptfaktor in unserem bösen
Verhalten ausmachen. Die grobe Art der Geburt, die zweifelhaften
Erfahrungen des Kindes mit den Eltern, der einschränkende und
destruktive Einfluß unseres Erziehungssystems, die Ungerechtigkeit in
unserer Verteilung von Reichtum, unsere kultivierten Vorurteile gegenüber
Individuen, die anders sind – all diese Elemente und viele andere
verbiegen den menschlichen Organismus in Richtungen, die anti-sozial
sind [...] Das Leben des Individuums wird teilweise auch verändert durch
seine Entscheidungen und, wie wir leicht beobachten können, können
diese Entscheidungen in eine Richtung gehen, daß anderen oder einem
selbst Schmerz zugefügt wird.

Destruktives Verhalten des Menschen ist das Ergebnis *kulturell-gesell-
schaftlicher Einflüsse* und *individueller Entscheidungen*. Die Natur
des Menschen selbst wird dadurch nicht angegriffen, sie bleibt intakt,
denn Rogers (ebd.) stellte fest: „[...] ich sehe die Mitglieder der
menschlichen Spezies [...] als im wesentlichen konstruktiv in ihrer
grundlegenden Natur, aber durch ihre Erfahrungen beschädigt. [...]"

wenn wir ein Wachstum förderndes Klima zur Verfügung stellen, dann werden Entscheidungen ganz frei und spontan in eine sozial konstruktive Richtung gehen." Die Logik der *positiven Deutung der menschlichen Natur* begründet er damit: „Ich kann nicht sehen, wie das wahr sein könnte, wenn die menschliche Natur ein angeborenes böses Element enthielte" (ebd.). Die Tatsache einer aktuellen konstruktiven Entwicklung des Individuums unter wachstumsfördernden Bedingungen schließt für Rogers ein im Individuum verwurzeltes Potential zum Bösen aus, trotz der Aktualisierung destruktiven Verhaltens unter dem negativen Einfluß der Kultur und Gesellschaft und mit Beteiligung individueller Entscheidungen.

MAY reagierte mit einer Richtigstellung und einer weiteren Klärung seiner Position im Verhältnis zu der von Rogers. Für May ist die grundlegende Kraft im Menschen der Drang und das Verlangen, sich zu behaupten, sich selbst zu bestätigen, zu verewigen und zu erhöhen. Er sieht das Individuum als ein *Bündel von Potentialitäten*, das von diesem Drang bewegt wird, und das auch *Quelle für destruktive sowie konstruktive und kreative Impulse* ist. Wenn dieser grundlegende Drang in die Persönlichkeit integriert ist, dann resultiert daraus konstruktive Kreativität. Wenn er nicht integriert ist, dann beherrscht er die gesamte Persönlichkeit und destruktive Aktivität in vielfältigen Formen ist die Folge. Auch May sieht einen Beitrag der Kultur und Gesellschaft in der Vereitelung dieser Integration: Wenn etwa Heranwachsende „von ihren Eltern angeklagt werden, destruktiv zu sein, wenn sie wirklich nur versuchen, ihre eigene Unabhängigkeit zu entwickeln, ihre Selbstbehauptung und faktisch ihr eigenes Recht" (May 1982, S. 240*).

Er hält der starken Betonung der schädlichen gesellschaftlich-kulturellen Einflüsse in Rogers' Auffassung entgegen: „Aber wer strukturiert die Kultur, wenn nicht Personen wie du und ich [...] wer ist verantwortlich für den destruktiven Einfluß und die Ungerechtigkeit, wenn nicht du und ich und Menschen wie wir. Die Kultur ist nicht etwas, das schicksalhaft entsteht und uns aufgedrängt wird" (ebd., S. 241*). Individuum und Kultur stehen in einer unvermeidlichen Interakton. Und: „[...] die Kultur ist ein großer Segen und eine Quelle des Bösen" (ebd.). Genauso wie sich individuelle Aktivitäten unvermeidlich in gesellschaftlich-kulturellen Strukturen und Ergebnissen ausdrücken, ist das Individuum unvermeidlich Objekt dieser gesellschaftlicher Beeinflussung und Strukturen. Deshalb hält May bei der

Beschäftigung mit menschlicher Destruktivität jede Einseitigkeit und jedes lineare Denken für unangemessen und schlägt vor, „daß das Böse in unserer Kultur auch die Widerspiegelung des Bösen in uns selbst ist und umgekehrt" (ebd.).

Der Optimismus von Rogers bezüglich der Möglichkeit menschlicher Entwicklung stimme nicht mit den Tatsachen nuklearer Bedrohung, hoher Selbstmordraten und ähnlichem zusammen. Er ist auch nicht vereinbar mit Erkenntnissen der Psychologie, die dem Menschen eine große Fähigkeit zur Destruktivität unter bestimmten (experimentellen) Bedingungen bestätigen (z. B. das Milgram-Experiment). Auch wenn die Kultur machtvolle Wirkung auf das Individuum hat, so könnte sie diese Wirkungen nicht haben, „wären diese Tendenzen nicht bereits in uns, denn wir schaffen die Kultur. Wenn wir unsere Tendenzen zum Bösen auf die Kultur projizieren [...], wird das Böse zum Fehler der Kultur, nicht unserer. Dann erfahren wir nicht den Hieb auf unseren Narzißmus, den das In-Besitz-Nehmen des uns eigenen Bösen nach sich ziehen würde" (ebd., S. 244*). May bezeichnet die Auffassung von Rogers als „teuflisch unschuldig" (in Verwendung eines Ausdrucks des Gruppendynamikers Bennis), weil es ein verführerisches und verlockendes Bild des Menschen und der menschlichen Entwicklungsmöglichkeiten zeichnet, das viele gerne zu glauben bereit sind. Es verführe zur Kritiklosigkeit und enthält das von Menschen gerne entgegengenommene Versprechen, daß „alles wieder gut wird", eine Hoffnung, die im gesellschaftlich-politischen Kontext gefährlich ist, weil sie „den Nerv sozialer Aktivitäten durchschneidet. Eine Gefahr ist [...], daß Menschen hypnotisch verführt durch rosige Voraussagen der Zukunft folgern werden, daß von ihnen keine Anstrengung erforderlich ist, sie sich zurücksetzen und nichts tun werden. Das [...] ist für das Böse der rascheste Weg zum Triumph" (ebd., S. 247*). Das größte Hindernis für die Auseinandersetzung mit dem Bösen sei der Umstand, daß es eine Verletzung des menschlichen Narzißmus bedeutet, wenn er das Böse als unvermeidlichen Teil seines Menschseins zur Kenntnis nimmt. Die *Integration der Möglichkeit zur Destruktivität* in das Selbstverständnis des Menschen konfrontiert ihn auch mit der tragischen Dimension menschlicher Existenz. Diese Seite würden Menschen gerne vermeiden, indem sie sich lieber als nette, erfolgreiche und kultivierte Bürger darstellen oder es gerne sehen, wenn sie so dargestellt werden. In dieser Dynamik sei auch die Quelle für die Verführbarkeit des Menschen durch Optimismus und Idealisierung zu suchen.

MAY tritt daher für eine realistische Auseinandersetzung mit dem Bösen und Destruktiven ein, ohne daß er der extremen Auffassung verfällt, daß die Menschen zum Verderben verdammt sind. Die Fähigkeit, autonome und freie Entscheidungen zu treffen, wie sie auch Rogers betonte, ermögliche es dem Menschen, Verantwortung für die destruktiven und bösen Seiten des Menschseins zu übernehmen:

Diese Fähigkeit [zur Freiheit und autonomen Wahl] fügt eine zusätzliche Verantwortlichkeit hinzu, nämlich die damit verbundene Angst, die unsichere und begrenzte Natur dieser Freiheit und die Tatsache realistisch zu bejahen, daß unser Glaube an das menschliche Wesen sich zum Besten gestalten wird, wenn das Individuum die Welt mit all ihren inneren und äußeren Grausamkeiten, Fehlschlägen und Tragik sehen kann (ebd., S. 249*).

Insgesamt streicht May hervor, daß das Vermeiden der differenzierten Auseinandersetzung mit dem Bösen einen tiefen, aber ungünstigen Einfluß auf die Humanistische Psychologie hatte: „Ich glaube, es ist der bedeutendste Fehler in der humanistischen Bewegung" (ebd.). Dieser Fehler hätte sich besonders bei jenen vielen Anhängern und Sympathisanten der Humanistischen Psychologie ausgewirkt, die die Humanistische Psychologie in eine Ideologie verwandeln konnten, als Vertreter einer „Kultur des Narzißmus" (Lasch 1979) in Erscheinung getreten sind, eine Kultivierung ihrer eigenen blinden Flecken und eine *sektiererische Selbstidealisierung* betrieben haben: „Einige Leute, die der humanistischen Bewegung beitreten und sie führen, tun dies, um einen Himmel zu finden, einen Hafen im Sturm, eine Gemeinschaft von gleichgesinnten Personen, die sich gegenüber dem Bösen gleichermaßen dumm stellen" (May 1982, S. 249*).

Die harte Kritik von May an führenden Figuren, Anhängern und Mitläufern einer humanistischen Bewegung trifft in ihrer Schärfe zu Recht manche Erscheinungen und Entwicklungen, die bis heute noch nachwirken. Kommentatoren der jüngeren Geschichte der Humanistischen Psychologie führten dies auf die schicksalhafte Verbindung von Humanistischer Psychologie und ausufernder Gegenkultur der sechziger und siebziger Jahre zurück (M. B. Smith 1982, 1986, 1990), die nicht voraussagbar war und nicht in der ursprünglichen Absicht ihrer Initiatoren lag, die allerdings teilweise ihre Nutznießer waren.

ROGERS (1982) machte in seiner Replik auf ein implizites Problembewußtsein von May aufmerksam: May „schien sich niemals darum zu kümmern, ob die bösen Impulse im Menschen genetisch und
angeboren sind oder ob sie nach der Geburt erworben wurden"
(Rogers 1982, S. 86*). Für May schienen sie einfach vorhanden zu
sein, für Rogers machte dies offensichtlich einen Unterschied, ob sie
angeboren sind oder nicht. Er verwies auf die Tendenz zur Aktualisierung, die auf Erfüllung einer inneren Natur strebt. Rogers greift wieder auf seine Erfahrungen als Psychotherapeut zurück und meint, daß
er nicht genauso, wie er auf die Erfüllung einer positiven Natur zählen
könnte, auf die Erfüllung einer bösartigen Natur zählen könnte.
Rogers gesteht allerdings zu, daß er nicht jedes bösartige Verhalten
ausreichend verstehe. Tiere würden normalerweise töten, aber nur in
dem Interesse, sich selbst zu aktualisieren (Rogers 1982). Rogers gibt
damit zu erkennen, daß er den Begriff der Aktualisierungstendenz als
das zentrale Konzept seiner Motivations- und Entwicklungstheorie so
weit faßt, daß das Töten ein Ausdruck der Aktualisierung sein kann.
Rogers bekräftigt seine Auffassung, daß der Mensch die Fähigkeit zum
bösartigen Verhalten hat, schränkt jedoch ein: „Ob jemand diese
Impulse in Verhalten übersetzt, hängt [...] von zwei Elementen ab:
soziale Konditionierung und willentliche Entscheidung" (ebd.,
S. 87*). Rogers bringt schließlich diese Diskussion zu einem Ende,
indem er feststellt: „Es ist interessant, daß wir in unserer Entscheidung
darüber, was wir mit dem bösartigen Verhalten tun, bemerkenswert
ähnlich scheinen. Wir nehmen die beste Handlung, die wir sehen
können, um dem Bösen zu widerstehen, die Ursachen zu zerstören
und zu versuchen, die Menschen, die in einer verletzenden Weise
handeln, zu erreichen" (ebd., S. 88*).

BAKAN (1982) fügt der Auseinandersetzung zwischen May und
Rogers eine wichtige Facette hinzu, indem er auf das Zusammenspiel
von individuellen und strukturellen bzw. systemischen Faktoren hinweist: Oft sei es so, daß individuell neutrale oder moralisch einwand-
freie individuelle Handlungen in einer Art und Weise in ein System
inkorporiert werden, daß sie schließlich eine bösartige Wirkung produzieren. Das große Übel ist allerdings nicht bloß die Vergrößerung
oder Kumulation des kleinen individuellen Übels. Das Übel, das von
Systemen oder Institutionen ausgeht, kann vollständig unabhängig
sein vom Laster oder der Tugend jener Personen, die sie geschaffen
haben. Es liegt in der Natur von Systemen, daß sie einen Vorteil aus

individuellen Tugenden ziehen, während sie auf einer systemischen Ebene bösartige Effekte erzielen. Deshalb kommt er zu dem Schluß: „Die Frage, ob der Mensch natürlich gut oder böse ist, oder ob das menschliche Böse in unserem Wesen ist oder zufällig, oder ob es biologisch oder kulturell ist, kann kaum relevant sein in bezug auf den Barbarismus, der sich aus unserer kollektiven Existenz herleitet" (Bakan 1982, S. 92*).

FRIEDMAN (1982) zeigt in seinem Kommentar auf, daß Rogers über „gut" und „böse" in polaren Gegensätzen denkt, das Wesen des Menschen für Rogers uneingeschränkt positiv ist, und Feindseligkeit und Aggressivität ein sekundäres Produkt einer grundlegenden Frustration und nicht angeboren. Im Kontrast dazu enthält für May das potentiell Böse die Möglichkeit der Wandlung zum Guten, wenn es Gegenstand eines zwischenmenschlichen Dialogs und bewußter Entscheidung werden kann.

Das Problem menschlicher Destruktivität taucht auch in dem Dialog zwischen Buber und Rogers auf. BUBER macht Rogers auf eine Möglichkeit aufmerksam, die eine dritte Variante darstellt neben der Kontrolle des Menschen, weil er von Grunde auf böse ist, oder dem Zutrauen und der Gewährung von Freiheit, weil er grundsätzlich gut ist:

[…] wenn ich ihn [den Menschen] nun kennenlerne, wenn ich nun breiter und tiefer in seine Persönlichkeit eindringe als vorher, erkenne ich seine ganze Gegensätzlichkeit, und dann erkenne ich auch, wie das Schlechteste in ihm und das Beste in ihm voneinander abhängen, zueinander in Beziehung stehen […] Die Pole sind anfangs qualitativ ziemlich gleich stark. Ich glaube das nicht, wie wir im allgemeinen denken, daß „Gut" und „Böse" in der Seele eines Menschen einander gegenüberstehen. Es gibt immer wieder eine verschiedenartige Polarität, […] diese Gegensätzlichkeit entbehrt sehr oft jeder Richtung. Es ist ein chaotisches Stadium. Wir können helfen, Ordnung zu schaffen, der Sache eine Gestalt zu geben. Denn ich denke, daß das Gute […] immer nur eine Richtung ist, nicht eine Substanz (Rogers und Buber 1984, S. 67 f.).

Buber setzt mit seiner Vorstellung einer chaotischen, ungerichteten Polarität, die durch einen Prozeß der Selbstregulierung eine Richtung erhält, einen Kontrast zu Rogers' reduktionistischer Idee einer substantiell positiven, biologisch verankerten menschlichen Natur, die einen Drang zur Entfaltung beinhaltet.

Insgesamt scheint die optimistische Auffassung von Rogers eine weite Verbreitung innerhalb der Humanistischen Psychologie gefunden zu haben, die sich in Verbindung mit den ideologischen Exzessen der Gegenkultur zu irrationalen Sichtweisen wandelte. ROGERS versuchte nach seiner erfolgreichen akademischen Karriere als klinischer Psychologe, Psychotherapieforscher und Initiator einer eigenen Psychotherapierichtung die Implikationen seiner Therapierichtung für die philosophische Anthropologie fruchtbar zu machen. Seine Überlegungen sind in einschlägigen Kreisen auch umfassend rezipiert worden. Zumindest bezüglich der Frage nach der menschlichen Destruktivität blieb Rogers in seinen philosophisch-anthropologischen Reflexionen undifferenzierter, simplifizierender und unsystematischer als in der psychologischen Theoriebildung: In seinen persönlichkeitstheoretischen Überlegungen, die er noch in seiner Zeit als Forscher entwickelte, formuliert Rogers im Zusammenhang mit der Frage der menschlichen Destruktivität und deren Kontrolle die Vorstellung der „Rationalität des Organismus", die in einer „komplexen selbstregulierenden Tätigkeit" des Organismus besteht: Die einzige bestehende oder sich als notwendig erweisende Impulskontrolle wäre das natürliche *innere Abwägen* eines Bedürfnisses gegen das andere und die *Entdeckung* von Verhaltensweisen, die dem Vektor entsprechen, der der *Befriedigung aller Bedürfnisse* am nächsten kommt" (Rogers 1973a, S. 194; Hervorhebungen hinzugefügt). Diese Formulierung kommt der Vorstellung Bubers von einer selbstregulierenden Ausrichtung von noch ungerichteten inneren Polaritäten und Mays Vorstellung der kreativen Integration eines Bündels von Potentialitäten nahe. Die Wirkung von Abwehrmechanismen hindert nach Rogers den Menschen daran, sich an der Rationalität seines Organismus zu beteiligen, womit die Wahrscheinlichkeit der Erfahrung von Konflikt und destruktiver Aktivität steigt: „Die Erfahrung von extremer Befriedigung eines Bedürfnisses [...] dergestalt, daß dabei der Befriedigung anderer Bedürfnisse [...] Gewalt angetan wird – ein alltägliches Erlebnis für den defensiv organisierten Menschen" (ebd.).

MASLOW hat bald erkannt, daß das Problem der menschlichen Destruktivität in der Humanistischen Psychologie zu Mißverständnissen einlädt, und betont, daß die Humanistische Psychologie die Integration von Gut und Böse beinhalten muß. Er warnte vor dem Mißverständnis, daß dieser Ansatz nur das Gute in der menschlichen Natur sieht:

In dieser Hinsicht müssen wir unzweideutig eine humanistische Theorie des Bösen – des üblen Verhaltens – entwickeln, um die Humanistische Psychologie abzurunden, die sich mit unseren höheren Motiven beschäftigt. Wir verstehen das Böse anders, wenn wir das Gute verstehen; beide müssen begrifflich integriert werden. Wenn sie in dieser Art integriert sind, sind beide anders als sie vor dieser Integration waren. Ich möchte betonen, daß die Dritte-Kraft-Psychologie sicherlich auf die guten Möglichkeiten in der menschlichen Natur hingewiesen hat und darauf, daß dieser Ansatz notwendig war, um den den meisten religiösen Psychologien und der Psychoanalyse innewohnenden extremen Pessimismus auszugleichen. Aus diesen Gründen sind viele Menschen irrtümlicherweise zu der Annahme gelangt, daß die Humanistische Psychologie völlig optimistisch ist und sich nur mit den hervorragendsten Eigenschaften [des Menschen] beschäftigt. Aber natürlich ist diese Auffassung falsch. Unsere Betonung der Höhen der menschlichen Natur ergab sich einfach aus der Notwendigkeit, eine Lücke zu füllen und einen Über-Pessimismus zu korrigieren, der zu lange und zu mächtig regiert hatte (Maslow 1996d, S. 152*).

Wichtig im Zusammenhang mit der Diskussion menschlicher Destruktivität ist die Voraussetzung, daß Selbstverwirklichung ein kontinuierlicher Prozeß ist, der Offenheit gegenüber allen Erfahrungen und deren genaue Symbolisierung im Bewußtsein voraussetzt. Die Orientierung an dem eigenständigen Wertungsprozeß des Organismus und die Erfassung des Sinns und der Bedeutung, die in der Erfahrung impliziert sind, sind dabei wesentlich (Gendlin 1962, 1964, 1981). Es entsteht dabei ein offener kontinuierlicher Prozeß des Werdens, in dem Selbstbewußtheit wieder eine hervorragende Rolle spielt. Das Konzept der Aktualisierungstendenz in der Humanistischen Psychologie wird als Grundlage für Phänomene verwendet, die als Zustand des Fließens, des Vertrauens in eine vorwärtsgerichtete positive Kraft und in ein Vertrauen in positive Ergebnisse beschrieben werden.

Besonders die Eigenschaft des Positiven im Zusammenhang mit diesem Prozeß, sei es bezogen auf die Dynamik dieses Prozesses selbst oder auf Ergebnisse dieses Prozesses, macht Kritikern der Humanistischen Psychologie Schwierigkeiten. Denn in diesem Zusammenhang ist die Frage naheliegend, ob nicht destruktive Tendenzen und Potentiale ebenso nach Verwirklichung drängen, und woraus die Sicherheit kommt, daß nicht diese destruktiven Tendenzen die positiven

Tendenzen dominieren und sich durchsetzen. Die Antwort der Humanistischen Psychologie auf diese Kritik liegt in der Aufforderung, den theoretischen und empirischen Kontext dieser destruktiven Tendenzen bei gleichzeitiger Anerkennung ihrer Existenz und Wirksamkeit zu prüfen. Denn zerstörerische Tendenzen werden als Reaktion auf eine dehumanisierende Umgebung verstanden. Da diese schädlichen Bedingungen die Entwicklung des Individuums von der frühen Erfahrung familiärer Erziehung bis in berufliche und institutionalisierte Settings begleiten, ist Destruktivität ein ständig erfahrbares Phänomen, dessen selbstverständliche Existenz die naive Theorie einer grundlegenden menschlichen Dynamik nahelegt. Unter günstigen Bedingungen, etwa einer gelungenen therapeutischen Beziehung, erscheinen destruktive Reaktionen in einem breiteren Kontext. Entsprechend der Logik dieser Argumentationsfigur zur Destruktivität ergibt sich die Notwendigkeit der Schaffung eines günstigen sozialen Settings, das sowohl eine individuelle Aktualisierung als auch eine Veränderung von komplexeren Systemen und Institutionen beinhaltet.

Zusammenfassung und Ausblick

Die Entwicklung eines Paradigmas und einer Denkrichtung erfordert eine Darstellung in vielfältigen Kontexten und Perspektiven. Die Kontextverbundenheit der Humanistischen Psychologie aufzuzeigen ist ein Versuch, der Komplexität ihrer paradigmatischen Entwicklung gerecht zu werden. Denn ein Paradigma hat auch den Charakter eines komplexen Weltbildes. Der Begriff „Paradigma", den Kuhn (1977) in die historisch-soziologische Analyse von wissenschaftlichen Denkrichtungen und Schulen eingebracht hat, wird in einem sehr allgemeinen Sinn verwendet. Im Rahmen der Human- und Sozialwissenschaften muß er vorwiegend auf die Entwicklung eines Problembewußtseins bezogen werden. Mit ihren transdisziplinären und interdisziplinären Verwurzelungen hatte und hat die Humanistische Psychologie einen großen Einfluß auf Theorie und Praxis der Psychotherapie, auf die klinische Psychologie und die Pädagogik (hier speziell Schulpädagogik und Erwachsenenbildung). Sie wirkt auf die Forschung und Theoriebildung in den Sozialwissenschaften und in der Psychologie, obwohl sie als abgrenzbare und systematisierbare wissenschaftliche Richtung auf akademischem Boden aus verschiedenen Gründen eine eher untergeordnete Rolle spielte. Der humanistische Ansatz bildet in der Paradigmenvielfalt einen weiteren Schwerpunkt. Neben der Psychoanalyse und dem Behaviorismus versteht sie sich als „Dritte Kraft". Sie wurde generell als Renaissance des Humanismus in der Psychologie oder Erneuerung von Psychologie und Sozialwissenschaften im Geiste des Humanismus und Existentialismus bezeichnet.

Das Programm der Humanistischen Psychologie ist auf verschiedenen Ebenen angesiedelt. Die programmatischen Aussagen zur Humanistischen Psychologie waren Versuche, für den Menschen charakteristische Fähigkeiten als Grundlage für ein Programm, eine Aufgaben-

stellung einer Denk- und Forschungsrichtung zu beschreiben und ein
charakteristisches Profil zu formulieren. Der Schwerpunkt diese Pro-
fils liegt auf der erlebenden Person. Das Erleben ist Ausgangspunkt
beim Studium des Menschen. Damit ist ein charakteristisches Merkmal – die Erlebenszentrierung – benannt, die praktische und theoretische Implikationen besitzt. Theoretische Erklärungen wie auch
sichtbares Verhalten werden auf das Erleben bezogen. Ein weiterer
Akzent wird auf die spezifisch menschlichen Fähigkeiten zu wählen,
die Kreativität, Wertsetzung und Selbstverwirklichung gelegt. Hinsichtlich der wissenschaftlichen Forschung wird der Auswahl der Fragestellungen und Forschungsmethoden eine besondere Bedeutung
gegeben. Ein weiteres Kriterium ist die Aufrechterhaltung von Wert
und Würde des Menschen, die Entwicklung der jedem Menschen innewohnenden Kräfte und Fähigkeiten, der Entdeckung seines Selbst
in seiner Beziehung zu anderen Menschen und zu sozialen Gruppen.

Die Charakterisierung der Humanistischen Psychologie muß die
Bedeutungsvielfalt des Begriffes „humanistisch" beachten. Sie reicht
vom humanitär Menschlichen bis zur Betonung spezifisch menschlicher Eigenschaften. Am Ende des 20. Jahrhunderts teilt die Humanistische Psychologie ihr Schicksal mit anderen Denkrichtungen in den
Sozialwissenschaften, die im Zuge ihrer Weiterentwicklung durch vielfältige Differenzierungen und Einflüsse Einschränkungen an Eigenständigkeit und Homogenität hinnehmen mußten. Darüber hinaus
wurden die Grenzen der Humanistischen Psychologie von vornherein
für vielfältige Einflüsse offen gehalten. Die Abgrenzung zur New-Age-
Bewegung und zur Transpersonalen Psychologie wurde dadurch notwendig („Der programmatische Kontext").

Hinsichtlich ihrer Entstehung läßt sich die Humanistische Psychologie auf zwei charakteristische Motive zurückführen: Sie stellte sich
der orthodoxen behavioristischen Psychologie und der orthodoxen
Psychoanalyse kritisch gegenüber. Zur Abgrenzung von diesen wurde
die Erforschung des Gesunden im Gegensatz zum Pathologischen
(Abgrenzung zur orthodoxen Psychoanalyse) und des Schöpferischen
im Gegensatz zum mechanistisch Bedingbaren (Abgrenzung zum orthodoxen Behaviorismus) betont. Die Humanistische Psychologie
wollte ferner eine Wissenschaft vom Menschen etablieren, die ihn als
Ganzheit in den Mittelpunkt stellt. Die Humanistische Psychologie ist
eine breite Bewegung, die eine große Anzahl von Praktikern und Wissenschaftern umfaßt, die nicht immer von vornherein und explizit

unter dem Etikett „humanistisch" auftreten. Protagonisten in Europa
kommen vornehmlich aus dem Bereich der Psychiatrie, Psychologie
und aus den Sozialwissenschaften. Sie haben oder hatten ihre praktischen und intellektuellen Wurzeln teilweise in der Psychoanalyse mit
starkem gleichzeitigem Interesse für Phänomenologie und Existentialismus. Der amerikanische Strang dieser Bewegung entstand auf einer
eher pragmatischen und weniger philosophisch orientierten Basis. Als
Repräsentanten sind hier Carl Rogers, Abraham Maslow, Rollo May
und Arthur Combs, weiters Fritz Perls, Sidney Jourard und Eugene
Gendlin zu nennen. Der humanistische Ansatz verstand sich nicht als
strikter Gegensatz zu den vorhandenen Strömungen innerhalb der
Psychologie und der Sozialwissenschaften, sondern als deren Kontrastprogramm. Er wies weder wichtige Einsichten der Tiefenpsycho-
logien zurück noch die Beiträge der Behavioristen, sondern versuchte
das Problembewußtsein der modernen Sozialwissenschaften und Psychologie zu erweitern. Heute findet man neoanalytisches, adleriani-
sches und jungianisches Gedankengut ebenso wie Einflüsse aus der
Gestaltpsychologie, der Lewinschen Feldtheorie und den organismischen Persönlichkeitstheorien. Weiters sind Anregungen aus der exi-
stentialstischen Philosophie und Psychiatrie europäischer Prägung
und der Husserlschen Phänomenologie enthalten. Ein weiterer Einfluß ging von fernöstlichen Philosophien und der Gruppenbewegung
mit ihrer Körperorientierung aus. In den letzten Jahren wurde besonders die Systemtheorie beachtet. Es scheint daher angemessen zu sein,
die Entwicklung der Humanistischen Psychologie als einen Verdichtungsprozeß vielfältiger Einflüsse zu bezeichnen („Der ideengeschichtliche Kontext").

Die Geschichte der Humanistischen Psychologie muß im Kontext
der amerikanischen Kultur- und Geistesgeschichte, der politisch-ökonomischen Rahmenbedingungen und speziell der Entwicklung der
amerikanischen Psychologie gesehen werden. Die europäischen Einwanderer, die auf Grund der Naziherrschaft in Deutschland in die
USA kamen (das war ein guter Teil der europäischen Intelligenz),
bedeuteten einen wichtigen intellektuellen Input für die Entwicklung
der Humanistischen Psychologie. Die Rezeption und Weiterentwicklung ihrer Ideen erfolgte unter Einfluß des Pragmatismus. Die Institutionalisierung der Humanistischen Psychologie machte sie schließlich
zu einer leichter abgrenzbaren Bewegung in der amerikanischen Psychologie. Die Entwicklung der Humanistischen Psychologie fiel in der

Anfangsphase mit den Jugendprotesten der sechziger und siebziger Jahre zusammen, die sich gegen autoritäre Strukturen, gegen materiellen Überfluß, die Entfremdung des Menschen von der Natur, seiner Arbeit und seinen Mitmenschen wandte. Die Humanistische Psychologie erhielt durch die Jugendproteste nicht nur unterstützende politische Rahmenbedingungen, sondern auch das Image einer antiwissenschaftlichen Protestbewegung („Der amerikanische Kontext").

Europa und das europäische Geistesleben waren ein Faktor, der für die Entwicklung der Humanistischen Psychologie eine spezifische Rolle spielte. Insbesondere Phänomene wie Lebensphilosophie, Kulturkritik, revolutionäre Erkenntnisse und Perspektiven verschiedener Wissenschaften um die Jahrhundertwende, der geisteswissenschaftliche Einsatz in Psychologie und Pädagogik und die reformpädagogische Bewegung können hier in Zusammenhang gebracht werden. Dilthey stellte der zergliedernden, analysierenden, kausal erklärenden und naturwissenschaftlich experimentellen Psychologie eine beschreibende, deutende, verstehende Psychologie gegenüber. Ebenfalls als Gegenpol zur experimentellen Psychologie entwickelte sich die phänomenologische Psychologie, die die unmittelbare innere Erfahrung als Innenschau und Wesenschau methodisch einsetzte. Zu den zentralen Begriffen der geisteswissenschaftlichen Pädagogik gehören der Begriff der Intentionalität und der Begriff des Verstehens. Ein weiterer Einfluß, der von Europa ausging, war der Existentialismus (Kierkegaard, Nietzsche, Sartre, Buber, Heidegger), dessen Anliegen es war, die eigentliche (authentische) Existenz des Menschen aufzuzeigen, den Menschen in seiner existentielle Ausgangslage zu verstehen. Humanität im Sinne des Existentialismus betont die „radikale Eigengesetzlichkeit", die dem Menschen durch seine existentielle Situation (Endlichkeit, Angst, Freiheit und Verantwortung) zukommt („Der europäische Kontext").

Historisch und philosophisch betrachtet zeigte sich der Humanismus als ein immer wiederkehrender Anspruch. Der Begriff „humanistisch" ist deshalb in vielfacher Weise vorbelastet. In der geschichtlichen Betrachtung sind mehrere „Humanismen" unterscheidbar. Jeder Humanismus ist auch mit einem erzieherischen Anspruch, d. h. mit Vorstellungen über die Erneuerung des Menschen durch Bildung, aufgetreten. Historisch abgrenzbare „Humanismen" waren der Renaissance-Humanismus (1400 bis 1600) und der Neuhumanismus (Mitte des 18. Jahrhunderts bis 1830). Die Renaissance war das Zeitalter des Individualismus, der Wertschätzung der freien Einzelpersönlichkeit und Betonung des autonomen Denkens, frei von den theologischen Bindungen des Mittelalters. Die freie Auseinandersetzung mit der Antike, ohne Rücksicht auf theologische Voreinstellungen, wurde betont. Im Neuhumanismus strebte man die Verlebendigung des antiken Kulturbesitzes und des antiken Bildungsideals an. Griechische Sitte und Kultur wurden bevorzugt, und der Gedanke der Harmonie und die Entfaltung des edlen und ästhetischen Menschentums wurden betont. Der Blick auf den philosophischen und historischen Hintergrund zeigt deutlich Entwicklungen, Konzepte und Argumentationsfiguren, die sich in der Humanistischen Psychologie in abgewandelter Form wiederfinden. In der Entwicklungsoffenheit, Lebensfreude, in Autonomie und Individualismus zeigen sich Elemente, die im Renaissance-Humanismus eine Rolle spielten. Die gleichmäßige Entwicklung und das harmonische Zusammenspiel von Gefühl und Verstand („Gelassenheit") erinnert an die Motive des Neuhumanismus. Aus der Lebensphilosophie und der reformpädagogischen Bewegung kommen mit der Idee der Unversehrtheit des Subjekts, der Würde und des Eigenwerts des Subjekts Konzepte und Werte, die auch in der Humanistischen Psychologie beheimatet sind. Mit der Offenheit für existentielle Grundthemen wie etwa Freiheit, Liebe, Einsamkeit und Endlichkeit, mit der Vorstellung des authentischen Menschen, der sich als ständigen Entwurf zu begreifen hat, finden wir deutliche existentialistische Spuren. Der Anspruch des klassischen Humanismus allerdings, der in der Auseinandersetzung mit der antiken Sprache und Kultur einen bedeutsamen Faktor der Persönlichkeitsbildung sieht, wird in der Humanistischen Psychologie durch das psychologische Vehikel der Auseinandersetzung mit der eigenen Persönlichkeit abgelöst („Der historische Kontext").

Auf akademisch-wissenschaftlicher Ebene begann die Humanistische Psychologie als Gegenbewegung auf eine sinnentleerte Wissenschaft. Sie wandte sich gegen eine rigide Anwendung eines naturwissenschaftlich orientierten Forschungsmodells für das Studium des menschlichen Erlebens und Verhaltens und versucht, es durch die Entwicklung von neuen Forschungsmodellen zu ergänzen. Das Ziel bei der Entwicklung dieser neuen Forschungsansätze liegt in der Schaffung von Wissen und Einsichten über jene Phänomene und Phänomenebenen, die von einer naturwissenschaftlich orientierten Forschung schwer erreicht werden können. Dabei wird die Produktivität eines naturwissenschaftlich orientierten Forschungsparadigmas nicht in Frage gestellt, sondern seine rigide und unreflektierte Anwendung und die Beschränkung des Forschungsinteresses durch die Ausschließlichkeit seiner Anwendung. Ein wichtiges Prinzip der Humanistischen Psychologie ist die Methodentoleranz und die reflektierte Relativität jeglicher Erkenntnisse. Die Begründer der Humanistischen Psychologie versuchten die empirisch-experimentelle Forschung zu erweitern. Von humanistischen Autoren werden verschiedene Ansätze verwendet, die menschliche Subjektivität in der psychologischen Forschung zu berücksichtigen. Die amerikanische Humanistische Psychologie versucht eine Integration empirisch-experimenteller, naturalistisch-qualitativer und interpretativer Forschung und gerät mit diesem Selbstverständnis der Offenheit in ein unvermeidliches Methodenproblem. Ein charakteristischer Anspruch der Humanistischen Psychologie liegt darin, Erkenntnisse und Forschungsergebnisse auf das direkte und unmittelbare Erleben zurückführen zu können. Insgesamt spielt die Humanistische Psychologie in der akademischen Lehre und Forschung innerhalb der amerikanischen Psychologie eine eher untergeordnete Rolle („Der methodologische Kontext").

Vor dem Hintergrund einer Vielfalt an Interessen, Methoden und Schwerpunkten existieren gemeinsame Perspektiven, die immer wiederkehren und die Dynamik und Produktivität eines humanistischen Paradigmas bestimmen. Die Beschreibung von zentralen Themen der Humanistischen Psychologie umreißt die Schwerpunkte der paradigmatischen Diskussion. Durch ihre Offenheit ist die Humanistische Psychologie weniger durch ihre Abgrenzungen als durch ihre Schwerpunktsetzungen zu erkennen. Diese paradigmatischen Grundthemen sind jene Kristallisationspunkte, um die sich Theorien, Argumentationsfiguren, Kontroversen und Forschungsfragen bilden.

Phänomenologie und Erleben thematisiert die phänomenologische Perspektive als Grundlage der theoretischen und praktischen Arbeit. Die amerikanische Phänomenologie entwickelte eine erfahrungsorientierte Version für die Untersuchung menschlichen Erlebens. Ein weiteres Thema der Humanistischen Psychologie bezieht sich auf eine Aktualisierungstendenz, die bei allen lebenden Organismen angenommen wird. Bezogen auf den menschlichen Organismus zeigt sie sich als Tendenz zur Selbstverwirklichung oder Selbstaktualisierung. Die Struktur der Persönlichkeit ist ein weiteres thematisches Interesse der Humanistischen Psychologie. Zentrale Begriffe sind

Organismus, Bewußtsein und Selbst. Mit dieser Thematik tritt die Humanistische Psychologie in die kritische Diskussion der traditionellen Gegenüberstellung von Geist und Körper. Unterschiedliche Formen des Zusammenspiels von Organismus, Bewußtsein und Selbst sind Grundlage von Phänomenen psychischer Gesundheit oder Krankheit. Die Humanistische Psychologie thematisiert weiters die Bedeutung der zwischenmenschlichen Beziehung für die Persönlichkeitsentwicklung des Menschen. Die Diskussion, Theoriebildung und Forschung richtet sich auf die Qualität dieser Beziehung und ihre Konsequenzen für Lernvorgänge und die Entwicklung der Persönlichkeit. Eine Reihe von Autoren beziehen sich auf das Thema der Authentizität, das in einer unmittelbaren Beziehung zur psychischen Gesundheit gesehen wird. Es impliziert nicht Anpassung an bestehende Normen oder ein bequemes Funktionieren innerhalb bestehender Erwartungen und Gruppennormen, sondern meint eine Anpassung innerhalb des Individuums, einen Prozeß der Integration und Individuation, der auch dazu führen kann, Normen und Standards der Gesellschaft abzulehnen oder zu korrigieren. Keine andere Richtung der Psychologie hat das Problem der Authentizität mit dieser Prägnanz aufgegriffen.

Das Thema der Selbsttranszendenz bezieht sich auf Bedürfnisse und Interessen, die die individuelle Existenz übersteigen. Selbsttranszendenz wird als Möglichkeit der Aufhebung der Isolierung der individuellen Existenz durch Beziehungen vielfältiger Art interpretiert. Transzendenz richtet sich besonders auf philosophische, moralische und religiöse Fragen, auf das Bedürfnis, zu wissen und einen Sinn in der menschlichen Existenz zu finden. Bedürfnisse nach Selbsttranszendenz (ästhetische Wahrnehmung, kreative Momente, intellektuelle Einsicht, Momente ekstatischen Ausdrucks, sexuelle Erfüllung oder bestimmte Formen athletischer Körperbeherrschung etc.) werden als ebenso wesentlich für die Lebensqualität des Menschen angesehen wie Bedürfnisse nach sozialen Beziehungen, Aufmerksamkeit, Liebe oder Nahrungsaufnahme. Maslow (1973) schreibt den Gipfelerfahrungen die Qualität der Selbsttranszendenz zu, wie etwa mystischen Erfahrungen, Momenten der Naturerfahrung. Ein weiterer Aspekt der Selbsttranszendenz liegt in der Überwindung des aktuellen individuellen So-Seins, der Veränderung des bestehenden Zustandes. Ein weiteres paradigmatisches Grundthema bildet der Begriff der Selbstbestimmung. Der humanistische Ansatz geht davon aus, daß psychologische Freiheit oder die Fähigkeit zur Selbstbestimmung eng mit dem Ausmaß der Selbstbewußtheit verbunden ist. Freiheit erfordert die Bewußtheit von allen relevanten Daten der Erfahrung. Autonomie ist immer eine Funktion der freien Auseinandersetzung des Individuums mit seinen eigenen Werten. Die Ausübung der Selbstbestimmung ist an ein Wertesystem gebunden, das ein konstitutives Attribut der Lebensprozesse darstellt („Der thematische Kontext").

Die Bedeutung einer Denkrichtung zeigt sich auch in der Kritik an ihr. Die Humanistische Psychologie ist mit vielfältiger Kritik bedacht worden, die aus unterschiedlichen Perspektiven, oft auch mit widersprüchlichen Standpunkten vorgetragen wurde. Die Kritik an der Humanistischen Psychologie wurde oft als Kritik an den Slogans der Gegenkultur und der Human-potential-Bewegung vorgetragen. Die Kontroverse um den Begriff der Selbstaktualisierung und das Problem der menschlichen Destruktivität berührt zentrale Fragen der Humanistischen Psychologie („Der kritische Kontext").

Weitere Entwicklung der Humanistischen Psychologie und offene Fragen

Für die weitere Entwicklung der Humanistischen Psychologie ist die Auseinandersetzung mit einer Reihe von Aufgaben erforderlich. Von Fortschritten in der Lösung dieser Aufgaben wird vermutlich die Weiterentwicklung der Humanistischen Psychologie abhängig sein. Die Auflistung dieser Aufgaben gibt auch Aufschluß über die Entwicklung des Problembewußtseins innerhalb der Humanistischen Psychologie. Farson (1978) nennt folgende Aufgaben:

1. Die Entwicklung von non-linearen Theorien, um komplexe und paradoxe Phänomene adäquater untersuchen zu können. Non-lineare Methodologien könnten angemessenere Lösungen bei der Untersuchung komplexer sozialer Fragen (Frieden, Kriminalität etc.) bringen.

2. Das Praktizieren einer naturalistischen Beobachtung. Farson beklagt, daß die Psychologie direkt vom Schreibtisch in das experimentelle Laboratorium wechselte und den wichtigen Schritt der naturalistischen Beobachtung (in natürlichen Situationen) weitgehend übersprungen hat, der in anderen Wissenschaften und insbesondere auch in den Naturwissenschaften als notwendig gesehen wurde.

3. Die Förderung von Erleben und Verhalten höherer Ordnung. Die Frage nach den Bedingungen und dem sozialen Design für die Weiterentwicklung der kognitiven, emotionalen und sozialen Funktionsfähigkeit des Menschen; Farson betont die Wichtigkeit, das Wissen und die „Weisheit" von gesellschaftlich diskriminierten Gruppen einzubeziehen (Kinder, Frauen, alte Menschen und ethnische Gruppen).

4. Die Untersuchung der Effekte humanistischer Technologien. Die Wirkungen und Nebenwirkungen der humanistischen Verfahren in der Praxis müssen auch unter dem Gesichtspunkt der iatrogenen Effekte betrachtet werden. Weiters sollten die sozialen und politischen Implikationen humanistischer Innovationen beachtet werden.

5. Die Auseinandersetzung mit aktuellen sozialen Bewegungen. Die theoretische Aufarbeitung und Unterstützung von neuen sozialen Bewegungen sei eine vernachlässigte Aufgabe innerhalb der Humanistischen Psychologie (z. B. Frauenbewegung).

6. Die Untersuchung komplexer sozialer Phänomene. Fortschritte erhofft sich Farson, wenn das Individuum stärker in seinem sozialen Kontext erforscht wird. Prozeß, Kontext und Beziehung erscheinen adäquatere Untersuchungseinheiten als Person, Charakter und Typologien.

7. Die Aufklärung über implizite Theorien der Persönlichkeit und sozialer Beziehungen. Diese Aufklärungsfunktion war eines der ursprünglichen Anliegen der Humanistischen Psychologie und sollte weiter gepflegt werden.

8. Auseinandersetzung mit psychologischen Aspekten der Forschung. Besonders betont wird die Frage, wie Überzeugungen, Modelle und Erwartungen den Forschungsprozeß beeinflussen. Fortschritte in diesen Fragen ermöglicht ein besseres Verständnis des Umstandes, daß in den Sozialwissenschaften der Mensch Subjekt wie Objekt der Forschung ist.

Polkinghorne (1992) zählt einige Aufgaben der Humanistischen Psychologie auf, die sich auf Forschungsprogramme und die Entwicklung der Methodologie beziehen:

1. Die Entwicklung von Beispielen und Kriterien, die die höchsten Leistungen in der humanistischen Forschung repräsentieren (standards of excellence). Beispiele sind als Orientierung von forschen-

den Studenten unerläßlich. „Ideale" Forschungsarbeiten haben in der Regel den Effekt, daß sie das allgemeine Forschungsniveau heben.

2. Die Erforschung der Beziehung zwischen theoretischem Wissen, das durch systematische Forschung erzeugt wurde, und dem praktischen Wissen, das durch praktische Erfahrungen entstand, ist ein vernachlässigter Aspekt. Akademische Forschung erwartet in der Regel, daß ihre Ergebnisse in der Praxis angewandt werden. Der Praktiker entwickelt jedoch eine eigene Art von Wissen, das mit den Ergebnissen der akademischen Forschung oft nicht vereinbar erscheint. Die Anerkennung dieser beiden Wissenstypen würde eine Entspannung in der Beziehung von Theorie, Forschung und Praxis bringen.

3. Die Einbeziehung der psychoanalytischen Methode als Forschungsinstrument. Die psychoanalytische Methode als Forschungsprozedur wird als vereinbar mit humanistischen Forschungsprinzipien gesehen. Psychoanalytische und phänomenologische Forschung scheinen einige methodologische Fundamente zu teilen (vgl. Wertz 1987).

4. Die Entwicklung von Beurteilungsmethoden für die Entscheidungsfindung in Situationen der Unsicherheit und Mehrdeutigkeit ist eine vordringliche Aufgabe in einer Situation, deren Komplexität deutlich bewußt ist. Eine wichtige Frage lautet: Gibt es Entscheidungsmethoden unter der Bedingung eingeschränkter Informationen und fehlender Daten, die über das bloße Raten hinausgehen?

Das Szenario für das Problembewußtsein, das in diesen Aufgaben zum Ausdruck kommt, hat sich seit den Anfängen der Humanistischen Psychologie entscheidend geändert. Die Situation, die der Humanistischen Psychologie ursprünglich als Zielscheibe ihrer Kritik und ihres Protestes diente, hat sich verändert und ist vielfältiger geworden. Es ist Platz für alternative Perspektiven entstanden. Die Motive und Gründe für eine „Gegenposition" gegenüber etablierter Wissenschaft und Forschung haben sich geändert (M. B. Smith 1982). Die Entwicklung der Kognitiven Psychologie, der modernen Psychoanalyse, die weniger dogmatisch geworden ist, und die zunehmende interdisziplinäre Forschung, sind allgemeine Beispiele dafür. Slife und Williams (1997) greifen in einem im *American Psychologist* erschienenen Artikel die zunehmende fachliche Fragmentierung auf und fordern eine stärkere theoretische Grundlage für die amerikanische Psychologie. Sie kritisieren die anhaltende Theorielosigkeit und exzessive Methodenorientierung in der Forschung als Ergebnis einer Überinterpretation des logischen Positivismus – eine Kritik, die im Rahmen der Humanistischen Psychologie speziell von Maslow immer wieder vorgebracht wurde. Die Autoren verweisen auf akademische Ausbildungsprogramme, die traditionellerweise Theoriebildung favorisieren, und nennen als Beispiele einige Universitäten, deren einschlägige Institute in der Tradition der Humanistischen Psychologie stehen (Duquesne University, West Georgia State University).

Die Beziehung zwischen Humanistischer Psychologie und Psychoanalyse hat eine lange Tradition. In letzter Zeit werden immer wieder Beziehungen zwischen psychoanalytischen Neuerungen und der Humanistischen Psychologie aufgegriffen. Zahlreiche Vergleiche zwischen den Ideen von Rogers und Kohut, Maslow und Kohut oder der psychoanalytischen Selbstpsychologie mit der personenzentrierten Psychotherapie nach Rogers versuchten, Unterschiede und Gemeinsamkeiten zwischen diesen psychotherapeutischen Ansätzen zu formulieren (vgl. Emery 1987, Gladding und Yonce 1986, Kahn 1985, Pauchant und Dumas 1991, Peoples und Parlee 1991, Rogers 1986, Stolorow 1976, Tobin 1991). Die Bedeutung der Empathie in der Psychotherapie ist ebenfalls eine Thematik, die Vertreter der psychoanalytischen Selbstpsychologie und der Rogerianischen Psychotherapie gleichermaßen anzieht (Bohart 1991, Bohart und Greenberg 1997, Pawlowsky 1984, Shlien 1997, Stipsits und Pawlowsky 1989). Sass (1992) bezeichnete in einer kritischen Auseinandersetzung mit der psychoanalytischen Avantgarde die psychoanalytischen Ansätze von Schafer und Kohut als „humanistische Psychoanalyse". Sass unterstreicht als Merkmale dieser Ansätze ihre Erfahrungsnähe, die Betonung des Strebens nach einer selbstbestimmten Subjektivität und der aktiven Beteiligung des Subjekts an der Konstruktion seiner Welt und rückt sie in die Nähe einer existentialistisch-phänomenologischen Philosophie.

Der Pessimismus Giorgis, des schärfsten internen Kritikers der Humanistischen Psychologie, scheint sich nicht bestätigt zu haben. Giorgis (1981, S. 21*) Eindruck, „daß, wenn die Generation der Begründer der Humanistischen Psychologie einmal vorbei ist, es die Bewegung auch sein wird", hat sich nicht bewahrheitet. Es ist richtig, daß die Humanistische Psychologie innerhalb der speziellen Situation der amerikanischen akademischen Psychologie nicht jene Anerkennung gefunden hat, die sich Giorgi gewünscht hatte. Jedoch finden sich das Ideenpotential und methodologische Trends, die innerhalb eines humanistischen Paradigmas entwickelt wurden, in vielfältiger Weise in den Sozialwissenschaften allgemein, in Psychologie und Erziehungswissenschaften im besonderen wieder. Der Einfluß des humanistischen Paradigmas zeigt sich in der klinischen und pädagogischen Praxis explizit. In der akademischen Forschung und Theoriebildung entwickelte sich der Einfluß des humanistischen Paradigmas implizit und quasi „inkognito". Durch die Entwicklung der Sozial- und Humanwissenschaften in den letzten Jahrzehnten in Richtung verstärkter Inter- und Transdisziplinarität und stärkeren Interesses an komplexen Fragestellungen ist der Humanistischen Psychologie ein ursprüngliches Motiv ihrer Weiterentwicklung weitgehend entzogen worden: das Protestmotiv, das die Humanistische Psychologie über weite Strecken leitete, hat seine Kraft verloren. Es wurde in der Geschichte der Humanistischen Psychologie bereits mehrfach darauf hingewiesen, daß es eine drastische Einengung bedeutete, wenn sich die Humanistische Psychologie in Opposition zur traditionellen amerikanischen Universitätspsychologie zu entwickeln versuchte (vgl. Rogers 1965, Giorgi 1981).

Die Bedeutung der Humanistischen Psychologie als interdisziplinäre Denkrichtung wird vermutlich davon abhängen, inwieweit es ihr gelingt, eine Reihe von „intrinsischen, intellektuellen oder theoretischen Durchbrüchen, die notwendig sind, um das Interesse über Generationen aufrechtzuerhalten", zu liefern (Giorgi 1981, S. 21*). Solche theoretischen Durchbrüche müssen jedoch auch Fragebereiche berühren, die eine Weiterentwicklung des Problembewußtseins innerhalb einer Denkrichtung selbst sowie eine transdisziplinäre Bedeutung haben. Die Fruchtbarkeit eines Paradigmas zeigt sich auch in den Fortschritten in ihren Schlüsselproblemen. Schlüsselprobleme haben ein besonderes Gewicht durch ihre vielfältigen Beziehungen zu anderen Fragen einer Denkrichtung. Ihre Funktion als Schlüsselprobleme erhalten sie jedoch auch durch ihren Bezug zu generellen Fragen der Forschung und zu anstehenden Problemen anderer Denkrichtungen und Fachbereiche. Hier lassen sich einige zentrale Fragen identifizieren: das Problem der Ganzheit, das Problem der Potentialität, das Problem der Integration wissenschaftlicher Methoden und das Problem der Beziehung von Theorie und Praxis, die ein beständiges Anliegen der Humanistischen Psychologie sind.

Das Problem der Ganzheit
Die Frage des Verhältnisses von Teilen zum Ganzen ist nicht nur eine alte Frage in Philosophie und Wissenschaft. Sie stand von Anfang an als Anspruch der Humanistischen Psychologie an vorderster Stelle. Das Interesse der ganzheitlichen Erfassung des Menschen ist ein fester und ständiger Bestandteil des Problembewußtseins der Humanistischen Psychologie. Im Grunde handelt es sich hierbei um einen Aspekt, der auch andere Denkrichtungen und die Wissenschaft im allgemeinen interessiert: die Frage der Erfassung, des Verständnisses und der Bewältigung von Komplexität. Durch die Berücksichtigung der systemtheoretischen Sichtweise hat das Problem der Ganzheit neue Wendungen erhalten.

Das Problem des menschlichen Potentials
Auch die Frage nach den Entwicklungsmöglichkeiten des Menschen reicht tief in philosophische Traditionen hinein und berührt viele andere Forschungsrichtungen (etwa die Genforschung als aktuelles Beispiel). Die Humanistische Psychologie hat mit den Begriffen Aktualisierungstendenz und Selbstverwirklichung die Idee eines Entwicklungs- und Formprinzips betont, das teleologische Momente, die Spannung zwischen Verborgenem und Aktuellem und zwischen Latentem und Manifestem aufgreift. Es steht in Beziehung zu Fragen wie nach der Motivation, der psychischen Gesundheit und des optimalen Funktionierens, um nur einige zu nennen. Die Implikationen zu Forschungsgebieten wie der Pädagogik, Psychotherapie, Anthropologie sind vielfältig. Das Gewicht dieses Problems erklärt sich durch vielfältige Berührungspunkte zum Problem der Plastizität des Menschen mit seiner unabwendbaren ethischen Dimension.

Das Problem der Integration wissenschaftlicher Methoden
Die Humanistische Psychologie verfolgte von Beginn an ein antireduktionistisches Programm. Die Frage, ob es möglich ist, der Perspektivität und Einseitigkeit auch mit den als ganzheitlich bezeichneten Methoden zu entkommen und die wesentlichen Erkenntniskräfte des Menschen methodisch zu konzentrieren, war mit diesem Programm verbunden. Das Bewußtsein, mit Fortschritten in dieser Frage die methodischen Möglichkeiten der Wissenschaften tatsächlich zu verändern, hat sich allmählich entwickelt. Der Versuch der Integration verschiedener wissenschaftlicher Methoden entspricht dem allgemeinen Anliegen der Wissenschaften nach Vervollständigung des Wissens.

Das Problem der Beziehung von Theorie und Praxis
Die Skepsis der Humanistischen Psychologie gegenüber Technologien, insbesondere im zwischenmenschlichen Bereich, war trotz einer
gewissen Technologieanfälligkeit ein Teil ihres Problembewußtseins
von Anfang an. Damit ist die komplexe Beziehung von Theorie und
Praxis berührt. Die traditionellen Lösungen des Theorie-Praxis-Pro-
blems im Sinne einer linearen Technologie scheinen besonders in
psychosozialen und pädagogischen Bereichen begrenzt. Fortschritte
in dieser Frage müssen komplexe Zusammenhänge in der Anwendung von Theorien, bei theoriegeleiteten Reformen berücksichtigen
und erfordern vertiefende Untersuchungen. Der Beitrag der Humanistischen Psychologie zum Relevanzproblem der Sozialwissenschaften
liegt besonders in dem Hinweis auf die nicht determinierbaren Zonen
der Praxis: Unsicherheit bezüglich Randbedingungen, Einzigartigkeit
der Anwendungssituation, Wertkonflikte und unterschwellige Selbstregulierung von komplexen Handlungen (tacit knowledge) machen
die Idee einer linearen Technologie obsolet (vgl. Polanyi 1962, 1985;
Schön 1983, 1987).

Vermutlich hängt die weitere Entwicklung der Humanistischen Psychologie und ihrer Bedeutung aus der Sicht anderer von Fortschritten
in diesen Schlüsselproblemen ab. Der gemeinsame Boden für die
Weiterentwicklung dieser Probleme liegt in einer fortwährenden
Kulturkritik. Denn eine kritische Urteilskraft, die mit Blick auf die
Plastizität und Entwicklungsfähigkeit des menschlichen Subjekts sich
beständig auf gesellschaftliche Strukturen und Werte, auf die Inhalte
von Theorien und Formen der Praxis richtet, mischt das Problembewußtsein mit neuen Ansprüchen auf. Ob sich Fortschritte in diesen
Schlüsselfragen in Zukunft in einer abgrenzbaren Denkrichtung oder
als allgemeiner Bestandteil eines sozialwissenschaftlichen Problembewußtseins zeigen, scheint dabei sekundär. Denn wie die Geschichte
des Humanismus in seinen vielfältigen Gestalten andeutet, lassen sich
humanistische Ansprüche kaum über lange Zeit in einem einzigen
Fach, in einer einzigen Denkrichtung oder in einer einzigen Bewegung konzentrieren und binden. Auch die Humanistische Psychologie als besondere Erscheinungsform des Humanismus scheint dieses
Schicksal zu teilen.

Literatur

Aanstoos, C. (1991) Studies in humanistic psychology. Carrollton, Ga.: West Georgia College.

Aanstoos, C. M. (1983) The think-aloud method in descriptive research. Journal of Phenomenological Psychology 14: 243–266.

Adler, H. (1994) The European influence on American psychology: 1892 and 1942. In: Adler, H. A., Rieber, R. W. (Hrsg.) Aspects of the history of psychology in America: 1892–1992. Washington: American Psychological Association.

Adorno, T. W. (1982) Studien zum autoritären Charakter. Frankfurt am Main: Suhrkamp.

Alapack, R. J. (1984) Adolescent first love. In: Aanstoos, C. M. (Hrsg.) Exploring the lived world: readings in phenomenological psychology (Studies in the Social Sciences). Carrollton, Ga.: West Georgia College.

Allport, G. W. (1937) Personality: a psychological interpretation. New York: Holt, Rinehart and Winston.

Allport, G. W. (1949) Persönlichkeit: Struktur, Entwicklung und Erfassung der menschlichen Eigenart. Stuttgart: Klett.

Allport, G. W. (1950) The nature of personality. Reading, Mass.: Addison-Wesley.

Allport, G. W. (1953) The psychological nature of personality. The Personalist 34: 347–357.

Allport, G. W. (1955) Becoming: basic consideration for a psychology of personality. New Haven: Yale University Press.

Allport, G. W. (1959) Werden der Persönlichkeit. Bern: Huber.

Allport, G. W. (1960) The open system in personality theory. Journal of Abnormal and Social Psychology 61: 301–310.

Allport, G. W. (1961a) Comment on earlier chapters. In: May, R. (Hrsg.) Existential psychology. New York: McGraw-Hill.

Allport, G. W. (1961b) Pattern and growth in personality. New York: Holt, Rinehart and Winston.

Allport, G. W. (1970) Gestalt und Wachstum in der Persönlichkeit. Meisenheim: Hain.

Allport, G. W. (1983) Werden der Persönlichkeit. Frankfurt am Main: Fischer.

Altrichter, H. (1984) Die Kunst zu lehren – und damit aufzuhören: zur Förderung bedeutungsvollen Lernens an der Hochschule. In: Arbeitsgemeinschaft Personenzentrierte Gesprächsführung (Hrsg.) Persönlichkeitsentwicklung durch Begegnung: das personenzentrierte Konzept in Psychotherapie, Wissenschaft und Erziehung. Wien: Deuticke.

Anderson, W. (1983) The upstart spring: Esalen and the American awakening. Reading, Mass.: Addison-Wesley.

Anderson, W. (1992) Esalen and the growth centers. The Humanistic Psychologist 20 (2–3): 404–406.

Angyal, A. (1941) Foundations for a science of personality. New York: The Commonwealth Fund.

Angyal, A. (1956) A theoretical model for personality studies. In: Moustaka, C. E. (Hrsg.) The self: explorations in personal growth. New York: Harper.

Ansbacher, H. L. (1971) Alfred Adler and humanistic psychology. Journal of Humanistic Psychology 11 (1): 53–63.

Argyris, C., Putnam, R., McLain Smith, D. (1985) Action science. San Francisco: Jossey-Bass.

Aron, A. (1977) Maslow's other child. Journal of Humanistic Psychology 17 (2): 9–24.

Arons, M. (Hrsg.) (1988) Directory: graduate programs in humanistic-transpersonal psychology in North America. Carrollton, Ga.: West Georgia College Psychology Department.

Arons, M. (1992) Creativity, humanistic psychology and the American zeitgeist. The Humanistic Psychologist 20 (2–3): 158–174.

Arons, M. (1996) Persönliche Mitteilung. Email-Mitteilung 8. November 1996. Subject: a story about Maslow. E-mail: marons@westga.edu.

Arons, M., Harari, C. (1992) Recollections and reflections: snippets from an oral history of humanistic psychology. The Humanistic Psychologist 20 (2–3): 189–201.

Aschenbach, G. (1984) Erklären und Verstehen in der Psychologie: zur methodischen Grundlegung einer Humanistischen Psychologie. Bad Honnef: Bock und Herchen.

Ashworth, P. D., Giorgi, A., de Koning, A. J. J. (Hrsg.) (1986) Qualitative research in psychology. Pittsburgh: Duquesne University Press.

Bach, G. R., Molter, H. (1979) Psychoboom: Wege und Abwege moderner Psychotherapie. Reinbek: Rowohlt.

Bakan, D. (1982) The evil as a collective phenomenon. Journal of Humanistic Psychology 22 (4): 91–92.

Balmer, H. (1976) Objektive Psychologie – Verstehende Psychologie: Perspektiven einer Kontroverse. In: Balmer, H. (Hrsg.) Psychologie des 20. Jahrhunderts, Bd. 1, Die Europäische Tradition: Tendenzen, Schulen, Entwicklungslinien. Kindler: Zürich.

Barclay, M. W. (1991) The return of the trauma theory: implications for hermeneutic psychotherapy. The Humanistic Psychologist 19 (2): 134–157.

Barrell, J. J. (Hrsg.) (1986) A science of human experience. Acton, Mass.: Copley Publishing Group.

Barrell, J. J., Price, D. D. (1975) The perception of first and second pain as a function of psychological set. Perception and Psychophysics 17 (2): 163–166.

Barrell, J. J., Price, D. D. (1977) Two experiential orientations toward a stressful situation and their related somatic and visceral responses. Psychophysiology 14 (6): 517–521.

Barrell, J. J., Sindlecker, S., Barrell, J. E. (1986) Test anxiety: an experiential study. In: Barrell, J. J. (Hrsg.) A science of human experience. Acton, Mass.: Copley Publishing Group.

Bayertz, K. (1980) Wissenschaft als historischer Prozeß: die antipositivistische Wende in der Wissenschaftstheorie. München: Fink.

Becker, P. (1982) Psychologie der seelischen Gesundheit, Bd. 1, Theorien, Modelle, Diagnostik. Göttingen: Hogrefe.

Becker, P., Minsel, B. (1986) Psychologie der seelischen Gesundheit, Bd. 2, persönlichkeitspsychologische Grundlagen, Bedingungsanalysen und Förderungsmöglichkeiten. Göttingen: Hogrefe.

Benetka, G. (1995) Psychologie in Wien: Sozial- und Theoriegeschichte des Wiener psychologischen Instituts 1922–1938. Wien: Wiener Universitätsverlag.

Benjamin, L. T., Dixon, D. N. (1996) Dream analysis by mail: an American woman seeks Freud's advice. American Psychologist 51 (5): 461–468.

Benne, K. T. (1972) Geschichte der Trainingsgruppe im Laboratorium. In: Bradford, L. T., Gibb, J. R., Benne, K. T. (Hrsg.) Gruppentraining: T-Gruppentheorie und Laboratoriumsmethode. Stuttgart: Klett.

Bennis, W. G. (1972) Entwicklungsmuster der T-Gruppe. In: Bradford, L. T., Gibb, J. R., Benne, K. T. (Hrsg.) Gruppentraining: T-Gruppentheorie und Laboratoriumsmethode. Stuttgart: Klett.

Bennis, W. G. (Hrsg.) (1976) The planning of change. New York: Holt, Rinehart and Winston.

Bergson, H. (1964) Materie und Gedächtnis und andere Schriften. Frankfurt am Main: Fischer.

Bergson, H. (1970) Schöpferische Entwicklung. Zürich: Coron.

Bergson, H. (1985) Denken und schöpferisches Werden: Aufsätze und Vorträge. Frankfurt am Main: Syndikat.

Berland, G. (1997) Persönliche Mitteilung. (Executive Director: Association for Humanistic Psychology), Email: GBerland@aol.com.

Bernard, C. (1865) Introduction à l'ètude de la medicine expèrimentale. Paris: Baillière.

Berne, E. (1970) Review of „Gestalt therapy verbatim". American Journal of Psychiatry 126 (19): 163–164.

Bertalanffy, L. V. (1968) General system theory. New York: Braziller.

Bhaskar, R. (1978) A realist theory of science. Sussex: Harvester Press.

Bhaskar, R. (1979) The possibility of naturalism. Atlantic Highlands, N. J.: Humanities Press.

Birdwhistell, R. L. (1952) Introduction to kinesics. Louisville: University of Louisville Press.

Birdwhistell, R. L. (1970) Kinesic and context. Philadelphia: University of Pennsylvania.

Birosik, P. J.(1989) The new age music guide: profiles and recordings of 500 top new age musicians. New York: Collier Books.

Bischof, L. J. (1983) Persönlichkeitstheorien, Bd. 2. Paderborn: Junfermann.

Blackler, F., Brown, C.-A. (1978) Organizational psychology: good intentions and false promises. Human Relations 31 (4): 333–351.

Blankertz, H. (1982) Die Geschichte der Pädagogik: von der Aufklärung bis zur Gegenwart. Wetzlar: Büchse der Pandora.

Blankertz, S. (1989) Neuhumanismus. In: Lenzen, D. (Hrsg.) Pädagogische Grundbegriffe. Reinbek: Rowohlt.

Blankertz, S. (1990) Gestaltkritik: Paul Goodmans Sozialpathologie in Therapie und Schule. Köln: Edition Humanistische Psychologie.

Boadella, D. (1990) Biosynthese. In: Rowan, J., Dryden, W. (Hrsg.) Neue Entwicklungen der Psychotherapie. Oldenburg: Transform Verlag.

Bohart, A. (1991) Empathy in client-centered therapy: a contrast with psychoanalysis and self psychology. Journal of Humanistic Psychology 31 (1): 34–48.

Bohart, A., Greenberg, L. S. (Hrsg.) (1997) Empathy reconsidered: new directions in psychotherapy. Washington, D.C.: American Psychological Association.

Bohm, D. (1986) Die implizite Ordnung. In: Kakuska, R. (Hrsg.) Andere Wirklichkeiten: die neue Konvergenz von Naturwissenschaften und spirituellen Traditionen. München: Goldmann.

Bohm, D. (1987) Die implizite Ordnung: Grundzüge eines dynamischen Holismus. München: Goldmann.

Böhm, W. (1994) Wörterbuch der Pädagogik. Stuttgart: Kröner.

Böhme, G. (1984) Bildungsgeschichte des frühen Humanismus. Darmstadt: Wissenschaftliche Buchgesellschaft.

Böhme, G. (1986) Bildungsgeschichte des europäischen Humanismus. Darmstadt: Wissenschaftliche Buchgesellschaft.

Böhme, G. (1988): Wirkungsgeschichte des Humanismus im Zeitalter des Rationalismus. Darmstadt: Wissenschaftliche Buchgesellschaft.

Böhme, G. (1994) Humanismus zwischen Aufklärung und Postmoderne. Idstein: Schulz-Kirchner.

Bohnsack, F. (1979) John Dewey (1859–1952). In: Scheuerl, H. (Hrsg.) Klassiker der Pädagogik, Bd. 2. München: Beck.

Bollnow, O. F. (1989) Geisteswissenschaftliche Pädagogik. In: Röhrs, H., Scheuerl, H. (Hrsg.) Richtungsstreit in der Erziehungswissenschaft und pädagogische Verständigung. Frankfurt am Main: Peter Lang.

Bopp, L. (1953) Humanismus, humanistisches Schulwesen. In: Lexikon der Pädagogik, Bd. 2.

Boring, E. G., Lindzey, G. (Hrsg.) (1967) A history of psychology in autobiography, Bd. 5. New York: Appleton-Century-Crofts.

Boyesen, G. (1987) Über den Körper die Seele heilen. München: Kösel.

Boyesen, G., Boyesen, M. (1987) Biodynamik des Lebens. Essen: Synthesis.

Bozarth, J. D. (1985) Quantum theory and the person-centered approach. Journal of Counseling and Development 64 (3): 179–182.

Bradford, L. T., Gibb, J. R., Benne, K. T. (Hrsg.) (1972) Gruppentraining: T-Gruppentheorie und Laboratoriumsmethode. Stuttgart: Klett.

Brentano, F. (1874) Psychologie vom empirischen Standpunkt. Leipzig: Meiner.

Brozek, J., Diamond, S. (1976) Die Ursprünge der objektiven Psychologie. In: Balmer, H. (Hrsg.) Psychologie des 20. Jahrhunderts, Bd. 1, die Europäische Tradition: Tendenzen, Schulen, Entwicklungslinien. Kindler: Zürich.

Brunner, A. (1976) Die personale Psychologie William Sterns und die Charakterologie. In: Balmer, H. (Hrsg.) Psychologie des 20. Jahrhunderts, Bd. 1, die Europäische Tradition: Tendenzen, Schulen, Entwicklungslinien. Kindler: Zürich.

Buber, M. (1984) Das dialogische Prinzip. Heidelberg: Lambert Schneider.

Buber, M., Rogers, C. R. (1984) Carl Rogers im Gespräch mit Martin Buber. In: Arbeitsgemeinschaft Personenzentrierte Gesprächsführung (Hrsg.) Persönlichkeitsentwicklung durch Begegnung. Wien: Deuticke.

Bublath, J. (1992) Das neue Bild der Welt: Chaos, Relativität, Weltformel. Wien: Ueberreuter.

Buck, G. (1984) Rückwege aus der Entfremdung: Studien zur Entwicklung der deutschen humanistischen Bildungsphilosophie. München: Fink.

Buddrus, V. (Hrsg.) (1995) Humanistische Pädagogik: eine Einführung in Ansätze integrativen und personenzentrierten Lehrens und Lernens. Bad Heilbrunn: Klinkhardt.

Bugental, J. F. T. (1964) The third force in psychology. Journal of Humanistic Psychology 4: 19–26.

Bugental, J. F. T. (1965) The search for authenticity: an existential-analytic approach to psychotherapy. New York: Holt, Rinehart and Winston.

Bugental, J. F. T. (1976a) The search for existential identity: patient-therapist dialogues in humanistic psychotherapy. San Francisco: Jossey-Bass.

Bugental, J. F. T. (1976b) Die Dritte Kraft in der Psychologie. In: Sohns, G. (Hrsg.) Das amerikanische Programm der Humanistischen Psychologie. Bielefeld: Pfeffer.

Bugental, J. F. T. (1986) Existential-humanistic psychotherapy. In: Kutash, I. L., Wolf, A. (Hrsg.) Psychotherapist's casebook. San Francisco: Jossey-Bass.

Bugental, J. F. T., Bracke, P. E. (1992) The future of existential-humanistic psychotherapy. Psychotherapy (29): 28–33.

Bühler, C. (1975) Die Rolle der Werte in der Entwicklung der Persönlichkeit und in der Psychotherapie. Stuttgart: Klett.

Bühler, C. (1979) Humanistic psychology as personal experience. Journal of Humanistic Psychology 19 (1): 5–28.

Bühler, C., Allen, M. (1973) Einführung in die Humanistische Psychologie. Stuttgart: Klett.

Bühler, K. (1908) Antwort auf die von W. Wundt erhobenen Einwände über die Methode der Selbstbeobachtung. Archiv für die gesamte Psychologie 12: 93–123.

Bühler, K. (1927) Die Krise der Psychologie. Fischer: Jena.

Bullock, A. (1985) The humanist tradition in the West. London: Thames and Hudson.

Buss, A. R. (1979) Humanistic psychology as liberal ideology: the socio-historical roots of Maslow's theory of self-actualization. Journal of Humanistic Psychology 19 (3): 43–55.

Campbell, D. T., Stanley, J. C. (1963) Experimental and quasi-experimental design for research. Chicago: Rand McNally.

Capra, F. (1983) Wendezeit. Bausteine für ein neues Weltbild. Bern: Scherz.

Castaneda, C. (1986) Die Lehren des Don Juan. Frankfurt am Main: Fischer.

Castaneda, C. (1988a) Das Feuer von innen. Frankfurt am Main: Fischer.

Castaneda, C. (1988b) Die Kraft der Stille: neue Lehren des Don Juan. Frankfurt am Main: Fischer.

Child, I. L. (1973) Humanistic psychology and the research tradition: their several virtues. New York: Wiley.

Churchill, S. D. (1988) Humanistic psychology and introductory textbooks. The Humanistic Psychologist 16 (2): 341–357.

Churchill, S. D. (1992) The presence of humanistic psychologists in the academy. The Humanistic Psychologist 20 (2–3): 407–421.

Clarkson, P., Mackewn, J. (1995) Frederick Perls und die Gestalttherapie. Köln: Edition Humanistische Psychologie.

Cohen, S. S. (1989) Magie der Berührung: Die Wirkkraft im Umgang mit Menschen und in der Heilbehandlung. Genf: Ariston.

Cohn, R. C., Farau, A. (1987) Gelebte Geschichte der Psychotherapie: zwei Perspektiven, 2., überarb. Aufl. Stuttgart: Klett.

Combs, A. W. (1948) Phenomenological concepts in nondirective therapy. Journal of Consulting Psychology 12: 197–267.

Combs, A. W. (1971) Fostering self-direction. In: Avila, D. L., Combs, A. W., Purkey W. W. (Hrsg.) The helping relationship sourcebook. Boston: Allyn and Bacon.

Combs, A. W. (1977) A choice of futures. In: Nevill, D. D. (Hrsg.) Humanistic psychology: new frontiers. New York: Gardner Press.

Combs, A. W. (1989) A theory of therapy: guidelines for a counseling practice. Newbury Park: Sage.

Combs, A. W., Richards, A. C., Richards, F. (1988) Perceptual psychology: a humanistic approach to the study of persons. Boston: University Press of America.

Coreth, E., Ehlen, P., Schmidt, J. (1989) Philosophie des 19. Jahrhunderts. Kohlhammer: Stuttgart.

Coulson, W. R. (1973) A sense of community. Columbus: Charles Merrill.

Cramer, F. (1993) Chaos und Ordnung: die komplexe Struktur des Lebendigen. Frankfurt am Main: Insel-Verlag.

Cromer, W., Anderson, P. (1970) Freud's visit to America: newspaper coverage. Journal of the History of Behavioral Science 6 (4): 349–353.

Csikszentmihalyi, M. (1975) Das Flow-Erlebnis: jenseits von Angst und Langeweile: Im Tun aufgehen. Stuttgart: Klett.

Cushman, P. (1995) Constructing the self, constructing America: a cultural history of psychotherapy. Reading, Mass.: Addison-Wesley.

Dahmer, I., Klafki, W. (Hrsg.) (1968) Geisteswissenschaftliche Pädagogik am Ausgang ihrer Epoche. Weinheim: Beltz.

Daniels, M. (1988) The myth of self-actualization. Journal of Humanistic Psychology 28 (1): 7–38.

Das, A.-K. (1989) Beyond self-actualization. International Journal for the Advancement of Counselling 12 (1): 13–27.

Dauber, H. (1997) Grundlagen humanistischer Pädagogik: integrative Ansätze zwischen Therapie und Politik. Bad Heilbrunn: Klinkhardt.

Davidson, L. (1992) Philosophical foundations of humanistic psychology. The Humanistic Psychologist 20 (2–3): 136–157.

DeCarvalho, R. J. (1991) The founders of humanistic psychology. New York: Praeger.

DeCarvalho, R. J. (1992) The institutionalization of humanistic psychology. The Humanistic Psychologist 20 (2–3): 124–135.

Denzin, N. K., Lincoln, Y. S. (1994) Handbook of qualitative research. Thousand Oaks: Sage.

Devereux, G. (1967) From anxiety to method in the behavioral sciences. The Hague: Mouton.

Dilthey, W. (1974) Pädagogik: Geschichte und Grundlinien des Systems (Gesammelte Schriften, Bd. 9). Hrsg. v. O. F. Bollnow. Göttingen: Vandenhoeck und Ruprecht.

Dilthey, W. (1982) Grundlegung der Wissenschaften vom Menschen, der Gesellschaft und der Geschichte: Ausarbeitungen und Entwürfe zum zweiten Band der Einleitung in die Geisteswissenschaften (ca. 1870–1895) (Gesammelte Schriften, Bd. 19). Hrsg. v. H. Johach u. F. Rodi. Göttingen: Vandenhoeck und Ruprecht.

Dilthey, W. (1997) Psychologie als Erfahrungswissenschaft, Teil 1, Vorlesungen zur Psychologie und Anthropologie (Gesammelte Schriften, Bd. 21). Hrsg. v. G. van Kerckhoven und H.-U. Lessing. Göttingen: Vandenhoeck und Ruprecht.

Dollard, J., Miller, N. E. (1950) Personality and psychotherapy: an analysis in terms of learning, thinking, and culture. New York: McGraw-Hill.

Dossey, L. (1993) Healing words: the power of prayer and the practice of medicine. San Francisco: Harper.

Driesch, H. (1928) Philosophie des Organischen, 4., gek. u. teilw. umgearb. Aufl. Leipzig: Quelle und Meyer.

Driesch, H. (1935) Die Maschine und der Organismus. Leipzig: Barth.

Dürr, H.-P. (1986) Physik und Transzendenz. Bern: Scherz.

Ehrenfels, C. v. (1978) Über Gestaltqualitäten. In: Weinhandl, F. (Hrsg.) Gestalthaftes Sehen: Ergebnisse und Aufgaben der Morphologie. Darmstadt: Wissenschaftliche Buchgesellschaft.

Eichelberger, H. (1995) Reformpädadogik: vier Modelle. In: Furch, E., Pirstinger, S. (Hrsg.) Lebendige Reformpädagogik. Schulheft 80.

Ellis, A. (1973) Humanistic psychotherapy: the rational-emotive approach. New York: McGraw-Hill.

Ellis, A. (1991) Achieving self-actualization. In: Jones, A., Crandall, R. (Hrsg.) Handbook of self-actualization. Corte Madera, Calif.: Select Press.

Ellis, A. (1992) Secular humanism and rational-emotive therapy. The Humanistic Psychologist 20 (2–3): 349–358.

Elzer, H.-M. (1970) Humanismus. In: Horney, W., Ruppert, J. P., Schultze, W. (Hrsg.) Pädagogisches Lexikon, 1. Bd. Gütersloh: Bertelsmann.

Elzer, H.-M. (1985) Begriffe und Personen aus der Geschichte der Pädagogik. Frankfurt am Main: Peter Lang.

Emery, E. J. (1987) Empathy: psychoanalytic and client-centered. American Psychologist 42 (5): 513–515.

Epting, F. R., Leitner, L. M. (1992) Humanistic psychology and personal construct theory. Humanistic Psychologist 20 (2–3): 243–259.

Ernst, H. (1993) Humanistische Schulpädagogik: Problemgeschichte – Menschenbild – Lerntheorie. Bad Heilbrunn: Klinkhardt.

Evans, I. R. (1970) Gordon Allport: the man and his ideas. New York: Duton.

Evans, I. R. (1975) Carl Rogers: the man and his ideas. New York: Dutton.

Evans, R. B., Koelsch, W. A. (1985) Psychoanalysis arrives in America: The 1909 Psychology Conference at Clark University. American Psychologist 40 (8): 942–948.

Farson, R. (1978) The technology of humanism. Journal of Humanistic Psychology 18 (2): 5–35.

Fartacek, W., Teml, H. (1984) Personenzentrierte Werterziehung in der Schule. In: Arbeitsgemeinschaft Personenzentrierte Gesprächsführung (Hrsg.) Persönlichkeitsentwicklung durch Begegnung: das personenzentrierte Konzept in Psychotherapie, Wissenschaft und Erziehung. Wien: Deuticke.

Fast, J. (1971) Körpersprache: das Verhalten des Menschen verrät das Wesen des Menschen. Reinbek: Rowohlt.

Fatzer, G. (1990) Ganzheitliches Lernen. Paderborn: Junfermann.

Fechner, G. T. (1860) Elemente der Psychophysik. Leipzig: Breitkopf und Härtel.

Finger, K. (1991) Das Neue Zeitalter: New Age und kirchliche Erwachsenenbildung – Versuch einer kritischen Auseinandersetzung. Frankfurt am Main: Peter Lang.

Fischer, H. R. (1991) Autopoiesis. Heidelberg: Auer.

Fleming, D., Bailyn, B. (Hrsg.) (1969) The intellectual migration: Europe and America 1930–1960. Cambridge: Harvard University Press.

Flitner, J., Kudritzky, G. (1984) Die deutsche Reformpädagogik: die Pioniere der pädagogischen Bewegung. Stuttgart: Klett.

Ford, J. G., Maas, S. (1989) On actualizing person-centered theory: a critique of textbook treatments of Rogers' motivational constructs. Teaching of Psychology 16: 30–31.

Frankl, V. E. (1973) Der Mensch auf der Suche nach Sinn. Freiburg: Herder.

Frankl, V. E. (1981) Die Sinnfrage in der Psychotherapie. München: Piper.

Frankl, V. E. (1982) Der Wille zum Sinn. Bern: Huber.

Frankl, V. E. (1987) Das Leiden am sinnlosen Leben. Freiburg: Herder.

Fraser, J.-T. (1987) Time: the familiar stranger. Amherst, Mass.: University of Massachusetts Press.

Freedman, L., Cotter, C. P. (Hrsg.) (1961) Issues of the sixties. Wadsworth: Belmont.

Freeman, F. S. (1977) The beginnings of Gestalt psychology in the United States. Journal of the History of Behavioral Sciences 13: 352–353.

Friedman, M. (1982) Comment on the Rogers-May discussion of the evil. Journal of Humanistic Psychology 22 (4) 93–96.

Friedman, M. (1992) Dialogue and and human image. London: Sage.

Frischenschlager, O. (1996) Vom Krankheits- zum Gesundheitsbegriff. In: Hutterer-Krisch, R., Pfersmann, V., Farag. I. S. (Hrsg.) Psychotherapie, Lebensqualität und Prophylaxe: Beiträge zur Gesundheitsvorsorge in Gesellschaftspolitik, Arbeitswelt und beim Individuum. Wien: Springer.

Gardner, H. (1985) The mind's new science. New York: Basic Book.

Garfield, S. L., Kurtz, R. (1977) A study of eclectic views. Journal of Consulting and Clinical Psychology 45: 75–83.

Garin, E. (1964) Geschichte und Dokumente der abendländischen Pädagogik I: Mittelalter. Reinbek: Rowohlt.

Garin, E. (1966) Geschichte und Dokumente der abendländischen Pädagogik II: Humanismus. Reinbek: Rowohlt.

Garin, E. (1967) Geschichte und Dokumente der abendländischen Pädagogik III: von der Reformation bis John Locke. Reinbek: Rowohlt.

Garnitschnig, K. (1984) Das Selbst sein, das man in Wahrheit ist: Aspekte einer Theorie der Selbstverwirklichung. In: Arbeitsgemeinschaft Personenzentrierte Gesprächsführung (Hrsg.) Persönlichkeitsentwicklung durch Begegnung: das personenzentrierte Konzept in Psychotherapie, Wissenschaft und Erziehung. Wien: Deuticke.

Gehlen, A. (1958) Der Mensch, seine Natur und seine Stellung in der Welt. Frankfurt am Main: Athenäum.

Gehlen, A. (1961) Anthropologische Forschung: zur Selbstbegegnung und Selbstentdeckung des Menschen. Reinbek: Rowohlt.

Geller, L. (1982) The failure of self-actualization theory: a critique of Carl Rogers and Abraham Maslow. Journal of Humanistic Psychology 22 (2): 56–73.

Geller, L. (1984) Another look at self-actualization. Journal of Humanistic Psychology 24 (2): 93–106.

Gendlin, E. T. (1962) Experiencing and the creation of meaning. Glencoe: Free Press.

Gendlin, E. T. (1964) A theory of personality change. In: Worchel, P., Byrne, D. (Hrsg.) Personality change. New York: Wiley.

Gendlin, E. T. (1973) Experiential phenomenology. In: Natanson, E. (Hrsg.) Phenomenology and the social science. Evanston: Northwestern University Press.

Gendlin, E. T. (1974) Client-centered and experiential psychotherapy. In: Wexler, D. A., Rice, N. L. (Hrsg.) Innovations in client-centered therapy. New York: Wiley.

Gendlin, E. T. (1978/79) Befindlichkeit: Heidegger and the philosophy of psychology. Review of Existential Psychology and Psychiatry 16 (1–3): 42–71.

Gendlin, E.T. (1981) Focusing: Technik der Selbsthilfe bei der Lösung persönlicher Probleme. Salzburg: Otto Müller.

Gergen, K. J. (1990) Toward a postmodern psychology. The Humanistic Psychologist 18 (1): 23–34.

Gibb, J. R. (1972) Das Vertrauensklima. In: Bradford, L. T., Gibb, J. R., Benne, K. T. (Hrsg.) Gruppentraining: T-Gruppentheorie und Laboratoriumsmethode. Stuttgart: Klett.

Gilgen, A. R. (1982) American psychology since World War II: a profile of the discipline. Westport: Greenwood.

Ginsberg, A. (1995) Collected poems, 1947–1985. London: Penguin Books.

Ginsburg, C. (1984) Toward a somatic understanding of self: a reply to Leonard Geller. Journal of Humanistic Psychology 24 (2): 66–92.

Ginsburg, C. (1996) Somatic self revisited. Journal of Humanistic Psychology 36 (3): 124–140

Giorgi, A. P. (1970) Psychology as a human science: a phenomenologically based approach. New York: Harper and Row.

Giorgi, A. (1981) Humanistic psychology and metapsychology. In: Royce, J. R., Mos, L. P. (Hrsg.) Humanistic psychology: concepts and criticism. New York: Plenum.

Giorgi, A. P. (Hrsg.) (1985a) Phenomenology and psychological research. Pittsburgh: Duquesne University Press.

Giorgi, A. P. (1985b) The phenomenological psychology of learning and the verbal learning tradition. In: Giorgi, A. P. (Hrsg.) Phenomenology and psychological research. Pittsburgh: Duquesne University Press.

Giorgi, A. P. (1986) Theoretical justification for the use of descriptions in psychological research. In: Ashworth, P. D., Giorgi, A., de Koning, A. J. J. (Hrsg.) Qualitative research in psychology. Pittsburgh: Duquesne University Press.

Giorgi, A. P. (1987) The crisis of humanistic psychology. The Humanistic Psychologist 15 (1): 5–20.

Giorgi, A. P. (1992a) Whither humanistic psychology? The Humanistic Psychologist 20 (2–3): 422–438.

Giorgi, A. P. (1992b) The idea of human science. The Humanistic Psychologist 20 (2–3): 218–242.

Gladding, S. T., Yonce, C. W. (1986) A bridge between psychoanalysis and humanistic psychology: the work of Heinz Kohut. Journal of Counseling and Development 64 (8): 536–537.

Gleick, J. (1990) Chaos – die Ordnung des Universums: Vorstoß in Grenzbereiche der modernen Physik. München: Droemer Knaur.

Glück, G. (1994) Inseln – Fremdkörper – Anstöße! Gestaltpädagogische Angebote in der Universität. Zeitschrift für Humanistische Psychologie 17 (1): 105–129.

Goldstein, K. (1934) Der Aufbau des Organismus. Haag: Martinus Nijhoff.

Goldstein, K. (1995) The organism. New York: Zone Books.

Graumann, C. F., Linschoten, J. (1960) Phänomenologisch-psychologische Forschungen. Berlin: de Gruyter.

Greening, T. (1985) The origins of the *Journal of Humanistic Psychology* and the Association for Humanistic Psychology. Journal of Humanistic Psychology 25 (2): 7–12.

Greenwald, A. G., Suls, J. (Hrsg.) (1983) Psychological perspectives on the self. Hilsdale: Erlbaum.

Groddeck, N. (1986) Humanistische Psychologie und Reformpädagogik 3: der Beitrag des personzentrierten Ansatzes für die pädagogische Praxis und erziehungswissenschaftliche Forschung. Erziehungswissenschaft, Erziehungspraxis 2 (4): 19–23

Grof, S. (1985) Beyond the brain: birth, death and transcendence in psychotherapy. Albany, N. Y.: State University of New York Press.

Gruber, E. R. (1984) Wissenschaft am Wendepunkt. In: Geisler, G. (Hrsg.) New Age – Zeugnisse der Zeitenwende. Freiburg: Hermann Bauer.

Gurlitt, L. (1919) Bausteine einer neuen Schule I: vom Geist der neuen Schule. München: Kellerer

Guttmann, G. (Hrsg.) (1992) Das Bewußtsein: multidimensionale Entwürfe. Wien: Springer.

Hagehülsmann, H. (1985) Begriff und Funktion von Menschenbildern in Psychologie und Psychotherapie: Wissenschaftstheoretische Überlegungen am Beispiel der Humanistischen Psychologie. In: Petzold, H. (Hrsg.) Wege zum Menschen: Methoden und Persönlichkeiten moderner Psychotherapie. Ein Handbuch, Bd. I. Paderborn: Junfermann.

Hagen, M. (1989) Psychotherapie, Humanistische Psychologie, New Age-Bewegung: eine phänomenologische Studie zum sogenannten Psychoboom (unter besonderer Berücksichtigung der Entwicklungstendenzen in den letzten zehn Jahren). Dissertation, Universität Salzburg, Salzburg, Österreich.

Hall, C. S., Lindzey, G. (Hrsg.) (1957) Theories of personality. New York: Wiley.

Hampden-Turner, C. (1982) Reflections on humanistic psychology dissertations. Journal of Humanistic Psychology 22 (3): 40–46.

Harré, R. (1981) The positivist-empirist approach and its alternatives. In: Reason, P., Rowan, J. (Hrsg.) Human inquiry: a sourcebook of new paradigm research. New York: Wiley.

Heesacker, M., Heppner, P., Rogers, M. E. (1982) Classics and emerging classics in counseling psychology. Counseling Psychology 29 (4): 400–405.

Heigl-Evers, A., Schulte-Herbrüggen, O. (1973) Zur Geschichte der Gruppenpsychotherapie im anglo-amerikanischen Bereich: Umrisse und Tendenzen. In: Sager,

C. J., Singer Kaplan, H. (Hrsg.) Handbuch der Ehe-, Familien- und Gruppentherapie. Dt. Ausgabe gem. mit A. Heigl-Evers. München: Kindler.

Heisenberg, W. (1962) Das Naturbild der heutigen Physik. Reinbek: Rowohlt.

Heisenberg, W. (1984) Physik und Philosophie. Frankfurt am Main: Ullstein.

Helbing, L. (1935) Der dritte Humanismus. Berlin: Die Runde.

Hemmings, R. (1973) Children's freedom: A. S. Neill and the evolution of the Summerhill idea. New York: Schocken.

Henle, M. (Hrsg.) (1971) Selected papers of Wolfgang Köhler. New York: Liveright.

Henley, T. B., Faulkner, K. A. (1989) An addendum to Churchill's review of introductory texts. The Humanistic Psychologist 17 (3): 329–330.

Herbart, J. F. (1982) Pädagogische Schriften. Hrsg. v. W. Asmus. Stuttgart: Klett-Cotta.

Herder, J. G. (1994) Sämtliche Werke. Hrsg. v. B. Suphan. Hildesheim: Olms-Weid-
mann.

Herman, E. (1992) Being and doing: Humanistic psychology and the spirit of the 1960s.
In: Tischler, B. L. (Hrsg.) Sights on the sixties. New York: Rutgers University Press.

Herrmann, U. (1976) Die Rolle der Psychologie in der Entwicklung der modernen
Erziehungswissenschaft. In: Balmer, H. (Hrsg.) Psychologie des 20. Jahrhunderts,
Bd. I, die Europäische Tradition – Tendenzen, Schulen, Entwicklungslinien.
Kindler: Zürich.

Herzog, L. (1984) Modell und Theorie in der Psychologie. Göttingen: Hogrefe.

Hierdeis, H. (1971) Erziehung: Anspruch – Wirklichkeit. Geschichte und Dokumente
abendländischer Pädagogik, VI, Kritik und Erneuerung: Reformpädagogik 1900–
1933. Starnberg: Raith.

Hochkeppel, W. (1992) Pragmatismus. In: Seiffert, H., Radnitzky, G. (Hrsg.) Handlexikon zur Wissenschaftstheorie. München: Deutscher Taschenbuch Verlag.

Hoenkamp-Bischops, A. M. (1987) How priests experience celibacy. In: van Zuuren,
F. J., Wertz, F. J., Mook, B. (Hrsg.) Advances in qualitative psychology: themes and
variations. Lisse: Swets en Zeitlinger.

Hoffman, E. (1988) The right to be human: a biography of Abraham Maslow. Los
Angeles: Tarcher.

Hoffman, E. (1996) Future visions: the unpublished papers of Abraham Maslow.
Thousand Oaks: Sage.

Hofstätter, P. R. (1960) Tiefenpsychologische Persönlichkeitstheorien. In: Lersch,
Ph., Thomae, H. (Hrsg.) Persönlichkeitsforschung und Persönlichkeitstheorien
(Handbuch der Psychologie, Bd. 4). Göttingen: Hogrefe.

Husserl, E. (1962) Vorlesungen über Phänomenologische Psychologie. Den Haag:
Nijhoff.

Hutterer, R. (1984) Authentische Wissenschaft: auf der Suche nach einem personenzentrierten, humanistischen Verständnis von Wisssenschaft. In: Arbeitsgemeinschaft Personenzentrierte Gesprächsführung (Hrsg.) Persönlichkeitsentwicklung
durch Begegnung: das personenzentrierte Konzept in Psychotherapie, Erziehung
und Wissenschaft. Wien: Deuticke.

Hutterer, R. (1990) Authentic science: some implications of Carl Rogers' reflections
on science. Person-Centered Review 5 (1): 57–76.

Hutterer, R. (1991) Personenzentrierte Psychotherapie. In: Stumm, G., Wirth, B.
(Hrsg.) Psychotherapie: Schulen und Methoden. Eine Orientierungshilfe für
Theorie und Praxis. Wien: Falter.

Hutterer, R. (1992a) Aktualisierungstendenz und Selbstaktualisierung. In: Stipsits, R., Hutterer, R. (Hrsg.) Perspektiven Rogerianischer Psychotherapie. Wien: Wiener Universitätsverlag.

Hutterer, R. (1992b) Personenzentrierte Psychotherapie zwischen Psychoboom und Identitätskrise. In: Stipsits, R., Hutterer, R. (Hrsg.) Perspektiven Rogerianischer Psychotherapie. Wien: Wiener Universitätsverlag.

Hutterer, R. (1993) Eclecticism: an identity crisis for person centred therapists. In: Brazier, D. (Hrsg.) Beyond Carl Rogers. London: Constable.

Hutterer, R. (1995) The core conditions between theory and practice. In: Hutterer, R., Pawlowsky, G., Schmid, P. F., Stipsits, R. (1996) Client-centered and experiential psychotherapy: a paradigm in motion. Wien: Peter Lang.

Hutterer, R., Altrichter, H. (1982) Förderung sozial-emotionaler Lernziele als Innovation der Schule. Unterrichtswissenschaft 1982 (3): 225.

Hutterer-Krisch, R. (1996a) Über Werte: Psychotherapeutische Beiträge zur Gesellschaftskritik. In: Hutterer-Krisch, R., Pfersmann, V., Farag, I. S. (Hrsg.) Psychotherapie, Lebensqualität und Prophylaxe: Beiträge zur Gesundheitsvorsorge in Gesellschaftspolitik, Arbeitswelt und beim Individuum. Wien: Springer.

Hutterer-Krisch, R. (1996b) Werte in den Psychotherapiemethoden. In: Hutterer-Krisch, R. (Hrsg.) Fragen der Ethik in der Psychotherapie. Wien: Springer.

Hutterer-Krisch, R. (1996c) Zum Ganzheitsbegriff aus individualpsychologischer und gestalttherapeutischer Sicht. Zeitschrift für Individualpsychologie 21 (1): 48–62.

Hutterer-Krisch, R. (Hrsg.) (1994) Psychotherapie mit psychotischen Menschen. Wien: Springer.

Huxley, A. (1992) Brave new world. Stuttgart: Reclam.

Jaeger, W. (1959) Die Formung des Griechischen Menschen, Bd 1–3. Berlin: de Gruyter.

Jahoda, M. (1969) The migration of psychoanalysis: its impact on American pychology. In: Fleming, D., Bailyn, B. (Hrsg.) The intellectual migration: Europe and America, 1930–1960. Cambridge, Mass.: Harvard University Press.

James, W. (1961) Varieties of religious experience. New York: Collier Books

Jantsch, E. (1982) Die Selbstorganisation des Universums: vom Urknall zum menschlichen Geist. München: Deutscher Taschenbuch Verlag.

Jantsch, E. (1992) Struktur. In: Seiffert, H., Radnitzky, G. (Hrsg.) Handlexikon zur Wissenschaftstheorie. München: Deutscher Taschenbuch Verlag.

Janz, R. (1994) Neue Lern- und Management-Methoden: Darstellung in Auswahl und Aspekte der Optimierung für das Erwachsenenlernen in ihnen. Frankfurt am Main: Haag und Herchen.

Jaspers, K. (1919) Psychologie der Weltanschauungen. Berlin: Springer.

Johnson, D. (1994) Touch: die Berührung. Paderborn: Junfermann.

Johnson, R. E. (1975) The future of humanistic psychology. The Humanist 7 (3/4).

Jones, A., Crandall, R. (1991) Handbook of self-actualization. Journal of Social Behavior and Personality 6 (5) (special issue).

Jourard, S. M. (1971) The transparent self. New York: Van Nostrand.

Jourard, S. M. (1980) Healthy personality. New York: Macmillan.

Kahn, E. (1985) Heinz Kohut and Carl Rogers: a timely comparison. American Psychologist 40 (8): 893–904.

Kant, I. (1913) Was ist Aufklärung? In: Werke, Bd. IV. Hrsg. v. E. Cassirer. Berlin: Cassirer.

Karmann, G. (1987) Humanistische Psychologie und Pädagogik: psychotherapeutische und therapieverwandte Ansätze, Perspektiven für eine integrative Pädagogik. Bad Heilbrunn: Klinkhardt.

Kelly, G. A. (1969) Humanistic methodology in psychological research. Journal of Humanistic Psychology 9 (1): 53–65.

Kelly, G. A. (1986) Die Psychologie der persönlichen Konstrukte. Paderborn: Junfermann.

Kierkegaard, S. (1924) Die Krankheit zum Tode. Jena: Eugen Diederichs.

Kirschenbaum, H. (1979) On becoming Carl Rogers. New York: Delacorte Press.

Kirschenbaum, H., Henderson, V. L. (Hrsg.) (1989) Carl Rogers: dialogues. Boston: Houghton.

Klee, J. B. (1970) The one-dual and multiple. Main Currents in Modern Thougth 26: 116–120.

Klee, J. B. (1982) Points of departure: aspects of the Tao. South Bend, Ind.: And Books.

Koch, S. (1971) The image of man implicit in encounter groups. Journal of Humanistic Psychology 11 (2): 109–128.

Koch, S. (1977) Psychologie: als Wissenschaft ein Flop. Psychologie Heute August 1977: 48–52.

Koch, S. (1981) The nature and limits of psychological knowledge: lessons of a century qua „Science". American Psychologist 36 (3): 257–269.

Koch, S. (1985) Wundt's creature at age zero – and as centenarian: some aspects of the institutionalization of the new „psychology". In: Koch, S., Leary, D. E. (Hrsg.) A century of psychology as science. New York: McGraw-Hill.

Koffka, K. (1922) Perception: an introduction to the Gestalttheorie. Psychological Bulletin 19: 531–585.

Koffka, K. (1935) Principles of Gestalt psychology. New York: Harcourt, Brace, and Co.

Köhler, W. (1929) Gestalt psychology. New York: Liveright.

Köhler, W. (1930) The new psychology and physics. Yale Review 19: 560–576.

Köhler, W. (1969) The task of Gestalt psychology. Princeton: Princeton University Press.

Kohut, H. (1988) Die Heilung des Selbst. Frankfurt am Main: Suhrkamp.

Kohut, H. (1992) Narzißmus: eine Theorie der psychoanalytischen Behandlung narzißtischer Persönlichkeitsstörungen. Frankfurt am Main: Suhrkamp.

Kramer, R. (1975) The birth of client-centered therapy: Carl Rogers, Otto Rank and „the beyond". Journal of Humanistic Psychology 35 (4): 54–110.

Krapf, B. (1993) Aufbruch zu einer neuen Lernkultur: Erhebungen, Experimente, Analysen und Berichte zu pädagogischen Denkfiguren. Bern: Haupt.

Kreuter-Szabo, S. (1988) Der Selbstbegriff in der Humanistischen Psychologie von A. Maslow und C. Rogers. Frankfurt am Main: Peter Lang.

Krieger, D. (1987) Living the therapeutic touch: healing as a lifestyle. New York: Dodd, Mead.

Krippner, S. (Hrsg.) (1990) Dreamtime and dreamwork: decoding the language of the night. Los Angeles: Tarcher.

Krippner, S., Ruttenber, A. J., Engelman, S. R., Granger, D. L. (1985) Toward the application of general systems theory in humanistic psychology. Systems Research 2: 105–115.

Krisch, R., Ulbing, M. (1992) Zum Leben finden: Beiträge zur angewandten Gestalttherapie. Köln: Edition Humanistische Psychologie.

Kristeller, P. O. (1986) Acht Philosophen der italienischen Renaissance. Weinheim: VCH.

Kriz, J. (1985) Grundkonzepte der Psychotherapie. München: Urban und Schwarzenberg.

Kuhn, T. S. (1967) Die Struktur wissenschaftlicher Revolutionen. Frankfurt am Main: Suhrkamp.

Kuhn, T. S. (1983) Die Entstehung des Neuen: Studien zur Struktur der Wissenschaftsgeschichte. Hrsg. von L. Krüger. Frankfurt am Main: Suhrkamp.

Kunert, H. (1973) Deutsche Reformpädagogik und Faschismus. Hannover: Schroedel.

Küppers, B.-O. (1987) Die Komplexität des Lebendigen: Möglichkeiten und Grenzen objektiver Erkenntnis in der Biologie. In: Küppers, B.-O. (Hrsg.) Ordnung aus dem Chaos. München: Piper.

Kvale, S. (1990) Postmodern psychology: a contradiction in adjecto? The Humanistic Psychologist 18 (1): 35–54.

Land, D. (1984) Therapie als Kunstform. In: Arbeitsgemeinschaft Personenzentrierte Gesprächsführung (Hrsg.) Persönlichkeitsentwicklung durch Begegnung: das personenzentrierte Konzept in Psychotherapie, Wissenschaft und Erziehung. Wien: Deuticke.

Langer, I., Schulz v. Thun, F. (1974) Messung komplexer Merkmale in Psychologie und Pädagogik. München: Reinhardt.

Lasch, C. (1979) The culture of narcissism: American life in an age of diminishing expectations. New York: Norton.

Laszlo, E (1972) The systems view of the world. New York: Brazillers.

Laszlo, E. (1989) Global denken: die Neu-Gestaltung der vernetzten Welt. Rosenheim: Horizonte-Verlag.

Lecky, P. (1945) Self-consistency. New York: Island Press.

Lecky, P. (1994) Self-consistency: a theory of personality. Fort Myers Beach: Island Press Publishers.

Leonardo da Vinci (1958) Philosophische Tagebücher. Hamburg: Rowohlt.

Lester, D. (1971) Maslow and the possibility of becoming healthy. Psychological Reports 28: 777–778.

Lewin, K. (1935) A dynamic theory of personality. New York: McGraw.

Lewin, K. (1948) Resolving social conflicts: selected papers on group dynamics. New York: Harper.

Lewin, K. (1951) Field theory in social science: selected theoretical papers. New York: Harper.

Lewin, K., Lippitt, R., Withe, R. K. (1939) Patterns of aggressive behavior in experimentally created „social climates". Journal of Social Psychology 10: 271–299.

Lewin, R. (1993) Die Komplexitätstheorie: Wissenschaft nach der Chaosforschung. Hamburg: Hoffmann und Campe.

Lexikon der Pädagogik (1950) Bd. I–III. Hrsg. v. H. Kleinert u. a. Bern: Francke.

Liebermann, M. A., Yalom, I., Miles M. B. (1973) Encounter groups: first facts. New York: Basic Books.

Lietaer, G. (1992) Die Authentizität des Therapeuten. In: Stipsits, R., Hutterer, R. (Hrsg.) Perspektiven Rogerianischer Psychotherapie: Kritik und Würdigung zu ihrem 50jährigen Bestehen. Wien: Wiener Universitätsverlag.

Linschoten, J. (1961) Auf dem Weg zu einer Phänomenologischen Psychologie: die Psychologie von William James. Berlin: de Gruyter.

Locke, J. (1990) Gedanken über Erziehung. Stuttgart: Reclam.

Lowen, A. (1981) Körperausdruck und Persönlichkeit. München: Kösel.

Lowen, A. (1982) Der Verrat am Körper. Reinbek: Rowohlt.

Luchins, A. S., Luchins, E. H. (1988) Max Wertheimer in America: 1933–1943, II. Gestalt-Theory 10 (2): 134–160.

Lukas, E. (1983) Von der Tiefen- zur Höhenpsychologie: Logotherapie in der Beratungspraxis. Freiburg: Herder.

MacNeely, D. A. (1992) Berührung: die Geschichte des Körpers in der Psychotherapie. München: Kösel.

Mader, J. (1995) Zur Aktualität Nietzsches. Wien: Picus.

Madsen, K. B. (1971) Humanistisc psychology and the philosophy of the science. Journal of Humanistic Psychology 11 (1): 1–10.

Mahrer, A. R. (1986) Therapeutic experiencing: the process of change. New York: Norton.

Maier, K. E. (Hrsg.) (1978) Pädagogisches Taschenlexikon. Regensburg: Wolf.

Mandler, J. M., Mandler, G. (1969) The diaspora of experimental psychology: the Gestaltist and others. In: Fleming, D., Bailyn, B. (Hrsg.) The intellectual migration: Europe and America, 1930–1960. Cambridge: Harvard University Press.

Manicas, P. T., Secord, P. F. (1983) Implications for psychology of the new philosophy of science. American Psychologist 38: 399–413.

Masek, R. (1989) The overlooked problem of consciousness in psychoanalysis: Pierre Janet revisited. The Humanistic Psychologist 17 (3): 274–279.

Maslow, A. H. (1950) Self-actualizing people: a study of psychological health. In: Wolff, W. (Hrsg.) Values in personality research. New York: Grune and Stratton.

Maslow, A. H. (1962) Toward a psychology of Being. New York: Nostrand.

Maslow, A. H. (1965a) A philosophy of psychology: the need of a mature science of human nature. In: Severin, F. (Hrsg.) Humanistic viewpoints in psychology: a book of readings. New York: McGraw-Hill.

Maslow, A. H. (1965b) Humanistic science and transcendent experience. Journal of Humanistic Psychology 1965 (5): 219–227.

Maslow, A. H. (1971) The farther reaches of human natur. New York: Viking.

Maslow, A. H. (1973) Psychologie des Seins. Kindler: München.

Maslow, A. H. (1977) Die Psychologie der Wissenschaft. München: Goldmann.

Maslow, A. H. (1981) Motivation und Persönlichkeit. Reinbek: Rowohlt.

Maslow, A. H. (1982) The journals of Abraham Maslow. Hrsg. v. R. J. Lowry, gekürzt v. J. Freedman. Lexington: Lewis.

Maslow, A. H. (1996a) The Jonah complex: understanding our fear of growth. In: Hoffman, E. (Hrsg.) Future visions: the unpublished papers of Abraham Maslow. Thousand Oaks: Sage.

Maslow, A. H. (1996b) Beyond spontaneity: a critique of Esalen Institute. In: Hoffman, E. (Hrsg.) Future visions: the unpublished papers of Abraham Maslow. Thousand Oaks: Sage.

Maslow, A. H. (1996c) Humanistic biology. In: Hoffman, E. (Hrsg.) Future visions: the unpublished papers of Abraham Maslow. Thousand Oaks: Sage.

Maslow, A. H. (1996d) Building a new politics based on humanistic psychology. In: Hoffman, E. (Hrsg.) Future visions: the unpublished papers of Abraham Maslow. Thousand Oaks: Sage.

Maslow, A. H. (1996e) See no evil, hear no evil: when liberalism fails. In: Hoffman, E. (Hrsg.) Future visions: the unpublished papers of Abraham Maslow. Thousand Oaks: Sage.

Matson, F. W. (1971) Humanistic theory: the third revolution in psychology. In: Greening, T. C. (Hrsg.) Existential humanistic psychology. Belmont, Calif.: Brooks/Cole.

Maturana, H., Varela, F. (1980) Autopoiesis and cognition: the realization of the living. Dordrecht: Kluwer.

Maturana, H., Varela, F. (1987) Der Baum der Erkenntnis: die biologischen Wurzeln des menschlichen Erkennens. Bern: Scherz.

May, R. (1950) The meaning of anxiety. New York: Ronald Press.

May, R. (1982) The problem of evil: an open letter to Carl Rogers. Journal of Humanistic Psychology 22 (3): 10–21.

May, R., Angel, E., Ellenberger, H. F. (1958) Existence: a new dimension in psychiatry and psychoogy. New York: Basic Books.

McMullen, T. (1982) A critique of humanistic psychology. Australian Journal of Psychology 34 (2): 221–229.

Menze, C. (1970) Humanismus, humanistisches Schulwesen. In: Lexikon der Pädagogik, Bd. 2.

Menze, C. (1993) Wilhelm von Humboldt. Sankt Augustin: COMDOK-Verl.-Abt.

Metzger, W. (1963) Psychologie: Entwicklung ihrer Grundannahmen seit der Einführung des Experiments, 3. Aufl. Darmstadt: Steinkopff.

Metzger, W. (1986) Gestaltpsychologie. Frankfurt am Main: Waldemar Kramer.

Meyers kleines Lexikon Philosophie (1987) Hrsg. von der Redaktion für Philosophie des Bibliographischen Instituts. Mannheim: Meyers Lexikonverlag.

Meyers Lexikon (1995) Drei Bände. LexiROM. Microsoft Corporation und Bibliographisches Institut und F. A. Brockhaus.

Miles, M. B., Huberman, A. M. (1994) Qualitative data analysis: an expanded sourcebook. Thousand Oaks: Sage.

Miller, H. (1981) Briefe an Anaïs Nin. Reinbek: Rowohlt.

Miller, H. (1991) Wendekreis des Krebses. Gütersloh: Bertelsmann.

Miller, H. (1995) Sexus. Reinbek: Rowohlt.

Miller, H.(1981) Von der Unmoral der Moral und andere Texte. Reinbek: Rowohlt.

Miller, M. J. (1996) Some comparisons between taoism and person-centered therapy. The Person-Centered Journal 3 (1): 12–14.

Mintz, E. E. (1973) Über die Rolle der Berührung in der Psychotherapie. In: Sager, C. J., Singer Kaplan, H. (Hrsg.) Handbuch der Ehe-, Familien- und Gruppentherapie. Dt. Ausgabe gem. mit A. Heigl-Evers. München: Kindler.

Mitchel, A. G., Söllner A. (Hrsg.) (1996) Forced migration and scientific change: emigré German-speaking scientists and scholars after 1933. Cambridge: Cambridge University Press.

Montagu, A. (1974) Die Bedeutung der Haut für die Entwicklung des Menschen. Stuttgart: Klett.

Moreno, J. L. (1914) Einladung zu einer Begegnung. Wien: Anzengruber-Verlag.

Moreno, J. L. (1932) The first book of Grouppsychotherapy. New York: Beacon House.

Moreno, J. L. (1988) Gruppenpsychotherapie und Psychodrama: Einleitung in die Theorie und Praxis. Stuttgart: Thieme.

Moser, F. (1991) Psychische Gesundheit: eine empirische Untersuchung an vier deutschsprachigen humanistischen Lyzeen in Südtirol. Diplomarbeit, Universität Salzburg, Salzburg, Österreich.

Moustakas, C. E. (Hrsg.) (1956) The self: explorations in personal growth. New York: Harper.

Moustakas, C. E. (1994a) Existential psychotherapy and the interpretation of dreams. Northvale, N. Y.: Aronson.

Moustakas, C. E. (1994b) Phenomenological research methods. London: Sage.

Murphy, G. (1947) Personality: a biosocial approach to origins and structure. New York: Harper.

Murphy, G. (1949) A historical introduction to modern psychology. London: Routledge and K. Paul.

Murphy, G. (1958) Human potentialities. New York: Basic Books.

Murray, H. A. (1938) Explorations in personality. New York: Basic Books.

Murray, H. A. (1951) Some basic psychological assumptions and conceptions. Dialectica 5: 434–464.

Neill, A. S. (1962) Summerhill: a radical approach to education. With a foreword by Erich Fromm. London: Gollancz.

Neill, A. S. (1966) Freedom – not license. New York: Hart.

Neill, A. S. (1968) Summerhill. London: Penguin.

Neumann, F. L. (Hrsg.) (1953) The cultural migration: the European scholar in America. Philadelphia: University of Pennsylvania Press.

Nicolis, G., Prigogine, I. (1987) Die Erforschung des Komplexen: auf dem Weg zu einem neuen Verständnis der Naturwissenschaften. München: Piper.

Niethammer, F. I. (1968) Der Streit des Philanthropismus und Humanismus in der Theorie des Erziehungsunterrichts unserer Zeit. Weinheim: Beltz.

Nietzsche, F. (1990) Kommentierte Werkausgabe. Hrsg., ausgew. und eingel. von A. Läpple. Aschaffenburg: Pattloch.

Nuttin, J. (1956) Psychoanalyse und Persönlichkeit. Freiburg: Universitätsverlag.

Nuttin, J. (1962) Psychoanalysis and personality: a dynamic theory of normal personality. New York: New American Library.

O'Hara, M. (1996a) From Maslow to the 21st century. Association of Humanistic Psychology, http://ahpweb.bestware.net/.

O'Hara, M. (1996b) Wake up call for humanstic warriors. Association for Humanistic Psychology, http://ahpweb.bestware.net/pub/perspective/wakeup.html.

Olechowski, R. (1973) Die zweite Natur des Menschen. Religion, Wissenschaft und Kultur 23 (1): 42–51.

Olechowski, R. (1974) Der Mensch – Werk seiner selbst. Antrittsvorlesung, gehalten am 22. Mai 1973 an der Universität Salzburg. Salzburg: Pustet.

Olechowski, R. (1978) Lernen als Prinzip der Selbstverwirklichung: österreichische Beiträge zur Bildungsforschung. Wien: Institut für Bildungs- und Entwicklungsforschung.

Olechowski, R. (1983/84) Die humane Schule. Österreichische Zeitschrift für Berufspädagogik 84: 5–7.

Olechowski, R. (1987) Schülerbeurteilung unter dem Aspekt der Humanisierung der Schule: Perspektiven und Zielsetzungen des Symposions. In: Olechowski, R., Persy, E. (Hrsg.) Fördernde Leistungsbeurteilung: ein Symposion. Wien: Jugend und Volk.

Olechowski, R. (1992) Die humanistisch orientierte Schulorganisation nach J. A. Comenius und die Gesamtschule des 20. Jahrhunderts. Erziehung und Unterricht 8: 428–435.

Olechowski, R., Sretenovic, K. (1983) Schule ohne Angst: eine empirische Interventionsstudie zur Verminderung von Schulangst. Wien: Jugend und Volk.

Olechowski, R., Persy, E. (Hrsg.) (1987) Fördernde Leistungsbeurteilung: ein Symposion. Wien: Jugend und Volk.

Olechowski, R., Rieder, K. (Hrsg.) (1990) Motivieren ohne Noten. Wien: Jugend und Volk.

Olechowski, R., Wolf, W. (Hrsg.) (1990) Die kindgemäße Grundschule. Wien: Jugend und Volk.

Oppenheimer, R. (1956) Analogy in science. American Psychologist 11 (3): 127–135.

Patterson, C. H. (1961) The self in recent Rogerian theory. Journal of Individual Psychology 17: 5–11.

Patterson, C. H. (1974) Beyond competence: self-actualization as an integrative concept. Counseling Psychologist 4: 82–86.

Pauchant, T. C., Dumas, C. A. (1991) Abraham Maslow and Heinz Kohut: a comparison. Journal of Humanistic Psychology 31 (2): 49–71.

Paulsen, F. (1960) Geschichte des gelehrten Unterrichts auf den deutschen Schulen und Universitäten im Ausgang des Mittelalters bis zur Gegenwart, Bd. 2. Berlin: Veit.

Paulus, P. (1994) Selbstverwirklichung und psychische Gesundheit. Göttingen: Hogrefe.

Pawlowsky, G. (1984) Empathie in der Psychotherapie: Überlegungen aus personenzentrierter und psychoanalytischer Sicht. In: Arbeitsgemeinschaft Personenzentrierte Gesprächsführung (Hrsg.) Persönlichkeitsentwicklung durch Begegnung. Wien: Deuticke.

Pawlowsky, G. (1988) Das Strukturmodell Carl Rogers': die Haltungen und das Modell, oder: wohin führt Echtheit, Akzeptieren und Einfühlung? In: Stipsits, R., Hutterer, R. (Hrsg.) Person werden: theoretische und gesellschaftliche Aspekte des personenzentrierten Ansatzes von Carl R. Rogers. Frankfurt: Haag und Herchen.

Peoples, K.-M., Parlee, B. (1991) The ego revisited: understanding and transcending narcissism. Journal of Humanistic Psychology 31 (4): 32–52.

Perls, F.S. (1976) Grundlagen der Gestalt-Therapie. München: Pfeiffer.

Perls, F.S. (1977) Gestalt, Wachstum, Integration. Paderborn: Junfermann.

Perls, F. S., Hefferline, R. F., Goodman, P. (1979) Gestalttherapie. Stuttgart: Klett.

Perls, L. (1992) Concepts and misconceptions of Gestalt therapy. Journal of Humanistic Psychology 32 (3): 50–56.

Pervin, L. A. (1981) Persönlichkeitspsychologie in Kontroversen. München: Urban und Schwarzenberg.

Pestalozzi, J. H. (1994) Sämtliche Werke und Briefe auf CD-ROM. Wiesbaden: Makrolog.

Petzold, H. G. (Hrsg.) (1995) Die Wiederentdeckung des Gefühls: Emotionen in der Psychotherapie und der menschlichen Entwicklung. Paderborn: Junfermann.

Petzold, H. G., Brown I. G. (1977) Gestalt-Pädagogik: Konzepte der integrativen Erziehung. München: Pfeiffer.

Pico della Mirandola, G. (1992) Über die Würde des Menschen. Zürich: Manesse.

Pietschmann, H. (1980) Das Ende des naturwissenschaftlichen Zeitalters. Frankfurt am Main: Ullstein.

Pietschmann, H. (1980) Die Wahrheit liegt nicht in der Mitte: von der Öffnung des naturwissenschaftlichen Denkens. Stuttgart: Edition Weitbrecht.

Polanyi, M. (1962) Personal knowledge: towards a post-critical philosophy. Chicago: University of Chicago Press.

Polanyi, M. (1966) The tacit dimension. Garden City, N. Y.: Doubleday.

Polanyi, M. (1985) Implizites Wissen. Frankfurt am Main: Suhrkamp.

Polanyi, M., Prosch, H. (1975) Meaning. Chicago: University of Chicago Press.

Polkinghorne, D. E. (1988) Narrative knowing and the human sciences. Albany: State University of New York Press.

Polkinghorne, D. E. (1992) Research methodology in humanistic psychology. The Humanistic Psychologist 20 (2–3): 218–224

Popper, K. R. (1966) Logik der Forschung. Tübingen: Mohr.

Portmann, A. (1960) Zoologie und das neue Bild vom Menschen. Reinbek: Rowohlt.

Price, D. D., Barrell, J. J. (1980) An experiential approach with quantitative methods: a research paradigm. Journal of Humanistic Psychology 20 (3): 75–95.

Prigogine, I. (1985) Vom Sein zum Werden: Zeit und Komplexität in den Naturwissenschaften. München: Piper.

Prigogine, I. (1995) Die Gesetze des Chaos. Frankfurt am Main: Campus.

Prigogine, I., Stengers, I. (1983) Dialog mit der Natur: neue Wege naturwissenschaftlichen Denkens. München: Piper.

Purton, C. (1996) The deep structure of the core conditions: a buddhist perspective. In: Hutterer, R., Pawlowsky, G., Schmid, P. F., Stipsits, R. (Hrsg.) Client-centered and experiential psychotherapy: a paradigm in motion. Frankfurt am Main: Peter Lang.

Raimy, V. C. (1971) The self concept as a factor in counseling and personality organisation. Columbus: Ohio State University Libraries.

Rand, A. (1967) Requiem for man. In: Rand, A. (Hrsg.) Capitalism: the unknown ideal. New York: New American Library.

Raskin, N. (1948) The development of nondirectice therapy. Journal of Consulting Psychology 12: 92–110.

Reble, A. (1995) Geschichte der Pädagogik. Stuttgart: Klett-Cotta.

Reich, W. (1989) Charakteranalyse. Köln: Kiepenheuer und Witsch.

Reinert, G. (1976) Grundzüge der Geschichte einer Human-Entwicklungspsychologie. In: Balmer, H. (Hrsg.) Psychologie des 20. Jahrhunderts, Bd. I, die Europäische Tradition – Tendenzen, Schulen, Entwicklungslinien. Zürich: Kindler.

Richards, F., Richards, A. C. (1973) Homo novus: the new man. Boulder: Shields.

Rieber, R. W. (1980) Wundt and the Americans: from flirtation to abandonment. In: Rieber, R. W. (Hrsg.) Wilhelm Wundt and the making of scientific psychology. New York: Plenum.

Riedl, R. (1985) Die Spaltung des Weltbildes: biologische Grundlagen des Erklärens und Verstehens. Berlin: Paul Parey.

Rogers, C. R. (1946) Significant aspects of client-centered therapy. American Psychologist 1: 415–422.

Rogers, C. R. (1947) Some observations on the organization of personality. American Psychologist 2: 358–368.

Rogers, C. R. (1951) Client-centered therapy. Boston: Houghton-Mifflin.

Rogers, C. R. (1957) The necessary and sufficient conditions of therapeutic personality change. Journal of Consulting Psychology 21: 95–103.

Rogers, C. R. (1959a) A theory of therapy, personality, and interpersonal relationships as developed in the client-centered framework. In: Koch, S. (Hrsg.) Psychology: a study of science, vol. 3, formulation of the person and the social context. New York: McGraw-Hill.

Rogers, C. R. (1959b) The way is to be: review of Rollo May et al., *Existence: a new dimension in psychiatry and psychology*. American Psychologist 4: 196–198.

Rogers, C. R. (1961) On becoming a person: a therapist's view of psychotherapy. Boston: Houghton Mifflin.

Rogers, C. R. (1963) Psychotherapy today: or, where do we go from here? American Journal of Psychotherapy 17 (1): 1–9.

Rogers, C. R. (1964) Toward a science of the person. In: Wann, T. W. (Hrsg.) Behaviorism and phenomenology: contrasting bases for modern psychology. Chicago: University of Chicago Press.

Rogers, C. R. (1965a) Some questions and challenges facing a humanistic psychology. Journal of Humanistic Psychology 1965 (5): 1–5.

Rogers, C. R. (1965b) An afternoon with Carl Rogers. Explorations 3: 1–3.

Rogers, C. R. (1965c) A humanistic conception of man. In: Farson, R. E. (Hrsg.) Science and human affairs. Palo Alto: Science and Behavior Books.

Rogers, C. R. (1968) Some thoughts regarding the current presuppositions of the behavioral sciences. In: Coulson, W. R., Rogers, C. R. (Hrsg.) Man and science of man. Columbus: E. Merill.

Rogers, C. R. (1970) Carl Rogers on encounter groups. New York: Harper and Row.

Rogers, C. R. (1973a) Entwicklung der Persönlichkeit: Psychotherapie aus der Sicht eines Therapeuten. Stuttgart: Klett.

Rogers, C. R. (1973b) Some new challenges. American Psychologist 28: 379–387.

Rogers, C. R. (1974) Remarks on the future of client-centered therapy. In: Wexler, D. A., Rice, L. N. (Hrsg.) Innovations in client-centered therapy. New York: Wiley.

Rogers, C. R. (1976) Rückblick auf die Entwicklung meines therapeutischen und philosophischen Denkens. In: Jankowksi, P., u. a. (Hrsg.) Klientenzentrierte Psychotherapie heute. Göttingen: Hogrefe.

Rogers, C. R. (1981) Der neue Mensch. Stuttgart: Klett.

Rogers, C. R. (1981) Notes on Rollo May. Perspective 2: 1.

Rogers, C. R. (1982) Reply to Rollo May's letter to Carl Rogers. Journal of Humanistic Psychology 22 (4): 85–89.

Rogers, C. R. (1983) Die Klientenzentrierte Gesprächspsychotherapie. Frankfurt am Main: Fischer.

Rogers, C. R. (1984) A way of meeting life (an interview). The Laughing Man 5 (2): 22–23.

Rogers, C. R. (1984) Encountergruppen: das Erlebnis der menschlichen Begegnung. Frankfurt am Main: Fischer.

Rogers, C. R. (1985) Toward a more human science of the person. Journal of Humanistic Psychology 25 (4): 7–24.

Rogers, C. R. (1986a) Die klientenzentrierte Gesprächspsychotherapie. Frankfurt am Main: Fischer.

Rogers, C. R. (1986b) Rogers, Kohut and Erickson: a personal perspective on some similarities and differences. Person-Centered Review 1986 (1–2): 125–140.

Rogers, C. R. (1987) Eine Theorie der Psychotherapie, der Persönlichkeit und der zwischenmenschlichen Beziehung: Entwickelt im klientenzentrierten Ansatz. Köln: GwG-Verlag.

Rogers, C. R., Rosenberg, R. L. (1980) Die Person als Mittelpunkt der Wirklichkeit. Stuttgart: Klett.

Rogers, C. R., Skinner, B. F. (1975) Strittige Fragen zur Kontrolle menschlichen Verhaltens: ein Symposium. In: Rost, D. H., Grunow, P., Oechsle, D. (Hrsg.) Pädagogische Verhaltensmodifikation. Weinheim: Beltz.

Röhrs, H. (1971) Forschungsmethoden in der Erziehungswissenschaft. Stuttgart: Kohlhammer.

Roos, K. (1996) Verantwortungsbewußte Konfliktbewältigung: ethische Fragestellungen und Ansätze aus der Humanistischen Psychologie als Basis eines Konflikttrainings in der Andragogik. München: Ars Una.

Roszak, T. (1969) The making of a counter culture. New York: Doubleday.

Roth, H. (1963) Die realistische Wendung in der pädagogischen Forschung. Die Deutsche Schule 55: 109–119.

Roth, H. (1971) Pädagogische Anthropologie, Bd. II, Entwicklung und Erziehung. Grundlagen einer Entwicklungspädagogik. Berlin: Schroedel.

Rousseau, J. J. (1986) Emile oder über die Erziehung. Stuttgart: Reclam.

Rowan, J. (1987) Nine humanistic heresies. Journal of Humanistic Psychology 27 (2): 141–157.

Royce, J. R. (1972) On conceptual confusion in humanistic psychology. Contemporary Psychology 17: 704–705.

Ruhloff, J. (Hrsg.) (1989) Renaissance-Humanismus: Zugänge zur Bildungstheorie der frühen Neuzeit. Essen: Verlag Die blaue Eule.

Rychlak, J. F. (1977) The psychology of rigorous humanismus. New York: Wiley.

Rychlak, J. F. (1997) In defense of human consciousness. Washington, D. C.: American Psychological Association.

Sader, M. (1980) Psychologie der Persönlichkeit. München: Juventa.

Sanford, R. (1993) From Rogers to Gleick and back again. In: Brazier, D. (Hrsg.) Beyond Carl Rogers: toward a psychotherapy of the 21st century. London: Constable.

Sarason, S. B. (1981) Psychology misdirected. New York: Free Press.

Sartre, J.-P. (1975) Ist der Existentialismus ein Humanismus? In: Drei Essays. Frankfurt am Main: Ullstein.

Sass, L.-A. (1992) Das Selbst und seine Schicksale: eine „archäologische" Untersuchung der psychoanalytischen Avantgarde. Psyche 46 (1): 52–90.

Sauer, J. (1984) Zum Problem des „subjektiven Faktors" im personenzentrierten Ansatz von Rogers. In: Arbeitsgemeinschaft Personenzentrierte Gesprächsführung (Hrsg.) Persönlichkeitsentwicklung durch Begegnung: das personenzentrierte Konzept in Psychotherapie, Wissenschaft und Erziehung. Wien: Deuticke.

Scala, E. (1992) Gestaltpädagogik: warum gibt es eine Gestaltpädagogik ? In: Krisch, R., Ulbing, M. (Hrsg.) Zum Leben finden: Beiträge zur angewandten Gestalttherapie. Köln: Edition Humanistische Psychologie.

Schafer, R. (1995) Erzähltes Leben: Narration und Dialog in der Psychoanalyse. München: Pfeiffer.

Schaffer, B. P., Galinsky, M. D. (1977) Handbuch der Gruppenmodelle, 1 und 2. Freiburg: Christophorus.

Scharfetter, C. (1981) Unterwegs in der Psychiatrie: Erfahrungen als Forscher und als Psychotherapeut. In: Benedetti, G. (Hrsg.) Herausforderung und Begegnung in der Psychiatrie. Bern: Huber.

Scheler, M. (1928) Die Stellung des Menschen im Kosmos. Darmstadt: Reichl.

Scheuerl, H. (1961) Humanismus. In: Groothof, H.-H., Stallmann, M. (Hrsg.) Pädagogisches Lexikon. Stuttgart: Kreuz.

Schischkoff, G. (Hrsg.) (1991) Philosophisches Wörterbuch. Stuttgart: Kröner.

Schneewind, K. A. (1984) Persönlichkeitstheorien II: organismische und dialektische Ansätze. Darmstadt: Wissenschaftliche Buchgemeinschaft.

Schneider, I. M. (1995) Was leistet die Humanistische Psychologie für die Entwicklung einer wachstumsorientierten Definition der Psychohygiene. Diplomarbeit, Universität Wien, Wien, Österreich.

Schön, D. A. (1983) The reflective practitioner. New York: Basic Books.

Schön, D. A. (1987) Educating the reflective practitioner. San Francisco: Jossey-Bass.

Schwäbisch, L., Siems M. (1994) Anleitung zum sozialen Lernen für Paare, Gruppen und Erzieher: Kommunikations- und Verhaltenstraining. Reinbek: Rowohlt.

Sebald, H. (1981) Die Romantik des „New Age": der studentische Angriff auf Wissenschaft, Objektivität und Realismus. In: Duerr, H. P. (Hrsg.) Der Wissenschaftler und das Irrationale, Bd. 2. Frankfurt am Main: Syndikat.

Secord, P. (1982) Interfacing the personal and the social. In: Secord, P. (Hrsg.) Explaining human behavior: consciousness, human action and social structure. Beverly Hills: Sage.

Seeman, J. (1983) Personality integrations: studies and reflections. New York: Human Sciences Press.

Seeman, J. (1988) The rediscovery of the self in American psychology. Person-Centered Journal 3 (2): 139–144.

Seidel, R. M. (1990) Humanistische Pädagogik und Sonderpädagogik: Darstellung des Entwicklungsstandes unter besonderer Berücksichtigung der Gestaltpädagogik und der Unterrichtstheorie sowie Studien zur Praktizierbarkeit projektiver Gestaltungsverfahren in der Sehgeschädigten Schulpädagogik. Dissertation, Universität Marburg, Marburg, Bundesrepublik Deutschland.

Seiffert, H., Jantsch, E. (1992) System, Systemtheorie. In: Seiffert, H., Radnitzky, G. (Hrsg.) Handlexikon zur Wissenschaftstheorie. München: Deutscher Taschenbuch Verlag.

Seifner, C. (1994) Krisen, Krankheiten und Wachstum im Prozeß der Selbstfindung. Diplomarbeit, Universität Wien, Wien, Österreich.

Severin, F. (1971) Third force psychology: a humanistic orientation to the study of man. In: Morgan, C. T., King, R. A. (Hrsg.) Introduction to psychology, 4. Aufl. New York: McGraw-Hill.

Severin, F. (1976) Dritte Kraft Psychologie: eine Orientierung zum Studium des Menschen. In: Sohns, G. (Hrsg.) Das amerikanische Programm der Humanistischen Psychologie. Bielefeld: Pfeffer.

Sewell, E. (1985) Psychology and poetry: the uneven dance. In: Koch, S., Leary, D. E. (Hrsg.) A century of psychology as science. New York: McGraw-Hill.

Shaw, R., Colimore, K. (1988) Humanistic psychology as ideology: an analysis of Maslow's contradictions. Journal of Humanistic Psychology 28 (3): 51–74.

Sheldrake, R. (1986) Die Theorie der morphogenetischen Felder. In: Kakuska, R. (Hrsg.) Andere Wirklichkeiten: die neue Konvergenz von Naturwissenschaften und spirituellen Traditionen. München: Goldmann.

Sheldrake, R. (1987) Das schöpferische Universum. München: Goldmann.

Shlien, J. (1997) Empathy in psychotherapy: a vital mechanism? Yes. Therapist's conceit? All too often. By itself enough? No. In: Bohart, A., Greenberg, L. S. (Hrsg.) Empathy reconsidered: new directions in psychotherapy. Washington, D.C.: American Psychological Association.

Siegel, B. S. (1986) Love, medicine, and miracles: lessons learned about self-healing from a surgeon's experience with exceptional patients. New York: Harper and Row.

Siegel, B. S. (1989) Peace, love and healing: body mind communication and the path to self-healing: an exploration. New York: Harper and Row.

Skinner, B. F. (1975) The steep and thorny way to a science of behavior. American Psychologist 30: 42–49.

Skinner, B. F. (1987) Whatever happended to psychology as the science of behavior. American Psychologist 42: 780–786.

Skinner, B. F. (1990) Can psychology be a science of the mind. American Psychologist 45: 1206–1210.

Slife, D. S., Williams, R. N. (1997) Toward a theoretical psychology: should a subdiscipline be formally recognized? American Psychologist 52 (2): 117–129.

Smith, D. (1982) Trends in counseling and psychotherapy. American Psychologist 37: (7): 802–809.

Smith, M. B. (1982) Psychology and humanism. Journal of Humanistic Psychology 22 (2): 44–55.

Smith, M. B. (1986) Toward a secular humanistic psychology. Journal of Humanistic Psychology 26: 7–26.

Smith, M. B. (1990) Humanistic psychology. Journal of Humanistic Psychology 30 (4): 6–21.

Snygg, D. (1941) The need for a phenomenological system in psychology. Psychological Review 48: 404–424.

Snygg, D., Combs, A.W. (1949) Individual behavior: a new frame of reference for psychology. New York: Harper.

Snygg, D., Combs, A. W. (1959) Individual behavior: a perceptual approach to behavior. New York: Harper.

Sohns, G. (Hrsg.) (1976) Das amerikanische Programm der Humanistischen Psychologie. Bielefeld: Pfeffer.

Spiegelberg, H. (1972) Phenomenology in psychology and psychiatry: a historical introduction. Evanston, Ill.: Northwestern University Press.

Spitz, R. A. (1976) Vom Dialog: Studien über den Ursprung der menschlichen Kommunikation und ihre Rolle in der Persönlichkeitsbildung. Stuttgart: Klett-Cotta.

Spranger, E. (1922) Lebensformen. Halle: Niemeyer.

Stemberger, G. (1996) Menschliche Werte und Psychotherapie. In: Hutterer-Krisch, R., Pfersmann, V., Farag, I. S. (Hrsg.) Psychotherapie, Lebensqualität und Prophylaxe: Beiträge zur Gesundheitsvorsorge in Gesellschaftspolitik, Arbeitswelt und beim Individuum. Wien: Springer.

Stern, W. (1935) Psychologie auf einer personalistischen Grundlage. Den Haag: Nijhoff.

Stevens, J. O. (1975) Die Kunst der Wahrnehmung. München: Chr. Kaiser.

Stevens, R. (Hrsg.) (1996) Understanding the self. London: Sage.

Stillwell, W. (1992) Center for studies of the person. The Humanist Psychologist 20 (2–3): 401–404.

Stippel, W., Raith, W. (Hrsg.) (1971) Erziehung: Anspruch – Wirklichkeit: Geschichte und Dokumente abendländischer Pädagogik. Die Aufklärung. Starnberg: Werner Raith.

Stipsits, R., Hutterer, R. (1988) Person werden: theoretische und gesellschaftliche Aspekte des personenzentrierten Ansatzes von Carl R. Rogers. Frankfurt am Main: Haag und Herchen.

Stipsits, R., Hutterer, R. (Hrsg.) (1992) Perspektiven Rogerianischer Psychotherapie: Kritik und Würdigung zu ihrem 50jährigen Bestehen. Mit einem historischen Beitrag von Carl R. Rogers. Wien: Wiener Universitätsverlag.

Stipsits, R., Pawlowsky, G. (1989) Deutung aus Empathie. In: Reinelt, T., Datler, W. (Hrsg.) Deutung im psychotherapeutischen Prozeß. Berlin: Springer.

Stolorow, R. D. (1976) Psychoanalytic reflections on client-centered therapy in the light of modern conceptions of narcissism. Psychotherapy Theory, Research and Practice 13 (1): 26–29.

Störig, H. J. (1993) Kleine Weltgeschichte der Philosophie. Frankfurt am Main: Fischer.

Stumm, G., Wirth, B. (Hrsg.) (1991) Psychotherapie: Schulen und Methoden. Wien: Falter.

Sugarman, A. (1977) Psychoanalysis as a humanistic psychology. Psychotherapy Theory, Research and Practice 14 (3): 204–211.

Sutich, A. J. (1969) Some considerations regarding transpersonal psychology. Journal of Transpersonal Psychology 1: 11–20.

Sutich, A. J. (1975) Process character of definitions in transpersonal psychology. Journal of Humanistic Psychology 15: 39–40.

Svensson, L. (1986) Three approaches to descriptive research. In: Ashworth, P. D., Giorgi, A., de Koning, A. J. J. (Hrsg.) Qualitative research in psychology. Pittsburgh: Duquesne University Press.

Tageson, C. W. (1982) Humanistic psychology: a synthesis. Homewood, Ill.: Dorsey.

Tart, C. (Hrsg.) (1969) Altered states of consciousness. New York: Wiley.

Tausch, R., Tausch, A.-M. (1977) Erziehungspsychologie. Göttingen: Hogrefe.

Taylor, E. (1992) Transpersonal psychology: its several virtues. The Humanistic Psychologist 20 (2–3): 285–300.

Thomae, H. (1960) Der Mensch in der Entscheidung. München: Barth.

Thomae, H. (1965) Das Problem der Motivarten In: Gottschaldt, K., u. a. (Hrsg.) Handbuch der Psychologie in 12 Bänden, Bd. 2. Göttingen: Hogrefe.

Tischler, B. L. (Hrsg.) (1992a) Sights on the sixties. New York: Rutgers University Press.

Tischler, B. L. (1992b) „It was twenty years ago today" or Why we need more 1960s scholarship. In: Tischler, B. L. (Hrsg.) Sights on the sixties. New York: Rutgers University Press.

Tobin, S. A. (1990) Self psychology as a bridge between existential-humanistic psychology and psychoanalysis. Journal of Humanistic Psychology 30 (1): 14–63.

Tobin, S. A. (1991) A comparison of psychoanalytic self psychology and Carl Rogers's person-centered therapy. Journal of Humanistic Psychology 31 (1): 9–33.

Valle, R. J., King, M. (Hrsg.) (1978) Existential-phenomenological alternatives for psychology. New York: Oxford University Press.

Van Belle, H. A. (1990) Rogers late move toward mysticism: implications for client-centered therapy. In: Lietaer, G., Rombauts, J., Van Balen, R. (Hrsg.) Client-centered and experiential psychotherapy in the nineties. Leuven: Leuven University Press.

Van Kaam, A. (1966) Existential foundations of psychology. New York: Image Books.

Van Zuuren, F. J., Wertz, F. J., Mook, B. (Hrsg.) (1987) Advances in qualitative psychology: themes and variations. Lisse: Swets en Zeitlinger.

Vester, F. (1983) Unsere Welt – ein vernetztes System. München: Deutscher Taschenbuch Verlag.

Vogler, P. (1972) Disziplinärer Methodenkontext und Menschenbild. In: Gadamer, H.-G., Vogler, P. (Hrsg.) Neue Anthropologie, Bd. 1, biologische Anthropologie, 1. Teil. Stuttgart: Thieme.

Völker, U. (1980) Grundlagen der Humanistischen Psychologie. In: Völker, U. (Hrsg.) Humanistische Psychologie: Ansätze einer lebensnahen Wissenschaft vom Menschen. Weinheim: Beltz.

von Hentig, H. (1987) „Humanisierung" – eine verschämte Rückkehr zur Pädagogik? Andere Wege zur Veränderung der Schule. Stuttgart: Klett.

von Humboldt, W. (1997) Bildung und Sprache. Paderborn: Schöningh.

Vrinte, J. (1995) The concept of personality in Sri Aurobindo's integral yoga psychology and A. Maslow's humanistic/transpersonal psychology. New Delhi: Munshiram.

Wachtel, P. (1980) Investigations and its discontents: some constraints on progress in psychological research. American Psychologist 35 (5): 399–408.

Walsh, R. N., Vaughan, F. (1980) Beyond ego: transpersonal dimension in psychology. Los Angeles: Tarcher.

Walter, H.-J. (1994) Gestalttheorie und Psychotherapie: ein Beitrag zur theoretischen Begründung der integrativen Anwendung von Gestalt-Therapie, Psychodrama, Gesprächstherapie, Tiefenpsychologie, Verhaltenstherapie und Gruppendynamik. Opladen: Westdeutscher Verlag.

Walter, H.-J. (1996) Angewandte Gestalttheorie in Psychotherapie und Psycho-hygiene. Opladen: Westdeutscher Verlag.

Watson, J. B. (1903) Animal education: the psychic development of the white rat. Chicago: University of Chicago Psychological Library.

Watson, J. B. (1907) Kinaestethic and organic sensations: their role in the reaction of the white rat. Psychological Review Monograph 8: 2.

Watson, J. B. (1926) The ways of behaviorism. New York: Harper.

Watson, J. B. (1958) Behaviorism. Chicago: University of Chicago Press.

Webb, E., Campbell, D. T., Schwartz, R. D., Sechrest, L. (1966) Unobtrusive measures. Chicago: Rand McNally.

Webb, E., Campbell, D. T., Schwartz, R. D., Sechrest, L., Grove, J. B. (1981) Nonreac-tive measures in the social sciences. Boston: Houghton Mifflin.

Weber, G. (1991) Verhaltenstherapie. In: Stumm, G., Wirth, B. (Hrsg.) Psychothera-pie: Schulen und Methoden. Wien: Falter.

Weimer, H., Schöler, W. (1976) Geschichte der Pädagogik. Berlin: de Gruyter.

Wellek, A. (1955) Ganzheitspsychologie und Strukturtheorie. Bern: Francke.

Welsch, I. (1993) Humanistische Psychologie und östliche Philosophie: ein ausgewähl-ter Vergleich anhand der Gestaltpsychologie der Berliner Schule und der daraus hervorgegangenen Feldtheorie Kurt Lewins mit der klassischen Yoga-Philosophie in Theorie und Praxis. Diplomarbeit, Universität Wien, Wien, Österreich.

Wertheimer, M. (1964) Produktives Denken. Frankfurt am Main: Waldemar Kramer.

Wertheimer, M. (1978) Humanistic psychology and the humane but tough-minded psychologist. American Psychologist 33 (8): 739–745.

Wertz, F. J. (1986a) Perception in taboo situation. In: Ashworth, P. D., Giorgi, A., de Koning, A. J. J. (Hrsg.) Qualitative research in psychology. Pittsburgh: Du-quesne University Press.

Wertz, F. J. (1986b) The rat in psychological science. The Humanistic Psychologist 14 (3): 143–168.

Wertz, F. J. (1987) Common methodological fundaments of the analytic procedures in phenomenological and psychoanalytical research. Psychoanalysis and Contem-porary Thought 9: 563–603.

Weschler, I., Massarik, F., Tannenbaum, R. (1962) The self in process: a sensitivity training emphasis. In: Weschler, I., Schein, E. (Hrsg.) Issues in human relations training. Washington, D.C.: National Training Laboratory.

Wesson, R. (1993) Die unberechenbare Ordnung: Chaos, Zufall und Auslese in der Natur. München: Artemis und Winkler.

White, R. W. (1973) The concept of healthy personality: what do we really mean? Counseling Psychologist 4: 3–12, 67–69.

Whitson, E. R., Olczak, P. V. (1991) Criticism and polemics surrounding the self-actualization construct: an evaluation. In: Jones, A., Crandall, R. (Hrsg.) Hand-book of self-actualization. Corte Madera, Calif.: Select Press.

Wilber, K. (1980) The atman project. Wheaton, Ill.: Quest Books.

Wilber, K. (1981) Up from eden. Garden City, N. Y.: Anchor Press/Doubleday.

Wilhelm, T. (1977) Pädagogik der Gegenwart. Stuttgart: Kröner.

Williamson, E. G. (1965) Vocational counseling. New York: McGraw-Hill.

Wilson, S.-R. (1988) The „real self" controversy: toward an integration of humanistic and interactionist theory. Journal of Humanistic Psychology 28 (1): 39–65.

Wolf, F. A. (1986) Der Quantensprung ist keine Hexerei. Basel: Birkhäuser.

Wörterbuch der Pädagogik (1977) 2. Band. Freiburg: Herder.

Wundt, W. (1900–1902) Völkerpsychologie: eine Untersuchung der Entwicklungsgesetze von Sprache, Mythos und Sitte (10 Bände). Leipzig: Engelmann.

Wundt, W. (1912) Elemente der Völkerpsychologie: Grundlinien einer psychologischen Entwicklungsgeschichte der Menschheit. Leipzig: Kröner.

Wylie, R. C. (1974) The self concept. Lincoln, Nebr.: University of Nebraska Press.

Wyss, D. (1976) Die anthropologisch-existentialontologische Psychologie und ihre Auswirkungen insbesondere auf die Psychiatrie und Psychotherapie. In: Balmer, H. (Hrsg.) Psychologie des 20. Jahrhunderts, Bd. I, die Europäische Tradition – Tendenzen, Schulen, Entwicklungslinien. Zürich: Kindler.

Zdarzil, H. (1972) Pädagogische Anthropologie. Heidelberg: Quelle und Meyer.

Zdarzil, H. (1982) Das Menschenbild der Pädagogik. In: Konrad, H. (Hrsg.) Pädagogik und Anthropologie. Kippenheim: Verlag Information Ambs.

Zdarzil, H., Olechowski, R. (1976) Anthropologie und Psychologie des Erwachsenen. Stuttgart: Kohlhammer.

Namenverzeichnis

Sachverzeichnis

SpringerPsychotherapie

Michael Cöllen

Paartherapie und Paarsynthese

Lernmodell Liebe

1997. 9 Abbildungen. IX, 286 Seiten.
Broschiert DM 68,–, öS 476,–
ISBN 3-211-83006-5

Der zentrale Gedanke des Buches und der Paarsynthese ist es, die der Liebe innewohnenden Dynamismen auf soziales, professionelles und politisches Handeln zu übertragen, nach dem Grundsatz: Liebe ist der Sinn, Dialog der Weg, Würde das Prinzip.

Ursprünglich als pluralistische Psychotherapie speziell für Paare entwickelt, zeigt Paarsynthese, daß die Gesetzmäßigkeiten einer liebenden Partnerschaft nicht nur für Paare, sondern auch für ein Zusammenwirken von Männlich und Weiblich in sozialen Strukturen orientierungs- und handlungsweisend sind. Nachdem zur Theorie der Liebe phänomenologische, sozialpsychologische, tiefenpsychologische, intersubjektive und spirituelle Ansätze im Überblick aufgezeigt werden, entwickelt Cöllen Ansätze einer Dyadischen Anthropologie, die eine Philosophie der Lust und eine Theorie von Liebe und Leidenschaft umfaßt, aus der Psychologie und Psychotherapie des Paares begründet werden.

Liebe als Urgrund menschlichen Daseins wird damit zum Lernmodell. Paarsynthese bietet so ein Lösungsverständnis für mitmenschliche Sozialisierung und darauf aufbauende Strukturen emotionaler, politischer und wirtschaftlicher Lebensformen an.

Michael Cöllen stellt mit der Paarsynthese ein schulenübergreifendes Therapiekonzept und im umfassenden Sinne eine Liebes- und Beziehungslehre vor.

SpringerWienNewYork

Sachsenplatz 4–6, P.O.Box 89, A-1201 Wien, Fax +43-1-330 24 26
e-mail: order@springer.at, Internet: http://www.springer.at
New York, NY 10010, 175 Fifth Avenue • D-14197 Berlin, Heidelberger Platz 3
Tokyo 113, 3-13, Hongo 3-chome, Bunkyo-ku

SpringerPsychotherapie

Barbara Erlacher-Farkas,

Christian Jorda (Hrsg.)

Monodrama

Heilende Begegnung
Vom Psychodrama zur Einzeltherapie

1996. 9 Abbildungen. XVIII, 255 Seiten.
Broschiert DM 69,–, öS 485,–
ISBN 3-211-82835-4

Die deutlich zunehmende Individualisierung erfordert immer stärker therapeutische Methoden für die Einzelarbeit. Nach zwei Jahrzehnten Praxis legen die Herausgeber ein Handbuch vor, in dem die Gruppenmethode des Psychodramas, das von dem Wiener Arzt und Künstler Jacob Levy Moreno entwickelt wurde, für die Einzelarbeit weiterentwickelt und vertieft wird. Neben der Darstellung der theoretischen Grundlagen und der Methoden wird auch der historische und religionsphilosophische Kontext, der sich aus dem Leben und der Person Morenos ergibt, beleuchtet. Die praktische Anwendung des Monodramas wird anhand einer Fülle von Beispielen aus der therapeutischen Arbeit mit Kindern, Jugendlichen und Erwachsenen sowie Beispielen aus dem Psychiatrie-, Gefängnis- und Sexualtherapiebereich dokumentiert. Eine übersichtliche Darstellung zur Indikation gibt eine Orientierung bei der Entscheidung zur Anwendung.

 SpringerWienNewYork

Sachsenplatz 4–6, P.O.Box 89, A-1201 Wien, Fax +43-1-330 24 26
e-mail: order@springer.at, Internet: http://www.springer.at
New York, NY 10010, 175 Fifth Avenue • D-14197 Berlin, Heidelberger Platz 3
Tokyo 113, 3-13, Hongo 3-chome, Bunkyo-ku

SpringerPsychotherapie

Alfred Pritz (Hrsg.)

Psychotherapie –
eine neue Wissenschaft vom Menschen

1996. 11 Abbildungen. XII, 365 Seiten.
Broschiert DM 89,–, öS 625,–
ISBN 3-211-82832-X

Die Psychotherapie tritt zunehmend als gesellschaftlich wirksame und verändernde Kraft hervor. Es ist daher naheliegend, eine Grundlagendiskussion zu führen, wie es Autoren aus Österreich, der Schweiz, Deutschland, Großbritannien und der Ukraine in diesem Band tun. Dabei stehen, ausgehend vom österreichischen Psychotherapiegesetz, zwei Fragen im Vordergrund: Was sind die spezifischen Merkmale einer Psychotherapie auf wissenschaftlicher Grundlage? Wodurch grenzt sich die moderne Psychotherapie von benachbarten Disziplinen, insbesondere von der Medizin, der Psychologie, der Pädagogik und der Theologie ab? Dabei wird deutlich, wie differenziert und vielschichtig sich der Diskurs um diese junge Wissenschaft entwickelt und gleichzeitig neue Fragen für die nächsten Jahrzehnte aufwirft.

Mit Beiträgen von:
Rudolf Buchmann, Wilfried Datler, Emmy van Deurzen-Smith, Ulrike Felt, Alexander Filz, Oskar Frischenschlager, Robert Hutterer, Alfred Pritz, Ludwig Reiter, Günter Schiepek, Thomas Slunecko, Mario Schlegel, David Smith, Gernot Sonneck, Egbert Steiner, Manfred Steinlechner, Gerhard Stemberger, Fritz Wallner, Elisabeth Wagner, Eva-Maria Wolfram, und Josef Vetter.

 SpringerWienNewYork

Sachsenplatz 4-6, P.O.Box 89, A-1201 Wien, Fax +43-1-330 24 26
e-mail: order@springer.at, Internet: http://www.springer.at
New York, NY 10010, 175 Fifth Avenue • D-14197 Berlin, Heidelberger Platz 3
Tokyo 113, 3-13, Hongo 3-chome, Bunkyo-ku

Springer-Verlag
und Umwelt

ALS INTERNATIONALER WISSENSCHAFTLICHER VERLAG
sind wir uns unserer besonderen Verpflichtung der
Umwelt gegenüber bewußt und beziehen umwelt-
orientierte Grundsätze in Unternehmensentschei-
dungen mit ein.

VON UNSEREN GESCHÄFTSPARTNERN (DRUCKEREIEN,
Papierfabriken, Verpackungsherstellern usw.) verlangen wir, daß sie sowohl beim Herstellungsprozeß
selbst als auch beim Einsatz der zur Verwendung
kommenden Materialien ökologische Gesichtspunkte berücksichtigen.

DAS FÜR DIESES BUCH VERWENDETE PAPIER IST AUS
chlorfrei hergestelltem Zellstoff gefertigt und im
pH-Wert neutral.